【中国现代史学要籍文献选汇·中国历史（第一编）】

中华通史（下）

第四册（近古史） 第五册（近世史）

章嶔 著

上海三联书店

中華通史

第四冊

內編　近古史

中華通史第四册目次

丙編（近古史）

第一篇　外力內侵神州復裂時代（五代宋附遼金蒙古）

第一章　五代（民國紀元前一千零零五年至九百五十二年）……九二七
五代五十四年間亂狀之一（五代之紛更及契丹之侵入）（民國紀元前一千零零五年至九百五十二年）……九二七
五代五十四年間亂狀之二（十國之興亡）……九四六
第二章　宋上（民國紀元前九百五十二年至八百四十九年）……九五七
宋興百年間由亂而治之一（建國之大凡及中原之一統）（民國紀元前九百五十二年至九百十五年）……九五七

宋興百年間由亂而治之二（天書之作僞及內政之振興）（民國紀元前九百十四年至八百四十九年）……九七〇
第三章　宋下（民國紀元前八百四十八年至七百八十六年）……九八三
宋衰三十七年間政變漸深之一（濮議之爭持及荊公之變法）（民國紀元前八百四十八年至八百二十七年）……九八三
宋衰三十七年間政變漸深之二（變法後之趨勢）（民國紀元前八百二十七年至八百十二年）……一〇〇二
宋季二十五年間由衰而亡之一（蔡氏之當權及徽宗之失政）（民國紀元前八百十一年至七百八十七年）……一〇〇五
宋季二十五年間由衰而亡之二（金師之迭偪及汴京之喪亡）（民國紀元前七百八十七年至七百八十六年）……一〇一七
第四章　南宋（民國紀元前七百八十六年至六百三十三年）……一〇二五
南宋前期百年間對金失勢之一（南渡之建邦及宋金之和議）（民國紀元前七百八十六年至七百五十年）……一〇二五

南宋前期百年間對金失勢之二（乾道以來之整治及韓侂胄之興師）（民國紀元前七百四十九年至七百零四年宋孝宗眘以後至寧宗擴之世）……一〇四二
南宋前期百年間對金失勢之三（蒙古之崛興及宋金之啟好）（民國紀元前七百零三年至六百八十八年寧宗擴之世）……一〇四九
南宋後期五十五年間對元失勢之一（夏與金之滅亡及北伐論之再熾）（民國紀元前六百八十七年至六百四十八年）……一〇五六
南宋後期五十五年間對元失勢之二（蒙古之南侵及宋之末路）（民國紀元前六百四十七年至六百三十三年）……一〇七〇
第五章　本時代之法制……一〇七五
本時代法制之一（建官及理財）……一〇七五
（附）人才之培養與任用……一〇八一
（附）農工商之待遇……一〇八九
本時代法制之二（制兵及用法）……一〇九一
（附）兵士之徵調……一〇九二

(附)法典之編纂……一〇九四
第六章　本時代之文化上……一〇九六
本時代文化之一(學藝)……一〇九六
本時代文化之二(美術)……一一〇六
(附)音樂……一一〇八
第七章　本時代之文化下……一一〇九
本時代文化之三(宗教)……一一〇九
本時代文化之四(風俗)……一一一一
第二篇　蒙古入主國民移轉時代(元明)
第一章　元(民國紀元前六百三十三年至五百四十四年)……一一一八
元統一以來三十年間盛勢之一(大事之設施及權奸之除戮)(民國紀元前六百三十三年至六百零五年)……一一一八
元統一以來三十年間盛勢之二(東南海之征伐及藩禍之克平)(民國紀元前六百三十

三年至六百零五年）……………………………………一一三
元衰六十年間亂端之一（繼嗣之紛紜及權臣之迭出）（民國紀元前六百零五年至五百七十九年）……………………………………一三二
元衰六十年間亂端之二（末途之失政及中夏之淪胥）（民國紀元前五百七十九年至五百四十四年）……………………………………一三八
第二章　明上（民國紀元前五百六十年至四百八十八年）……………………………………一四五
明興七十餘年間由分而合之一（東南之戡定及統一之肇基）（民國紀元前五百六十年至五百十四年）……………………………………一四五
明興七十餘年間由分而合之二（功臣之誅戮及藩國之分封）（民國紀元前五百四十四年至五百十四年）……………………………………一六〇
明興七十餘年間由分而合之三（永樂之稱兵及四隅之底定）（民國紀元前五百十三年至四百八十八年）……………………………………一六六
第三章　明下（民國紀元前四百八十七年至二百六十九年）……………………………………一八四
明中世百九十餘年間變故紛更之一（藩禍之再興及王振諸人之用事）（民國紀元前四

百八十七年至四百四十八年）……一一八四
明中世百九十餘年間變故紛更之二（宦官之繼起及成化弘治兩代之行兵）（民國紀元前四百四十七年至四百零七年）……一一九六
明中世百九十餘年間變故紛更之三（宦權兵禍之迭乘及嘉靖一朝之紛亂）（民國紀元前四百零六年至三百四十六年）……一二〇六
明中世百九十餘年間變故紛更之四（江陵柄國後之大勢及黨論之初興）（民國紀元前三百四十五年至二百九十二年）……一二二六
明末四十年間對清失勢之一（客魏之用事及三案之紛爭）（民國紀元前二百九十二年至二百八十四年）……一二四五
明末四十年間對清失勢之二（流寇之殘局及三王之迭覆）（民國紀元前二百八十四年至二百六十八年以後）……一二五二
第四章　本時代之法制……一二七四
本時代法制之一（建官及理財）……一二七四
（附）人才之任用與培養……一二七八

（附）農工商之待遇……一二八三
本時代法制之二（制兵及用法）……一二八六
（附）兵士之徵調……一二八八
（附）法典之編纂……一二八九
第五章　本時代之文化上……一二九〇
本時代文化之一（學藝）……一二九〇
本時代文化之二（美術）……一二九九
（附）音樂……一三〇一
第六章　本時代之文化下……一三〇三
本時代文化之三（宗教）……一三〇三
本代時文化之四（風俗）……一三〇八

丙編（近古史）

第一篇　外力內侵神州復裂時代（五代宋附遼金蒙古）

第一章　五代（民國紀元前一千零零五年至九百五十二年）

五代五十四年間亂狀之一（五代之紛更及契丹之侵入）（民國紀元前一千零零五年至九百五十二年）

唐季之亂至五代極矣！有國家者祚既不永，而此短祚之間，繼承其位者多非一姓。綜此五十四年之內，生民不幸頻罹兵禍，現象所屆，厥有四因。今先分析言之如左：

一、軍人之跋扈也　軍人之跋扈，唐時已有然矣；至於五季，厥風尤肆！其帝皇皆由軍人之推戴，例如後唐明宗李嗣源，廢帝從珂，周太祖郭威，下逮宋太祖趙匡胤，皆其實證。唐世軍人恣肆，不過擁立藩鎮；至五季則直擁立人君，事成之際，又復肆行剽掠，民不聊生，人心不附，亦固其所。古來軍人之橫暴，未有如五季者！此五季黑暗之情狀一也。

二、雜流之紛進也　唐世用人，循資格聲望，至於五季，其習始衰！而執政柄者，不必盡屬士流。就其著者言之：如蕘從簡以屠戶顯，張筠以商賈進，王峻以善歌遇朱守殷，以斷養名，董璋則以富人家僮分伐蜀之功，馮玉則初不知書而膺知制誥之職，外如伶人宦官乘時竊柄者，其人尤衆。歷世用人，其漫無準則若此！官邪政蔽，胥此之由。此五季黑暗之情狀又一也。

三、土宇之分崩也　五季更立，中原以外之土地，前後析爲十國，固矣；然如岐之李茂貞，燕之劉守光，又皆不在十國之列。其他諸節鎭，亦時有不用中央之命者；梁唐之衰，乃至國門以外，皆爲強敵，兵戈之擾攘，民生之憔悴，莫過於此！不僅各霸偏隅而已，地偪則虎視鴟張，國多則蟬聯蠶食。此五季黑暗之情狀又一也。

四、節行之墮落也　五代之士，以節行墮落聞者，莫著於馮道：道初事劉守光，去仕唐莊宗，存勗始貴顯，至周世宗榮時始沒，歷事唐晉漢周四朝，並契丹，常不離將相公師之位；並且自號長樂老，著書數百言，陳己更事四姓及契丹所得勛階官爵爲榮。士風之壞可見！然其習不自道一人始也：唐末之張文蔚，楊涉，張策，趙光逢，薛貽矩，蘇循，號爲六臣，皆媚梁以求榮，有愧於白馬死難諸子者。先例既開，餘風斯盛，故張全義之徒，至以妻妾子女，爲朱溫所亂而不以爲辱；及後唐師滅梁，又賄賂劉后伶人宦官等以求保祿位矣。寡廉鮮恥之徒，寧止馮道？此五季黑暗之情狀，又一也。

綜以上四端言之，五季多故，可見一班；而此多故之局，當其始者則爲朱梁。今以次述之如下：

朱温起自盜中，歸唐，建功名，終乘唐室之衰，代有其祚；西晉以來，貴臣移祚之常局，至斯而一變。蓋温之起家，非第微末而又多非行，劉裕蕭道成蕭衍陳霸先輩之所不爲，而温爲之。既改唐社，易朝號曰梁，是爲梁之太祖。以汴州爲東都，洛陽爲西都；始以東都爲都，繼又都西都。在位六年，罹疾，以屢敗於晉，鬱鬱多躁，又無內行，自張后之沒，獨恣意聲色，間諸子雖在外，恆徵其婦入侍。博王友文者，温假子，婦王氏，色尤美，故常欲立友文爲太子；郢王友珪，雖次於友文而非假子，故心不平。温疾甚，友文留守東都，未來，温命王氏召友文，欲付以後事；友珪婦張氏知之，密告友珪，友珪怒，陰與統軍韓勍結，夜斬關入，偪温害之。温又有子曰友貞者，封均王，爲東都指揮使，至是友珪遣人詣東都，命友貞殺友文，矯詔稱友文謀逆，賴友珪誅之，友珪乃發喪自卽位，遽爲荒淫，內外憤怨，友貞用駙馬都尉趙巖謀，與禁軍聯絡，殺友珪；友貞卽帝位，更名瑱，是爲末帝，追廢友珪爲庶人。

末帝瑱在位，疏忌宗室，專任趙巖輩，以是巖等頗專橫。敬翔李振雖共執政，而言不見用，振每稱疾不預事，政事日紊。外與晉戰，又屢遭敗衂，在位之十一年（卽隆德三年，民國紀元前九百八十九年），遂爲李存勗所滅。梁亡，歷主二，凡十七年。

晉李存勗之強也，由唐末諸鎮互相窮兵，而存勗父克用既鎮太原，受晉王封，地勢優而兵力尤聚。南界梁境，久思滅朱温；蓋克用志在存唐，而温滅之，以是二者之交鬨益甚。克用始頗勝梁，已而稍不振；至存勗嗣立而勢又遽強，滅梁而有其地。今略述其戰史之一班如下：

（一）潞州之役　梁晉之戰，以潞州之役爲烈，而其事實由於魏博。先是田承嗣鎮魏博，選募諸州驍勇，爲之牙軍，人約五千，均有厚結；自是牙軍父子相繼，親黨驕固，日益專橫！小不如意，輒族舊帥而易之；自史憲誠以來，皆立於其手。節度使羅紹威惡之，力不能制，密告朱溫；溫引師至，與紹威合擊牙軍，被殺者八千家！魏兵自此衰弱不可用，而溫勢益強，紹威雖悔無及也。未幾，溫又以幽州滄州相首尾，爲魏患，乃渡河圍滄州，其節度使劉仁恭畏汴師強，不敢戰！仁恭遣使求救於河東，前後數百輩；克用不許，存勗諫，始許之，乃召幽州兵與共攻潞州，以解滄州之圍。昭義節度使丁會旋以州降；溫聞潞不守，乃棄滄州而還。自是梁晉之兵事集於潞州，而夾寨之戰起：

朱溫以潞州降晉，遣保平節度使康懷貞帥兵攻之，晉亦遣行營都指揮使周德威拒之；已而懷貞戰不勝，溫遣亳州刺史李思安往代，思安將河北兵西上，至潞州城下，更築重城，內以防奔突，外以拒援兵，謂之「夾寨」。其明年，爲朱溫稱帝之元年（卽開平元年，民國紀元前一千零零五年），克用病沒，子存勗嗣晉王位，潞州圍不解，晉將李嗣昭在城嚴守，梁欲降之不能得。朱溫乃自至絳州，遣使就與諸將議，欲還兵；諸將以克用死，不足懼，會晉召周德威還晉陽，梁夾寨奏晉兵已去，朱溫以爲援兵不能復來，遂還大梁，夾寨亦不復設備；存勗乘之，以丁會爲都招討使，帥周德威等發晉陽，伏兵於三垂岡下（岡在山西潞城縣西），乘霧進兵，直抵夾寨，梁軍不覺，晉師塡坑燒寨，鼓噪而入，梁兵大潰，死亡將士數以萬計！德威至城下，呼李嗣昭開門，潞州之圍解。初，潞苦兵歷年，士民死者大半！嗣昭勸課農桑，寬租緩刑，數年之間，軍城完復，而晉勢愈振；梁之衰亡，兆於是役矣。

（二）鎭州之役　王鎔者，唐成德節度使王廷湊之後。方唐之末，晉新有太原，李匡威據幽州，王處存據中山，赫連鐸據大同，孟方立據邢臺，四面豪傑並起而交爭；鎔介於其間，而承祖父百年之業，士馬強而畜積富，爲唐累世藩臣，故鎔年雖少，藉其世家以取重：自四方諸鎭廢立承繼，有請於唐者，皆因鎔以聞。朱溫代唐，鎔在鎭州，雖不輸常賦，而貢獻甚勤；溫頗疑鎔懷貳心於晉，旋發師襲鎭州。鎔懼，遣使求援於燕晉，奉存勗爲盟主，合兵攻梁；存勗自將東下，次高邑（河北高邑縣）。其明年，爲朱溫在位之五年（卽乾化元年，民國紀元前一千零零一年），晉軍與梁兵戰於柏鄉（河北柏鄉縣），梁兵大敗，精軍殆盡！存勗復分兵攻下旁近地，移檄河北州縣，諭以利害，晉勢日強，未幾而又有梁師救燕之事：

（三）幽州之役　盧龍節度使劉守光者，辱父害兄，性情凶暴！梁之攻趙也，王鎔遣使求救於燕，而燕師不出；及晉師救趙，梁軍大敗，乃復欲以兵威離間晉趙之交，爲存勗所窺破，其計不成。而守光驕虐日甚，且思稱帝，有諫者；乃欲諸鎭共尊己爲尙父，存勗從其請而故驕之，守光不悟，表梁主朱溫言：『晉王等推臣，臣荷陛下厚恩，未之敢受；不若陛下授臣河北都統，則幷鎭不足平矣。』溫乃以守光爲河北道采訪使，守光志仍不足；寖稱帝，即位國號燕，妄自尊大，置丞相百官。時梁朱溫在位之六年也（即乾化二年，民國紀元前一千年）。明年，晉遣周德威將三萬人會鎭定之兵以攻燕，自祁溝關（河北涿縣西南）入，進克涿州，德威遂至幽州城下；守光求援於梁，朱溫自將往援，中途爲晉兵所敗，兵士譁潰，委棄資械甚衆；自是晉兵連勝燕軍，其驍將單廷珪又爲晉兵所殺。又明年，李存勗遂入幽州，執劉守光，歸其父仁恭亦被執，均戮於晉陽。梁始以幽燕爲其外援，已而朱溫以爭燕不得，鬱鬱受害，晉反滅燕而有其地，梁不足平矣。

（四）莘城之役　天雄節度使楊師厚者，麾下多宿衞勁兵，諸鎭之師，咸得調發，威勢積重！梁末帝瑱頗忌之；師厚死，瑱用趙巖翟計，分天雄爲兩鎭。天雄軍不從而亂，其軍校張彥偪新節度使賀德倫以書求援於晉；存勗得書乃自引軍東下，先殺彥以謝魏人，遂勞軍魏縣。梁將劉鄩以晉兵盡在魏州，晉陽必虛，欲襲取之，乃引師自黃澤嶺（山西遼縣東南）西去；晉將李嗣恩知其計，先入晉陽，策守備；鄩謀破，乃走莘縣（山東莘縣），卒爲晉將所敗。時梁末帝瑱在位之三年也（即貞明元年，民國紀元前九百九十七年）。明年，鄩又設計襲魏州，不克，反爲晉所乘，鄩師散亡，渡河保滑州；同時梁兵之別擊晉陽者，亦爲晉將安金全所破；晉師旋復攻下貝州，於是河北一帶之地，咸入於晉，而梁勢日衰！

（五）胡柳陂與夾寨之役　晉自下河北，銳意南討，旋攻拔梁楊劉（山東東阿縣北），掠梁濮鄆，存勗乃大會師於魏州，循河而上，軍於麻家渡（山東聊城縣東北）；梁將屯濮州北，相持不戰。存勗性急，欲自將萬騎直趣大梁；周德威諫，不從。德威戰死胡柳陂（山東濮縣西南），梁兵乘之，四面而集；賴李嗣昭王建及等力戰，諸軍繼進，大敗梁師，梁衆死者三萬。時末帝瑱在位之六年也（卽貞明四年，民國紀元前九百九十四年）。明年，春，晉將李存審築德勝兩城（河北濮陽縣），夾河而守，號「夾寨」：梁將賀瓌攻其南城，不克；晉復廣德勝北城，梁人日與之爭，大小百餘戰，而南北城仍堅持不動。又三年，爲末帝瑱在位之十年（卽隆德二年，民國紀元前九百九十年），梁襲晉魏州，不克，又攻德勝北城，仍不下，梁晉兩方之用兵日烈！又明年，存勗乃稱帝於魏州，國號唐，是爲後唐莊宗。同年，德勝南城爲梁招討使王彥章所拔，楊劉告急，存勗自救之，楊劉之圍解；瑱恐彥章兵強難制，徵還大梁：於是唐師得一意備梁，梁師強而又衰，去亡不遠矣！

(六)鄆州之役　鄆州本梁境，而唐取之。梁始聞有德勝之捷，旣徵彥章歸，又復令彥章將兵萬人屯兗鄆之境，謀取鄆州；並謀大舉出數道之師以攻唐。存勗召諸將議之不決；乃用郭崇韜計，急出師救鄆，大敗梁軍，擒王彥章。時梁招討使段凝猶屯兵河上，存勗與諸將謀，何向而可？其將康延孝因請亟取大梁，李嗣源和其議，且請先行；諸軍踴躍，存勗遂斬彥章而行，下曹州，兵鋒甚利。瑱聞彥章降唐，兵且至，日夜涕泣，不知所爲，置傳國寶於臥內，忽失之，已爲左右竊迎唐軍矣，乃使指揮使皇甫麟殺己，麟旣害瑱，卽自剄。嗣源軍行五日入大梁，存勗亦繼至；於是梁祚廢絕，地悉爲唐有，而梁唐之戰爭以終。

存勗初起，繼承父志，以復唐爲心；故始入梁都，諸鎭皆景附，有入朝者。旋欲振主威，討不服，用師於蜀，降其主王衍；然內畏劉皇后，外惑宦官伶人，克敵以後，志氣驕滿，沈湎聲色，國政漸非，未幾而有鄴都之亂。

鄴變以前，有魏王繼岌（存勗子）殺郭崇韜一事，亦爲後唐史實之較著者。崇韜始從存勗出征，數立戰功；存勗旣代梁，崇韜屢有所獻替，而與宦官不合，因思立大功自安，乃求征蜀；旣與皇子繼岌同定蜀地，朝廷遣宦者馬彥珪至蜀覘之；彥珪謀之劉后，願卽去崇韜；后言於存勗，前不得請，退自爲教，使彥珪與繼岌共殺崇韜。其明年，爲唐莊宗存勗在位之四年（卽同光四年，民國紀元前九百八十六年），彥珪至成都，卽與繼岌殺韜而返；存勗乃下詔暴崇韜罪，並殺其諸子，朝野駭惋，宦官勢益張。是時魏博指揮使楊仁晸將兵戍瓦橋關（河北雄縣），備契丹，踰年代歸，唐以鄴都空虛，恐兵至爲變，敕留屯貝州。時國內莫知郭崇韜之罪，民間訛言云『崇韜殺繼岌，自王於蜀，故族其家，』又訛言『皇后以繼岌之死歸咎於帝，已弒帝矣，』人情益駭；仁晸部兵皇甫暉與其徒夜博不勝，因人情不安，遂作亂。先是存勗滅後梁，破其都，因魏博兵之力，故魏軍彌驕。暉始刼仁晸，仁晸不從，暉殺之，共奉效節指揮使趙在禮爲帥，焚掠貝州，南趨臨清，入鄴都；唐廷聞警，乃令歸德節度使李紹榮招撫。已而紹榮至鄴都，攻之不克；在禮等知罪在不赦，堅守無降意。又自郭崇韜之死，唐將李紹琛反於蜀，魏王繼岌方西征，而存勗以鄴變日甚，屢發中使促繼岌東還。紹榮師久無功，河朔州縣告亂者又復相繼，存勗謀親征，格於諫者，不得已，乃使李嗣源出征；旣至鄴西南，軍士謀變，共刼之入城，嗣源欲歸闕，詣存勗自陳，乃奔相州。時紹榮已疑嗣源實反，退保衞州，卽以鄴事奏；嗣源遣使上章自理，一日數輩，皆爲紹榮所遏，不得通；由是疑懼，乃以石敬瑭爲前驅，直入大梁，而嗣源亦繼至。時存勗在洛陽聞警沮喪，伶人郭從謙乘勢作亂，傴害存勗！於是嗣源得以入洛，自稱監國，殺劉后及李紹榮。魏王繼岌自蜀歸，至長安，自殺。嗣源卽位，是爲明宗。

嗣源本夷狄，無姓氏，爲克用養子。旣卽位，更名亶。以租庸使孔謙苛斂，殺之，凡謙所立苛法，悉予罷免。又以存勗由宦官亡國，命諸道盡殺其監軍，自是諸道監軍使亦廢。任圜明敏善談辯，嗣源用以爲相。圜憂公如家，簡拔賢俊，杜絕僥倖，期年之間，軍民皆足，朝綱粗立。嗣源雖目不知書，而能勤儉愛民，賞廉治貪，故論者以明宗之世，於五代爲小康。然性情仁而不明，屢以非辜誅殺臣下，任圜初當國，頗爲安重誨所忌，後圜爲嗣源所殺，重誨亦終不免。旣又使宦者孟漢瓊爲宣徽使，居中用事，宦者勢復張。在位之八年（卽長興四年，民國紀元前九百七十九年）有疾，皇子從榮謀爲變，皇城使安重榮斬之以獻，由是疾復劇。旣沒，子從厚立，是爲閔帝。

潞王從珂者，嗣源之養子也。少與石敬瑭俱從嗣源征伐有功，各得衆心；敬瑭爲河東節度使，從珂爲鳳翔節度使，聲勢俱大！時朱弘昭馮贇共當國，陰忌二人，乃徙從珂鎮河東，敬塘鎮成德，皆不降制書，但各遣使臣持宣，監送赴鎮：從珂因擧兵鳳翔，唐兵討之，降潰！遂至長安，殺留守王思同，東發至陝，諸將皆降。從厚聞變憂駭，急遣中使召朱弘昭謀所向，弘昭赴井死，馮贇亦爲人所殺！從厚出奔，至衞州，遇石敬瑭入朝，大喜，叩以大計，敬瑭僅俯首長嘆；而從厚之左右從騎，反爲敬瑭牙內指揮使劉知遠所殺。敬瑭旋獨置從厚而去，從珂遂趣洛陽。

從珂旣勝唐軍，長驅至洛陽，以太后令，廢少帝爲鄂王，自卽位，是爲廢帝；復遣人害從厚於衞州。石敬瑭與從珂同起本比肩事主，及是不得已入朝。敬瑭妻永寧公主，嗣源之女也，屢與太后言於從珂，俾早歸鎮；而鳳翔舊將佐，多勸留之。從珂見敬瑭久病骨立，不以爲虞，乃使歸河東。敬瑭知從珂意不可恃，欲嘗試之，因累表自陳羸疾，乞解兵柄，移他鎮；從珂竟移之鄆州，是爲天平節度。敬瑭奉命與諸將謀，或勸之鎮；劉知遠桑維翰等以爲不可，而維翰之言尤切。敬瑭意決，表從珂爲明宗養子，不應承祀；從珂亦怒，制削奪敬瑭官爵，使張敬達楊光遠討之。敬達至晉陽，築長圍攻。敬瑭雖不能克，而晉陽城中亦日窘乏。敬瑭初用維翰謀，向契丹借兵；比契丹兵至，唐師戰敗，形勢爲之一變！契丹之得志中夏自是始。

契丹者，東胡之遺種，其先世大略，已於唐時述之。當唐之季，北接室韋（今黑龍江省），東鄰高麗，西界奚國（今內蒙古東部），而南至營州。其部族之大者曰大賀氏，後分爲八部：其一曰但利皆部，二曰乙室活部，三曰實活部，四曰納尼部，五曰頻沒部，六曰內會雞部，七曰集解部，八曰奚嗢部。部之長號「大人」，而常推一「大人」建旗鼓以統衆；某部「大人」遙輦次立時，劉仁恭據有幽州，數出兵攻之，契丹衰困。八部之衆，以爲遙輦不任事，選於其衆，以按巴堅代；按巴堅亦不知其爲何部人也，爲人多智勇，而善騎射。是時劉守光暴虐，人多亡入契丹，按巴堅乘間侵邊，俘邊人至，則依唐州縣置城以居之。漢人教按巴堅曰：『中國之王，無代立者。』由是按巴堅以威制諸部，而不肯代其立；既又盡誘八部之大人而殺之，擊幷附近諸部落，如室韋者，土宇開拓，聲勢齊一，遂於梁太祖朱溫在位之元年（即開平元年，民國紀元前一千零零五年），帥軍三十萬寇雲州；晉王李克用與之連和，是爲契丹入窺中夏之始。

其後按巴堅日益強大，遂自稱皇帝，是爲契丹太祖，部人謂之天皇王；以妻舒嚕氏爲皇后，置百官，居然成國矣。時劉守光末年衰困，遣參軍韓延徽求援於契丹，契丹留而用之，故於中夏情形日稔；而盧龍節度使周德威又以不修邊備，失渝關之險，遂爲契丹所敗；德威使使至晉告急，晉遣李嗣源等出援，契丹始敗。然自是以後，契丹入寇中國邊境，連年不絕！既又攻渤海，拔夫餘城，更名曰東丹國，命其長子托允鎭之，號人皇王；次子德光，則守西樓，號元帥太子。時後唐莊宗存勗在位之四年也（卽同光四年，民國紀元前九百八十六年）。是年按巴堅沒，舒嚕后愛德光，立之爲天皇王，是爲契丹太宗；德光尊后爲太后，國事皆決焉。對於中國，則銳思侵占，如曩時義成節度使王都之反，契丹實助之，賴唐將王晏球善用師，擊破契丹兵，禽其將特哩袞，王都旋亦伏誅，定州遂定；其後契丹屢遣使至中國，求歸特哩袞以次諸被禽者，唐歸特哩袞餘人不遣；於是契丹又復寇邊，而雲州振武諸地，均爲所侵略，邊禍始滋矣。

坐是之故，中國有內亂，時或與契丹相聯絡，王都旣開例於先，石敬瑭乃步趨於後，而「借兵」之舉成焉矣！敬瑭所鎭爲太原，其北與契丹相接壤；旣與從珂有隙，乃令桑維翰草表稱臣於契丹，且請以父禮事之，約事捷之日，割盧龍一道及雁門關以北諸州相與；表至，德光大喜，復書許俟仲秋傾國來援。時後唐廢帝從珂在位之三年也（卽淸泰三年，民國紀元前九百七十六年）。是年九月，契丹出雁門，車騎連亘數十里，旣至太原，與唐兵戰汾曲，唐兵大敗，死者近萬人！從珂聞信，憂懼，乃決策親征；又以趙德鈞爲行營都統，救唐將張敬達於晉安（山西太原縣南），德鈞於唐有異志，與其子延壽共屯兵不進。德光詔敬瑭曰：『吾三千里赴義，義當徹頭。』乃築壇晉城南，立敬瑭爲晉大皇帝，自解衣冠被之；敬瑭感德光之助，乃獻幽薊瀛莫涿檀順新嬀儒武雲蔚朔應寰十六州（今河北山西二省迤北一部），並許歲輸帛三十萬匹，以酬其惠，是爲中國割地與夷之始！同時趙德鈞亦密以金帛賂契丹主，云『若立己爲帝，請卽以見兵南平洛陽，與契丹爲兄弟，仍許石氏常鎭河東。』德光欲許之，敬瑭聞之大懼，亟使桑維翰說德光，謂趙氏父子不可信，跪於帳前，自旦至暮，涕泣爭之，德光乃從維翰言，而卻德鈞使者之請；德鈞計不行，而敬瑭始得專有夫中夏焉。

時張敬達尚在晉安，被圍甚困，而唐將楊光遠力勸之降，敬達不從，光遠殺敬達，降於契丹，契丹旋以敬瑭南下。從珂還至洛陽，分兵守城，趙德鈞父子亦叛附契丹，唐勢愈蹙。從珂議復向河陽，將校皆已飛狀迎敬瑭。時契丹雖北還，從騎尚有隨敬瑭攻唐者，從珂乃與劉后曹太后登玄武樓自焚。敬瑭入洛，命劉知遠部署京城。知遠分漢軍使還營，館契丹於天宮寺，城中肅然。事定，乃追廢從珂爲庶人。後唐亡，歷主四，凡十四年。

敬瑭旣代唐有中國，是爲晉之高祖。初都洛陽，後遷汴州。時晉業新建，藩鎭多未服從，兵火之餘，府庫殫竭，民間困窮，而契丹徵求無厭。維翰勸敬瑭推誠棄怨，以撫藩鎭，卑詞厚禮，以奉契丹，訓卒繕兵，以修武備，務農桑以實倉庫，通商賈以豐貨財，數年之間，中國稍安。同時雖有范延光張從賓符彥饒諸人之叛命，但皆不久討平。惟奉尊號於契丹，稱之爲父；且每遇遼使至，卽於別殿拜受詔敕，歲輸金帛三十萬之外，吉凶慶弔，歲時贈遺，復相繼於道，乃至太后元帥太子諸王大臣，皆有賂遺，小不如意，輒來責讓，亦可見當日借兵域外之非計矣！

對待契丹，亦漸不復如前此之恭；加之成德節度使安重榮執遼使伊呼，遣輕騎掠幽州南境，上表請伐契丹，將與吐谷渾等部，聯師以當之。時維翰方出鎮泰寧，鄴都留守劉知遠亦在大梁，共密疏上聞，以爲契丹不可背；而重榮方握強兵，敬瑭不能制。知遠乃密遣親帥郭威以詔旨詣吐谷渾，勸其去重榮而歸晉室；其酋長果帥衆歸知遠，韃靼契苾諸部亦不附重榮，重榮勢沮！同時山南東道節度使安從進舉兵叛晉，重榮聞其事，遂集境內飢民數萬，南向鄴都，聲言將入朝；晉遣杜重威出討，鎮州之師大潰，晉師入鎮，執重榮斬之，函其首以送遼，暫得無事！

初遼主德光，約敬瑭不稱臣，更表爲書，稱兒如家人禮；故終敬瑭世，奉德光甚謹。敬瑭在位之七年（即天福七年，民國紀元前九百七十年），疾沒，皇子重貴立，是爲出帝。德光怒其不先以告，而又不奉表稱臣而稱孫，遣使責晉，晉大臣皆恐；時景延廣執政，對遼使者語獨不遜。趙延壽方爲遼盧龍節度使，陰欲代晉，帝中國，屢說德光擊晉；德光頗然之，寇端漸作。未幾，延廣又說重貴，執遼回圖使喬榮下之獄；凡遼人販易在晉境者，皆殺之，奪其貨。晉臣皆言遼不可負，乃釋榮遣歸；榮辭延廣，延廣使榮歸語德光：『晉於遼爲鄰，稱孫足矣，無稱臣理。翁怒則戰，孫有十萬橫磨劍，足以相待。他日爲孫所敗，取笑天下，無悔也。』榮歸，以白德光，德光怒，南侵志益決，晉使入遼者皆縶之；桑維翰屢請遜辭以謝遼，每爲延廣所沮。會平陽節度使楊光遠叛，召遼南侵；趙延壽在遼，亦勸德光入寇。德光乃集師五萬，使延壽將之，經略中國，曰若得之，當立汝爲帝；延壽信之，爲盡力。朝廷頗聞其謀，空言籌備，不能責實效，而貝州旋爲延壽所下，重貴乃自將出征，次澶州，以景延廣爲御營使。遼師渡河不利，攻澶州又不克，於是引退。時出帝重貴在位之三年也（卽開運元年，民國紀元前九百六十八年）。遼師之至，罪由景延廣，故重貴旣歸，卽出延廣爲西京留守，而以桑維翰爲相，晉廷差治。楊光遠亦爲晉師所圍，計窮而降，晉事垂定矣。而遼復侵晉，趙延壽引兵先至；明年春，遼師至相州，引還。重貴用馬全節等之計，謀大舉，徑襲幽州，因下詔親征，發大梁；遼兵南下，遇晉軍，大敗，重貴班師，志益倨。然是時中國旱蝗，人苦兵革，遼民亦厭與中國交兵，兩方均有和意，而晉又數以書招趙延壽。延壽見晉衰而天下亂，常有意窺中國，乃僞爲好辭報晉，言身陷虜，思歸，約晉發兵爲應；而德光將高牟翰詐以瀛州降晉，晉君臣皆喜。其明年，爲出帝重貴在位之五年（卽開運三年，民國紀元前九百六十六年），晉以杜重威爲都招討使，李守貞爲副，出兵爲延壽應，趨瀛州；牟翰空城而去，晉遣將追之，敗死。德光聞晉兵出，乃入寇鎭州，重威師亦被困，遂降契丹。德光喜，以龍鳳赭袍賜延壽，重威乃引兵南，重威將降師以從，遣張彥澤先攻大梁。重貴始藐遼兵，調鷹苑中，不設備，桑維翰輩求一見不可得；比遼兵至，重貴乃與太后李氏上降表，表稱孫男臣重貴，太后亦稱新婦李氏妾。彥澤遷重貴於開封府，執維翰殺之，以報德光；德光賜重貴書曰：『孫兒但勿憂，管取一吃飯處。』並遣兵捕景延廣於河陽，旣至，德光詰以十萬劍安在？召喬榮使相辨證，延廣初不服，榮以所記紙示之，明年自殺。德光入大梁，以彥澤鞏過事剽掠，又殺之；封重貴爲負義侯，徙黃龍府（遼寧開原縣）。後晉亡，計傳二主，凡十一年。

德光之君大梁也，廣受四方貢獻，大縱酒作樂；又縱胡騎四出剽掠，謂之「打草穀」，自東西兩畿及鄭滑數百里閭，財畜殆盡，又括借京城及諸州士民絲帛，欲輦歸其國；由是內外怨憤，人思逐遼。德光漸知衆心不服，而河東節度劉知遠士卒多，財賦聚，德光又深忌之；其實知遠幷無復晉心，第欲藉機以利用遼人，使已得有中國；故重貴與遼結怨，知遠知其必危，而未嘗諫；遼屢深入，知遠亦不邀遮入援；及聞德光覆晉，知遠乃分兵守四境，遣客將王峻奉表稱臣，德光大喜，親加「兒」字於知遠姓名之上，仍賜以木枴；木枴者，遼法以優禮大臣，如漢賜几杖之例。知遠遂自立於晉陽，謀迎其故主重貴；而重貴已出塞，迨遼師之去，知遠旋下洛陽，入大梁，諸鎮多降，始改國號曰漢，是爲後漢高祖。

初，德光有中國，居然臨百官，行朝賀，趙延壽本與德光有帝漢之約，德光終負之，僅授中京留守；中國盜又數發；德光知衆心不附，乃發大梁北歸，盡載宦官宮女及府庫之實而行，中途至殺狐林（河北欒城縣西北）死焉。遼人破其腹，去其腸胃，實之以鹽，載而行，從人稱爲「帝羓」。趙延壽恨德光負約，即日引兵入恆州，遼永康王鄂約（東丹王托允子，托允奔中國，曰李贊華，爲後唐廢帝從珂所殺）以兵繼入，遼諸將密議，奉以爲主，延壽不知，自稱受遼皇帝遺詔，權知南朝軍國事。鄂約怒，執延壽，自立，旋憂內變，即北歸；而知遠聞警，亦發太原而南。遼將蕭翰，時守大梁，以知遠將至，欲北歸，恐中國無主，必大亂，己不得從容行；乃立後唐許王從益於洛陽，留兵千人爲衛。知遠至洛，密遣使殺從益；然後入大梁，以杜重威爲歸德節度。重威自以降遼負中國，內常疑懼，移鎮制下，拒不受；知遠因發兵討重威，重威降。明年，爲高祖知遠在位之二年（即乾祐元年，民國紀元前九百六十五年），知遠疾，召蘇逢吉、楊邠、郭威、史弘肇入受顧命而弘肇事知遠最有功，知遠初在河東富強冠諸鎭坐視遼人滅晉，安行入洛，大抵以弘肇之功爲多！及是知遠語弘肇等曰：『皇子承祐幼弱後事托在卿輩。』又曰：『善防重威。』及沒，弘肇等密不發喪下詔稱重威父子因朕小疾謗議搖衆，皆斬之。承祐卽位，是爲隱帝。

承祐卽位以來，楊邠擅機政，郭威主征伐，史弘肇典宿衞，王章掌財賦，國以粗立而郭威之功尤巨；歷平河中李守貞、永興趙思綰、鳳翔王景崇之亂，不敢專賞賜；惟王章吝於出納聚斂刻急由是百姓愁怨。而承祐左右嬖佞乘之用事；李太后親戚亦干朝政，楊邠等屢裁抑之。承祐年益壯，厭爲大臣所制見邠與弘肇之肆心不能平；乃與太后弟李業等謀誅邠等，以告太后，太后不許。承祐專行己意，俟弘肇、邠、章入朝使殿中甲士出而殺之；並下密詔分誅其黨人，而遣行營指揮使郭崇威曹威殺郭威於鄴。威知此事，召崇威等語以邠等被害之寃且使崇威等取己首而行；崇威等皆泣，願從威入朝自訴。威用魏仁浦等謀，留養子榮鎭鄴，命崇威前驅，自將大軍繼之；既至澶州，弘肇黨王殷亦以兵從，遂趣滑州。承祐聞郭威至河上，有悔意；李業等請傾府庫以賜諸軍，從之，人情益洶懼。漢將慕容彥超與威兵戰，不勝，諸軍奪氣；承祐出奔，在途爲亂兵所殺。威入京師，百官起居太后，奏請早立嗣君；乃下詔立知遠弟崇之子贇爲嗣，遣太師馮道往迎於徐州。太后暫臨朝，威殺爲承祐主謀者。會遼兵內侵，內邱、饒陽皆破，威奉太后命出征，留滑州數日，贇亦遣使慰勞諸將；至澶州，將發；將士數千人恐劉氏復立必於己多不利，乃裂黃旗以被威體，共扶抱之，呼萬歲，擁之南行，還京師。時贇已至宋州，聞澶州兵變，不得進；威以太后詔廢之爲湘陰公，令郭威監國，旋稱帝。後漢亡，計傳二主，凡四年。

郭威既代漢，定朝號曰周，是爲後周太祖。既卽位，遣人害劉贇於宋州；銳意謀國，是罷貢獻，禁越訴，除牛租，誅贓吏，政蹟頗舉。慕容彥超者，初仕漢，後降周，仍爲泰寧軍節度。先是贇被廢，其故將翟延美等舉兵徐州，威遣師克之，徐州遂定；彥超見徐事，疑懼日甚，威遣使與誓，彥超愈不自安，反跡日著。後周太祖威在位之二年（卽廣順二年，民國紀元前九百六十年），彥超起事，威自將討兗州，克之，彥超自殺。又二年，威疾，詔以養子晉王榮聽政，已而沒。榮立，是爲世宗。

劉贇之父崇，時據有太原，建國爲北漢；以其子被廢而死之故，頗積憾於周，尋引遼兵南伐。周昭義節度使李筠逆戰，敗績；榮欲自將禦漢，羣臣諫不聽。榮師北出，與漢師戰高平（山西高平縣），其將樊愛能何徽等應戰不力，榮殺之以警衆；自是驕將惰卒，漸知所懼，一改梁唐晉漢四朝之積習，周勢日強，漢兵亦屢敗。榮且引師直攻晉陽，雖不克，而劉崇由是震懼，北方得無警。又高平之役，周軍勢危，榮自引親兵督戰，涿人趙匡胤時爲宿衞將，奮戰最力，周兵由是轉敗爲勝。事定，榮擢匡胤爲殿前都虞候，後又爲殿前都點檢，匡胤之建立功名自此始。

抑榮之武略，匪第伐漢爲然！其時江淮之地，有南唐李氏（詳見下節），榮初遣將討之，繼乃親征，連取壽濠泗等州，南唐主李璟乃去帝號，奉周正朔，如外臣。同時又遣師伐蜀，取秦階成三州；後又自將伐遼，取瀛莫易三州，瓦橋關以南之地，悉爲周所取；遂宴諸將於行營，議取幽州，會不豫而止，乃以瓦橋關爲雄州，益津關爲霸州而歸。

又榮之在位，不僅以武略見也！如均田租，定刑統，考雅樂，設科目，皆其善政；閒暇則召儒者讀前史，商榷大義；雖用法太嚴，素有才幹聲名者，無所開宥，尋亦悔之，故論者以爲一代英主。五代之君推榮爲首賢。在位之五年（卽顯德六年，民國紀元前九百五十三年），疾沒。皇子宗訓立，是爲恭帝。

宗訓初立，王溥、范質等以受顧命之重，同列相位；而趙匡胤以典宿衞有年，勛業彰而威望尤著。宗訓卽位之元年（卽宋太祖趙匡胤建隆元年，民國紀元前九百五十二年），遼兵入寇，遣匡胤出禦；時主少國疑，中外密有推戴匡胤之意；都下讙言將以出軍之日立點檢爲天子；及大軍次出陳橋（河南開封縣北），軍士夜議定，以白匡胤弟供奉官都知匡義及歸德節度掌書記趙普。匡義、普部分都將，環立待旦，遣人入京報其黨石守信、王審琦。黎明，將士被黃袍加匡胤身，曰：『諸將無主，願册太尉爲皇帝。』羅拜呼萬歲，掖之上馬，還京師，范質等亦共相與推戴。惟侍衞韓通死焉。匡胤卽帝位，奉宗訓爲鄭王，符太后爲周太后，退處西宮，後周亡。計傳三主，歷十年。

以上五朝傳系，今表列其大概如下：

（一）後梁之世次

一世	二世
1 後梁太祖朱晃	2 末帝瑱
	郢王友珪

(二)後唐之世次

一世　二世　三世

1後唐莊宗李存勗—2明宗嗣源—3閔帝從厚
　　　　　　　　　　　　　└4廢帝從珂

(三)後晉之世次

一世　二世

1後晉高祖石敬瑭
宋王敬儒—2出帝重貴

(四)後漢之世次

一世　二世

1後漢高祖劉知遠—2隱帝承祐

(五)後周之世次

一世　二世　三世

1後周太祖郭威—2世宗榮—3恭帝宗訓

五代五十四年間亂狀之二（十國之興亡）

自唐季迄宋初，其間據地而稱強者不止十國；其已稱位號者：吳南唐前蜀後蜀南漢北漢楚吳越閩南平外，尙有岐燕二國。惟燕事已略述於後唐，岐事又散見於前蜀；茲之所論，惟仍就十國述之以見一班：

（一）吳與南唐二國（十國之一之二）　吳楊行密者，合肥人。唐僖宗儇時，江淮羣盜起，行密以爲盜見獲，廬州刺史鄭綮奇其貌，釋之，爲州兵；以怨殺軍吏，起兵爲亂，遂據廬州，唐卽拜爲刺史。既而淮南軍亂，節度使高駢被戕，行密入據揚州，稱淮南留後，尋遘蔡州秦宗權之亂，還守廬州。昭宗曄時，連拜宣歙寧國淮南諸節度；敗秦宗權黨孫儒，建軍府於揚州，全有淮南。先是揚州富庶甲中國，時人稱揚一益二，及經秦孫諸氏兵火之餘，江淮之間，東西千里，公私赤立。行密雖有其地，而不能遽盛；惟其人寬簡有智略，又能以勤儉足用，非公宴未嘗擧樂，招撫流散，輕徭薄斂，未及數年，公私富庶，幾復承平之舊。其後泗濠蘇杭諸州，皆爲行密所下；朱溫出師擊之，又爲所敗。唐昭宗曄在位之十四年（卽天復二年，民國紀元前一千零十年）乃以行密爲行營都統，賜爵吳王，並以御札賜行密，令討朱溫，立功將士聽承制遷補，然後表聞；行密勢大盛，得地益衆。又三年，行密沒，子渥代爲淮南節度，唐封爲弘農郡王。渥驕奢酗縱，左右恣橫，忌其下張顥徐溫；顥溫殺其將朱思勍於洪州，又殺左右於廷下，渥皆不能制，方移檄諸道，云欲復唐，卒無應者。其明年，爲後梁太祖朱溫在位之元年（卽開平元年，民國紀元前一千零零五年），張顥遣人害渥，楊氏幾亡矣；賴幕僚嚴可求之力，行密第三子隆演得立，可求又與徐溫謀，設計殺顥。溫與可求修政息民，淮南暫治；既而隆演改稱吳王，建宗廟社稷，置百官，宮殿文物皆用天子禮。時雖盡有江西之地，而徐溫及其子知誥專政，隆演意頗不悅，鬱鬱成疾；至後梁末帝瑱在位之七年（即貞明五年，民國紀元前九百九十三年），沒，弟溥立，徙都金陵。後唐明宗亶在位之二年（即天成二年，民國紀元前九百八十五年）稱帝，國號吳，旋以徐知誥爲太尉兼侍中，累進位至太師，天下兵馬大元帥，封齊王；至後晉高祖石敬瑭在位之二年（即天福二年，民國紀元前九百七十五年），溥尋遣使奉册禪位於齊。其地西至沔口，南距震澤，東濱海，北距淮，有州二十有八。自行密始起至溥讓位，凡四主，歷五十年而亡。

南唐李昪者，徐州人。初爲楊行密養子，而楊氏諸子不能容；乃賜徐溫，遂冒姓徐氏，名知誥。及長，溫厚有謀，爲吳潤州刺史。後梁末帝瑱在位之七年（即貞明三年，民國紀元前九百九十五年）入輔政江都；未幾，徐溫沒，知誥繼之，督內外諸軍，攬大柄；及篡吳，復姓李氏，更名昪。昪自謂唐憲宗純之後，因改國號曰唐，仍都金陵。昪不受尊號，不以外戚輔政，宦者不得預事，好賢禮士，廑心安集，故頗爲吳人所歸。至後晉出帝重貴在位之二年（即天福八年，民國紀元前九百六十九年），昪沒，子璟立，專心攻閩，師徒南向，故契丹得志中原，而璟疲兵東南，不暇顧。璟性和柔，好文華，而喜人順己，由是諛臣日進，政事日亂；後又用師湖南，益驕，有吞併中國之志。李守貞、慕容彥超之叛，皆遣使出師；又遣人通遼及北漢，約共圖中國，於是遂爲周師所征。及後周世宗榮親征南唐，唐師連敗，江北諸州盡失，乃請獻江北，去帝號，奉正朔，輸貢物；又避後周先世之諱，更名景，稱國主，留其子煜於金陵，而遷都洪州。後至宋初，璟沒，煜立，性驕侈，好聲色，又喜高談浮圖！不恤政事，太祖趙匡胤遣使召之，不至，後遂爲宋所禽，封違命侯。唐之盛時，有州三十五，後僅二十有一。自李昪至煜，凡三主，歷三十九年而亡。

(二)前蜀與後蜀二國(十國之三之四)　前蜀王建者，許州舞陽(河南舞陽縣)人。初爲忠武監軍楊復光都將，後歸田令孜，爲其養子，授神策軍使，從幸興元，旋出爲利州(四川廣元縣)刺史。其明年，爲唐僖宗儇在位之十三年(卽光啟二年，民國紀元前一千零二十六年)，取閬州(四川閬中縣)，自稱防禦使；會與西川帥陳敬瑄構釁，攻成都，不克，還屯漢州，詔以爲永平節度使，旋破成都，自稱西川留後，尋幷有東川地。唐昭宗曄在位之十四年(卽天復二年，民國紀元前一千零十年)，李茂貞劫遷車駕，建舉兵勤王，因取山南西道諸州鎭，於是茂貞之地半爲蜀有；茂貞時方進爵岐王，其勢強而忽替。明年，建亦進爵蜀王。朱溫初代唐室，建又稱帝，國號蜀；連拓邊境，改國號曰漢，尋復稱蜀，以成都爲都。建爲人多詐智，善待士，故所用皆名臣世族，而人士亦多依以避亂。晚年，建多內寵，賢妃徐氏與妹淑妃皆以色進，專房用事，交結宦者唐文扆等干與外政，故蜀政益亂；至後唐末帝瑱在位之六年(卽貞明四年，民國紀元前九百九十四年)，建沒，子衍立，殺文扆而用王宗弼，內外遷除，皆惟宗弼是問，蜀自是終替。後唐莊宗存勖在位，遣使李嚴入蜀；嚴還，入見存勖曰：「王衍童騃荒縱，不親政務，斥遠故老，昵比小人；其臣諂諛專恣，黷貨無厭，賢愚易位，刑賞紊亂；大兵一臨，瓦解土崩，可翹足而待！」唐廷尋遣皇子繼岌及郭崇韜伐蜀，衍出降。時莊宗存勗在位之三年也（卽同光三年，民國紀元前九百八十七年）。蜀地西界吐蕃，南鄰南詔，東據峽江，北距隴坻，有六十四州，凡二主，歷三十五年而亡。

蜀有二國，前爲王氏，後則爲孟氏；故史家稱王氏之蜀爲前蜀，而於孟氏之蜀，則別之曰後蜀。前後蜀據地相同，而後蜀之傳世較遠。後蜀孟知祥者，邢州龍岡（河北邢臺縣西南）人。初事克用，存勗爲太原尹、北京留守，郭崇韜定蜀，薦爲西川節度使，至成都，以朝廷多故，與東川節度使董璋共圖據蜀；至明宗亶時，遂起事，略有全蜀諸州，後唐發師討之不克；其後董璋襲西川，孟知祥擊敗之，璋爲其下所殺，知祥取東川。唐廷見其勢盛，乃遣使羈縻，雖復稱藩，而益自驕倨；閔帝從厚卽位，知祥遂稱帝號，國號蜀，仍以成都爲都。旣而後唐內亂，興元武定兩鎭來歸，其興州亦棄不守，於是散關以南，悉爲蜀境。是年，知祥沒，子昶立。中原數易主，而秦成階鳳諸州，旋入於後周；昶初不服周室，嘗聘南唐諸國以張形勢。後周旣取淮南，高保融招昶同歸，不從；而君臣競相奢侈，至爲七寶溺器以自娛養。其後宋下荆南，昶懼，欲約北漢以撓中國；太祖趙匡胤詔王全斌取之，而先爲昶治第京師以待，昶遂降於宋。後蜀盛時，地埒於前蜀；至其衰落，尙有州四十五。凡二主，歷四十一年而亡。

(三)南漢一國（十國之五）　南漢劉隱者，世爲上蔡人，徙閩中，商賈南海，因家焉。父謙，廣州牙將也；黃巢掠廣州去，廣州表謙爲封州（廣東封川縣）刺史。謙沒，子隱嗣。唐昭宣帝祝在位之二年（卽天祐二年，民國紀元前一千零零七年），授節度使；又四年，梁已有中國，封南平王。隱父子起封州，遭世多故，數立功嶺南；隱又好賢禮士，唐名臣世家依之者多獲禮用。唐末惟南海最後亂，故隱有其地而無惡於民；至梁太祖朱溫在位之五年（卽乾化元年，民國紀元前一千零零一年），晉封南海王而沒。弟龑立，其名取『飛龍在天』，故曰龑；遂稱帝，號國名大越，又更號曰漢，以廣州爲都。喜奢侈，爲玉堂珠殿，而又嗜殺，國人漸不附；至後晉高祖石敬瑭在位之七年（卽天福七年，民國紀元前九百七十年），龑沒，子玢立，不能任事，而惟知淫樂。當龑在時，以士人多爲子孫計，故專任宦者，由是宦者日盛。玢立，居喪無禮，宦者忤意輒死，無敢諫者。其弟晟乘其不德，多方惑之；明年，卒以殺玢代之。卽位，盡殺諸弟，以戢其報復，大臣多不免；於是南漢政事日趨於窳敗。宦者林延遇與宮人盧瓊仙內外用事，專恣殺戮，晟不能救也。至後周世宗榮在位之四年（卽顯德四年，民國紀元前九百五十四年），晟沒，子鋹立，淫戲不省事，奉女巫樊胡子於宮中，諸宦者用事益盛，多掌兵權；甚至國內守禦之具亦多廢壞，宋興，先使李煜諭之稱臣，而鋹不從；乃遣潘美往討，降之，其地悉定。南漢據地，跨有嶺南北之險，有州四十七。自劉隱傳鋹，凡五主，歷六十七年而亡。

(四)楚一國（十國之六）　楚馬殷者，許州鄢陵人。初爲蔡州秦宗權將，從孫儒掠江淮以南；儒死，殷與劉建鋒分掠諸縣，因收餘衆南走洪州，推劉建鋒爲帥，有衆十餘萬。唐昭宗曄時，建鋒掠取潭州，自稱武安留後；未幾，建鋒爲其下所殺，軍中共推張佶；佶轉推殷爲主，攻取邵州。曄在位之七年（卽光化元年，民國紀元前一千零十四年）詔以殷爲武安留後，尋悉定湖南地；及朱温代唐，封楚王，改潭州爲長沙府，以爲楚都。嘗用高郁之勸，內奉朝廷，外夸鄰國，退修兵農；故梁亡又事唐，惟謹；又諭境內鑄鐵錢，令民造茶，而地大力完，遂爲南方強服。至後唐明宗亶在位之五年（卽長興元年，民國紀元前九百八十二年），殷沒，子希聲立，去建國之制。越三年，希聲沒，弟希範立，復開府置官屬，土宇日拓，南通桂林象郡，西接牂牁，西南諸夷皆附。至後漢高祖劉知遠卽位之元年（卽乾祐元年，民國紀元前九百六十六年），希範沒，弟希廣立，弟希萼時爲朗州（湖南常德縣）節度，自武陵奔喪，希廣以兵止之，希萼怒，通款南唐，隱帝承祐在位之三年（卽乾祐四年，民國紀元前九百六十二年），希萼兵襲破潭州，殺希廣，自立爲楚王，悉以軍政委其弟希崇。希崇與指揮使徐威陸孟俊等謀作亂，旋設計縛希萼；希崇立爲武安留後，遣彭師暠等幽希萼於衡山，師暠奉希萼爲衡山王。時周太祖郭威卽位之元年也（卽廣順元年，民國紀元前九百六十一年）。馬氏之衰也本倚南唐而立國，又內亂，故其勢愈衰！其國內東境既爲南唐所侵，而嶺南一帶，又盡沒於南漢。徐威等見希崇所爲，知必無成，欲遂殺希崇；希崇密奉表請兵於南唐，南唐遣邊鎬，率兵趣長沙。希崇降，南唐卽以邊鎬爲武安節度；希萼亦隨希崇東下金陵，馬氏之族，始盡遷於江南。南唐李景封希萼楚王，居洪州；希崇領舒州節度使，居揚州。宋興，希崇率兄弟十七人歸京師，俱爲美官。方楚之盛，其地南逾嶺，西有黔中，北距長江，東包洞庭，皆其所隸，有州二十八。自馬殷傳希崇，凡五主，歷五十七年而亡。

（五）南平一國（十國之七）　南平高季興者，陝州硤石（河南陝縣東南七十里）人。幼微賤，後爲朱溫將，累官至防禦使。唐季溫取荊南，以其將賀瓌爲留後，旋以季興代瓌。季興善撫散亡，見後梁之衰，專爲自固之計。梁滅唐興，受封南平王，以荊州爲都。既與後唐搆釁，乃稱臣於吳。明宗亶在位之三年（卽天成三年，民國紀元前九百八十四年），季興沒，子從誨立，乃進贖罪銀三千兩於後唐，得復南平王封。嘗求郢州於後晉不得，至劉知遠立，奉表勸進而求之，又不得，遂攻郢而敗。又邀掠南漢閩楚貢道，又所向稱臣，利其賜予，號「高賴子」。其坐閱世變爲時又較永。至後漢隱帝承祐卽位之元年（卽乾祐二年，民國紀元前九百六十四年），從誨沒，子保融立，助後周征淮南有功。惟性迂緩無能，事皆委弟保勗。宋興，一歲三入貢；是年卽沒，弟保勗立。又二年，保勗沒，子繼冲立。先是馬氏之楚亡，其將劉言王逵據湖南，後周使言鎭朗州，逵鎭潭州。已而逵上表於周，誣言欲降南唐，幽之別館，使其將潘叔嗣殺之，而以周行逢鎭潭。時後周太祖郭威在位之三年也（卽廣順三年，民國紀元前九百五十九年）。已而世宗榮卽位，銳意伐南唐，王逵奉周詔出師，過岳州，左右索取無厭，叔嗣以團練使駐其地，憾之，陰以兵襲朗州；逵還戰，敗死，乃迎周行逢於潭州，使入朗主軍事。行逢並能留意治民，悉除馬氏橫賦，貪吏猾民爲民害者皆去之，擇廉平吏爲刺史縣令，境內以治。宋興，行逢沒，子保權嗣。其將張文表作亂，襲潭州，又將取朗州以滅周氏，保權懼，求援于宋！宋使慕容延釗假道南平討張文表，順勢襲江陵；未至，保權將楊師璠已破文表，梟首朗陵市；宋師遂下江陵，於是南平地爲宋有，而周氏亦舉族歸朝。南平祇荊歸峽三州，自季興傳繼沖，凡五主，歷五十九年而亡。

(六)吳越一國(十國之八)　吳越錢鏐者，杭州臨安人。唐末黃巢之亂，始立軍功；嗣爲都治兵馬使，事杭州刺史董昌；昌遣鏐取婺州，又敗劉漢宏取越州；昌因移鎮越州，自稱知浙東軍府，以鏐知杭州事，朝廷因而授之。其後常州潤州蘇州次第下，鏐亦以功進鎮海節度使；未幾董昌叛，稱帝，鏐討平之，於是浙東西多爲所有。唐昭宗曄在位之十四年(卽天復二年民國紀元前一千零十年)，封越王；又二年，進封吳王；朱溫代唐，改封吳越王。浙東之地悉下，鏐以杭州爲督府，亦曰西府；而以越州爲東府。比後唐代梁，賜鏐玉册金印，鏐因以鎮海等軍節度授其子元瓘，自稱吳越國王，以杭州爲都，更名所居曰宮殿，府曰朝，官屬皆稱臣；遣使册新羅、渤海、王海中諸國，皆封拜其酋長，聲勢頗盛。後唐明宗亶在位之七年(卽長興三年民國紀元前九百八十年)，鏐沒，子元瓘立。善撫將士，又樂用賢；惟性奢侈，好治宮室，後不戒于火，因疾狂而沒。時後晉高祖石敬瑭在位之六年也(卽天福六年民國紀元前九百七十一年)。元瓘沒，子佐立，年十三，諸將少之；初頗優容，後稍用法，黜大將章德安等，國中畏恐。閩地接近吳越，時有內亂，連兵相殺，其將李仁達初附李景，已而又叛，爲景所攻，仁達來乞援；佐召諸將計事，諸將不欲行，佐怒曰：『敢有異吾議者斬！』卒發師敗南唐兵，其勇決如此！後漢高祖劉知遠卽位之元年（卽乾祐元年，民國紀元前九百六十五年），佐沒，年僅二十。弟倧立，爲其將胡進思所廢。弟俶立，歷漢周二朝，襲封吳越國王如故。後周攻淮南，召俶出兵牽制李景，俶用師倉卒，遂敗；及周師渡淮，俶括船四百，水軍七千，至通州爲會。吳越自唐末有國，而楊行密李昪據有江淮，吳越貢賦，朝廷遣使，皆由登萊汎海，歲常覆溺；及淮南下，始舍海而陸。錢氏兼有兩浙幾百年，常掠得嶺南商賈寶貨，當五代時，旣貢奉中國不絕，周亡宋興，荊楚諸國相繼內附，俶勢益孤，愈傾其國以事貢獻。俶嘗朝京，厚禮遣還國，俶喜，益以器服珍奇爲獻，不可勝數，未幾，卽舉族歸京師焉。吳越盛時，東南至海，北距震澤，皆在其境內，有州十三。自錢鏐傳至俶凡五主，歷八十四年而亡。

（七）閩一國（十國之九）　閩王潮者，光州固始人。唐僖宗儇時，壽州屠者王緒作亂，攻陷固始，以潮爲軍校；未幾，王緒附秦宗權，渡江轉掠入閩，軍亂，殺緒，推潮爲之主，攻陷泉州，詔授泉州刺史。後又入福州，取汀連二州，詔授福建觀察使，潮遂有全閩之地，改爲威武節度使。昭宗曄在位之九年（卽乾寧四年，民國紀元前一千零十五年），潮沒，弟審知立，繼其兄治福州，有善政。後梁代唐，封閩王，以福州爲其都。後唐莊宗李存勗在位之三年（卽同光三年，民國紀元前九百八十七年），審知沒，子延翰立。其年，存勗被害，中原多故，延翰欲自王；乃建國稱尊，自號閩國王。明年，其弟璘害延翰自立，稱帝；然地狹不足爲國，頗失閩士心！後晉高祖石敬瑭卽位之元年（卽天福元年，民國紀元前九百七十六年），爲其子昶所害。昶立，迷信左道，行多可譏，嘗以神言殺審知諸子。敬瑭在位之四年（卽天福四年，民國紀元前九百七十三年），審知少子曦殺之自立，仍無道！以其弟延政爲富沙王治建州；延政與曦故不睦至是因各治兵相攻，互有勝負：於是曦乃自稱大閩皇，又自稱帝而延政亦稱帝於建州，國號殷，兩方仇不釋。至後晉出帝重貴在位之三年（卽開運元年，民國紀元前九百六十八年），閩內亂起，指揮使朱文進閤門使連重遇合謀害曦，曦死，重遇推文進爲主。文進自稱閩王，悉收王氏宗族五十餘人皆殺之；延政遣軍進討，不克；文進遂稱藩於後晉，受封閩國王。未幾，閩人誅文進，傳首建州。明年，延政改殷之號曰閩，而其將李仁達亂起：以僧卓巖明稱帝；旣又殺巖明，事南唐或後晉懷兩端。後南唐來伐，仁達戰不勝，尋降吳越，建州亦爲南唐所下，延政降，乃徙其族於金陵。閩有州五，自王潮傳曦延政凡六主，歷六十一年而亡。

（八）北漢一國（十國之十） 北漢劉旻者，初名崇，高祖劉知遠同母弟也；少無賴，嘗黥爲卒，事知遠河東。後爲河東節度使，鎭太原，與郭威不協，欲據全鎭爲己囿：及澶州變起，威立旻子贇繼漢，故旻罷兵；贇被害，旻遂自立，稱帝晉陽，仍國號曰漢。結契丹攻周，連歲敗績；周太祖郭威沒，求契丹兵大舉，又大敗於高平。世宗榮進圍太原，三月不克，旻亦憂死。旻嘗謂張元徽：『吾以高祖之業，贇之寃，不得不爾。顧我是何天子？爾曹是何節度？』故雖僭號而不改元立廟；及子承鈞嗣，始改元立廟，完全爲帝制。第地狹產薄，又奉契丹，國用日削。後周世宗榮在位之三年（卽顯德四年，民國紀元前九百五十五年），承鈞沒，養子繼恩立，本姓薛氏，父釗，爲兵，旻妻以女生繼恩；釗後與妻不睦自裁，旻女再適何氏生子曰繼元，與繼恩爲兄弟。繼恩初立，爲供奉官侯霸榮所害；繼元代立，盡殺劉氏子孫！宋屢遣兵伐之而不能下至太宗匡義時始降。北漢有州十一，自劉旻傳繼元共四主，歷二十八年而亡。

以上爲十國起訖之大略，中有數國亦有至宋初而始平者：故本章之說述列國，其時代或不免侵入於宋初，非得已也。今試由時代上之順序遞次言之：後梁初興，即有吳前蜀南漢楚吳越閩之六國，其後又有南平一國。至後唐莊宗李存勗在位之四年（即同光四年民國紀元前九百八十六年），前蜀亡，祇有吳南漢楚吳越閩南平之六國；而是年後蜀又興，仍爲七國。至後晉高祖石敬瑭在位之二年（即天福二年民國紀元前九百七十五年），吳亡，祇有南漢楚吳越閩南平後蜀六國；而是年南唐又興，仍爲七國。至出帝重貴在位之四年（即開運二年民國紀元前九百六十七年），閩亡，仍爲六國。至後周太祖郭威即位之元年（即廣順元年民國紀元前九百六十一年），又有北漢一國，仍爲七國，而是年楚又亡，仍爲六國。自是以至五代之終，六國之局不改。故就五代之始末言之，始於六國，又終於六國。其間雖有變遷，而國數則終相若；至於宋初，其情狀始大易。今連類述之以見一班：

宋興，太祖趙匡胤在位之四年（即建隆四年，民國紀元前九百四十九年），南平亡，祇有五國。又二年，後蜀亡，祇有四國。又六年南漢亡，祇有三國。又四年，南唐亡，祇有二國。至太宗匡義在位之三年（即太平興國三年民國紀元前九百三十四年），吳越亡，祇有北漢一國。其明年，北漢亦亡。

第二章　宋上（民國紀元前九百五十二年至八百四十九年）

宋興百年間由亂而治之一（建國之大凡及中原之一統）（民國紀元前九百五十二年至九百十五年）

宋太祖趙匡胤，涿郡人。五季之末，匡胤起甲胄之中，踐皇帝之位，原其得國，視晉漢周三代無甚懸殊；及其發號施令，名藩大將，俯首聽命，四方列國，次第削平，則人民厭亂之機會已至，而匡胤之布置獲宜，亦重有力焉！在位十七年間，武功與政治，俱有可稱。今次第述之如左：

其關於武功上之足述者，大端凡二：

（一）翦平割據　匡胤始代周，周昭義節度使李筠不服，起兵潞州（山西長治縣），會北漢伐宋，又遣人殺澤州刺史張福，據其城。宋廷遣石守信等分道擊之，並車駕親征，大敗筠兵於澤州，筠自焚死，進攻潞州，亦下之。時太祖匡胤即位之元年也（即建隆元年，遼世宗阮天祿十四年，民國紀元前九百五十二年）。同年，周淮南節度使李重進亦不服，聞移鎮青州之命下，尤恐，乃拘宋使，治兵繕城，遣人求援於南唐，南唐以聞。宋廷先遣石守信等往討，趙普勸親征，從之，遂拔廣陵，重進自焚死。其在當日，北之澤潞，南之淮揚，俱為要害，不一年而平，統一之局於是乎定！又三年，為太祖匡胤在位之四年（即乾德元年，遼世宗阮天祿十七年，民國紀元前九百四十九年），湖南張文表據潭州爲亂，周保權來乞援；乃命慕容延釗李處耘等帥師討之，假道於荊南，先遣丁德裕諭意。孫光憲說高繼沖謂以疆土歸宋則可以免禍，繼沖乃降；時湖南已平文表之亂，宋師長驅而進，克潭州，還趨朗州，周保權謀拒命，慕容延釗擒執之以歸：於是荊南湖南，亦皆爲宋有。其明年，後蜀孟昶約北漢同侵宋，事爲宋聞，乃命王全斌等伐蜀，道出鳳州，別遣劉光義等出歸州；全斌師進，蜀人扼劍門以拒。又明年，全斌用降卒言，遣別將繞間道出劍門南，出敵不意，遂克之，西至魏城（四川綿陽縣東），蜀人駭懼，孟昶出降；時光義亦克夔州，盡平峽中地，於是引軍而西，會全斌於成都，略定兩川地。宋師自發汴至受降，凡六十六日得州縣甚衆，而全斌等在蜀，以戰勝自驕，不恤軍務，蜀人咸怨。時有詔發蜀兵赴汴，行至緜州而亂，衆至十餘萬，號興國軍，擁文州刺史全師雄，稱興蜀大王，兩川郡縣爭應之，全斌僅保成都，不能討；宋廷急遣丁德裕出征，光義全斌等聲勢復盛，力戰破之，師雄走死，德裕等並分道招降其餘黨，蜀地始定：於是兩川始完全爲宋有，宋廷西南之巨患，於此蓋弭。又三年，爲太祖匡胤在位之十一年（卽開寶三年，民國紀元前九百四十二年），南漢屢侵宋邊，宋廷使南唐諭意，南漢不從；宋乃遣潘美帥師伐之，自道州而進，連下諸地。漢兵十餘萬陣蓮花峯（廣東曲江縣西）之下，美一戰破之，遂有韶州；韶漢之門戶也，漢人大懼！明年，美師繼進，偪廣州，劉鋹降：於是廣南州鎭，又盡爲宋有，宋地南疆於海矣。又三年，爲太祖匡胤在位之十五年（卽開寶七年，民國紀元前九百三十八年），又遣曹彬等伐江南，自荊南發戰艦東下，克其池州，進拔唐師於銅陵（安徽銅陵縣）；師次采石，以浮梁渡江。明年，彬又大敗南唐兵於秦淮，進圍金陵。吳越亦發兵助宋，克其常州，潤州來降；又遣將敗其江西援兵於皖口，金陵勢益孤，城陷，李煜降：於是江南之地，又全爲宋有。其明年，吳越王俶遂入朝，尋遣還；後至太宗匡義時，與閩地先後隸宋。

（二）對付外夷　宋之始興，契丹勢正盛，恆與北漢相聯結以窺伺腹裏，蓋晉漢之已事未忘也；匡胤慮之密，故於各方重要之地，皆遣名將以爲守備：其禦太原也，雖謀北漢而實以扼遼，故以郭進控西山，武守琪戍晉州，李謙溥守隰州，李繼勛鎮昭義，而後太原不得逞，即遼勢可少沮；惟備太原，又不得不備西戎，故以趙贊屯延州，姚內贇守慶州，董遵誨屯環州，王彥昇守原州，馮繼業鎮靈武，以控制西方，於是西夏得以無事。又以遼師之入，常在東北一隅，故以李漢超屯關南，馬仁瑀守瀛州，韓令坤守常山，賀惟忠守易州，何繼筠鎮棣州，以捍衞其地，於是遼師亦漸無可逞；宋且與之通好而羈縻之；至於南方，則以酋豪秦再雄守辰州，而諸蠻自然從化。其對待殊族之謀，可云周至！其他如女眞之來附，沙州之入貢，蓋猶未足爲異者也。

其關於政治上之足述者大端又有二：

（一）消弭鎮患　匡胤之經綸中國，最要莫如遏絕亂源；而亂源之最大者，又莫如藩鎮：故藩鎮之亂雖平，而仍不可無消除之計也。今總而計之，約爲五事如左：

（甲）宋初，五代藩鎮強盛之弊未革，時異姓王及帶相印者，不下數十人；已而匡胤用趙普謀，漸削其權，或因其卒，或因遷徙致仕，或遙領他職，均以文臣代之使知州事，自是節度使之兵權漸失。

(乙)設通判於諸州，凡軍民之政皆統治之，事得專達，與長吏均禮，大州或置二員；又令節鎮所領支郡，皆直隸京師，得自奏事，不屬諸藩，自是節度使漸失民政之權。時符彥卿久鎮大名，專恣不法，屬邑頗不治，故特選常參官強悍者往涖之，自是遂著爲令。

(丙)自唐中世以來，藩鎮屯重兵，租稅所入，皆以自贍，名曰「留使留州」，其上供者甚少；五代方鎮益強，率令部曲主場院，厚斂以自利；其屬三司者，補大吏臨之，輸額之外，輒入己，或私納賄賂，名曰「貢奉」，用希恩賞。宋祖始卽位，猶循常制，牧守來朝，皆有貢奉，及趙普爲相，勸去其弊；旋又申命諸州度支經費外，凡金帛以助軍實，悉收都下，毋得占留，所在場院，間遣京朝官監臨，又置轉運使，爲之條禁，文簿漸歸精密：由是利歸公上，而外權日削，節度使漸無財利之權矣。

(丁)命諸州長吏擇本道兵驍勇者，籍其名送都下以補禁旅之闕；又選強壯卒，定爲兵樣，分送諸道；其後又以木梃爲高下之等，給散諸州軍，委長吏都監等召募教習，俟其精練，卽送都下；復立更戍法，分遣禁旅戍守邊城，使往來道路，以習勤苦，均勞佚：自是將不得專其兵，而士卒驕惰之風，亦由是漸息。

(戊)五代藩鎮跋扈，有枉法殺人者，朝廷輒置之不問，而諸帥益橫！宋祖懲其弊，以爲人命至重，姑息藩鎮，豈常如是？乃下令凡諸州決大辟，錄案聞奏，付刑部詳覆之：由是草菅民命之事，亦鮮聞矣。

宋初之所以消弭鎭患者，其情若此，此猶就法制一方言也；匡胤於國家大事，多謀於趙普石守信王審琦，皆平時故人，有功典宿衞兵，普數以爲言，匡胤始不信，終乃許之，一日因宴諭守信等而釋其兵權，王石等均帖然就範；已而欲用天雄節度使符彥卿典禁兵，普又極言之，事遂寢。王彥超者，事晉漢周，入宋，多戰功，性恭謹而威望頗隆，及是以鳳翔節度使入朝，宋祖宴之後苑，酒酣，諭以解兵意；同時在座者有安遠節度使武行德，護國節度使郭崇義，定國節度使白重贊，保大節度使楊廷璋，均以次日罷鎭，奉朝請：其解除鎭權之決心類如此。

（二）敷施善治　宋興，承五代久亂之後，民之望治，切於往時！宋祖初有中國，寬嚴並尙，終不敢以操切爲治：故對於藩鎭官司尙嚴，而對於人民則較爲寬厚，今舉其事之著者，又有四端：

（甲）宋祖注意薄斂，榜商稅則例，令官毋得妄收；又凡官吏之逾法收納者多免職；又以天災之病民也，詔旱甚者，卽蠲其租，不俟報。皆其事蹟之較大者。

（乙）五代文治未知講求；宋興，有詔增葺祠宇，繪聖賢像祀之，匡胤自爲贊，書於孔顏坐端。嘗謂侍臣曰：「朕欲盡令武臣讀書，知爲治之道。」於是其下始貴文學，復行貢舉之法，舉孝友行能直言極諫，儒風因之而盛。

（丙）又其敦崇風教之心，亦尙有足多者：如禁別籍異財，禁鑄佛，禁采珠，禁火葬，禁蒱博；勸民重農，勸民儲畜。

皆於一代人心國本，有較切之關係焉。

(丁)又復推崇節儉，躬爲之範：宮中葦簾緣用青布；常服之衣澣濯至再。皇女魏國公主襦飾翠羽，戒勿復用；見孟昶寶裝溺器，椿而碎之曰：『汝以七寶飾此，當以何器貯食？所爲如是，不亡何待！』其奬勵儉約之心，又不難於言外見之矣。

以上皆就宋初內外事蹟之大者言之。至於宋祖之沒，後人援據野史，又有所謂「燭影斧聲」之說者，今復述類辨之如下：

先是匡胤母杜氏，治家嚴而有法，生五子，曰匡濟，匡胤，光義，光美，匡贊。匡濟匡贊早沒，匡胤即位，尊杜氏爲太后。其明年，太后疾，匡胤侍藥餌不離。及疾革，召趙普入受遺命。太后因問匡胤曰：『汝知所以得天下乎？』匡胤嗚咽不能對。太后固問之，匡胤對曰：『皆祖考及太后之積慶也。』太后曰：『不然，正由周世宗使幼兒主天下耳。使周氏有長君，天下豈爲汝有乎？汝百歲後，當傳位於汝弟。四海至廣，萬幾至衆，能立長君，社稷之福也。』匡胤頓首泣曰：『敢不如教！』太后顧謂趙普曰：『爾同記吾言，不可違也。』命普於榻前爲約誓書，普於紙尾書臣普記，藏之金匱，命謹密宮人掌之。太后遂沒。久之，匡胤封光義爲晉王，班宰相上，又以弟光美兼侍中焉。

始匡胤與弟光義頗友愛，在位之十七年(卽開寶八年，民國紀元前九百三十七年)，匡胤有疾，未幾沒。光義時在南府，宦者王繼恩中夜馳詣府第，召之入，遂卽帝位，更名炅，是爲太宗。

當時以宋祖急病之故，傳聞異詞，於是遂有「燭影斧聲」之說：大抵謂匡胤不愈，夜召光義屬以後事，左右皆不得聞，但遙見燈影下光義時或離席，若有遜避之狀？已而匡胤引柱斧戳地，大聲謂光義曰：『好爲之！』俄而即沒，時漏下四鼓矣。是說出宋李燾續資治通鑑長編，長編出於吳僧文瑩湘山野錄；而淸徐乾學之資治通鑑後編則力闢之，以其說爲無稽，未可濫信云。

惟炅之待弟與兄子，則多有可訾，固不能爲之諱也；既遷兄后宋氏於西宮矣，而對於廷美（即光美）諸人，外示優禮，內實懷忌心。德昭者，匡胤子，於光義爲姪，初封爲武功王，旋從車駕征幽州，軍中嘗夜驚，有謀立德昭者，炅聞，不悅；及還，以征北未利，雖已下北漢，而賞典不行，德昭以爲言，炅怒曰：『待汝自爲之，賞未晚也！』德昭退而自刎。炅聞，驚悔，往抱其尸大哭曰：『癡兒何至于此？』時炅在位之四年也（即太平興國四年，遼景宗賢保寧元年，民國紀元前九百三十三年）。炅初封廷美齊王，既而論平北漢之功，進封爲秦王。時盧多遜專政，趙普奉朝請累年，多遜益毀之，謂普初無立上意；普以久相故，一旦謝政，鬱鬱不得志。會有告廷美驕恣，將有陰謀竊發者，炅疑以問普，普願復相以察其變，且自陳預聞杜太后遺命事，炅因發金匱得誓書，乃復用普爲相，而炅之疑廷美亦益甚；又以傳國之事訪普，普曰：『太祖已誤，陛下豈容再誤？』於是炅益有去廷美心。既而普又廉得多遜與廷美交通事，炅怒，而獄成；詔文武集議，廷臣奏廷美多遜詛咒怨望，宜正刑章。詔奪多遜官爵，流崖州，廷美勒歸私第，貶涪陵縣公，安置房州，遣人伺察之，時炅在位之七年也（即太平興國七年，遼興宗賢乾亨三年，民國紀元前九百三十八年）。廷美既去，炅有厭普心，明年普又罷相；又明年，廷美在房州，以憂悸成疾死，詔追封涪王，以其子德恭德隆為刺史。廷美之得罪，實趙普為之也；其告廷美驕恣將有陰謀竊發者，則其人為柴禹錫，宋初頗負文譽云。

抑炅之在位，於宋初大局關係實多，又未可以家庭之隙掩之也。茲分析言之，得其事凡二：

（一）割據之局至是而結也　炅初即位，吳越王錢俶來朝。時中國漸一統，俶懼，上表乞罷所封吳越國王，及解天下兵馬大元帥，並書詔不名之命，歸其甲兵，求還杭州，而炅不許。其臣崔仁冀曰：『朝廷意可知矣，大王不速納土，禍且至！』俶遂決策上表，獻其境內十三州一軍八十六縣；詔封俶為淮海國王，錢氏諸近支俱授官，尋令兩浙發俶緦麻以上親及管內官吏悉至汴京，凡千四十四艘，以范旻權知兩浙諸州軍事。時炅在位之三年也（即太平興國三年，遼景宗賢保寧十年，民國紀元前九百三十四年）。陳洪進者，故清源節度使留從效牙將也。從效沒，子紹鎡典軍務，洪進以計執之，送南唐，別推副使張漢思為留後，而自為副使；漢思懼其強，授洪進印，於是洪進遂代之為節度使。歲進貢於宋，而多厚斂於民。其所治為泉漳，故泉漳二州人胥苦之；至吳越歸地之年，洪進亦朝宋，獻漳泉二州，縣十四。詔授洪進武寧節度使同平章事，留之汴京，奉朝請；諸子皆授要郡，遣之官。其明年，又有平定北漢之事：

北漢於列國中勢頗強，太祖匡胤嘗以師討之，而未能下也。先是王全斌曹彬李繼勳等先後往討，皆無功；匡胤親征，圍太原，遼師救之，北漢主繼元終不降，匡胤未能克，會暑雨，軍士多疾，乃棄糧儲而歸。時匡胤在位之十年也（卽開寶二年，遼景宗賢保寧元年，民國紀元前九百四十四年）。又七年，復遣潘美等出師攻之，太原仍不下；至太宗炅在位之四年（卽太平興國四年，遼景宗賢保寧四年，民國紀元前九百三十三年），又議伐漢，朝臣多謂未可，獨曹彬贊之：詔以潘美爲北路都招討使，他將分軍共進攻太原；又以判邢州郭進爲太原石嶺關都部署，斷燕薊援師，車駕親征。遼果以師救漢，郭進邀擊之於白馬嶺（山西忻縣西南），大敗之，漢地多爲宋下；炅至太原，督諸軍圍城，漢外援不至，餉道又絕，炅諭繼元速降，繼元不得已，率官屬開城！北漢滅，乃徙太原民於幷州（山西榆次縣）。

宋自吳越獻地，北漢滅亡，中國已一統，而猶有餘亂，經時而始定者：則靑神（四川靑神縣）王小波及其黨李順之亂是也。初，後蜀之亡，府庫蓄積，多輸汴京，後任事者競趨功利，更置博買務，禁商賈不得私市布帛。蜀地狹民稠，耕不足以給，由是小民貧困，兼幷者益糴賤販貴以規利。靑神民王小波因聚衆爲亂，且曰：『吾疾貧富不均，今爲汝均之。』貧者爭附。遂攻靑神，掠彭山（四川彭山縣），其勢益熾。已而小波死，同黨李順擁衆寇掠州縣，多陷，衆至十餘萬。其明年，爲太宗炅在位之十九年（卽淳化五年，遼聖宗隆緒統和十二年，民國紀元前九百十八年），順攻陷成都，據之，自號大蜀王。遣其黨四出，分掠近地，兩川大震。詔以宦者王繼恩爲西川招安使，率師往討。連復所喪地，繼恩至成都，破賊十萬，獲李順，遂復成都。詔磔順等及其黨七人於鳳翔市，川難大定。炅嘉繼恩功，以爲宣政使，而以張詠知益州。蜀當寇掠之際，民多脅從，詠至，恩威並用，爲蜀人所畏愛，成都遂得以無事云。

（二）邊境之爭自斯而烈也　宋當太宗炅時，於遼於夏，俱不能無事；而遼人之窺伺宋邊，其用心爲尤急。先是宋謀北漢，遼屢出師相救，顧宋初起兵勢強，故遼不能得志；炅時北漢敗滅，於是宋遼釁端由茲而接，而禍難以紛。遼自太宗德光不得志中國，北歸沒於途；鄂約者德光之姪，自中國勒兵歸，執舒嚕太后幽之，自卽位更名，阮是爲世宗。後周太祖郭威卽位之元年（卽廣順元年，遼穆宗璟應歷元年，民國紀元前九百六十一年），北漢遣兵伐周，阮欲引兵往會，與諸部議，諸部皆不欲，強之行，至中途，爲太祖億（卽耶律按巴堅之改名）之子舒幹所害；諸部奉太宗德光子舒嚕攻舒幹，殺之，舒嚕立，更名璟，是爲穆宗。不恤國政，喜酣睡，國人謂之「睡王」，悉喪瓦橋關以南地於周！至宋太祖匡胤在位之十年（卽開寶二年，遼景宗賢保寧元年，民國紀元前九百四十三年），出略懷州（在臨潢西南，今熱河巴林旗界內），爲近侍肖格等所害；世宗阮之子賢乃自臨潢赴懷州，卽位，是爲景宗。賢有風疾，國事決於皇后蕭氏，嘗出師救助北漢而不能勝，頗有志南侵，而宋廷亦方思所以制契丹者，於是兩方之兵端遂起。

太宗炅初立，尚與契丹和，兩國曾有通使之事，未至於戰也。其後炅伐北漢，契丹使來問興師之由？炅曰：「河東逆命，所當問罪。若北朝不援，和約如故；不然，惟有戰耳！」自是和好中絕。及宋師下漢，炅欲乘勝，復取幽薊，諸將以師疲餉匱，不欲行，崔翰獨贊之，於是遂自太原發師，宋遼之爭自此始。今分析其戰事之一班如下：

（甲）高梁河之役　炅師既發太原，進圍幽州。遼地多下，其將耶律希達軍幽州城北。炅攻走之，命宋渥等分兵四面攻城，圍之三周，以潘美知幽州行府事。時耶律學古守燕，悉力禦之，不能支，城中大懼。遼遣耶律休格救燕，而炅與耶律沙方大戰高梁河（今北平城西），沙敗將遁，休格適至，與別將分左右翼以進，炅大敗，死者萬餘人。休格亦身被三創，不能騎，輕車追炅至涿州，不及而還。炅歸，喪棄資械不可勝計，急分兵屯要害。宋遼之和議，亦無動機，翌年而有瓦橋關之役。

（乙）瓦橋關之役　遼既得志，旋又攻鎮州，不利。至太宗炅在位之五年（即太平興國五年，遼景宗賢乾亨二年，民國紀元前九百三十三年），遼復以師十萬侵雁門，宋將楊業敗之，殺其節度使蕭綽里特。遼窺宋仍不已，其主賢集兵圍瓦橋關。耶律休格率精騎渡水而戰，宋軍大敗。休格追至莫州。炅自將禦遼，次大名。會遼師引去，炅欲遂取幽州，李昉力陳未可，乃以劉遇曹翰為幽州部署，遂還京。

（丙）岐溝關之役　炅在位之七年（即太平興國七年，遼景宗賢乾亨四年，民國紀元前九百三十年），遼景宗賢沒，子隆緒立，是為聖宗，復國號曰契丹（以下稱遼亦曰契丹）；尊母蕭氏為太后，專國事。又四年，宋謀乘隙以取幽薊，以曹彬田重進潘美等為都部署，將兵伐契丹；彬取涿州，美取寰州朔州應州雲州，契丹兵屢敗。時耶律休格為南京留守，以兵少未敢出戰，彬居涿，旬日餉盡，退師雄州以援糧；太宗炅聞之，以為不合兵機，急趣進師，彬等復趨涿，休格以輕兵來薄，伺蓐食則擊離伍單出者，由是宋兵自救不暇。比至涿，士卒困乏糧又將盡，會隆緒與其太后自駝羅口（涿縣東北）將大兵應援，趨涿州，彬復引還；休格因出兵臨之戰於岐溝關（涿縣西南），彬敗，爲休格追及死於白溝河沙河者甚衆。休格請乘勝略宋地至河爲界，而契丹太后不欲；炅聞急召彬等歸，前所下諸州皆復爲契丹有。潘美副將楊業進兵擊契丹，又大敗，轉戰至陳家谷（山西朔縣南）死之；是年隆緒奉母大舉入寇瀛州，部署劉廷讓迎戰，又大敗，其前鋒耶律休格乘勝而南，陷深州邢州德州，殺官吏俘士民，輦金帛而去，魏博之北，民尤苦焉。

是役也，謀發於賀懷浦與其子令圖。懷浦將兵屯三交（山西陽曲縣北），好議邊事；其子令圖時方知雄州，父子上言以爲契丹釁可乘，炅遂用師契丹。乃不一年而宋師迭敗，懷浦戰死，令圖亦被執，宋勢幾衰；其後雖有張齊賢代州之捷，不能掩其恥也。

(丁)徐河之役　炅在位之十三年（卽端拱元年，遼聖宗隆緒統和六年，民國紀元前九百二十四年），契丹連窺邊，涿州邢州又陷；其明年攻易州下之，邊地益多事。宋聞契丹復至，遣將李繼隆發鎭定兵萬餘護糧，契丹將耶律休格聞之，帥精騎數萬邀諸塗；北面都巡檢使尹繼倫適領兵徼巡路遇之，休格不顧而南，繼倫躡其後，至徐河，將與繼隆戰，而繼倫從後襲擊，殺其一大將，衆皆驚潰，休格亦被創而遁！自是不敢大入寇，每相戒曰：『當避黑面大王！』以繼倫面黑故。

以上爲宋與契丹兵爭劇烈之始，後至眞宗恆時，同州之役，與宋勢大絀，當於後別述之。

宋之外患，契丹之外又有西夏者，党項之支族，拓跋氏之後也。唐末党項拓跋思恭起兵討黃巢，以功授定難軍節度使治夏州（陝西橫山縣內，原名懷遠）。思恭沒，弟思諫立。思諫沒，思恭孫彝昌立。後梁時，彝昌遇害，將士立其族子蕃部指揮仁福。仁福沒，子彝興立。宋初，彝興沒，子克容立。克容沒，子繼筠立。繼筠沒，弟繼捧立，率其族人入朝太宗炅，獻銀夏綏宥四州。夏自上世以來，未嘗有親覲者，繼捧至，炅甚嘉之，賜賚甚富，授彰德節度使；其族弟繼遷不服，走入地斤澤（夏州古城西北）聚衆襲銀州（陝西米脂縣）據之，降於契丹，聖宗隆緒以爲定難節度使，妻以宗女，封爲夏王：於是繼遷遂屢侵宋邊，西人以李氏世著恩德，往往多歸之，繼遷勢日盛。炅從趙普計，復命繼捧鎮夏州，賜姓名趙保忠，厚賜遣之，使往招繼遷；其明年，爲炅在位之十六年（卽淳化二年，遼聖宗隆緒統和九年，民國紀元前九百二十一年），繼遷請降，以爲銀州觀察使，賜姓名趙保吉，且以其子德明爲管內蕃落使。未幾，繼遷又反，擾宋邊如故，炅在位之十九年（卽淳化五年，遼聖宗隆緒統和十二年，民國紀元前九百十八年），詔以李繼隆爲河西都部署，發師討亂。時繼捧亦已附遼，繼隆入夏州，執繼捧，送汴京，墮夏州城平之，而繼遷遂服；已而又叛，繼隆討之，不能克，其將范廷召等大小數十戰，互有勝負，而諸將失期，士卒困乏，終不能破夏，繼遷又復遣使納款，且求蕃任，乃割夏綏銀宥靜五州與之，而西夏暫無事。

抑宋之外患，又不止契丹西夏已也！交州當後梁之末，土豪曲承美乘中國之亂，據有十三州之廣；時劉隱立國嶺南爲南漢，遣將李知順伐承美執之，乃幷有其地。後有楊延藝紹洪，皆受南漢署，繼爲交阯節度使。紹洪死，州將吳昌岌遂居其位。昌岌死，其弟昌文襲。昌文死，其將吳處玶爭立，瀧州刺史丁部領擊敗處玶等，自領交州帥，號大勝王；署其子璉爲節度使，尋遜璉位。久之，璉聞南漢平，遂遣使貢方物，上表內附，封交阯郡王。太宗炅初立，璉又入貢。既而璉死，弟璿年幼，權領軍府事，大將黎桓幽之而代領其衆。時知邕州侯仁寶，趙普女弟之夫也；盧多遜與普有隙，出仁寶於邕，九年不代！仁寶恐因循死嶺外，乃上言：「交州亂，可以偏師取，願乘傳詣闕面陳其狀。」炅喜，將驛召仁寶；多遜以爲勿密，宜卽令仁寶經度其事：於是炅遣仁寶將兵進討，而以他將爲之副。時炅在位之五年也（卽太平興國五年，遼景宗賢乾亨二年，民國紀元前九百三十二年）。明年，仁寶進師，初頗利，黎桓詐降以誘宋師，仁寶遂爲所害；又値炎瘴，軍士多死，轉運使許仲宣以聞，乃詔班師，諸將如孫全興劉澄賈湜均處死。未幾，桓遣使入貢，倂上丁璿讓表，旋以桓爲靜海軍節度使；桓復上表求正領節鎭，朝廷懲侯仁寶之死，不欲用兵，許之，並封桓爲交阯郡王，而安南之丁氏由此滅。

其後至眞宗恆時，黎桓死，其子龍廷殺兄龍鉞而自立，復入貢於宋，宋賜名至忠；至神宗頊時，於是又有用兵交州之事。

宋興百年間由亂而治之二（天書之作僞及內政之振興）（民國紀元前九百十四年至八百四十九年）

炅在位之二十二年（卽至道三年，遼聖宗隆緒統和十五年，民國紀元前九百十五年），疾沒，太子恆立，是爲眞宗。眞宗一朝，先之則有澶淵之盟，後之又有天書之作；而天書之作，實由澶淵之盟而成：雖爲兩事而因果相連，宋之初政，於此一衰！茲爲連屬述之如次：

契丹之強也，積宋兩世之籌慮，與其用兵，勝負尙莫得而定；至眞宗恆之世，則其勢益張。恆初立，契丹入寇，聖宗隆緒親帥師而南，恆亦親征禦之，次大名，契丹引還，范廷召追敗之，而後患迄未能已也。恆在位之六年（即咸平六年，遼聖宗隆緒統和二十一年，民國紀元前九百〇九年），契丹師侵望都（河北望都縣），副都部署王繼忠禦之，兵敗，被執，自是宋勢稍稍絀！其明年，乃有澶淵之役：

契丹聖宗隆緒素謀南略，蕭太后者，又以善謀能戰著稱者也，故太宗炅以來，宋幾無歲無邊警；至於恆時，南侵益力。隆緒奉母蕭氏同進，連侵定瀛諸州，乘勢而進，攻澶州（河北清豐縣）。邊書告警，一夕五至，同平章事寇準不發，飲笑自如。恆聞大駭，以問準，準曰：『陛下欲了此，不過五日耳。』因請恆幸澶州，恆乃議親征，召羣臣問方略：參知政事王欽若，江南人也，請幸金陵；陳堯叟，蜀人也，請幸成都。恆問準，準心知二人謀，乃陽若不知，曰：『誰爲陛下畫此策者？罪可誅也！』於是親征之議，由茲決定。及車駕出發，途中又有以金陵之謀告者，恆意稍惑，復問準，準曰：『陛下惟可進尺，不可退寸，河北諸軍，日夜望鑾輿至，士氣百倍；若回輦數步，則萬衆瓦解，虜乘其後，金陵亦不可得至也！』恆既至澶州南城，望見契丹軍盛，衆請駐蹕，準又固請渡河，至北城門樓，遠近望見御蓋，均大喜，契丹始懼。恆悉以軍事付準，準承制專決，號令明肅，士卒畏悅，契丹來薄城不勝，恆心益安。先是契丹用降將王繼忠之謀，願與宋和；朝臣惟堅士安請羈縻之漸，許其平，恆因遣閤門使曹利用往議和事。至是契丹喪其將蕭撻覽，知久與中國相持或於己不利，乃遣其臣韓杞持書與利用俱來請盟。利用言契丹欲得關南地，恆曰：『所言歸地事極無名，若必邀求，朕當決戰。若欲金帛，朝廷之體固亦無傷。』準不欲賂以貨財，且欲邀其稱臣及獻幽燕之地，因畫策以進曰：『如此則可保百年無事；不然，數十年後，戎且生心矣。』恆曰：『數十年後，當有捍禦之者，吾不忍生靈重困，姑聽其和可也。』準尙未許，會有譖準幸兵以自取重者，準不得已許之。恆遣曹利用如契丹軍議歲幣，恆曰：『必不得已，雖百萬亦可。』準聞之，召利用至幄，謂曰：『雖有敕旨，汝所許過三十萬，吾斬汝矣。』利用至軍，果以三十萬（銀十萬兩，絹二十萬匹）成約而還，準之力也。契丹本意，在覬覦關南，而終不得；及定約，乃以兄禮事宋，引兵北歸，而恆亦還汴。

澶州之役，以寇準功爲最高，其爲相也，用人不以次，同列頗不悅。準頗自矜澶州之功，恆亦以此待準甚厚。參知政事王欽若夙與準不協，累表請罷政；既罷，又深嫉欽若。一日會朝，準先退，恆目送之，欽若曰：『陛下敬寇準，爲其有社稷功耶？』恆曰：『然。』欽若曰：『澶淵之役，陛下不以爲恥，而謂準有社稷功，何也？』恆愕然曰：『何故？』欽若曰：『城下之盟，春秋恥之，澶淵之舉，是城下之盟也！以萬乘之貴而爲城下之盟，其何恥如之？』恆愀然爲之不悅。欽若曰：『陛下聞博乎？博者輸錢欲盡，乃罄所有出之，謂之「孤注」。陛下，寇準之孤注也，斯亦危矣！』由是恆顧準寖衰，旋罷爲刑部尙書，出知陝州，而以王旦代其位。且恆自聞欽若言，益以澶淵之盟爲辱，思所以湔拔之而苦於無術；欽若知其意，益得以持其短長，乃遂以符瑞之說動之：而天書作僞之端，於茲起矣。

眞宗恆自爲王欽若之說所動，深不快於澶州之盟，欽若度恆厭兵，因謬進曰：『陛下以兵取幽薊，乃可滌此恥。』恆曰：『河朔生靈，始免兵革，朕安忍爲此？可思其次。』欽若曰：『惟封禪可以鎭服四海，夸示外國。然自古封禪，當得天瑞，天瑞安可必得？前代蓋有以人力爲之者。』恆懼王旦不可，欽若曰：『臣諭以聖意，宜無不可。』欽若乃乘間爲旦言，旦黽勉從之，於是恆遂決意造天書矣。恆在位之十一年（卽大中祥符元年，遼聖宗隆緒統和二十七年，民國紀元前九百〇四年），密作帛書，置之屋上，稱天書降，百官拜賀。自是廷臣妄相附會：時而得天書於泰山，作玉淸昭應宮以奉之矣；時而封泰山，禪社首，祭及后土，而朝臣上封禪符瑞圖矣；時而謂聖祖降靈於延恩殿，詔告天下肆赦加恩矣；時而享玉皇於朝元殿，判亳州丁謂獻芝草三萬七千本矣；時而得天書於乾佑山（陝西鎭南縣），大會道釋於天安殿矣。綜眞宗恆一朝，歷二十有五年，除前十年外，後此十五年以內，政治之黑闇，人才之闒茸，無不以天書爲之因。故此十五年來，幾於無歲不奉天書，而王欽若、寇準、丁謂、李迪諸人，卽緣茲爲起落；至仁宗禎繼興，宋治始復振。

恆在位之二十五年（卽天禧六年，遼聖宗隆緒太平二年，民國紀元前八百九十年），疾沒，太子禎立，是爲仁宗，時年十三，皇太后劉氏臨朝聽政。丁謂故小人，及是頗謀攬權，不欲其同列與聞執政，潛結入內押班雷允恭以自固；於是允恭恃勢專恣，而謂權傾中外，衆莫敢抗，王曾雖當國，一時亦無如之何；謂且因宿憾，貶寇準於遠方，李迪亦不免。未幾，謂以營山陵不謹免，且遠貶崖州；劉太后坐允恭罪，殺之，謀稍戢宦寺之專。顧太后婦人，中人或貴戚，時不免倚之爲禍福，曹利用輩頗以勛舊自處，有驕心，太后皆能一一裁抑之，故臨朝十一年間，政事頗舉；及禎親政，又能循太后意，振作行之，於是宋治復因之而盛。

宋治之盛，不僅禁奢侈，放宮人諸政已也，其要者莫先於對外。今分析述之，則有三端：

(一)契丹和議之於茲碻定也　先是契丹聖宗隆緒，沒於宋眞宗恆時，其子宗眞嗣位，是爲興宗，太后蕭氏臨朝決事。未幾，宗眞遷太后於外，始親決國事，漸啟南征心。至仁宗禎時，中國適遘西夏之亂，宗眞欲乘釁取瓦橋以南十縣地，乃集羣臣議其事：或主與中國戰，或以爲非。宗眞從樞密使蕭惠說，極力主用兵；乃遣南院宣徽使蕭特默等來致書取故地，及問興師伐夏，並沿途疏濬水澤，增益兵戍之故？詔以富弼爲接伴使，富與特默言頗相契，特默不復隱，告以其主之所欲，弼具以聞。禎惟許增歲幣，或以宗室女嫁其子，且令宰臣擇報聘者；呂夷簡不悅弼，因薦之，進爲樞密直學士。弼辭曰：『國家有急，義不憚勞，奈何逆以官爵賂之？』遂爲使報聘。時仁宗禎在位之二十年也（卽慶歷二年，遼興宗宗眞景福十二年，民國紀元前八百七十年）。弼既至契丹，問以故？宗眞曰：『南朝違約，塞雁門，增塘水，治城隍，籍民兵，將以何爲？羣臣請舉兵而南，吾謂不若遣使求地；求而不獲，舉兵未晚。』弼乃與之反復辨論，力拒其割地，且析言和戰之利害，惟許以歲幣，冀其卽從，而契丹尚思與宋結婚媾。弼還，具以事白於朝；復持二議及受口傳之詞於政府以往。弼行次樂壽（河北獻縣），謂副使張茂實曰：『吾爲使者而不見國書，脫書詞與口傳異，吾事敗矣。』啟視，果不同，卽馳還都，以晡時入見，易書而行。及至，契丹不復求婚，專欲增幣曰：『南朝遺我之辭，當曰獻，否則曰納。』弼爭之，宗眞曰：『南朝旣懼我矣，於二字何有？』弼必不可，辨論間聲色俱厲，宗眞知未能奪，乃曰：『吾當自遣人議之。』乃留增幣誓書，遣使與弼偕來。弼至，入對曰：『二字，臣以死拒之，虜折矣！可勿許也。』禎用晏殊議，竟以「納」字許之！於是歲增銀絹各十萬匹兩，送至白溝，仍遣知制誥梁適持誓書與契丹使同往報之；契丹亦遣使再致誓書，來報撤兵。時契丹實惜盟好，特爲虛聲以動中國，呂夷簡等乃許與過厚，遂爲無窮之害！富弼奉使雖得大臣體，而契丹取求之志終不足饜之！兩方和議，幸於此完成；而後日之兵機，即由是而伏矣。

（二）西夏强勢之於此漸夷也　先是夏當李繼遷時，再叛宋，略地，勢日張；後攻西涼，敗死。其子德明嗣，歸款於宋，眞宗恆厚賜以羈縻之；契丹欲倚以困宋，又册封爲夏王。德明臣事兩朝，然於本國則稱帝，立其子元昊爲太子。元昊性雄毅，多大略，善繪畫，曉浮屠學，通番漢文字，數諫其父勿臣宋，德明輒戒之曰：『吾族三十年衣錦綺，此宋恩不可負。』元昊曰：『衣皮毛，事畜牧，番性所便。英雄之生，當帝王耳，何錦綺爲？』仁宗禎在位之十年（卽明道元年，遼興宗宗眞重熙元年，民國紀元前八百八十年），德明沒，子元昊立，明號令，以兵法勒諸部，凡六日九日則見官屬，倣中國，置文武班，立番漢學，自中書令宰相樞密使以下，分命番漢人爲之，以衣冠采色別士庶貴賤，國勢日强。又擊回鶻，盡取河西地，據有十八州（夏綏銀宥靜靈鹽會勝甘涼瓜沙肅洪定威龍，今陝甘北境及內蒙古西南部），奠都興慶（寧夏省寧夏縣），阻河依賀蘭山爲固，自號大夏皇帝。

用漢人張元昊爲之謀主，凡其立國規模入寇謀畫皆二人所導。常遣書宋廷，邀册命且請續鄰好；仁宗禎乃下詔削其官爵絕互市揭榜於邊，募人能禽元昊若斬首獻者卽授定難節鉞；於是元昊遂抗宋連寇西陲，宋邊騷然。茲就其戰事之較大者略述於下：

(甲)延州之役　延州（陝西舊延安府境）當夏人出入之衝，地闊砦疏，士兵寡弱，無宿將爲守；元昊既叛宋，謀下其地益急。知延州范雍聞元昊且至，懼甚；元昊詐遣人通款於雍，雍信之不設備；已而元昊引兵攻保安軍，破金明砦（陝西安塞縣），乘勝至延州城下。會大將石元孫領兵出境，守城者纔數百人，雍召劉平於慶州。平帥師來援，合元孫兵與夏人夜戰三川口（陝西安塞縣北），大敗，平元孫皆爲夏所執。平不食大罵，遂被害；元孫留夏軍中得不死。會夜大雪，元昊能師去，延州得不陷；宋廷聞警，貶雍知安州。時仁宗禎在位之十八年也（卽康定元年，遼興宗宗眞重熙九年，民國紀元前八百七十二年）。夏自延州勝後，勢日驕，未幾而又有好水川之役：

(乙)好水川之役　延州既敗，宋廷亦知范雍節制之無狀；朝臣韓琦力言范仲淹可任西事，仁宗禎從之。先使仲淹知永興軍，而以琦安撫陝西；既又以夏竦經略陝西，而使琦與仲淹爲副，且令仲淹兼知延州。仲淹之延，集流亡，修堡砦，漢民相繼歸附，延州勢再定。夏人動色相戒曰：『無以延州爲意，今小范老子腹中自有數萬甲兵，不比大范老子（雍）可欺也。』禎在位之十九年（卽慶曆元年，遼興宗宗眞重熙十年，民國紀元前八百七十一年），元昊乃遣人至延州，與仲淹議和；仲淹貽以書，反覆戒諭，令去帝號。韓琦聞之曰：「無約而請和者謀也」。命諸將戒嚴，而自行邊。夏果寇渭州（甘肅平涼縣），琦即趨鎮戎軍（甘肅固原縣），盡出其兵，命環慶副總管任福將之，令繞道出夏師後，如勢未可戰，宜據險置伏，要其歸路。福引輕騎數千，趨屯好水川（甘肅隆德縣東），以諜傳敵兵少，頗易夏師。時元昊已將精兵營川口，福等陷其伏中而猶不知！方思一戰勝夏，比出六盤山下（甘肅隆德縣東），與夏軍遇，始知誤入敵圍，夏兵合而擊之，宋師大敗，福戰死，諸將從者不少，關西大震。時元昊傾國入寇，福臨敵授命，所統皆非素撫之兵；既又與諸將分出趨利，故至於甚敗。奏至，禎震悼，為之旰食；琦坐罪，徙知秦州。元昊以好水川之戰，答仲淹書，語多不遜，仲淹對來使焚之；朝議以仲淹不當擅通書焚書，有請斬仲淹者！乃降職，累徙知慶州。

（丙）渭州之役　宋自好水川敗後，幾不復能禦夏！知諫院張方平上言：「夏竦為統帥三歲於茲，師惟不出，出則喪敗，令將校被斥而帥不加罪，非刑賞之公也。」乃改竦判河中，分陝西為四路：秦鳳一路，以韓琦知秦州鎮之。涇原一路，以王沿知渭州鎮之。環慶一路，以范仲淹知慶州鎮之。鄜延一路，以龐籍知延州鎮之。仲淹與琦尤善守禦，西夏漸畏慴。其明年，為仁宗禎在位二十年（即慶曆二年，遼興宗宗眞重熙十一年，民國紀元前八百七十年），不幸有渭州之敗，於是夏人復肆，而西邊之兵役又紛矣。元昊之攻鎮戎軍也，王沿使副總管葛懷敏督諸砦兵禦之，分諸將為四路，趨定川砦（甘肅固原縣西北），夏人毀橋，斷其歸路，四面圍之，懷敏突圍走，宋兵遂潰。懷敏馳至長城濠（甘肅固原縣西北），路已斷，懷敏及諸將曹英等十六人皆遇害。夏人長驅，直抵渭州，幅員六七百里，焚蕩廬舍，屠掠居民而去。自劉平敗於延州，任福敗於好水，葛懷敏敗於渭州，夏勢益振；然所以復守巢穴者？蓋鄜延路屯兵六萬八千，環慶路五萬，涇原路七萬，秦鳳路二萬七千，有以牽制其勢故也。是以元昊對宋，雖能數勝，而國中死亡創痍，亦復相半，人困點集，財力不給，國中有爲『十不如謠』！怨之者，而其二將綱哩拉、雅奇本，皆以勇戰名，及是亦俱得罪；於是元昊始定講和之策，遣使至延州上書，自稱男邦泥鼎國烏珠，上書父大宋皇帝，更名曩霄而不稱臣。龐籍知夏思息兵，請遣使往諭，宋廷乃命著作佐郎邵良佐往議之，許封册元昊爲夏國主，歲賜絹十萬匹，茶三萬斤。良佐至夏州，夏亦遣使之宋，議和爭及歲幣，宋乃召韓琦范仲淹內用，而一意主和；旋復使琦宣撫陝西，和局漸確定。至禎在位之二十二年（卽慶歷四年，遼興宗宗眞重熙十三年，民國紀元前八百六十八年），元昊遣使上誓表，乞歲賜銀五萬兩，絹十三萬匹，茶二萬斤；進奉乾元節回賜銀一萬兩，絹一萬匹，茶五千斤；賀正貢獻回賜銀五千兩，絹五千匹，茶五千斤；中冬賜時服銀五千兩，絹五千匹；及賜臣生日禮物銀器二千兩，細衣著一千匹，雜帛二千匹。請如常數，無致更改。宋俱許之，和約成。至禎在位之二十六年（卽慶歷八年，遼興宗宗眞重熙十七年，民國紀元前八百六十四年），元昊沒，子諒祚立，遣使來告哀，宋廷册封之爲夏國王，西邊得無警。

（三）南蠻兵禍之於茲戡定也　廣源州者，在邕州西南（安南諒山府東北），其俗椎髻左衽，善戰鬬，輕死好亂。其先韋氏黃氏周氏儂氏爲酋領，互相劫掠，儂氏在廣源尤強。雖號邕管羈縻州，其實服役於交阯。有儂全福者，爲交人所殺，妻適商人，生智高，冒姓儂氏；既壯，漸強，交人使知廣源：智高不足，更據廣源接界之安德州，僭稱南天國，自號仁惠皇帝。仁宗禎在位之二十七年（即皇祐元年，遼興宗宗眞重熙十八年，民國紀元前八百六十三年），攻宋邕州橫山砦，守臣張日新等戰死；又三年，智高陷邕橫諸州，遂圍廣州。時中國久安，廣南州郡無備，智高所向，守臣輒棄城行，故喪地日廣：楊畋等經制蠻事，師久無功；又命孫沔余靖爲安撫使，討亂，宋廷猶以爲憂。時狄青爲樞密副使，上表請行，禎壯其志，乃以爲荊湖宣撫使，督諸軍討智高；智高時還據邕州，青合孫沔余靖兵次賓州（廣西賓縣）。先是諸將皆輕敵敗死，軍聲大沮！青戒諸將毋浪戰，而廣西鈐轄陳曙陽乘青未至，輒以步卒八千犯敵，潰於崑崙關（廣西宣化縣東北崑崙山上）；青聞，斬先遁者，以肅軍令。其明年，爲禎在位之三十一年（即皇佑五年，遼興宗宗眞重熙二十二年，民國紀元前八百五十九年），青整軍，一晝夜，絕崑崙關，出關而陳，智高軍既失險，悉出逆戰，宋軍初小衄；青執白旂指揮，縱左右翼夾擊，大敗之，智高夜縱火燒城，遁走大理，廣南平。詔余靖經制廣西，追捕智高，而召青沔還朝；智高後死大理，南陲悉靖。青以平廣南功，入贊樞府；每出入，士卒輒指目以相矜夸，至擁馬足不得前，宋臣懼其專，乃以使相判陳州，未幾死。

右舉三端，僅就當日對外情況之概言之；至如杜杞之平盜難於京西，文彥博之平兵亂於貝州，皆以息弛內變，著功名於當世。自仁宗禎卽位以來，雖以文治為先，而武略亦非竟無足述；惟承天書黷祀之後，朝端議論時有不齊，故「朋黨」之分亦漸明著。茲再就其事實之彰顯者，述之如下方：

慶歷者，仁宗禎之年號，黨議之於茲發生也，後人遂以『慶歷黨議』目之。實則慶歷祇有八年（自民國紀元前八百七十一年至八百六十四年之間），黨議不自慶歷元年而開，亦不自慶歷八年而止。先是仁宗禎寵張美人，雖立郭后而意不屬；重以太后意，故張美人不得立為后。及禎親政，以朝臣張耆夏竦等曾附太后，欲悉罷之，謀於呂夷簡，夷簡以為然；退語郭后，郭后曰：『夷簡獨不附太后耶？但多機巧，善應變耳！』由是夷簡亦罷出判陳州；及宣制，夷簡方押班，聞唱名大駭，不知其故？夷簡素與內侍閻文應厚，因使內詗，久之，知事由郭后；於是頗謀所以報之，而未得其間也。此為禎在位之十一年四月事（卽明道二年，遼興宗宗眞重熙二年，民國紀元前八百七十九年）。同年十月，夷簡復為相。時宮中楊尚二美人，俱得幸，素與郭后爭；一日，尚氏於禎前有侵后語，后不勝忿，批其頰，禎自起救之，誤批禎頰，禎大怒！內侍閻文應因與禎謀廢后，且勸以爪痕示執政。禎語夷簡，夷簡故有憾於后，因贊其議，並敕有司毋得入臺諫章奏；於是中丞孔道輔率諫官范仲淹等力爭，不獲，且被黜出知外州，皆夷簡主之也。時富弼為僉書河陽判官，上書言：『朝廷一舉而兩失，縱不能復后，宜還仲淹等。』不聽。其明年，郭氏出居瑤華宮，詔立曹氏為后。郭雖居瑤華，禎頗念之，遣使存問，賜以樂府，郭氏答詞淒婉，閻文應懼其復立，屬郭氏疾，禎遣文應挾醫往視，數日，言后暴沒，蓋文應毒之也。時仲淹知開封府，劾奏文應之罪，竄之嶺南，死於道；文應故與夷簡相結，文應雖死而夷簡猶懾如故！於是朝臣之因文應以惡夷簡者日多，而黨爭以作。

仲淹以夷簡執政，進用多出其門，因上百官圖，指其次第，曰：『如此爲序遷，如此爲不次。如此則公，如此則私。況進退近臣，凡超格者，不宜全委之宰相』。夷簡不悅。自是夷簡與仲淹漸不睦，恆有所爭議，而仲淹理直；夷簡因奏訴仲淹越職言事，離間君臣，引用朋黨！仲淹對益切，乃貶知饒州。殿中侍御史韓縝希宰相旨，請書仲淹朋黨，揭之朝堂。於是祕書丞余靖上言：『陛下自親政以來，屢逐言事者，恐鉗天下口，請改前命』；太子中允尹洙自訟『與仲淹師友，且嘗薦己，願從降黜』；館閣校勘歐陽修以高若訥在諫官，坐視而不言，移書責之：由是三人者皆坐貶。館閣校勘蔡襄，作四賢一不肖詩以譽仲淹靖洙修而毀若訥，都人傳誦，鬻書者得厚利；契丹使適至，買歸，張於幽州館：由是附和仲淹諸人者，論議益豪！其明年，夷簡亦罷。

仲淹去，夷簡罷，宋廷朋黨之事，宜其息矣；而未已也！朝臣反對仲淹者，至或誣以他事，沮其進用；而其稱頌之者，則又論薦相繼，以爲可大用：禎以其涉朋黨，下詔切戒，而黨見固未釋也。未幾，朝廷困西師，范仲淹又出當西討之任，而夷簡旋復入朝兼樞密使。富弼固仲淹一流人，夷簡惡之，故有奉使契丹之命；報聘書詞與口傳之說之互異，即夷簡爲之，謀所以陷弼者（事見上節）。契丹和後，西事旋亦定，夷簡又罷相，國內漸見乂安，禎方誠心問治，乃增置諫官，使歐陽修王素蔡襄當其任，而以余靖爲右正言；修等論事切直，小人不便。時方召夏竦於西陲，使爲樞密使，以韓琦范仲淹爲副；修等論罷竦代以杜衍。國子監直講石介樂善嫉惡，喜聲名，見夷簡罷相，韓范諸人執政，歐陽諸人又爲諫官，夏竦拜而復免，因大喜曰：「此盛事也！」時爲慶歷三年（遼興宗宗眞重熙十二年民國紀元前八百六十九年），因作慶歷盛德詩，有曰：「躬攬英賢，手除姦桝。」又曰：「舉擢畯良，掃除妖魃。」又曰：「衆賢之進，如茅斯拔；大姦之去，如距斯脫。」其詞大抵賢奸對舉而以竦等爲奸；於是韓范歐陽之徒益爲忌者所忿，思所以中傷之，謗毀叢集，而仲淹等始不能自安，漸謀外用矣。

初仲淹以忤呂夷簡，放逐數年，士大夫持二人曲直，交指爲朋黨；及陝西用兵，仁宗禎以其爲士望所屬，拔用護邊；及夷簡罷，召還，倚以爲治，中外想望其功業；而仲淹亦以國事爲已任，裁削僥倖，考核百官，日夜謀慮，興致太平；然更張無漸，規模闊大，謗論漸行，而朋黨之議又動。會西陲有警，仲淹因與樞密副使富弼共請行邊，於是詔以仲淹爲陝西河東宣撫使，繼又以富弼爲河北宣撫使；二人皆出，石介不自安，亦請外，得濮州通判。會杜衍代晏殊爲相，務正直，裁僥倖。始仲淹弼在朝所爲，頗有攻而沮止之者，惟衍獨左右之；於是怨仲淹輩者又因之怨衍，而衍不懼也。會衍壻蘇舜欽有過失，御史中丞王拱辰欲傾衍等，因劾舜欽，得罪者十餘人，皆一時知名之士。拱辰喜曰：「吾一舉網盡矣」。舜欽既得罪，衍不自安，求去不許。會諫官錢明逸論仲淹弼更張綱紀，紛擾國經，凡所推薦，多挾朋黨；陳執中復譖衍庇二人，禎不悅，因幷黜之；於是衍與仲淹弼均各知一州。韓琦時官樞密副使，亦不能獨居，上書辨析，不報，遂出知外州。時禎在位之二十三年也（卽慶歷五年遼興宗宗眞重熙十四年民國紀元前八百六十七年），朋黨相爭之烈，有如是者！

自杜衍之去，相繼爲相者率無偉績。禎嘗問置相於王素，素曰：『惟宦官宮妾不知姓名者，可充其選』。禎曰：『如是則富弼爾』。乃用富弼與文彥博同平章事。比宣詔，士大夫相慶於朝。其後彥博以老求罷，韓琦爲相。富弼以母喪去位，曾公亮相，歐陽修參政。琦位首相，法令典故問公亮，文學之事問修，三人同心輔政，百官奉法循理，朝廷稱治。禎在位凡四十一年，恭儉愛民，始終不變。慶歷以來，雖朋黨之論大行，而賢者之進階，不以此而終阻。其時吏治若媮惰，而任事無慘刻之人；刑法似縱弛，而決獄多平允之士。國未嘗無權倖，而不足以累治世之體；朝未嘗無小人，而不足以勝善類之氣。君臣上下惻怛之心，忠厚之政，均足以培壅北宋子孫長久之基，論者以爲無惡宋之仁主焉。

第二章　宋下（民國紀元前八百四十八年至七百八十六年）

宋衰三十七年間政變漸深之一（濮議之爭持及荊公之變法）（民國紀元前八百四十八年至八百二十七年）

仁宗禎在位之四十一年（卽嘉祐八年，遼道宗洪基淸寧九年，民國紀元前八百四十九年），病沒，嗣子曙立，是爲英宗。曙本濮王允讓子，太宗光義曾孫，初名宗實；禎無子，養宗實爲子，賜名曙。既嗣位，有疾，太后曹氏權同聽政。

曹太后性仁慈而善決事，檢柅曹氏及左右臣僕，毫分不以假借，宮省肅然；曙以疾故，舉措或改常度，遇宦者尤少恩，左右多不悅，乃共為讒間，於是兩宮漸以成隙；內侍任守忠，其主謀也。時韓琦、歐陽修用事，委曲調護，太后意稍和；及曙疾瘳，始親政，太后撤簾。知諫院司馬光論守忠離間之罪，國之大賊，乞斬都市；呂誨亦上疏論列，乃竄守忠蘄州，其黨史昭錫等亦皆坐竄，中外稱快。其明年（為英宗曙在位之二年，即治平二年，遼道宗洪基咸寧元年，民國紀元前八百四十七年），又有追奉濮王典禮之議：

英宗曙之父允讓，沒於仁宗禎時，追封濮王；及曙即位，知諫院司馬光，以曙必將追隆所生，嘗因奏事言漢宣帝為孝昭後，終不追尊衛太子史皇孫；光武上繼元帝，亦不追尊鉅鹿南頓君：此萬世法也。已而韓琦等言禮不忘本，濮安懿王德盛位隆，所宜尊禮；請下有司議王及夫人王氏、韓氏、仙游縣君任氏合行典禮，用宜稱情。時朝論雖分兩派，尚未決行也。其明年，為曙在位之二年（即治平二年，遼道宗洪基咸寧元年，民國紀元前八百四十七年），詔禮官與待制以上集議，翰林學士王珪等相戒莫敢發，司馬光獨奮筆立議，略云：『為人後者為之子，不得顧私親。況前代入繼者，多於宮車晏駕之後，援立之策，或出母后臣下；非如仁宗皇帝年齡未衰，深惟宗廟之重，祗承天地之意，於宗室中簡拔聖明，授以大業。今陛下所以負扆端冕，子孫萬世相承，皆先帝德也。臣等竊以為濮王宜準先朝封贈期親尊屬故事，尊以高官大國，王、韓、任氏，並封太夫人』。議上，中書奏司馬光等所議未見詳定，濮王當稱何親，名與不名？王珪等復議濮王於仁宗為兄，於皇帝宜稱皇伯而不名。歐陽修引喪服大記，以為為人後者為其父母降服，三年為期，而不沒父母之名，以見服可降而名不可沒也；若本生之親，改稱皇伯，歷考前世，皆無典據？進封大國，則又禮無加爵之道。請下尙書集三省御史臺議。而太后手詔詰責執政，詔罷議，稽求典故。於是濮議因之暫頓，而羣臣各徵集其所見以立言，兩派間之朝論，用以顯分，而附和珪說者漸少。

又明年，爲曙在位之三年（卽治平三年，遼道宗洪基咸雍元年，民國紀元前八百四十六年），侍御史呂誨范純仁，監察御史呂大防引義固爭，以爲王珪議是，乞從之，章七上而不報；遂劾韓琦專議導諛罪，又共劾歐陽修首開邪議，陷陛下於過舉，而韓琦曾公亮趙槩附會不正，乞皆貶黜，不報：於是王珪呂誨范純仁呂大防諸人爲左仁宗而右濮王之一派；韓琦歐陽修曾公亮趙槩諸人爲右仁宗而左濮王之一派。兩派之分競益形激烈，而誨等仍論列不已，中書亦以劄子自辨，以皇伯爲無稽不可稱；曙意向中書，然未卽下詔也。執政乃相與密議，私令皇太后下手書，尊濮安懿王爲皇，夫人爲后，皇帝稱親；又令帝下詔謙讓，不受尊號，但稱親，卽園立廟，以示非曙意。呂誨等見其說不行，乃繳納御史敕告，家居待罪；曙令閤門以告還之，誨等辭臺職如故。曙問執政當如何？韓琦對曰：『臣等忠邪，陛下所知』。歐陽修曰：『御史以爲理難並立，若臣等有罪，當留御史』。曙猶豫久之，乃出御史，誨、純仁、大防皆外貶。時趙鼎趙瞻傅堯俞以嘗與呂誨言濮王事，卽上疏乞同貶；於是鼎瞻堯俞亦俱外貶。知制誥韓維及司馬光皆上疏乞留誨等，不報；遂請與俱貶，亦不許。呂公著亦以爲言，曙不聽，公著亦外補。誨等出而濮議亦因之遂寢矣。

又明年，爲曙在位之四年（卽治平四年，遼道宗洪基咸雍三年，民國紀元前八百四十五年），曙以久疾沒，太子頊立，是爲神宗。勵精圖治，乃改革舊制，盡力行之，時人號曰『新法』。不料新法行後，政治轉落，於是宋之國勢去眞仁之世日遠。後人以爲熙寧變法，無裨於治，而適以叢亂者，蓋謂是也。

自仁宗禎以來，朝臣中於宋治興替最有關涉者，厥惟歐陽修；神宗頊立，修卒以濮議之故，召人詆斥，自請罷政；而王安石者，則又因歐陽修而顯者也。安石好讀書，善屬文，曾鞏深知之，歐陽修亦爲之延譽；仁宗禎時，擢進士上第，授淮南判官，尋知鄞縣，有政聲，屢遷至度支判官。安石果於自用，慷慨上書至萬言，禎未之行也；英宗曙時，又出知江寧，安石終遲遲不獲有所施；至神宗頊立，而安石於是得大用。

神宗頊爲人英毅，有大志，嘗有慨夫數世之國恥，思所以湔拔之，其意在用武開邊，復中國舊地，以成蓋世之功；而環顧朝臣，皆習故守常，莫有能勝其事者。頊初卽位，謂文彥博曰：『養兵籌邊，府庫不可不豐』。是其經武足財之心，固早定於疇昔，惟得安石用之，斯其蘊藉乃一發無餘；安石亦竭忠相助，冀旦夕可以達其志。顧不能爾者，則反對者之論議，足以阻抑夫事機，而時勢之遷流，亦不克順其君臣之志。故近人謂頊用安石，安石變法，於事無可議；而反對者之多方牽掣，使不能終竟其所成，則眞可議也。大抵宋自眞宗恆以來，朝臣動爲黨議，分派相凌，積勢所沿，滔滔不返！觀夫天書之祟，郭后之廢，幾多正人君子，恆不免爲時論之所訐！甚至范仲淹因謀革敝政，而致負惡名，歐陽修因主持濮議，而終蒙汚誣，先後踵襲，如出一途！安石之推行新法，而卒爲當世士大夫之所詬厲者，宋之人情風俗使然，固不得專爲執政咎也。惟其求治過急，用人太疏，則頊與安石均不能逭其責。今略述新法之推行及其類次如左：

頊初立，安石入對，首以擇術爲言，言必稱堯舜，常爲頊所稱賞。頊在位之二年（卽熙寧二年，遼道宗洪基咸雍五年，民國紀元前八百四十三年），以安石參政，而呂誨唐介等先後反對，頊皆不聽，謂安石曰：『人皆不能知卿，以卿但知經術，不曉世務』。安石對曰：『經術正所以經世務』。頊曰：『卿所設施，以何爲先』？安石對曰：『變風俗，立法度，正方今之所急也』！頊深納之，新法乃漸舉。

新法之推行，其範圍不外富國强兵；又其富國正爲强兵謀，與頊銳意謀邊之志合。今綜而計之，强兵之策，不過四端；而富國之策乃有十三。今先言富國，次及强兵：

（甲）新法之關於富國者　新法之爲富國而行者，又得析爲十三事如次：

（一）創制置三司條例司　安石言：『周置泉府之官，以權制兼并，均濟貧乏，變通天下之財，後世惟桑宏羊劉晏粗合此意。學者不能推明先王法意，更以爲人主不當與民爭利。今欲理財，則當修泉府之法，以收利權』。因創置三司條例司，掌經畫邦計，議變舊法，以通中國之利。詔以陳升之王安石領其事。時頊在位之二年也（民國紀年見上）。自三司條例司設，於是主財務者得考三司簿籍，商量經久廢置之事。凡一歲用度及郊祀大費，皆編著定式，所裁省冗費約十之四。或謂史稱編著定式，乃卽今世豫算案之先河。三司條例司所舉善政，此其一班。明年，頊下詔稱：近設三司條例司，本以均通天下財利；今大端已舉，惟在悉力應接以趣成效，其罷歸中書。於是三司條例司遂輟，其經行之期，限凡二年。

(二)遣使察農田水利賦役　初，三司條例司建議：請遣使分行諸路，相度農田水利、稅賦科率役徭利害。於是詔遣劉彝等八人出察農田水利賦役，分路稽求；已而別頒農田水利約束，凡吏民能知土地種植之法，陂塘圩埠堤堰溝洫利害者，皆得自効，隨功利大小酬賞；由是進計者日多。其後在位之日，始終汲汲盡瘁於此！史稱自熙寧三年（卽頊在位之三年，遼道宗洪基咸雍六年，民國紀元前八百四十二年）至九年（卽頊在位之九年，遼道宗洪基太康二年，民國紀元前八百四十六年），府界及諸路所興修水利田，凡一萬七百九十三處，爲田三十六萬一千一百七十八頃；至於遣使，則始見於頊在位之二年（民國紀元見上），後無可考。

(三)行均輸法　安石又言：聚天下之人，不可以無財；理天下之財，不可以無義。夫以義理天下之財，則轉輸之勞逸不可以不均，用度之多寡不可以不通，貨賄之有無不可以不制，而輕重斂散之權不可以無術。於是遂有均輸法之創行。薛向者，初受命爲浙江荊淮發運使，置買賣場，官自鬻之，罷通商；及是使薛向領均輸平準，專行於浙江荊淮大路，假以錢貨，資其用度。凡上供之物，皆得徙貴就賤，因近及遠，預知在京倉庫所當辦者，得以便宜蓄買，而制其有無。蓋均輸法者，所以通國內之貨，制爲輕重斂散之術，使輸者既便，而有無得以懋遷，亦一種惠民之政也。時朝臣如劉琦錢顗蘇軾翟均反對此事，故頊在位之二年（民國紀元見上），雖曾決議行之，而迄不能就。

四）行青苗法　先是陝西轉運使李參以部内多戍兵而糧儲不足，令民自隱度麥粟之贏，先貸以錢，俟穀熟還官，號青苗錢；經數年，廪有餘糧，論者以爲利。至頊在位之二年，制置三司條例司言：『諸路常平廣惠倉錢穀略計貫石，可至千五百萬貫石以上，斂散未得其宜，故爲利未溥。請自今依陝西青苗之例，民願預借者給之，令出息二分，隨夏秋税輸納，願輸錢者從其便。如遇災傷，許展至豐熟日納。非惟足以待凶荒之患，民既受貸，則兼併之家，不得乘新陳不接以邀倍息』。又：『常平廣惠倉之物，收藏積滯，必待年儉物貴，然後出糶，所及者不過城市游手之人。今通一路有無，貴發賤斂，以廣蓄積，平物價，使農人有以赴時趨事，而兼并不得乘其急。凡此皆以爲民，而公家無所利其入也。欲量諸路錢穀多寡，分遣官提舉，每州選通判幕職官一員，典幹轉移出納。仍自河北京東淮南三路施行，俟有緒，推之諸路』。皆曰『可』。乃出内庫錢百萬緡，糴河北常平粟，而常平廣惠倉之法，遂變爲青苗矣。已而條例司又言：『常平廣惠倉條例，先行於河北京東淮南三路，訪問民間，多願支貸，乞遍下諸路轉運司施行』。於是青苗法始漸次推施，一時反對其事者頗多，然實爲新政之一大善端。南渡後，朱子所謂介甫獨散青苗一事是者，是也。此法自頊在位之二年（民國紀元見上），始行；至哲宗煦即位之元年（即元祐元年，遼道宗洪基大安二年，民國紀元前八百二十六年），新法次第推翻，於是復行常平舊制，累年積蓄錢穀財物，盡委提點刑獄交管，因青苗所置之官俱廢，而青苗法遂罷矣。其經行之期限，凡十八年（自民國紀元前八百四十三年至八百二十六年）。

五）行募役法　差役之法，最足病民；宋承前世法度行之，至於中世，其弊日甚！故在安石變法以前，亦有言其制之不便者。頊即位，銳意變政，乃詔條例司講立役法。條例司言：『使民出錢募人充役，即先王致民財以祿庶人在官者之意』。旋命鄧綰曾布等議其事。綰布上言『畿內鄉戶，計產業若家資貧富之上下分爲五等，歲以夏秋隨等輸錢。鄉戶自四等，坊郭自六等以下，無輸。兩縣有產業者，上等各隨縣，中等倂一縣輸。析居者隨所析而升降其等。若官戶、女戶、寺觀、未成丁，減半輸。皆用其錢募三等以上稅戶代役，隨役重輕制祿』。然輸錢計等高下，而戶等著籍，昔緣巧避失實；乃詔責郡縣『坊郭三年，鄉村五年，農隙集衆，稽其物業，考其貧富，察其詐僞，爲之升降。若故爲高下者，以違制論』。於是頒其法於國中，四方士俗不同，役輕重不一，從所便爲法。凡當役人戶以等第出錢，名「免役錢」。其坊郭等第戶及成丁單女戶、寺觀、品官之家，舊無色役而出錢者，名「助役錢」。凡輸錢先視州若縣應用雇直多少，而隨戶等均取。雇直既已足用，又率其數增取二分以備水旱欠闕；雖增，毋得過二分，謂之「免役寬剩錢」。用其錢募人代役，法始於頊在位之三年、（即熙寧三年，遼道宗洪基咸雍五年，民國紀元前八百四十二年），至哲宗煦即位之元年（民國紀元見上），新法次第推翻，司馬光等又極以免役之害爲言；蘇軾范純仁等雖力攻新法，而於免役之利則亦贊之；光卒改免役爲差役，而免役之法亦罷矣。其經行之期限，凡十七年（自民國紀元前八百四十二年至八百二十六年）。

（六）市易法　頊在位之三年，保平軍節度推官王韶倡爲緣邊市易之說，丐假官錢爲本，詔秦鳳路經略司以川交子、易貨物給之，因命韶領其事，此爲熙寧時代市易法之起源；安石善其法，以爲同於漢之平準，可以制物低昂而均通之。又有魏繼宗者，上言：『京師百貨無常價，富人大姓，乘民之亟，牟利數倍，財既偏聚，國用亦絀，請假榷貨務錢，置常平市易司，擇通財之官任其責，求良吏爲之轉易，使審知市物之價，賤則增價市之，貴則損價鬻之，因收餘息，以給公上』。於是中書奏在京置市易務官，凡貨之可市、及滯於民而不得售者，平其價市之，願以易官物者聽，欲市於官則度其抵而貸之錢，責期使償，半歲輸息什一，及歲倍之，凡諸配率，並仰給焉。時頊在位之五年也（卽熙寧五年，遼道宗洪基咸雍八年，民國紀元前八百四十年）。其後諸州皆設市易務，市易之法，遂漸次推行，而議者數起；至頊在位之十八年（卽元豐八年，遼道宗洪基大安元年，民國紀元前八百二十七年），監察御史韓川請盡廢其法，於是市易又罷，其經行之期限，凡十四年（自民國紀元前八百四十年至八百二十七年）。

（七）頒方田均稅法　田賦不均，乃理財之大患；頊當國，謀所以整理之，乃於在位之五年（民國紀元見上），詔司農重定方田及均稅法，頒之國內。方田之法，以東西南北各千步，當四十一頃六十六畝一百六十步爲一方；歲以九月，縣委令佐分地計畫，隨陂原平澤而定其地，因赤淤黑壚而辨其色；方量畢，以地及色參定肥瘠，而分五等，以定稅則；至明年三月畢，揭以示民，一季無訟，卽書戶帖連莊帳付之，以爲地符。均稅之法，縣各以租額稅數爲限，舊嘗收蹙奇零，——如米不及十合而收爲升，絹不滿十分而收爲寸之類，——今不得用其數均攤增展，致溢舊額，凡越額增數皆禁；瘠鹵不毛及衆所食利山林陂塘路溝墳墓，皆不立稅。凡方田之角，立土爲峯，植其野之所宜木以封表之；有方帳，有莊帳，有甲帖，有戶帖，其分煙析產典賣割移，官給契，縣置簿，皆以今所方之田爲正；令既具，乃以濟州鉅野尉王曼爲指教官，先自京東路行之，諸路仿焉。後至頊在位之十八年（民國紀元見上），新政漸廢，而方田均稅之法亦罷，其經行之期限，凡十四年（民國紀元前八百四十年至八百二十七年）。

（八）行折二錢　安石當國，始罷銅禁，而論者有謂錢流國外，國錢日耗者；安石乃行折二錢以救其弊，除在京在府界外，諸路並通行。時頊在位之六年也。後至徽宗佶在位之四年（卽崇寧三年，遼天祚帝延禧乾統四年，民國紀元前八百零八年），始改鑄折十錢。其經行之期限，凡三十年。

（九）更定陝西鹽鈔法　頊初卽位，辟向爲江淮等路發運使，請卽永興軍置賣鹽場，又以邊費錢十萬緡儲永興軍爲鹽鈔本，繼又增二十萬；其後陝西鹽鈔，大半多虛鈔，而鹽益輕，以鈔折糧草，有虛擡邊糴之患；於是民多言官賣不便，乞通商。頊在位之八年（卽熙寧八年，遼道宗洪基大康元年，民國紀元前八百三十七年），安石主提舉張景温之言，課民賣官鹽，隨貧富作業爲多少之差，買賣私鹽，聽人告，以犯人家財給之；買官鹽食不盡、留經宿者，同私鹽法。鹽鈔舊法每席六緡，及是三緡有餘，論者以爲病；後至哲宗煦在位之五年（卽元祐五年，遼道宗洪基大安六年，民國紀元前八百二十二年），詔解鹽禁復許通商，於是鹽鈔之法又變矣。

以上九端，皆由安石經畫而成；又其四端，則當時並號爲新法，而實非由安石經始者也。今連類言之如下：

（十）收免行錢　先是宋京師百物有行（音杭），官司所須，俱以責辦，下逮貧民浮販，類有賠折。呂嘉問請約諸行利入厚薄，令納錢以賦吏祿，與免行戶祗應，而禁中買賣百貨，並下雜買場務，仍置市司，估物低昂，凡內外官司欲占物價，則取辦焉。於是遂自京師行之，時頊在位之六年也（卽熙寧六年，遼道宗洪基咸雍九年，民國紀元前八百三十九年）。又二年，卽罷。

（十一）立手實法　自免役之法行，人民出錢或未均，呂惠卿用其弟曲陽縣尉和卿計，創手實法。其法官爲定立物價，使民各以田畝室宅資貨畜產隨價自占，凡居錢五，當蕃息之錢一，非用器食粟而輒隱落者許告，有實，以三分之一充賞；預具式示民，令依式爲狀，縣受而籍之，以其價列定高下，分爲五等；旣賅見一縣之民物產錢數，乃參會通縣役錢本額而定所當輸錢。詔從其言，時頊在位之七年也（卽熙寧七年，遼道宗洪基咸雍十年，民國紀元前八百三十八年）。其明年，彗星見，詔求直言，鄧綰陳奏以手實法爲不便，罷之。

(十二)榷蜀茶　初蜀之茶園皆民兩稅地，不植五穀，惟宜種茶，賦稅一例折輸，稅額總三十萬。自李杞入蜀，乃卽諸州創設官場，更嚴私交易之令。知彭州呂陶言：『市易司籠制百貨，歲出息錢，不過十之二；今茶場司盡榷民茶，取茶十之三，茶戶被害，不可勝窮』。詔止取息十之一，而以蒲宗閔領榷蜀茶。時頊在位之七年也（民國紀元見上）。至哲宗煦在位之元年（民國紀元見上），陸師閔時爲都大提舉，榷利尤嚴；劉摯蘇轍論師閔增場榷茶，其害過於市易！乃貶師閔官而罷成都茶場。其經行之限期，凡十三年（自民國紀元前八百三十八年至八百二十六年）。

(十三)立三司會計司　初新政既行，官司規制，遂多變動，三司上新增吏祿，歲至緡錢百十一萬有奇。主新法者皆謂吏祿既厚，則人知自重，不敢冒法，可以省刑；然良吏實寡，仍不能無賕取，論者仍不以爲善。詔三司帳司會計一歲國內財用出入之數以聞，令宰相提舉其事。至頊在位之七年，韓絳請選官置司，以國內戶口人丁稅賦場物坑冶河渡房園之類，租額年課及一路錢穀出入之數，去其重複，歲比較增虧廢置，及羨餘橫費，計贏闕之處，使有無相通，而以任職能否爲黜陟，則國計大綱，可以省察；三司使章惇亦以爲言：乃詔置三司會計司，以絳提舉。已而絳安石議事不合，其明年，爲頊在位之八年（民國紀元見上），絳以疾求去，出知許州，而三司會計司亦罷。

以上四端，雖非由安石經畫，而時人共以新法目之，詆爲變古者也；故與安石所置之九端，連類言之，成十三事，此皆新法之關於富國者。

(乙)新法之關之強兵者　新法之爲強兵而行者，又得析爲四事如次：

(一)改諸路更戍法　宋初懲五代之弊，用趙普策收四方勁兵列營京畿以備宿衛，分番屯戍以捍邊圉，於是驕兵之習除；後定兵制，有禁軍、廂軍、鄉軍、蕃軍之別。項在位之三年（民國紀元見上），議者以更戍法雖無難制之患，而兵將不相識，緩急不可恃！乃部分諸路將兵，總隸禁旅，使兵知其將，將練其兵，平居知有訓厲而無番戍之勞，有事而後遣焉；後復分置將副，京畿河北京東西路三十七將，陝西五路四十二將，東南諸路十三將，總國內都爲九十二將，規畫井然。迨哲宗煦嗣立，新政次第推翻，將兵之制，亦有議罷除者；其後雖未盡廢，而已非安石經制之始觀矣。

(二)立保甲法　安石言：『先王以農爲兵，今欲公私財用不匱，爲宋社長久計，當罷募兵用民兵』，乃立保甲之制。時項在位之三年也（民國紀元見上）。其法先自畿甸行之，而後漸次推及於諸路。綜而計之，可析爲七條：十家爲一保，五十家爲一大保，十大保爲一都保。其同保不及五家者附於他保，有自外入保者則收爲同保，俟滿十家然後別置。一也。每保置保長一人，每大保置大保長一人，以主戶有幹力者充之。每都、置都保正一人，副一人，以衆所服者充之。凡任保正副、保長，皆以選舉。二也。每戶有兩丁以上者選一人爲保丁，附保兩丁以上有餘丁而壯勇者亦附之。三也。凡不在禁內之兵器，許保丁習之。四也。每一大保夜輸五人做盜，凡告捕所獲，以賞從事者。五也。凡同保中犯罪，知而不以告者罰之，但非法律所聽糾者毋得滋擾。六也。有窩藏強盜三人以上經三日以上者，鄰保雖不知情，亦科以失覺之罪。七也。要之更戍法者爲禁兵而立，保甲法則爲鄉兵而立者也。至項在位之十八年（民國紀元見上），司馬光極言其不便，保甲法遂罷。其經行之期限，凡十五年（自民國紀元前八百四十二年至八百二十七年）。

（三）行保馬法　宋初以國內乏馬，故常置羣牧監，而以樞府大臣領之，以重其事；然官馬作弊多而縻費大，不能收蕃息之效！至項在位之六年（卽熙寧六年，遼道宗洪基咸雍九年，民國紀元前八百三十九年），安石乃行保馬之法。凡陝西五路義勇保甲願養馬者，戶一匹；物力高願養二匹者，聽，皆以監牧見馬給之，或官與其直，令自市，毋或強予。開封府界毋過三千匹，陝西五路毋過五千匹。襲逐盜賊之外，乘越三百里者有禁。歲一閱其肥瘠，死病者補償。三等以上十戶爲一保，四等以下十戶爲一社，以待病斃補償者。保戶馬斃，保戶獨償；社戶馬斃，社戶半償之。其後遂徧行於諸路。及項在位之十八年，議者反對更力，遂與保甲之法同罷。其經行之期限，凡十三年（自民國紀元前八百三十九年至八百二十七年）。

（四）設軍器監　軍器監之議，創於安石之子雱，於當時兵制極有關係。雱之言曰：「今天下歲課弓弩甲冑入交武庫者以千萬數，乃無一堅好精利實爲可用者！莫若更制法度，斂數州之作，聚爲一處，若今錢監之比；擇知工事之臣，使專其職，且募良工爲匠師，而朝廷內置工官以總制其事，察其精窳而賞罰之。」項頗然其議。其明年，爲項在位之六年（民國紀元見上），遂置軍器監，總內外軍器之政，置判一人，同判一人。先是軍器領於三司，及是罷之，一統於監，而以呂惠卿判監事；及哲宗煦嗣立，亦有議罷之者；後軍器監雖存，而制漸不舉。

以上四端，又皆新法之關於強兵者。

其他安石所行新法，節目尤多，就教育選舉兩事而言：則如增太學生員，以錫慶院朝集院爲大學講舍，頒己所編著之三經新義（周官及詩書）於學官，而其外並有武學、律學、醫學之設立，故學制日盛；又更立貢舉法，罷詩賦、明經諸科，而以經義論策試進士。凡此皆爲作育人才之主張，當世人士亦共目爲新法而盡詆之者也！自項即位之元年（民國紀元見上），安石入對，蒙知遇而登大位；至七年（即熙寧七年，遼道宗洪基咸雍十年，民國紀元前八百三十八年），終以反對者之多，不能全貫澈其主張，乃累疏乞解機務，同年六月，以觀文殿大學士知江寧府；明年即內召，參相務；又明年，復出以使相判江寧府，時年五十七。綜計安石前後執政，共歷九年，自是不復召；至項在位之十三年（即元豐三年，遼道宗洪基大安六年，民國紀元前八百三十二年），進封荊國公，故世稱安石亦曰王荊公。安石居江寧九年遂沒。時哲宗煦即位之元年也（民國紀元見上）。安石相項，求治急而用人未慎，故韓絳呂惠卿之流，始賴以顯，後復齮齕之，致爲士大夫反對者所藉口；然宋世朝士，最好議論，而其究竟與事實無裨。居相位者不得已而自居於鄉愿，猶克以免禍；不然，未有不受朝士之謷訕者也。安石死後，士夫之好爲議論如故，新舊黨見，轉膠固而不可解：黨事日烈，則外患日強，車駕南而中原遂不可復！後人所謂宋人議論未定，兵已渡河者，徵之往事，豈不然哉？

抑當神宗頊時代安石爲政，對外之事蹟，亦非無可言者。今連紀其大略如下：

(一)對遼之關係　先是契丹興宗宗眞沒於宋仁宗禎時，子洪基立，是爲道宗。至英宗曙在位之三年（卽治平三年，遼道宗洪基咸雍二年，民國紀元前八百四十六年），契丹復改國號曰遼（自是訖於滅亡不改），期與宋再定疆界。頊在位之七年（民國紀元見上），洪基以河東路沿邊增修戍壘，起鋪舍，侵入蔚應朔三州界內，乃使其臣蕭禧來言，乞行毀撤，另立界至。頊因遣太常少卿劉忱卽境上與遼開議。忱等與遼使會於大黃平（山西代縣境），遼人初指蔚朔應三州分水嶺土隴爲界；及忱與行視，無土隴，乃但云分水嶺爲界，於是議不決。明年，遼復遣蕭禧來言，頊命韓縝代忱，與遼使議。禧執分水嶺之說不變，謂必得請而後反。宋因遣知制誥沈括報聘。括詣樞密院閱故牘，得頃歲所議疆地書，以古長城爲分界，今所爭乃黃嵬山（山西崞縣西南），相遠三十餘里，表論之。頊賞括才，賜白金千兩使行。括至遼論辨不屈，比歸，議仍不決，而蕭禧持之益堅。頊問安石，安石曰：『將欲取之，必姑與之！』頊然其議，於是詔以分水嶺爲兩國界，尋遣韓縝如河東，割新疆與之。遼兵潛戢，而議者以東西喪地至於七百里之廣，頗以是爲執政咎！然而終頊之世，遼卒不敢加兵於宋，正非無故也。

（二）對夏之關係　西夏自元昊請和後，西邊無警者垂二十年。當仁宗禎時，元昊沒子諒祚立，宋仍封夏國王以羈縻之；神宗頊初立，邊將种諤襲夏取綏州（陝西綏德縣），邊釁於是再開，西夏復侵邊。未幾，諒祚死，子秉常立，遣使來告哀，宋仍以夏國王封册與之，而秉常寇邊如故，頊在位之三年（民國紀元見上），大舉入環慶，鈐轄郭慶等數人死焉，西陲事漸棘。先是有王韶者，詣闕上平戎三策，以為『欲取西夏，當先復河湟（其地本甘肅鞏昌府以西岷州洮州沿洮河一帶之地皆是）；欲復河湟，當先以恩信招撫沿邊諸種，自武威之南至於洮河蘭鄯，皆故漢郡，其地可以耕而食，其民可以役而使，幸今諸羌瓜分，莫能統一，宜併有之，使夏人無所連結。』安石然其議，於是始開河湟之役，使韶主洮河安撫司事。頊在位之五年（即熙寧五年，遼道宗洪基咸雍八年，民國紀元前八百四十年），韶擊吐蕃大勝，遂取武勝（甘肅狄道縣），立為城，曰鎮洮軍；同年，復開置熙河路（本唐熙州河州地，熙州今甘肅狄道縣，河州今甘肅河縣），以韶為經略安撫使，連取河洮岷諸州，邊堠益斥。頊在位之十四年（即元豐四年，遼道宗洪基大安七年，民國紀元前八百三十一年），夏王秉常為其下所幽，邊臣勸頊宜興師問罪，遂詔熙河經制李憲等大舉征夏；憲故宦者，雖在邊亦不甚悉邊事，及是奉命出熙河，與种諤高遵裕等分道行師。遵裕師至靈州，圍城久不下，夏人決黃河以灌營，復抄絕餉道，士卒凍溺死，餘軍潰歸，復為夏人所乘，大敗；其他諸將分道出師亦多不勝，李憲並未嘗至靈州。明年討敗師罪，貶遵裕諸人官；而又以憲為涇原經略安撫制置使，知蘭州。邊臣欲報夏，絕其患，議築銀州諸城以困之，給事中徐禧至邊，建議不如城永樂（陝西米脂縣西）；永樂依山無水泉，卒爲夏人所陷，徐禧等敗死，李憲等援兵俱爲夏人所隔，不得進，將校死者數百人，士卒役夫死者二十餘萬人，夏人耀兵米脂城下而去。綜計靈州永樂之役，宋人死者約六十萬，喪棄銀錢絹穀不可勝計！事聞，頊臨朝痛悼，爲之不食，遂無意於西伐；而夏人亦卒因此困敝，終莫能抗宋，其勢日衰。

(三)對交阯之關係　交阯本附中國。五代，南漢據有嶺南，嘗置節度使治其地。宋平南漢，疆土南鄰海，其節度使丁璉乃遣使入貢，宋封璉爲交阯郡王。璉死，國內亂，其將黎桓代領郡衆，仍受宋封，王交阯國。再傳至龍廷，內亂又作，其將李公蘊起而代之，受宋封如故。再傳至日尊，稱帝，國號大越。日尊沒，子乾德立，與神宗頊同時。時宋方議開疆，知桂州沈起不和於邊，交人以爲言，罷起，以劉彝代之。彝至，頗有所經畫，以爲交阯可取，乃大治戈船，交人來互市者盡遏絕，表疏亦不得達。頊在位之八年（即熙寧八年，遼道宗洪基大康元年，民國紀元前八百三十七年），遂分三道入寇，一自廣府，一自欽州，一自崑崙關，連陷邊地，事聞，起坐貶，安置郢州，而除彝名。明年，交人又攻陷邕州，知州蘇緘困守死。交阯傳露布，言中國作青苗助役之法，窮困生民，今出兵欲相拯濟。詔以郭逵爲安南招討使，趙卨副之。逵至長沙，先遣將復邕廉，而自將西征。至富良江，交阯以精兵乘船逆戰，宋兵不能濟。趙卨分遣將吏伐木治攻具，壞其船，因設伏擊之，斬其太子洪眞。乾德懼，遣使奉表，詣軍門納款。時宋兵八萬，冒暑涉瘴地，死者過半。富良江去其國不遠，或云僅三十里，逵不敢渡，取其數州而還，有詔赦乾德罪，南陲遂定。

（四）對西南夷之關係　項時經略蠻夷，計分兩路：一湖南，一四川；湖南主帥爲章惇，四川主帥爲熊本，其謀力具在制服蠻夷，而惇功較著。初，項思用兵以威四夷，湖北提點刑獄趙鼎上言：『峽州峒酋，刻削無度，蠻衆願內屬』；辰州布衣張翹亦上書言南北江利害。南北江爲古武陵地（今湖南西部），蠻猺據之，分道甚衆；項在位之五年（卽熙寧五年，遼道宗洪基咸雍八年，民國紀元前八百四十年），遂詔中書檢正官章惇察訪荊湖北路，經制蠻事。惇招降梅山（湖南安化縣西南至新化縣界）峒蠻，置安化縣；明年，惇擊南江蠻平之，又置沅州（本湖南沅州府）；後誠（湖南靖縣）徽（湖南綏寧縣）州亦下，因置誠州，後改靖州；至項在位之九年（卽熙寧九年，遼道宗洪基大康二年，民國紀元前八百三十六年）五溪之蠻（雄溪、樠溪、酉溪、潕溪、辰溪，本湖南辰州府境）悉平，湖南事全定。惇經制蠻事三年有奇，所招降巨酋十數，其地四十餘州，俱爲宋屬，厥功甚偉！後哲宗煦嗣位，傅堯俞王巖叟請盡廢熙寧間所置新州；以蠻情安習已久，不便盡廢，乃廢誠州而留沅州，其所創開之道路，所創置之砦堡，悉毀之！自是五谿郡縣，棄不復問矣。

又熊本之經略瀘夷，事見項在位之七年（卽熙寧七年，遼道宗洪基咸雍十年，民國紀元前八百三十八年）。先是瀘州夷叛，詔以本爲梓夔察訪使，得以便宜措置諸夷事；及是本討降瀘夷，項嘉本功，擢集賢殿修撰。明年，又擊渝州獠，西南潛服，然未能遽定也；項在位之十三年（卽元豐三年，遼道宗洪基大康六年，民國紀元前八百三十二年），中州團練使韓存寶繼之，經略瀘夷；瀘不即靖，存寶坐是誅！時宋方大舉伐夏，故誅存寶以令諸將。

以上又爲神宗頊時武功之一班。頊在位之十八年，疾沒，太子煦立，是爲哲宗。尊皇太后高氏爲皇太后，權同聽政。高后夙不樂新政，頊死，謀一一停止之，於是安石之黨盡黜，而司馬光諸人俱進用，宋政於茲再變！然而有熙豐之改制，斯有元祐（哲宗煦年號）之更化；有元祐之更化，斯有紹聖（哲宗煦年號）之紹述；連屬而至，殆若循環。質言之，熙豐改制與紹聖之紹述前後相屬，而中間元祐之更化，乃爲此兩大時會之一大頓挫，宋政之變態，於此已極；至於建中靖國之設施，則又依於元祐之更化而來，第爲元祐時代之餘波，雖曰「建中」，而實偏於新，雖曰「靖國」而實未能靖。蓋宋自元祐以後，雖仍銳意維新，究其新政之由來，大抵冒襲荆公而已，非復荆公之舊；熙豐行新法而不足致治，惟荆公任其責；元祐以後行新法而仍不足以致其治，荆公固不任其責也。

宋衰三十七年間政變漸深之二（變法後之趨勢）（民國紀元前八百二十七年至八百十二年）

哲宗煦旣立，新政次第推翻，要其推翻之漸，則亦得析爲三小段落言之：自煦卽位至司馬光之沒，爲一小段落，自光之沒至呂公著之沒，爲一小段落，自公著之沒至太皇太后高氏之沒，則又一小段落也。說如次：

高太后旣聽政，卽遣散修京城役夫，止造軍器，寬民間保戶馬，罷京城邏卒及免行錢，此爲停罷新政之始。司馬光者，初與安石議新政不合，出爲西京留臺；至是自洛入臨，歸，太后遣內侍梁惟簡勞光，問爲政所當先，光請開言路；

於是上封事者日衆，大抵皆責備安石變法之失。太后旋用光爲門下侍郎，罷安石所行諸政，於是「保甲」「方田」「市易」「保馬」「青苗」「免役」等法俱不行；出蔡確知陳州，章惇知汝州，呂公著文彥博諸人俱進用，放鄧綰滁州，安置呂惠卿建州。光自見言聽計從，頗爲朝廷盡力；乃煦甫即位而光疾遽深，至元年九月而沒，諡文正：光在朝，安石所建諸法，已廢罷殆盡，未至善後，而身遽逝，於是宋政不免爲之小頓。此爲宋政復古之第一段落。

光沒，宋廷推翻新政之舉仍如故：故於次年仍禁科舉用王氏經義字說，而旋重用呂公著以代光，進公著位司空，同平章軍國事。其時新政已皆廢罷，公著惟亟亟取引衆人，共相扶助，冀所以滿太后之望而杜絕新政之復行；乃至煦在位之四年（即元祐四年，遼道宗洪基大安五年，民國紀元前八百二十三年），公著亦以罹疾而沒，諡正獻：於是專精復古之老臣碩望又缺一人，故太后見輔臣而泣，有『邦國不幸，司馬相公旣亡，呂司空復逝』之語。此爲宋政復古之第二段落。

公著沒，宋廷推翻新政之舉仍如故：故旋有安置蔡確新州（廣東新興縣）之命；且其時諸臣之進，往往由公著，而諸人又不能不以類相從，故前此新舊有黨相競方烈，及是舊臣進用，而舊者與舊者又不能無黨相競之勢，一如新舊黨之在熙豐間，宋之不能永治有以也！程頤者洛黨之首，而朱光庭賈易輔之者也；蘇軾者蜀黨之首，而呂陶諸人輔之者也；劉摯梁燾王巖叟劉安世者，朔黨之首，輔之起者尤衆。是時熙豐用事之臣，散而在野，方不能無惡於舊臣，而舊臣不悟，各爲黨比相訾議；惟呂大防秦人，戇直無黨，范祖禹師司馬光不立黨，御史中丞胡宗愈著君子無黨論以進，而其弊不能泯也。公著沒後，諸人黨見益勿解，純仁雖以「朝臣無黨」爲太后告，太后亦未能深信；諸臣間互相排擊，益使反對者得所藉口，宋政雖一時復古，而其機未能遽固，識者方竊然憂之！至煦在位之八年（卽元祐八年，遼道宗洪基大安九年，民國紀元前八百十九年）太皇太后高氏遽以疾沒；沒之先，又詔呂大防范純仁曰：『老身沒後，必多有調戲官家者，宜勿聽。公等亦宜早退，令官家別用一番人』。容其所謂別用一番人者，果指新法黨而言與否？雖不可知；要之反對者聞之，不難卽緣茲爲藉口，固顯然也。此爲宋政復古之第三段落。

太后既沒，哲宗始親政，自此離元祐更化之時代，而入紹聖紹述之時代；宋政復古之端，於茲再絕，復推行熙豐間之所謂新政，而章惇諸人再用，其事雖驟然，亦有由來，而非成於倉遽者也。初，司馬光之沒，反對者多不免爲蜚詞，諸在位者之心，因以漸搖，朝臣呂大防等，謀用其徒，平宿憾，號曰「調停」；調停之說興，而蘇轍諸人又力持以爲未可，故一時未克遽見於事實，而諸反對者之怨望，自此益深。洎高太后沒，反對者乘之，起排垂簾時事，范純仁力白之，而煦不納；煦固有志新政，前此制於太后，扼於諸老臣，未得遽行其志也。禮部侍郎楊畏者，本附呂大防，籌復古；及是首叛大防，上疏言神宗更定法制，以垂萬世，乞賜講求，以成繼述之道。煦卽召對，詢以先朝故臣孰可召用者？畏遂列上章惇呂惠卿諸人行誼，各加品題，且言神宗所以建立法度之意，與王安石學術之美，乞召章惇爲相；煦深納之，乃罷呂大防范純仁諸臣之銳意復古者，門下侍郎蘇轍，翰林學士范祖禹，皆與焉；遂召用章惇，引爲相，以尚書左僕射兼門下侍郎，新政乃復盛。

以上之十年間，宋廷諸臣之起落，可謂無定。初安石聞朝廷廢輟其法，率夷然不以爲意；後聞罷助役，愕然失聲曰：「亦罷至此乎」？良久曰：「此法終不可罷」！及章惇爲政，助役法遂先復；蓋新法中此爲特良，故紹聖紹述先紹述是法。其後字說之禁既除，免行錢、保甲法、諸政，次第與復，蔡京及其弟卞均不次進用；貶呂大防劉摯蘇轍梁燾諸人官，司馬光呂公著等已死者，均奪其贈謚，范祖禹等均安置遠州。已而大防摯轍燾純仁等又皆流貶嶺南，大防道死；并降太師致仕文彥博爲太子少保，不已，復下其子及甫於同文館獄，編管程頤於涪州（四川涪陵縣）；惇卞又思廢去高太后宣仁之號，杜絕元祐諸臣之希冀，心事雖未行而其謀頗著。向日元祐諸臣，恃宣仁之傾向，侃然陳詞於朝列者，今俱先後被逐；宣仁雖死，亦幾不免：然則宣仁當日所謂「官家別用一番人」者，至是而其言居然大驗矣。

煦在位之十五年（卽元符三年，遼道宗洪基壽昌六年，民國紀元前八百十二年），疾沒，無子；太后向氏與諸臣議所立，乃以神宗頊第十子端王佶嗣位，是爲徽宗，太后權同聽政：於是哲宗煦時之政，況漸有所變，而「建中靖國」之說以興。

宋季二十五年間由衰而亡之一（蔡氏之當權及徽宗之失政）（民國紀元前八百十一年至七百八十七年）

徽宗佶初立，始亦主張復古，如復范純仁等官，徙蘇軾等於內郡，追復文彥博司馬光呂公著呂大防劉摯等三十三人官，免蔡卞蔡京，貶章惇遠州，復以程頤判西京國子監，皆其著者。太后聽政未久，卽罷，佶親政，頗思再舉紹述之業；而時議又以元祐紹聖均有所失，欲以大公至正消釋朋黨，佶頗然之，遂詔明年爲建中靖國；新舊黨雖並用，而佶意實偏於新。未幾，蔡京復內召，授翰林學士承旨。京常與供奉官童貫相結，京之進由貫爲之適；韓忠彥執政，與曾布交惡，布謀引京自助，故京得再用。未幾，蔡卞亦復官，而司馬光等四十四人又復追貶，幷籍元祐元符黨人。京旋代布當國，勢驟尊，才不安石若，而陰思依附之以箝制輿論，故凡事均以紹述名！用熙寧條例司故事，即都省置講議司，自爲提舉，講議熙豐已行法度及神宗頊欲爲而未暇者，以其黨吳居厚王漢之等十餘人爲僚屬，取政事之大者更張之；凡所設施，均由是出，元祐法則禁之，京勢盛而新法亦違安石之初心矣。

蔡京當國，新政次第復向日之舊法黨在所擯棄。一方詔黨人子弟毋得至闕下，毀司馬光等景靈宮繪像，除故直祕閣程頤名；一方又圖熙寧元豐功臣於顯謨閣，而以王安石配享孔子。自是新黨遂戰勝舊黨，附和復古者不能望其勢也。又京之排擯異己，以黨人碑一事爲最刻。先是元祐復古諸臣，亦有列安石親屬等四十人以爲敵黨，榜之朝堂者；京襲行之而又加甚！立黨人碑於端禮門，共百二十人，列其罪狀，謂之「姦黨」；不已，復請下詔籍元符末日食求言章疏及論熙寧紹聖之政者，付中書定爲正上、正中、正下三等，邪上、邪中、邪下三等，於是鍾世美以下四十一人爲正等，悉加旌擢，鄧考甫以下五百餘人爲邪等，重以降責；不已，京又自書姦黨爲大碑，頒於郡縣，令監司長吏廳皆刻石；不已，又重定元祐元符黨人及上書邪等者合爲一籍，通三百九人，刻石朝堂：凡此皆所以報其前時排己之嫌，而宋政之衰，亦自此時爲著！

蔡京之執政也，二十年間，暫能者三，其擅權如故。趙挺之張商英鄭居中等爲相，稍與京立異，然於京之權寵，固無損也。京子攸亦當國用事，權勢至與其父相埒，滿朝皆其父子之黨。後京年老目昏眊，不能決事，悉決於季子絛。凡京所判，皆絛爲之，至代京人奏事。絛每造朝，侍從以下皆迎揖，堂吏數十人，抱案後從，由是恣爲姦利，竊弄威柄，宋政益壞。其兄攸嫉之，至於佶前有殺絛之請。至佶在位之二十六年（即宣和七年，遼天祚帝延禧保大四年，金太宗晟天會三年，民國紀元前七百八十七年），始勒京致仕。

抑宋政之壞，壞於蔡氏父子，固也；而徽宗佶之偏聽，亦與有責焉。童貫以一宦者專權用事，相比爲惡，罪不在蔡氏父子下；而王黼朱勔等則亦得以從罪科之。北宋之覆，由此數人，揭其秕政，蓋有四事，述如下：

（一）名位雜而吏治不修也　初，佶當國內承平之後，一切任臣下以爲治，吏員之冗濫，名位之叢雜，已不足爲訓矣。元豐改制，官司分職，條序井然。蔡京當國，更易官名，謀繼元豐之政，而改作不善，名益混淆，甚者走馬承受，黃冠道流，亦濫朝品。小人競進，而政益不良，王黼諸奸，得因緣以顯。此足以致北宋之覆亡者一也。

（二）財用濫而工役紛興也　蔡京當國，專務增修財利之政，思以侈靡迷惑人主，動引周官「惟王不會」之說，每及前朝惜財省費者，必以爲陋；至於土木營造，率欲度前規而侈後觀，紛置應奉司，御前生活所，營繕所，蘇杭造作局，其名雜出，大率爭以奇巧爲功，而「花石綱」之役爲尤甚。初，佶欲搜集東南珍奇之花石，命朱勔主其事，舳艫相銜於淮汴，號「花石綱」，勔指取內帑如囊中物，每取以數千百萬計，搜巖剔藪，幽隱不置，凡士夫家有一石一木稍堪玩者，必買而致之以入京師，民間大擾；又作萬歲山，山高林深，禽獸成羣，園池臺觀，備極巧妙，勞民之力，不以為懼。此足以致北宋之覆亡者又一也。

(一)遊宴侈而體制蕩然也　蔡京子攸夙有寵於佶，進退無時，與王黼常居禁內；或侍曲宴，則攸黼著短衫窄袴，塗抹青紅，雜倡優侏儒中以戲笑博佶歡。佶又常幸蔡氏之第，故蔡京謝表有『輕車小輦七賜臨幸』之語；自是邸報傳之四方，而臣僚附順，莫有敢言者；曹輔上疏極諫，反以得罪。佶玩安忽危至此！此足以致北宋之覆亡者又一也。

(一)道教崇而異端競進也　佶任蔡京等以政，而京又倡為「豐亨豫大」之說以驕之，窮供奉，飾起居，因是而有道教之崇奉：先頒金籙雲寶道場儀範於國內，繼建玉清和陽宮於福寧殿東，奉安道像；繼又自言天帝降臨，建迎眞宮，作天眞示現記；置道階官，立道學，編道史，紛興土木以致崇敬，自號曰教主道君皇帝，寵信方士林靈素等，俱加尊號，其徒、美衣玉食者幾二萬人。凡為道士者俱有俸，每一觀給田亦不下數百千頃；凡設大齋，輒費緡錢數萬，有時亦令士民詣上清寶籙宮授神霄祕籙，朝士嗜進者，多靡然趨之；君臣上下，習於異端，初不以為謬。此足以致北宋之覆亡者又一也。

然此猶就其內政言之也。若夫對外則恆致不利，加之金勢初強，將幷遼而窺宋，故宋之外患尤急於內憂。宋之南渡，固由內政之無良，而亦金勢之恢張，有以致之。請繼此以述宋季對外之事：

(一)對吐蕃與夏之關係　北宋之季，吐蕃屢寇邊，洮西安撫使王贍不能禦，詔棄鄯湟州畀之，而邊患仍不能止也；蔡京當國，謀復鄯湟，請命王厚安撫洮西，而以童貫監其軍事；貫往，果與厚復湟州。時佶在位之三年也（即崇寧二年，遼天祚帝延禧乾統三年，民國紀元前八百零九年）。其明年厚又復鄯州，幷及廓州。佶嘉京薦引功，封爲嘉國公，以厚爲武勝節度留後，貫亦旋授熙河蘭湟秦鳳路經略安撫制置使。西夏見宋開邊方得利，懼而爲寇，誘吐蕃圍宣威城（甘肅西寧縣北），執知鄯州高永年殺之，湟鄯大震，詔貶王厚爲郢州防禦使。西夏自哲宗煦以後，時寇宋邊，至是遂大逞；後再入寇，幸爲鄜延將劉延慶等所敗，夏旋請平於宋，許之，西邊禍稍弭。貫後用兵復洮州，功名日著，益恃功驕恣，選置將吏，皆取中旨不復關朝廷。惟時永興鄜延環慶秦鳳涇原熙河各置經略安撫司，即以貫總其事；於是西兵之柄，多屬於貫；貫嘗欲乘夏之敝，制其死命！遣大將劉法取朔方，法不可；貫偪之，法不得已出塞，遇伏死。法，西州名將，旣死，諸軍洶懼；貫隱其敗，以捷聞，百官入賀，皆切齒，然莫敢言。關右旣困，夏亦不支。佶在位之十九年（即宣和元年，遼天祚帝延禧天慶九年，金太祖完顏旻天輔三年，民國紀元前七百九十三年），乃因遼人進誓表納款，遂詔六路罷兵，未幾而約金攻遼之局又啓。

(二)對西南夷之關係　自蔡京以開邊結主知，由是邊臣皆欲乘時邀利。知桂州王祖道，誘王江蠻（廣西三江縣）使納土，詔以其地爲懷遠軍，尋改平州；又分其地置允格二州；已而祖道又以兵取南丹州（廣西南丹縣），特置黔南路。其後知桂州張莊又奏言安化上三州一鎮諸蠻納土，幅員九千餘里；並有其他諸州，幅員萬里。蔡京帥百官表賀，詔莊兼黔南經略安撫使。或謂莊與祖道鑿空開邊，指名州縣，率多虛處，未可爲據；故其後佶討祖道等妄言拓地之罪，貶祖道爲昭信節度副使，放張莊於永州。又同時，知涪州龐恭孫誘涪州夷，使內附，詔置珍州（貴州桐梓縣）承州（貴州綏陽縣）；其後恭孫屢奏得地，每開一城，多得褒遷，進知成都府。恭孫在西南二十年，所得州縣，輒張名籍，實鹵瘠不毛地，繕治轉餉，爲蜀人病；故所開邊地雖多，而後亦寖廢。

（三）對遼與金之關係　遼當道宗洪基時，皇太叔重元專政，懷異圖，與其子尼嚕固等謀反，洪基遣耶律伊遜等討平之。伊遜復專權，潛殺皇后蕭氏及后之子濬，又欲害濬子延禧。洪基獵黑山（內蒙古喀喇沁旂東），見從官多隨伊遜，心不平，使出知興中府（熱河省朝陽縣）事。伊遜謀叛，亡入宋，及私藏兵甲事覺，伏誅。遼自伊遜專政，羣邪競進，忠士斥逐，諸部反側，兵革歲動，而國勢日衰。徽宗佶即位之元年（即建中靖國元年，遼天祚帝延禧元年，民國紀元前八百十一年），洪基沒，孫延禧立，是爲天祚帝。念伊遜之惡，詔令戮屍，誅其黨與。時遼勢日敝，延禧闇弱而不能理國，當其在位，正與宋徽宗佶同時，南北俱當衰運，女眞起而乘之，於是遼覆而宋亦南，金勢乃大熾。

遼東邊又有女眞族，爲東胡之別種，其先出靺鞨氏，號勿吉，古肅愼地也。元魏時，勿吉有部七，至隋猶存。唐初，僅黑水靺鞨，粟末靺鞨兩部：粟末靺鞨，始附高麗，姓大氏，後爲渤海王，傳十餘世，有五京十五府六十二州；黑水靺鞨，居古肅愼地，亦附高麗，唐玄宗隆基時入朝，置黑水府，拜都督，賜姓名李獻誠，其後服屬渤海，朝貢遂絕。五代時，遼滅渤海而黑水靺鞨亦附之，其地有混同江，合於黑龍江，又有長白山，所謂白山黑水是也。在江南者入遼籍，號熟女眞；在江北者不入遼籍，號生女眞。始祖諱函普，年六十餘，從高麗徙居完顏部，娶完顏部女，久之，生二男，長烏嚕，次斡嚕，自是遂爲完顏部人。子烏嚕嗣，是爲德帝。德帝子巴哈，是爲安帝。安帝子綏赫，是爲獻祖，始定居按出虎水之源（阿勒楚喀河）。獻祖子舒嚕，是爲昭祖，始以條教爲治，士衆寖強，仕遼爲特里袞。昭祖子烏古鼐，是爲景祖，始役屬諸部。會遼節度使巴延瑪勒叛遼，遼將致討，烏古鼐襲而禽之，獻於道宗洪基；洪基嘉其功，以爲生女眞節度使：始有官屬，紀綱漸立，鄰國以甲冑售，厚價購之，乃修弓矢器械，兵勢稍振。烏古鼐沒，子合理博立，是爲世祖，襲節度職。時神宗頊在位之八年也（卽熙寧八年，遼道宗洪基大安元年，民國紀元前八百三十七年）。女眞至合理博，征服叛部，基業日張。至哲宗煦在位之七年（卽元祐七年，遼道宗洪基大安八年，民國紀元八百二十年），合理博沒，母弟蒲拉舒立，是爲肅宗，仍襲節度使之職。其後蒲拉舒沒，弟盈格立，襲節度使職如故：鄰部之不服者俱討平之，強勢不墜；又討遼叛將哈里，斬之，漸有輕遼心。盈格沒，兄子烏雅舒立，是爲康宗。至徽宗佶在位之十三年（卽政和三年，遼天祚帝延禧天慶三年，民國紀元前七百九十九年），烏雅舒沒，弟阿古達立，是爲金之太祖。

阿古達在位，與遼關係日密。時遼天祚帝延禧淫酗好獵，荒政治，四方奏事，多不省，每歲遣使市名鷹「海東青」於海上，道出境內，使者貪縱，爲女眞人所厭苦，頗有叛遼心。延禧嘗如春州（吉林長春縣），幸混同江釣魚，生女眞酋長在千里內者，以故事皆來朝，適遇魚頭宴，延禧命諸酋次第起舞，至阿古達，辭不能，但端目直視。延禧諭之再三，終不從，天祚旋謀殺之，以北院樞密使蕭奉先之諫而止。阿古達歸，密備兵防遼；既嗣位，尤與遼忤，陰召所屬備衝要，建城堡，修戎器，謀爲先發制人計，舉諸部兵得二千五百，傳梃誓衆，一戰破遼，進克寧江州（吉林烏喇北混同江東）；延禧聞寧江陷，乃以司空蕭嗣先爲東北路都統，發兵屯珠赫店（吉林伯都納城南，內蒙古科爾沁右翼前旗界內），阿古達進戰，又破之。遼軍因賞罰不明，士無鬭志，遇敵輒潰，女眞軍日盛。其明年爲徽宗佶在位之十五年（卽政和五年，遼天祚帝延禧天慶五年，金太祖完顏旻收國元年，民國紀元前七百九十七年），阿古達弟烏奇邁，勸阿古達稱帝，阿古達遂卽帝位。且曰：『遼以鑌鐵爲號，取其堅也；鑌鐵雖堅，終以變壞，惟金不變不壞』。金之色白，完顏部色尚白，於是國號大金，更名旻。遼懼金強，因遣使議和，金不許，且出兵敗遼師，取黃龍府；於是延禧乃下詔親征，自率兵十餘萬，出長春路；別分師爲五道，北出駱駝口（內蒙古札賚特旗西北），南出寧江州，發數月糧，期必滅女眞。遼師度混同江，副都統卓諾等亡歸，謀立延禧族父曰耶律淳者，不成，卓諾遂爲變，率其麾下，掠取上京府庫財物，移檄郡縣，數延禧罪惡，趨廣平犯行宮，又不克，敗死。延禧初聞卓諾之反，身先西還，阿古達乘勢急追襲之，及於和斯布達岡（讀史方輿紀要岡在混同江西），遼兵大潰，枕藉相屬百餘里。其明年，爲徽宗佶在位之十六年（卽政和六年，遼天祚帝延禧天慶六年，金太祖完顏旻收國二年，民國紀元前七百九十六年），遼將高永昌又據遼陽以叛，金人攻永昌殺之，遂取遼東京州縣，其南路繫遼女眞亦皆降金。遼以耶律淳爲都元帥，督師再禦金，未幾，戰敗。遼之顯（遼寧北鎭縣）乾懿川濠（四州，俱在北鎭縣境）復（遼寧復縣）成（遼寧義縣）惠（熱河省喀喇沁右翼旗界內）八州，又均爲金有，遼地日蹙，而金勢日強，宋人於是申約金攻遼之約。

宋於金初無關係。金之先世雖曾浮海通宋，不爲宋人所注意。徽宗佶時，童貫樂於開邊，嘗使遼，得燕人曰馬植者，與之俱歸，易姓名李良嗣，薦諸朝。良嗣上策曰：「女眞恨遼人切骨，而天祚荒淫失道。本朝若自登萊涉海，結好女眞，與之相約攻遼，其國可圖也」。佶納其說，賜姓趙氏，以爲祕書丞：自是宋人始有收復雲燕之心，而蓄志圖遼於此始。其後又有漢人曰高藥師者，泛海至登州，言女眞建國，屢破遼師，登州守臣王師中以聞，詔蔡京童貫共議，命師中募人同藥師等齎市馬詔以往，不能達；後委童貫，遣人使之，遂使武義大夫馬政同藥師由海道如金，政言於阿古達，謂宋思與金通好，要金允許，自是宋金通好之議動：明年，爲徽宗佶在位之十九年（卽宣和元年，遼天祚帝延禧天慶九年，金太祖旻天輔三年，民國紀元前七百九十三年），金遣使來聘，宋金之通好自此始。又明年，童貫密受旨圖復燕雲；因建議遣趙良嗣使金，仍以市馬爲名，其實約攻遼以取燕雲。良嗣告阿古達，燕本漢地，欲夾攻遼，使金取中京大定府，宋取燕京析津府，阿古達然之，遂議歲幣，並以手札付良嗣，約金兵自平地松林（綏遠省克什克騰旗西南）趨古北口（河北密雲縣東北），宋兵自白溝河夾攻；因遣人偕良嗣還以致其言，宋使馬政報聘，如其議，約彼此兵不得過關，歲幣之數同於遼：於是金人用兵滅遼之計益決。

當是時，遼勢絀於金，雖一再遣使册阿古達爲東懷國皇帝，而阿古達不受，且出師取遼上京，其都統耶律伊都亦旋率衆降金，金之滅遼在旦暮，而宋於此時，雖有睦州（浙江淳安縣）方臘之亂，騷擾及杭歙淮南，宋江又以三十六人橫行河朔，顧皆不久敉平，得專力以對外，志旣在於取遼，而又得金人之力爲之助，遼勢日迫。迨徽宗佶在位之二十二年（卽宣和四年，遼天祚帝延禧保大二年，金太祖旻天輔六年，民國紀元前七百九十年），金以耶律伊都爲鄉導，進薄中京，遼師潰，延禧方獵鴛鴦濼（察哈爾省阿巴噶旗右翼西南），乃懼其子晉王阿哷罕之尙存，必不利於己，忽遽偪殺之，而人心益以解體矣。

阿哷罕夙以仁孝聞，有人望；耶律伊都等初以延禧不道，謀立爲君，事覺，故伊都奔金；及伊都引金師至，延禧誤聽其下言，以爲彼之來，將復立阿哷罕也，因殺阿哷罕。阿哷罕死，諸軍皆流涕，延禧軍漸不爲己用，乃走避雲中。於是遼之中京遂爲金所取，金師復襲遼軍，延禧走夾山（綏遠省吳喇忒旗西北），勢日蹙。要其殺賢嗣，竄邊域，其謀皆由蕭奉先主之；迨至夾山，延禧始悟奉先之不忠，麾之使去，而奉先旋死。其燕京留守李處溫等見遼已不救，乃共奉耶律淳稱帝，遂廢延禧爲湘陰王，思爲金人附庸，遣使求之，而金人不報；遼之西京旋亦爲金有，東勝諸州又下，於是宋詔童貫蔡攸勒兵巡邊以應金。

童貫之出師謀收燕也，燕之耶律淳遣耶律達什等禦之，宋師不克，而淳旋死，其妻蕭氏稱太后，主國事。宋相王黼聞淳死，復命童貫蔡攸治兵，以劉延慶爲都統制，遼將郭藥師旋以涿易二州來降。貫遣延慶出師雄州，藥師爲鄉導，進渡盧溝河，燕將蕭幹出拒。藥師間道襲燕，幹還救，死鬬，藥師敗走，盧溝之師潰，士卒蹂踐，死者百餘里，幹因縱兵追至涿水而旋。宋人自熙豐以來，所儲軍實至斯殆盡，延慶不得已退保雄州。燕人知宋之無能爲，作詩及歌詞以誚之，宋無如何也。貫以功不成，懼得罪，乃密遣使之金，求如約夾攻，金師遂分三道而進。遼以勁兵守居庸關，不戰自潰，金兵由是渡關，至燕，下之，於是遼之五京，俱入金。蕭后蕭幹均西走，幹尋奔奚，蕭后爲延禧所殺。

初宋與金約，但求石晉賂契丹故地，而不及平灤等州；已而宋相王黼欲併得之，遣趙良嗣往爭，阿古達不從，且責宋出兵失期，祇許與燕京及薊景檀順涿易六州。良嗣言：『原約山前山後十七州，今乃如此，信義安在』？抗辨數四，使者屢往返，金議不動。其明年，爲徽宗佶在位之二十三年（卽宣和五年，遼天祚帝延禧保大三年，金太宗晟天會元年，民國紀元前七百八十九年），金貽宋書，有曰：『燕京用本朝兵力攻下，其稅租當輸本朝』！宋人不得已，遂約歲幣四十萬之外，每歲更加燕京代稅錢一百萬緡，幷遣使賀正旦生辰，置榷場交易；於是宋金之約遂定，金人許以燕京及六州來歸，而山後諸州，及西北一帶，接連山川，不在許與之限：

宋曲意從之，詔童貫蔡攸班師，仍詔王安中作復燕雲碑，勒於延壽寺以記功，尋又以復燕雲事頒赦天下。實則燕雲之復，並非由宋力，宋尸其名而實惠歸金，雖復猶不復也！

時金師益西出困遼，延禧禦戰，屢喪敗，奔雲內（綏遠省吳喇忒旂西北）。夏主李乾順遣使請延禧至其國，延禧乃南渡河。都統蕭特烈等乃共立延禧子梁王雅里為帝。雅里尋死，特烈等復立耶律珠爾（興宗宗真孫）為帝。未三旬，珠爾與特烈等俱為亂兵所殺。其明年為徽宗佶在位之二十四年（即宣和六年，遼天祚帝延禧保大四年，金太宗晟天會二年，民國紀元前七百八十八年），延禧復渡河，取東勝諸州，謀收燕雲不果，復敗於金。延禧走山陰（夾山之北），又明年，趨党項，在途為金兵所獲，金封為海濱王。遼亡，計傳九主，歷二百十年。

耶律達什者，初以遼師敗降金，後復自金至遼，見遼之亡，乃率衆西走，駐北庭都護府，集十八部，誓衆興復，遂得精兵萬餘，器械具備；又遺書假道於回鶻，回鶻迎降，願為附庸，征行千餘里，歸者數國；既至塔什罕（今撒馬兒罕在阿母河東），敗西域諸國聯軍，建都於別喇薩軍（俄屬中亞細亞七川州界內），名呼遜鄂爾多，自立為帝，是為西遼德宗。德宗沒，子伊呼立，是為仁宗。伊呼沒，次子卓勒古立，是為末主，後為奈曼（韃靼別部）所滅。西遼歷主三，計七十八年。遼及西遼之世系如左：

一世　二世　三世　四世　五世

1遼太祖耶律億——2太宗德光——4穆宗璟
　　　　　　——東丹王托允——3世宗阮——5景宗賢——6聖宗隆緒——7興宗宗眞（六世）——8道宗洪基（七世）——太子濬（八世）——9天祚帝延禧（九世）
　　　　　　——西遼1德宗達什（十世）——2仁宗伊呼（十一世）——3末主卓勒古

以上爲宋紀對外之大凡，至於汴京之傾覆，二主之北狩，則全由對金失敗使然，未可與遼事相提而論也。茲再就二國啓釁之由，於後段述之。

宋季二十五年間由衰而亡之二（金師之迭偪及汴京之喪亡）（民國紀元前七百八十七年至七百八十

六年）

宋於金雖有夾取燕雲之約，後燕雲之得，非由宋力，金人頗萌輕宋之心。自此二國國際間時生扞格，而金人入寇之禍開矣。究其原因，約有六端，其曲多在宋。茲分述於下：

（一）由於納降也　燕京之下，金人既藐宋，故趙良嗣等持國書至金，金人常多方挑剔，以窘宋，甚有一書而更易數四者。其後宋如約受燕京，所得不過空城，其職官富民，金已驅之東徙，宋無如之何也。燕人東行，流轉道路間，情況甚苦。過平州，有說留守張瑴棄金歸宋者。瑴然之，乃遣使詣燕京，請於王安中，安中以聞，詔納之。金聞瑴叛，出師來討，未戰而金師退，瑴僞報大捷，詔平州爲泰寧軍，以瑴爲節度使。時金阿古達甫沒，弟烏奇邁立，是爲太宗，又名晟，遣使復攻瑴，瑴敗奔燕，就安中，安中納而匿之。金人以納叛來責，宋初不欲發遣，金人索益急，安中取貌類瑴者斬首與金，金人曰：『非瑴也』，遂欲以兵攻燕。宋乃詔安中縊殺瑴，函其首，併瑴兩子均送金，燕降將多解體，有泣下者。此宋致兵釁之因一也。

（二）由於失信也　初，宋欲得燕京，金固不與，後乃有代稅錢二十萬石之約。已而內侍譚稹出爲兩河燕山路宣撫使，金遣人來索糧，譚稹曰：『二十萬石，豈易致耶？良嗣口許，何足憑也』？由是不與，金人大怒，其後舉兵，遂以此爲辭。此宋致兵釁之因二也。

（三）由於聯遼也　初，遼天祚帝延禧在夾山，宋欲誘致之，始遣一番僧齎御筆絹書通意；及延禧許歸，遂易書爲詔，許待以皇弟之禮，築第千間，女樂三百人，延禧大喜，宋乃命童貫爲兩河燕山路宣撫使，名以代譚稹，實迎延禧；已而延禧以中國不可仗，遂不果來；金人知之，益有惡於宋。此宋致兵釁之因三也。

（四）由於備燕也　初，金將斡喇布在平州，遣人來索叛亡戶口；宋廷不遣，且命童貫郭藥師治兵燕山以備金。斡喇布謂晟曰：『苟不先舉伐宋，恐爲後患』。金人用師於宋之心，至是始決。此宋致兵釁之因四也。

（五）由於困盜也　宋既得燕，營轉糧相給，民力疲困，重以濫額科斂，取於民者日衆，加之連歲凶饑，民不安其生，於是饑民並起爲盜。山東有張萬仙張迪，河北有高托山，衆皆十餘萬，自餘二三萬者不可勝計，令內侍梁方平討之，不能即定。而國多內亂，強寇生心，宋人對金之策又往往失宜；而金又窺宋，乃日形其急迫。此宋致兵釁之因五也。

（六）由於玩敵也　初，金雖弱遼，宋之道路險易，朝廷治否，府庫虛實，尙未能得其要領也；自使者之往返頻繁，中原大勢，漸爲所悉。始遼使至，率遷延其程，宴犒不示以華侈；王黼當國，務於欲速，令金使以七日自燕至都，每設宴，輒陳尙方錦繡金玉寶以夸富盛，金人羨之，乃思以兵相奪。此宋致兵釁之由六也。

有以上之六因，故金師侵宋之謀，實匪成於朝夕。徽宗佶在位之二十五年（即宣和七年，金太宗晟天會三年，民國紀元前七百八十七年），金太宗晟遂以阿木班貝勒舍音領都元帥，使居會寧。會寧者，金京師，舍音鎮之，以節制諸軍；而以尼瑪哈爲左副元帥，自雲中趨太原，達賚爲六部路都統，多昂摩爲南京路都統，劉彥宗爲漢軍都統，斡喇布監多昂摩彥宗兩軍戰事，自平州入燕山。尼瑪哈出師攻下朔代，進圍太原，知府張孝純力守，太原終不下；斡喇布入檀薊，郭藥師以燕山叛降金，金盡取燕山州縣，卽以藥師爲之鄉導，領軍深入，破相濬二州。時宋方遣梁方平帥衞士守黎陽河北岸，兵警日亟，徽宗佶大懼，詔四方勤王，急傳位太子桓，桓卽位，是爲欽宗，尊佶爲教主道君太上皇帝。

桓卽位，金兵日偪；明年，梁方平之師潰黎陽，金兵遂渡河而下，破濬州。桓聞，卽下詔親征；以蔡攸爲太上皇帝行宮使，奉上皇東行以避敵。上皇東南奔之鎭江，百官在京朝者多潛逝；乃以李綱爲東京留守，兼親征行營使

宋季粃政之多，爲祖宗以來所未有！自金師日偪，花石綱供奉局種種之過舉，於焉始罷。太學生陳東伏闕上書，乞誅戮蔡京、童貫、王黼、梁師成、李彥、朱勔六賊以謝天下。京、貫、黼、師成、勔五人之過，散見前文；彥則以限括農田，破蕩民產，爲西北人民所憤怨，故東請並誅。欽宗桓因誅彥，竄勔、黼等殺之，師成、童貫、蔡京父子亦前後誅竄；然金已深入，迄不能抹也！李綱者，敢議論而善守備，金師之偪，桓亦幾舍京師而奔矣，賴綱力諫，得固守；而斡喇布直抵汴城，據牟駝岡（河南祥符縣西北）以示脅，桓謀之羣臣，惟綱主戰，李邦彥則主和，乃遣使往金營議和。時金已知宋京內有備，思佶亦內禪，無必取宋心，乃姑許宋和議之請求而爲五事之揭商如左：

（一）宋輸金金五百萬兩，銀五千萬兩，牛馬萬頭，表緞百萬匹（此猶賠款）。

（二）事金帝爲伯父，宋帝自爲姪（此猶降尊）。

（三）歸燕雲之人之逃亡在滈者（此猶返俘）。

（四）割中山太原河間三鎭之地與金（此爲割地）。

（五）宋以宰相親王出質於金（此爲和議之擔保）。

金人此次之寇，本分兩路，而斡喇布獨能懸軍深入，一無阻絕，視尼瑪哈之頓軍太原不能卽下者，其功相差，大抵由郭藥師鄉導之功致之；及其抵汴，所付條目，亦一一出自藥師，藥師之禍宋也大矣！和議既開，李綱猶力戰，而邦彥則勸順從金議；乃括借都城金銀得金二十萬兩，銀四百萬兩，而民間已空！急致誓書稱「伯大金國皇帝」，「姪大宋皇帝」，金幣、割地、遣質、更盟，一一如金言；並以張邦昌爲計議使，奉康王構（欽宗桓之弟）往金軍爲質以求成。事垂定矣，而宋人內部諸臣和戰意見不一致；故自种師道等帥師入援，桓見軍勢轉盛，又旋改和議爲戰謀：於是外之則遣使議約以求好於金，內之則又調兵遣將，謀一戰以洩其忿！在桓和戰無把握，而諸臣所持意見亦萬萬不可調和。朝廷日輸金幣於金，數終不足；金兵因數不足，亦終不肯去。如此大宗債款日日被索，宋已蕭然無生意；而時日漸多，四方勤王之師因之漸集。李綱言：『金人無厭，勢必用師；彼兵號六萬，而吾勤王之師集城下者已二十餘萬，當以計取，可以必勝』。桓亦深然之，約日舉事；而都統制姚平仲急於見功，將兵夜襲金營，不克，於是金勢益張。斡喇布怒，召諸使者詰責用兵違誓之故，桓懼，又用李邦彥謀，罷李綱以謝金人；綱罷未幾，而太學生陳東又上書請用綱，於是桓又以綱爲可用，詔爲京城防禦使。如此意見不一，而金之要求且日至：宋康王構之爲金所忌也，易以肅王樞

（欽宗桓之弟）；以金人慮三鎮之有所變易也，復申之以御書。兵多而不知所以爲用，徒日爲卑屈之態以媚敵！斡喇布見宋事已就，而久頓適以召禍，乃卽以宋之詔書爲割三鎮之信符，不俟金幣數足而決然去矣。尼瑪哈攻太原，盡破諸縣，獨城中以張孝純固守不下；及聞斡喇布議和，亦遣使來求賂，宋廷不與，乃分兵趨汴，進屯澤州；而自還雲中，留將圍太原。宋初扼於斡喇布之軍，故事事悉如金所求；及汴京圍解，桓亦知和議之必不可倖成，遂盡罷去原主和議之臣，而保守太原河間中山三鎮，誓不與敵；於是命种師道駐滑州，姚古統兵援太原，師中援中山河間。斡喇布行至中山河間，兩鎮皆固守不下，師中且進兵以備之；斡喇布遂出境。宋廷急遣使迎上皇歸汴京解嚴。

斡喇布雖去，而太原圍仍不解；乃詔种師中，姚古，進軍太原：師中敗死，古軍亦潰，師道亦以病乞歸；詔以李綱爲西河宣撫使。於例，宣撫使得統制外屯諸將；而是時諸將大抵承受御書事皆專達，進退自如，宣撫使徒有節制之名，多不遵命：劉韐屯遼州，又違命先進，爲金所敗。詔復以种師道爲宣撫使巡邊，召綱還；而諸將分道出戰，俱爲金師所挫，不能達太原，汾晉澤絳諸州之民，紛紛渡河南行避難：於是金人復有南侵之舉，而靖康之禍成。

金人之再度入寇，其釁亦有由宋人而啓者，今再分述於下：

（一）由於弛備也　京師自金兵退，宋廷上下，意氣恬然，置邊事於不問，李綱獨以爲憂，上備邊禦敵之策，不見聽用；每有謀議，輒爲耿南仲諸人所阻，甚至請棄三鎮以餌金人！綱雖忠勇，如羣小何？蓋彼時廟堂之相，方鍾之將，大抵皆出童、蔡、王、梁之門，鮮有足繫國人之望者。此宋致兵釁之因一也。

（二）由於妄動也　宋初以聯遼不成而敗，後仍不悟，尚以遼爲可爲。先是肅王樞質金，金使蕭仲恭亦爲宋所留，逾月不遣；其副趙倫懼不得歸，乃紿館伴邢倞曰：『金有耶律伊都者，夙憾於金，可結之以圖斡喇布及尼瑪哈』。執政以仲恭伊都皆遼貴戚舊臣，用事於金者，信之；乃以蠟書命仲恭致之伊都，使爲內應。仲恭還，見斡喇布，即以蠟書獻之。斡喇布以聞；麟府帥折可求又言遼梁王雅里在西夏之北，欲結宋報金；欽宗桓設法致書雅里，爲尼瑪哈所得，尼瑪哈亦以聞。此宋致兵釁之因又一也。

金太宗晟既欲再乘宋隙，用師中原；於是以尼瑪哈爲左副元帥，發雲中；斡喇布爲右副元帥，發保州，分道而南。尼瑪哈急攻太原，張孝純力竭不能支，城遂破；斡喇布亦破眞定，金兵日偪。時李綱既罷，种師道亦卒，耿南仲唐恪執政，專主和議，罷西南勤王之師；且欲割棄三鎮，以保汴京，而金兵進不已。及瑪哈自太原趨汴，所至破滅，遂渡大河之險，得洛陽鄭州，不復以三鎮爲言，但云欲盡得兩河，請劃河以爲界；斡喇布兵又渡河偪磁州，亦遣使來議，以劃兩河爲言：於是三鎮割地之議，一變而爲兩河割地之議，外患日深而宋幾立斃！斡喇布自眞定趨汴，不過二十日，尼瑪哈遂自河陽來會，共偪京城；京中守兵僅七萬，出外召援又阻金不果，金兵日攻城，肆虜掠。有卒郭京者，自云能用六甲法，生擒兩金將，朝廷賜之金帛數萬，使自募兵。京盡令守禦人下城，自坐城樓上，出兵挑戰；金兵鼓噪而進，京兵敗死，京曰：須自下作法，因引餘兵遁去！金兵登城，城兵披靡大潰，京師遂破。實則金人之意，並不在下京師，特重師相脅，期得地而後已；及城破，故遂亦宣言議和退師，惟欲邀上皇出至金營議其事，欽宗桓不可，願自往，於是車駕始出詣金營，奉表，請降，獻兩河地。金人更索金一千萬錠，銀二千萬錠，帛一千萬匹，桓還，大括民財，不能如數，金人索益急，且再邀桓至其營；明年，爲欽宗桓在位之二年（卽靖康二年，金太宗晟天會三年，民國紀元前七百八十七年），車駕復出，遂爲金人所留，不復能還宮，尼瑪哈等遂有刼桓而去之心矣！

初，金師再至，西南兩道援兵，均爲耿南仲聶所遣還，故外兵無有至者！已而南道都總管張叔夜將兵勤王，遂入城，然困於牽掣，不能有所爲；惟宗澤有衛州之捷，稍懾金人之心，而金兵之困偪汴京者自若也。自車駕再至金營，金於是廢欽宗桓及太上皇帝爲庶人，宋人有上書請立趙氏者，均不報；尼瑪哈等復邀上皇去京城，范瓊偪上皇與太后御犢車出宮。時肅王樞已出質，鄆王楷等九人先從帝在青城，於是安康郡王楃等九人及王妃、喬妃、韋妃諸後宮，康王構夫人邢氏與王夫人、帝姬暨上皇十四孫皆出，惟廣平郡王捷匿民間，金人檄開封府尹徐秉哲取之，迄不免；秉哲又令坊巷五家爲保，毋得藏匿，宗室凡三千餘人，悉令押赴軍前，衣袂聯屬而往；皇后太子亦相繼去，宮中虛無人。吏部侍郎李若水侍桓在金營，哭罵不輟，遂死於難。

金人執二帝，掠金帛，於願已足，不敢戀中國，謀立異姓而行，召宋百官議之；百官希金旨，知張邦昌素得敵意，乃共推邦昌，謂可嗣宋：金人立邦昌爲楚帝，宋臣王時雍、吳幵、莫儔、范瓊等均欣然以爲有佐命功；舍人吳革謀舉義而事不成，邦昌心不安，拜官皆加權字，而時雍、翟附和之甚力。金以中原有主，卽起行，於是斡喇布遂脅上皇、太后與親王、皇孫、駙馬、公主、妃嬪等由滑州去；尼瑪哈以帝、后、太子、宗室、張叔夜秦檜等由鄭州去，邦昌率百官詣南薰門五嶽觀內望軍前遙辭二帝，有號絕不能止者！凡法駕鹵簿，皇后以下車輅鹵簿，冠服禮器，法物大樂，教坊樂器，祭器，八寶九鼎，圭璧，渾天儀銅人刻漏古器，景靈宮供器，大清樓祕閣三館書天下府州圖及官吏內人內侍伎藝工匠倡優，府庫蓄積，爲之一空！

宋自太祖匡胤開國，至欽宗桓被虜，計傳九主，歷一百六十六年。以其建都汴京，在江淮以北，史家就南宋別之，則號爲北宋，其實北宋之世，無有是名也。高宗構南渡以後，中原之地，歸於金人，而宋都僻於臨安，故史家遂以南宋稱，循其意則猶東晉之稱名，所以示別於前此統一之局也。茲述北宋之事竟，請繼此以言南宋之概況焉。

第四章　南宋（民國紀元前七百八十六年至六百三十三年）

南宋前期百年間對金失勢之一（南渡之建邦及宋金之和議）（民國紀元前七百八十六年至七百五十年）

金人之再度興師也，其初志僅在得三鎮；宋廷詔王雲副康王構，如金斡喇布軍，許割三鎮地。至磁州，守臣宗澤勸構毋北行；王雲者，故以事爲磁民所怨，磁民殺之，知相州汪伯彥聞金兵日偪，乃請構如揚；議者以爲是役雲不死，構必至金，至金則不復南渡，始局果爲何主，正未可言也。適殿中侍御史胡唐老言康王構奉使至磁，爲士民所留，此乃天意！乞拜大元帥，俾率國內兵進援。於是構遂受職於揚州，帥師入衛，次東平，進屯濟州（山東濟寧縣）。時汴京已破，張邦昌亦立。金人旋去，呂好問說邦昌當迎哲宗廢后孟氏入宮，請康王構早正大位，以饜宋人心；監察御史馬伸亦上書邦昌請立構。邦昌不得已，乃尊孟后為宋太后，垂簾聽政，而遣人訪構於濟州；其明年為構即位之元年（即建炎元年，金太宗晟天會五年，民國紀元前七百八十五年），宗澤等勸構趨南京（河南商邱縣）即位，是為高宗。尊孟后為元祐太后，太后即撤簾；以邦昌為太保，封同安郡王，五日一赴都堂，預大事。

構即位未久，首誅諸臣之主和誤國者：李綱極言邦昌之罪，詔安置邦昌於澤州，貶其黨有差，進綱兼御營使；又從綱請，立沿河江淮帥府，以固守備，用宗澤為東京留守，知開封府。時金騎留屯河上，鼓聲相聞，而京城樓櫓盡廢，兵民雜居，盜賊縱橫，人情洶洶；澤既至，原狀浸復，屢出師勝敵，京師可居矣。眞定懷衛間敵兵甚盛，方密修戰具謀入攻；澤渡河約諸將為守，京東西諸路人馬咸聽節制，京師畢愈有把握，乃累表請車駕還京，而構誤於黃潛善汪伯彥等小人之計，思幸東南，棄京師不居，宋之南渡由是決矣！

構既不還，則京師之大，必不可守；京師失而中原豈能再為宋有？此宋計之最誤者也！黃潛善輩雖謀幸東南，而江淮間羣盜時猶未散，故有王淵討盜之命；及江淮盜衰，東南路無阻，而杭州軍又亂，復以王淵討之，杭州亂亦定。構從潛善輩言，先幸揚州，潛善輩與李綱不睦，又詔罷綱相；綱相未幾即罷，車駕遂東幸：於是兩河郡縣，相繼淪陷，凡綱所規畫軍民之政，一切廢去，金兵益熾，宋自是將以南渡終！

大抵宗澤之謀不行，宋不復再有京師；李綱不用，宋自此終於南渡；而黃潛善汪伯彥諸人得志，則宋之後患正未可言：凡此皆構一人誤之也！構既決定東幸之議，宗澤猶上疏言京師不可棄，黃汪贊議遷幸之非；澤前後建議輒為黃汪所抑，二人見澤奏至，皆笑以為狂：構惑於二人，不能悟也！金聞南方事，知宋無可為，復以兵盡破河北州郡：兩河之民，念宋前恩，所在結為「紅巾」，出攻城邑，皆用建炎年號，金人雖能戰，亦為引去；及聞構南幸，無不解體，而金勢益張。

金知構南幸揚州，河南地可下，乃起燕京等八路民兵，分三道而南：尼瑪哈自雲中下太行，由河陽渡河攻河南，分遣尼楚赫等攻漢上；鄂爾多、烏珠自燕山由滄州渡河攻山東，分阿里富埒繩軍趨淮南；洛索與薩里干、哈富自同州渡河攻陝西。時宋宗澤在汴，力籌守禦之策，一時得無事。洛索等至河中，不得渡，乃自韓城履冰過，破同華州，入潼關，旋破永興，鼓行而西，犯熙河，侵涇原，為經略使吳玠所敗，遂東走同華，肆竄掠；時宋兵漸集，洛索不能還，遂東破絳州，然猶窺宋之僻，西破延安，陝西自此無寧日。其分攻漢上一軍，先破鄧州，及京西州郡，河南勢日盛。又其分攻山東一軍，亦下濰州，入青州，而旋以劉豫知濟南府事。尼瑪哈下西京後，聞宋兵方敗洛索，乃自河南而西，入關援之，盡焚西京廬舍，攜其民而去。烏珠謀侵東京，扼於宗澤不能如志。澤方招降羣盜，謀大舉；而和州防禦使馬擴亦聚兵於眞定五馬山（河北贊皇縣東）中，奉信王榛（徽宗佶第十八子）以總制諸砦，兩河遺民，多有應者。澤乃上疏，大約言：祖宗基業可惜，陛下父母兄弟蒙塵沙漠，日望救兵；西京陵寢，為敵所占，今年寒食節，未有祭享之地，而兩河二京陝右淮甸百萬生靈陷於塗炭。今京城已增固，兵械已足備，人氣已勇銳，望陛下毋沮萬民敵愾之氣，而循東晉既覆之轍！構乃降詔擇日還京而卒不果。澤前後請構還京凡二十餘奏，每爲黃潛善汪伯彥所抑；黃汪又疑澤爲變，以郭仲荀爲副留守察之。澤憂憤疽發背死。時高宗構在位之二年七月也（卽建炎二年，金太宗晟天會六年，民國紀元前七百八十四年）。澤子潁居戎幕，素得士心，都人請以潁繼父任，時已命杜充代澤，不許；充酷而無謀，至汴，悉反澤所爲，士衆解體，降盜多叛去。其後充以糧盡歸行在，郭仲荀等代之爲守，東京勢日孤，卒爲金人所陷！

宋季之說，說在南遷，南遷建業尚不可，況杭州哉？初高宗構以京師未可往，手詔巡幸東南，既至揚州，北方亂日棘，侍御史張浚請先定六宮所居地，乃詔孟忠厚（隆祐太后兄子）奉隆祐太后孟氏及六宮皇子如杭州，以苗傅劉正彥爲扈從都副統制。此爲構謀幸杭州之始。時構在位之二年十月也（民國紀元見上）。太后等乃往杭州，而構猶在揚；構之徙杭，則金師偪之。先是馬擴既立信王榛，自五馬山詣揚州行在，謀聯絡；金將鄂爾多恐擴以援師至，急發兵攻五馬山諸砦，陷之，榛亡走，不知所終。鄂爾多既破諸砦，探知馬擴南來，使人馳告尼瑪哈，未至而擴已爲鄂爾多所敗；尼瑪哈聞之，遂由黎陽渡河，與鄂爾多攻濮州，下之，連破大名及襲慶府（山東兗州）。明年，爲高宗構在位之三年（卽建炎三年，金太宗晟天會七年，民國紀元前七百八十三年），金兵益南進，破徐州，宋將韓世忠時屯淮陽（安徽泗縣），將會山東兵援濮，至沭陽（江蘇沭陽縣），兵潰，尼瑪哈遂以師入淮泗。宋詔劉光世將兵阻淮以拒金，光世之師又潰；尼瑪哈入天長（安徽天長縣），遣其將馬五先帥騎五百至揚州。高宗構走鎮江，尋如杭州；

使呂頤浩守鎮江，張浚守吳江。金兵至揚州，知構已渡江，遂焚揚州而去；構乃免黃潛善、汪伯彥二人官，而下詔罪己。

構居杭未幾而苗劉之難興，宋亦可謂多故矣！先是苗傅劉正彥怨朝廷賞不及己，頗相結；又見內侍輩專權，欲於朝廷多難之日，乘機起事；同簽書樞密院事王淵素爲苗劉所忌，於是殺淵及內侍，刼構傳位於皇子旉，請隆祐太后臨朝，二人俱拜節度，專政事。張浚呂頤浩等自外聞信，共會兵討亂，進敗其黨苗翊師於臨平，苗傅劉正彥夜遁，頤浩、浚遂入杭，構復位；韓世忠尋追獲苗劉誅之，人心大定；未幾而金師又大舉南侵。

初，構幸杭州，尙未有定都之旨也；故自苗傅變定，仍如江寧，示進取。適尼瑪哈鄂爾多俱還金，金烏珠又請大舉燕、雲、河、朔兵以侵宋，太宗晟從之，於是金師復自山東方面而下。構詔杜充兼江淮宣撫使，守建康；韓世忠爲浙西制置使，守鎮江；劉光世爲江東宣撫使，守太平池州，尋移屯江州；而自歸杭州，升杭州爲臨安府；旣又如越州，並以周望爲兩浙荊湖宣撫使，守平江。時烏珠兵分爲二支：一自滁和入江東，一自蘄黃入江西。其趨江西也，劉光世引兵遁，江西州縣多被其蹂躪；其趨江東也，杜充無制敵之方，旋且爲敵所乘，和州太平先後失，建康不守，杜充降於金；構聞金兵之偪，遂如明州。烏珠卽由建康趨廣德，過獨松關（浙江餘杭縣西北獨松嶺上），而入臨安；遣將阿里富埒渾渡浙，跡高宗構所在，阿里富埒渾遂破越州。其明年爲高宗構在位之四年（卽建炎四年，金太宗晟天會八年，民國紀元前七百八十二年），阿里富埒渾又破明州，屠其民，遂襲構於海，構奔溫州（浙江永嘉縣）。烏珠之遺師渡浙而東也，雖破明越而不能獲構，乃焚臨安北行，因輜重不可遵陸，乃取道於秀州；游騎至平江，周望奔太湖，烏珠遂連破平江，入常州鎮江。時韓世忠方屯師鎮江，待金師過襲之，於是遂有黃天蕩之役：

金師至江上，世忠先以八千人屯焦山寺（江蘇丹徒縣東江中）。烏珠欲濟江，先遣使通問，且約戰期，世忠許之；遣兵伏金山（丹徒縣西北江中），俟烏珠至覘形勢而執之：烏珠至，伏起，跳而免。乃與世忠接戰江中，世忠夫人梁氏親執桴鼓助戰，敵終不能濟。烏珠懼，請盡歸所掠以假道，不許。遂自鎮江泝流西上，烏珠循南岸，世忠循北岸，且戰且行，烏珠窘甚！幸得由間道至建康，復謀北渡，與世忠相持於黃天蕩（江蘇江寧縣東北）。時金援將塔葉自北來，軍江北，應烏珠；烏珠軍江南，聲勢漸固；而世忠以海艦進泊金山下，設計破敵舟，烏珠窮蹙，求會語，祈請甚哀！世忠曰：『還我兩宮，復我疆土，則可以相全』。烏珠不得已，乃募人獻破海舟之策；有閩人王姓者，教以破之之法。烏珠俟風止時，乃以小舟出江，世忠絕流擊之，海舟無風不能動，烏珠令善射者乘輕舟以火箭射之，烟燄蔽天，宋師大潰，多焚溺死者！世忠以身免，奔還鎮江；烏珠遂濟江，屯於六合。世忠以八千人拒烏珠十萬之衆，凡四十八日而敗，然金人自是亦不敢復渡江矣！

金師下江西者，復西破澤州，肆擄掠；聞烏珠北去，亦自荆門引還。留守司統制牛皋率軍邀擊，敗之於寶豐（河南寶豐縣）之宋村；皋轉和州防禦使，轉五軍都統制。

以上猶就金用師東南方面言之也。關陝一帶，金久所注意，自洛索出兵後，屢有攻取，其志在由陝入蜀，扼其上游，使建業、臨安失其所以爲固，而宋將自亡。構在位之三年（民國紀元見上），特以張浚爲川陝宣撫處置使以禦金，浚因治兵興元（陝西南鄭縣）以圖中原，上疏言：『漢中實形勢之地，前控六路之師，後據兩川之粟，左通荊襄之財，右出秦隴之馬，號令中原，必基於此，謹積粟以待臨幸』。以曲端爲都統制，吳玠爲統制，玠弟璘掌帳前親兵。洛索知宋方備陝，益與宋爭陝西；明年攻破陝州，遂長驅入潼關，攻環慶，曲端遣吳玠拒之彭原（甘肅寧縣），敗績，端走還涇原，洛索乘勝焚邠州而去。浚以彭原之敗，罪實由端，乃罷端兵柄，貶海州團練副使；浚初聞烏珠留江淮，議出師撓之，端立論與浚異，故不免。浚決計由同州鄜延出師，擣金之虛，烏珠聞之，遂自六合引兵趨陝西；浚乘烏珠未至，與吳玠等攻復陝西諸軍州，於是遂有富平之役：

初，浚聞烏珠將至，檄召熙河經略使劉錫，秦鳳經略使孫偓，涇原經略使劉錡，環慶經略使趙哲，及權永興軍經略使吳玠之兵，合四十萬人，馬七萬匹，以錫爲統帥，迎敵決戰。曲端者，本以能戰聞於金，爲金人之所憚；及洛索引兵至，軍中猶詐張曲端旗以懼敵，洛索不信，擁衆直前，遂與宋軍大戰於富平（陝西富平縣），烏珠之師亦會。劉錡身率士卒薄陳，殺獲頗多，勝負未分；而金鐵騎直擊趙哲軍，他將不及援，哲所部將校，望見塵起，遂驚遁，諸將皆潰，金師乘勝而進，關陝大震！浚時駐邠州督戰，既敗，退保秦州，召趙哲斬之，而安置劉錫於合州，令諸將各還本路，上書待罪，構手詔慰勉之；自是關陝不可復，涇原環慶諸州軍盡爲金有，浚退保興州，遣吳玠守和尚原（陝西寶雞縣西南大散關之東），斷金人來路。又明年，爲構在位之五年（卽紹興元年，金太宗晟天會九年，民國紀元前七百八十一年），浚以富平之敗，謀復用曲端；吳玠憾端，間之，端遂爲浚所殺。

自富平敗後，宋不能得志於關陝而川蜀幾危！賴有吳玠弟兄，奮力禦金，川蜀得無事。玠之保和尚原也，金將沒喝等攻之不克；於是烏珠會諸帥兵得十餘萬，進薄和尚原，玠與弟璘設計破之，烏珠大敗，中二流矢，僅以身免，亟剃其鬚髯而遁。金師挫敗，既不得窺蜀，乃思出奇兵以取之；構在位之七年（即紹興三年，金太宗晟天會十一年，民國紀元前七百七十九年），吳玠在河池，弟璘守和尚原，金師乘之，分兵謀進取，玠還救，與金師遇，敗於饒風關（陝西石泉縣西），金師入興元，四川大震！時金師深入，饋餉不繼，殺馬及兩河所僉軍士而食，玠等邀擊之，遂棄輜重而走，於是興元得無事，而四川賴以少安。未幾，金烏珠又以師攻和尚原，和尚原不守，玠退保仙人關（陝西鳳縣西南），於是和尚原用師後又有仙人關之役：

初，吳璘守和尚原，饋餉不繼，吳玠慮金人必復深入，且其地去蜀遠，乃命璘別營壘於仙人關右，名殺金平，移兵爲守；至高宗構在位之八年（即紹興四年，金太宗晟天會十二年，民國紀元前七百七十八年），烏珠等果率步騎十萬，由和尚原攻仙人關，玠璘共拒之，戰禦頗力！烏珠卒不勝，率師宵遁，中途遇伏，又大敗。是役也，烏珠以下，皆攜妻孥來，以爲仙人關破而川蜀可圖；既不得逞，度玠終不可犯，乃還據鳳翔，授甲士田，爲久留計。張浚本欲由關陝取中原，不料關陝失而川蜀行且不保，賴吳氏兄弟悉力固守，川蜀幸保，而浚旋以無功召還。

以上皆爲西北方面用兵之事。至於中原之地，彼時雖歸金有，而宋亦嘗數出師以相爭，其功業最著者有岳飛。宋誤於議和而終不能用飛，且誣殺之，中原之不復，固已！先是金太宗晟聞宋高宗構行幸東南，遣尼瑪哈等南侵，諭之曰：『俟宋平，當援立藩輔如張邦昌者』。及烏珠北還，劉豫乃貨緣於尼瑪哈，得立爲齊帝；世修子禮，奉金正朔，置丞相以下官，都大名；金並以陝西之地畀之：於是中原之地，全屬於豫。其明年，爲高宗構在位之六年（民國紀元見上），豫徙都於汴，尊其祖考爲帝，置於宋太廟。時河南山東陝西皆屯金軍，其子麟又籍鄉軍十餘萬，爲皇太子府軍，分置河南；汴京淘沙官，兩京冢墓，發掘殆盡；賦斂繁重，民不聊生。豫嘗出兵略宋地，勝負不一；已而襄鄧諸州，均爲宋將岳飛所復，豫懼，乞師於金，金兵復南下，於是又有大儀之役：

劉豫之乞師於金也，金太宗晟命鄂爾多達賚調渤海漢軍五萬以應豫；謂烏珠知地險，使將前軍。豫遣其子麟，猊，各將兵會金兵南下，宋急詔韓世忠進屯揚州。時金騎兵自泗攻滁，步兵自楚攻承州（江蘇高郵縣）。世忠使統制解元守承州，候金步卒；親提騎兵駐大儀（江蘇江都縣西）以當金騎，設伏以待之，金兵潰敗，其別將托卜嘉等被禽。解元至承州，亦設伏以待，又決河以遏之，世忠別遣將成閔等往援，金兵又大敗；世忠復親追至淮，金人驚潰，相蹈藉溺死者甚衆：論者以此舉爲中興武功第一！

初，金齊之兵日逼，高宗構自將禦之，次平江，且下詔暴劉豫罪逆於六師，卽以張浚知樞密院事，視師江上：浚既受命，卽日赴江上，召韓世忠諸人議事，而身留鎮江以節制之。時達賚屯泗州，烏珠屯竹墩鎮（安徽泗縣東南），爲韓世忠所扼；又聞張浚視師，遂有歸意。會雨雪，餽道不通，野無所掠，殺馬而食，蕃漢軍皆怨；又聞太宗晟病篤，乃夜引還。烏珠等既去，劉麟劉猊不能獨留，亦棄輜重遁，時構在位之八年也（民國紀元見上）。明年，構亦還臨安。

時金太宗晟沒，兄之孫亶立，是爲熙宗。又明年，爲構在位之十年（卽紹興六年，金熙宗亶天會二年，民國紀元前七百七十六年），韓世忠聞劉豫聚兵淮陽，引師圍之；烏珠偕劉猊來救，世忠還。張浚每稱世忠與張俊二人可倚大事，至是分遣俊屯盱眙，世忠屯楚州，以扼金齊；別以劉光世屯合肥，復壽州。豫聞張浚會諸將於江上，榜其罪逆，將進兵討之，告急於金，請先出師南侵，而乞師救援；金人鑒於大儀之敗，不許，第遣烏珠提兵黎陽以觀釁。豫因僉鄉兵三十萬，分三道入寇：麟率中路兵由壽春以犯合肥，猊率東路兵由紫荆山（安徽壽縣）出渦口以犯定遠，孔彥舟率西路兵由光州以犯六安。時張浚與趙鼎並相，對外決策多勝利；及豫兵日偪，張俊劉光世俱謀退保，浚以書戒二將，囑其不可。趙鼎亦言：今賊渡淮，當急遣張俊合光世之軍，盡掃淮南之寇；遣楊沂中趣濠州，與張俊合勢，以厚兵力。比沂中至濠，光世已舍廬州而南，淮西大震。浚聞，令人馳諭光世，有一人渡江，卽斬以徇！光世不得已，復還廬州，與沂中、俊等相應。劉猊軍至淮東，爲韓世忠所阻，乃引趨定遠，爲楊沂中所敗，復戰於藕塘（安徽定遠縣東），猊軍大潰。劉麟自淮西次濠壽間，亦爲張浚所拒，聞猊敗，退去；沂中乘勢追之，至南壽春（安徽壽縣）而還。孔彥舟圍光州，知二劉之敗，亦解圍走，北方始恐，金人遂有廢豫之心。又明年，爲構在位之十一年（卽紹興七年，金熙宗亶天會三年，民國紀元前七百七十五年），豫遂被廢。

先是劉豫之立由尼瑪哈，烏珠等咸憾之；及尼瑪哈以不得於君愛妃，岳飛因遣使齎蠟書與豫約同誅烏珠，烏珠得書大驚，馳白熙宗亶，於是廢豫之意益決，遂令達賚烏珠僞稱南侵，以襲之，先設法禽麟，然後入汴，執豫，廢之，與家屬徙臨潢，豫稱帝凡八年而滅。

豫之廢雖由南侵失敗使然，而亦由岳飛行間之策有以致之；豫廢，飛請擣其不備，長驅以取中原，構不能用也。南渡諸將中，飛功名甚高，而其後之罹禍亦最慘！先是宋室南渡之始，羣盜蜂起，大者數十萬，小者數萬人，江淮楚粵率爲盜藪，諸將征討，隨剿隨起，飛與韓世忠數立奇功；洞庭盜楊太聲勢最盛，飛招降其驍將，急攻水寨，太窮蹙赴水死，湖湘遂定；其他如破李成，敗曹成，戰伐並著，功業爛然。既定南方，益思取中原，敗劉豫兵於唐鄧間，以節度轉鄂州，飛連疏主用兵伐金；及劉豫之亡，飛思取中原益急；會朝廷有乞和金人之心，和議開而飛志因之中阻！

高宗構自卽位以來，屢萌和金之心，故常有金國祈請使、通問使之派遣；及秦檜歸，倡爲和議，於是與在朝主戰之臣，顯然分爲兩派，構後卒從檜計，而主和之議從而戰勝，岳飛因之誣死；南渡以來之失策，未有如此事之明切顯著者也！初，檜從二帝至燕，金太宗晟以檜賜達賚爲其任用；及南侵，又以檜從行，檜與妻王氏遂逃而南。構問，命檜見宰執，檜首言如欲天下無事，須是南自南，北自北；既而入對，檜首奏所草與達賚求和書，構信之，以爲禮部尚書。先是朝廷曾數遣使於金，但且守且和，專意與金解仇息兵，則自檜始。時構在位之四年也（民國紀元見上）。明年，檜相；又明年，爲言者所劾，罷。適王倫自金還，於是宋金間之和議又動：

王倫者，嘗奉使至金，爲金留；及是，尼瑪哈縱之還，使爲和議兩國使問，自此頻通，顧議尙未協也。秦檜自被斥，久不用，會與金議和，漸復其官，而倫亦因太上皇、鄭太后之逝，奉命迎梓宮，並乞河南地，再度使金。構在位之十二年

（即紹興八年，金熙宗亶天眷元年，民國紀元前七百七十四年），劉豫已亡，倫偕金使還，言金願以劉豫之地歸宋；時檜已復相，專政事，喜和議之漸有把握也，復命王倫如金；金以張通古爲江南詔諭使，許歸河南陝西地，與倫偕來。構聞金使以「詔諭」爲名，心不自安，詔羣臣議和好得失，直學士院曾開等二十餘人皆極言不可和；樞密院編修胡銓抗疏請斬倫檜，又曰孫近傅會檜議，遂得參政伴食中書，亦應斬首！檜怒，謫銓廣州。時張浚在永州，岳飛在鄂州，疏諫尤切！其明年，爲構在位之十三年（即紹興九年，金熙宗亶天眷二年，民國紀元前七百七十三年），以金國通和，下詔大赦，飛又上疏力言和議之非，檜益怒，遂與飛成隙；旋以王倫爲東京留守，交割地界，金人遂歸宋河南陝西之地。

金人和宋之議，本出於達賚；達賚與秦檜善，故和議遂成，而烏珠深憾之。博勒郭者，太宗晟之長子，素跋扈，達賚與之結，遂以和宋；博勒郭特權專恣，後謀起事，達賚亦爲之主謀；事覺，博勒郭伏誅，達賚曾得釋，而野心未已，終亦被殺。初，烏珠與亶言達賚等主割河南與宋，必有陰謀，今宋使在汴，勿令踰境；及達賚反，倫猶不知，赴金都議事，遂被執，徙居河間，於是兩國和議，仍定而不定。又明年，爲構在位之十四年（即紹興十年，金熙宗亶天眷三年，民國紀元前七百七十二年），金人變約，易和議爲戰備，命烏珠自黎陽趨河南，薩里干出河中趨陝西。烏珠既入汴，復分師取歸德河南，連下諸郡，河南州縣全失；而陝西州縣亦多迎附於薩里干：職是之故，河南陝西仍復爲金有，向日王倫之議，秦檜之策，高宗構之希望，均成幻想，而宋人始不得不再度用兵矣。

自是以後，宋與金戰，未嘗不勝，而河南之地，終不能爲宋有者？則秦檜主和之議害之也！薩里干初入陝西，頗勝利，未幾爲吳璘所拒，遂有扶風之敗；而劉錡亦大敗金烏珠兵於順昌（安徽阜陽縣），金兵素以騎分左右翼，號「拐子馬」，皆女眞爲之，專以攻堅，戰酣然後用，至是亦爲錡兵所殺，烏珠平日所恃以爲強者，十損七八，急還汴自守，金人甚懼，燕之重寶珍器，悉徙而北；而岳飛平素本以恢復中原自任，及是遂大舉北上，敗金人於京西，蔡州一帶州縣，於此盡復，捷報日數至，宋人氣勢大振。飛留大軍潁昌，命諸將分道出戰，自以輕騎駐偃城，兵勢甚銳，烏珠以「拐子馬」一萬五千來，飛設計破之，烏珠大慟；合師十二萬，次於臨潁，又爲張憲所破，烏珠夜遁，中原大震！遂連敗金兵，懷衞諸州盡復，金人山東河北之道斷，其勢大沮。飛進軍朱仙鎮，距汴京四十五里；兩河豪傑李通等，亦率衆歸飛；自燕以南，金號令不行，烏珠欲僉軍以抗飛，河北無一人應者！金兵多降附，飛大喜，諭其下曰：『直抵黃龍府，與諸君痛飲爾』！方指日渡河，而秦檜欲劃淮以北與金和，諷臺臣請班師，飛不可；檜乃先請張俊楊沂中等歸，而後上言飛孤軍不可久留。飛一日奉十二金牌，乃憤惋泣下，東面再拜曰：『十年之功，廢於一旦』！乃自偃城引兵而還。烏珠聞信大喜，遣兵追之不及，而河南新復府州，皆復爲金有，檜亦遣諸將帥同時還鎮。又明年，爲構在位之十五年（即紹興十一年，金熙宗亶天眷四年，民國紀元前七百七十一年），烏珠又破壽春，入廬州，兵勢轉振；淮南乞援亟，幸有楊沂中劉錡諸將禦之，於是復有拓皋之捷：

烏珠既下廬州，以拓皋（安徽巢縣西北）地坦平，利用騎，因駐師，劉錡遣人會楊沂中張俊師以禦之。俊後期未至，錡遂與沂中及王德等進擊連破之，金人死者以萬計，廬州遂復。而秦檜在內主和議益力，不欲與金再開釁，遂詔班師。金後破濠州，沂中扶之，敗績，於是諸將各還所鎮，而東南與中原方面之戰事全停。

陝西方面，金人純使薩里干任之，尋而宋之慶陽亦為金所有，吳璘等急出師與金爭陝西，諸州縣多為所收復；而秦檜在內和議益力，以驛書詔璘班師，璘不得已引師還鎮：至是而陝西方面之戰事亦停矣！

由是觀之，烏珠等之變約，宋廷非無禦之之力，徒以誤任秦檜之故，急遽求和，戰勝而退師，敵之幸，我之禍也！而高宗構不察，詔諸帥班師，不足，復謀所以死岳飛者，飛死而中原真不可復矣！先是烏珠遺檜書有『必殺飛，始可和』之語，檜亦以飛不死，終梗和議，己必及禍，故力謀殺之；與張俊謀密誘飛部曲，能告飛事者，優與重賞，而飛部曲無應者。俊聞飛嘗欲斬統制王貴，誘之告飛；又聞飛統制王俊善攻訐，號鵰兒，以奸貪屢為飛將張憲所抑，使人諭之，王俊許諾。於是檜謀以張憲王貴王俊皆飛部將，使其徒自相攻發，因以及飛父子；俊時在鎮江，乃自為狀付王俊，妄言副都統制張憲謀據襄陽，還飛兵柄，令告王貴，使貴執憲赴鎮江行樞密府。俊自鞫鍊，使憲自誣，謂得飛子雲手書，令憲行還兵計；憲不伏，俊手自具獄成，告檜，械憲至臨安，下大理寺獄。檜矯詔召飛父子入獄，命何鑄等鞫之；獄不成，乃改命万俟卨。卨素與飛有怨，乃誣飛使憲措置還軍事，且以偽誣坐飛，謂飛嘗自言己與太祖以三十歲除節度使，為指斥乘輿；及金兵侵淮西，不即策應，又為擁兵逗留，當斬！憲謀以襄陽叛，當絞！飛子雲當追一官，罰金。詔飛賜死，斬憲雲於都市，于鵬等從坐者六人；籍飛家貲，徙之嶺南，飛死年三十九！初，獄之成也，韓世忠不平，以問秦檜，檜曰：『飛子雲與憲書，雖不明，其事體莫須有』？世忠怫然曰：『「莫須有」三字，何以服天下』！飛遂不免。

岳飛死而和議成，自是南宋可暫偸旦夕之安，金勢坐是日亢。兩國和議於此協定：疆土之分割，東南則以淮水爲界，唐鄧二州入金；西北則以大散關（陝西寶雞縣西南）爲界，商秦之半又入金。宋歲貢銀絹各二十五萬，而金歸徽宗、偕太后鄭氏邢氏梓宮，及構生母韋氏於宋。其明年爲構在位之十六年（即紹興十二年，金熙宗亶皇統二年，民國紀元前七百七十年），金復使人以袞冕圭册至宋，册封高宗構爲大宋皇帝。宋廷匪惟不恥，且加秦檜太師，封魏國公，以旌其成就和議之功。

檜以主和議蒙大用，其擅國柄凡十有九年，嘗勸構立太學，耕藉田，粉飾太平，殆無虛日；而又附會祥瑞，舉朝宴然，不復知有中原兵事矣！檜自以和議爲功，深懼人之議己，起文字之獄以傾陷善類，有一言一句稍涉忌諱者，無不爭先告訐；命其養子熺典日曆，多曲筆，而民間之野史則禁絕之；然猶不快，以趙鼎、胡銓及李光三人嘗與己持異議，必欲殺之，鼎既寃死海南，檜猶欲殺其子汾，使汾自誣與張浚等謀逆！會檜死，汾得免，反對之士，排擊殆盡；復陰結內侍，伺人主聲息，漸有陰謀，高宗構深疑危之，至構在位之二十九年（即紹興二十五年，金廢帝亮貞元三年，民國紀元前七百五十七年），始病死。

自高宗構用秦檜主和，以爲半壁東南，可長玆無事矣；不謂完顏亮代亶主金，銳謀南略，昔日和議，全不可恃：於是兩國國際間之形勢日非，而南宋仍不能以少定，則檜以和息事之謂何也？高宗構在位之二十三年（即紹興十九年，金熙宗亶皇統九年，民國紀元前七百六十三年），金之內亂起，亶從弟亮殺亶自卽位，是爲廢帝。廢帝多失政，機心所肆，漸及南方，於是有大舉南征之事：

先是金當熙宗亶時，博勒郭等謀反，未幾卽定，而皇后費摩氏漸又干政，亶爲其所制，屢縱酒酗惡，殺其從臣；時尼瑪哈烏珠相繼沒，國無重臣，亶行日舛，遂殺費摩后。亮潛謀爲變，乃殺亶自立，而亮行尤甚於亶，忌宗族勳臣之強，乃除其有力者，幷納其叔母阿蘭及宗婦諸從姊妹於宮，肆爲淫亂，不復知人間倫常事；又急思統一中原，自上京而燕京，自燕京而汴京，屢事遷徙，籍諸路之兵，迭作戰具，謀甘心於宋：嘗因遣使，密派畫工，俾寫臨安湖山以歸，題詩其上，有『立馬吳山第一峯』之句；至高宗構在位之三十五年（卽紹興三十一年，金廢帝亮正隆六年，民國紀元前七百五十一年），遣使至宋，徵地及漢淮，且公然宣言謂『趙桓已死』，於是宋廷始知有欽宗之喪，而有舉兵北禦之議矣。

金廢帝亮之籌議南伐也，先大殺遼宗室之在其國者凡百三十餘人，以示斷絕內應之意；其太后圖克坦氏聞亮欲南侵，屢論止之，亮不悅，殺太后以示武於衆人；又以尙書令張浩，左丞相蕭玉諫伐宋，杖而釋之，自是莫有敢諫者！遂分諸道兵爲軍三十有二，置左右大都督及三道都統制府以總之：以瓊都爲左大都督，李通副之；赫舍哩良弼爲右大都督，富埒緷副之。蘇保衡爲浙東道水軍都統制，完顏鄭嘉努副之，由海道趨臨安；劉蕚爲漢南道行營兵馬都統制，自蔡州以瞰荊襄；圖克坦喀齊喀爲西蜀道行營兵馬都統制，由鳳翔取大散關，駐軍以俟後命。左監軍圖克坦貞，別將兵二萬入淮陰。亮旋自率師發汴京，而命皇后圖克坦氏與太子光英居守，後宮妃嬪皆從，衆六十萬，號百萬，氈帳相望，聲勢絕盛！金兵既渡淮，劉錡拒之，其將王權軍潰，錡引還揚州，亮入廬州；金兵破揚州，將渡江，錡敗之於皁角林（江蘇江都縣南），金兵進不已，侵瓜洲；亮築臺江上，自披金甲登臺，殺黑馬祭，誓以明日渡江，先進者與黃金一兩！宋勢日危；既而虞允文捷采石，而金之內訌又起；於是江南始告解嚴，而宋得無事。

先是宋聞王權之敗，御駕親征，詔葉義問督視江淮軍馬，虞允文參謀軍事；允文奉命犒師，至采石（安徽當塗縣西北），見敵騎充斥，軍士星散，允文遂立召諸將，勉以忠義，諸將願決死戰，允文乃命諸將列陳分戈船以待金師；亮果遣數百艘渡江而來，宋軍力戰，大勝，所謂「采石之捷」者也。采石一役，出廢帝亮意外，又聞國內已有立其從弟烏嚕稱帝於遼陽者；亮因惶急，召諸將帥謀北還，且分兵渡江。李通請毋還，宜先發兵渡江；亮然之，復以師絕江，至允文力拒之，金兵又敗。亮怒，謀急渡，其下或以退駐揚州請，亮杖以示衆，召諸將帥約以三日濟江，否則盡殺！且下令軍中：凡軍士亡者，殺其富魯章京；富魯章京亡者，殺其穆昆；穆昆亡者，殺其明安；明安亡者，殺其總管：由是軍士益危，欲亡歸本國；而亮又先使人拒淮渡，凡自軍中還至淮上，無都督府文字者，皆當處斬！金軍後阻江，前阻淮，衆志惶懼！乃決計於浙西都統制耶律元宜，欲共行大事，然後北還：元宜等遂以衆薄亮營，射之，不死；刃而縊之，亮始死，收其妃嬪及李通等盡殺之。元宜自爲左領軍副大都督，使人殺太子光英於汴；遣人如宋，復議和事，即舉師北還。

是役也，金盛師而出，其帥完顏鄭嘉努爲宋將李寶殺於山東海上；圖克坦喀齊喀西入之師亦爲吳璘等所敗，秦隴洮商虢諸州俱不能守；其自河南方面而下者，唐鄧諸州得而復失！卽使廢帝亮不死，成敗正未可必？及和議復開，金兵之在荆襄兩淮者，懲大役之無成，亦遂解兵北去。又明年，爲高宗構在位之三十六年（卽紹興三十二年，金世宗雍大定二年，民國紀元前七百五十年），金廷下令散南征之衆，而和議復成。

金廢帝亮在位十二年被害，烏嚕立，更名雍，自遼陽入燕，是爲世宗。追廢亮爲海陵煬王。時陝西尙用兵，大散關猶爲金有，吳璘復之，陝西諸州軍多爲宋取；而金旋又變議，攻宋，遣兵三十餘萬侵海州，鎭江都統張子蓋敗之。金東西用兵均不得逞，宋勢漸强矣；而宋廷忽又詔吳璘自陝西方面班師，則其失正與召回岳飛相類，此不能無爲宋惜也！先是高宗構無子，立建王瑗爲皇太子，更名昚；遂於是年傳位於昚，自稱上皇，昚立，是爲孝宗。方以禮改葬岳飛，復其官職，朝野上下，有淸明之望，而誤用史浩參知政事，浩上言：『官軍西討，若兵宿於外，去川口遠，恐爲敵襲，擬棄秦鳳熙河永興三路。』時虞允文爲川陝宣撫使，上疏力爭，孝宗昚不察，罷允文知夔州，急詔吳璘班師。金方以重兵扼鳳翔，與璘爭地，明年詔至，璘部屬皆曰：『將在外，君命有所不受，奈何退師』？璘知朝論主和，不可，遂退還河池，金軍乘其後，璘軍亡失者三萬三千，部將數十人，連營痛哭，聲震原野！於是三路新復十三州三軍皆復爲金有。旣而允文自川陝還，入對言：『今日有八可戰』，且以笏畫地，陳棄地利害，昚曰：『此史浩誤我』！而浩亦免。

南宋前期百年間對金失勢之二（乾道以來之整治及韓侂胄之興師）（民國紀元前七百四十九年至七百零四年，宋孝宗昚以後至寧宗擴之世）

孝宗昚為南宋賢主，即位以來，日以恢復士宇為心；常思厚集兵力，一戰勝金，以雪祖宗之恥：與高宗構之偷安坐誤，頗不相同。張浚者，前朝之勛臣，其威望久為金人所懾；及是因以為樞密使，都督江淮軍馬，開府建康。時金廷亦知宋師屢挫，而猶未肯稱臣，且夕間必不能無事；以師十萬散屯河南，聲言規取兩淮，欲凡事一如前約：令其將大周仁屯虹縣（安徽虹縣），蕭琦屯靈壁（安徽靈壁縣），積糧修城，為南攻計。昚用浚言，先出師渡淮，遣其將李顯忠出濠州，趨靈壁；邵宏淵出泗州，趨虹縣，次第復其城。顯忠又以師下宿州，中原震動！捷報聞，昚手書勞浚，有『十年來無此克捷』語。不幸宏淵與顯忠意見不協，遂有符離之潰，而宋勢又衰！

初，宿州之下，邵李因犒師事意相左；金將赫舍哩志寧方引師自睢陽攻宿州，宏淵按兵不動，顯忠獨出戰，遂敗，至符離（安徽宿縣），師大潰，是舉所喪軍資器械殆盡！幸金不復南，於是士大夫主和者益交口議浚；孝宗昚本壹意用浚，勸浚勿以人言奪：及是乃不得不下詔罪己，降浚為江淮宣撫使，而李邵均貶官。

孝宗昚之用張浚，實披誠相待，浚故封魏，昚對近臣言，必曰：「魏公」。降貶未幾，復使都督江淮軍馬。時金亦憚浚，甚願與南宋和，故赫舍哩志寧貽書宋政府云：『故疆歲幣如舊，及稱臣，還中原歸附人，即止兵；不然，當俟農隙征戰』。昚以書付浚，浚言：『金強則來，弱則止，不在和與不和』。而右相湯思退素附秦檜，力言可和。乃命廷臣議金帥所言四事，其說不一。昚意以為海泗唐鄧四州，歲幣可與，名分歸附則不可從。但無端予以四州，而無交換之條件，則亦不可驟許；至於歲幣，又當酌減。宋使盧仲賢持書至金，迫於金威，言歸當報命，遂以金書上政府，擬全許以四事；昚怒，下仲賢獄。而湯思退遽以王之望充金國通問使，許割棄四州，及求減歲幣之半；廷臣或以爲未便，乃詔之望等以禮物待命境上，而令胡昉爲通問所審議官，先行諭金以四州不可割之意。明年爲春在位之二年（卽隆興二年，金世宗雍大定四年，民國紀元前七百四十八年），金人執胡昉，春乃決計主戰，令張浚視師江淮。浚招降附，設守備，金人頗懼，而議者陰受思退指使，設法排浚，春又惑議者言，罷浚判福州：於是思退之願成，而兩淮之邊備全撤，朝廷遂決棄地求和之議，而浚亦病亡矣。

孝宗春非不力謀恢復，而主張不定，議和議戰無成見；思退見主心未定，陰遣使諭金，以重兵渡淮脅和：於是淮南諸州多不守，金兵逼揚州，皆思退召之也。時宋使魏杞至金，奉朝廷成議，願與金爲退步之磋商，於是許其割地與歲幣之二端；惟歲幣依照前數銀絹各減五萬，地界悉如熙宗亶之世。以上之許與，乃四端中之二端，至於歸附人之送遣，則斷然不許；名分一節，亦有幾多之酌更，而敵國之禮於茲始正。先是兩國遺書，用君臣之禮：金曰下詔，宋曰奉表；「大宋」去「大」字，「皇帝」去「皇」字。金使至宋，則宋帝起立，問金帝起居，降坐受詔，館伴之屬，皆拜金使；宋使至金，自同陪臣。孝宗春三遣使議和，始爲叔姪之國，得稱「皇帝」，改「詔」「表」爲「國書」，而餘禮文不能盡改；孝宗春屢請改受書儀，還河南陵寢地，而世宗雍不許。和議之復成，實湯思退誤之；顧孝宗春亦非重思退者，未幾，湯思退亦遭貶竄。議和事定，宋猶力主備金；惟金之世宗雍明察有爲，爲彼中之賢主，故南宋亦終莫由思逞。雍嘗禁女眞人譯爲漢姓，並毋得學爲南人衣飾，以保存其固有之國風；外服西夏，定高麗，北方震其威明；又能廑心民治，愼於刑戮，金之治世，惟此爲可稱。

宋孝宗眘亦有賢風，卽位以來，力作恭儉，常若在閭閻之時；其心不以得位爲樂，而以不克繼承爲懼，自始至終，常如一日！在位二十八年之間，未嘗一日忘外敵；金之世宗雍每戒羣臣積錢穀，謹兵備，必曰：『吾恐宋人之和，終不可恃』！蓋亦知眘之將有所爲也。眘習騎射，至於傷目，不已；又刻木馬便殿，以示戒心，萬幾之暇，不忘武備若此，故金亦終莫由制宋云。

孝宗眘以遠族入承大統，事高宗構，孝養倍至；及構沒，哀慕尤切：欲退終喪制，乃內禪太子。惇卽位，是爲光宗，尊眘爲壽皇聖帝。同年，金之世宗雍亦沒，孫璟立，是爲章宗。

光宗惇之后李氏，性驕悍，素不得壽皇心。初，惇欲誅宦者，近習懼，遂謀離間三宮，惇頗以爲疑。會惇得心疾，壽皇購得良藥，欲因其至宮而授之。宦者訴之李后，謂『太上將授藥，萬一不虞，如宗社何』？后覘藥實有，心銜之，乃請於壽皇，願立所生子嘉王擴爲太子，壽皇不許。后退持擴泣訴於惇，謂壽皇有廢立意。惇惑之，遂不朝壽皇，而疾益增，不能視朝，政事多決於李后，后益驕恣。及惇疾愈，雖仍能理政，而於壽皇禮益疏。惇在位之五年（卽紹熙五年，金章宗璟明昌五年，民國紀元前七百十八年），壽皇沒，惇疾不能執喪，知樞密院事趙汝愚密建內禪之議，與朝臣謀可以白內禪之意於太皇太后吳氏者，乃遣知閤門事韓侂胄。侂胄，太后女弟之子也。后垂簾引惇子嘉王擴入卽位，是爲寧宗。代惇執壽皇喪，而尊惇爲太上皇帝。

寧宗擴即位，以趙汝愚爲相；汝愚薦大儒朱熹侍講經筵，正人漸用事，與侂胄意旨不相容。先是乘龍之旨下，侂胄欲推定策恩，汝愚曰：『吾宗臣，汝外戚也，何可以言功？惟爪牙之臣，則當推賞』。終不及侂胄，侂胄頗失望！然以傳導詔旨，頗見親幸，時時乘間竊弄威福；朱熹白汝愚，當用厚賞酬其勞而疏遠之，汝愚不以爲意。右正言黃度欲劾侂胄，謀泄斥去；朱熹奏其奸，侂胄怒，使優人峨冠闊袖象大儒戲於上前，熹遂去。熹去而侂胄乃益橫，擴不能悟也。侂胄用權，從知閤門事劉㢸謀，授臺諫官，輒備御筆，批出行之；「御筆批出」云者，於人主榻前受旨撰數語，不付廷臣議論，徑批出施行。或曰：熹之罷職，亦「內批」爲之；「內批」行而侂胄居然無所忌，汝愚雖宗相，勢力不敵，遂以擴即位之元年（即慶元元年，金章宗璟明昌六年，民國紀元前七百十七年），罷職，尋竄衡州，死於道！侂胄又設「僞學」之目，以網括汝愚朱熹門下知名之士。用何澹胡紘爲言官，澹言僞學宜加風厲；紘言僞學猖獗，宜令退伏田里，循省愆咎：遂詔僞學之黨，宰執權住進擬。自是學禁愈急，而熹等所處之地位亦日危，終至削職；其門人蔡元定，亦被貶竄。朝臣之諂附侂胄者，無不力予顯擢，權勢盛一時；旋以少傅累進太師，封平原郡王，凡所欲爲，宰執惕息不敢爲異，其嬖妾皆封郡國夫人，諛者至以恩王聖相稱之。侂胄權勢既重，厭前僞學之禁，不免乖戾，欲稍稍更改，以消中外之議；而侂胄左右，亦有勸其勿爲已甚者，侂胄然之：於是趙汝愚追復資政殿學士，黨人見在者，均先後復官自便；時朱熹沒已踰年，仍詔熹以待制致仕。

侂胄當國時之內政，既如右述；至其對外，則有倡議征金之舉：夫征金未始不爲偉舉，侂胄庸闇，牽於羣小而不知其他非所以勝其任也。金章宗璟在位，初政清明；已而倖臣胥持國與嬖妃李氏內外專政，而北邊阻轐等部，相繼擾邊，金師討之，連年民窮財匱；議者謂金勢已弱，乘勢伐之，可立不世勳！侂胄然之：遂議恢復，聚財募卒，出封椿庫金萬兩，以待賞功、以殿前都指使吳曦爲興州都統制，或謂曦不可爲西帥，必叛，侂胄不省，而用師意益銳！將欲風厲諸將，而重恤岳飛之冤，追封鄂王；廷臣有反對戰議者，輒罷其職：於是備戰之事日有進行，而金亦漸知宋有北伐之謀，乃以平章布薩揆爲河南宣撫使，會兵於汴以備之，二國之戰機日迫矣！

寧宗擴在位之十二年（即開禧二年，金章宗璟泰和六年，民國紀元前七百零六年），宋下詔伐金，泗州虹縣諸地皆復；比分師攻宿州壽州蔡州唐州，均敗績！吳曦在西蜀練兵，至是亦叛，獻關外階成和鳳四州於金，求封蜀王，上游勢亦失！王大節、李汝翼、皇甫斌、李爽諸失事之將，一時盡貶；而使邱崈宣撫兩淮，宋勢轉不振！

是時也，金廷使布薩揆分師九道南下，揆兵三萬出穎壽，赫舍哩子仁兵三萬出渦口，赫舍哩呼沙呼兵二萬出清河口，是爲東路之兵；完顏充兵一萬出陳倉，富察貞兵一萬出成紀（甘肅秦縣），完顏綱兵一萬出臨潭（甘肅洮縣），舒穆嚕、仲溫兵五千，出鹽川（本甘肅鞏昌府境），完顏璘兵五千出來遠（甘肅寧遠縣西南），是爲西路之兵；完顏匡兵二萬五千出唐鄧，是爲中路之兵。已而呼沙呼渡淮，圍楚州；布薩揆破安豐軍（安徽壽縣），圍和州；赫舍哩子仁破滁州，入眞州，東路師俱捷。完顏匡破光化（河南光化縣），棗陽（湖北棗陽縣），信陽（河南信陽縣），襄陽隨州（湖北隨縣），進圍德安府，中路師又大勝。富察貞破和尚原，入西和州（甘肅西和縣），成州（甘肅成縣），下大散關，立吳曦為蜀王，賚其策應西路兵，又告成功。於是宋勢益岌，不得已轉而思和；而布薩揆亦以久戰為非宜，欲通和罷兵。侂胄方自悔其前謀之不臧，輸家財二十萬以助軍，因命邱崈募人使金營議和，許還其淮北流移人，及今年歲幣；布薩揆許之，乃自和州還屯於蔡，而戰事暫停。

明年為寧宗擴在位之十三年（卽開禧三年，金章宗璟泰和七年，民國紀元前七百零五年），金人已有許和之意；邱崈上疏乞移書金帥以成前議，且言金方明指韓侂胄為元謀，若移書宜暫免繫銜。侂胄怒，罷邱崈，而以張巖督視江淮軍馬。金之布薩揆亦於是年病沒於下蔡，章宗璟命左丞相完顏宗浩行省事於汴。

兩方和議，既漸有端倪，而西方吳曦之亂，亦於茲平定，則猶宋不幸中之幸也。先是曦既附金，遣將引金兵入鳳州，付以四郡，表鐵山（陝西沔縣北）為界，卽興州為行宮，改元，置百官，遣人至成都治宮殿，欲徙居之；分兵下嘉陵江，聲言約金人夾攻襄陽；下黃榜於成都、潼川、利州、夔州四路，以興州為興德府，召安丙為丞相長史，權行都省事。先是楊輔出知成都，言吳曦必反！宋廷意輔能誅曦，乃以為四川制置使，許以便宜行事；而輔以內郡無兵可用，遂為吳曦所逐。安丙悉曦不法，密謀誅之；監興州合江倉楊巨源等共與其謀；遂誅曦，盡收其黨殺之，衆推安丙權四川宣撫使，巨源權參贊軍事。丙上疏自劾待罪，函曦首以送朝廷；詔奪曦父挺官爵，遷曦祖璘子孫出蜀，存璘廟祀，以楊輔為四川宣撫使，安丙輔之。未幾，輔卽內召，西事一任於安丙；丙初復西和、階、成、鳳諸州及大散關，功烈日著！與楊巨源不睦，殺巨源而專兵政，人頗疑其擅？然能保有西蜀，力禦金人，其功亦不在二吳之下。

韓侂胄既開金釁，亟謀有以了之，募人可以報使金師者：近臣薦方信孺；以爲國信所參議官，使如金軍，見完顏宗浩，宗浩要以五事。信孺歸以語侂胄，謂『金所欲者五事：一、割兩淮諸州，二、增歲幣銀五萬兩，絹五萬匹，三、索附歸人，四、犒軍銀一千萬兩，五、不敢言』。侂胄固問之，信孺徐曰『欲得太師首耳』！侂胄怒，乃貶信孺，更命王柟往；猶欲用兵，免張巖職，而以趙淳爲江淮制置使，公私力日絀，內外憂懼！禮部侍郎史彌遠謀誅侂胄，議甚祕，皇子榮王曮入奏，皇后楊氏亦從中力請，遂定謀貶侂胄官，使夏震殛殺之，下詔暴其罪於中外，其黨陳自強蘇師旦等俱伏罪。明年，爲寧宗擴在位之十四年（卽嘉定元年，金章宗璟泰和八年，民國紀元前七百零四年），王柟還自汴，和議始成，改叔姪之稱爲伯姪，增歲幣銀爲三十萬兩，絹三十萬匹，函侂胄首獻金，以贖淮南陝西侵地，於是金始歸大散關及濠州之地於宋。是年金章宗璟沒，叔父衞王永濟立，是爲後廢帝。

南宋前期百年間對金失勢之三（蒙古之崛興及宋金之輟好）（民國紀元前七百零三年至六百八十八年寧宗擴之世）

蒙古特穆津之稱帝，當寧宗擴在位之十二年（卽開禧二年，金章宗璟泰和六年，民國紀元前七百零六年）；而其強盛之由來，則非由一日。迨其旣熾，力足以幷金南方之宋，自不能不徐受其厄者，勢也。蒙古部者，金人亦謂之韃靼國。其先有白韃黑韃二部：白韃部顏色稍皙，在臨潢陰山之北，盧朐河之東。亦有生熟二種：近漢地者爲熟韃靼，金史謂之糺族，能種秫炊食，介蕃漢之間；其遠者曰生韃靼，以游牧爲生，異於契丹之射獵，金史謂之沙陀，亦謂之阻韃人強武而地不產鐵，故無兵甲，矢用骨鏃，遼時互市，鐵禁甚嚴，及金世廢宋河東鐵錢不用，皆歸塞外，韃靼得之，大作軍器，又製魚皮爲甲，兵益強，於是出沒爲邊患！當金太宗晟在位，自稱大蒙古國，金烏珠以兵八萬討之，不能定也。至世宗雍時童謠有『達達趁官家』之語，或言此白韃患國之兆；金廷下令每歲出兵向北勦殺，必使無壯士，謂之「滅丁」。蒙古殘破，分十餘部，逃遁沙漠；至章宗璟時，「滅丁」令停，而蒙古復盛，仍寇邊，金乃築長城界之，使不得南犯，此皆白韃部也。特穆津則起自黑韃，在廬朐河之西，當白韃強盛時，金人或糾黑韃攻其後，置東西招討使以統轄之；及特穆津興，而白韃諸部先後來屬，反爲鄉導以攻燕。此二部之大略也。特穆津初起，慕蒙古爲北方雄國，故亦稱大蒙古。其十世祖曰勃端察爾者，最有名，蒙古後嗣之盛自此始。九傳至伊蘇克依，并合諸部，勢日強。既沒，子特穆津年尚幼，部衆多歸於族人泰楚特部；泰楚特部沿貝加爾湖而居，當蒙古之北，合衆攻特穆津，特穆津禦之，泰楚特因敗而弱。又其東有塔塔爾部者，接興安嶺而居，勢亦浸盛；後因背金，特穆津會金師以滅之，金嘉其功，授以察衮圖嚕之職，猶中國之招討使也，特穆津之受職於金自此始。又其西有奈曼部者，特穆津初謹事之，未敢侮也；奈曼恃其強，反略特穆津地，特穆津乃大會屬部，議伐奈曼：奈曼與居薛雲格河流域之默爾奇思部合，共抗特穆津；特穆津爲奈曼部酋長迪延汗殺之，諸部悉潰，未幾，奈曼遂爲蒙古所滅。特穆津既勝泰楚特部，滅塔塔爾部，奈曼部，敗默爾奇思部，於是遂攻西夏，掠其人民，駸駸乎有南侵金室心！至寧宗擴在位之十二年（民國紀元見上），乃大會諸部酋長於鄂諾河之源（即黑龍江上流，發源於喀爾喀部西北肯特山，舊作斡難，一作敖嫩），建九斿白旂，自號爲青吉思汗，金北邊始爲所困：自是金除南方對宋外，又不得不籌抵禦蒙古之方矣。

金後廢帝永濟之立也，有詔至蒙古，傳言當拜受；特穆津不從，與金絕，益嚴兵爲備，數侵掠金西北之地，勢益盛。其明年，爲寧宗擴在位之十七年（即嘉定四年，金後廢帝永濟大安三年，民國紀元前七百零一年），金廷遣使求和於蒙古，蒙古不從，遂以師攻西京（山西大同縣），留守赫舍哩呼沙呼棄城遁；特穆津復分命其子卓齊特察罕台諤格德依帥兵分取雲內東勝諸州，金地漸蹙，東過平灤，南至清滄，由臨潢過遼河，西南至忻代間，俱降蒙古；金兵禦之，敗績於會河（河北萬全縣西），蒙古兵遂入居庸關，大掠而北，金勢始日衰。翌二年，爲寧宗擴在位之十九年（即嘉定六年，金後廢帝永濟至寧元年，民國紀元前六百九十九年），故遼人耶律留格取金遼東州郡，自立爲遼王；而河東陝西並承大飢之後，流莩滿野，山東羣盜又一時蜂起，永濟幾不能支。呼沙呼既自西京遁歸，永濟不能治其罪，反重用之；沙呼沙猶不服，遂借端作亂，入弒永濟，而立章宗璟庶兄昇王珣，是爲宣宗。呼沙呼自爲都元帥，封澤王，金勢乃大落！

呼沙呼是時當禦敵蒙古兵之大任，而蒙古兵進偪不已，燕京勢日岌！呼沙呼戰敗受創，不能出，使其將珠赫呼高琪拒之；高琪失事，懼爲呼沙呼所斬，遂還殺呼沙呼：宣宗珣詔暴呼沙呼之罪，奪其官爵，而以高琪爲左副元帥，以當蒙古兵。蒙古兵圍燕，重師屯城北，而別分兵掠取金地；皇子卓齊特等循太行而南，別將布札爾等遵海而東，特穆津自將與子圖類由中道進偪中都，三路分師，所至累捷：凡破金九十餘郡，兩河山東數千里人民殺戮幾盡，金不能禦也！特穆津既下諸地，還屯燕城北，遣使諭金宣宗珣不得已與蒙古和：以故主永濟之女歸蒙古，及金帛童男女各五百，馬三千與之；特穆津引歸出居庸關，收所虜山東兩河少壯男女數十萬，盡殺之，金益不支！

金時困於蒙古，連遭敗衄，國蹙兵弱，財用日匱，不能守中都，遂徙都汴京，冀遠蒙古之偪；蒙古兵又進圍中都，別分兵下金遼西州郡，金人自保既不暇，而以國財耗消之故，不得不再徵歲幣於宋。宋廷初聞蒙古偪金，雖不敢出師，報前此戰敗之辱；但歲幣之輸出，則頗因循不爲意。金屢遣使至宋督歲幣，宋常不報，終且絕之；金方困弱，亦未暇對宋也。西夏者，初屢與金交兵，後爲金下，不能抗；及是，夏人以書來四川，議夾攻金，以恢復故疆，而宋人不報；以是宋金之交絕，而宋夏之交亦阻。未幾，蒙古兵入燕，府庫之實，悉載以北，金祖宗神御及諸妃嬪，皆被淪沒。蒙古兵東既奪燕，西復侵潼關，不克，遂由嵩山小路，進窺汴京；金師力戰卻之，汴雖無恙，而受困實深，其疆域日趨於減縮，北惟保眞定，西惟守潼關，東惟阻河。思欲復地東北，爲蒙古所扼，久不得逞；因思闢地南方，冀得淮漢川蜀之地以自廣；於是金與蒙古之交兵未已，而宋與金之戰禍又興矣！

初，金有王世安者，獻取盱眙楚州之策；宣宗珣以爲淮南招撫使，陰謀南侵。珠赫呼高琪復勸珣侵宋，以廣疆土；寧宗擴在位之二十三年（卽嘉定十年，金宣宗珣興定元年，民國紀元前六百九十五年），金地日蹙，遂實行其南征之志：命烏庫哩慶壽完顏薩布率師南侵，遂渡淮，取光州中渡鎭（河南光山縣淮水邊）。慶壽分兵攻樊城，圍棗陽光化軍；別遣完顏阿林入大散關，以攻西和階成州。宋廷聞警，乃詔京湖制置使趙方等出師抵禦。方遣兵救棗陽，金兵退；後復以大兵來攻，終不下，卒乃爲宋敗；自是宋兵常轉戰於唐鄧閒，金不能得志。其西攻一軍，焚大散關，入西和成階州，亦爲宋所敗，終乃遁去；惟攻奪淮西一軍，較爲精勝，宋幾不能禦，常以戰伐事任李全。請繼此以述李全之由來及其建功之事：

方是時，山東之地，爲金人所治地，故多盜；李全者，卽東盜之一，後降宋，又降蒙古者也。宣宗珣之遷汴也，賦斂益橫，人不堪其苦，河北山東遺民保砦守險，羣聚爲盜，寇掠州郡，皆衣紅衲襖以爲識，其時號爲「紅襖賊」。李全者濰州人，與其仲兄福亦聚衆數千，鈔掠山東，附者頗衆。時寧宗擴在位之二十年也（卽嘉定七年，金宣宗珣貞祐二年，民國紀元前六百九十八年）。及宋金之釁開，宋方密招山東羣盜，謀恢復；陰敕江淮制置使李珏等慰接之，號「忠義軍」，就聽節制，給忠義糧；於是李全等亦率衆來歸，詔以全爲京東路總管。比金侵淮西，分道寇諸城，建康大震！知楚州賈涉時方節制京東忠義，慮忠義人爲金所用，乃使李全等出師。全進至渦口，與金兵戰，大勝；金人乃解諸州之圍而行，全追擊之，又大捷；自是金不敢窺淮東，全功大著。

全既敗金，謀進師山東；而益州張林又以山東諸郡附全，詔以林爲京東安撫使。全自此頗輕諸將，漸不易駕馭；既而金人嚴實又以魏博等郡來歸，宋方自此得伸其兵力於山東，爲南渡以來所未有。全欲乘之建殊勛於山東，遂會張林兵襲東平，不勝，全幾不免，賴諸將救得還保長淸。

全雖蹔敗，而將兵實多，勢益驕悍，輕朝廷；既又與其黨張林不睦，林遂以京東諸郡降於蒙古。忠義諸軍多出於羣盜，其心漸離而制置使賈涉亦以全暴傲難制，力請還朝。全潛起叛心，據青州以自固；後果叛宋，擾及淮南；故理宗昀時，又有用師征全之事。

宋金開釁未久，而蒙古方盛，師偪金，金顧蒙古，力不能禦宋；至寧宗擴在位之三十年（即嘉定十七年，金哀宗守緒正大元年，民國紀元前六百八十八年），遂遣使詣宋請和，宋人許之；又遣將至光州，榜諭軍民，更不南侵，宋金乃復歸於好。

是時金南侵既不得志，而北方之厄於蒙古也則愈甚。特穆津既克潼關，以穆呼哩為太師，經略山南，尋攻取金之河東諸州郡；別使張柔侵金河北郡縣，亦多降蒙古；尋得高麗，勢益甚。宣宗珣乞和，而特穆津不許；穆呼哩帥師入濟南、魏、博諸郡，皆下，金兵禦之不勝。穆呼哩進圍東平，取之；別以師侵西夏，西夏以兵附；於是陝西諸州郡亦多為蒙古有。至寧宗擴在位之二十七年（即嘉定十四年，金宣宗珣興定五年，民國紀元前六百九十一年），宋亦遣使至蒙古通和，蒙古亦旋遣使來報。其後穆呼哩又連下金之河中同州諸要地，金無以禦；未幾，疾發，死於解州。穆呼哩為人雄勇而善謀，任征金之事，所至有功，與博爾濟、博勒呼、齊拉袞俱以忠勇佐特穆津刱業，賜號為都爾本庫魯克，猶華言「四傑」也；四人之子孫，皆領宿衛，號四集賽，出官則為輔相，禮遇不衰。

特穆津既以征金事任穆呼哩，而已則率師向西方而進，意在先平極塞，後定中原。此時中原之猶不遽為所滅者，蓋天幸也。先是特穆津之破奈曼也，其酋楚察里奔西遼，娶西遼末主卓勒古女而居焉。時西遼鄰國有花剌子模者，勢日強，蠶食西遼境。楚察里欲乘勢招舊部，奪西遼國土，請於其舅卓勒古，得東行，獲其舊衆，遇花剌子模之使於道，約東西夾攻。議定，楚察里進攻西遼都城，旋禽卓勒古，分西爾河以南地與花剌子模，而自領其餘地。於是蒙古兵東征，滅西遼，楚察里出亡，其疆域遂與花剌子模相接。

蒙古既滅西遼，其地直達花剌子模界。未幾，有蒙古隊商至其國，爲所殺；特穆津遣使問故，又被害：於是特穆津始親征西域，遣子卓齊特、察罕台、諤格德依、圖類分道進師，自率一軍取蒲華（土耳其斯坦地），圍其國都尋思罕（即撒馬兒罕），別遣將躡其王瑪哈木瑪特之後。瑪哈木瑪特竄入裏海之一小島中而死，其子札拉迪音走哥疾寧（印度河東），聯合西域之兵，復與蒙古戰，遂有八魯灣（阿富汗東北境）之勝；時特穆津已全下花剌子模地，遂馳逐之，札拉迪音大敗，踰印度河而遁。蒙古兵以天暑罷師，西域諸城俱定，乃置「達魯噶齊」（猶華言掌印官）治之而歸。時宋寧宗擴在位之三十年也（民國紀元見上）。哲別等奉特穆津命窮追瑪哈木瑪特，不獲，順道沿裏海西岸，踰太和嶺（即高加索山）而進，襲下奇卜察克部，進攻俄羅斯，敗其聯軍於阿里吉河濱；俄羅斯人益駭，共立十字架以迎，蒙古之師殺之，轉入東北，陷不里阿耳（亦的勒河上流東岸），大掠俄羅斯東南部而還。蒙古武威達於歐陸矣！

蒙古西征既捷，南下又全勝，兵力之強，不可一世；復轉而圖夏，夏滅則金亦必亡，特指顧間事；宋室之危，可立而待矣！寧宗擴在位之三十年，擴沒，子昀立，是爲理宗；先一年，金之宣宗珣沒，子守緒立，是爲哀宗；翌三年，蒙古太祖特穆津亦沒，少子圖類監國：三邦各有新主嗣位，其交互間之形勢亦有多少之變遷，而宋與蒙古接近之機乃因之愈偪。

南宋後期五十五年間對元失勢之一（夏與金之滅亡及北伐論之再熾）（民國紀元前六百八十七年至六百四十八年）

初，蒙古既得志西方，漸欲幷中原而先滅夏；故特穆津連用師攻夏，夏勢日衰。夏人不自量力，猶以金爲可圖，頻出師挫金；不知金弱而夏豈能獨存？若釋金以爲近援，同捍邊圉，以謀一日之安，蒙古之滅夏，未必能若斯易也。夏人不察，連歲攻金，甚者遣使至宋，議夾攻；兵力自此敝，兵敝而蒙古得躡之以乘其短長矣！迨力不自振，乃乞金和，與金仍爲兄弟之國，而蒙古兵旋取甘肅西涼雲州諸境，夏不能禦；至理宗昀在位之三年（卽寶慶三年，金哀宗守緒正大四年，民國紀元前六百八十五年），特穆津盡克夏城邑，其民穿鑿土石以避鋒鏑，免者百無一二，白骨蔽野，夏主睍力屈，降於蒙古。蒙古兵執睍以歸，夏亡。計傳十主，凡二百十年。其世次如下表：

西夏於宋爲西陲之一國，故其君均有廟號；元昊以後，本編紀事不能獨詳，故其傳世變更，常不之及。茲特編爲左表，以見其略：

統系	朝代	賜姓	輩次	官爵及廟號	年數	在位之始末	民國紀元前年數
一—1拓跋思恭	唐	李	拓跋氏之後	夏州節度使	五	唐僖宗儇中和元年建節至光啓二年沒	民國紀元前一千零三十一年至一千零二十六年

2 思諫	唐至後梁	李	思恭弟	夏州節度使	二十四	唐僖宗儇光啓二年嗣職至後梁太祖晃開平三年沒	民國紀元前一千零二十六年至一千零零三年
3 彝昌	後梁	李	思諫子	夏州節度使	一	後梁太祖晃開平三年嗣職至開平四年沒	民國紀元前一千零零三年至一千零零二年
4 仁福	後梁至後唐	李	輩次不明	夏州節度使 封朔方王	二十七	後梁太祖晃開平四年嗣職至後唐明宗亶長興四年沒	民國紀元前一千零零二年至九百七十九年
5 彝超	後唐	李	仁福次子	定難節度使	八	後唐明宗亶長興四年嗣職至廢帝從珂清泰二年沒	民國紀元前九百七十九年至九百七十七年
6 彝興	後唐至宋	李	彝超之弟	定難節度使 封西平王	三十一	後唐廢帝從珂清泰二年嗣職至宋太祖趙匡胤乾德三年沒	民國紀元前九百七十七年至九百四十七年
7 克叡	宋	李	彝興之子	定難節度使	十四	宋太祖匡胤乾德三年嗣職至太宗光義太平興國三年沒	民國紀元前九百四十七年至九百三十四年
8 繼筠	宋	李	克叡之子	定難節度使	三	宋太宗光義太平興國三年嗣職至太平興國五年沒	民國紀元前九百三十四年至九百三十二年
9 繼捧	宋	趙名 保忠	繼筠之弟	定難節度使	二十五	宋太宗光義太平興國九年嗣職至眞宗恆景德元年沒	民國紀元前九百三十二年至九百零八年
10 繼遷	宋	趙名 保吉	繼捧之弟	廟號太祖	十四	宋太宗光義淳化二年歸宋至眞宗恆咸平六年沒	民國紀元前九百二十二年至九百零九年
11 德明	宋	趙	繼遷之子	廟號太宗	三十	宋眞宗恆咸平六年嗣位至仁宗禎明道元年沒	民國紀元前九百二十二年至八百八十年
12 元昊	宋	趙	德明之子	廟號景宗	十七	宋仁宗禎明道元年嗣位至慶曆八年沒	民國紀元前八百八十年至八百六十四年
13 諒祚	宋		元昊之子	廟號毅宗	二十	宋仁宗禎慶曆八年嗣位至英宗曙治平四年沒	民國紀元前八百六十四年至八百四十五年
14 秉常	宋		諒祚之子	廟號惠宗	十九	宋英宗曙治平四年嗣位至哲宗煦元祐元年沒	民國紀元前八百四十五年至八百二十六年
15 乾順	宋至南宋金		秉常之子	廟號崇宗	五十四	宋哲宗煦元祐元年嗣位至高宗構紹興九年沒	民國紀元前八百二十六年至七百七十三年
16 仁孝	南宋金		乾順之子	廟號仁宗	五十五	南宋高宗構紹興九年嗣位至光宗惇紹熙四年沒	民國紀元前七百七十三年至七百十九年
17 純祐	南宋金		仁孝之子	廟號桓宗	十四	南宋光宗惇紹熙四年嗣位至寧宗擴開禧二年沒	民國紀元前七百十九年至七百零六年

崇—仁友

18安全
19遵頊
20德旺
某
21睍

南宋金蒙古		純祐从子	廟號襄宗	六年	南宋寧宗擴開禧二年篡位至嘉定四年沒	民國紀元前七百零六年至七百零一年
南宋金蒙古		安全族子	廟號神宗	十三年	南宋寧宗擴嘉定四年嗣位至十六年傳位於其子	民國紀元前七百零一年至六百八十九年
南宋金蒙古		遵頊之子	廟號獻宗	四年	南宋寧宗擴嘉定十六年受禪至理宗昀寶慶二年沒	民國紀元前六百八十九年至六百八十七年
南宋金蒙古		德旺弟之子	廟號西平王	二年	南宋理宗昀寶慶二年嗣位至三年爲元所滅夏亡	民國紀元前六百八十七年至六百八十六年

蒙古既滅西夏，謀用師於金者尤急。特穆津時駐六盤山（甘肅省西界），病革，詔左右曰：『金精兵在潼關，南據連山，北限大河，難以遽破；若假道於宋，宋金世仇，必能許我，則下兵唐鄧，直擣大梁，金急，必徵兵潼關；然以數萬之衆，千里赴援，人馬疲敝，雖至弗能戰，破之必矣！』言訖而沒。第四子圖類監國，異日聯宋伐金之議，即萌於此。

蒙古自特穆津之沒，未能即加兵於金；至理宗昀在位之五年（即紹定二年，金哀宗守緒正大六年，民國紀元前六百八十三年），特穆津次子諤格德依立，是爲太宗。旋與弟圖類率師入陝西鳳翔京兆同華間，破諸山砦柵六十餘所，尋攻下鳳翔，謀出師潼關，不果；乃遣綽布干假道於宋，期由淮東以趨河南，至沔州，宋統制張宣殺之。圖類聞綽布干死，曰：『宋自食言背盟棄好，今日之事，曲直有歸矣！』宋之開釁蒙古自此始。

然則宋之兵力果足以禦蒙古乎？曰：是又非也。初，寧宗擴在位，丞相史彌遠專政，擴無子，養太祖十世孫貴和爲皇子，賜名竑；竑慧而輕疾彌遠之專，嘗書几上曰：『彌遠當決配八千里』！彌遠聞而惡之，日媒孽其失；及擴疾沒，彌遠矯詔迎立榮王希瓐之子貴誠，更名昀，是爲理宗；封竑爲濟王，出居湖州。州人潘壬起兵謀擁立竑，竑討壬，壬走，爲宋兵所獲，斬首臨安；彌遠忌竑，陰使人縊殺之，以疾沒聞，昀初不知也：彌遠既專政，久益張，封魏國公，政事多不振。於時蒙古初強，金日弱，宋廷不知所以爲備；李全在青州，降蒙古，而盱眙忠義夏全、楚州忠義李福，亦先後俱叛：宋廷以淮亂相仍，欲輕淮重江，改楚州爲淮安軍，不復建閫。全黨張林等旋歸宋，殺李福及全次子通等於淮安以贖罪，宋廷大喜，詔知盱眙軍彭忳及時青經略淮東，使便宜盡戮李全餘黨：青故「紅襖賊」，初隨李全來降，恐禍及己，密遣人報全於青州，遷延不決，忳將張惠等不服，設計執忳以盱眙降金，淮南復亂。全在青州得時青報，遂自青入淮安，殺張林；已又誘時青誅之，併其衆，全勢更盛。全雖服蒙古，舉足間爲三方重，故虛聲頗張；又以山東經理未定，貌爲附宋，謀得宋錢糧，宋亦以全往來山東，得少寬北顧憂，遺餉不絕；而全於又遣使入金，資爲聯絡：故以一人跨三國之交，凡事俱爲己計，宋廷無如之何也。趙范趙葵者，以弟兄膺宋兵權，時稱二趙：方受命節制鎮江滁州軍馬，深以全必反爲慮，而彌遠不納！故全寇日張，遂南略揚州，范葵會師擊之，全始敗；其明年，爲昀在位之七年（即紹定四年，金哀宗守緒正大八年，民國紀元前六百八十一年），范葵復大破全於揚州城下，全走新塘（江蘇江都縣境）死。其黨欲還淮安，謀再舉，范葵追擊大破之，乃散去，遂收復淮安；其將國安用從李全妻楊氏走山東，降於蒙古，蒙古以爲都元帥，行省山東：全禍平而蒙古之憂乃日偪矣！

蒙古行人既爲宋殺，自此遂有仇宋心：圖類以師南侵仙人關，別軍略地，至西水（四川閬中縣），幾深入矣；未幾而蜀口諸郡果降於蒙古，宋西面之防日弛。其時蒙古尚無亟亟攻宋之心也，金下宋自不克保，故圖類等仍專力圖金：既破饒風關，欲由金州而東圖汴京，金兵力禦，不獲如其志。明年，爲理宗昀在位之八年（卽紹定五年，金哀宗守緒天興元年，民國紀元前六百八十年），諤格德依用西夏人之計，自河中由河清縣白坡（河南孟縣西南）渡河，遣人馳報圖類以師來會。次鄭州，遣蘇布特攻汴京；時金軍權屬完顏哈達、伊喇豐阿拉，方屯兵鄧州，聞警亟進援，與圖類戰三峯山（河南禹縣西南）大敗。金之健將銳卒至是役而盡，汴京益弱。金陝西諸將之守潼關者，聞蒙古兵偪，盡撤秦藍諸關之備，從虢入陝，守將李平遂以潼關降蒙古。諸將東走，亦被蒙古追師所殺；於是金之歸德、洛陽俱被圍，消息日惡。此時之金，無異靖康之宋矣！

幸也諤格德依將因事北歸，遣使自鄭州至汴，諭哀宗守緒降；守緒乃以從子鄂和爲曹王，送金軍爲質。未行，蒙古將蘇布特曰：『我受命攻城，不知其他也』。圍汴京益力。金人力守，內外死者以數萬計，而城終不下；蘇布特知不可取，乃爲好語曰：『兩國已講和，更相攻耶』？金人因就應之，以金帛珍異賂其師，蘇布特乃許退兵，散屯河洛間，汴京解嚴。

蒙古之師退，汴京大疫，人民死甚衆；而飛虎卒申福等，忽殺蒙古行人唐慶等三十餘人於館，金廷不問，和議遂絕。援兵謀入汴者，又爲蒙古師所敗，金勢益不支；括粟民間以充兵餉，亡在旦夕。蒙古以全力取之，汴京必不守；而是時諤格德依以爲徒從金之北面攻擊，恐仍未能下，於是遂有約宋攻金之事：

先是宋約金攻遼，其結果則爲金利；及是而又約蒙古攻金，其結果必爲蒙古之利，正可斷言，而宋人不悟也。蒙古遣使王檝來京湖議夾攻金，京湖制置使史嵩之以聞，史彌遠等皆以爲可遂復仇之舉；獨趙范不喜，曰：『宣和海上之盟，厥初甚堅，迄以取禍，不可不鑒』！理宗昀不從，乃命嵩之遣使往報蒙古，許俟成功，以河南地來歸宋與蒙古會兵之議自此始。

金於是時，河北山東，既全喪失；而汴京孤守，糧盡援絕，人心日離！哀宗守緒乃決計幸河朔。蒙古將蘇布特聞金主東走，復進圍汴京；守緒在途甚困，連爲蒙古兵所敗，走入歸德。金將崔立遂以汴京降蒙古，並以天子袞冕后服進於蘇布特，搜括在城金銀，不已；又以太后王氏、皇后圖克坦氏、梁王從恪（後廢帝永濟子），荊王守純（宣宗珣子），諸妃嬪凡車三十七兩，宗室男女五百餘人送之蒙古軍。蘇布特殺二王及族屬而送后妃等於和林，在途艱苦萬狀，尤甚於徽欽之時！立雖降蒙古，其家亦不免！

守緒在歸德，其下作亂，遂被幽；旋得無事，又走蔡州。時理宗昀在位之九年也（卽紹定六年，金哀宗守緒天興二年，民國紀元前六百七十九年）。同年，宋出師會蒙古，孟珙收復鄧州，大敗金武仙，聲勢頗振；而蒙古帥塔齊爾方使王檝至襄陽，約攻蔡州，史嵩之以宋師既捷，許以師會。於是唐州亦爲宋有。金懼宋乘其弱，猶遣使來乞糧，宋廷不許；塔齊爾以師圍蔡，嵩之遣珙帥師往會。其明年，蔡州圍益堅，金不能守，守緒傳位於宗室承麟，自經死，尚書右丞呼沙呼等亦自盡。蔡州尋破，珙與塔齊爾分哀宗骨及寶玉法物，承麟遂爲亂兵所殺。金亡，計傳十主，凡一百二十年。世次如下表：

一世	二世	三世	四世	五世	六世
1金太祖完顏旻	勝果	3熙宗亶			
	斡布	4廢帝亮			
	鄂爾多	5世宗雍	允恭	6章宗璟	
				8宣宗珣	9哀宗守緒
			7後廢帝永濟		
2太宗晟					

初，理宗昀任史彌遠當國，一切朝政，皆彌遠爲之；金亡之前一年彌遠死，昀始親政，勵精求治，宰相鄭清之亦慨然以天下爲己任，收召賢才，擢之朝廷，眞德秀魏了翁諸人俱進用。及金既亡，宋將趙范趙葵欲乘時撫定中原，建「守河據關，收復三京」之議，朝臣以蒙古強多謂未可，獨清之力主其說；乃命趙范自黃州尅日進師向中原，並使知廬州全子才合淮西兵萬人赴汴。時汴京將多與崔立不睦，乃共殺立降宋，趙葵亦帥師自滁州赴汴；會子才進下洛陽，遂謀攻潼關。中原之地，一旦爲宋有，方以爲無患；而蒙古聞信，卽以師南下，洛陽城復不守。趙葵全子才在汴，亦以史嵩之不致餽糧，用不繼，所復州縣，率皆空城，無兵食；又因蒙古兵又決黃河寸金淀之水以灌宋軍，宋軍多溺死。趙范以入洛之師敗績，上表劾葵子才，不應輕遣偏師以取洛陽；詔葵子才各削一秩，餘貶秩有差。時理宗昀在位之十年也（卽端平元年，民國紀元前六百七十八年）。同年，蒙古遣王檝來宋，責敗盟；宋廷遣使報謝，而蒙古意不懌；

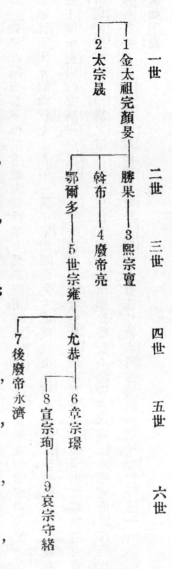

自是河淮之間無寧日矣！

方是時，蒙古跨有中原，兵鋒甚銳，其勢烈於遼金之初，宋謀與之並立，尚不可得；鄭淸之等不明大勢，乃遽欲攘斥之以圖大功，匪惟其功不能小成，或且因之而召無涯之禍。洛陽師敗，淸之雖亦力請解政，而理宗昀不許；明年，爲昀在位之十一年（卽端平二年，民國紀元前六百七十七年），諤格德依使其子庫騰將塔海等侵蜀，特穆德克及張柔等侵漢，琨布哈及察罕等侵江淮，分道南下，宋與蒙古之劇爭又自此始。

已而庫騰入沔州，琨布哈等下唐州，宋師屢爲蒙古所敗，襄漢淮蜀，日事兵爭，理宗昀深悔前此開釁之失，下詔罪己，而蒙古兵進不已；川北殘破，庫騰入成都，上游大震！後成都雖爲宋復，闔境疲敝，蒙古熟其道里而去，後患正未艾；自是以來，淮西之役、眞州之役、黃州之役、安豐之役、廬州之役，宋兵勝日少而敗日多，形絀勢降，終必爲彼下；宋廷雖得以一時之兵力擊而拒之，但亦左支右絀，莫能卻之去，所賴以不亡者，惟天幸而已！

自理宗昀以來，國事多誤於二史：其一史彌遠，其一則史嵩之也。嵩之初爲京湖制置使，處理上游事，有能名，自破蔡滅金，功益隆；尋以參知政事，督視京湖江西軍馬，置司鄂州；旣又進右丞相，兼視兩淮。嵩之旣相，一時正人如杜範、游似、劉應起、李韶、趙汝騰等皆以不合逐去；自是以後，宋臣論嵩之者頗多，大率謂其深奸擅權，不可當國！理宗昀不聽，而言者愈衆；及其父彌忠沒，詔嵩之起復，於是太學生黃愷伯等百四十四人叩闕上書，有曰：「嵩之心術回邪，蹤跡詭祕，曩者開督府以和議墮將士心，以厚貲竊宰相位，羅天下之小人以爲私黨，奪天下之利權以歸私室，蓄謀積累，險不可測！在朝一日，則貽一日之禍；在朝廷一歲，則貽一歲之憂。萬口一詞，惟恐其去之不亟也！嵩之亡父以速嵩之之去，中外方以爲快，而陛下起復之命已下矣！」又曰：「陛下必欲起復之者，爲其有折衝萬里之才與？嵩之本無捍禦封疆之能，徒有刼制朝廷之術！」又曰「謂其有經理財用之才與？嵩之本無足國裕民之能，徒有私自豐殖之計！」詞極痛切，不報；武學生翁日善等六十七人，京學生劉時舉等九十四人，宗學生與寰等三十四人，均相繼上書，仍不報。諸生榜於太學齋廊云：「丞相朝入，諸生夕出；諸生夕出，丞相朝入。」時范鍾、劉伯正暫領相事，惡學生言事，謂皆游士鼓倡之，諷臨安尹趙與籌逐游士。諸生聞之，益不平，作捲堂文有云：「厄哉吾道，告爾同盟：無見義而不爲，當行己而有恥。苟爲飽煖，忍貪周粟之羞；相與提攜，毋蹈秦坑之慘！」斯言既出，明日遂行，京兆遂盡削游士籍。將作監徐元杰亦一再極言，嵩之知不爲衆論所容，始上疏乞終制，昀許之。

嵩之既去，元老舊德次第收召；及杜範入相，進元杰爲工部侍郎，與之議政。元杰旋謁范鍾歸而暴沒！三學諸生復相繼上言，有云：「昔小人傾君子，不過使之死於蠻煙瘴雨之鄉；今蠻煙瘴雨不在嶺海，而在朝廷。」詔付臨安府鞫治常所給使之人，獄迄無成。左司諫劉漢弼亦每以奸邪未盡屏汰爲慮，未幾，以疾腫暴死！太學生蔡德潤等百七十有三人復叩闕上書訟冤。時杜範入相八十日而沒，元杰、漢弼相繼暴死，時謂諸公皆中毒，堂食無敢下箸者！嵩之從子璟卿見時事無可爲，復上書嵩之，勸其盡去在幕之羣小，悉召在朝之君子，而嵩之不從，璟卿旋亦暴沒，人謂史嵩之毒之云。

其後嵩之服除，有進用之意；殿中侍御史章琰等復抗疏論之，乃命嵩之致仕，詔不復用。

初，嵩之當國，退師鄂州，川北一帶，更不能無事，而成都危益甚；所存州縣無幾，遺民咸不聊生，監司戎帥各專號令，擅辟守宰，蕩無法度，蜀日益壞！宋以余玠爲制置使，玠明法度，善守禦，蜀轉危爲安。而是時蒙古勢更盛強，其在謂格德依時，既滅金有中原；又命諸王巴圖莽賚扣等分討西域諸部，繼特穆津遺志。巴圖等帥師至奇卜察克，擊服諸部，引兵入俄羅斯境；北向賭烈野贊（俄羅斯國利森省），陷莫斯科（俄羅斯國都），又南下，克幾富阿地，略定，更分軍入偪歐州內地，謀孛烈兒（波蘭）馬札兒（匈加利）二國：其攻孛烈兒者，大敗日耳曼諸部聯合軍於勒基逆赤（卽利固尼資，德意志國北勒斯勞之西），復轉入東南，以應巴圖兵之攻馬札兒者；馬札兒既下，大軍涉渡禿納河（多腦河）而進，分兵四出，所至殺掠，西歐亦大震！巴圖一軍滯留東歐者七年，東歐地多被征定。蒙古兵士之足跡，兩至歐洲，威名動白種！宋理宗昀在位之十七年（卽淳祐元年，民國紀元前六百七十一年），謂格德依沒，訃至歐洲，巴圖始還軍。國中事一聽第六皇后鼐瑪錦氏命。理宗昀在位之二十二年（卽淳祐六年，民國紀元前六百六十六年），謂格德依長子庫裕克卽位，是爲定宗，朝政猶出於后。翌二年，庫裕克沒，皇后烏拉海額錫稱制，抱庫春（太宗謂格德依第四子）之子錫哩瑪勒聽政，諸王大臣皆不服；至宋理宗昀在位之二十七年（卽淳祐十一年，民國紀元前六百六十一年），共推圖類子莽賚扣卽位，是爲憲宗，尊其父圖類爲睿宗。錫哩瑪勒等心不平，莽賚扣因察諸王有異同者，並羈縻之，而誅其主謀，遂頒便宜事於國中，罷不急之役，凡諸大臣濫發牌印詔旨宣命，盡收之，政始歸一；尋殺定宗庫裕克之后窩錫哩瑪勒於摩多齊（和林西北），乃銳意南下，分漢地以封其宗屬，而以關中河南之地盡予呼必賚。呼必賚益謀南略之方，於是蒙古南征之役復起。

先是蒙古與宋交兵，漢上諸郡，先後爲庫騰攻下，庫騰因留軍境上以戍之；繼而襄樊壽泗復降，而壽泗之民盡爲軍官分有，由是降附路絕；雖歲侵淮蜀，軍民惟利剽殺，城無居民，野皆榛莽！及呼必賚有關中河南地，乃從姚樞之請，置經略司於汴，以莽噶史天澤楊惟中趙璧爲使，俾屯田唐鄧等州，授之兵牛，敵至則戰，退則耕田，西起襄鄧，東連淸口桃源（江蘇桃源縣），列障守之；於是漢淮州縣之屬於蒙口者，多爲彼守，聲勢漸固。呼必賚猶恐宋不易下，先取宋西南附邊之國，而以烏特哩哈達總諸軍事，與之俱行，分三道進師，自臨洮經行山谷二千餘里，至金沙江，乘草囊及栰以濟，降摩沙（本雲南麗江府），薄大理，分兵取鄯闡（本雲南雲南府）諸部，進下吐蕃。呼必賚遂班師，留烏特哩哈達攻諸夷之未下者。時宋理宗昀在位之三十年也（卽寶祐二年，民國紀元前六百五十八年）。已而烏特哩哈達自吐蕃進攻諸蠻，所向風靡，旣又入交阯而屠其城，西南夷羣部俱歸蒙古。莽賚扣旣聞南征勝利，益謀侵宋，雖曾疑呼必賚之專，罷其開府，廢其所置諸司，而南征之志則決然無改！時宋於蒙古亦多予以可乘之隙，莽賚扣之大舉南下，殆時勢造之，不可強也。茲由宋之間隙言之，得其大端如下：

（一）余玠死而蜀守漸虛也　余玠治蜀，最有賢名，嘗慷慨自許，有「挈故地還天子」之語；數年之間，建城壁，築關隘，增屯堡，邊形完固，氣勢聯絡，屯兵聚糧，爲必守計，人人俱有安土之心；又任都統張實治軍旅，安撫王惟忠治財賦，監簿朱文炳接賓客，均有常度。惟專制西蜀久，凡有奏疏，詞氣不謹，理宗昀不能平，旋以資政殿學士召之入朝；玠聞召不自安，一夕暴沒，或謂仰藥死？繼之鎮蜀者曰余晦，威名不如玠，蜀守漸虛。

(二)董丁用而內政日敝也　董宋臣者以宦者而善迎上意，右司諫丁大全深與之結，竊弄威權，昀不之覺；又設法逐去右丞相董槐，太學生陳宜中、黃鏞、林則祖、曾唯、劉黻、陳宗六人上書攻其失，大全怒，使御史吳衍劾之，削其籍，編管遠州，立碑三學，戒諸生勿得妄議國政！士論翕然，稱宜中等號為「六君子」。其後蒙古侵軼日甚，大全在相位，匿不上聞，遂以罪免。宋臣且上遷都四明之策，昀幾為所動，賴廷臣力諫，皇后亦言，得不行；旋出宋臣於安吉州，後以病死。

(三)和使拘而鄰好中絕也　蒙古自任呼必賚經理南方以來，圖宋之志頗急；其使臣伊拉瑪斯等又為宋囚，久之，伊拉瑪斯死，餘使者雖皆釋還，而蒙古引以為憾，即援之為口實，而兩方攻戰之釁復生。

理宗昀在位之三十三年（即寶祐五年，民國紀元前六百五十五年），蒙古諸王伊遜克駙馬約索爾等俱請伐宋；於是憲宗莽賚扣命諸王阿里克布克居守和林，阿拉克岱爾輔之；自將南侵，分三道入陝西，南下取蜀。時蜀之成都已非復宋有，莽賚扣入劍門，閬州，東圍合州（四川合川縣）；烏特哩哈達亦自南陲北上，進圍潭州；呼必賚又悉兵渡淮，自將南下，進圍鄂州，江西諸州縣多被殘破，宋廷大震！前後出緡錢七千七百萬，銀帛各一百六萬兩匹，以犒軍，即拜賈似道右丞相兼樞密使，軍漢陽援鄂。會莽賚扣圍合州不克，死，餘衆亟北行，合州之圍解；呼必賚圍鄂，得訃後，即聞阿拉克岱爾等謀立阿里克布克，亦思北歸，適似道遣使請和，願稱臣，割江南爲界，歲奉銀絹各二十萬，呼必賚遂許其請而行，鄂州之圍亦解；烏特哩哈達聞信引師趨湖北潭州之圍亦解。其明年，烏特哩哈達至鄂州引還，似道使夏貴等殺其殿卒於新生磯（湖北黄岡縣西北），遂匿其議和稱臣納幣之事，僞大捷，江漢肅清，宗社危而復安，實萬世無疆之休！昀以似道有再造功，召之還朝，加少師，封魏國公。似道既用事，權傾中外，進用羣小，變更法制，於是又有收買公田之事：

似道在相位，以國計困於造楮，富民困於和糴，思有以變法而未得其說；知臨安府劉良貴等獻買公田之策，似道乃命殿中侍御史陳堯道等上疏，請行祖宗限田之制：以官品計頃，以品格計數，將官戶田產逾限之數，抽三分之一回買以充公田；但得一千萬畝之田，則每歲可收六七百萬石之米，可免和糴，可以餉軍，可以住造楮幣，可平物價，可安富室。理宗昀從之，詔買公田，置官田所，以劉良貴提領。似道首以己田在浙西者萬畝爲公田倡，士夫無敢言，民間以爲公田之行，乃抑強㓰富之意，不足爲病也。已而漸次敷派，除二百畝以下者免，餘各買三分之一，其後雖百畝之家亦不免。民之入田於官也，失其實產，而所得者多不足相償，吏又恣爲操切，浙中大擾！民之破家失業者甚衆，而有司復以多買爲功，浙西六郡，買田三百五十餘萬畝，而民窮矣。民生既瘁，而外侮日偪，於是蒙古之師再舉，而南宋勢益不振！

初，呼必賚自鄂州解圍還，諸王哈丹等爲會於開平：皇弟轄魯初奉莽賚扣命西討，滅木喇夷國（裏海南），幷波斯，偪降八吉打（鐵冏利斯河之濱），回回教國全滅，聲勢振西方！及是亦自西域陳兵，勸呼必賚正位；呼必賚立，是爲世祖。阿里克布克聞之，遂命阿拉克岱爾發兵於漠北諸部，又命劉太平等拘收關中錢穀，分約諸將之在外者爲援，而自立於和林；已而六盤守將渾塔噶之衆爲廉希憲所敗，其他諸將皆伏誅，呼必賚親征，阿里克布克北遁，國內無事，因是再起討宋之兵。

抑呼必賚之征宋，其釁仍自宋開，事之著者蓋有三：

（一）郝經之留　方賈似道自鄂還師，呼必賚以郝經爲國信使來告卽位，且徵前日請和之議；似道恐經至謀泄，竟拘經於眞州之忠勇軍營。蒙古遣官訪問經等所在，以稽留信使侵擾疆場來詰；淮東制置使李庭芝奏蒙古使者久留眞州，不報：遂爲後日開釁之端。

（二）李璮之納　李璮者，李全之子，降蒙古，官江淮大都督。嘗攻陷海州漣水軍，拔四城，殺官軍幾盡，淮揚大震。世祖呼必賚卽位，璮始萌南投之志，前後所奏凡數十事，皆恫疑虛喝以動蒙古，而自爲完繕益兵計。理宗昀在位之三十八年（卽景定三年，元世祖呼必賚中統三年，民國紀元前六百五十年），璮以漣海三城來歸，獻京東郡縣，願贖父過，詔授璮保信寧武軍節度使，督視京東河北路軍馬，封齊郡王，改漣水爲安東州。蒙古聞之，命諸王哈必齊總諸道兵擊璮，復命丞相史天澤往，仍詔天澤專征，諸將等皆受其節度。天澤圍璮於濟南，爲深溝高壘以困之，璮勢日蹙。宋遣靑陽夢炎帥師往援，至山東不進而返，濟南旋爲蒙古下，璮被殺，蒙古兵復定山東。他將鑒璮事，知宋無足與為，為蒙古心益至矣。

(三)劉整之叛　初賈似道出督師，諸將立異者輒不相容，有死者！潼川安撫副使劉整懼。會俞興帥蜀，整與興有隙，心益不安，遂藉瀘州十五郡降蒙古。整者宋驍將，蒙古既得之，由是盡知宋事虛實，乃以整為夔路行省兼安撫使。俞興討整敗績，詔罷興，以呂文德兼四川宣撫使。明年，為理宗昀在位之三十八年(民國紀元見上)，整率所部入朝蒙古，文德以師入瀘州，瀘復為宋有，而整為蒙古謀益力。蒙古用整計，以利誘文德，求開榷場於襄陽城外，文德許之，由是敵有所守以遏南北之援，而邊守益懈。

有以上之三因，故蒙古南征之志益急，以阿珠為征南大元帥，出兵討宋，至度宗禥之世，而兩方之戰事遂起。

南宋後期五十五年間對元失勢之二(蒙古之南侵及宋之末路)(民國紀元前六百四十七年至六百三十三年)

理宗昀在位之四十年(即景定五年，元世祖呼必賚至元元年，民國紀元前六百四十八年)，疾沒，太子禥立，是為度宗。禥本昀弟榮王與芮子，其立由似道；禥以似道有定策功，每朝必答拜，稱之曰師臣而不名，朝臣皆稱為周公。理宗昀山陵事竣，徑棄官還越，而密令呂文德詐報蒙古兵攻下沱(湖北枝江縣東)，急，禥以手詔起之；似道既至，恆以去要君，禥至於拜留，而似道猶怏怏有行意。其實似道戀位無去志也！未幾，似道又上疏乞歸養，禥命大臣侍從傳旨固留，日四五至，中使加錫，日十數至，夜即交臥第外以守之。特授平章軍國重事，一月三赴經筵，三日一朝，治事都堂，賜第於西湖之葛嶺，使迎養其中；似道於是五日一乘湖船入朝，不赴都堂治事，吏抱文書就第呈署，大小朝政一決於館客廖瑩中堂吏翁應龍；宰執不過充位，正人端士罷斥殆盡，兵喪於外，匿不以聞，而蒙古之禍日迫矣！

蒙古之用師滅宋，殆可析爲三步言之：襄樊之役爲第一步，鄂州之役爲第二步，江上之役則其第三步也。至巴延渡江，分兵東下，則亡宋之機熟，而臨安卽下；其他若蜀若湘，亦先後爲蒙古所取，蓋不待閩廣之失而宋已先亡矣！今分析述之如左：

蒙古兵將南下，謀先得襄陽；欲下襄陽，必兼取樊城，而襄樊之間戰事旋起：宋以夏貴范文虎援之，相繼大敗！蒙古詔『東道兵圍襄陽，各道宜進兵牽制』。於是分師侵蜀之嘉定諸路，襄樊勢日岌。時度宗禥在位之七年也（卽咸淳七年，元世祖呼必賚至元八年，民國紀元前六百四十一年）。是年蒙古改國號曰元（此後皆稱元），益闢拓宋疆。其明年，京湖制置大使李庭芝使統制張順張貴將兵救襄陽，敗績，皆死；襄陽守將呂文煥力不支，每一巡城，南望慟哭而後下，告急於朝，似道陽上書請行邊，而陰使臺諫上章留己。又明年爲度宗禥在位之九年（卽咸淳九年，元世祖呼必賚至元十年，民國紀元前六百三十九年），元兵下樊城；元將阿爾哈雅身至襄陽城下，招諭文煥，文煥遂降元，襄陽亦失。計樊圍亘四年，襄圍亘五年，守期久而宋不能解其厄，皆似道過也！此爲元用師滅宋之第一步。

元既下襄樊，西窺巴蜀，東包下流，用師益勝利。至度宗禥在位之十年（卽咸淳十年，元世祖呼必賚至元十一年，民國紀元前六百三十八年），禥沒，子㬎立，是爲恭帝，太皇太后謝氏臨朝。元呂文煥以巴延趨郢州，劉整以博囉干趨淮西，而巴延攻郢州尤力，守將張世傑力拒；巴延遂潛兵入漢，屠沙洋（湖北荊門縣東南），破新郢（湖北鍾祥縣），使阿珠襲青山磯（湖北江夏縣東北），由北岸渡江，自引兵破宋陽邏堡（湖北漢川縣附近）。夏貴棄堡走，巴延遂渡江與阿珠會趨鄂州，鄂州亦降，乃命阿爾哈雅以四萬人守郢，規取荊湖，而自率大衆與阿珠東下趨臨安。宋聞鄂破，始詔賈似道都督諸路軍馬，開府臨安，似道猶依違不進！此爲元用師滅宋之第二步。

襄樊俱失，宋上游之屏藩漸撤，沿江諸州多降於元；范文虎又以安慶叛，巴延授文虎爲兩浙大都督，下游勢日蹙。初，元人南侵，用呂文煥劉整爲導，整欲先文煥成功，自淮南出江，造臨安，而巴延不可；後攻無爲軍，不克，而文煥入鄂，捷奏至，整發憤死。賈似道以整在淮南，初不敢發；既聞其死，乃出師，次蕪湖。似道禦元無別計，惟有請和；遣使於元，請稱臣奉歲幣如故約，巴延不許。時孫虎臣從似道總統諸軍，夏貴亦引師來會，與元軍遇江上；虎臣軍先動，貴亦不戰而走，宋師大潰於江上，巴延乘勢攻殺，江水爲赤！似道問計於貴，貴言師相惟有入揚州，招潰兵，迎駕海上，吾當死守淮西，遂解舟去；似道乃與虎臣單舸奔揚州，鎮江太平諸要地俱不守。似道上書請遷都，不行，始放元行人郝經還，事已無及；宋乃免似道，而巴延旋屯師建康，以圖浙，浙事益危。時恭帝㬎卽位之元年也（卽德祐元年，世祖呼必賚至元十二年，民國紀元前六百三十七年）。同年，元將阿珠侵揚州，宋詔張世傑等出師與阿珠戰焦山下，宋師敗績！由是江上形勢，宋不能與元爭，浙之亡可立待。是爲元用師滅宋之第三步。

宋廷至此，始悟似道之奸，放之循州，而籍其家，在途爲監押官鄭虎臣所殺；丞相陳宜中等又不能勝大任，宋事日敝。元巴延定議分兵三道：阿樓罕等帥右軍自建康出廣德四安鎮，趨獨松關；董文炳等帥左軍出江並海，取道江陰趨澉浦（浙江海鹽縣南）華亭，以范文虎為先鋒；巴延等將中軍趨常州，以呂文煥為先鋒，水陸並進，期會臨安。未幾，阿樓罕軍克廣德四安，宋廷震懼！文天祥者，初自江西起兵勤王，及是方知平江，宋急詔天祥入衛；而常州旋為元下，獨松關又破，宋再遣使如元軍議和，巴延不許。其明年，諸關兵俱破，謝太后不得已遣使奉表稱臣於元，上尊號，歲貢銀二十五萬兩，絹二十五萬匹，乞存境土，以奉烝嘗；而巴延進兵不已，偪屯皋亭山（浙江杭縣東北），約天祥往元軍面議降事，天祥往，遂被元執。巴延承制，以臨安為兩浙大都督府，命諸將封府庫，收史館禮寺圖書及百官符印告勑，罷官府及侍衞軍。巴延旋自湖州市（浙江杭縣城北）入城，建大將旗鼓，率左右翼萬戶巡城，觀潮浙江；又登獅子峯（杭縣西南），攬臨安形勝；部分諸將，以恭帝㬎及皇太后全氏度宗母隆國夫人黃氏，福王與芮等北去，宋亡。其後又有二主，皆不在臨安。是年，元始一統中國。

恭帝㬎在位二年而降元，陳宜中等奉㬎兄益王昰立之福州，是為端宗。文天祥亦自元遁歸，乃以天祥為樞密使，同都督諸路軍馬，而以陸秀夫同知樞密院事。時江西荊湘諸路多為元下，元壹志滅宋，重師南進，命阿樓罕等分道將兵趨入閩廣。宜中等以元師之偪，奉益王昰入海，至惠州，遣使奉表請降於元。翌二年，昰播越海上，死碙州（廣東吳川縣南）。羣臣多欲散去，陸秀夫不可，與衆共立衞王昺。時為宋主兵事者，有天祥世傑：天祥出師江西，不勝，旋為元將張宏範所獲；世傑力戰，所如輙阻。至昺在位之二年（即祥興二年，元世祖呼必賚至元十六年，民國紀元前六百三十三年)，宏範引兵襲厓山(廣東新會縣南)，世傑兵潰，陸秀夫負昺赴海死，從溺者甚衆！餘舟尚八百艘爲宏範所得。世傑復收兵至海陵山(廣東海陽縣)，舟覆而死；天祥至元不屈，終爲元所殺。其他若兩川，若廣西，若浙閩廣餘地之未下者，亦於昺在位之二年中先後爲元有，宋室全亡。計傳十八主，凡三百二十年。其世系如左表：

一世	二世	三世	四世	五世
1宋太祖趙匡胤	燕王德昭	冀王惟吉	廬江侯守度	嘉國公世括
	秦王德芳	英國公惟憲	新興侯從郁	華陰侯世將
2太宗光義	3眞宗恆	4仁宗禎		
	商恭靖王元份	濮安懿王允讓	5英宗曙	6神宗頊

六世	七世	八世	九世	十世
房國公令稼	修武郎子奭	益國公伯旴	越國公師意	榮王希瓐
慶國公令譮	秀王偁	2南宋孝宗眘	3光宗惇	4寧宗擴

7 哲宗煦
8 徽宗佶 — 9 欽宗桓
1 南宋高宗構
十一世　5 南宋理宗昀
十二世　福王與芮 — 6 南宋度宗禥
十三世　8 端宗昰　7 恭帝㬎　9 帝昺

第五章　本時代之法制

本時代法制之一（建官及理財）

中國法制，以唐爲善。唐衰，武人肆於外，閹權橫於內，良法美意，湮廢不講，而唐由是亡。五季稱兵，一切制度，師唐之跡，而反遺其意。凡所表見，無異於虛拾。宋興，代有改善，南渡以後，忽又衰敝，地小勢弱，未足與爲治也。遼金雖居域外，亦嘗佔有中國之土宇，舉其要者，以見一班。著爲類述如次：

（一）建官　本時代之官制，以宋爲善；遼最殊異，金則襲用宋法。舉其大綱，約如下述：

（甲）京師　京師官之尊者，曰宰相。宰相之職，所以匡輔人主，期進於至治者，故歷代恆重視之。五代承唐舊制，以同中書門下平章事爲宰相。宋初亦沿其法，以平章事爲眞宰相，大抵二人；而又別設參知政事，稱執

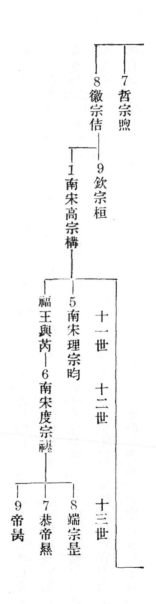

政官，以爲宰相之副，此爲元豐以前之制。自元豐官制行，其後宰相之職凡有四變：元豐新官制爲復唐三省制度起見乃於三省置侍中、中書令、尚書令，以官高不除人，而以尚書令之貳左右僕射爲宰相。左僕射兼門下侍郎，以行侍中之職，右僕射兼中書侍郎，以行中書令之職。廢參知政事，置門下中書二侍郎、尚書左右丞，以代其任。此一變也。及徽宗佶在位，蔡京以太師總領三省，號公相，乃廢尚書令；改侍中中書令爲左輔右弼，亦虛而不除；改左右僕射爲太宰少宰，仍兼兩省侍郎。又一變也。欽宗桓嗣統，乃改太宰少宰爲左右僕射。又一變也。高宗構南渡，右僕射呂頤浩建言：請以尚書左右僕射，並爲同中書門下平章事；門下中書侍郎，並爲參知政事，左右丞並罷。又一變也。至孝宗昚時，改左右僕射爲左右丞相，並詔侍中中書尚書令設而不除，可並刪去，以左右丞相充其位。又一變也。蓋自宋承唐制，以平章事爲眞宰相以來，制凡四變：由同平章事變而爲左右僕射，變而爲太宰少宰，又復而爲左右僕射，又變而爲左右丞相；執政官由參政改左右丞，由左右丞復改參政，亦凡兩變。自孝宗昚定制後，遂終宋世不復更革。又自隋唐以來，丞相之名久廢，至於南宋復有此稱，以至明初始罷，尤有足爲本時代官制殊別之一徵者。不獨此也，官制之最異者，莫如遼。遼初官制，有北宰相府、南宰相府之別，南北二宰相府，又有左宰相、右宰相，其職無所不統；又有南北府，總知軍國事，大抵亦爲宰相之任。然官司雖分南北，所治實皆北面之事，故遼史百官志均以北面朝官統之；遼有北面朝官矣，既得燕代十有六州，乃用唐制，復設南面三省。所異者：中書令之下置左右丞相，不足，尚有知中書省事、同中書門下平章事諸官，置相之多如此。金官無南北之分，太宗晟時始建尚書省，因是遂有三省之立；至熙宗亶頒特官制，多循宋舊制；廢帝亮立，罷中書門下省，止置尚書省，終金之世，守而不變。元尚書令，左右丞相平章政事，卽爲眞宰相之職，官制較金爲簡。此歷代相職之殊稱，有可指數者也。又三師三公本爲首官，五季不廢其稱，惟多以畀藩鎭及贈官，如羅紹威之加太師，韓建之加司徒，卽其一例；宋爲宰相親王使相（宋制：凡親王、樞密使、留守、節度使、兼侍中、中書令、同平章政事者皆謂之使相，不預政事，不書敕，惟宣敕除授者，敕尾存其銜而已）加官，其特拜者亦不預政事。徽宗佶以三師（太師太傅太保）爲三公，廢三公（太尉司徒司空）之本名，別立三孤（少師少傅少保），而以新改之三公爲眞相之任，三孤爲次相之任；而蔡京卽以三公任眞相，其後三公之多，至十八人，三少不計，宂濫甚矣！南渡以後，三公亦嘗備官，而韓侂胄史彌遠賈似道之專，則皆至太師，其職之尊於宰相，可知也。遼北面朝官，設大裕悅府，有大裕悅，無職掌，而班百僚之上，非有大功德者不授，如南面之三公；南面朝官則別置三師（太師太傅太保）三公（太尉司徒司空）兩府，而三師府內又有少師少傅少保，凡此皆與中國之制異者。金亦有三師三公，其職至爲尊重，而兼之者多係勛戚王公，官不常置，無其人則闕，說者謂其能得中國立制之意。是又公師之職之可考而知者也。隋唐三省，尚書爲其一；而尚書之下，統列六部。五代六部之名不廢，而其支配則未敢臆言（歷代職官表案：五代新史闕職官表，舊史雖有之，而簡陋殊甚，故官職無可考；見之紀傳，核之六曹官名，大約多仍唐舊）。宋則六部同建於尚書省，與唐不異。遼官北面不設六部，而以北樞密院行兵部之事，南密樞院行吏部之事，北大王院、南大王院、行戶部之事，夷離畢院、行刑部之事，宣徽北院、宣徽南院、行工部之事，敵烈麻都司、行禮部之事；至南面朝官亦多依據中國之制而立六部，多有而職官不能具詳。金代六部統爲一署，不設曹屬，而以郎中、員外郎分判諸務，與宋制各異。是又六部之別之可考而知者也。九卿之設，隋唐不變，五季亦有之；至宋則以爲命官之品秩而無職事，元豐正名，始有職掌，南渡以後，併省諫職，除太常、大理不罷外，宗正以太常兼，而衞尉、太僕併兵部，太府、司農併戶部，光祿、鴻臚併禮部，後雖復置宗正、太府、司農九卿之職，固已不全，且視之亦非復如漢時之重。遼南面朝官，亦有九寺之設；金則惟有太常、大理。此又諸卿之職之可考而知者也。又隋世本有三臺（謁者、司隸、御史）五監（少府、長秋、國子、將作、都水）之制，至唐惟有御史一臺，而五監之官如故。五季亦有國子諸監，散見史書，第不能備其數。宋御史仍爲臺，而國子、少府、將作、軍器、都水、司天，計有六監，要仍沿襲唐制，分系各職；元豐官制行，司天一監先罷；南渡以後，國子併禮部，將作、軍器、都水併工部；後將作、軍器又復分置。遼南面朝官，計分祕書、司天、國子、太府、少府、將作、都水七監；金無將作，而御史之官則與遼同遵漢制。凡此又臺監諸職之可考而知者也。又宋除樞密院外，別有宣徽院、翰林院之設；宣徽後廢，而翰林如故，遼金不廢其制。是又諸院之可考而知者也。要之中央官制，以相職爲最重，故本書言之綦詳。以上、爲諸官之集於京師者。

（乙）地方　地方之官，又有京師、外州之別。京師所治，恆立尹以理之。五季、梁都汴州，置開封尹。唐都洛陽，爲河南尹。石晉復都於汴，仍爲開封尹。宋則開封府尹不常置，權知府一人，以待制以上充之。宋史所謂權知開封府事，是也。南渡後，改杭州爲臨安府，亦以知府治之（據日知錄：宋初太宗眞宗皆嘗爲開封府尹，後無繼者，乃設權知府一人，所以避京尹之名也）。宋當徽宗佶時，定開封府掾屬爲士、戶、儀、兵、刑、工六曹，開封祥符二縣亦準此式；其後遂令天下州縣並依開封分曹置掾；後世各省州縣書吏分六房以治案牘，實始於此；特宋猶以流外官爲之，明初以來，則但以庶人在官者充其任，其選益輕，而吏胥之弊亦因緣而重，此非宋人設制之初心也。遼金俱有五京之立（遼五京，其一上京（巴林西北），即臨潢城；二南京（遼寧遼陽縣）後改東京；三中京（遼寧義縣）；四燕京（河北大興縣）亦稱南京；五西京（山西大同縣）。金取遼五京，襲其舊稱，仍居金源（即按出虎水之源）之地，名會寧府；熙宗亶時升會寧爲上京，改遼上京爲北京；廢帝亮時以上京僻在一隅，遷都於燕，削上京北京之號，改燕京爲中都大興府，以中京爲北京，汴京爲南京，而東京西京如舊）。遼於五京各置留守司，列爲南面之官；金於諸京俱置留守，而大興府則置尹。凡此皆京尹之可考而知者也。五季以藩鎭更帝中國，梁州七十有八，唐州一百二十有三，晉州一百有九，漢州一百有六，周州一百十八，置刺史以治其事。宋興，中國一統，治地加多，改唐分道之法爲路：太宗匡義時，分中國爲十五路（京東京西河北河東陝西淮南江西湖南湖北兩浙福建西川峽西廣東廣西）；神宗頊時又爲二十三路（京東東京東西京西南京西北河北東河北西河東永興秦鳳淮南東淮南西兩浙江南東江南西荆湖北荆湖南福建成都潼川利州夔州廣南東廣南西），徽宗佶時又增二路（雲中燕山），共二十五路；南渡以後，宋地狹小，東南所保路僅十六（浙西浙東江南東江南西淮南東淮南西荆湖南荆湖北京西成都潼川利州夔州福建廣南東廣南西）。路之所統，有府有州，有軍有監，府州軍均有領縣；府有知府事，州有知州事，軍有知軍事，而總管於路。凡路多置監司，初止有轉運使，後乃設提刑安撫諸使，元豐改制以後，使職尤多。遼國官制殊別，境內五京列峙，悉爲畿甸，而以州刺史爲南面方州官之一；刺史以外，尙有團練防禦諸使，所治止及一州。蓋遼國地方分劃，全國析爲五道，諸州均以道領，而不以路統；其以路統州者，惟金。金始奄有中國北部，因宋之法，置路十四（河北東河北西河東南河東北山東東山東西京兆中都鄜延慶原大名咸平鳳翔臨洮），是爲十四總管府；合之上京北京南京西京東京等路，亦曰十九路。其下所領各州，計爲三等：一曰防禦州，置防禦使治之；一曰節鎭州，置節度使治之；一曰刺史州，置刺史治之。故金地理志某路之下，綜其所領有節鎭、防禦、刺郡之別也。又五代任官，凡齷齪無能者，始注爲縣令，故國內之邑，率皆不治，然尙未有以知縣名也；知縣之名，實始於宋。知縣者，非縣令而使知縣中之事。宋初、故重縣令之任，以朝官爲知縣，其間或參用京官及幕職官爲之。遼國縣令之制不詳，金則縣令之官，同於宋制。是又刺史縣令諸官之可攷而知者也。以上、爲諸官之布在地方者。

五代制祿之法不詳，宋世待士甚優，俸祿之制，較前代爲厚：文武階官，月給料錢，春冬給綾絹及綿；在京職事官，則有職錢，如大夫爲郎官者，既請大夫俸，又給郎官職錢；公孤宰執及諸武官，俸錢之外，有祿粟，有隨身衣糧及餐錢；京朝官及諸司使副等，有傔人餐錢；其官於外者，有公用錢，有職田，選人使臣無職田者，有茶湯錢。遼史百官志不及祿秩，故其俸無考。金百官俸給，有錢，有粟，有麴、米、麥，有綿，春衣給羅，秋衣給綾，春秋給絹，兼數職則有兼俸，其祿制各視品爲差焉。

（附）人才之任用與培養　自唐以下，任用人才之法，多不免失之於寬濫；而培養人材之地，亦鮮有成效之可言者。茲爲撮述其概如下：

（甲）選舉　選舉之制，有學官、舉士之差；以言舉士，則五代之弊爲甚：五代五十餘年之間，惟梁與晉各停貢舉二年，則降敕以舉子學業未精之故；至於朝代更易之交，擾攘之際，歲貢故未嘗廢也。每歲所取進士，其多者僅及唐盛時之半；而三禮、三傳、學究、明經諸科，則取士又方唐爲盛。唐以詩賦取進士，而其制弊，五代則并詩賦而亦不能，爲此試帖經墨義者之所以獨衆也。宋行唐制，諸科歲舉，至英宗曙時，始詔三歲一行，自後遂爲常法：其名亦有進士、九經、五經、開元禮、三史、三禮、三傳、學究、明經、明法等科，皆秋取解，冬集禮部，春考試，合格及第者，列名放榜于尚書省。神宗頊時，王安石議更貢舉法，罷詩賦明經諸科，以經義論策試士，而又頒三經（周禮、詩、書）新義於學官，使學者人人遵守；司馬光復古，罷三經新義，而經義論策之法不廢：當時所謂經義，後世以爲八股文之濫觴，終宋之世，試士恆以之。又宋代於進士諸科之外，別有所謂大科者，卽古時之制舉：制舉無常科，所以待國中之才傑，人主每親策之；然宋之得才，多由進士，而以制科進者其人無多。遼與中國政俗異宜，而進士之科不廢。金世亦行宋制，其初試士分鄉試、府試、會試、御試爲四級，唐宋試禮部皆曰「省試」，至是始有「會試」之名；章宗璟時罷鄉試，惟有府試、會試、御試之法：後院科舉之制，由玆確定。此皆關於舉士之可知者也。舉官、法令甚繁猥，五代詳制無傳。宋人入仕，有貢舉、奏蔭、攝署、流外、從軍五等，而奏蔭最濫，故其官數之多，爲古時所僅見；其初典選之職，分掌於中書省、審官院各機關，自元豐官制行，其權始悉歸於吏部。遼金舉官之制，多襲宋人；而金於部（吏部）選、省（尚書省）選之外，入仕之途正多！例如勞効應襲恩例，皆循之可以獲仕。此又關於舉官之可知者也。以上爲選舉。

（乙）學校　五代學制之可攷見者，惟後唐一朝：國學學生限二百人，諸生入學，皆出「束脩錢」；及第後，出「光學錢」。是時爲監生者，大都苟且冒濫之士，蓋衰亂之朝，國學亦僅具其名而已！宋代學校，以神宗頊一朝爲特盛：太學之外，尚有律學、宗學、武學；徽宗佶時，又有算學、道學，道雖不足爲訓，而朝廷敦崇學校之意，於此自明。其尤善者，則頊立「太學三舍法」之制是也。王安石變政，欲取士本於學，乃增收太學生徒，釐爲三舍：始入爲外舍生，定額七百人，後增爲二千；內舍三百人，上舍百人，月考試其業優等以次升舍。元豐頒學令，上舍試分三等：上等不須殿試而命以官，中等免禮部試，下等免解試。以學校代貢舉，制莫善於此！其後屢有興廢；南渡之後，三舍法有修改，而其制更視元豐爲密。吾人今日所滋以爲疑者：宋代學校設備既完善，足以易取士之制；而仍不能因端改進，廢去駢枝之貢舉，則制不盡一可知也。或謂宋三舍法行，士人多席勢力，尚奔走，故蘇軾有『三舍既興，賄賂公行』之語；要之此爲人之弊，而非法之弊，故金治中國，言者尙有推行三舍法之請，惜不行耳！遼金均有國學，而金人於國學之外，幷有女眞國子學之設；立女眞學者，女眞之國粹，此尤足見金人計畫之深也。地方之學，宋爲最盛：神宗頃以後，諸路府州縣俱興學以教士；哲宗煦時，幷令諸州亦行三舍之法，州生試雋者得補太學，內外學制相聯貫，未始不足彌元豐之缺，而徽宗佶時罷之，爲可惜也！又宋代地方學校之外，並有書院：書院之名，古不聞有是也，而其制實自宋始。宋初，始有白鹿洞、石鼓、應天、嶽麓四書院，有司以上聞，朝廷輒爲賜額賜書以優異之；馬端臨則謂書院乃當時鄉黨之學，爲士大夫留意斯文者之所建，與州縣學之奉詔設立者不同，故前規後隨，皆務興起，後來所至書院尤多也。遼世地方之學未備，金於諸路則幷設有女眞諸學，其用意與女眞太學相同，是又非遼所能及者也。

（二）理財　自唐以後，理財之法，多失之繁；茲爲舉其大綱述之：

（一）徵稅　五代梁爲最先，屬黃巢亂餘，租賦之收較薄。唐莊宗存勖時，任孔謙爲租庸使，徵稅過重，幾致召釁；其後釋除逋負，中原賴以稍蘇。晉高祖敬瑭時，敕應諸道節度使刺史，不得擅加賦役；及於縣邑別立監徵所納田租，由人戶自量自概。漢隱帝承祐時，三司使王章聚斂刻急，行「省耗」「省陌」（租於正稅每斛之外，更輸二斗，謂之「省耗」；舊錢出入皆以八十爲「陌」，章始令入者八十，出者七十七，謂之「省陌」。）之制，流弊常不可問。其後周世宗榮復有志於愛民，議行均田，而先遣使諸州檢定民租；其事未終，而帝位旋禪於宋。宋興，租分爲五：曰公田之賦，官莊、屯田、營田賦民耕而收其租者是也；曰民田之賦，百姓各得專之者是也；曰城郭之賦，宅稅、地稅之類是也；曰雜變之賦，牛革、蠶鹽之類，隨其所出，變而輸之者是也；曰丁口之賦，歲輸身丁錢米是也。其輸有常處，而以有餘補不足，則移此輸彼，移近輸遠，謂之「支移」；其入有常物，而一時所須，則變而取之，使其直輕重相當，謂之「折變」。其輸之遲速，視收成早暮而寬爲之期，夏有至十月，秋有至明年二月者；其歲賦之物，類別有四：曰穀，曰帛，曰金鐵，曰物產，是也。諸州歲奏戶帳，具載其丁口，男夫二十爲丁，六十爲老。兩物折科，物非土地所宜而抑配者，禁之。又懲五代藩鎮重斂之弊，遣京朝官分從京畿倉庾及詣諸路監輸民租，並於諸州立糧科院，設通判主之，而賦稅畢收，上供有額矣。南渡以後，雜變之賦色目繁多，而二稅一依舊式，無所變更（王安石之行方田，賈似道之行公田，具見前政治篇，茲不再述）。此其大略也。宋初立制，賦入實視前代爲薄，故二十而稅一者有之，三十而稅一者又有之，前世諸朝未有能及之者。遼之賦稅，始定於太宗德光時。聖宗隆緒以後，田分三等：曰公田，曰私田曰間田。大抵私田、間田有賦，而公田無賦；惟遼史文簡略，農田租賦所紀寥寥，故法多不備。金則官地輸租，私田輸稅：租之制不傳，大率分田之等爲九以爲差次；惟以泰和元年學田之數攷之，生員給民佃官田六十畝，歲支粟三十石，則畝徵五斗可知也。稅法，夏則畝取三合，秋則畝取五升，又納秸一束，束十有五斤。夏稅六月止八月，秋稅十月止十二月，爲初、中、末三限。後至章宗璟時，又改秋稅限十一月爲初；中都西京北京上京遼東臨潢陝西地寒，稼穡遲熟，夏稅限以七月爲初。凡此皆稅租制度之可知者也。雜稅之征，五代恆有，至宋爲尤多。宋代用度，恆苦不給，宂官之祿，十倍兵士之給；常俸之外，別有賞賜；又有祠祿（宋眞宗恆時，建玉清昭應宮，以宰相王旦充使；後旦以病致仕，乃命以太尉領宮使，給宰相半俸。又有太乙宮集禧觀醴泉觀等，皆以宰執充使，丞郎學士以上充副使，庶僚充判官都監等，其後設員日多），濫費太多！故租稅之外，仍有一切雜賦，而茶鹽之徵，其尤著者。王安石當國，有「青苗錢」之推行，議者譁然，以爲民病；抑知南渡以後，雜征更多，其害有過於青苗者！高宗構初居揚州，四方貢獻不至，呂頤浩葉夢得奏增添酒錢，賣糟錢，典賣田宅，增印契錢，官吏請給除頭子錢，樓店務增收房錢，令各路憲臣領之，號爲「經制錢」。其後孟庾總領財用，增經制之額，析爲「總制錢」。州縣所收頭子錢，貫收二十三文，以十文作經制上供，餘十三文充本路用。他雜稅亦一切仿此。其常平錢物舊法，貫收頭子錢五文，亦增作二十三文，以十八文入經制司。孝宗昚時又詔諸路出納，每貫收五十六文，以充經總制錢。又高宗構時呂頤浩建議，令江東漕臣，每月椿發大軍錢十萬緡，是謂「月椿錢」。其兩浙福建之地，又有「板帳錢」，州縣苦於趁辦，於是輸米則增收耗剩，交錢帛則多收縻費，幸富人之犯法而重其罰，恣胥吏之受贓而課其入，索盜贓則不償失主，檢財產則不及卑幼，亡僧絕戶，不待核實而入官，盜產廢田，不爲淸除而勒納；有司罔知其違法，而非此則無以辦板帳之額也。他如四川則有「稱提錢」，川陝則有「折估錢」，湖南則有「麴引錢」，淮浙湖廣等路又有「身丁錢」，其朘削之害，著於史乘者若此。而同時北方之金，更有推排物力之法，其法按民之貧富分籍之，以應科差，亦稱「通檢」；其用意在均徭役，而常滋抑勒賄詐告訐之弊，是又制之不足爲訓者已！

(乙)鑄錢　三代以前，論財賦者多以穀粟爲本，所謂俸祿，亦是頒田制祿，君卿大夫，不過以采地爲多寡，未嘗以錢，所以錢之權輕；惟飢荒作幣，先儒謂金銅无凶年，權時作此，以通有無，均多少而已。漢初有中國，王公至佐吏所謂萬石、千石、百石，亦是以穀粟制祿；至武帝徹有事四夷，國用不足，乃立告緡之法，以括責國內，錢幣方重，自是錢幣積日加多，而漢以後之五銖，唐以後之開元通寶，最爲流行；至於宋時，而紙幣之法又起。

五季之世，十國分治，閩蜀楚皆鑄鐵錢，與銅錢並行。宋興，特鑄宋通元寶，重準開元，禁諸州輕小惡錢，舊俗用鐵錢者聽之；自是以後，歷帝改元，必重鑄銅錢，冠以年號，皆稱「元寶」；設池饒江建四州監鑄銅錢，嘉邛興三州監鑄鐵錢。凡鑄銅錢，用劑八十八兩，得錢千，重八十兩，十分其劑，銅居六分，鉛錫居三分，皆有奇羸；鑄大鐵錢用鐵二百四十兩，得錢千，重百九十二兩。此其大法也。仁宗禎時，西事急而用度不足，陝西鑄「當十大錢」，與小錢並行；河東亦鑄「當十鐵錢」，助關中軍費；尋勅江南鑄大銅錢，而江池諸州又鑄小鐵錢，悉輦致關中；數州錢雜行，大約小銅錢三可鑄當十大銅錢一，以故民間盜鑄者衆，錢文大亂！已而用葉淸臣等議，以小鐵錢三，當銅錢一；當十銅鐵錢一，減作當二；盜鑄乃止。神宗頊時，鑄銅鐵錢皆當二，謂之「折二錢」。是時諸路銅鐵諸監，日有增加，每年所鑄鐵錢五百九十四萬餘貫，銅錢五百六萬餘貫，官鑄之盛，數十倍漢唐，而國用日多，常苦錢少；議者又以安石當國，罷除銅禁，奸民銷錢爲器，邊關海舶，不復禁錢之出，使然：故至哲宗煦時，復立銅錢出界之禁；然每年鑄錢之數，終不能復盛。至徽宗佶立，蔡京當國，用陝西轉運副使許天啓議，鑄「折十銅錢」，每貫重十有四斤七兩，募民間私鑄工人，出爲官匠，使幷其家，設營以居之，號「鑄錢院」，仿古招天下亡命卽山鑄銅之意，而所鑄錢於陝西行鐵錢地，成之於諸路行銅錢地用之，絕私鑄之患；又用河東運判洪中孚言，契丹益市中國鐵錢爲兵器，器犀利，若雜以鉛錫，則脆，不爲敵所利，宜改鑄「夾錫錢」行之，凡貿易不用「夾錫錢」者聽告訐，由是國內騷然，小民咨怨！故其後復廢，而「折二錢」乃獨行。南渡之初，州縣鼓鑄皆絕；已而開鑄，成錢無錢，乃造楮幣以佐國用；於是貨幣界又起一度之變率，而紙幣之法興焉矣。

初唐憲宗純時，商賈至京師，委錢諸路進奏院及諸軍使富家，以輕裝趨四方，合券取之，是曰「飛錢」。宋興，假其故事，許民入錢左藏庫，於諸州更換置便錢務，作券以給之。又蜀富人患鐵錢重，私爲券，謂之「交子」，以便貿易，其後富人貲稍衰，不能償，所務爭訟數起，薛田爲轉運使，請官爲置務，禁民私造，詔置「交子務」於益州，至宋徽宗佶時，陝西河東京東西淮南亦皆行交子，又名「錢引」。初宋代交子之數，以百二十五萬六千三百四十緡爲額，及是不蓄本錢而增造无藝，至引一緡當錢十數，交子之法大壞。南渡以後，又造「見錢關子」，亦爲一種之錢引。初以關子付州，將募商人納錢，以給軍，執關子詣権貨務請錢，願得雜貨鈔引者聽；已而出納留難，人皆嗟怨，乃又改其名爲「會子」，通行於淮浙京湖諸路，上供及民間典賣皆用之。凡錢引皆以三年爲界，會子亦然；然屆時不過造新換舊，仍不見現錢也。孝宗昚力振幣政，慮交子之病民，詔出內庫及南庫銀一百萬兩買之，而在外商賈因之低價收購，輻輳行在，以充現貨，乃詔給諸州助教帖五千道，付権貨務，召人全以會子入納，候出賣將盡，申取朝廷，節續給降，務欲盡收會子，亦爲一時善政，而會子終莫得而悉收也。其他行於川者曰「川引」，行於淮者曰「淮交」，行於湖者曰「湖會」。終宋之世，發楮愈多，折閱亦愈甚。大抵宋之用楮，初本有三年爲界之可循，自後上之人急於稱提，當舊楮之界未滿，而新楮之出已頻，故商賈皆不敢蓄積，市場惟見楮幣，而楮幣之値於以益輕。宋宗正丞韓祥有言：「壞楮幣者，只緣變更；救楮幣者，無如收減」。誠一時見道之言也。至於遼金則又如下論：

遼世鑄錢不多，故立銅鬻於外，錢毀爲器之禁；及其末也上下窮困，府庫無餘積。金初用遼宋舊錢，廢帝亮時始置錢監；然鼓鑄不廣，斂散無方，其後錢法屢變，卒難獲效。濟以鐵錢，鐵不可用；權以交鈔，錢重鈔輕，相去懸絕，物價騰踴，鈔至不行；權以銀貨，銀弊又滋，救亦無策，遂罷銅錢，專用交鈔銀貨。然二者之弊，乃出於錢；鈔多而賤，尤啓民疑。其間易交鈔爲寶券，寶券未久，更作通寶，準銀並用；通寶未久，復作寶泉，寶泉未久，織綾印鈔，名曰珍寶；珍寶未久，復作寶會，迄無定制；而鈔幣之值日落，金祚以亡。

（附）農工商之待遇　五代惟周世宗榮能恤農，常刻木爲耕夫農婦，置之殿庭，欲見之而不忘。宋興，農政首修，太宗光義游金明池，且進田婦而語，故每臨朝，無一日不言及稼穡；眞宗恆之乳母秦國夫人劉氏，本農家也，喜言農家之事，恆乃自幼聞之，故景德農田敕，後世稱爲精當；南宋孝宗昚在位，下詔有曰：『朕深惟治不加進，思有以正其本者，今欲均役法，嚴限田，抑游手，務農桑，凡是數者，卿等二三大臣爲朕任之』！凡此具有足爲宋人注重農務之徵者。遼人起自塞外，習尙游牧，有中國之地不廣，故其重農之政，於史鮮徵；然觀太宗德光立法：凡諸道兵戎，有敢傷禾稼者，以軍法論！道宗洪基之世，遣使分道平賦稅，勸農桑，則遼固未嘗偏游牧而不問農事也。金有中國較遼爲久，勸農之使屢出；章宗璟時，乃定長吏勸農殿最，是金又以農業爲急圖矣！凡此皆重農之政之有可推知者也。

自來商業之盛衰，向無專書以記其始末，吾人所得藉爲論據者，惟有從政府之政令上究之而已。五代征商之制無傳。宋與商稅漸行，惟頗有所限制，商不爲病也。安石變法之始，其影響多被於商人，如「免行」「市易」諸制，行之不善，胥足以病商，故當時反對之論頗多，而行亦不久。南渡以後，貪吏並緣，苛稅百出，往往私立稅場，算及緡錢斗米菜茹束薪之屬，已而虛市有稅，空舟有稅，以食米爲酒米，以衣服爲布帛，皆有稅。遇士夫行李則搜囊發篋，目以賈販；甚者貧民轉易瑣細於村落，指爲漏稅，輒加以罪。空身行旅，亦向取金，百方紆路避之，則攔截叫呼；或有貨物，則抽分給償，斷罪倍輸，倒囊而歸，聞者咨嗟，有以稅務所在之地爲大小法場者！其朘削商利，行同刼掠，若此商業之不能振起，固其宜也。遼世亦行關市之征，史言東遼之地，馮延休、韓紹勛等相繼以燕地平山之法征其商民，不堪命。金於中世始定商稅之法，而其時並有托親王公主奴隸占綱船、阻商旅之禁，則金之恤商，勝於遼人遠矣。

抑互市之習，自古有之。漢初與南越通市，其後匈奴和親，又與匈奴通市。東漢與烏桓鮮卑北單于通市。後魏與南朝通市。隋唐與北戎高麗回紇諸國通市。至宋，西夏契丹安南又皆通市。南宋又與金人通市。外方之物產，由茲輸入國內之貨幣，亦多有流出於外方者。商人之智識，或基此而形其進步，亦未始非當代商人之一幸事也。

五代工政無聞，宋則考工之政，掌於工部。據宋史百官志：工部掌天下城郭、宮室、舟車、器械、符印、錢幣、山澤、苑囿、河渠之政，而其外又有少府、將作、軍器、都水諸監，以分其職。蓋循唐代之制，加以完密，而期工政之日趨於整飭者也。南渡以後，宮室器甲之造寖希，部務乃簡。金循宋制，亦設部以專考工之政，要之皆屬朝廷方面之事，而民間工藝之進步與否？無專書以供考證。宋世蘇杭之織造，金代燕京之建築，見於故書雅記中者，什不一二。正恐當世考工之職，第徒有其虛名，當國者賤視工商而偏重農業，工藝之凋落，殆與商同，爲可惜也！

本時代法制之二（制兵及用法）

本時代之制兵用法，惟宋爲特繁。今通宋之先後述之，以見其大勢之一班如左：

（一）制兵　五代之兵，分寄於藩鎮，地方戍守之制，無可言者；京師所恃，惟有禁軍，制雖數革，迄無可用。至周世宗榮時，懲高平之敗，慨然有改革之意；又以驍勇之士多爲外鎮所占，於是召募國內豪傑，不以草澤爲阻，進於闕下，躬自試閱，選武藝超絕及有身首者，分署爲殿前諸班，因是而有散員、散指揮使、內殿前直、散都頭、鐵騎、控鶴之號，中央之兵制一變。宋興，沿用其法，收國內之勁兵，列營京畿，藩鎮之弊，於焉永革，夫有所受之也。京師禁兵之外，別有諸州鎮兵，號曰「廂兵」；又有選自戶籍或土民應募，在所團結訓練，以爲防守之兵，號曰「鄉兵」；又有塞下內屬諸部團結以爲藩籬之兵，號曰「蕃兵」。自是以來，軍制遷變，時或不免，而大體莫能外此。南渡以後，禁旅寡弱，不足爲禦；而諸大將之兵頓增，因時制變，隨處立營，遷移靡定，駐劄未有常所，於是地方之兵，遂不能悉依前制；北塞盡失，蕃兵亦不存。史臣考宋兵之更變，以建隆（太祖匡胤年號）以來爲一期，熙寧（神宗頊年號，其時兵制頗多更變，具見前政治史中）以來爲一期；不知建炎（高宗構年號）以後，兵制更而日弱，而東南立國所恃，惟有東南柔脆之民，是又爲一期也。本時代中，宋兵弱而遼金爲特強。遼兵制得大別爲四目：其「宮帳軍」，則帝與后所置，生則扈從，死則守陵者也；其「部族軍」，則出自各部族，不隸南北府，而守衞四邊者也；其「京州軍」，則出自民間之丁籍者也；其「屬國軍」，則凡臣服於遼者，各出其軍以供驅使者也。四者各自爲軍，體統相承，分數秩然，而其兵機武銓羣牧之事，則皆屬之北樞密院。南樞密院專主民，所謂「南衙不主兵」也；北樞密院專主兵，所謂「北衙不主民」也。其一代官制，於治軍之職爲獨詳。蓋遼人起自東北，無兵不足以存生，故廑念若此！惟金亦然。金民無他徭役，壯者皆兵，其部長曰「貝勒」，行兵則稱曰「明安」（千夫長）、「穆昆」（百夫長），從其多寡，以定爲號，部卒之數，初無定制。凡用師征伐之會，大元帥合明安、穆昆等，先會而飲酒，使人獻策，供元帥之選擇，其合者即命爲特將，使任其事；師還戰勝，又大會，問其有功者，隨功高下支賞，舉以示衆，薄則增之。史稱金世用兵無敵，其主因在此。大抵遼金通國之衆，皆可爲兵，故其立法初不似宋之紛變，而金人軍制尤爲簡要，故其兵力均足以戰勝宋人云。

（附）兵士之徵調　據宋史兵志言：召募之制，起於府衞之廢。蓋籍國內良民以討有罪，三代之兵與府衞是也；收國內獷悍之兵以衞良民，召募之兵是也。唐之就衰，府衞之制廢，故宋初遂行召募。初募時，度人材，閱走躍，試瞻視，然後爲黥面，賜以緡錢衣履，而隸諸軍。其取非一途：或土人就所在團立，或以營伍子弟聽從本軍，或乘歲凶募飢民補本城，或以有罪配隸給役，是以國內失職獷悍之徒，悉收集之。伉健者遷禁衛（宋太宗匡義時，懲唐末方鎮跋扈，詔選州兵壯勇者悉部送京師，以補禁衛；餘留本城，本城雖或更戍，然罕教閱，類多給役而已），短弱者為廂軍。平居食俸廩，備征討；一有警急，勇者力戰鬭，弱者給漕輓，其初制若此。南渡之後，募兵之制，沿而勿革，兵迄不可用；蓋其願應募者，非游手無籍之流，則負罪亡命之輩。治平之世，紀綱立，威令行，尚能驅之，以期其必捷；國家多故之會，豈此輩所能勝事？故終至於敗也。南渡以前，地方鄉兵，雖有韓琦之制義勇（宋仁宗禎時，籍河北強壯得二十九萬五千，揀十之七為義勇，且籍民丁以補其不足；河東揀籍如河北法。至英宗曙立，宰相韓琦言：『古者籍民為兵，數雖多而贍至薄，唐置府兵，最為近之，後廢不能復。今之義勇，河北幾十五萬，河東幾八萬，勇悍誠實，出于天性，而有物力資產，父母妻子之所係，若稍加簡練，與唐府兵何異？陝西嘗刺弓手為保捷，河北河東陝西皆控西北，事當一體，請于陝西諸州亦點義勇，止涅手背』。詔從之，籍陝西義勇得十三萬八千餘人。於是三路鄉兵惟義勇為盛），王安石之剏保甲（保甲之法，具見前政治史中），而俱不能久行。遼之始起，通國皆兵，凡民年十五以上，五十以下，悉隸兵籍，有事調遣，器皆自備。每正軍一名，馬三匹，打草穀守營鋪家丁各一人。人馬不給糧草，日遣打草穀騎，四出抄掠以供之，故遼兵雖強，過則為民害。金與諸部之民，即諸部之兵，平居聽以漁佃射獵習為勞事，有警則下令部內，及遣使詣諸貝勒徵兵，凡步騎之糗糧，皆取備焉。古者寓兵於民，本為良法；自募兵之制行，民不必盡人而為兵，故兵多不良，而制以敵。遼金起自部落，人數不多，故寓兵於民之法可行；迨後由部落而進爲國家，遂亦采用募兵之制，而其末路，乃同爲外敵之所絀云。

（二）用法　「五刑」之目定於中世，五代沿其制行之，而人君以殺爲嬉，視人命如草芥！自晉以後，尤嚴盜律；周世宗榮之用法，更主嚴峻：故五季實爲刑辟特重之世。宋與五刑如故，而用法常輕：觀太宗匡義時，御史臺鞫殺人賊，獄具，有請臠割者，上曰：『五刑自有常制，何必爲此』？則知法外淩遲之刑，宋之初世固未嘗用也。至其中世，凡因事置推事，已而罷者，詔獄謂之制勘院，非詔獄謂之推勘院。自詔獄興，而以口語狂悖罹禍者，往往麗淩遲；南渡後，秦檜秉政，尤主嚴刑，詔獄之禍並酷。其後理宗昀當國，極知刑獄之弊，初卽位，下詔恤刑；又親製審刑銘，以警有位，而國內之獄仍不勝其酷，遷延不改，以迄宋亡，爲可喟也！又宋代司法之權，本屬刑部大理院；宋初恐部院之不盡心職務，因于禁中置審刑院，特重其權，使參與之。自元豐官制行，審刑歸入刑部，而折獄詳刑，責諸大理：於是仍以部院共當司法之權，迄南宋不易。遼金采用中國制度，刑名各有等級。遼目爲四：曰死，曰流，曰徒，曰杖。金刑隨事而定，其初立制輕罪，笞以柳葼，殺人及盜刼者，擊其腦殺之，沒其家貲；至於衰世，淩遲之法亦有行者，刑獄遂趨而日重，而金於以亡！至其受理訴訟，亦仿中國法度，設立專官以主司之；然其爲制，尙不能望宋，故法治之精神，亦迄無足道焉。

（附）法典之編纂　五代草創法典，編纂之業，固未之弛也。梁太祖朱温時，中書門下奏新删定令三十卷，式二十卷，格十一卷，律并目錄十三卷，律疏三十卷，共一百三十卷，請定爲大梁新定格式律令，頒下施行，從之；亦越三代而至于周，乃有大周刑統之頒，與律疏令式並行，此皆五代編纂法典之事之可徵者也。宋興，法律之學，益趨于發達：觀於宋代法典之蹟，則知宋人之專務法學，有過于前人者。宋時每易一帝，必有一次之編纂；甚者每改一元，亦必有一次之編纂。核宋時法典目錄之著於羣書者：太祖匡胤時三，太宗匡義時三，眞宗恆時八，仁宗禎時十六，英宗曙時一，神宗頊時四十六，哲宗煦時七，徽宗佶時二十三，高宗構時十二，孝宗眘時六，寧宗擴時六，理宗昀時一，共一百三十二部。少者數十卷，多者乃至數百卷，大都編輯詔敕而成；而其最精要者，則多見於神宗頊之世。據宋史刑法志言：『神宗以律不足以周事情，凡律所不載者，一斷以敕，乃更其目曰：「敕令格式」，而律恆存于敕之外。熙寧中置局修敕，元豐中始成書二千有六卷，復下二府參訂，然後頒行』。頊嘗曰：『禁於未然之謂敕，禁於已然之謂令，設于此以待彼之謂格，使彼效之之謂式，修書者要當識此』。於是凡入笞杖徒流死自名例以下至斷獄十有二門，麗刑名輕重者，皆爲敕；自品官以下至斷獄三十五門約束禁止者，皆爲令。命官之等十有七，吏庶人之賞等七十有七，又有倍全分釐之級凡五等，有等級高下者，皆爲格；表奏帳籍關牒符檄之類凡五卷，有體制模楷者皆爲式。由此觀之，則宋代之法律，可以推見，其敕卽前代之律，專屬于刑法者也；其令與格，一般之法律，不屬于刑法者也；其式則判決例等附焉。而神宗頊時所編纂者，起熙寧初，迄元豐中，前後凡亘十有餘年，而其書裒然爲二千卷，洵爲自古以來未有之大法典，而惜乎其不能流傳至今也！遼世立法尙簡，當興宗宗眞時纂修耶律儼以來法令，參以古制，凡五百四十七條，頒行諸道；至遼道宗洪基時，即宗眞時舊制，更定法制，爲五百四十五條，取律一百七十三條，又創增七十一條，凡七百八十九條，增編者至千餘條，其後又續增至百餘條；條理既繁，典者不能徧習，愚民莫知所避，犯法者衆！於是又復詔行舊法，務從簡約。遼法之不離繁密，又可知也。金初不尙條文，至世宗雍時，始有大定制條之頒，至章宗璟時，又頒泰和律義三十卷，敕條三卷，六部格式三十卷，法令之備，又過于遼；然其編纂勤密，仍無以望宋；故本時代中以言法典編纂之業，惟宋爲特良焉。

第六章　本時代之文化上

本時代文化之一（學藝）

本時代之學藝，其可稱者，又莫如宋。茲爲分類言之，則如下述：

（一）文學　文學之別四：

（甲）經學　古之論者，本有經師道師之分。例如漢申培毛亨伏勝之徒，傳授舊經；賈馬鄭王，訓解古言，皆爲經師。漢之董仲舒，揚雄，隋之王通，唐之韓愈，幾及於道師矣，而猶不足以望宋；故宋代道學盛而經學反爲所拚。其以道學著名者，往往由精貫經籍而來，說經之書恆富，而後人迄不以經師稱之者？以其學由於道，而非眞同漢儒之說經也。訓詁之學既已不行，於是專師之說可以罔循，而孫復劉敞輩各自論說，不相統攝，其弊已失之雜；及道學盛興，益復擺落漢儒，獨研義理，凡經師舊說俱排斥以爲不足信，悍然而行之，則羣亦悍然而信之，漢儒之學幾爲之一絕！自魏晉南北朝以來經說之變遷，未有如本時代之甚者也。夫訓詁之學，既非經學之全，卽性理之學亦不過經術之一部。王安石解經重大義，似得之矣；而朱熹又謂：『王介甫新經義出，士棄注疏不讀，猝有禮文之變，相視茫然』。王氏之學，所傳亦不遠。迄于南宋，古書多亡，隋唐書目所有，十不存一，小學書目，自方言說文廣雅而外，僅存玉篇而已；有亂去者，宋學與漢學之不能並容有如此：宜後人譏宋世士夫不知訓詁之當先也。遼金二國濡染漢族之文化未深，經學宜乎更替！要之本時代中說經者多爲道師，而非經師，故經師迄不著。

小學一門，原有訓詁、音韻、字形之別。訓詁之學，雖爲宋人所不樂聞；而音韻專書，則因時而出者不少：如宋陳彭年邱雍之廣韻，邱雍之韻略，丁度之集韻，禮部韻略，毛晃之紹熙禮部韻略，劉淵之禮部韻略，金韓道昭之五音集韵，皆爲有名之帙；而其書尤以廣韵爲繁，集韻諸書實依據之。至於研究字形之作，則宋郭忠恕之汗簡，佩觿，薛尚功之鍾鼎彝器款識，具爲後賢考證之資。又其時以書法著聞者，則有蘇軾黃庭堅米芾蔡襄諸家，大抵導源李邕，取法北派，其盛名至今不滅。

(乙)歷史　本時代中正史之編纂，則有晉劉昫之舊唐書，宋歐陽修宋祁同撰之新唐書，薛居正之舊五代史，歐陽修新五代史記，今俱並行，而新唐書及五代史記，尤為後世之所推崇。然自吳鎮作新唐書糾繆、五代史記纂誤，後之好議得失者，亦從而攻之，清儒邵晉涵謂：『使修祁修史時，能溯累代史官相傳之法，討論其是非，抉擇其輕重，載事務實而不輕褒貶，立言扶質而不尚撏撦，何至遽為後世所譏？』謂史法之敗壞自新書始。至其評騭五代史記則謂『修為此書，自謂得春秋遺意，而取材不富，書法不審，事故不備，為其三失。舊史但據實錄排纂事跡，無波瀾意度之可觀，而修則筆墨馳騁，推論興亡之迹，故讀之感慨有餘情』。此眞史家之至論矣。諸史以外，其蔚然稱為大宗者，有司馬光之資治通鑑，劉貢父劉道原范淳夫諸賢皆贊襄其役，引用諸書，於正史外采擇雜史諸傳至二百二十家之富，史家偉著，此為絕作！雖有小疵，固不能掩其醇也。其後袁樞因襲其書，作為紀事本末，掇拾聯貫，不啻為光功臣，是又史家之別開生面者也。蓋本時代之史學，宋為最盛，劉恕著通鑑外紀，李燾著續資治通鑑長編而外，若羅泌著路史，若蘇轍著古史，若王益之著西漢年紀，若王應麟著通鑑地理通釋漢制考，若呂祖謙著大事紀，若黃震著古今紀要，若金履祥著通鑑前編，若徐夢莘著三朝北盟會編，若李心傳著建炎以來朝野雜紀，若王當著春秋列國諸臣傳，若王溥著唐會要五代會要，若徐天麟著東西漢會要，均為一朝著譽之人，其書亦皆為一代著譽之書；而鄭樵之編輯通志，尤為精粹：樵博極羣書，會通政制，因是有所述作，與後世史家之意，多有合者；而近時說者，至以其年譜當年表，氏族略當種族史，六書七音略當文字史，天文災祥略當天文史，地理都邑略當地理史，禮略當宗教史，風俗史，器服略當美術史，樂略藝文略校讎略圖譜略金石略當文學史，職官略選舉略刑法略當法制史，食貨略當財政史，昆蟲草木略當物產史，本紀世家列傳載紀當人物史，四夷傳當外交史，以較唐杜佑之通典，元馬端臨之文獻通考，其完密過之！世之崇拜樵學者，至推為龍門以後之一人云。

（丙）哲理　五季日事干戈，學風墮地。宋興，始有研究聖賢之道者，當世稱為「性理」，又目為「道學」，以為與儒林實分兩事。不知道學家之所稱說，不外義理；義理之闡發，則其源仍出於羣經。以道學儒林分為兩流者，實謬論也。惟稱義理，有時不免偏遁于空虛，而多與後人所謂哲理之學相冥合，故今仍以哲理隸之。其導之始源者，在宋仁宗禎時，胡瑗與周敦頤皆為先河。南渡以後，朱熹陸九淵聚徒講學，主持雖別，而於道則符。後世所謂「朱陸同異」之爭，蓋即由斯而起。茲為析述派別，敍其要于左端：

姓名	略傳	學術大概	弟子略見
胡瑗	字翼之如皋人仁宗禎時為國子直講	其學務為篤實訓人有法宋代哲學於茲發軔世稱安定學派	有程頤范純仁呂希哲諸人
程顥	字伯淳河南人仁宗禎時舉進士學者尊為大程子	其為學泛濫於諸家出入於老釋者幾十年而歸宿於孔孟所著有定性書傳誦不廢世稱明道學派	有楊時謝良佐諸人

程頤	字正叔河南人顥弟哲宗時爲崇政殿說書亦稱二程子	其學本於誠以四書爲標旨而達於六經著易春秋傳諸子辨顥風旨尚和而頤尚嚴世稱伊川學派	有子端中及楊時謝良佐諸人
孫復	字明復平陽人仁宗禎時爲殿中丞	邃於經術著有尊王發微十二篇世稱泰山學派	有石介文彥博祖無擇諸人
周敦頤	字茂叔道州營道人神宗頊時知南康軍	撰太極圖明天地之根源著萬物之終始又著通書發明太極之蘊世稱濂溪學派	有子燾及程顥程頤諸人
張載	字子厚大梁人神宗頊時召同知太常禮院	其學以易爲宗中庸爲體孔孟爲法著有西銘世稱橫渠學派	
邵雍	字堯夫河南人哲宗煦時賜諡康節	精於象數智慮過人既沒程顥爲銘墓稱「雍之道純一不雜就其所至可謂安而且成」所著有皇極經世觀物內外篇諸書世稱百源學派	有弟穆子伯溫及王豫諸人
楊時	字中立南劍人神宗頊時舉進士後官龍圖閣直學士	洞明理學著有三經義辨等書爲洛學之始祖世稱龜山學派	有子迪及呂本中羅從彥張九成諸人
謝良佐	字顯道上蔡人仕不顯徽宗佶時曾監南京竹木場尋坐罪下獄廢爲民	其學沈潛篤實克紹程子之傳世稱上蔡學派	有朱震諸人
朱熹	字元晦婺源人孝宗眘時舉進士寧宗擴時召爲侍講以忤韓侂胄罷職歸	其學得楊時正系大要在「格物以致其知反躬以養其性」而以居敬爲主著有易本義詩集傳四書集註等書世稱晦菴學派	有子塾子埜子在及蔡元定蔡沈輔廣陳淳張洽黃幹諸人
陸九淵	字子靜金溪人孝宗眘時舉進士光宗惇時差知荊門軍與兄九齡共馳名世稱二陸	講貫理學務窮本源以頓悟爲宗稍近於禪與朱子學說不合屢與朱子論學時有牴牾世稱朱陸同異之爭者此也是爲象山學派	有子持之及楊簡袁燮舒璘沈煥諸人

本時代中士夫之以性理之學見稱者，實不止上列諸家；第就上列諸家以言，固皆一時人望之所歸，門徒之多者數百少亦數十：謂本時代哲理學之發皇，實於此十數人者植其標，無不可也。又北宋二程子之所治，亦曰程學，南渡後朱子所治爲朱學，二陸子所治爲陸學。朱學者，實所以代表本時代哲學之大成；二陸雖自成一派，究不易排朱。呂祖謙嘗約二陸會朱熹于鵝湖（江西鉛山縣），彼時朱學之所主在問學，陸學之所主在見心。朱學由末而進，陸學自本而下。朱之教人以窮理爲始事，謂此理既明，則可以誠意正心；二陸欲先發人之本心而後使之博覽，以應萬物之變：故論辨多牴牾而不相合。後九淵訪熹于南康，與熹俱至白鹿洞（江西廬山五老峯下），九淵爲講『君子小人喻義利』章，聽者至泣下，熹以爲深中學者深痼之病。又『無極太極』之說，本倡于周子；而朱陸對此，其見解又各不相同，暇輒貽書辨難，齗齗不置。金有中國不過百年，雖其間文士不乏，而絕少名儒；垂晚有趙秉文本學佛而襲儒說，是又未足與宋之學者比倫也。

（丁）文詞　五季代事兵戎，文學不振。宋興，文章之道漸有轉機，後遂大盛。宋史文苑傳謂：『國初楊億劉筠，猶襲唐人聲律之體；柳開穆修，志欲變古而力勿逮。廬陵歐陽修出，以古文倡；臨川王安石、眉山蘇軾、南豐曾鞏起而和之，宋文日趨于古。南渡文氣不及東都，足觀世變』。吾人于此，竊有以見宋人文章流別之大凡矣。試自散文一端言之：宋人之變駢儷而爲古文，其風實自柳開始。開之言曰：『古文非在詞澀意古，令人難讀；在於古其理，高其意』。顧其言雖有理，而力不能勝，尙未足轉移一代之風氣也。未幾，穆修出而表章韓柳，一傳爲尹洙，再傳爲歐陽修。洙文簡古，爲修心折，而修又在洙後，修乃有宋一代古文之中堅，而立乎此中堅之前者，則洙也。蘇洵之上修書有云：『執事之文，紆徐委曲，往復百折，而條達疏暢，無所間斷，氣盡語極，急言竭論，而容與閑易，無艱難勞苦之態』。洵爲善知修文之論。而修於仁宗禎時，知貢舉，抑時文而伸古文，文之善擬古者如蘇軾蘇轍曾鞏俱在其中，自是場屋之習始變，而宋之文運炳然復古。世稱軾爲大蘇，轍爲小蘇，父洵稱老蘇，併稱三蘇。鞏嘗師事修，能傳其學，又與王安石游。安石文遒峭，與鞏之密靜，洵之老鍊，軾之縱放，轍之澹宕，皆有獨絕之處；而軾文尤爲北宋弁冕，行文一如行雲流水，初無定質，雖嬉笑怒駡之語，皆可書而誦。後人以三蘇王歐曾六子，合以唐之韓柳，稱爲八家，幾爲之一鑪而冶；而不知宋之與唐，固自有其不同者在：唐之文奇，宋之文雅；唐文之句短，宋文之句長；唐以卓詭頓挫爲工，宋以文從字順爲至。明人茅坤輩，故鑿其迹而融合之，抑又非也。北宋季世，尙安石經學，文章之道，漸不注意；又洛學諸儒，作語錄，多用俗語，延及于高文典册，風氣一變。後至孝宗眘時，蘇文復行，其時文士，乃漸有所表見，如王十朋、葉適、陳亮、呂祖謙諸家，文譽卓然；祖謙本不藉文字傳名，而文尤警銳。然而此數人者，藻飾臨安有餘，頡頏東都不足，南之于北，固未能並世而談也。金雖起自荒漠，而其文藝之盛，遠過于遼；明昌（章宗璟年號）以還，文雅寖進。趙秉文爲一代宗工，主盟壇坫；王若虛、党懷英之徒，俱稱作者。迨其末葉，遺老殆盡，惟元好問獨存：元氏之文，自闢町畦，不依傍韓歐門戶，其一種淸曠之致，自能脫然塵埃之表；及近而卽之，則仍格局逼上，根柢盤深，金文家無有與爲敵者！凡此皆本時代散文之可知者也。今請繼此以言韻文變遷之事：

本時代之詩，宋有蘇軾，金有元好問，此猶唐之李白，爲一代之斗山：其在宋時，與軾並世齊名者，初不止一二人；自軾以前爲詩界之重障者，楊億劉筠等之西崑酬倡諸詩也。其詩、宗法唐李商隱，詞取妍華而不乏興象，效之者漸失本眞，惟工組織，故當世亦頗有訾之者；其後歐陽修梅聖俞蘇軾繼興；於是楊劉之體日微，而詩格一變。歐陽修文章本拔流俗，七言長句，高處直追韓愈；而爲之後勁者，則爲王安石，然猶非其至者。歐陽修見蘇軾，自謂：『老夫當放此人出一頭地』。非獨古文，於詩亦然！軾所以爲一代之宗工也。雖然，軾所心折，尙有黃庭堅，庭堅天姿高慧，筆力健舉，自闢門戶，而軾數效其體爲之，後世不察，至謂蘇與黃爭名，此不知蘇者也。元祐（哲宗時年號）文章之盛，推蘇門六君子。黃嘗自負其詩在晁補之張耒之上，而晁張究亦過人甚遠，雖未足媲黃，而固非餘子之所及也。南渡以後，以陸游爲大觀，淸儒沈德潛則謂：『劍南原本老杜，殊有獨造境地』。但古體近粗，近體遜杜之沈雄騰踔，要其淸新刻露，出以圓潤，在南宋諸家中，斯峯極矣！金有中國，惟元好問爲能繼蘇氏之傳，儼乎與江南之陸游後先對峙。淸儒趙翼則謂：『蘇陸古體詩行墨間尙多排偶；遺山則專以單行，絕無偶句，構思窅渺，十步九折，愈折而意愈深，味愈雋，雖蘇陸亦不及』。然則好問之詩，其獨至者，且足以跨越兩宋詩壇之盟主，尤足多也。本時代中韻文之概略，具如上述；至於塡詞亦稱爲「詩餘」，以其與音樂有關，別於音樂節中述之，茲姑不及。

(二)質學　質學之目三：

(一)天文　自唐以後，天文之學雖未失傳，而其流不盛；後晉之趙仁錡，北宋之蘇頌，均以精究天文著譽；南渡之後，王應麟以三代以上推步之書不傳，而遺文時散見于六經，因遂採掇成篇，以著古法之梗概，是又天文學者鏡古之資也。渾天儀者，羲和之舊器，謂之璣衡，歷代相傳，沿革不一：宋初蜀人張思訓首刱其式，造之禁中，踰年而成，詔題太平渾儀；自思訓死，璣衡斯壞，無復知其法制者！及哲宗煦時，蘇頌詳定渾儀法要，舉吏部勾當官韓公廉爲之；金取汴京，移其物于燕。宣宗珣南渡，以渾儀鎔鑄成物，不忍拆毀，若全體以運，則艱于輦載，遂委而去，終亦不復鑄：故彼時之天文學者類多不傳。又曆譜之學，首尙推步：自漢太初以至於宋，治曆譜者奚止七十餘家，大概或百年或數十年一易。由宋言之：初行應天曆，繼行乾元曆，又繼之而作者，曰儀天、曰崇天、曰明天、曰章元、曰觀天、曰紀元，迨北宋之末，歷百六十餘年而八改曆，南渡以後，曰統元、曰乾道、曰淳熙、曰會元、曰統天、曰開禧、曰會天、曰成天，至其末世，又百五十年，凡八改曆。遼曆屢差，更無庸論；惟金用大明曆，間一修改，而當其事者，蓋爲趙知微，是又金曆簡易於宋之一徵也。

(二)算數　算數之學與天文曆譜相表裏：本時代中以算數名者，莫如宋秦九韶；九韶雖有數學九章之著，而其流不盛，終宋之世，算數之見於紀錄者，僅此而已。度量衡之制，亦與算數相關：宋之度大于周，布帛尺者，宋尺四種之一，凡布帛尺一尺，當周尺一尺三寸四分；量大於漢，宋量一斗，當漢二斗七升；權衡重于唐，唐開元錢重二銖四絫，宋淳化錢與之等重，而開元錢一千，重六斤四兩，宋錢則稍不足，又其徵也。金世承遼而治，其詳法無傳，但其大要，恐亦无能異宋？一切頒定更變之故，史志大抵不詳，算數學之不明，於斯爲信。

（三）醫術　五季以來，醫術之流傳，不因時代之遷移，而廢其淩替；宋興，治務核實，故方技之士，必加精鍊，而劉翰最爲有名。翰嘗被詔，與馬志、翟煦、張素、吳復珪、王光祐、陳昭遇同詳定唐本草：凡神農本經三百六十種，名醫別錄一百八十二種，唐本失附一百一十四種，有名未用一百九十四種，翰等又參定新附一百三十二種，既成，詔中書舍人李昉、知制誥王祐、扈蒙詳覆畢上之。定爲印板：以白字爲神農所說，墨字爲名醫所傳，唐附今附，各加顯注，詳其解釋，審其形性。證謬誤而辨之者，署爲「今注」；考文意而述之者，又爲「今按」。新舊藥合九百八十三種，并目錄二十一卷，醫科著作，此爲大成；而其時醫學之興，有卽可於此見於大概者。其後如王懷隱、趙自化，各以醫稱，而醫科編錄之繁，亦遠過于前代。遼起塞外，其人亦多能研貫醫術，史稱耶律迭魯精于醫，察形色卽知病原，雖不診疾，有十全功，是其術且過於宋人，又可知也。金劉完素者，尤以善醫著名，所著有素問玄機原病式一卷，宣明論方十五卷，傷寒直格方三卷，傷寒標本心法類萃二卷，其書皆歷久不滅，流衍至今；而張從正李應嗣紀天錫張元素諸家亦多與之齊譽：本時代中醫術之發皇，迥乎其非隋唐兩朝之可媲已！

本時代文化之二（美術）

本時代之美術，方之隋唐，尤有進步。茲爲舉其大端述之如下：

（一）繪畫　中國之畫，唐世爲特盛。至於五代，如南唐之徐熙，前蜀之釋貫休，凡所製作，俱名重一時。宋興，善畫之士尤多，或以人物，或以竹石，或以山水。山水一宗，唐時以李思訓王維爲南北派之開宗，至宋而畫法益爲之加備。當時議曰：「李成之筆，近視如千里之遠；范寬之筆，遠望不離座外」。此其神境，殆又過於李王；而董源所作山水，水墨類王維，著色類李思訓，合南北而聯爲一宗，是又非李王之所及也！至於人物之畫，李公麟爲著；竹石之畫，米芾蘇軾爲著。徽宗佶者，以帝皇而嫻習各種之畫藝，入於神妙，尤爲本時代特殊之事。南渡以後，馬遠夏圭輩雖以畫稱，究其盛藝，不能望東京之著，蓋國運衰而藝術之道亦因之不振，有斷然者。又其末世，惟鄭思肖以畫蘭名，然自更祚之後，爲蘭不畫土，根亦无憑藉，是又能具國家思想於藝術間者；三百年來，畫家之突兀絕羣者，惟此人矣！遼金以武治國，對於美術，初無提倡表示之可言，故繪畫之風終於不著！必欲求其一二言之：則遼之蕭瀜，金之趙秉文武伯英，庶幾其選焉。

（二）建築　自唐以後，建築之術日新；觀宋世萬歲山艮嶽之經營，則知當時匠事之能，固已超於前世。周密癸辛雜識有曰：『京師有八卦殿，八門各有樹木山石，無一相類；皆嵌石座，亦穿空與石竅相通：此其構造之精，可謂軼人意表』。然後世之人又謂：『凡天下州之爲唐舊治者，城郭必皆寬廣，街道必皆正直；廨舍之爲唐舊創者，其基址必皆宏敞。宋以下所置，時彌近者制彌陋』。則是宋以後，建築之術，有時亦不如唐；而其足以跨越前人者，殆惟帝都宮室爲然？是又不可無辨者也。金世臺闕殿寢之制，更所究心；廢帝亮時，尤多過舉：范成大攬轡錄中，雖紀其略，而當事者之名，迄亦不知其誰某云。

(三)彫鐫　彫刻冶鑄之術，本時代中亦非無可紀者。以言彫刻，古未有版本，好學者患無書。桓譚新論謂：『梁子初揚子林所寫萬卷，至於白首。南齊沈驎士年過八十，手寫細書，滿數十篋。梁袁峻自寫書課，日五十紙。抱朴子所寫，反覆有字』。均爲古人寫書之證。至於唐末，益州始有墨板，多術數字學小書；後唐詔儒臣田敏，校九經鏤本於國子監；宋初廣諸義疏音釋，令孔維邢昺讎定頒布。自是以後，印本日多，文化傳播因之愈速。然陸游生當南宋，反謂：『近世士大夫所至，喜刻書板，而略不校讎，錯本書散滿天下，不如不刻之爲愈』！而近世論者，亦謂：宋以前之書，誤字成於寫官；宋以後之書，誤字成於槧工。究之槧工之誤，由校讎之不善；因其不善而遽曰不如不刻，是又因噎廢食之談也。宋當仁宗禎時，布衣畢昇並能爲陶印活版之法，昇死，法爲其徒所得，而不能廣傳，迄亦中絕！不然，印刷之術既行，而益以活版制度改良其法，於傳遞文化之方，必更有幾多之裨益，固可知也。又南宋有曾成者，嘗作鳥籠，四面花板，皆於竹片上，刻成宮室人物，山水禽鳥，纖悉俱備。陶南村所謂：『求之二百餘年無復此一人』者，是又彫刻界之大師也。至於印璽之異同，碑碣之增益，自唐以來，種類日多，本時代中不以此爲特徵，茲姑不及。

以言冶鑄，則凡兵器之興作，鼎彝之更創，無一不賴其術而成。本時代中可論列之事不多，就其大者言之：則錢幣之鑄成，爲一代財政之所關，恆爲當其事者所注重，論斯道者，必因之先及此一事也；又自佛說西來，中國之人，膜拜佛氏，常鑄金事之以致崇敬，因之鑄像亦爲彼時美術中之一藝，南渡以後，尤盛行之，又一事也。關於冶鑄術之推行，其大端有如此者。

（附）音樂　五代唐莊宗存勗起於朝野，所好不過胡部鄭聲，先世之樂，幾爲之廢；周王朴更制雅樂，宋太祖匡胤以其聲高，不合中和之節，詔和峴更定律呂，此爲宋樂變古之始；其後至徽宗佶時，更定大晟之樂，宋樂因之再變；其他如遼則用晉樂，金則用遼樂，厥後又用宋樂，轉相沿襲，殆失其眞，而古樂沈淪，又不似宋初之舊矣。元曲之先有詞，詞由詩變，要其沿革，多與聲音之道相關，有可於本時代中一言其概者。夫用長短句製樂府歌詞，由漢迄南北朝皆然矣；唐初以詩被樂，塡詞入調，則自開元天寶（玄宗隆基年號）始；迨五代十國，作者漸多，有花間尊前家宴等集。宋之太宗匡義洞曉音律，製大小曲及因舊曲造新聲，施之教坊舞隊，曲凡三百九十，又琵琶一曲有八十四調。仁宗禎於禁中度曲，時有若柳永；徽宗佶以大晟名樂，時有若周邦彥曹組辛次膺万俟雅言，皆明於宮調，無相奪倫者也。洎乎南渡，家各有詞，雖道學如朱熹眞德秀，亦能倚聲中律呂，而姜夔審音尤精。終宋之世，樂章大備，四聲二十八調，多至十餘曲；惟因劉昺所編燕樂失傳，而八十四調圖譜不見於世，雖有歌師板師，無從知當日之琴趣簫笛譜矣！凡此又詞學之可連類而知者也。

第七章　本時代之文化下

本時代文化之三（宗教）

隋唐以來，外教之傳入中國者，其類不一；茲仍前例，先述內國之教，而以外方傳入之教次焉。綜其綱要，得大別為四端：

（一）宗教之起於國內者　道教自唐以來盛行，五季惟蘇澄隱得養生之術，名動當世。宋興，尤重其教，凡道徒之見知於朝者，動輒賜號，盛遇甲於前古。自是以來，陳摶曰希夷先生，張正隨曰眞靜先生，張乾曜曰澄素先生，張繼元曰虛靖先生，王老志曰洞微先生，王仔昔曰通妙先生，林靈素曰通眞達靈先生，所以禮遇之者甚優，而道徒之藉是成名者數亦彌衆。徽宗信寵靈素，且有「千道會」之設，其徒錦衣玉食者幾二萬人。南渡以後，道教雖衰，而餘風未絕。金入中國，則有劉德仁蕭抱珍之徒，但其勢力不復能似北宋之盛。

（二）宗教之傳自外方者　本時代中宗教之傳自外方者，不止佛氏一宗已也；顧他教皆閴寂，世少見聞，而佛氏之徒，則仍形其隆盛。古者，魏太武帝周武帝唐武宗皆重道惡佛，佛氏之徒受其排斥，宗風不免因之少歇，然不足爲慮也。本時代中如後周世宗榮北宋徽宗佶亦皆惡佛（其詳別於下節宗教與政治之關係述之），而終不能禁遏諸宗之盛：諦觀則復興天台宗焉，德韶則復興法眼宗焉，警玄則復興曹洞宗焉，法遠則復興臨濟宗焉。法眼曹洞臨濟者，爲禪宗分支，大師輩出，而傳播愈宏，師說因之廣行；南渡以後，宗風不泯，惟當國者因用度之不足，征及僧尼，佛氏受其影響，故剃度不能望東京之盛。

其他外教之傳入中國者，如回回基督之屬，蓋亦有之；要其盛況，均無能望唐，故其播傳之迹，至於元代，始有明徵焉。

（三）宗教與政治之關係　五代遞更，惟周世宗榮獨排佛教，當是時國內寺觀之被毀者計三萬有餘所，僧人之勢，爲之低落；宋興，太祖匡胤，太宗匡義，皆好佛說，而其傳播之狀況，爲之大振。其立譯經傳法院於東都也，成書至四百十餘卷之富，同時僧尼之數，又至四十六萬之多，可謂大盛。徽宗佶崇道惡佛，一方排斥佛氏，一方又崇敬道流，設爲種種尊尚之法，以示國人，於是道教之傳，被多假逕於政治，而其勢大熾，則人主之誤於崇信使然也。南渡以後，當國是者，困於外患，遂無提倡宗教之力，於是諸宗之說漸衰，而政治亦不受宗教之累。遼金皆出外族，對於宗教，不爲限制，亦不事推揚，故關於宗教上之牽連，其著錄於史書者尤少。

（四）宗教與民習之關係　自上古以來，中國人民之迷信宗教，儼爲慣習；宋世佛說流行，其趨向之者，不獨民間而已；朝士大夫喜聞禪學，其教人有時且遁於佛，從而和之者，又習焉不察也。抑其說且不獨近佛也，道家云：『眞人之心若珠在淵；衆人之心若瓢在水』。而眞德秀則謂：『此心當如明鏡止水，不可如槁木死灰』。是儒者之說亦有時流於道矣！下至民間風習，或皈禪宗而徒事誦經，或附羽流而託之療病，如斯之類，數見不鮮，宗教之所驅，其有影響於民間之風習者，蓋非細也。

本時代文化之四（風俗）

本時代之風俗，大別亦有四端。其說如左：

（一）風俗之成因基本於禮制者　五季之世，惟周世宗榮一修禮書；至宋則恆訂之，代有因革。遼金雖起外族，亦不忘修禮之典，禮制之有關於風俗可謂巨矣。茲就其大者述之，得約列爲三事如下：

（甲）婚姻　五代婚禮不詳，其略可考見者，僅帝室之婚制而已，於民間無與也。宋當太宗匡義時，詔定婚娶儀制，雖仍沿用古禮，而已不能舉其實，其品官以下婚禮，且不如開元，是亦足徵禮制之遷流矣。早婚之制，宋亦不能免，觀令文凡男年十五、女年十三以上，並聽婚嫁；而司馬氏書儀則定男年爲十六以上，女年爲十四以上，朱子家禮亦如之，與令文相去不過一歲，仍無以杜絕其弊風也。書儀、家禮中凡以紀載民人之婚禮者，可謂大備，茲不遑博舉；又袁采著世範則謂：『嫁娶固不可无媒，而媒者之言，多不能全信。如給女家，則曰男家不求備禮，且助出嫁遣之貲；給男家，則厚許其所遷之賄，且虛指數目。若輕信其言而成婚，則責恨見欺，夫妻反目，至於仳離者有之。』是又足徵當時風俗之一班也。遼金婚姻之制，多詳於帝室而略於氓庶；惟金之初興，雖立同姓爲婚及繼父繼母之男女無相嫁娶之禁；然則明禁未立以前，同姓固可爲婚，而繼父繼母之男女且有相爲嫁娶者，又可知也。廢帝亮時，命庶官許求次室二人，百姓亦許置妾，此爲置妾見於規定之始。章宗璟時，又制民庶聘財爲三等：上百貫，次五十貫，次二十貫，是又聘貲見於規定之始。凡此皆本時代婚姻制度之可連類而知者也。

（丁）死喪　人子三年之喪，爲古今之通義。唐代奪情之舉，僅於朝廷有不得已事故時行之。五代惟後唐略示限制。宋當太宗匡義時，下詔有曰：『孝爲百行之本，喪有三年之制，著於典禮，以厚人倫。中外文武官子弟或父兄之淪亡，蒙朝廷之齒敍，未及卒哭，已聞涖官，遽忘哀戚，頗玷風教！自今文武官子弟，有因父亡兄沒，特被敍用，未經百日，不得趣赴公參，御史臺專加糾察；并有冒哀求仕，釋服從吉者，並以名聞。』從知宋初亦頗能廑念於服制。其後大臣有喪，雖或量予起復，而自富弼力辭起復之請，後之爲執政者亦不敢妄冒奪情之名，顯然就職，此賢者之所以有益於人國也。金無百官丁憂之制，故遇親喪者，但予給假，與宋之重喪丁憂、輕喪給假之例不同，此則不能以常制論者。喪中佛事，實始北魏，至宋而盛行之。觀司馬氏書儀有曰：『世俗信浮屠誑誘，於始死及七七日、百日、期年、再期、除喪，飯僧設道場，或作水陸大會，寫經造佛，修塔建廟，云爲死者滅彌天罪惡，必生天堂，受種種快樂；不爲者，必入地獄，剉燒舂磨，受無邊波吒之苦。』此尤能揭盡當日愚民之謬想者。穆修母死，自負櫬以葬，日誦孝經喪記，不飯浮屠爲佛事，舉世以爲異，矯俗之難如此！故佛事之行，遂又若是其靡靡也。火葬之俗自北魏始，至於後代而亦行之；宋初雖有明禁之詔，然不能革也。南宋范同言：『河東地狹人衆，雖至親之喪，悉皆焚棄。方今火葬之慘，日益熾甚，事關風化，理宜禁止！』榮薿亦謂：『吳越之俗，以火化爲便，相習成風，勢難遽革。』從知當時火葬之俗南北沿行，而其風又於宋世爲盛也。

(丙)祭祀　自五季以來，天地鬼神之祭，多循古制而行，宋世最重視之，其論辨之繁，歷千萬言而不能盡！其始天地合祭，至神宗頊時，始議分南北郊；徽宗佶時，乃見諸施行；南渡以後，遂沿用其制。遼世禮文未備，僅著祭山之典；至金而後有之，其儀節多與中國相若。封禪之禮，惟宋世眞宗恆行之，故丁謂等有大中祥符封禪記之作，其後徽宗佶議行而迄不果。又自周以來，宗廟時享之制常隆，五代迭更喪亂，其禮不廢，宋世儀制尤備，至於元豐（神宗頊年號），更定儀注，皆本儀禮節次爲之，一洗沿習之陋，遂爲一代禮文之大備：此朱子所以每歎神宗爲大有可爲之君也！遼禮簡潔，無宋代之繁；而享廟一出以誠，論者嘉其章先思孝之心足以邁宋。金則一切制度，多仿中夏，故其宗廟之禮，正與宋同。凡此皆本時代大祭之可知者也。祀孔之典，歷世行之，宋眞宗恆且欲追封孔子爲帝，或曰：宣父，周之陪臣，周止稱王，不當加帝號，於是仍尊孔子爲文宣王；至徽宗佶時，又詔殿以「大成」爲名，大成之錫號自此始。金自熙宗亶以後，亦知祭孔；章宗環尤致欽崇，諭有司進士名有犯孔子諱者避之，著爲令。

(二)風俗之成因基本於自然者　本時代之風俗亦有因夫自然之趨勢而成者。其概別如下：

(甲)語言　本國方言之繁，求之於古最多例證，至宋載籍日多，故一切俚詞俗語之見於故書雅記者，其徵尤富：如稱嫡母爲大姊姊，呼婢曰妮，河南之人謂婦曰媳，江西之人謂父曰爸，凡此之類，實不勝其枚舉。遼金起自異族，各有其慣用之語言，宋余靖刁約奉使於遼，俱有北語詩，靖之詩曰：『夜筵設罷（侈盛也）臣拜洗（受賜也），兩朝厥荷（通好也）情幹勒（厚重也），微臣稚魯（拜舞也）祝若統（福佑也），聖壽鐵擺（嵩高也）俱可忒（无極也）』。約之詩曰：『押燕移離畢（移離畢官名，如中國執政）秀房賀跋支（賀跋支如執政房閣），餞行三匹裂（匹裂似小木罌，以本色稜木爲之，加黃漆），密諭十貔貍（形如鼠而大，穴居食穀粱，嗜肉，北朝爲珍膳，味如豚肉而脆）』。觀此足知當世公卿亦多有嫻習契丹之語者。女眞用語，其難解正與遼同，例如星曰兀典，山曰阿鄰，松曰恢端，蓮曰執莃，綜其所言，一名一物，多以二字或三字連屬成詞，是時宋室士大夫中嫻其語者亦頗不乏，甚或有充兩國通譯之任者。吾觀於此而又知兩國言語之間固亦各有其勢力在也。

(乙)好尚　宋初禮義之教未嚴，自性理諸儒出，士夫翕然附之，於是一切風俗多尚虛文，其失也僞；又宋世士夫好爲論議，一事之行，聚訟累日，此風不獨朝廷然也，學校亦有之：宋之太學諸生，最喜論時政，爭得失，羅貴蒙難，而曾不之恤，罪者自罪，言者自言也。雖然，好空辨而不問實行，其弊之去僞也又幾何哉？第是宋人爲教主廉恥，勵忠義，其風範不獨超過五代，卽當北方大部不幸爲金有，而南人之以復仇爲志者常不乏，非惟陸游輩之以詩歌寄興而已；要其實力必若何培養而始克有成，則舉世之大，又一似付諸淡忘焉？此宋人之所以爲宋人也！遼金以武立國，人民多以從軍爲事；縱當久弊，宋仍不能敵，此正由其人尙武使然！嗚呼，一代好尙之有關係於國家治亂者，詎細故哉？

(丙)階級　五季承唐而治，階級之習當然未泯；至宋則尤甚。試徵之婚制：仁宗禎下詔禁以財冒士族，娶宗室女者；又詔士庶家毋得以常傭僱之人爲姻，違者離之。南渡後，寧宗擴復下詔禁宗室毋與胥吏通婚，著爲令。婚姻之事既有明詔以示之規定，於是人民重視階級之心必基茲而日盛，其證一也。再徵之恩蔭：恩蔭之制，不始於宋，而宋爲最濫。文臣中散大夫以上得蔭小功以上親，保和殿大學士以上蔭至異姓親，公孤宰相儀同三司，蔭至門客，武宗亦準之；至仁宗禎時，詔五代時三品以上告身存者聽用蔭，後又錄故宗臣及員外郎以上致仕者子孫授官有差。蔭之途日寬，而其制乃愈濫，是尤足以助成當代階級之觀念者，其證二也。再徵之奴僕：奴僕之制，亦自古有之，宋世士夫以能約束之者爲賢。袁采著世範有曰：『奴僕小人，就役於人者，天資多愚，作事乖舛背違，不能有便當省力之處。如頓放雜物，必以斜爲正；如裁截物色，必以長爲短，若此之類，殆非一端？又性多忘，囑之以事，全不記憶；又性多執，自以爲是；又性多很，輕於應對，不識分守，所以顧主於使令之際，常常吒咄，其爲不改，其行愈辯。顧主愈不能耐，於是箠楚加之，或失手而至於死亡者有焉』！此其所論，具見當日士夫待遇奴僕之概情，而奴僕之爲世人所輕視，亦於此可知矣。此正醞釀於千年階級之制而使然者，其證三也。階級之弊，既不能除，當世之人，亦羣以爲習慣而不之異，於是終吾人之世，幾無復有能去之者矣。

(三)風俗與國勢之關係　五季迭更，兵亂，廉恥道喪，其去此事彼者，不止馮道，故國勢無可言；至於宋世，風俗固亦未能反古，而自明之葉伯巨言之，則又有足多者。伯巨之言曰：『昔者宋有天下，蓋三百餘年，其始以禮義教其民，當其盛時，閭門里巷，皆有忠厚之風，至於恥言人之過失；洎夫末年，忠臣義士，視死如歸，婦人女子，羞被汚辱，此皆教化之效也』。葉之言如是，是則宋之善治，未嘗無裨於國勢；而其失也，則又在於苟安。徵諸南渡以後之往事，無可諱者。觀孝宗眘之語羣臣，有曰：『今士大夫有西晉風，稱王衍「阿堵」等語』。又曰：『士大夫諱言恢復，不知其家有田百畝，五十畝內爲人所強占，亦投牒理索否？士大夫於家事則人人甚理會得，至於國事，則諱言之』。此尤足徵當日苟安之狀況者。金承遼而有中國之半，其始民皆習武，故風俗剛毅，而國勢亦坐是以強；遷汴以後，染中夏之風寖深，以是亦終爲蒙古所覆，其結果惟有與宋人一致而已。

(四)風俗與人心之關係　人心之邪，莫如五代，宋已較愈矣；然而北宋之傾軋，南宋之偷惰，相因不革，豈得久安？故北宋南而南宋亦因之傾覆也。其猶足幸者，南宋人心尚有公是非：故秦檜姦而岳飛忠，人心皆袒飛；韓侂胄邪而朱熹正，人心皆重熹；賈似道誤國而文天祥則救國，人心皆敬天祥；即此尙見宋俗之善，爲猶未乖夫教化也。遼金始皆不重教化，金又愈於遼，故其後世人民頗有勵志節而秉禮義者。語曰：『人心之良楛，覘夫風俗之趨向』。豈不信哉？

第二篇　蒙古入主國民移轉時代(元明)

第一章　元(民國紀元前六百三十三年至五百四十四年)

元統一以來三十年間盛勢之一(大事之設施及權奸之除戮)(民國紀元前六百三十三年至六百零五年)

元世祖呼必賚旣滅宋有中國，以開平爲上都；燕京爲大都，其對漢人懷種界之意志甚深，故有南人私挾弓矢之禁。呼必賚又以中國雖定，不可無大事以新民之耳目；跡其設施之最著者，蓋有四端：

(一)窮河源　黃河始源所在古有異說；元廷謀踵先世之盛，乃以篤什爲招討使，往求河源。時呼必賚在位之二十一年也，(卽至元十七年，民國紀元前六百三十二年)。河源古無所見，禹貢導河止自積石；漢使張騫持節通西域，度玉門，見二水交流，發葱嶺，趨于闐，匯鹽澤，伏流千里，至積石而再出；唐薛元鼎使吐蕃，訪河源，得之於悶磨黎山；及篤什奉使歸，謂河源出吐蕃朶甘思，(元置朶甘思宣慰司在今青海境內)西部，有泉百餘泓，方可七八十里，燦然如列星，名鄂端諾爾，又稍近別匯爲巨澤，名敖拉諾爾(鄂端諾爾卽鄂敦塔拉，敖拉諾爾即札棱諾爾），河源之發，蓋即繫是。篤什所論極詳，其與今日地理多不同符，故僅撮記其大要於此。

(二)始海運　初燕都糧運之仰給江南者，或自浙西涉江入淮，由黃河逆流至中灤（鎮名，河南封邱縣南），陸運至淇門（河南汲縣東北），入運河以至京師；又或自利津河（即大清河下流），或開膠萊河（山東平度縣東南）入海，勞費無成。先是宋有海盜朱清與其徒張瑄並乘舟掠海上，知海道曲折，尋就元招爲防海義民；巴延平宋時，遣清等載宋庫藏諸物自崇明放海道入京，果達；二人遂言海道可通，乃命總管羅璧暨瑄等造船六十艘運糧四萬六千餘石由海道入京。時呼必賚在位之二十三年也（即至元十九年，民國紀元前六百三十年）。然創行海洋，沿山求嶼，風信失時，逾年始至，故海運一行即罷；旣又因蒙冏岱言，終復行海運，遂立官以總制其事：其入海取徑，多在平江路之劉家港（即劉家口，婁江下流，江蘇鎮洋縣東北）云。

(三)開會通河　會通河者，即今山東之運河。呼必賚在位之三十年（即至元二十六年，民國紀元前六百二十三年），從壽張縣尹韓仲暉等建議，開新河以通運道，起須城縣（山東東平縣）安山（東平縣西南）西南，由壽張西北至東昌，又西北至臨清（山東臨清縣），引汶水以達御河（即天津以南之運河），長二百五十餘里，中建閘三十有一，以時蓄洩。河成，河渠官張孔孫等言：『開魏博之渠，通江淮之運，古所未聞』，詔賜名會通河。

(四)開通惠河　通惠河者，即今大通河。初元臣郭守敬言水利十有一事，其一：欲導昌平縣白浮村（順天昌平縣東南）神山水（昌平縣東北），過雙塔河（昌平縣西北）榆河（雙塔河附近），引一畝泉（昌平縣西南）玉泉（宛平縣西北玉泉山下）諸水入城，匯於積水潭（宛平縣西北），從東折而南入於金水河，每十里置一牐，以時蓄洩。呼必賚然之，置「都水監」，命守敬領其事，丞相以下皆親操鍤爲之倡。時呼必賚在位之三十三年也（即至元二十九年，民國紀元前六百二十年）。明年工畢，自是都民免陸輓之勞，公私便之，賜名曰通惠。

以上皆元事之大者。要之元以蒙古強族入主中夏，其於民常不尙文治而尙力征，故其取民恆至於無藝，主政事者未之恤也。其初上下言利，既無所於諱，因是臣下之以理財進者漸至弄權罔民，民之受其敝也乃愈烈；其人一旦不爲人主所喜，去之固未嘗不易，然所以貽害於吾民者，則仍未有堵之之術也。貪婪專柄者之首誅，於法烈矣；究其實亦安有濟於吾民耶？今類次諸嗜利之臣，與其受禍之原由於下：

(一)阿哈瑪特之禍　阿哈瑪特者，回紇人，爲人多智巧言，以功利自效，呼必賚急於富國，試以行事，頗有成績，用爲中書省平章事，言無不從，阿哈瑪特特勢益橫；嘗奏立江西榷茶運司，及諸路轉運運鹽使司，宣課提舉司，員職冗濫，雖有言者，而呼必賚不以爲阿哈瑪特罪也。阿哈瑪特權勢既橫，又以事去異己者，人心交憤；益都千戶王著密謀殺之，卒以計誅阿哈瑪特於闕下。阿哈瑪特死，呼必賚猶不盡知其奸，且以著爲有罪，誅之；

後詢樞密副使博囉，乃盡得其罪狀，始大怒曰：『王著殺之誠是也』！命發塚剖棺戮屍，縱犬食其肉，尋令中書省悉罷黜其黨與，凡汰其官省部者七百十四人，罷其濫設官府二百餘所。時呼必賚在位之二十三年也（即至元十七年，民國紀元前六百三十年）。

(二)盧世榮之禍　盧世榮，大名人。阿哈瑪特專政，世榮以賄進爲江西榷茶運使，後以罪廢。阿哈瑪特死，廷臣諱言財利事，皆無以副呼必賚心；有僧格者，薦世榮有才術，謂能救鈔法，增課額，上可裕國，下不損民。召問稱旨，乃以爲右丞，使整理鈔法；世榮言天下歲課鈔九十萬餘，以臣經畫之，不取於民，可增三百萬！呼必賚信其說，立「規措所」以規措錢穀，所司書吏皆以善賈爲之；又奏立眞定等路宣慰司，兼都轉運司，領課程事。時呼必賚在位之二十六年也（即至元二十二年，民國紀元前六百二十七年）。世榮既用事，恃委任之專，肆無所忌，視丞相猶虛位。監察御史陳天祥上疏言：『世榮始言能令鈔法如舊，鈔今愈虛；始言能令百物自賤，物今愈貴；始言不取於民，能令課程增三百萬錠，今乃迫脅諸路官司，虛增其數：凡若所爲，動爲民擾』！疏聞，詔丞相以下雜問其罪，呼必賚復召天祥與世榮親鞫之，一一款服；乃詔誅世榮，封其肉以食禽獺。

(三)僧格之禍　僧格者，番師弟子，能通諸國語言，故嘗爲西番譯史；爲人狡黠豪橫，好言財利事，呼必賚喜之！嘗奏立「徵理司」，鉤考百司倉庫財穀；不足，復遣使理算江淮江西福建四川甘肅安西六省耗失之數，給兵以衞其行；於是江南羣盜大起，多至四百餘處，而呼必賚不悟；諛佞之徒，方且諷請立石爲僧格頌德碑，成，樹中書省前，題曰『王公輔政之碑』。時呼必賚在位之二十九年也（卽至元二十五年，民國紀元前六百二十四年）。翌二年，地震，呼必賚召集賢翰林兩院官詢致災之由，議者畏僧格，莫敢指切時政。時僧格遣人理算國內錢穀，已徵者數百萬，未徵者尙數千萬，民不聊生，自殺者相屬，逃山林者則發兵捕之，於是集賢直學士趙孟頫請下詔蠲除，民賴蘇息；孟頫又諷奉御徹哩克密陳僧格之罪，呼必賚初猶不信，會廷臣言者益衆，遂詔臺省相與辨駁之，僧格詞屈：詔罷僧格官，命徹哩克率衛士三百人，籍其家，得珍寶如內藏之半！始罷徵理司，並各路鉤考，人民相慶，踣僧格輔政碑，下其人於獄而旋誅之。

自僧格伏誅，敝政釐革，江南羣亂亦漸次底定；於是詔江南避亂者，令復業：中國之民，漸有生機之可俟矣！然猶有未愜民意者，則西僧嘉木揚喇勒智旣逮入獄，而又釋之也。浙江爲東南都會所在地，宋季人文甚盛，紹興者，又南宋諸陵之所萃：嘉木揚喇勒智利宋殯宮金玉，發諸陵在紹興者及大臣塚墓凡一百一所；又欲裒諸陵骨雜牛馬枯骸爲鎭南浮屠；會稽人唐珏哀之，乃貨家具行貸得百金，爲酒食，陰召諸惡少與謀，易以他骨，造石函凡六，刻紀年一字爲號，自思陵以下，隨號收殯，葬之蘭亭山（浙江紹興縣西南），後又移宋故宮冬青樹植其上以爲識，而嘉木揚喇勒智固未知也。鎭南塔成，杭州人悲感不忍仰視，而西僧之所行且益橫厲！請凡宋之宮殿廡廟，悉毀爲寺，詔從其奏；復欲取宋高宗構所書九經石刻，爲浮屠基，杭州府推官申屠致遠力拒止之，始免。江南距燕路遠，西僧在東南所爲，呼必賚或知或否，以故嘉木揚喇勒智得私庇平民之不輸賦者，達二萬三千戶，田土稱是，及受美女寶物之獻，藏匿未露者尤多至呼必賚在位之三十二年（卽至元二十八年，民國紀元前六百二十一年），始以侵盜官物被問下獄，籍其妻孥田畝官省諸臣皆言宜誅之以謝天下，呼必賚不許，命釋之，給還其所籍：或謂嘉木揚喇勒智之發陵，亦呼必賚之所縱，故其暴橫狠藉，達於極端，而罪終不及云。

元統一以來三十年間盛勢之二（東南海之征伐及藩禍之克平）（民國紀元前六百三十三年至六百零五年）

呼必賚既滅宋有中國，其時西域多已奠定，於是又有東南海上之兵。今類別言之如次：

（一）東海之役　元之初起，東滅女眞，其壤地與高麗相接：其初高麗見元之強，稱臣入貢，然和好不恆，太宗諤格德依討定其地，而以達魯噶齊治之；未幾，高麗又殺達魯噶齊，元師又征定之，其後累世用兵，而不能必其久附。至呼必賚在位，高麗內訌起，其主王禃爲權臣林衍所廢，元師討衍，定其罪，復王禃之位；禃者，彼中所謚爲元宗者也。禃爲王建之後，建開國當五代時，其後裔事遼或金不常；至禃既爲元下，慈悲嶺（朝鮮平安道平壤府東）以西地遂爲元有。高麗乃俯首事元，其王有尙元室之公主者。林衍謀亂失敗，其黨多走入耽羅（朝鮮濟州島）；耽羅爲高麗南方之屬國，呼必賚遣水師平之，衍黨悉定，以其地還高麗。

元於高麗制馭得其宜，不獨爲之東藩，且從而爲用師日本之嚮導；顧日本於元，遠非高麗之比：元與日本雖通問，未能如高麗之征而下之也。呼必賚初使高麗遣使往其國，而日本不納；前後使秘書監趙良弼禮部侍郎杜世忠往，均不得要領，而世忠且爲日本所殺。鳳州經略使錫都雖以師往伐，亦不能勝；至呼必賚在位之二十一年（卽至元十七年，民國紀元前六百三十二年），元再議大擧，乃命阿樓罕爲右丞相，與范文虎等諸人伐之，高麗之師亦會。明年，阿樓罕沒於軍，詔以安塔哈爲代，未至，文虎等已航海至平壺島（壹岐西南），不利，海風大作，戰艦多破沒，諸將擇其餘舟而遁，棄士卒十餘萬於海島；衆推張百戶者爲帥，方伐木作舟爲歸計，日兵大至，多被虜殺。元兵初出，合高麗之師計之，號十四萬，及歸，不過數千！最後于閶吳萬五莫靑自日本逃歸，述敗績事，元人始悉海東喪敗之由。呼必賚志在再擧圖報復，而終不果，日本倖而獲勝，得以無事。

（二）南海之役　占城者，當今之交趾支那。初震於元之用師南方，附元內屬，呼必賚遣索多就其國立省撫治之；占城王子曰補的弗服，執元使，於是元使索多將兵擊之。時呼必賚在位之二十三年也（卽至元十九年，民國紀元前六百三十年）。明年，索多破占城，謀深入，旋爲占城兵所扼，不能勝。又明年，爲呼必賚在位之二十五年（卽至元二十一年，民國紀元前六百二十八年），詔封皇子托歡爲鎭南王，與左丞李恆往會索多兵擊之；復以安南通謀占城，令軍行假道於其國，且徵其糧餉以給軍，安南王陳日烜不從，遣兵分道拒守境上，於是元廷又有征討安南之兵。

安南陳氏代李氏有國，至日烜，勢漸強。托歡之伐安南也，初與日烜交戰，大勝，日烜敗遁，其弟益稷率其屬來降；托歡聚諸將議交人拒敵，雖數散敗，然增兵強盛，元軍疾疫死傷亦衆，占城竟不可達，乃謀引兵還。交兵追襲之，李恆中毒矢沒於途，索多軍與托歡相去二百餘里，托歡軍還，索多猶未知之，亟趨其營，交兵邀於乾滿江（富良江別流本安南交州府界），力戰死。時呼必賚在位之二十七年也（卽至元二十二年，民國紀元前六百二十六年）。明年，復詔托歡督參知政事樊楫等兵入安南，水陸並進，凡十七戰皆捷，遂深入其境，安南王日烜棄城入海。又明年，托歡師還，日烜入國，復集散兵三十萬守東關（安南國治北），遏元師歸路，樊楫等戰死，托歡由間道趨歸，餘軍悉北還。日烜自知勢不能敵元，尋遣使入朝，貢金人以代己罪，自是安南遂臣附於元。呼必賚以托歡無功而還，令出鎮揚州，終身不許入覲。

元於占城安南，實皆不能謂之勝利；惟於緬甸諸蠻，則略見成功。初，大理雲南諸部爲元攻下，元之邊境直與緬甸接；呼必賚雖遣使招諭，緬酋不從。雲南省臣請卽用兵，呼必賚不許；已而都元帥納喇蘇爾丹率兵入緬界，稍稍招降其衆，以天熱班師，旋上疏言緬可擊狀，呼必賚在位之二十三年（卽至元十九年，民國紀元前六百三十年），乃遣諸王桑阿克達爾督諸軍討之。明年，元兵攻緬江頭城（緬甸國北），破之，遣使招諭其酋，仍不應，以建都太公城（江頭城南），乃其巢穴，復進軍拔之。緬地多下，然猶未全服也；至呼必賚在位之二十八年（卽至元二十四年，民國紀元前六百二十五年），緬始悉平，乃定歲貢方物。

初，金齒（蠻俗以金塗其齒者曰金齒蠻，今雲南保山縣）諸蠻，僻在西南，聞元威之盛，久思內附，因制於緬，故不能達元軍既拔緬江頭太公二城，金齒諸蠻始附。又西南諸蠻中有所謂八百媳婦者（今老撾）其勢頗強，呼必賚末年雖出師征之而未能定也。呼必賚在位三十五年沒，皇孫特穆爾立，是爲成宗。緬國有內亂，乞元援師，而緬之亂人，時方倚八百媳婦爲援，聲威相聯絡，元乃遣雲南行省左丞劉深等將兵擊八百媳婦。深等取道順元（貴州貴筑縣），遠冒烟瘴，未戰，士卒死者已什七八；沿途轉輸困頓，天時地利兩不便，兵役死者又數十萬。有蠻酋宋隆濟者，乘機爲變，與苗獠諸部合進攻貴州，深幾不免；詔劉國傑率師進討，未至，深因糧盡道梗不通，遂引師返，復爲隆濟所乘，輜重委棄，士卒殺傷殆盡，於是西南金齒諸蠻全叛，元遣陝西行省平章政事伊遜岱爾會國傑兵往平。時國傑方討順元蠻，不及來會；伊遜岱爾等率師分道並進，遂定諸蠻。時成宗特穆爾在位之八年也（即大德六年，民國紀元前六百一十年）。明年，劉國傑勝宋隆濟於墨特川（貴州貴筑縣西北），禽斬之，餘黨俱平。元以劉深喪師辱國，乃詔斬深；而八百媳婦仍未能悉定，故歷時未幾，而亂事復作，元廷出師征之，卒以敗還。

元史稱海外諸番，惟馬八兒（今南印度麻打拉薩之屬部馬拉巴爾）與俱藍足以綱領諸國；而俱藍又爲馬八兒後障，比餘國最大。初元遣索多招諭諸番，占城馬八兒俱奉表稱藩，惟俱藍諸國未下；未幾，俱藍亦願內附，元廷再遣使或由馬八兒以達俱藍，其酋拜受詔，遣臣入貢。蘇木都剌（今蘇門答剌）諸國聞之，亦因之乞降，使還，復說下數小國；至呼必賚在位之二十七年（民國紀元見上），來朝之國凡十，元威且伸於印度矣。

爪哇爲古之闍婆，元初雖遣使通好，後其酋黥元使面放之還，呼必賚大怒，乃以伊克穆蘇史弼高興並爲福建行省平章政事將兵三萬擊爪哇；其酋爲鄰境葛郎國所攻殺，其壻士罕必闍耶迎史弼等求救，弼等幷取葛郎。時呼必賚在位之三十三年也（民國紀元見上）。已而士罕必闍耶復叛，弼等力戰卻之，死者三千餘人，有司計其亡失貨貝爲數甚巨；詔弼與伊克穆蘇沒家貲三之一，唯興得免。

瑠求在南海之東，呼必賚既經營海外諸番，並謀取瑠求。有海船副萬戶楊祥者，請以六千軍往降之，不聽命則遂伐之，元廷從其請，繼有福建書生吳志斗者上言宜先往相水勢地利，然後興兵；乃命祥等與志斗往使瑠求，時呼必賚在位之三十二年也（卽至元二十八年，民國紀元前六百二十一年）。明年，祥等不至而返，志斗沒於行，招諭之志不達；至成宗特穆爾在位，福建省平章政事高興言：『今立省泉州，距瑠求爲近，可伺其消息，或宜招宜伐，不必他調兵力』。興請就近試之，已而福建師往禽瑠求生口一百三十餘人，其酋終不至。

元之經略南海，不憚道遠，力求見功如此。惟暹與緬鄰，當呼必賚時，雖內附而猶未進表；成宗特穆爾初立，暹進金字表，欲元廷遣使至其國，比其表至，已先遣使，蓋彼未之知也。暹使旣至，元急追元使偕行；以暹人與麻里予兒（當是暹之鄰部）舊相仇殺，至是皆歸順，有詔諭暹人勿傷麻里予兒，以踐爾言；於是暹人遂通奸，臣服於元。

以上皆爲元初用兵東南之慨情。大抵元嘗滅宋以前，用師遠域，率多勝算；滅宋以後，中國雖一統，要其勞師遠地，則致勝常難：觀夫元兵之侵略東南，往往蒙其不利，此已事之最爲顯暴者也。不但此也，元代封國偏西北，滅宋以後，宗藩之禍迭發，而海都之變尤爲永久，終呼必賚之世，且不能定，則其強可知。自中世以來，封建之局已歸衰廢，元世行之漠外，未久而亂端卽起，以元之力卒不克剗平之，何哉？地廣則策應爲難，種大則強宗自盛，僅憑兵戈，豈足以澹其禍？西北之局所以終無由定也。今先就元代封建之由來述之，而後及夫海都諸人之事。

元自特穆津以來，用兵之久，亘七十年，土宇之大，爲古今所未有；西北一帶，疆里尤宏，其人口較密，道里四通之處，大抵原爲西北諸國之所治。凡此諸國，雖爲元下，而其餘種仍有留遺於境內者，僅設官以治之，不足以資控御也。當特穆津朝，元之土宇已有今內外蒙古、滿洲、中國北部、新疆、東亞細亞北部中部、巴達克山、阿富汗、波斯東境與高加索山南一帶之地矣；至諤格德依朝，中部餘國與歐洲東北之境又爲元屬；至莽賚扣朝，中國西南部、西藏、安南、波斯西境、東土耳基與印度西北部又爲元屬；至呼必賚朝，中國南部又盡爲所屬矣。是故當呼必賚時，元之轄境，舍北亞南亞兩小部及日本外，固已橫絕亞洲大陸而跨有歐洲，而其時宗室諸王於此大帝國中均有分地，或大或小，封域不同；而其大者則或爲元患。魏源所謂：「元之封藩，中外一家，轅轢曠古，而釁起蕭牆，世爲敵國，與元代相終始，無宗子維城之固」者也！其國之尤大者凡四，今表列於下：

國名	始封	轄境	都城	今地	地望	滅亡
伊兒汗	圖類子轄魯子孫王之	東踰阿母河北極三海間地西抵西里亞阿刺伯南盡波斯灣	瑪拉固阿	今波斯西北境	察罕台汗國之西	後爲蒙古疏族阿迷爾特穆爾所併
奇卜察克	卓齊特次子巴圖子孫王之	東抵吉里吉斯荒原西至歐洲匈加利國南盡高加索山北負吵拉海	薩萊	今窩瓦河左岸	諤格德依汗國之西	後爲巴圖兄斡魯朵之後裔所併
察罕台	特穆津次子察罕台子孫王之	東接阿爾泰山西接西爾河	阿力麻里	今阿爾穆爾	伊兒汗國之東	後爲蒙古疏族阿迷爾特穆爾所併
諤格德依	諤格德依子孫王之	阿爾泰山附近新疆舊塔爾巴哈台所轄境一帶	也迷里	今新疆額敉里河岸	奇卜察克汗國之東	後爲察罕台汗國所併

四汗國之最先叛動者，爲諤格德依國。先是元憲宗莽賚扣時，定諤格德依後王分地；諤格德依之孫有海都者，和碩之子也，莽賚扣遷之於海押立（巴勒喀什湖東南）。海都性梟雄，而好兵，士馬精健！自以太宗諤格德依嫡孫不得立，而莽賚扣以皇姪承大統，心不平！既聞遷地之令，內益不平，而莽賚扣奪諤格德依兵柄，志不得逞；及呼必賚立，益不平，阿里克布克之亂，海都陰助亂而事不成；及阿里克布克降，仍自擅於遠庭，屢使徵召，皆以道遠馬疲爲辭。呼必賚患其難制，亦事羈縻，而海都異圖不改，聯絡卓齊特之後人，其南境且與察罕台汗國所轄之境接；呼必賚謀有以制之，遣察罕台曾孫巴刺歸國，以控制海都。巴刺與海都戰於錫爾河，敗之；而卓齊特後王莽賚扣特穆爾出兵助海都，回攻而勝，巴刺謀再戰；會諤格德依後王有自海都處至者，爲二人和解，乃各罷兵：自此而奇卜察克察罕

台諤格德依三汗國相繫連，惟伊兒汗國不與。

阿巴哈者，轄魯之長子，王伊兒汗國，不附和海都；海都與巴剌合攻之，旋爲阿巴哈所敗。巴剌尋沒，繼之者二王皆旋殞；海都輔立巴剌子都幹，與之結，起而寇邊。呼必賚在位之十六年（即至元十二年，民國紀元前六百三十七年），海都與都幹以十二萬衆圍高昌王火州城（新疆哈密縣迤北），久始解；呼必賚命丞相安圖輔皇子諾摩罕備兵於阿爾穆爾，莽賚扣之子錫喇勒濟及其他諸王均從行。越二年，諸王謀奉錫喇勒濟起事，夜刧諾摩罕營，獲安圖，遣使通好於海都，海都勿納。諸王叛者相屬；呼必賚命丞相巴延擊之，錫喇勒濟走死，諸王之叛者羣走散，其後諾摩罕與安圖俱得生歸。

抑海都之叛元也，巢穴險遠，遁輒莫追，師還則復起；漠北民避難南走者七十餘萬，金山南北不奉正朔垂五十年，元之受敝，寧得謂小？而呼必賚當國終不能討平之，則海都之勢，由漸而熾，使之然也。呼必賚在位之二十八年（即至元二十四年，民國紀元前六百二十五年），海都又約宗王納延等叛遼東，而已出兵元西，成犄角之勢。呼必賚命巴延扼之和林，阻海都；而親征納延，敗而禽之。諸王哈丹等共從納延爲亂，納延禍定，呼必賚還京，乃留皇孫特穆爾於邊，使討哈丹等。

自納延之亂，海都頻寇邊；及遼東平，乃移皇孫特穆爾鎮金山。呼必賚在位之三十年（即至元二十六年，民國紀元前六百二十三年），海都兵至和林，宣慰使奇卜等叛應之，北鄙大震！呼必賚親行邊，海都雖退而後亂未止也。

閱三年，諸王穆爾特穆爾附海都以叛，詔巴延出討，大捷，穆爾特穆爾僅以身免；會有譖巴延久居北邊，與海都通好，因仍保守，無尺寸之獲者，乃詔皇孫特穆爾撫軍北邊，以太傅約蘇特穆爾輔行，召巴延居大同，以俟後命。巴延未去而海都又至，巴延故誘之深入，且戰且卻，凡七日；衆以爲怯，還軍擊之，海都遂脫去，巴延亦行。

是時海都雖未爲巴延所獲，然數挫於元將圖圖爾哈，勢力漸弱。呼必賚既沒，皇孫特穆爾嗣位，是爲成宗。圖圖爾哈之子綽和爾北征，踰金山，復屢破之，海都不得逞；時寧遠王庫克楚（呼必賚第八子）總兵北邊，怠守禦，特穆爾詔去職，命兄子海桑卽軍中代之，使專力防海都。至特穆爾在位之七年（卽大德五年，民國紀元前六百十一年），海都與都幹諸部復大舉入寇：海都踰金山而南，敗元師於合剌合塔（今哈喇阿吉爾嘎山），海桑力禦，僅足自保；惟都幹與綽和爾相持於兀兒禿（今阿勒台嶺），爲綽和爾所敗，遁去。

是役也，都幹敗而海都勝；海都歸未幾死，都幹立其子徹伯爾，與議降元：特穆爾在位之九年（卽大德七年，民國紀元前六百零九年），乃遣使乞降，元軍恐朝命往返稽時，乃白之於海桑，先報使而後奏聞，由是叛人先後來歸，諸部皆入朝。已而都幹與徹伯爾從子弟搆釁失歡，互用兵，海桑亦踰金山，受穆爾特穆爾諸王之降，復扼取海都之子徹伯爾兩部十餘萬口，北邊旋定，而都幹已沒，乃遣使安撫其子庫齊，盡徙降部游牧金山之陽，而大軍屯田金山之北，軍食日饒，遂成重戍；其餘諸部黨孤勢絀，亦相率內附，北地數千里始寧。

方都幹之沒，次子蛙伯殺宗王達里忽而自立，勢日強大，徹伯爾地蹙，又不爲察罕台國所容，遂入朝於元；於是謂格德依汗國領土悉折入察罕台而其國遂絕。

其後察罕台汗國又以數易國主之故，其勢寖衰，至於元末，遂爲阿穆爾特穆爾所併；伊兒汗國始頗強，後亦中衰，阿穆爾特穆爾遂併有其地。奇卜察克汗國以接近歐洲，故專務闢勢力於西隅，屢與歐陸諸國相交通，頗能輸入西方文化；自札尼別汗之後，國主又數更，內部渙散，卒爲巴圖兄斡魯朶之後裔所襲得，諸汗國皆不振。元初封國至其叔季，既不自保，而於中原廣土亦同時爲明室所得，強盛之大帝國，於以解紐：此則雖由蒙古治術之無良，而亦海都輩好操同室之戈有以釀之也！

元衰六十年間亂端之一（繼嗣之紛紜及權臣之迭出）（民國紀元前六百零五年至五百七十九年）

元之始興，其大汗皆爲偉器，戰勝攻取，無往勿利，部民雖衆，鮮有不服者；而其大汗之推眞，則由會議制度行之，此非漢人所能及也。由其國典言之：凡一大汗之立，必先經庫魯泰會議之推眞；庫魯泰會議者，蓋合諸宗王大將等人聯合爲一大會，開議於特穆津始興之地，而共推選賢王以爲蒙古之大汗者也。故自呼必賚以前，諸汗罔不英武，其克以肇邦基而奠有夏者，正非無故；呼必賚以後，中國一統，元治日弛，祖宗之制未克實行，故至成宗特穆爾之沒，而繼統之局，因是有事，內難之興，自茲不可已矣。

由父及子者，中國帝王傳系之常局，而元人則異是；蓋元之君統，祖孫、伯叔、兄弟、子姪之間，皆得承襲，不必定爲父子也：故一新主卽位時，或不能弭諸王之謗言，此在元初，已漸有其事；統一以後，則例證尤多。職是之故，國中之重臣或得起而持其短長甚或乘機以預政事因繼嗣之紛紜而權臣因之迭出！元內部之多難胥由是起：呼必賚初世，阿里克布克之變既幸而弭平至於成宗特穆爾之沒而阿呼岱之事以起。

特穆爾在位之十三年（即大德十一年民國紀元前六百零五年），疾沒，左丞相阿呼岱謀奉巴約特氏臨朝，以安西王阿南達（呼必賚次子莽噶拉木之子）攝政於大都；右丞相哈喇哈斯不欲，欲別立海桑。先是特穆爾以孫繼祖，恐諸王之不服，因出其兄達爾瑪巴拉之長子海桑使鎭漠北；已而巴約特氏出而秉政，復使海桑弟阿裕爾巴里巴特喇居懷州：故特穆爾之沒，巴約特氏不願再立海桑，謀以阿南達爲之代，獨哈喇哈斯不附。適海桑遣使計事京師，哈喇哈斯令急還報；不已，更令人迎阿裕爾巴里巴特喇於懷州。阿裕爾巴里巴特喇先至，哈喇哈斯密告曰：「海桑遠不能猝至，恐變生不測，當先事而發」。乃設法執阿南達，送之上都，收阿呼岱及其黨人，悉誅之；阿裕爾巴里巴特喇暫自監國，與哈喇哈斯居禁中，備邊，而遣使奉璽於海桑。

初，阿裕爾巴里巴特喇既平內難，海桑聞其母翁吉喇特妃有欲使之讓位之說，不悅！以兵進，而先遣使察變故；已而知翁吉喇特氏實無必使海桑讓位心，阿裕爾巴里巴特喇者且侍其母來會於上都，海桑大悅！遂卽位，是爲武宗。廢皇后巴約特氏殺之，並誅阿南達，而以弟阿裕爾巴里巴特喇爲太子。

武宗海桑卽位，任托克托諸人爲政，元治日衰；復置尙書省，以托克托爲左丞相，奇塔特伯奇爲右丞相，三布斡洛實爲平章政事，保巴爲右丞，蒙格特穆爾爲左丞，更新庶政，變易鈔法，民以爲病！尙書省之設，所以理財，元立此省，前後凡三，阿哈瑪特僧格托克托三人實相終始；元代用人，恆重勛舊，諸人皆新進，若與之同官，勢必出其下，不爲得意，故必別立尙書省，始可以奪中書省之權：權奪而諸勛舊束手，擁虛位，尙書省以理財爲之名，而攘奪其實，眞元室之弊政也！海桑在位之四年（卽至大四年民國紀元前六百零一年），疾沒，阿裕爾巴里巴特喇以托克托等變亂舊章，流毒百姓，乃收托克托三布斡洛實保巴誅之，流蒙格特穆爾於海南，罷尙書省，百司庶務咸歸中書，以特們德爾爲中書省右丞相。阿裕爾巴里巴特喇卽位，是爲仁宗。

阿裕爾巴里巴特喇既立，任特們德爾以政，於是特們德爾又專權；而有藉之以爲邀寵之地者，則建立皇子碩迪巴拉之請是也。先是海桑既立阿裕爾巴里巴特喇爲太子，三布斡復請於海桑，立皇子和錫拉，乃召剛哩克托都言之，托都曰：『太弟曩定宗社，久居東宮，兄弟叔姪，世世相承，孰敢紊其序』？三布斡曰：『今日兄已授弟，異日能保叔授其姪乎』？托都曰：『在我不可渝，彼失其信，天實鑒之』！及阿裕爾巴里巴特喇在位，稍久，議立太子，特們德爾謀乘之邀寵，請立皇子碩迪巴拉；又與太后翁吉喇特氏之幸臣錫哩瑪勒譖和錫拉於兩宮，詔封和錫拉爲周王，出鎭雲南。時阿裕爾巴里巴特喇在位之四年也（卽延祐二年民國紀元前五百九十七年）。明年，和錫拉西走至金山西北，附諸王察罕台等部居之，終不至雲南；碩迪巴拉遂立爲皇太子，特們德爾以建儲功，益專權用事。

特們德爾又以得幸於太后，故屢罷屢起，恃勢貪虐，凶穢滋甚，中外切齒，羣臣不知所爲；平章政事蕭拜住稍牽制之，中丞楊多爾濟慨然以以糾正其罪爲己任。上都富民張弼殺人繫獄，特們德爾使家奴脅留守賀勝使出之，勝不可；多爾濟廉得特們德爾受賄路鉅萬，家奴猶數千；乃與拜住及勝奏之，而內外御史凡四十餘人，共劾其罪，謂在僧格阿哈瑪特之上。奏聞，阿裕爾巴里巴特喇震怒！特們德爾懼，逃匿太后宮，乃先誅其同惡；太后庇之，特們德爾終不出。多爾濟持之益急，太后召多爾濟責其多言！於是詔罷特們德爾相位，所以終不治其罪者，懼傷太后之意也。特們德爾家居未逾年，復夤緣為太子太師，御史中丞趙世延論其不法數十事，並內外臺劾其不可輔導東宮者又四十餘人；然終以太后寵任之故，皆不見聽，而特們德爾勢益熾。

阿裕爾巴里巴特喇在位之九年（卽延祐七年，民國紀元前五百九十三年），疾沒，方四日，特們德爾遂以太后命，復入中書省為右丞相，殺蕭拜住及楊多爾濟，以快私仇；太子碩迪巴拉卽位，是為英宗，加特們德爾為太師。趙世延者，曾劾特們德爾，特們德爾又借事下世延於獄；幸其忠謹，素為碩迪巴拉所知，故得免於禍。特們德爾既多報宿怨，心猶未足，復構釁人之骨肉，己從而竊其利：海桑子圖卜特穆爾遂被遷於瓊州。碩迪巴拉漸悟其奸，滋不悅其所為，乃任拜住委以心腹；由是特們德爾漸見疏外，尋免職，怏怏死於家！終籍其產，追奪其官爵。

御史大夫特克錫者，特們德爾黨也；時拜住當政，特克錫等多不便。碩迪巴拉在位之三年（卽至治三年，民國紀元前五百八十九年），自上都南還，駐蹕南坡，特克錫與其黨合謀害之；知樞密事額森特穆爾，諸王阿爾台布哈，皆與其事。

呼必賚太子精吉木早死，精吉木子曰噶瑪拉，噶瑪拉子曰伊遜特穆爾，襲晉王封，鎮北邊，領四大鄂爾多之地；

至是諸王阿爾台布哈等迎之卽位，是爲泰定帝。伊遜特穆爾先誅額森特穆爾及其黨，旣至京師，又誅特克錫，詔䆒薦彝佳楊多爾濟竄流阿爾台布哈於海南，其坐特克錫逆謀之諸王，同時皆遠竄；又移圖卜特穆爾居建康，旣又徙江陵：及其身沒，於是遂有雅克特穆爾之變。

特們德爾之患平，朝端漸定，未幾而又有道拉錫之專權；顧其行事，尙非如特們德爾之肆也。伊遜特穆爾在位之五年（卽致和元年民國紀元前五百八十四年），疾沒，道拉錫時居相位，專柄自用，踰月不立君，朝野恐懼；於是簽書樞密院事雅克特穆爾等合謀，執平章政事額卜德呼勒等，而遣人迎圖卜特穆爾於江陵，於是君位承襲之間，大起紛爭，較先朝之奪嗣爲尤烈。

先是伊遜特穆爾沒於上都，道拉錫等知大都有雅克特穆爾之變，乃奉皇太子阿蘇奇布卽位，遣梁王旺辰等分道討雅克特穆爾，不勝，而諸王應之起者：潼關則有靖安王庫庫布哈之兵，通州則有諸王額森特穆爾之兵，紫荊關則有諸王呼喇台之兵。已而呼喇台及額森特穆爾之兵皆敗退，惟庫庫布哈勢獨強，河南兵禦之者，皆敗，後因圖卜特穆爾之招諭，始得無事。

圖卜特穆爾之入京師也，雅克特穆爾以爲擾攘之際，不稱大號，不足以係天下之志；圖卜特穆爾以周王和錫拉在漠北，故虛位俟之，雅克特穆爾不可，圖卜特穆爾遂暫襲帝位，詔天下曰：「謹俟大兄之至，以遂朕固讓之心」。封雅克特穆爾爲太平王，以旌其功。其時朝使之出迎和錫拉者尙未發，而梁王旺辰之兵連敗，圖卜特穆爾之師遂陷上都，阿蘇奇布不知所終；遂以師送道拉錫於大都，梁王旺辰尋亦被執。圖卜特地爾遂殺旺辰及道拉錫，又復欲盡戮朝臣之在上都者；平章政事敬儼抗論謂『是皆常歲從行之人，殺之非罪』！衆賴以免。

圖卜特穆爾雖在位，屢遣使迎和錫拉；於是和錫拉遂卽位於和寧之北，是爲明宗，遣使立圖卜特穆爾爲太子，時猶未至京師也。圖卜特穆爾遣雅克特穆爾奉皇帝寶迓和錫拉，而已亦出迎；及與和錫拉會，和錫拉遂暴沒於途次！於是圖卜特穆爾復襲位於上都，是爲文宗。

圖卜特穆爾旣正位，詔立和錫拉子額琳沁巴勒爲鄜王，稍慰籍之；而和錫拉之后必巴什則旋爲皇后翁吉喇特氏所謀害。時雅克特穆爾當國，獨專政，知樞密院桂徹伯及托克托穆爾十二人謀誅之，爲雅克特穆爾所知，俱被殺，雅克特穆爾勢益橫！圖卜特穆爾在位之五年（卽至順三年，民國紀元前五百八十年）疾沒，遺詔傳位和錫拉之子；雅克特穆爾請皇后立皇子雅克特古斯，后不從，命立鄜王額琳沁巴勒以承大統，是爲寧宗，尊皇后翁吉喇特氏爲皇太后。時額琳沁巴勒年幼，中書百司政務，咸啓皇太后取進止；額琳沁巴勒在位四十三日而沒，皇太后臨朝，雅克特穆爾復請立雅克特古斯，皇太后曰：『天位至重，吾兒方幼沖，豈能任耶？明宗子托歡特穆爾出居廣西，今年十三矣，可嗣大統』。於是奉太后命召還京師，至良鄉（河北良鄉縣），具鹵簿迎之；雅克特穆爾與之並馬行，於馬上舉鞭指畫，告以國家多難，遣使奉迎之故，而托歡特穆爾卒無一語酬之；雅克特穆爾疑其意不可測，且和錫拉之沒，實與逆謀，恐卽位之後追舉前事，故宿留數月，而心志日以瞀亂。先是雅克特穆爾秉大權以來，挾震主之威，肆意無忌，一宴或宰十三馬，取泰定帝后爲夫人，前後尙宗室之女四十人，或有交禮三日遽遣歸者；一日宴趙世延家，男女列座，名「鴛鴦會」，見座隅一婦色甚麗，問曰：『此爲誰』？欲與俱歸，左右曰：『此太師家人也』。至是荒淫日甚，體羸溺血而死。雅克特穆爾既死，托歡特穆爾始卽位，是爲順帝。

元自呼必賚以來，若阿哈瑪特，若托克托，雖專權尙未至於極也；至特們德爾、雅克特穆爾繼起，攬政用事，權傾人主，則其勢尤橫，然猶未已也；迨托歡特穆爾在位，巴延用事，元之去於亡也眞不遠矣！請繼此述托歡特穆爾以後之事：

元衰六十年間亂端之二（末途之失政及中夏之淪胥）（民國紀元前五百七十九年至五百四十四年）

元末以來，野史流傳，有謂托歡特穆爾乃宋瀛國公之子者；其說諸家互異，莫得折衷，而正史不載，則或者出於後人之附會，未可知也。托歡特穆爾既立，立皇后巴約特氏（雅克特穆爾之女）；而以巴延爲太師、右丞相，薩敦爲太傅、左丞相。薩敦旋死，巴延獨專政。騰吉斯者，巴約特后之兄，心不平，乃曰：『天下本我家天下，巴延何人，而位居吾上』？遂與叔父句容郡王達哩潛蓄異心，謀立諸王鴻和特穆爾；事洩，騰吉斯與達哩先後伏誅，鴻和特穆爾自殺。騰吉斯弟塔喇海走匿皇后所，卒被斬；巴延奏并執后出宮，酖殺之於開平民舍，托歡特穆爾不能問，自是巴延權益專。

巴延既誅騰吉斯兄弟，獨秉國鈞，愈專恣，詔以巴延爲大丞相，加「元德上輔功臣」之號；巴延猶不足，漸有異謀，托歡特穆爾患之，顧未能去也。巴延故以姪托克托宿衞，偵其主起居；懼物議，乃以知樞密院旺嘉努，翰林承旨錫哩巴勒同侍禁近，實屬意托克托：故托克托政令日修，而衞士拱聽約束。巴延自領諸衞精兵，以揚珠布哈爲屏蔽，導從之盛，塡溢街衢，而帝儀衞反落落如晨星！勢燄薰灼，國人但知有巴延而已。托克托深憂之，與其父若師謀，一日見托歡特穆爾，乘間自陳忘家殉國之意；托歡特穆爾初頗疑之，後乃悉其隱情，遂與托克托謀，決意除巴延：漸爲巴延所知，巴延益增兵自衞。托歡特穆爾在位之八年（卽至正六年，民國紀元前五百七十二年），巴延自領兵衞，請車駕出田；托克托請稱疾不往，悉拘京城門鑰，使人守之，奉托歡特穆爾居至德殿，草詔數巴延罪狀，出爲河南行省左丞相。巴延奏乞陛辭，不許；遂行；尋有旨以巴延罪重罰輕，安置陽春（今廣東陽春縣），行次江西而死。托克托以大義滅親，深爲托歡特穆爾所賴，進位右丞相，勛益高！遼金宋三史皆成於其手。

托克托者，雖不愧元廷之賢相，而其後則爲哈瑪爾所殺；蓋元之相臣，多不良，巴延以後，托克托雖當國，元室仍未能遽理，而哈瑪爾之奸惡，則又前世所未聞也。哈瑪爾與其弟蘇蘇早備宿衞，托歡特穆爾深眷寵之，而哈瑪爾有口才，尤爲托歡特穆爾所褻幸，自藩王戚里皆遺賂之；其後托克托爲丞相，弟額森特穆爾爲御史大夫，哈瑪爾日趨附其兄弟之門。會托克托去相位，而博爾克布哈爲相，以宿怨每欲中傷之，賴哈瑪爾營護得免；及托克托復相，博爾克布哈得罪去，哈瑪爾復見用，托克托兄弟尤德之，進位右丞：而哈瑪爾尋以他事頗怨托克托，謀所以去之而猶未決也。初，哈瑪爾嘗陰進西天僧運氣術媚托歡特穆爾，托歡特穆爾習之，號延徹兒法，「延徹兒」，華言大快樂也；哈瑪爾之妹壻集賢學士圖魯特穆爾故有寵於托歡特穆爾，亦言聽計從，又進西番僧結淋沁善祕密，托歡特穆爾亦習之：乃詔以西天僧爲司徒，西番僧爲大元國師，其徒皆取良家女，或三人或四人，奉之，謂之「供養」。於是托歡特穆爾日從事於其法，廣取婦女，惟淫戲是樂；又選宮女爲十六天魔舞。巴朗者，托歡特穆爾諸弟，與圖嚕特穆爾等十人，俱號「伊納克」，皆在托歡特穆爾前，相與褻狎，號所處室曰「濟齊烏格依」，猶言事事無礙也；君臣宣淫，而羣僧出入禁中，無所禁止，惡聲醜行，著聞於外，雖市井之人亦惡聞之！托歡特穆爾尤荒侈，於內苑製龍舟，造宮漏，不喜問政治。時國內已亂，東南起義者日衆；張士誠者，據高郵，勢甚強，托克托征之，頗有功，而哈瑪爾在內力劾托克托出師三月，略無寸功，傾國家之財爲己用，半朝廷之官以自隨，其弟額森特穆爾庸鄙貪淫，玷汚清臺！章三上，詔削托克托官爵，淮安安置；額森特穆爾，寧夏安置。時托歡特穆爾在位之二十二年也（卽至正十四年，民國紀元前五百五十八年）。明年，托克托竄雲南，額森特穆爾竄四川，家產籍入官；乃以哈瑪爾爲左丞相，蘇蘇爲御史大夫，國家大柄盡歸其兄弟，元政益衰。

哈瑪爾既去托克托，猶不足，復矯詔殺之；又自顧己居相位，恥前進西僧事，與其父圖嚕謀，謀去圖嚕特穆爾以示國人，且曰：『上日昏暗，何以治天下？皇太子年長聰明，不若立爲帝，而奉上爲太上皇』。其妹聞之，歸語其夫圖嚕特穆爾，圖嚕特穆爾懼，乃乘間入告；於是托歡特穆爾與圖嚕特穆爾謀去哈瑪爾及蘇蘇，計已定；御史大夫綽斯戩因劾奏二人罪，詔置哈瑪爾惠州，蘇蘇肇州，比行，皆杖死。哈瑪爾前既譖害托克托兄弟，爲中外所共疾，及是以不軌誅，人咸稱快！時托歡特穆爾在位之二十四年也（卽至正十六年，民國紀元前五百五十六年）。哈瑪爾兄弟死，元宰已亂；歷時未久，而綽斯戩復繼之用事，元以終亡。

元室之亡，其原因不一，而將相之不和，則其原因之最著者也。自哈瑪爾得罪，綽斯戩旋繼之爲相，專政權。是時元室多故，積日而甚，外則軍旅繁興，疆宇漸蹙；內則帑藏空虛，國用不給：而托歡特穆爾方溺於娛樂，不恤政務，綽斯戩居相位久，無所匡救，而又公受賄賂，貪聲著聞，物議沸然！綽斯戩罷而復起，益無忌；而托歡特穆爾又益厭政，宦者資政院使布木布哈乘間用事，爲奸邪，綽斯戩因與結納，相表裏，四方警報及將相功皆匿不上聞。元將博囉特穆爾，庫庫特穆爾，各擁強兵於外，以權勢相軋，成爲釁隙；綽斯戩與布木布哈黨於庫庫特穆爾，而誣博囉特穆爾以非罪：於是元室將相之不和，至於極端，而綽斯戩又因此不能自保矣！

初，元室亂起，其將察罕特穆爾知兵善戰，中原之地漸定，惟東南俶擾如故；山西晉冀一帶，皆察罕特穆爾所平，而博囉特穆爾兵駐大同，因欲幷據晉冀，兩人遂相仇隙：詔命博囉特穆爾守石嶺關以北，察罕特穆爾守關以南，兩人仍相爭，朝使遣使解之，無效；詔各罷兵還鎮，而爭端漸弛。未幾，察罕特穆爾用師山東，爲田豐所害，詔以其子庫庫特穆爾代父總兵柄；庫庫特穆爾力戰勝豐，執之，山東悉定，引兵還河南：旋又與博囉特穆爾爭兵於陝西，兩家之仇不解，元不能問也。時布木布哈與綽斯戩相結，附於太子阿裕錫哩達喇，益行不法，朝臣如圖沁特穆爾輩與之異，或不免，乃奔博囉克穆爾軍中；博囉特穆爾左祖之，以是與太子及綽斯戩諸人相惡。太子譖於父前，尋下詔削博囉特穆爾官職，而奪其兵；博囉特穆爾拒命，遂詔庫庫特穆爾以兵往討：博囉特穆爾知詔命調遣，皆由綽斯戩所爲，非出帝意，遂命圖沁特穆爾舉兵向闕，入居庸關，京師大震，太子出走。圖沁特穆爾兵偪京師，元廷遣師問故，以必得綽斯戩布木布哈爲詞，詔旨慰解，不聽，乃執二人畀之，皆爲所殺；遂復博囉特穆爾官爵，加太保，仍命守禦大同，圖沁特穆爾始罷兵，還大同。

太子之出也，托歡特穆爾尋追其還，比至京，恚怒不已，遂命庫庫特穆爾調兵分道討博囉特穆爾；於是博囉特穆爾留兵守大同，而自率兵與圖沁特穆爾等大舉向闕，前鋒入居庸關，太子禦之，不勝，再出走，博囉特穆爾遂入京師，居相位，以圖沁特穆爾爲御史大夫。羅達錫者，始以不得於太子，與圖沁同奔博囉特穆爾；及是亦爲平章政事，其部屬皆布列省臺百司：於是博囉特穆爾又專國內外大政，皆出其手，托歡特穆爾既不能討，且凡事任之。博囉特穆爾雖曾誅狎臣，罷造作，汰宦官，省錢糧，禁西番僧人佛事；然專恣橫肆之態亦彌張，元室之亡於是決矣！

博囉特穆爾既當國，太子奔冀寧，就庫庫特穆爾，常謀靖內難；博囉特穆爾屢遣使請太子還朝，使至太原，輒拘留不報；庫庫特穆爾又以師克大同，博囉特穆爾勢寖衰。其明年，爲托歡特穆爾在位之三十三年（卽至正二十五年，民國紀元前五百四十七年），太子乃承制，大發諸路兵，分程而進，太子率庫庫特穆爾由中道向京師。博囉特穆爾怒，出皇后奇氏於外，幽置百日，遣圖沁特穆爾討上都之附太子者；調丞相伊蘇兵於外，使禦太子軍。伊蘇次良鄉，不進，而歸永平；遣人西連庫庫特穆爾，東連遼陽諸王，軍聲大振。博囉特穆爾遣將出戰，大敗，自出禦之，又不能克，乃日與羅達錫等飲宴，荒淫無度，又酗酒殺人，喜怒不測！宗王華善等怒其無君，與羣勇士結，乘其入朝，刺殺之。羅達錫出走亦被誅；圖沁特穆爾攻上都，始頗勝利，及聞內變，急引兵他走，亦被誅；詔民間盡殺其部黨，而令太子還朝，諸道兵聞之，皆罷。

乃博囉特穆爾之變方終，而庫庫特穆爾之難又起：東南之憂亟，而內難又如是其紛興，雖欲無亡，豈可得也？初，太子阿裕錫哩達喇既歸，以庫庫特穆爾爲左丞相，進封河南王，總制關陝晉冀山東諸道軍馬，凡黜陟予奪，悉聽便宜而行；於是庫庫特穆爾又專權，檄諸將會師大舉。李思齊者，故與察罕特穆爾同起義兵，位齒略相等，因會兵關中，與張良弼等合拒庫庫特穆爾；庫庫特穆爾乃不復事江淮，專力西征。詔使引軍東，庫庫特穆爾不聽，廷臣譁言其跋扈無狀，托歡特穆爾亦心忌之：乃詔太子統制天下軍馬，置大撫軍院，專備庫庫特穆爾；尋詔罷庫庫特穆爾官爵，其軍命諸將分統之，庫庫特穆爾不得已，退軍澤州。其明年，爲托歡特穆爾在位之三十六年（卽至正二十八年，明太祖朱元璋洪武元年，民國紀元前五百四十四年），元廷知其勢孤，謀卽禽之；庫庫特穆爾怒，據太原，盡殺元廷所置官吏：乃詔削其官爵，令諸將四面攻討，不勝，元將關保摩該均被殺！托歡特穆爾大恐，乃下詔歸罪於太子，罷大撫軍院，復庫庫特穆爾官爵，命率師會諸將復河洛。時明兵已偪，托歡特穆爾遣師出戰，迭敗，詔淮王特穆爾布哈監國，自率太子後宮北走上都；及明將徐達入大都，監國死於難，元亡。又二年，托歡特穆爾歿於應昌（熱河省克西克騰旂西）。元自太祖特穆津至順帝托歡特穆爾，計傳十四主，歷一百四十五年；自世祖呼必賚統一中國之年起算，至托歡特穆爾北去，君臨漢土者，凡八十九年。其世次如下表：

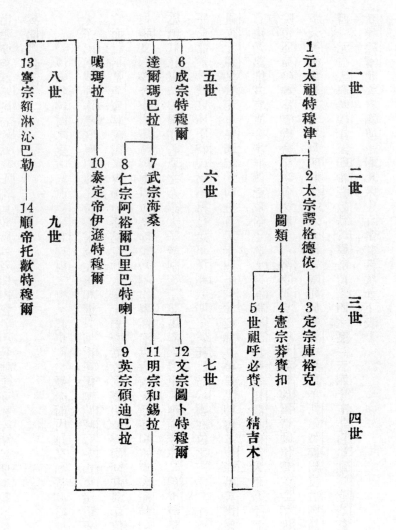

一世　二世　三世　四世

1元太祖特穆津

2太宗諤格德依——3定宗庫裕克

圖類——4憲宗莽賚扣

5世祖呼必賚——精吉木

五世　六世　七世

6成宗特穆爾

達爾瑪巴拉

7武宗海桑

11明宗和錫拉

12文宗圖卜特穆爾

8仁宗阿裕爾巴里巴特喇——9英宗碩迪巴拉

噶瑪拉——10泰定帝伊遜特穆爾

八世　九世

13寧宗額淋沁巴勒——14順帝托歡特穆爾

第二章　明上（民國紀元前五百六十年至四百八十八年）

明興七十餘年間由分而合之一（東南之戡定及統一之肇基）（民國紀元前五百六十年至五百十四年）

明興之歷史實始民國紀元前五百四十四年，而必連及以上之十六年而綴言之者？則明祖朱元璋之興，元室猶未覆亡，而元璋又先定東南，然後及於北面，故不得不追溯及之，以著其起訖也。先是元主中國，東南常不靖；濠人朱元璋者，先世家沛，再徙泗州，父世珍，始徙濠之鍾離（安徽臨淮縣），生四子，元璋其季也。元順帝托歡特穆爾在位之十二年（卽至正四年民國紀元前五百六十八年），大疾疫，父母兄相繼沒，孤無所依，乃入皇覺寺爲僧，游食諸州，尋復還寺。會東南亂起，元璋謀避兵，卜之，去留皆不吉！乃入濠城，見郭子興；子興者，定遠人，起兵據濠，勢頗強。子興得元璋，奇之，妻以所撫馬公女；因拒元兵功，署鎭撫。元璋見諸將無足與共事，乃以兵屬他將，而獨與徐達湯和費聚等南略地定遠，旋得李善長，與語，大悅，遂俱攻陷滁州。時元順帝托歡特穆爾在位之二十一年也（卽至正十三年，民國紀元前五百五十九年）。翌二年，元璋自和州渡采石，取太平路；時郭子興已死，元璋勢日盛，分遣諸將下溧水、溧陽、句容、蕪湖；又明年，進攻集慶路，遂克之，建爲府治，自稱吳國公，形勢便利，根本乃漸固。

方是時，東南稱兵者，不止朱元璋！元璋用兵，以爲東南未定，不可急圖中原；迨東南奠平，中原皆下，元滅，而北方乃漸次統一：然後平蜀取滇，中國得無事。自其用兵之次第而言，元滅以前與元滅以後，可分為兩期述之。今先就滅元以前析述其略如下。

(一)韓林兒劉福通之敗滅　自元政不綱，海內亂事，相繼而起，輒以百數；元不能一一平之，故亂起愈熾！朝廷復重斂其民以供揮霍，膏澤不及於南，涓滴悉歸於北，民貧而怨，人心瓦解；當事者勿恤民隱，復發丁夫以開大河，重役連年，民憤益莫制！有韓山童者，欒城人，自其祖父以白蓮會燒香惑衆，謫徙永平，至山童倡言「天下大亂，彌勒佛下生」，河南及江淮愚民，翕然信之；潁人劉福通等附和其間，復詭言山童實宋徽宗八世孫，當為中國主，乃刑白馬烏牛，誓告天地，謀同起兵，以紅巾為號，事覺，縣官捕之急，福通遂反！而山童就禽，其子林兒逃之武安；惟福通黨盛不可制，先破潁州，進下河南諸縣，衆至十萬，元兵不能禦。同時徐壽輝等起蘄黃，布王三、孟海馬等起湘漢，芝蔴李起豐沛，而郭子興亦據濠應之，人皆謂之紅軍，亦稱香軍。時元順帝托歡特穆爾在位之十九年也（即至正十一年，民國紀元前五百六十一年）。翌三年，福通物色林兒，得諸碭州，迎立於亳，號皇帝，又稱小明王，建國曰宋，建元龍鳳，拆鹿邑太清宮材，治宮闕於亳，內外事一統於福通；既而元師大敗福通於太康，進圍亳，福通挾林兒走安豐。其後兵復盛，林兒將毛貴尤驍勇，攻陷山東，福通亦出師下汴梁，其將白不信西圍鳳翔，勢大熾，而貴兵旋陷薊州，元臣有勸托歡特穆爾北巡或遷都者；林兒將關先生且分師下遼州，掠塞外，陷上都，焚宮闕，山東西河南北幾皆為林兒下；既而貴黨自不和，趙均用殺貴，其黨續繼祖又殺均用，林兒勢漸衰。元順帝托歡特穆爾在位之二十七年（即至正十九年，民國紀元前五百五十三年）八月，察罕特穆爾下汴梁，福通復以林兒走安豐；於是前所略得之地，先後俱喪失；時田豐據山東降元復叛，其後山東亦爲元復，豐旋被殺，林兒勢日蹙。元順帝托歡特穆爾在位之三十年（即至正二十三年，民國紀元前五百四十九年），張士誠將呂珍圍安豐，林兒告急於元璋；元璋曰：『安豐破，則士誠益強』。遂親帥師往救，而珍已入城殺福通；元璋擊走珍，以林兒歸，居之滁州。其明年，元璋爲吳王；又二年，林兒沒，或曰，元璋命廖永忠迎林兒歸應天，至瓜步，覆舟沈於江云。初，元璋始強，而郭子興沒，林兒牒元璋爲左副元帥；時元璋兵勢尚不及林兒，而林兒稱宋後，四方響應；遂用其年號，以令軍中；林兒沒，始以明年爲吳元年。林兒起盜賊，無大志，又聽命福通，徒擁虛名；以是諸將在外者，率不遵約束，所過焚刧，至啖老弱爲糧；且皆福通故等夷，福通亦不能制，兵雖盛，威令不行；數攻城下，元兵亦數從其後復之，不守，終至於敗，其起訖凡十二年。

(二)徐壽輝陳友諒之敗滅　徐壽輝者，本羅田（湖北羅田縣）布賈。元末政亂，各地亂起，壽輝狀貌奇偉，爲鄒普勝等所推，用紅巾爲號。時元順帝托歡特穆爾在位之十九年（即至正十一年，民國紀元前五百六十一年）也。是年九月，陷蘄水黃州，其將倪文俊大敗元兵，壽輝尋即蘄水爲都，自稱皇帝，國號天完，以普勝爲太師；掠地日廣，浸淫及江西浙江福建。壽輝起浹歲，得名都數十；然其後率不能守，所陷湖廣江西諸路，多爲元師所復；既又盡收江浙所亡地，壽輝勢漸蹙。托歡特穆爾在位之二十一年（即至正十三年，民國紀元前五百五十九年），江浙平章政事布延特穆爾等會兵討壽輝於蘄水，克之，獲將相而下四百餘人，壽輝逃匿黃梅山中，元師追不及。翌二年，壽輝遣其將文俊復出攻陷湖廣諸州郡。其明年，爲托歡特穆爾在位之二十四年（卽至正十六年，民國紀元前五百五十六年），文俊營都於漢陽，迎壽輝居之，而自以丞相專政，壽輝擁虛位而已。頃之，文俊略常德、澧、衡諸路；又明年，破峽州，其部將明玉珍亦盡有蜀地。文俊志益驕，謀害壽輝，不果，出奔黃州，爲部將陳友諒所殺，於是天完國政盡歸友諒。文俊者，沔陽（湖北沔陽縣）漁家子，勇而無禮，不恤下，故及於難。友諒既得志，諸將不附己者，漸以計除之；托歡特穆爾在位之二十八年（卽至正二十年，民國紀元前五百五十二年），遂害壽輝於采石舟中，自稱皇帝，壽輝稱號凡十年。

陳友諒者，沔陽人，本姓謝氏，祖千一贅於陳，因從其姓；父普才，業漁；徐壽輝兵起，友諒往從。會壽輝稱號，倪文俊用事，友諒隸其麾下，數有功，爲領兵元帥；已而乘釁襲殺文俊，并其兵，自稱平章政事。時元順帝托歡特穆爾在位之二十五年也（卽至正十七年，民國紀元前五百五十五年）。明年，友諒陷安慶，取江西諸州。當是時，友諒兵最強，元璋初渡江，取太平，與爲鄰；友諒陷元池州，元璋遣將擊取之；由是數相攻，池州、太平間用兵頗烈。始友諒破龍興（江西南昌縣），壽輝欲徙都之，友諒不可，數遣人阻其行；未幾，壽輝遽發漢陽，次江州。江州，陳友諒治所也，伏兵郊外，迎壽輝入，卽閉城門，悉殺其所部！卽江州爲都，奉壽輝以居，友諒自稱漢王，置王府官屬；尋挾壽輝東下，攻克太平，志益驕！進駐采石城，殺壽輝而自卽位，國號漢。友諒性雄猜，好以權術殿下；既即位，盡撫有江西湖廣之境，恃其兵強，欲東取應天；又爲故將康茂才書所誘，引兵直前。朱元璋親總大軍禦之，友諒兵敗，遂棄太平，走江州，元璋兵乘勝取安慶。時托歡特穆爾在位之二十八年也（民國紀元見上）。明年，友諒兵復陷安慶，元璋自將取之，長驅至江州；友諒兵又敗，遂棄江州，夜挈妻子奔武昌。吳宏以饒降，王溥以建昌降，胡廷瑞以龍興降。友諒忿彊土日蹙，治樓船數百艘，謀大舉攻元璋：托歡特穆爾在位之三十一年（民國紀元見上），乃進圍洪都；元璋從子文正盡力備禦，洪都終不下。元璋自將往救，進次湖口；友諒聞援兵至，撤圍東出鄱陽湖，與元璋兵會於康郎山（江西餘干縣北八十里）。友諒集巨艦連鎖爲陳，元璋師不能仰攻，連戰三日幾殆；乃縱火焚友諒舟，友諒弟友仁等皆燒死。友仁號五王，眇一目，有勇略，既死，友諒爲氣索！是戰也，元璋舟雖小，輕駛；友諒俱艨艟巨艦，不利進退，故及於敗！翌日再戰，元璋兵又大勝。友諒欲退保鞋山（即大孤山），元璋已先扼湖口，邀其歸路，持數日，友諒食盡，突圍出湖口，元璋自上流邀擊之，大戰涇江（江西湖口縣東北）口，友諒從舟中引首出，有所指揮，中流矢而死！其軍大潰，太子善兒被執；其太尉張定邊夜挾友諒次子理，載其屍還武昌，嗣位。其冬，元璋親征武昌；明年春，其丞相張必先自岳州來援，元璋將常遇春擊禽之，徇於城下，城中大懼！元璋乃遣其故臣羅復仁入城招理，理率張定邊等出降。凡府庫倉儲，悉理自取，城中民飢困，發粟振之；以理歸建康，封爲歸德侯。湖廣江西諸州縣俱降於元璋，友諒稱號凡四年，理一年。

(三)張士誠方國珍之敗滅　初，元璋謀用兵陳友諒與張士誠孰先？劉基曰：『士誠自守虜耳！友諒據上流，且名號不正，宜先除之；陳氏旣滅，張氏囊中物矣』。元璋曰『然，友諒剽而輕，士誠狡而懦，若先攻士誠，友諒必來救，是我疲於二寇也』！及友諒滅，喜曰：『此賊平，天下不難定矣』！士誠之起，當托歡特穆爾在位之二十二年（卽至正十四年，民國紀元前五百五十八年），其初頗微賤，籍泰州，以操舟運鹽爲業，常緣私作奸利，而輕財好施，得羣輩心，恆鬻鹽諸富家，諸富家多陵侮之，或負其直勿酬；士誠忿，率其諸弟等滅富家，縱火焚其居，入旁近場，招少年起兵，鹽丁方苦重役，遂共推爲主，乘勝下泰州，據高郵，自稱誠王，國號大周。元初遣兵攻之，不克，乃命右丞相托克托總大軍出討，數敗士誠，圍高郵，隳其外城，城且下，托歡特穆爾信讒，解托克托兵柄，削官爵，以他將代之，士誠乘間奮擊，潰走，由是復振。翌二年，士誠由通州渡江，入常熟，遂陷平江，及湖州松江常州諸路，改平江爲隆平府，自高郵來都之，卽承天寺爲府第；是年，元璋亦下集慶，貽書與和，而士誠不報，由是兩方互用兵；已而士誠以師攻嘉興與杭州，俱不能克，而常州長興江陰又皆爲元璋有！三城形勢聯絡，元璋得之，足以扼士誠；士誠勢漸蹙，思復降元，元廷許其請，官士誠太尉；士誠僅去尊號，擅甲兵土地如故。未幾，元將守杭州者內不和，陰召士誠兵，於是士誠遂有杭州，元廷重羈縻之；士誠自海道輸糧十一萬石於大都，歲以爲常，已而益驕，令其下頌功德，邀王爵，元不能許；迨托歡特穆爾在位之三十一年（民國紀元見上），士誠遂自立爲吳王，卽平江治宮室，置官屬，元廷遣使徵糧，不復與，於是再與元絕。士誠拓土南抵紹興，北逾徐州，達於濟寧之金溝，西距汝潁濠泗，東薄海二千餘里，帶甲數十萬；又好招延賓客，故附者甚多。士誠爲人外遲重寡言，號爲有器量，而中實闇弱！既據有吳中，吳承平久，戶口殷盛，士誠漸奢縱，怠于政事，諸將亦偃蹇不用命，每有攻戰，輒稱疾高臥，邀求官爵美田宅，然後起；甫至軍，所載婢妾樂器踵相躡不絕；或大會游談之士，摴蒱蹴踘，不以軍務爲急，士誠概置不問；已復用爲將，威權不立，故遂至於亡。士誠始強，與元璋數相爭，元璋欲伐吳甚力，方與陳友諒相持，未暇及也；友諒亦遣使約士誠夾攻元璋，而士誠欲守境觀變，卒不行！元璋既平武昌，師還，卽遣徐達等取高郵淮安，悉定淮北地；於是移檄平江，數士誠八罪，使達等出師東伐；士誠迎戰大敗，湖州嘉興松江杭州諸地相繼下，士誠力不支，平江陷！於是吳地又全爲元璋有，士誠自殺。時托歡特穆爾在位之三十五年也（卽至正二十七年，民國紀元前五百四十五年）。士誠既下，浙西全附，於是又不得不經營浙東：

方國珍，黃巖人，世以販鹽浮海爲業。方元順帝托歡特穆爾在位之十九年（卽至正十一年，民國紀元前五百六十一年），有蔡亂頭者，行剽海上，有司發兵捕之，國珍怨家告其通寇，國珍殺怨家，與兄弟共起兵。元遣使討之，爲所執，脅使請於朝，授定海尉；其後屢叛屢降，累進官至行省參政；國珍官既尊，據有慶元溫台之地，益強不可制。國珍之初作亂也，元出空名宣敕數十道，募人擊賊，海濱壯士多應募立功，所司邀重賄，不輒與，有一家數人死事，卒不得官者；而國珍之徒，一再招諭，皆至大官，由是民慕爲盜，從國珍者日益衆！元既失江淮，資國珍舟以通海運，重以官爵羈縻之，而無以難也。其後國珍見江左勢強，陽附元璋，請以溫、台、慶元三郡爲獻，而陰持兩端；元璋遣使諭之，終不以誠心相向。及杭州下，國珍據境自如，遣間諜假貢獻名，覘勝負；又數通好於庫庫特穆爾及陳友定，圖爲犄角。其後士誠敗滅，明師攻台州，取溫州，平南將軍湯和直搗慶元，國珍帥所部遁入海，和復追敗之，遣人諭以禍福，國珍乃遣子關奉表乞降；元璋促使入朝，授廣西行省左丞，食祿不之官。時托歡特穆爾在位之三十五年也（民國紀元見上）。又數歲，沒於京師。

（四）陳友定何眞之敗滅　元璋既定浙東西，乃不得不南收福建；時福建猶爲元守，而爲之首者，則陳友定其人也。友定，清流（福建清流縣）人，方元順帝托歡特穆爾在位之二十七年（卽至正十九年，民國紀元前五百五十三年），起義師討亂，以功授福建行省參政；已而置分省於延平，卽以友定爲平章，於是友定盡有福建八郡之地，然事元未嘗失臣節：是時張士誠據浙西，方國珍據浙東，名爲附元，歲漕粟大都輒不至；而友定歲輸粟數十萬石，海道遼遠，至者嘗十三四，托歡特穆爾嘉之，下詔褒美。元璋既定婺州，與友定接境，漸相交兵；及元璋下國珍，卽發兵伐友定：將軍胡廷瑞、何文輝由江西趨杉關，湯和、廖永忠由明州海道取福州，李文忠由浦城取建寧，而別遣使至延平招諭友定。諸軍所至輒勝利，比湯和師偪延平，友定自殺未死，所部開門降；諸軍送友定至建康，入見元璋，不屈，被殺，延平既下，於是福建一帶均爲元璋有，又不得不進取廣東：

何眞，東莞人。元末盜起，眞以卑官聚衆保鄉里，既而屢以軍功擢廣東分省右丞。時中原大亂，嶺表隔絕，有勸眞效尉佗故事者，不聽。屢遣使由海道貢方物於朝，進左丞，効忠元廷如故。元璋攻滅福建之年，命廖永忠爲征南將軍，率舟師取廣東。永忠至福州，以書諭眞，眞遂航海趨潮州，眞卽奉表以降。於是廣東諸地悉定，而廣西亦旋下。

以上諸地，皆元璋未滅元時所定；及元室滅，乃漸次經略西北，而後及於西南。先是元璋遣將徐達常遇春等引師而北，陷山東諸路，轉趨河南，連陷諸名城，汴梁亦下；元璋入汴梁，命達率軍北略，諭之曰：『中原之民，久爲羣雄所苦，故命將北伐，拯民水火；諸將毋肆焚掠，妄殺人，元之宗室，咸保安全：庶幾上答天意，下慰民望』。諭畢，元璋還應天。既而別兵破潼關，達亦自汴梁北發，遣裨將分道徇河北地；進陷通州，遂入大都，取元京師而奄有其土宇，時托歡特穆爾在位之三十六年也（民國紀元見上）。是年，元璋爲其下所推，稱皇帝，易吳爲明，立妃馬氏爲皇后。其明年，元璋統有中夏，以應天爲南京，開封爲北京，規模備舉，未幾，而又有經略西北之事。

（一）庫庫特穆爾李思道張思齊之敗滅　庫庫特穆爾者，察罕特穆爾之子也；元末，數建軍功，後爲元廷所疑，以是頗擅兵專橫，山西，元不能制也（參觀上章）。徐達既定元都，進取山西：常遇春先下保定中山眞定，馮勝湯和下懷慶，度太行，取澤潞；庫庫特穆爾遣將來禦，明兵不能勝。會托歡特穆爾自開平命庫庫特穆爾復大都，庫庫特穆爾乃引兵出雁門，由居庸以攻北平；徐達聞之，急帥師攻太原，乘不備，庫庫特穆爾還救，爲明兵所襲，敗走，其將呼必勒瑪降，得甲十四萬，遂克太原，進攻大同，山西之地悉定。其後庫庫特穆爾復出沒平涼間，卒爲明師所敗，遂遠遁而死。

李思齊張思道（卽張良臣）皆故元將，與庫庫特穆爾同時掌兵，說詳上章；後思齊思道與庫庫特穆爾不協，庫庫攻之，經年不決；於是思齊等遂專制陝西之地。明兵之定山西也，思齊時據鳳翔，思道時據鹿臺（陝西高陵縣西南）。徐達兵入關，思道遁去，明兵進偪鳳翔，思齊奔臨洮。時明太祖朱元璋在位之二年也（卽洪武二年，民國紀元前五百四十三年）。同年，馮勝徇臨洮，思齊降；思道在慶陽，聞思齊降，慶陽大震，遣其弟良臣爲守，而自奔寧夏，爲庫庫特穆爾所執。良臣先以慶陽降明，尋復叛，求援於庫庫特穆爾；庫庫特穆爾遣將攻原州，陷涇陽，爲慶陽聲援；達令馮勝敗之；良臣力不支，遂降，爲明兵所殺！於是陝西甘肅一帶之地亦定。

（二）明玉珍之敗滅　明師北伐，西北之地均爲明下；復盛出兵，討元之遺裔；於是劉益又以遼陽來降，東北方又全定。時東南已早下，所待定者惟西南一隅；於是明師先討四川，其次又有攻克雲南之事。明玉珍者，隨州人，元季從徐壽輝起兵，爲別將。順帝托歡特穆爾在位之二十五年（卽至正十七年，民國紀元前五百五十五年），襲取重慶，有功，壽輝授玉珍隴蜀行省右丞。尋以師攻陷成都，四川郡縣均附於玉珍。翌三年，陳友諒殺徐壽輝自立。玉珍曰：『我與友諒俱臣徐氏，顧悖逆如此』。命以兵塞瞿塘，絕不與通；立壽輝廟於城南隅，歲時致祀；自立爲隴蜀王，以劉楨爲參謀。楨語玉珍可乘時卽位，玉珍然之。托歡特穆爾在位之三十年（卽至正二十二年，民國紀元前五百五十年），玉珍遂卽帝位於重慶，國號夏，倣周制，設六卿，以劉楨爲宗伯，分蜀地爲八道，更置府州縣官名以示改革。蜀兵視諸國爲弱，勝兵不滿萬人；玉珍素無遠略，然性節儉，頗好學，折節下士；既卽位，設國子監教公卿子弟，設提舉司教授，建宗廟社稷，求雅樂，開進士科，定賦稅以十分取一，蜀人悉便安之，俱劉楨爲之謀也。又嘗南侵雲南，北窺興元，東遣使通好於元璋；元璋亦遣使報聘，貽以書，有『予與足下，實脣齒邦』之語，自後信使往返常不絕。玉珍立五年沒，子昇嗣，年甫十歲，尊母彭氏爲太后，同聽政；諸大臣多粗暴不肯相下，由是內亂漸起，蜀勢日衰，而劉楨亦旋沒。明太祖元璋卽位之元年（卽洪武元年，民國紀元前五百四十四年），遣平章楊璟諭昇歸明，昇不從；又明年，元璋遣使假道征雲南，昇不奉詔，其將吳友仁又數寇興元；元璋在位之四年（卽洪武四年，民國紀元前五百四十一年），乃以湯和爲征西將軍，以舟師由瞿塘趨重慶，征虜前將軍傅友德以步騎由秦隴趨成都。友德師既偪成都，蜀州縣皆下；而和亦以舟師直擣重慶，昇懼！羣下請奔成都，其母彭氏不從，遂降；已而成都亦爲永忠所下，蜀地悉平。明氏自稱帝至滅，凡九年。

(三)巴咱爾斡爾密之敗滅　巴咱爾斡爾密者，元世祖第五子，雲南王忽哥赤之後也；封梁王，仍鎮雲南。元末，中國多故，雲南僻遠，巴咱爾斡爾密撫治有威惠；其後托歡特穆爾北走，大都不守，中國無元寸尺地，而梁守雲南，每歲遣使自塞外達托歡特穆爾行在，執臣節如故。未幾，明兵平四川，中國大定，元璋以雲南僻遠，不欲用兵；而梁所遣漠北使者蘇成，適爲北平守將所獲；乃命翰林院待制王褘齎詔偕成往雲南招諭，梁待褘以禮。會托歡特穆爾遣使托克托徵餉雲南，知禕在梁所，疑巴咱爾斡爾密有他意，因脅以危語；不得已，出禕見之，托克托欲屈禕，禕不從，自殺！時元璋在位之五年也（卽洪武五年，民國紀元前五百四十年）。踰三年，元璋以雲南未下，終不欲用兵，再遣湖廣參政吳雲招諭，會梁使其臣鐵知院等使漠北，爲明兵所獲，釋之，使與雲俱往；知院等以已奉使被執，且得罪，乃誘雲改制書，詐爲元使者，詔梁，雲以死拒，又爲知院所殺！元璋知梁終不可以諭降，乃命傅友德爲征南將軍，藍玉沐英爲副帥，師征之；迨元璋在位之十四年（卽洪武十四年，民國紀元前五百二十一年），下普定。梁遣司徒平章達爾瑪率兵駐曲靖，沐英引軍疾趨，乘霧抵白石江（雲南南寧縣東北），達爾瑪望見大驚；友德等帥兵進擊，達爾瑪兵潰，被禽。巴咱爾斡爾密聞敗，度不能支，乃出走，驅妻子赴滇池死，而已自殺；烏撒蠻亦下，於是東川烏蒙諸蠻悉望風而定。明兵進取大理，雲南全平。

以上諸地，皆元璋滅元以後之所定。自雲南敉平，中國始一統；然而元於中國雖覆亡，其寄居大漠者，固猶存在。其他如安南吐蕃諸國，元世固嘗征之；至於明初，又不能無用兵之事。今再就其事略之著者述之：

（一）逐故元　自大都之下，元於中國之土地全失，然在塞外，則其勢猶強。托歡特穆爾時居開平，常遣將南窺北平諸地。先是明將常遇春既下鳳翔，詔還備北平，以李文忠副之。元璋在位之二年（卽洪武二年，民國紀元前五百四十三年），遇春文忠帥步騎九萬敗元將江文淸于錦州，嚴師進攻，所至俱捷，遂拔開平，獲其宗王齊克愼、平章鼎珠。時托歡特穆爾在應昌，其將庫庫特穆爾據定西爲邊患。明年，以徐達爲大將軍，使出西安攜定西；常遇春已先沒，乃以李文忠爲左副將軍，馮勝爲右副將軍，使出居庸，攜應昌。文忠至應昌，聞托歡特穆爾已沒，獲其孫密迪里巴剌及其妃嬪大臣寶玉圖籍，太子阿裕錫哩達喇獨以數十騎遁去；而徐達亦大破庫庫特穆爾兵於沈兒峪口（甘肅安定縣北），走之。明廷封密迪里巴剌爲崇禮侯，謚托歡特穆爾曰順帝，于是故元諸將江文淸等先後歸附；獨庫庫特穆爾擁阿裕錫哩達喇居和林，屢以兵窺明邊境，明仍遣徐達李文忠馮勝諸人禦之，故元兵漸不得逞。元璋又以元太子流離沙漠，父子隔絕，未有後門；乃遣崇禮侯北歸，以書諭其父。元璋在位之十一年（卽洪武十一年，民國紀元前五百三十四年），元太子阿裕錫哩達喇沒，明遣使弔祭；其子特古斯特穆爾嗣立，仍擁衆窺邊，不肯爲明下！明師屢出禦之，禽其驍將。時庫庫特穆爾已早沒，諸巨魁多以次平定；獨其丞相納克楚有衆十餘萬屯金山（遼寧開原縣西北），數侵遼東。時明沿邊要害俱置戍，而北平一鎭尤關重要，徐達常鎭之；至元璋在位之二十年（卽洪武二十年，民國紀元前五百二十五年），徐達先沒，乃以馮勝爲征虜大將軍，帥師討之，連進至金山，納克楚戰敗而降，先後得其部衆二十餘萬人，明威大振！納克楚至京，元璋召見慰勞甚至，封爲海西侯。

金山之捷，明威自此振，然猶未已也；元璋以故元特古斯特穆爾尙在，終爲邊患；適馮勝以罪內召，乃以藍玉爲大將軍，帥師北伐。其明年，又有捕魚兒海（今綏遠省克什克騰西北）之捷，獲特古斯特穆爾次子迪保弩及妃主以下百餘人，官屬三千，男女七萬，馬牛駝羊十五萬；捷奏至京師，元璋大悅，遣使齎敕勞玉，比之衞靑李靖，元勢乃大衰！

特古斯特穆爾既遁，將依丞相耀珠於和林，行至圖拉河，爲其下伊遜岱爾所襲，衆遂散，獨與十六騎俱；耀珠來迎，欲共往依他將，會大雪不得發，伊遜岱爾兵猝至，遂遇害，並殺太子添保努，其散部俱來降明，至者益衆。翌二年，爲元璋在位之二十三年（卽洪武二十三年民國紀元前五百二十二年），復命傅友德等以北平兵從燕王棣，王弼等以山西兵從晉王棡，征耀珠及其太尉鼐爾布哈；燕王棣兵旣出，偵知鼐爾布哈營伊都山，冒雪馳進，偪其營，而遣指揮和通往；和通故善鼐爾布哈，引之見棣，賜酒食慰諭遣還。鼐爾布哈喜過望，遂偕耀珠等來降；已而命元降軍赴北平，聽燕王調用，自此燕王棣兵遂強。

久之，鼐爾布哈以謀叛誅死，敵益衰。元璋既以燕晉諸王鎭邊，更歲遣大將巡幸塞下，督諸衞卒屯田，戒以持重，寇來輒敗之。而敵自特古斯特穆爾以後，部帥紛拏，五傳至琨特穆爾被害，不復知帝號。有郭勒齊者，簒立，稱「可汗」，去國號，遂號韃靼云。

（二）平吐蕃　鄧愈爲明初名將，先是辰澧諸蠻爲亂，愈出師平之，湖廣諸蠻悉靖；至元璋在位之十年（卽洪武十年，民國紀元前五百三十五年），於是又有征討吐蕃之事。初，愈克臨洮，遣員外郎許允德招諭吐蕃諸族，而以指揮使韋正守臨洮：會吐蕃來寇，正擊降之；尋又移河州，河州城邑空虛，人骨山積，正至，能盡心撫治，河州爲樂土。然吐蕃所部終不能卽馴也。其後蕃藏入明貢使，屢爲所邀；於是明廷以鄧愈爲征西將軍，偕都督同知沐英討之，分兵三道，窮追至崑崙山，俘斬萬計，留兵戍諸要害而還。是年，愈沒，追封寧河王。

(三)定西南諸蠻　明初西南諸蠻屢爲邊患，其事之較著者，莫如平緬（雲南騰越縣東北）宣慰使思倫發之亂：平緬與麓川，元時皆屬緬甸；緬甸，古朱波地也，宋寧宗時，緬甸波斯等國進白象，緬甸之名自此始。緬在雲南之西南，最窮遠，元時頗強盛，元嘗遣使招之，始入貢。明初統一中國，屢遣使往諭，都不達。元璋在位之十五年（卽洪武十五年，民國紀元前五百三十年），明兵克雲南，進取大理，下金齒；平緬與金齒壤地相接，土蠻思倫發聞之，懼，遂降，因置平緬宣慰使，尋又命兼統麓川之地。元璋在位之十八年（卽洪武十八年，民國紀元前五百二十七年），倫發反，率衆十餘萬寇景東（雲南景東縣），都督馮誠禦之；値天大霧，猝遇寇，失利，千戶王昇戰死。時沐英以平雲南功鎭雲南，封西平侯，威望震一時；翌二年，乃敕諭沐英備平緬。又明年，思倫發果誘羣蠻寇馬龍他郎甸（雲南新平縣西北）之摩沙勒寨，英遣都督寧正（卽韋正）擊破之。倫發悉舉其衆，號三十萬，象百餘，寇定邊（雲南蒙化縣），欲報摩沙勒之役；新附諸蠻皆爲盡力。英選精騎三萬，馳救，蠻兵大敗，倫發遁。以捷聞，詔移師偪景東屯田，固壘以待大軍之集，勿輕受其降。元璋在位之二十二年（卽洪武二十二年，民國紀元前五百二十三年），倫發見明兵備禦日至，乃遣使入貢謝罪，明廷許之；麓川平緬俱定。自是每三年必來貢。沐英在雲南，惠與威並著，嘗入朝，元璋勞之曰：「使我高枕無南顧憂者，汝英也！」翌三年，英沒，追封黔寧王，子春、晟、昂相繼鎭守。

元璋在位之二十八年（卽洪武二十八年，民國紀元前五百十七年），緬甸國王來言百夷屢以兵侵奪其境；明年緬使復來訴；於是明廷遣行人李思聰等使緬甸及百夷，思倫發聞詔謝罪，思聰等遂還。初平緬俗不好佛，有僧至自雲南，善爲因果報應之說，倫發信之；又有金齒戍卒逃入其境，能爲火銃火砲之具，倫發喜其技能，俾繫金帶，與僧位諸部長上；於是其部長刀幹孟等不服，偕其屬叛。倫發率其家走雲南，沐春遣送至京師，元璋憫之，命春爲征南將軍，出討刀幹孟；並遣倫發歸，駐潞江（亦曰怒江）上，招諭其部衆。時幹孟既逐倫發，亦懼明廷加兵，乃遣人詣春請入貢，春以聞。元璋在位之三十一年（卽洪武三十一年，民國紀元前五百十四年），春以兵送倫發於金齒，使人諭刀幹孟，刀幹孟不從，乃遣左軍都督何福等將兵五千討之；踰高良公山（亦曰高黎共山，今雲南騰越縣東），直擣南甸（本雲南永昌府境），大破之，殺其酋刀名孟，斬獲甚衆。春又帥師繼發，連破要塞，幹孟遣人乞降；事聞，明廷以其狡詐，命春俟變討之。春尋病沒，幹孟竟不降，又命都督何福往討，未幾，禽幹孟歸，倫發始還平緬，踰年沒。

明初內征外討，建功之臣甚多，顧元璋性猜忌，待臣常不能善終，於是諸功臣多有被害者！請繼此以述元璋之刻待功臣，及其任刑虐殺之事：

明興七十餘年間由分而合之二（功臣之誅戮及藩國之分封）（民國紀元前五百四十四年至五百十四年）

元璋既正大位以來，始立諸功臣廟於京師；繼又大封功臣，李善長以次得封侯爵者二十八人，而又封汪廣洋忠勤伯，劉基誠意伯：基輔元璋，悉心謀畫，於諸功臣中、功隱而鉅。初，元璋欲相胡惟庸，基曰『小犢耳，將僨轅而破犂！』其後惟庸相，基大慼歎曰『使吾言不驗，蒼生之福；言而驗者，其如蒼生何？』因憂憤增疾。基嘗爲上陳閩甌事，蓋閩甌之間，有隙地曰談洋，南抵閩界，爲鹺盜藪，方氏（國珍）所由亂：基奏於其地立「巡檢司」，以控扼之；其奸民勿便也，相率挾逃戍之卒以叛。基使子璉上書奏之，而不先白中書省；惟庸故銜基，使吏訐基，謂談洋地有王氣，基圖爲墓，民勿與，則請立巡檢逐民。元璋雖不罪基，然頗爲所動，遂奪基俸；基懼，入朝，乃留京不敢歸其鄉，未幾，有疾。惟庸覘上念基怠，乃陽爲好者，挾醫來視，飲其藥，如有物積腹中，遂篤，詔遣使護歸，月餘死。時元璋在位之八年也（即洪武八年，民國紀元前五百三十七年）。又五年，而惟庸遂有謀變之事：

劉基之死，雖由胡惟庸，而亦元璋任人之不明有以致之，然尙非元璋直接殺之也；明初文臣之尊顯者，恆不得善終：先是中書左丞楊憲，意刻深，在中書欲盡易省中故事，凡舊吏皆罷去，更用所親信者；時汪廣洋爲右丞，以憲專決，依違不與較，猶不能得憲意，憲竟嗾侍御史劉炳劾罷廣洋！元璋尋知其誣，下炳於獄，炳吐實，遂誅楊憲，此實爲元璋誅殺文臣之始。而左丞相李善長以病去位，遂以廣洋爲右丞相，參政尋與胡惟庸共相，廣洋無所建白，性又耽酒，浮沈守位而已。惟庸所爲漸不法，廣洋知而不言；元璋在位之十二年（即洪武十二年，民國紀元前五百三十三年），御史中丞涂節言劉基遇毒死，廣洋宜知狀，元璋問之，廣洋曰：『無有』。元璋怒，賜廣洋死，翌年而惟庸之難遂作。

自楊憲汪廣洋既敗，惟庸總中書政，專生殺黜陟，以資威福；內外諸司封事入奏，惟庸先取視之，有病己者，輒匿不聞：由是奔競之徒，趨其門下。魏國公徐達深嫉其奸邪，常從容言於上；惟庸銜之，謀所以圖達，未成。惟庸故起家寧國令，時太師李善長秉政，惟庸與之結，遂得召入爲太常卿，累遷中書參政，遂與善長深相結，以兄女妻其從子佑，貪賄弄權，益無所忌：一日，其定遠舊宅井中忽出竹筍，出水高數尺，諛者爭言爲丞相瑞應；又言其祖父塚上夜有光燭天，於是惟庸稍自負，有異謀矣。已而吉安侯陸仲亨平涼侯費聚均以事得罪，二人大懼，惟庸陰以權利脅誘二人，二人素戇勇，見惟庸用事，密相往來，惟庸陰與二人結，令在外密收軍馬；又陰令善長弟存義往說善長，善長已老，不能強拒，初不許，已而依違其間，惟庸益以爲事可就：乃遣明州衛指揮林賢下海招倭，與期會；又遣元故臣封績致書稱臣於元，請兵爲外應。事皆未發，會惟庸子馳馬於市，墜死車下，惟庸殺輓車者，元璋怒，命償其死，惟庸請以金帛給其家，不許；惟庸懼，乃與御史大夫陳寧等謀起事：適元璋因事益咎惟庸，惟庸欲變而未敢卽發，涂節乃先上變；告元璋大怒，下廷臣更訊，詞連寧節，乃誅惟庸、寧，並以節爲與謀，又收節殺之，時元璋在位之十三年也（卽洪武十三年，民國紀元前五百三十二年）。以善長有佐命功，釋之不問；惟庸既死，其反狀猶未盡露。其後李存義爲人首告，免死，安置崇明；未幾，林賢獄成，惟庸通倭事始著；又未幾，藍玉征沙漠，獲封績，善長不以奏，後事發，捕績下吏，訊得其狀，逆謀益大著。會善長家奴盧仲謙首善長與惟庸往來狀；而陸仲亨家奴又有告仲亨與費聚惟庸等謀變者：元璋因一意肅淸胡黨，詞所連及被誅者三萬餘人，善長仲亨費聚等至是皆坐死！乃爲昭示奸黨錄，布告國人，株連蔓引，迄數年未靖。

胡惟庸之死，當元璋在位之十三年（民國紀元見上）；而胡黨之獄，則興於元璋在位之二十三年（卽洪武二十三年，民國紀元前五百二十二年）。胡黨旣誅，元璋猶以爲未足；至二十六年（卽洪武二十六年，民國紀元前五百十九年），又興藍黨之獄，於是諸功臣宿將始盡。或謂明祖旣定中國，年已六十餘，而太子標又柔仁；標死，孫允炆更孱弱，遂不得不爲身後之慮：是以兩興大獄，一網打盡。卽此有足見其心迹之一班者。請繼此以述藍黨之事：

藍玉者，明初驍將，數建軍功；其逐故元遺兵，尤迭獲大勝！元璋首以衛青李靖擬之者也（參觀上節）。胡惟庸之叛，有稱玉與其謀者：元璋以其功大宥不問。後諸老將多死，乃擢爲大將，總兵征伐，甚稱元璋意。然玉素不學，性尤狠愎，見元璋待之厚，又自恃功伐，專恣橫暴，畜莊奴假子數十人；嘗占東昌民田，御史按問，玉怒，逐御史；北征還，夜叩喜峯關，關吏不卽納，縱兵毀關入。元璋聞之，不樂。又捕魚兒之捷，玉獲元之后妃公主送京，而人或言其私元主妃，妃慚自經死，元璋切責玉；初，元璋欲封玉梁國公，以故改爲涼，仍鐫其過於劵。玉猶不悛，侍宴語傲慢，在軍擅黜陟將校，進止自專，元璋惟譙讓。西征歸，命爲太子太傅，玉不樂；比奏事，又多不聽，益怏怏。元璋在位之二十六年（民國紀元見上），錦衣衛指揮蔣瓛告玉謀反，下吏鞫訊，獄詞云：『玉同景川侯曹震鶴慶侯張翼舳艫侯朱壽東莞伯何榮及吏部尚書詹徽戶部侍郎傅友文等謀爲變，將伺駕出藉田舉事』。獄具，族誅之，列侯以下坐黨夷滅者不可勝數，傳友德等皆坐死；復手詔布國內，條列爰書爲逆臣錄。至九月，乃下詔曰：『藍賊爲亂，謀泄，族誅者萬五千人；自今胡黨藍黨概赦不問』。胡謂丞相惟庸也。自胡藍之獄起，被誅者合計至四萬數千人之多云！

又有非二黨而別以事誅者：如廖永忠功甚大，則以僭用龍鳳諸不法事賜死；周德興年最高，則以其子亂宮並德興賜死：諸如此者，不止一人。其人大抵俱於明初建功而皆不得良死。又時發爲文字之禍，疏遯小臣往往不免：如浙江府學教授林元亮爲海門衞作謝增俸表，以表內『作則垂憲』誅，以則音之嫌於賊也；常州府學訓導蔣鎮爲本府作正旦賀表，以『睿性生知』誅，以生音之嫌於僧也，——諸如此者，又不止一人。士夫重足屏息，不敢輕擬表；故彼時京官每旦入朝，必與妻子訣，及暮無事，則相慶以爲又活一日。其法令之嚴有如是者！

抑當元璋晚年，元勛故舊皆被誅夷，以爲後世子孫可少安無事矣；不知明室之禍，正不在其臣而在其子孫：分封宗藩而不知所以爲制，則國必至亂；所爭者，僅禍之遲速而已。明初之禍所以發之特速者，以元勛故舊盡而宗藩日大，一旦變起，無有一人足以抵禦及之也！今先就明初封建之大凡，及其事變之由來，略述其梗概如下：

明祖定中國之三年，懲宋元孤立，失古封建意：於是擇名城大都，豫王諸子，待其壯而遣就藩服，若秦西安、晉太原、燕北平，其最也。越數年，續封於秦者爲慶，爲肅，於晉者爲谷，爲代，於燕者爲遼，爲寧，環邊萬里，亘於三陲，以固磐石。

蓋由建都應天，去西北遼遠，非親子弟不足以鎮撫而捍外患；其他則分內地，用資夾輔焉。考明初親王制祿，歲萬石；府置相傅官屬護衞甲士，少者三千餘人，多者萬九千餘人，籍隸兵部；冕服車旂邸第，下天子一等；公侯大臣，拜而伏謁，禮無與均，體至崇重；惟列爵而不臨民，分藩而不錫土，與周漢封國稍異，然諸王每奉詔征伐，雖元勛宿將，咸秉節制，故其權仍至重。元璋有子二十六人，太子標外，惟皇子柟未封，自餘俱有封國。今就明初所封諸子，析其分封年月及治地傳世，列爲簡表如下：

人名	系出	封國	國都會	分封年月	傳後
1 樉	元璋嫡二子	秦	西安	洪武三年四月（民國紀元前五百四十二年）	凡十五王
2 棡	元璋嫡三子	晉	太原	同右	凡十一王
3 棣	元璋嫡四子	燕	北平	同右	入承大統
4 橚	元璋嫡五子	吳（後遷周）	開封	同右	凡十二王
5 楨	元璋庶六子	楚	武昌	同右	凡八王
6 榑	元璋庶七子	齊	青州	同右	成祖棣時奪爵國除
7 梓	元璋庶八子	潭	長沙	同右	後自殺國除
8 杞	元璋庶九子	趙	趙州	同右	尋殤國除
9 檀	元璋庶十子	魯	兗州	同右	凡十二王
10 椿	元璋庶十一子	蜀	成都	洪武十一年正月（民國紀元前五百三十四年）	凡十三王
11 柏	元璋庶十二子	湘	荆州	同右	後無子國除
12 桂	元璋庶十三子	桂（後遷代）	大同	同右	凡十二王
13 楧	元璋庶十四子	漢（後遷肅）	甘州	同右	凡十王
14 植	元璋庶十五子	衞（後遷遼）	廣寧	同右	凡十王

15 㰘	元璋庶十六子	慶	寧夏	洪武二十四年四月（民國紀元前五百二十一年）	凡十一王
16 權	元璋庶十七子	寧	大寧	同右	凡四王
17 楩	元璋庶十八子	岷	岷州	同右	凡十王
18 橞	元璋庶十九子	谷	宣州	同右	成祖棣時改封長沙尋自殺國除
19 松	元璋庶二十子	韓	開原	同右	凡十三王
20 模	元璋庶二十一子	瀋	潞州	同右	凡九王
21 楹	元璋庶二十二子	安	平涼	同右	成祖棣時歿國除
22 桱	元璋庶二十三子	唐	南陽	同右	凡十王
23 棟	元璋庶二十四子	郢	安陸	同右	成祖棣時歿國除
24 㰘	元璋庶二十五子	伊	洛陽	同右	凡七王
25 守謙	元璋兄興隆之孫	靖江	桂林	洪武三年四月（民國紀元見上）	凡十二王

元璋在位三十年（卽洪武三十一年，民國紀元前五百十四年），病沒，遺詔皇太孫允炆卽位，諸王臨國中，毋至京師。允炆立，是爲惠帝，力主削藩，而燕王棣之難以起。

明興七十餘年間由分而合之三（永樂之稱兵及四隅之底定）（民國紀元前五百十三年至四百八十八年）

初，元璋以故元遺兵未戢，邊塞之地不能無事；因是沿邊諸王擁兵，俾有以捍外。分封之始，訓導葉居升應詔陳言，極論分封之侈，有云：『秦晉梁楚吳閩諸國，各盡其地而封之，都城宮室之制，廣狹大小，亞於天子之都，賜之以甲兵衞士之盛！臣恐數世之後，尾大不掉，然後削之地而奪之權，則起其怨，如漢之七國，晉之諸王；否則恃險爭衡，否則擁兵入朝，甚則緣間而起，防之無及』。而元璋不悟，重治居升，繫死獄中，後無敢以藩事爲言者。允炆之爲皇太孫也，亦數惡諸王之強；一日召侍讀黃子澄謂之曰：『諸叔父擁兵，何以制之』？子澄以漢平七國爲對，允炆大喜！及即位，戶部侍郎卓敬首密疏言：『燕王棣智慮絕人，酷類先帝；北平形勝地，士馬精強，金元所由興也；宜徙封南昌，萬一有變，亦易控制』。疏入不報，於是燕周齊湘代岷諸王，頗相煽動，有流言聞於朝；允炆患之，謀諸兵部尚書齊泰，泰與黃子澄首建削奪議，乃以事屬泰子澄二人，日互相謀。泰謂：『燕擁重兵，且素有大志，當先削』。子澄曰：『不然，燕預備久，猝難圖；宜先取周，剪燕手足，即燕可圖矣』。謀定，乃命曹國公李景隆以備邊爲名，猝至開封，圍王宮，執周王橚以歸，廢爲庶人，竄蒙化，諸子皆別徙。其明年，爲允炆即位之元年（即建文元年，民國紀元前五百十三年），更定官制，令親王不得節制文武吏士，然無濟實事，而燕王棣等坐是益疑中央，未幾，有告湘王柏反者，允炆遣使即訊，柏自焚死。齊王榑累歷塞上，以武功自喜，時與燕通，爲府中所告；會代王桂邸中亦有上變者，乃俱廢爲庶人，錮榑京師，幽桂大同。允炆既去三王，防燕之心愈切；燕王棣知將不保，乃即興師，於是「靖難」之役以起：

初，削藩議起，燕王棣恃僧道衍爲謀主，護衞張玉朱能爲爪牙；久之，事益露，上變告者日甚！允炆謀之齊泰黃子澄，以工部侍郎張昺爲北平布政使，都指揮使謝貴張信掌北平都司事，以伺察之。棣始稱病，繼稱病篤！會燕山衞百戶倪諒告變，朝旨讓棣，遣中官逮王府僚屬，謝貴張昺以軍士列九門防守；而張信叛附於棣，以情輸之。棣乃用道衍計，伏兵殺貴昺，上書於朝，指齊泰黃子澄爲奸臣，請入清君側；遂自署官屬，稱其兵曰「靖難」：尋陷薊州，奪居庸關，破懷來，都督宋忠戰敗死之！於是通州遵化永平密雲諸守將皆以城附棣，棣衆至數萬；益以前此故元降附之衆，聲勢遂日盛。

棣兵之起，朝廷急遣兵北禦，互有勝負，終則棣捷；故棣師南下，遂渡江代允炆爲帝。茲就其戰役之大者述之如下：

(一)滹沱河之役　棣反書聞，詔削棣屬籍，廢爲庶人，詔示國內，以耿炳文爲元璋時宿將，拜征虜大將軍，帥師北討；遣都指揮盛庸等分道並進；設平燕布政使於眞定，以暴昭掌之。時南中兵事均掌於齊泰與子澄；既主謀削藩，及是益慷慨任事，以爲燕兵可指日而克！及炳文次眞定，使先鋒九千人駐雄縣，爲燕將張玉所襲，大敗；又陷鄚州，炳文部將張保叛降於棣。時大兵號三十萬，先至者十三萬，分營滹沱河南北；棣設計縱保歸，使揚言燕王且至，誘炳文移軍盡北渡河；棣率張玉等循河擊之，炳文軍不得成列，大敗，喪師三萬！炳文退保眞定，棣圍之三日，以炳文老將未可克，乃引去。允炆聞炳文又敗，召之歸，以李景隆往代；景隆者，文忠子，實不知兵，惟自尊大，諸宿將多怏怏不爲用。景隆至德州，收集炳文將卒，並調諸路兵五十萬進營河間，謀旦夕偪燕；未幾，而又有白溝河之役：

（二）白溝河之役　棣聞李景隆來，遂率師援永平，空燕都以誘其師；景隆知燕兵出，果直薄北平城下，築營圍之。棣至永平卻明兵，又誘執寧王權，奪其衆及朵顏泰寧福餘三衞歸北平，乘勝抵城下，城中兵鼓噪出，內外夾攻，諸軍皆潰，喪士卒十餘萬。明年，爲允炆在位之次年（卽建文二年，民國紀元前五百十二年），棣兵陷蔚州，攻大同，景隆奔救，力幾疲，而棣兵益盛；景隆遂大誓師於德州，合軍六十萬，進營白溝河，列陣數十里！初與棣戰，頗勝；明日復戰，燕師反敗爲捷，景隆勢不支！明軍大亂，南奔德州，兵士死者甚衆，燕兵乘勝進陷德州；景隆已先奔濟南，燕師遂攻濟南。時景隆兵在城下者尚十餘萬，棣乘其未陳，馳擊之，景隆大敗，南走；允炆不得已，用齊泰黃子澄計，遣使議和以緩之，棣不聽。濟南者，地當南北之會，燕師得此，江淮可圖，因幷力爭之，而終不下；都督盛庸參政鐵鉉復大敗燕兵，進駐德州；東昌之役，張玉爲庸殺，棣以百騎引還北平。自燕人起師，轉鬬兩年，其鋒銳甚，至是失大將，燕軍奪氣，其後定計南下，皆由徐沛，不敢復道山東！明廷召景隆還京，不復治其喪師之罪。

（三）夾河之役　東昌一戰，南軍幸而勝，然燕人南下之心未已；棣恥敗，欲少休，僧道衍力促之，棣遂復率衆南下保定。盛庸營夾河（河北武邑縣南），棣將輕騎來覘，略陳過庸，遣千騎追之，斬其將譚淵，燕軍大挫。未幾，復戰，遇大風，庸軍面迎沙礫，咫尺不辨物，棣兵縱左右翼橫擊，斬首數萬，庸大敗，走德州；他將再戰，亦不利，時允炆在位之三年也（卽建文三年，民國紀元前五百十一年）。庸軍既敗，京師震懼，詔竄泰子澄於外，密令爲募兵計：棣聞二人已竄，上書請罷盛庸諸人兵；允炆謀於侍講方孝孺，諭棣釋甲歸藩，棣不奉詔。未幾，燕兵餉道漸爲庸師斷，乃復遣人申前請，而允炆又不許；於是棣遂決計南下，其明年乃渡江。

棣稱兵三年，親戰陳，冒矢石，屢瀕於危，所陷城邑，兵去旋復爲朝廷守，故不敢決意南下；無何，有以中官奉使侵暴爲言者，詔所在有司繫治；於是中官密遣人赴燕，具言京師空虛可取狀。棣意動，遂欲南下臨江，一決勝負；加之明糧艘之屯聚沛縣一帶者，已爲燕焚，燕師益無恐。明年，爲允炆在位之四年（卽建文四年，民國紀元前五百十年），棣遣兵連陷東平濟陽諸州縣，斷徐州餉道，破蕭沛及宿州，南向渡淮，又陷揚州，京師勢日岌！先是允炆命徐輝祖帥師禦棣，頗有功，與都督何福敗燕兵於淮北，燕以明師再捷，頗懷疑懼；會朝有訛言，謂燕師已北，詔召輝祖還京，何福軍遂孤：欲移營靈璧，持久老燕師，而糧運又爲燕阻；與燕軍戰，又大不利！燕軍渡淮，雖有盛庸軍阻之，亦終爲燕乘，而揚州由是不守矣！

燕兵既偪，乃徵國內兵勤王，並下詔罪己！時棣率兵往來江上，江南北郡縣俱密已輸款，人心漸解；方孝孺進計，謂宜遣人許以割地，稽延數日，俟募兵漸集，然後決戰江上；乃遣棣從姊慶成郡主往燕軍，請割地罷兵，棣不從，遂自瓜州渡江，進軍龍潭；允炆再遣李景隆等往議和，棣終不從。左右或勸允炆他幸，以圖興復；方孝孺請堅守京城，待四方援兵，卽事不濟，當死社稷。棣尋進兵屯金川門，景隆等開門降，都城陷，宮中火起，允炆不知所終；棣遣中使出允炆屍於火中，越八日葬之。或曰，允炆實由地道出亡？英宗祁鎭時，有僧自雲南至廣西，詭稱建文皇帝，思恩知府岑瑛聞於朝，按問，乃鈞州人楊行祥，年已九十餘，下獄死，同謀僧十二人，皆戍遼東，自後滇黔巴蜀間，相傳有允炆爲僧時往來蹤跡，故當時又有遜國之說云（據潘檉章所撰國史考異謂惠宗之自焚與遁去諸說紛紜，迄無定論，而余以所見所聞反復參訂，則自焚之說可疑者三，而遁去之說可據者又有三。惟地道之說，檉章獨不謂然，謂今觀南京宮城之外，環以御河，果從地道出，將安之乎？意是時成祖頓兵金川，遣人奉章（見長陵碑文），實欲使惠宗自爲計；而京師遼闊，東南一隅，燕師勢難徧及，倉卒潛行，誰爲物色之者，而又何必假途隧中？云云。大抵明人撰著，多以遁去之說爲可憑，檉章所論，足見一班，故明史本紀兼存遜國之說）。

燕王棣既入京，自卽位爲皇帝，是爲成祖。首削魏國公徐輝祖爵，輝祖者，達子，善戰，有父風！當燕師渡江，猶引兵力戰，京師陷，諸武臣咸迎附勸進，輝祖獨守父祠，乃削爵幽私第；而以齊泰、黃子澄等首建削藩議，方孝孺又從而附和，於是殺泰子澄及孝孺，並夷其族，坐黨死者數百；戶部侍郎卓敬，御史大夫練子寧、景淸亦被族誅；兵部尙書鐵鉉初屯淮上，兵潰！及是執至京師，又磔於市；其明年，爲棣卽位之元年（卽永樂元年，民國紀元前九百〇九年），又削盛庸爵，庸自殺；又明年，籍耿炳文家，炳文亦自殺；而李景隆亦旋得罪，削爵籍其家。

棣既卽位，建文諸臣多被殺，而甘自殉者尤多；於是復周齊代岷四王國，徙寧王權於南昌，以北平爲北京，徙富民實之，而遣御史分巡國內，朝局爲之一變。是時政事整飭，百司咸治；棣又躬行節儉，雄武之略，同符太祖：故其季年，威德遐被，四方賓服，受朝命而入貢者殆三十國，幅員之廣，幾同漢唐。今就其武事之卓見者，略述一班於左：

（一）征韃靼及衞拉特　韃靼即故元之後，明初屢與交兵，詳見上節。顧元璋未克親征，故其後嗣衰而復盛；棣之出塞前後凡三次，車駕所至，及元始興地，可謂遠矣！今摘記其用兵之由，次第述之：先是北平兵起，適郭勒齊稱韃靼汗，棣遣使賀之，遂與通和，其國公趙圖嚕根等率衆助戰，並厚加犒賜；及棣正位，屢使致書郭勒齊，賜之銀幣，並及其知院阿嚕台等：已而阿嚕台別部索和爾及察罕達嚕噶等先後來歸，阿嚕台殺郭勒齊而迎元之後布尼雅錫哩於巴什伯里（即別失八里），立為可汗。棣在位之六年（即永樂六年，民國紀元前五百〇四年），以書諭之，不聽命；明年，復使給事中邱驥賫書往，驥被殺！棣怒，乃以邱福為大將軍，副以別將，將精騎十萬北討。福於「靖難」之役，建功最高；不謂出師失利，而竟死於敵，明勢一挫！於是棣不得不籌親征之師矣。

初，故元遺臣孟克特穆爾據蒙古之西陲，號衞拉特部，勢甚強，棣自起兵北平，即與通和；已而孟克特穆爾死，衆分為三，其渠曰瑪哈木特，曰太平，曰巴圖博囉，棣即位後，亦歲遣使諭賜；棣在位之七年（即永樂七年，民國紀元前五百〇三年），三人者遣使貢明馬，仍請封，遂封三人皆金紫光祿大夫，加王號，自是頗與明通好，未之叛也。邱福出師韃靼，布尼雅錫哩已先為衞拉特所襲破，與阿嚕台徙居臚朐河；福輕進，為敵所乘，被殺，全軍皆沒，同時死敵者至五將軍之多。其明年，為棣在位之八年（即永樂八年，民國紀元前五百〇二年），以北征詔國內，命戶部尚書夏原吉輔皇長孫瞻基留守北京，而自督師五十萬出塞；布尼雅錫哩聞明軍至，懼！邀阿魯台俱西，阿魯台不從，衆潰散君臣始各爲部：布尼雅錫哩西奔，阿魯台東奔。棣追及斡難河，麾兵奮擊，大破之，布尼雅錫哩棄輜重牲畜遁！遂移師征阿魯台：阿魯台乞降，棣察其詐，命諸將嚴陳以待；已而果悉衆來戰，棣自將奮擊，阿魯台墜馬，遂大敗，追奔百餘里！遂班師。此爲永樂出塞親征之第一役：

阿魯台既敗，復請降，朝廷許之，已又封爲和寧王；自是歲一貢，或再貢以爲常。韃靼旦夕得無事，而衞拉特之役又興：棣在位之十二年（卽永樂十二年，民國紀元前四百九十八年），其酋瑪哈木特擁兵臚朐河，將悉衆而南，揚言襲阿魯台，開平守將以聞，棣下詔親征，兼程而進，至和拉和錫袞（故和林東），瑪哈木特等三部掃境來戰，棣親率諸將擊之，斬其王子數十人，部衆數千人，追奔度兩高山，至圖拉河，瑪哈木特等遁！遂班師。阿魯台聞之，亦遣使來朝。此爲永樂出塞親征之第二役：

明代塞北之患，其初以韃靼爲強，衞特拉其次焉者：瑪哈木特既敗，復遣使入貢，詞極卑順，棣曰：『衞拉特不足與校』，受其獻，館其使者，尙未有必行誅絕之心。棣處北平久，習知塞下關係之切，故在位之十九年（卽永樂十九年，民國紀元前四百九十一年），遷都北京，期便於控制；而阿魯台貢使至邊，要刼行旅，棣遣使戒戢，而阿魯台由是驕蹇，竟不至。阿魯台之內附也，困於衞拉特，窮蹙而南，思假息塞外，棣納而封之，母妻皆爲王太夫人王夫人，數年生聚，畜牧日以蕃盛，寖桀驁，拘留朝使，時時將兵出沒塞下；棣在位之二十年（卽永樂二十年，民國紀元前四百九十年），遂大舉入興和（本河北宣化府境），棣再決策親征，大軍次沙狐原（在興和北），阿魯台懼，北遁。棣謂諸將曰：『阿魯台恃有烏梁海部兵，敢行悖逆，當移師翦之』。遂簡步騎二萬，分道並進，大潰其部衆而還。是爲永樂出塞親征之第三役：

其明年爲棣在位之二十一年，（卽永樂二十一年民國紀元前四百八十九年），邊將言阿魯台將復入寇；棣曰：『彼意朕必不復出，當先駐塞下待之』。大軍至西陽河（卽西洋河河北懷安縣西北），聞阿魯台爲衞拉特所敗，部落潰散；遂駐師，命陳懋爲先鋒，至宿嵬山（在興和北），遇蒙古王子額森托干率所部來降，棣大喜，封爲忠勇王，賜姓名金忠，遂班師。金忠數請擊阿魯台，願爲前鋒自効；棣初不許，會開平守將言阿魯台兵在近邊，羣臣亦勸棣如忠言，棣意遂決。又明年復詔北征，前鋒至達蘭納穆爾河（和林東北），不見敵；棣還至楡木川（故城在開平故城北），有疾而沒，在位凡二十二年。此則永樂出塞親征之第四役也：

自永樂迭次親征，韃靼衞拉特乃俱不敢內侵；其後阿魯台仍遣使貢馬，歲終獻貢如永樂時；而衞拉特部屬亦多有來降者，明之邊氛賴以一靖。

（二）討安南 韃靼與衞拉特，棣俱親征；至安南則屢遣師討之，而未能卽定也。安南自爲李氏所據，八傳無子，傳其婿陳日煚，元時屢破其國。元璋初卽位，其王日熞聞廖永忠定兩廣，將遣使納款，以梁王在雲南，未果；元璋旋遣使招諭之，安南乃遣使入貢，詔封日熞爲安南國王。其後數傳至日焜，爲其臣黎季犛所害；季犛立其子顒及弟㤅，復害之而攘其位，更名曰胡一元，名其子蒼曰奆哥，尋自稱太上皇，傳位于奆，明廷不知也。棣初卽位，亦遣使朝貢，明仍封𡗝爲安南國王；巳而安南舊臣裴伯耆詣闕告難，前王陳日煃弟天平亦來奔，請兵復仇！棣始悔封𡗝之誤，遣使詰責令具篡奪之狀以聞；𡗝復遣使謝罪，請迎天平歸國；棣在位之三年（民國紀元見上）乃遣人以兵納天平于安南。明年，天平將至，𡗝伏兵邀殺之，棣怒，遂決意興師：乃以朱能爲征夷將軍，沐晟張輔輔之，帥十八將軍分道進；能於「靖難」之役曾建大功，及是發兵，沒於途，輔代將其軍。入安南境，傳檄數一元父子二十大罪，諭國人以輔立陳氏子孫意，師次芹站（安南諒山府鷄陵關南），造浮橋於昌江以濟，與諸軍分進，所至皆克。安南人聞警，築城於多邦隘（安南廣威州西），連亘九百餘里，大發富良江北民二十餘萬守之，諸江海口皆下木樁，所居東都（安南交州府）嚴守備，水陸兵號七十萬，欲持久以老官軍；輔等急攻多邦下之，進偪東都，安南兵大敗，焚其宮室倉庫，南遁入海。其明年，安南諸地多爲明所定，季犛及其子蒼俱被獲，檻送京師，安南平；詔置交阯布政司，以行部尚書黃福領之，張輔等皆班師。此爲張輔用師安南之第一役：

初，明兵討安南，陳氏故官簡定先降，將遣詣京師，復逸去，說羣盜鄧悉等下之，遂僭號，稱大越；明兵旣歸，簡定遂起事，諸州縣皆響應，詔沐晟以兵四萬討之。晟與簡定戰於生厥江（安南交州府西），大敗；又明年，爲棣在位之七年（卽永樂七年，民國紀元前五百〇三年），復命張輔帥師與晟協剿。簡定自稱上皇，立陳季擴爲帝，寇勢益張！輔進師鹹子關（安南建昌府快州西北）與簡定兵戰，勝之；遂以師繼進，獲簡定於美良山中（安南廣威州東南），及其黨送京師，皆伏誅，惟陳季擴遁去，詔留沐晟討之，召輔班師。此爲張輔用師安南之第二役：

季擴之遁，沐晟以師追之，季擴遣使乞降，詔以季擴爲交阯布政使，不受命，剽掠如故，晟不能制。安南人苦中國約束，又數爲吏卒侵擾，往往起附亂，乍服乍叛，將帥益玩寇！棣在位之九年（卽永樂九年，民國紀元前五百○一年），仍命輔與沐晟協力進討：輔至，申軍令，都督黃中素驕，違節度，詰之不遜，斬以徇，將士惕息，無敢不用命者；是時，季擴據月常江（安南淸化府東），列柵爲守，輔以兵水陸夾攻，季擴戰敗。自是連歲交鋒，明兵輒大利；迨棣在位之十二年（卽永樂十二年，民國紀元前四百九十八年），遂獲季擴於老撾，及其孥送京師，斬之，安南再平，遂班師。此爲張輔用師安南之第三役：

輔旣至京，旋命爲交阯總兵官往鎭，而餘寇陳月湖等復作亂，輔悉討平之；棣在位之十四年（卽永樂十四年，民國紀元前四百九十六年）復召輔還。輔凡四至安南，前後建置郡邑，及增設驛傳遞運，規畫甚備，安南人所畏惟輔；輔還一年，而黎利反。利初事陳氏爲金吾將軍，歸命後，授巡檢，以是常怏怏；輔還稍久，遂起事，自稱平定王，附者甚衆。明廷累遣將討之，終不能獲利，利勢轉張；至宣宗瞻基時，明將柳升敗沒，王通與之盟，倉卒引退！廷議棄安南，輔爭之不能得，明卒立陳日煃之後暠爲安南國王。

（三）平西南蠻　貴州，古羅施鬼國，漢西南夷牂牁武陵諸傍郡地，元置八番順元諸宣慰司以羈縻之。元璋旣克陳友諒，兵威遠振，思南（本貴州思南府）宣慰田仁智，思州（本貴州思州府）宣撫田仁厚，率先歸附，卽以故官授之，命世守其地，其時猶當元季；及元璋既正大位，貴州宣慰靄翠等先後來歸，皆予以原官世襲，賦稅聽自輸納，不置郡縣，而以衞指揮僉事顧成築城守之。棣在位之十一年（卽永樂十一年，民國紀元前四百九十九年），思南田宗鼎（仁智之孫）與思州田琛（仁厚之孫）搆怨相仇殺，屢不受明禁令，始命成以兵五萬執之，送京師，詔分其地為八府四州，設貴州布政使司，而以長官司七十五分隸焉；貴州為內地自此始。其地西接黔蜀，東連荆粵，元璋於平滇詔書言：『靄翠輩不盡服之，雖有雲南，不能守也』！至棣遂成之，蓋自是而明之威德始被於西南蠻矣。

（四）禦東倭　明史所謂倭寇，卽指日本言；而日本則謂彼國西南海亂民，非政府之師，其說與我異。日本當元世受大征伐，而元師反大敗；其後元使招之反不至，終元世未相通也。明興，方國珍張士誠之徒相繼誅滅，諸豪亡命往往糾島人入寇山東濱海州縣；元璋在位之二年（卽洪武二年，民國紀元前五百四十三年），特遣行人楊載詔諭其國，且詰以入寇之由，日本不聽命，而明史所謂倭寇，及是反日熾！自遼海而山東而浙江而福建，迭被侵掠，明廷不得已，復以使往。已而遣其國僧祖來奉表通好，元璋嘉之，宴賚其使者；會其俗佞佛，可以西方教誘之也，乃命僧祖闡克勤等八人送其使還國，而沿海之盜掠如故。其後和好輒不常，元璋深防之：乃於在位之二十年（卽洪武二十年，民國紀元前五百二十五年），命江夏侯周德興往福建濱海四郡，相視形勢，衞所城不當要害者移置之，民戶三丁取一，以充戍卒，乃築城一十六，增巡檢司四十五，得卒萬五千餘人；又命信國公湯和行視浙東西諸郡，整飭海防，築城五十九，得戍卒五萬八千七百餘人，分戍諸衞，海防大飭。胡惟庸謀變，陰結日本，越數年，其事始露，元璋用是惡日本特甚，決意與之絕！又著祖訓，列不征之國十五，日本與其一；迨成祖棣即位，仍與通好，使者恆往來，而海上之警又未能少絕也。蓋明之禦倭，間小勝而不能大捷，故倭之窺明，曾坦然無懼，棣在位之十七年（即永樂十七年，民國紀元前四百九十三年），倭復寇遼東，總兵劉江大敗之，倭始不復窺東明之禦倭大捷，自此始。

劉江即劉榮，初冒父名江，從徐達轉戰有功，爲成祖棣所器重，累官至總兵，鎭遼東：睹倭數出沒海上，瀕海郡邑多被害，江度形勢，請於金線島西北望堝（遼甯寧海縣東南），築城堡，設烽堠，嚴兵以待；及棣在位之十七年，瞭者言東南海島中舉火，江急引兵赴堝上，依山設伏，迨倭船至，又別遣將斷其歸路，以步卒迎戰，佯卻，倭兵入伏中，砲舉伏起，旣大破寇，而又縱其走，復分兩路夾擊，盡覆之，斬首千餘級，生禽百三十人，自是倭大創！詔封江廣寧伯，予世券，江始更名榮。

（五）通西洋　棣之得國，實由宦官之內應；卽位以後，頗重任宦官：初聞烏斯藏僧哈里瑪善幻化，欲致一見，因通迤西諸番，遂命宦官侯顯等賫書幣往迓，未幾，又遣馬彬使爪哇、蘇門答剌諸國，李興使暹羅，尹慶使滿剌加、柯枝諸國：於是宦官多奉使通道南洋，而其所致，則以鄭和爲最遠。據明史，棣疑建文亡海外，欲蹤跡之，且欲耀兵海外，示中國富強，於是有命和航海之舉：但其動機安屬，勿具論；而其經域之廣，歷時之久，匪特爲一時所莫及，而亦自古以來所實未曾見者也！初，和之奉命通使南洋也，與其儕王景弘等將士卒三萬七千八百餘人，多賚金幣，造大舶，修四十四丈、廣十八丈者六十二，自蘇州劉家港泛海至福建；復自福建五虎門相機首達占城，以次偏歷諸番國，宣天子詔，因給賜其君長，不服則以武懾之。棣在位之五年（卽永樂五年，民國紀元前五百〇五年），和等還，諸國使者隨和朝見；和獻所俘舊港酋長，棣大悅，爵賞有差。舊港者，故三佛齊國也，古名干陀利，元璋初卽位，遣行人趙述詔諭其國，尋奉表入貢；嗣以胡惟庸謀亂，三佛齊乃生間隙，紿明使臣至彼，爪哇酋聞之，遣人戒飭，禮送還朝，於是商旅阻遏。蓋三佛齊爲爪哇屬國，故能聽爪哇命；久之，爪哇據三佛齊，改其名曰舊港，三佛齊遂亡。國中大亂！爪哇亦不能盡有其地，華人流寓者往往起而據之。舊港酋目陳祖義者，亦廣東人，雖嘗朝貢於明，而爲盜海上，貢使往來者苦焉！鄭和自西洋還，遣人招諭，祖義詐降，潛謀邀刼；有施進卿者，告於和，祖義來襲，被禽獻俘，戮於都市。時進卿適遣壻邱彥誠朝貢，命設舊港宣慰司，以進卿爲使，自是屢入貢；然進卿嘗受朝命，猶服屬爪哇，其地狹小，非故時三佛齊比也。棣在位之六年（卽永樂六年，民國紀元前五百〇四年），再往錫蘭山。錫蘭山者，或云卽古狼牙修，梁時嘗通中國，自蘇門答剌順風十二晝夜可達。和將至，其酋亞烈苦奈兒誘之至國中，索金幣，發兵刼和舟；和覘賊大衆既出，國內虛，率所統二千餘人，出不意攻破其城，生禽亞烈苦奈兒及其妻子官屬；刼和舟者聞之，還救，明軍復大破之。棣在位之九年（卽永樂九年民國紀元前五百〇一年），獻俘於朝，廷臣請行戮，棣釋之，且給以衣食，命擇其族之賢者立之；有邪把乃那者，諸俘咸稱其賢，乃遣使賫印誥封爲王，其舊王亦遣歸。是時交阯已破滅，郡縣其地，諸邦益震懼，來者益多。棣在位之十年（卽永樂十年民國紀元前五百年），復命和往使至蘇門答剌，蘇門答剌雖越在海外，而與明室常親；棣自卽位以來，屢遣使至其國；其國亦比年入貢，終棣之世未之絕。先是蘇門答剌酋之父，與鄰國花面王戰，中矢死，王子年幼，王妻號於衆曰：『孰能爲報仇者，我以爲夫，與共國事』。有漁翁聞之，率國人往擊，馘其王而歸，王妻遂與之合，稱爲老王；已而王子年長，潛與部領謀殺老王，而襲其位，老王弟蘇幹剌逃山中，連年帥衆侵擾。和之復至其國也，蘇幹剌以頒賜不及己，怒，統兵邀擊；和率衆禦之，大捷，俘蘇幹剌，歸其王，因遣使入謝。時棣在位之十四年也（卽永樂十四年民國紀元前九百九十六年）。明年，滿剌加古里等十九國咸遣使朝貢，辭還，復命和等偕往，賜其君長；十七年（卽永樂十七年民國紀元前九百九十三年）還。十九年（卽永樂十九年民國紀元前九百九十一年），復往，明年還。二十二年（卽永樂二十二年民國紀元前四百八十八年），舊港酋長施進卿子濟孫請襲宣慰使職，和齎敕印往賜；比還，而棣已晏駕。至宣宗瞻基在位之五年（卽宣德五年民國紀元前四百八十二年），和復奉使歷忽魯謨斯等十七國而返。和經事三朝，先後七奉使，歷國三十餘，所得寶物不可勝計；自和以後，凡將命海表者，莫不盛稱和以夸外蕃；故俗傳三保太監下西洋，爲明初盛事。

鄭和所歷諸國，其記載較詳者，莫如馬歡之瀛涯勝覽，費信之星槎勝覽兩書。茲撮舉其國，釋以今地，以見當時聲威之所被焉。

(1)馬來半島以東諸國

- (1)占城……今越南下交阯部西貢市所在之地
- (2)靈山……今越南下交阯部
- (3)眞臘……今柬埔寨
- (4)崑崙……今下交阯極南端之一島
- (5)賓童龍……今柬埔寨海島之一嵎角
- (6)暹羅……自明
- (7)彭坑……今馬來半島南端瀕東海岸與新嘉坡接壤
- (8)東西竺……今新嘉坡
- (9)龍牙門……今馬來半島與蘇門答剌中間之龍加島
- (10)交欄山……今爪哇海中之比利敦島
- (11)假里馬丁……今婆羅洲西南之卡里馬塔羣島
- (12)麻逸凍……今巽他羣島中之邊洲

明威所被諸國

- (13)爪哇……自明
- (14)重迦羅……今爪哇海中之馬都拉島
- (15)吉里地悶……疑今爪哇海與班達海間之檀香嶼

(2)滿剌加諸國

- (1)滿剌加……今馬來半島南端西岸
- (2)阿魯……今蘇門答剌島北岸
- (3)九州山……今滿剌加海中之九島嶼

(3)蘇門答剌諸國

- (1)舊港……今蘇門答剌島東北部之巴鄰旁
- (2)蘇門答剌……今亞齊一隅
- (3)南浡里……今蘇門答剌島之西北部
- (4)那孤兒（一名花面王國）……疑亞齊一部
- (5)黎代……同右
- (6)龍涎嶼……今亞齊東北十三里一小島
- (7)翠藍嶼……今阿達曼羣島

- (1)榜葛剌……今孟加拉

- (4)印度諸國
  - (2)柯枝……今印度半島之西南端臨阿剌伯海
  - (3)大小葛蘭……今印度大都會欄樵相近
  - (4)古里……今孟買省瀕海之一小都會
  - (5)錫蘭……今印度南端之大島
  - (6)溜山洋……今錫蘭西偏南之多數珊瑚島
- (5)阿剌伯諸國
  - (1)佐香兒……今阿剌伯海南岸之一市
  - (2)阿丹……今阿剌伯最南端之一半島
  - (3)忽魯謨斯……今波斯灣內三大島之一
  - (4)天方……今阿剌伯
  - (5)剌撒……疑在今美索不達米亞附近
- (6)阿非利加沿岸諸國
  - (1)木骨都束……今阿非利加東海岸
  - (2)不剌哇……同右(木骨都束迤南)
  - (3)竹步……同右(竹步迤南)

成祖棣在位，不獨振威異域已也；即其浚吳淞江，規復元末淤廢之會通河，濬賈魯河故道，築海門捍潮隄，開清江浦，引漕舟直達於河，皆爲一代工事之極有關係者；又當地方之亂，如蒲臺（山東蒲臺縣）婦人唐賽兒之起事，亦能克日敉平。史稱『永樂之治，成功駿烈，卓乎盛矣』！誠哉其言也。棣在位二十二年，沒，太子高熾立，是爲仁宗。

第三章　明下（民國紀元前四百八十七年至二百六十九年）

明中世百九十餘年間變故紛更之一（藩禍之再與及王振諸人之用事）（民國紀元前四百八十七年至四百四十八年）

仁宗高熾在位一年，用人行政，多有可稱；惜未久卽沒！太子瞻基立，是爲宣宗。未幾而卽有高煦謀變之事：高煦者，仁宗高熾之弟，成祖棣之次子。棣起兵北平，高熾居守，高煦從，嘗爲軍鋒。白溝河之戰，棣幾爲瞿能所及，高煦帥精騎數千直前決戰，斬能父子於陳。自後屢建兵功，迭脫棣於厄，棣以爲類己，高煦亦以此自負，恃功驕恣，多不法。比棣正位，封高煦漢王，國雲南。高煦曰：『我何罪，斥萬里』？不肯行，故仍留京師，請得天策衛爲護衛，輒以唐太宗自比；已復乘間請益兩護衛，所爲益恣，數於棣前譖毀東宮，乃改封青州，而又不行，棣始以爲疑，賜敕促之。高煦遷延自如，又募兵三千人，不隸籍兵部，縱使刼掠；旋觸棣怒，削去兩護衛，誅其左右狎暱諸人，徙封樂安（山東惠民縣），趣即日就道。高煦至樂安，異謀益急；及棣北征晏駕，高煦子瞻圻在北京覘朝廷事馳報，一晝夜六七行。高煦亦自遣人潛伺京師，幸有變；高熾知之，顧益厚遇，遺書召至，增歲祿，賜賚萬計，仍命歸藩。比高熾沒，瞻基自南京來奔喪，高煦謀伏兵邀於路，倉卒不果；及即位，賜高煦特厚，凡有求請皆曲如其意，高煦益自肆！未幾而其變遂作。

高煦之變興，與其黨日夜造軍器，籍丁壯爲兵，破獄出死囚，厚養之，集旁近無賴子弟及逋逃，賜銀幣，編隊甲，奪府州縣官民畜馬，立五軍四哨，授王斌諸人以僞官，遣人約山東都指揮靳榮爲助，期先取濟南，然後犯闕；又遣人入京，約張輔爲應。輔立縶以聞，而外來告變者亦踵至。瞻基遣中官侯春賜高煦書，高煦倔強不從，並遣使齎奏入京，多所指斥，亦以「靖難」爲辭，索誅奸臣，以戶部尚書夏原吉爲罪首；蓋原吉曾侍瞻基，往來兩京，隨事納忠，多所裨益，而極忠於中央者也。瞻基初意欲以陽武侯薛祿往討，夜召諸大臣入議：楊榮首勸親征，張輔請先驅，原吉曰：「獨不見李景隆已事耶？臣昨見所遣將命下即色變，退語臣等泣，臨事可知；且兵貴神速，卷甲趨之，所謂先聲有奪人之心也，榮言是」。議遂決，未幾，發京師，高煦聞之始懼！其黨有自拔來歸者，瞻基厚賞之，命還諭其衆；復遺高煦書，使即出倡謀者。大軍至樂安，高煦初不即降，仍以書敕諭城中有欲執高煦獻者，高煦始出降：令爲書召諸子同歸京師，罪其倡謀，赦城中脅從者，遂執王斌等歸於京師，改樂安州爲武定州，命薛祿及兵部尚書張本留鎮其地。時瞻基在位之元年也（即宣德元年，民國紀元前四百八十六年）。高煦既降，廢之爲庶人，築室西安門內，錮之；王斌等皆伏誅，惟長史李默以嘗諫免死，謫口北爲民；天津青州滄州山西諸都督指揮約舉城應者，事覺，相繼誅，凡六百四十餘人，其故縱與藏匿坐死戍邊者一千五百餘，編邊氓者七百二十人！瞻基自製東征記以示羣臣，高煦及諸子相繼皆死。

高煦弟高燧，始封趙王。高熾之爲太子也，高燧與高煦相結譖東宮，後爲棣所知，擇人輔導，高燧稍改行；迨高熾立，始之國彰德。瞻基卽位，又賜以田園八十頃，旣禽高煦，歸至中途，尙書陳山請乘勝襲彰德，否則趙王反側不自安，異日必變！瞻基不可。及至京師，言趙王與謀者益多，乃以其詞及羣臣章遣使持示高燧，高燧大懼，請獻護衞，言者始息。未幾，而高燧亦沒。

瞻基當國稍久，善政頗多，不獨克平藩禍已也；史稱卽位以後，吏稱其職，政得其平，綱紀修明，倉庾充羨，閭閻樂業，歲不能災。明興至是歷年六十，民氣漸舒，蒸然有治平之象！故宣德之治，可與洪武永樂並論；而其貽後人之訾議者，亦有數端：如廢皇后胡氏而代以貴妃孫氏；戴綸陳祚匡主直諫，而胥不見從，且皆下獄，而綸竟致死，要皆可謂瞻基之過！其尤著者，則立內書官以教宦官，宦官自此得諳文章，而日後專權攬政之由實由茲始。此其爲禍，固非一人一時之事所可比也！今伸論其事，而以王振之肆繫焉：

明代宦官之禍，至中世而漸烈：其初元璋既定江左，鑒前代之失，置宦者不及百人；迨末年，頒祖訓，乃定爲十有二監及各司局，稍稍備員。然定制不得兼外臣文武銜，不得御外臣冠服，官無過四品，月米一石，衣食於內廷；嘗鑄鐵碑置宮門，不得干預政事，預者斬！敕諸司不得與文移往來：故終元璋之世，宦官無由爲政事患。建文嗣位，御內臣尤嚴，詔出外稍不法，許有司械聞；及燕師偪江北，內臣多逃入其軍，漏朝廷虛實，永樂以爲忠於己，而狗兒輩復以軍功得幸，故恆多委任，而宦官之勢漸張！或出使，或專征，或監軍，或分鎭，或刺臣民隱事，然猶無力顯預政權也。明初定制，內臣不許讀書識字；及宣宗瞻基卽位，乃開書堂於內府，內書堂之立，自此始。其初改刑部主事劉翀爲翰林修撰，專授小內使書；自後大學士陳山，修撰朱祚，俱專是職，選內使年十歲上下者二三百人，讀書其中；其後增至四五百人，翰林官四人教習以爲常；於是內官始通文墨，掌奏章，照閣票批硃，與外臣交結外來，而宦官之專政攬權，蓋於斯焉肇矣。

瞻基在位之十年（卽宣德十年，民國紀元前四百七十七年），疾沒，子祁鎭立，是爲英宗。任楊榮楊溥楊士奇以政，時人謂之三楊。三楊者同心輔政，頗有所建白；而祁鎭惑於宦官王振，日暱近之。振狡黠多小智，事瞻基於東宮，宣德初寖用事，祁鎭爲太子時，朝夕侍左右；及卽位，特命振掌司禮監，寵任甚優。太皇太后張氏者，故仁宗高熾后也；宣宗瞻基之沒，祁鎭方九歲，宮中訛言將別立，太后趣召諸大臣至乾淸宮，指太子泣曰：『此新天子也』。羣臣呼萬歲！浮言乃息。大臣請太后垂簾聽政，太后曰：『毋壞祖宗法』。第悉罷一切不急務，時時勖祁鎭向學。及王振漸見寵任，太后偕祁鎭同御便殿，召三楊及張輔胡濙入見，顧祁鎭曰：『此五臣、先帝簡任，俾輔後人，皇帝萬幾，宜與五臣共計』。有頃，宣王振至，數其罪惡，令賜死，而祁鎭與五臣力求，始得免，振自此稍戢；已而太后病沒，振復跋扈，後遂不可制。

太皇太后張氏之沒，當英宗祁鎭在位之八年（卽正統八年，民國紀元前四百六十九年）。時楊榮已先死，楊士奇以子稷有罪論死不出，楊溥老病，新閣臣曹愉曹鼐勢輕，振由是益橫！作大第於皇城東，建智化寺，窮極土木。侍講劉球因雷震上言陳得失，語刺振，振下球獄，使人支解之；大理少卿薛瑄、祭酒李時勉素不禮振，振摭他事陷瑄幾死，時勉至荷校國子監門，其餘諸人得罪者尤衆。祁鎮方傾心向振，至以「先生」呼之，賜振敕極褒美，振權日重：公侯勛戚呼曰「翁父」；畏禍者爭附振免死，賄賂湊集，兵部尚書徐晞等多至屈膝，其從子山林至蔭都督指揮。明自開創以來，政治清善，歷數十年而彌多改進，至是閹官弄權，人主惟聽其意，而明政始壞矣。

抑王振禍明，其事非一端，就其大者言之，蓋有兩事：

(一)征麓川　麓川於明初，其酋思倫發內屬於明，詳見上節。明分其地設三府，隸雲南，四長官司隸金齒。久之，思倫發死，其子思任發襲職，桀黠喜兵，會明初孟養、木邦二府搆殺，思任發乘機侵據，遂欲盡復其父故所失地，稱兵擾邊。黔國公沐晟請發兵進剿，朝命都督方政會晟及其弟昂共討之。政與晟不協，獨引兵至上江(即龍川江)，全軍皆覆，事聞，朝廷切責晟，晟懼罪暴沒，敕昂代統其軍，久亦無功。思任發由是愈橫，然仍遣人以象、馬、金、銀來貢，並致番書於雲南總兵官，謂『始因潞江安撫司線舊法相邀報仇，其後線舊法乃誣己為入寇，致大軍壓境，今欲遣使謝罪，乞為導奏』。詔許赦其罪。時刑部侍郎何文淵疏請罷麓川司，命下廷臣議。而王振方用事，欲示威四夷，先已召還甘肅總兵官蔣貴等，使待命。兵部尚書王驥揣知振意，力主用兵。振大悅，遂絀廷議，以貴為平蠻將軍，驥總督軍務，大發東南諸道兵十五萬人往討麓川。驥至雲南，部署諸將，分道進師，先克上江，進攻麓川，思任發走孟養（今緬甸北境孟拱之南）。時英宗祁鎭在位之七年也（卽正統七年，民國紀元前四百七十年）。捷聞，命還師，進貴爵定西侯，驥封靖遠伯，詔『有能擒獲思任發者卽以麓川地與之』。明年，思任發竄緬甸，緬甸人執之，挾以求地。而其子思機發復率餘衆，據者藍（麓川別寨，地通孟養），奏乞入朝謝罪，廷議欲因而撫之，王振獨不可。於是命驥等合兵再討麓川，發兵轉餉，凡五十萬人。驥至金齒，檄緬人獻思任發，緬人不許。驥等分軍進攻，卒不得思任發，乃趨者藍攻思機發，破走之，立隴川宣慰司（今龍川宣撫本雲南永昌府西南）而還。翌三年，爲祁鎭在位之十一年（卽正統十一年，民國紀元前四百六十六年），緬甸始以思任發及其妻子三十二人獻至雲南，任發於道中不食垂死，千戶王政斬之，函首京師。其子思機發竄匿孟養，屢遣使入貢謝罪，明廷亦屢敕詔諭，許以不死，然心疑畏，終不敢出，乃詔沐晟之子斌（晟沒，代父鎭雲南）出師討之，未幾，以糧盡瘴作引還。王振以斌師出無功，必欲生致思機發，犂其巢穴，意始慊。於是復命王驥總督軍務，都督同知宮聚爲平蠻將軍，統兵十五萬，往討。驥師至金沙江（雲南金沙江有二：一自東北至四川，合大江；一自西南至緬甸，入南海。二江異流而同名，茲之金沙江則卽鄒氏地圖之邁立開江，自西南流入緬甸者也）。造浮梁以濟，大破西岸之兵，連偪累勝，而思機發終脫去。時明軍已踰孟養至孟那海，其地在金沙江西，去麓川千餘里，諸蠻皆震，謂漢人從無渡金沙江者。驥慮大軍遠涉，饋餉不繼，謀引還，而諸蠻復擁思任發少子思陸（蠻稱其長曰發，時思機發尚在，故思陸不稱發）據孟養。驥知思氏終不可滅，乃與思陸約立石金沙江爲界，誓曰『石爛江枯，爾乃得渡』！思陸亦懼而聽命，遂班師。時祁鎭在位之十三年也（卽正統十三年，民國紀元前四百六十四年）。驥凡三討麓川，卒不得思機發，議者皆咎驥老師廢財，以一隅騷動中國，不知其謀實王振主之。使振不主用兵，驥亦未敢率爲附和也。是時有詹英者，官會川衞訓導，抗疏劾驥掩敗爲功，奏下法司，王振以主謀故，特左右之，得不問。後至景帝祁鈺時，緬人始送思機發送京師處斬。

（二）戰衞拉特　明英宗祁鎭之親征衞拉特也，師敗蒙塵，王振亦死難，而其主謀又由於振：振之禍明，可謂巨且著矣！先是王振用事，國內亂數起：如福建則有鄧茂七之亂，浙江則有葉宗留之亂，皆未久敉平，而人心浮動，生計不安；加以衞拉特之入寇，明勢乃日落。初，衞拉特自孟克特穆爾之後，衆分爲三：曰瑪哈木特，曰太平，曰巴圖博囉，而瑪哈木特屢寇邊，爲成祖棣所敗，語在上節。棣封瑪哈木特曰順寧王，太平曰賢義王，巴圖博羅曰安樂王。其後瑪哈木特死，子托歡請襲爵，明廷許之，仍爲順寧王。已而托歡襲殺阿魯台，勢日強；既又內幷賢義安樂二王，盡幷其衆，欲自稱可汗，衆不可，乃求得元裔托克托布哈立爲汗，而托歡自爲其丞相，且以先所倂阿魯台衆歸之，常脅誘朵顏諸衞窺伺塞下。托歡死，子額森嗣，稱「太師淮王」，於是北部皆服屬額森，托克托布哈具空名，不能復相制，每入貢，主臣並使。時王振用事，以藻飾太平爲名，賜賚甚厚，而額森益驕，於是遂有分道入寇之事。

故事，衞拉特使至中國，不過三十人；後利明廷爵賞，歲增至二千餘人。未幾，其部衆有來歸者，言額森將寇；明廷弗問，不報。時朝使至衞拉特，凡額森有所請，無不許；衞拉特使來，更增至三千餘人，復虛其數以冒廩餼，禮部按實予之，所請又僅得五之一，額森怒。其明年爲英宗祁鎮在位之十四年（卽正統十四年，民國紀元前四百六十三年），遂挾諸部分道大舉入寇：托克托布哈以烏梁海寇遼東，別將分師寇宣府，甘肅，而額森自擁衆從大同入至貓兒莊（山西陽高縣北），參將吳浩迎戰敗死，宋瑛朱冕均功臣子，亦多敗沒，諸邊守將皆逃匿，邊氛日惡！王振勸車駕親征，兵部尙書鄺埜侍郎于謙，力言不可，不從；遂下詔令皇弟郕王祁鈺居守，車駕發京師。振及英國公張輔等俱從，官軍私屬達五十餘萬人，倉卒就道，軍常夜驚！過居庸關，羣臣請駐蹕，不允；至宣府，風雨大至，邊報益急。羣臣交章請留，振必不可，且虓怒，進次大同；宦官郭敬密以敵情告振，始旋師，道從宣府，敵衆襲軍後，吳克忠等皆戰死。行次土木（河北懷來縣西），諸臣議入保懷來，振顧輜重，遽止，額森遂追及；土木地高，掘井二丈不得水，汲道已爲敵據，衆渴，敵騎益增。明日，敵見大軍止不行，僞退，振遽令移營，而南軍方動，額森集騎四面衝之，士卒爭先走，行列大亂；敵跳陳而入，明軍大潰，死傷數十萬！張輔鄺埜等五十餘人俱死，振亦爲亂兵所殺。額森遂擁車駕去，旋由大同入紫荊關，犯京師：賴于謙力守，額森不得逞，仍挾祁鎮歸部落。而明廷以蒙塵之禍，實由王振，乃籍振家，夷其族。

額森之犯京師，志在挾中國之君以邀請；乃邀請不許，而戰又不利：其別將攻居庸者，復爲明兵所敗；且聞明四方勤王兵將至，乃退師而去，轉犯寧夏，寇大同，均不利。宦官喜寧者，從車駕入衞拉特，數說額森寇邊；後亦爲明師所禽磔治之，額森無少逞。又以郕王祁鈺已卽位京師，奉祁鎭爲上皇，乃漸謀歸上皇於明，而先遣人請和；明廷悉其隱，亦遣使往報。奉迎車駕，額森乃遣兵護送上皇歸京師。自是屢與其主托克托布哈遣使致貢。已而額森殺托克托布哈，幷其衆，獻捷于謙，請征之不從，而額森因之益肆；並以兵力迫脅諸部，東踰烏梁海，西及赤斤哈密等，遂自立爲汗，以其次子爲太師，遣使致書，稱「大元特克紳汗」，明遺書亦以「汗」稱之。額森愈驕恣，日事酒色，其知院阿拉殺而代之。未幾，韃靼部酋保喇復殺阿拉，求托克托布哈子穆爾格爾立之，號小王子。額森弟及諸子皆走依哈密，自是衞拉特遽衰，部衆分散，而保喇與其屬瑪拉噶等皆雄視部中，韃靼勢復熾。

額森本托歡太師子，額森既亡，數傳至博汗，其世次不可考。博汗生子曰烏林台巴丹太師，遂統部落，是爲準噶爾之始。

初，祁鎭北狩，明諸臣以皇太后孫氏命，奉郕王祁鈺監國，尋卽大位，是爲景帝，而以于謙爲兵部尙書，任戰守；額森不得逞，終歸上皇。當衞拉特使來，廷臣交章請奉迎，祁鈺不悅，曰：『吾非貪此位，而卿等強樹焉，今復作紛紜何』？于謙獨從容言曰：『天位已定，寧復有他？顧理當奉迎，萬一彼衆懷詐，我有詞矣』。祁鈺意始釋。比上皇歸，入自東安門，祁鈺迎拜，上皇答拜，各述授受意，推遜良久，遂送上皇入居南宮。時祁鈺卽位之元年也（卽景泰元年，民國紀元前四百六十二年）。已而禮部尚書胡濙請令百官賀上皇生日，不許；濙又請明年正旦百官朝上皇於延安門，亦不許。皇太子見深者，祁鎮之子也，自祁鈺即位，久欲以己子見濟代見深而難於發言；會有迎合其意上疏請易太子者，祁鈺意甚喜，乃下廷臣集議：濙等知之，遂共上言統緒之傳，宜歸聖子！遂以見濟爲太子，廢見深爲沂王。已而見濟病沒，禮部郎中章綸與御史鍾同約，疏請復儲；而同因事先上疏，抗論時政，並及復儲事，有『上皇之子卽陛下之子』之語；綸繼之陳疏，亦有『孝弟爲天下之本，願陛下幸南宮，率羣臣朝見上皇』之語，祁鈺閱疏，怒下綸同於獄，錮而杖之，同死。南京大理少卿廖莊又上疏言『太子者天下之本，上皇諸子猶陛下之子：宜令親儒臣督書策以待皇嗣之生；使天下臣民曉然知陛下有公天下之意』。奏聞，莊亦被杖於闕下，謫爲驛丞，而沂王之位旣終不復，太子亦迄不立。迨在位之八年（卽景泰八年，民國紀元前四百五十五年），祁鈺有疾，羣臣請復立沂王爲太子，而終不見許；是年，乃有「奪門」之事。

「奪門」之事雖由英宗祁鎮，而亦景帝祁鈺有以成之。先是祁鈺疾甚，宿南郊齋宮，召武淸侯石亨命攝行祀事；亨退，與都督張輗及宦官曹吉祥謀，立太子不如復上皇，輗吉祥然之，以告太常卿許彬，右副都御史徐有貞，於是此數人者互相結，設計共薄南宮城，毀垣壞門而入，見上皇於燭下，上皇問故，衆俯伏請登位；共輿上皇行至東華門，門者拒勿納，上皇曰：『朕太上皇帝也』，遂入，至奉天門，升座，朝百官，有貞出號於衆曰：『太上皇帝復位矣』！羣臣震駭，入謁，上皇曰：『卿等以景泰皇帝有疾，迎朕復位，其各任事如故』。羣臣稱萬歲！遂御奉天殿卽位，改景泰八年爲天順元年。「奪門」之功成，石亨諸人皆有封；廢祁鈺仍爲郕王，遷之西內而沒。

于謙當英景兩朝間，建有大功，額森之不能逞志，皆由謙力禦；故祁鈺甚倚賴之，所論奏無不從者。朝廷用人必密訪謙，謙具實對，無所隱，不避嫌怨，由是諸不任職者皆怨；而用事弗如謙者，亦往往嫉之；謙性故剛，遇事有不如意，輒撫膺歎曰：『此一腔熱血，竟灑何地』！故從而憤之者愈衆！又始終不主和議，上皇以是得還，然上皇心不快也；徐有貞者，初名珵，以衞拉特入寇議南遷，爲謙所斥後改名漸進用，嘗切齒謙；石亨本以失律削職，謙請宥而用之，總兵十營，畏謙不得逞，又因事與謙隙，常思軋謙；張軏曹吉祥更與謙不睦，故「奪門」功成，卽宣諭執謙及大學士王文下之獄，文者亦嘗與此數人不睦者也。有貞與亨等嗾言官誣劾謙文謀迎外藩入繼大統（指襄王瞻墡，仁宗高熾子）命鞫於廷，文辨，謙不辨，僅曰：『亨等意如此，辨何益』？奏上，祁鎮尚猶豫曰：『于謙實有功』，有貞進曰：『不殺于謙，此舉爲無名』！乃棄謙及文於市，籍其家，家屬戍邊。千戶白琦請榜其罪，鏤板示天下；一時希旨取寵者，率以謙爲口實。死之日，陰霾蔽天，朝野寃之；後至憲宗卽位，始有旨昭雪。

「奪門」之功，雖徐有貞張軏諸人之所共成，而石亨曹吉祥之權獨熾，時人稱爲曹石。有貞初爲曹石所引用，旣得志，則思自異，窺上意亦微厭二人，乃稍稍裁抑之；亨吉祥不能平，數於祁鎮前毀有貞，並設計間之，由是有貞寵漸弛。未幾，御史張鵬楊瑄等論劾曹石，二人又以計下鵬等於獄，且疑其事爲有貞主使，遂並逮繫有貞；已而祁鎮悟有貞寃，重違亨意，乃釋有貞，出爲廣東參政。亨等憾未已，必欲殺之，令人投匿名書指斥乘輿，云有貞怨望，使其客馬士權者爲之；遂追執有貞於德州，並士權下詔獄，亨吉祥等又從而軋之，刑部奏當棄市，詔徙金齒爲民！及亨敗，始釋歸田里，而士權亦尋獲免。

徐有貞之出，曹石輩益肆志；其後石先敗而曹繼之，曹石之勢始已。亨初與其從子彪表裏握兵柄，兩家皆蓄材官猛士數萬，中外將帥半出其門，都人側目：祁鎭復位之三年（卽天順三年，民國紀元前四百五十三年），彪謀鎭大同，令千戶楊斌等奏保，祁鎭覺其詐，收斌等考問，得實，震怒，下彪詔獄，復廉得其種種不法事，乃籍彪家，並治其黨；法司卽交章劾亨招權納賄，肆行無忌，私與術士講論天文，妄談休咎，宜寘重典！乃先罷亨閒住，絕其朝參。時方議革「奪門」功，窮治亨黨，由亨得官者悉黜，朝署一淸！明年，錦衣指揮逯杲奏亨怨望，與其從孫俊等日造妖言，且蓄養無賴，專伺朝廷動靜，不軌迹已著；乃並下亨詔獄，坐謀叛律應斬，沒其家貲。未幾，亨瘐死，彪僇於市。

石氏旣敗之明年，而曹吉祥又以專橫死。吉祥素依王振，祁鎭始卽位，累出監軍，輒選達官跳盪卒，隸帳下，師還，蓄於家，故家多藏甲；以「奪門」功，遷司禮太監，總督京營：尖子欽，從子鉉、鐸、鐐等皆官都督，欽進封昭武伯；門下廝養冒官者多至千百人，朝士亦有依附希進者，權勢與石亨埒。未幾，二人爭寵相鬩，經御史楊瑄張鵬之劾，二人者乃復合勢，排去正人；承天門災，祁鎭命閣臣岳正草罪己詔，詔語激切，吉祥等復愬正謗訕，詔又謫正，勢更張。已而祁鎭覺其奸，稍疏之，而石亨又得罪敗，吉祥不自安，漸蓄異謀，日犒諸達官金錢穀帛恣所取；諸達官恐吉祥敗而己隨黜退也，皆願盡力効死。會言官劾欽不法事，詔逯杲按之，吉祥懼，反謀遂決；欽欲先行廢立，事洩，詔收吉祥，欽馳往杲家殺杲，與其黨馳突諸門，門皆閉，奔歸自殺，其家無大小盡誅之，出吉祥與欽尸同磔於市，諸從亂者皆死。祁鎮始任王振，後任曹吉祥，凡兩致禍亂，宦官之毒，自茲而始肆。

初，曹吉祥之肆占民田地實多；及敗，乃以其地沒入於官，爲官中莊田，「皇莊」之名自此始。自是戚畹及中貴家多奪民地爲莊田，莊田之害，終明世不已！

英宗祁鎮在位十四年，蒙塵，既歸，居南宮者七年，而又卽位，卽位八年而沒。太子見深立，是爲憲宗。初，太祖元璋沒，宮人多從死者；歷成祖棣、仁宗高熾、宣宗瞻基三朝皆用殉，多者至數十人！景帝祁鈺之沒，尙用其制；及是有遺詔罷之，史臣所謂『盛德之事可法後世』者也。

明中世百九十餘年間變故紛更之二（宦官之繼起及成化弘治兩代之行兵）（民國紀元前四百四十七年至四百零七年）

見深初政，頗有所興創；其弊之大者，蓋莫如內批授官。先是見深命宦官傳旨，用工人爲文思院副使，自後相繼不絕，一傳旨姓名至百十人，謂之傳奉官；文武僧道濫恩者以千數，初不爲病也。見深信西僧，多加封號，其徒授國師、錫誥命者不可勝計；又好羽流，加號眞人高士者常盈都下，倖幸由此進，而宦官復乘是而橫。妖人李子龍者，眞人高士之流也，嘗以符術結太監韋舍，私入大內，事發伏誅，見深心惡之，銳欲知外事；宦官汪直，故大藤峽猺種，爲人便給，見深陰令易服，將校尉一二人密出伺察，人莫知也，獨都御史王越與結歡。其明年，爲見深在位之十三年（卽成化十三年，（民國紀元前四百三十五年），設西廠，以直領其事；西廠者，對東廠而言：東廠置於永樂時，宦官掌之，專緝奸謀，與錦衣衛均權勢；及是尙銘領東廠，直領西廠，西廠緹騎倍於東，勢出錦衣衛之上。直任錦衣百戶韋瑛爲心腹，屢興大獄，冤死者相屬；自諸王府邊鎭及南北河道，所在校尉羅列，民間瑣事，輒置重法，人情大擾！大學士商輅奏聞，見深不得已，令直歸御馬監，調韋瑛邊衛，散諸旗校還錦衣，中外大悅！然直帝眷未衰，仍時受旨密出外刺事。御史戴縉者，性險躁干進，探知上意，乃假災異建言，頌直功德，遂詔復開西廠：於是直勢更熾，專務排去異己之人，商輅亦罷，以所善王越爲兵部尙書，左都御史陳鉞爲右副都御史，巡撫遼東，時人目爲兩鉞。士大夫多俯首事直，不敢較；直巡邊，勢傾一時，大官拜馬首，由是直益無所忌。既而左右或以直之專肆告，見深稍稍悟，然廷臣未敢攻直也；會東廠尙銘獲賊得厚賞，直忌且怒銘不告，銘懼，乃廉得其所洩禁中祕語奏之，於是直勢始衰。命直偕王越往宣府禦邊，既又徙直鎭大同，久而不召；而大同巡撫郭鏜復言直與總兵許寧不和，恐壞邊事，詔調直南京御馬監，罷西廠不復設，中外欣然。時見深在位之十八年也（卽成化十八年，民國紀元前四百三十年）。尋又以言官言，降直南京奉御而褫逐其黨王越戴縉等；陳鉞已致仕，不問；韋瑛後坐他事誅，人皆快之！然直竟良死。縉由御史不數年至南京工部尙書；越鉞頗以材進，縉無他能，但側媚而已。西廠尙銘遂專東廠事，聞京師有富室，輒以事羅織得重賄乃已，賣官鬻爵，無所不至；見深尋覺之，謫充南京淨軍，籍其家，輦送內府，數日不盡。

乃汪直之黨誅，而梁芳之惡又肆。芳貪黷諂佞，與宦者韋興比而諂萬貴妃，日進美珠珍寶，悅妃意；其黨錢能韋眷王敬等假采辦名出監大鎮，見深以妃故，不問也。妖人李孜省僧繼曉皆由芳進，共爲奸利，傳奉官之多，多由於芳；累朝金藏於內藏者凡七窖俱爲芳揮斥盡！見深一日視內藏，詰芳及輿曰：『糜費帑金實由汝二人』。輿不敢對，芳曰：『建顯靈宮及諸祠廟，爲陛下祈萬年福耳』！見深曰：『吾不汝瑕，後之人將與汝計矣』。芳大懼，遂說萬妃勸見深廢太子祐樘而立第四子祐杬，太監懷恩固爭，見深不悅，斥居鳳陽；會泰山連震，占者謂應在東宮，其事始寢。萬妃者，素奢侈，宦官之不法者多與相結，四方進舉異物皆歸之，父兄弟姪均授都督指揮千百戶等官；性妒忌，掖庭御幸有身飲藥傷墜者無算！迨見深在位之二十三年（即成化二十三年，民國紀元前四百二十五年），妃沒，見深亦沒，太子祐樘卽位，是爲孝宗。太監梁芳，都督萬喜（萬貴妃弟）及李孜省均以罪減等謫戍死，罷傳奉官，奪僧道封號，繼曉亦伏誅，同時又有貶斥萬安之事：

萬安與萬貴妃本不同宗，而安之肆則與妃同時。安初爲禮部左侍郎，與同年生詹事李泰善：泰，中官養子也，齒少於安，安兄事之，得其驩，自爲同官，每當遷，必推安出己上，故安得先泰入閣，而泰旋暴沒。安無學術，旣柄用，惟日事請託，結諸閹爲內援。時萬妃寵冠後宮，安因宦官致殷勤，自稱子姪行，妃嘗自愧無門閥，聞則大喜，安乃益與諸萬相結。見深在位，耽逸豫，不時見大臣，大學士彭時商輅等力請，始得見，甫有所陳奏，安遂頓首呼萬歲欲出，時輅不得已皆叩頭退。中官戲朝士曰：『若輩嘗言不召見，及見，止知呼萬歲耳』！一時傳笑，謂之萬歲閣老，見深自是不復召見大臣矣。其後彭時沒，商輅以忤汪直去，在內閣者，劉珝劉吉，而安爲首輔，與南人相黨附；珝與尚書尹旻王越又以北入爲黨，互相傾軋！然珝疏淺而安深鷙，故珝卒不能勝安，終爲安所逐，由是朝臣無敢與安牴牾者；比祐樘嗣立，乃始罷安去。祐樘故紀妃出，紀妃生祐樘，養於宮中，年六歲，始由太監奏聞，懼萬妃也。見深故有子祐極，立爲皇太子，未幾沒；既聞紀妃育祐樘，急召見於西內，立爲皇太子，而紀妃卽暴沒！內庭多藉藉，指萬貴妃。祐樘正位，魚臺縣丞徐頊上書發其事，廷臣議逮鞫萬氏戚屬曾出入宮掖者：安驚懼不知所爲，曰「我久不與萬氏往來矣」！而劉吉先與萬氏姻，亦自危，其黨尹直尙在閣，共擬旨寢之，祐樘仁厚，置不問；第追謚母紀氏爲孝穆皇太后，安吉得無事，計安在政府凡二十年，專權用事，亦不在當時嬖倖諸臣之下！

祐樘卽位，御經筵，求直言，尹直諸人之不容於世論者，悉予罷免，漸反成化以來諸弊政，而明以復治。史臣所謂「弘治之政，朝序淸寧，民物康阜」者也。然而無益之齋醮未盡罷，無例之傳奉未盡除，貪婪之內官行且迭出：如李廣蔣琮輩卽其儔也。廣以符籙諸事蠱惑祐樘，因爲奸弊，矯旨授傳奉官，如成化間故事，四方爭納賄賂；又擅奪畿內民田，專鹽利巨萬，起大第，引玉泉山水前後遶之，言官交章論劾，祐樘不問；未幾，廣又勸祐樘建毓秀亭於萬歲山，亭成，幼公主殤，淸寧宮災，時論以爲廣侈興築，故廣懼自殺。同時有蔣琮守備南京，與民爭利，言者抗疏論之，多下獄，而宥琮不問，琮益無忌；久之，廣洋衞指揮石文通奏琮僭侈殺人諸罪，琮竟免死，充孝陵淨軍。

成化弘治兩朝內治之可知者，具如上述；至其行兵大略，則於邊塞方面爲多，茲以次概述之：

（一）韃靼　自衞拉特衰而韃靼復盛，保喇與其屬瑪拉噶皆雄視部中。穆爾格爾者，故托克托布哈之子，爲保喇所立，說見上文。已而穆爾格爾又時與保喇相仇殺，穆爾格爾死，衆共立蒙古勒克哷青吉斯，亦號小王子，自是韃靼部長益各擅專。小王子稀通中國，傳世次多莫可考。保喇等自英宗祁鎮復位以來，每歲入貢，數寇掠往來塞下，以西攻衛拉特爲詞，又數要合三衛（福餘、朶顏、泰寧）。三衛者，明初置諸烏梁海部，北平兵起，恃爲奇師；及中國既定，乃盡割大寧地畀之，以償其勞。其勢既強，乃陰附韃靼，掠邊成患，與明室相終始。保喇既與三衛結合，於是東北一方亦數被邊寇，明不能禦也。其始韃靼之來，自甘肅莊浪寧夏大同宣府，最東則至遼東，但去來無常，爲患不久。景帝祁鈺初立，始犯延綏，然部落少，不敢深入。英宗祁鎮復位，有阿勒楚爾者，率屬潛居河套，遂偪近西邊；保喇等繼之而至，擄明人爲之導，抄掠延綏無虛日，河套失而明自此有套寇。至憲宗見深時，韃靼內訌起，保喇殺蒙古勒克哷青吉斯，瑪拉噶殺保喇，更立他汗；阿勒楚爾復與瑪拉噶仇殺，瑪拉噶殺所立汗，逐阿勒楚爾，雖上書求貢，而寇犯延綏如故。其別部長曰頗羅鼐者，與阿勒楚爾合，其他部酋伽喜色凌博勒呼亦入據河套，套寇益棘。明屢出兵禦之，不能勝；又議發兵搜套，而仍勿克。未幾，瑪拉噶頗羅鼐稍衰敗，伽嘉色凌擊殺阿勒楚爾，結元裔們都埒居套中稱汗，而爲太師；寇之盜據河套也益固，明廷急思所以禦之，由是而紅鹽池之役以起。

自憲宗見深卽位以來，邊患日啟，至其在位之八年（卽成化八年，民國紀元前四百四十年），們都埒伽嘉色凌仍大舉深入，直抵秦州安定諸邑。總督延綏軍務王越知寇已盡銳西出，而不備東偏，乃率總兵官許寧等，從榆林紅兒山（本陝西榆林府北）出境，探知韃靼餘兵俱屯紅鹽池（本榆林府西北），乃分兵夾擊破之，焚其廬帳；及寇飽掠歸，則妻子畜產已蕩盡，相對痛哭！自是遠徙北去，不復居河套，而套地遂空。

們都埒伽嘉色凌既北去，間盜邊，亦不敢深入，亦數遣使通貢，西陲獲息肩，明亦於清水營（陝西府谷縣西北）花馬池（甘肅靈縣）一帶築牆千七百七十里以禦之；們都埒伽嘉色凌不得逞，乃遣使入朝。已而伽嘉色凌日專恣，們都埒部陀羅該、伊斯瑪音等謀殺之；們都埒亦旋死，諸強酋相繼略盡，邊患日紓。而汪直擅柄，思以邊功自樹，王越等附之，出師塞外，襲破韃靼於威寧海子（察哈爾南），越以功封威寧伯，而邊釁乃復開；伊斯瑪音等益糾衆寇邊，延及遼塞，敵去輒復來，迄成化末無寧歲。伊斯瑪音死，其入寇者復稱小王子，掠山西大同，明兵疲於戰守；迨孝宗祐樘立，復上書求貢，自稱大元汗。又有巴延蒙克王者，亦爲彼中渠酋，漸與之往來套中，出沒爲邊寇，套地復亂；已而韃靼北部伊畢喇伊木王等竟入套駐牧；於是小王子及陀羅該子和碩居賀蘭山後，與之相倚，屢爲邊患，勢甚強；至見深在位之十三年（即弘治十三年，民國紀元前四百十二年），小王子復入居河套，明終不復再有套地，套寇乃又熾！

王越雖附宦官，而能禦韃靼，累建軍功，紅鹽池威寧海子之捷，具如上述；後又襲破小王子於賀蘭山，以功高，進少保，遂條上制置哈密事宜。會李廣得罪死，言官連劾廣黨，越故與廣交，因不免；越聞憂恨，死於甘州。越歷邊隅久，身經十餘戰，知敵情僞，故所至有功。越在時，人多咎其貪功；及死，而將驕卒惰，冒功糜餉滋甚，邊臣竟未有如越者！故其後和碩與小王子自河套連兵入寇，將軍朱暉不能禦，而固原寧夏諸境盡爲所掠，關中震動；會和碩等引去，暉以師還，都給事中屈伸疏劾暉等西征無功，謂『此一役糜京帑及邊儲共一百六十餘萬，而首功止三級，是以五十萬金易一無名之首』云云；自是而邊氛益大熾矣。

（二）籌哈密　哈密東去關一千六百里，漢伊吾盧地，置宜禾都尉，領屯田，唐爲伊州，宋入於回紇。元末以威武王納古里鎮之，尋改爲肅王，沒，弟恩克特穆爾嗣。明初既定輝和爾地，乃置安定等衞，偪哈密；恩克特穆爾旋入貢，詔封忠順王，即其地置哈密衞，凡西域入貢，悉道哈密譯上，亦漢武遺意也。其地北數百里抵衞拉特，以天山爲界；英宗祁鎭時，衞拉特強，數侵哈密，哈密懼，稍持兩端，漸疏明。而忠順王再傳爲布拉噶，無子，王母主國事，爲伽嘉色凌所破，其頭目奏請以都督同知巴圖穆爾爲王，又沒，其子哈商嗣立；會其西鄰土魯番勢強盛，控弦可五萬，其酋阿里自稱蘇勒坦，乘機襲破哈密城，虜其王母去，而留妹壻伊蘭鎭之。時憲宗見深在位之九年也（即成化九年，民國紀元前四百三十九年）。明廷以哈密爲西域咽喉，土魯番既據其地，勢不能不討，乃遣都督同知李文等出征，不克；土魯番知中國不足憚，遂久據哈密；其明年，明廷乃令邊臣築苦峪城（陝西醴泉縣西南），移哈密衞於其地，蘇勒坦自此益侵內屬諸衞。其後蘇勒坦沒，子阿哈瑪特立，勢漸衰；至見深在位之二十年（即成化二十年，民國紀元前四百二十八年），哈商乃率所部兵萬人夜襲哈密城，破之，伊蘭遁，哈商遂還居故土；自是哈商暫得有哈密，明授哈商爲左都督，旌其功焉。

孝宗祐樘立，復封商爲忠順王。土魯番酋阿哈瑪特聞之，怒曰：『哈商非忠順族，安得封』？乃僞與結婚，誘而殺之，仍令伊蘭據其地；已而阿哈瑪特仍遣使至明廷，拘之，敕責令悔罪，乃復獻還哈密，而非其本意也。明得復有哈密，乃求蒙古後裔善巴襲封忠順王，以哈商弟恩克保喇爲都督同知輔之，復開釁土魯番；於是阿哈瑪特復襲哈密，執善巴，仍令伊蘭據其地。時見深在位之六年也（即弘治六年民國紀元前四百十九年）。阿哈瑪特既據哈密，僭稱汗，侵沙州；翌二年，明廷復命巡撫許進往討，進潛師直擣哈密，阿哈瑪特始懼，乃於十年（即弘治十年民國紀元前四百十五年）冬，送還善巴，明仍以善巴爲忠順王。見深在位之十七年（即弘治十七年民國紀元前四百零八年），阿哈瑪特死，長子莽蘇爾嗣，狡桀逾其父；而善巴後亦尋沒，子巴雅濟嗣位，至武宗厚照時，哈密卒爲土魯番所併，迭寇甘州肅州地：自是哈密不可復，諸戎部落皆爲薦食，而明室衰微，寇盜羣起，亦無暇及關外事矣。

（三）定固原　明之中葉，西北用兵，不僅禦韃靼，籌哈密已也；其兵役之著者，又有固原（甘肅固原縣）。明初平陝西，故元平涼萬戶把丹率衆歸附，詔授平涼衛千戶；其部落散處開城等縣，號「土達」，以畜牧射獵爲生，家殷富。把丹孫滿四裔滿俊以貲力雄諸族，所居故在開城縣固原里，無科徭，俊素獷猂，當憲宗見深時，民之避徭役者，或匿其所，陝西巡撫陳介知之，下吏捕治，滿俊懼，遂激衆爲亂，據石城（固原縣西北）。石城者，即唐吐蕃之石堡城，在山巔，四壁削立，惟一徑可緣之而上，最稱險固：明廷遣師討之，屢爲所敗，不數月，衆至數萬，關中震動！乃命副都御史項忠與都督劉玉帥京營及陝西四鎮兵討之；師未行，而陳介之師已敗，俊得明軍器甲，勢益張。忠玉進抵石城，俊已不支，乘勝馳逐，玉中流矢被圍，諸軍欲退，忠斬一千戶以徇！衆乃力戰，玉得出；連戰數十，卒禽俊，下石城毀之，增一衞於固原西北西安廢城，留兵戍之而還。時憲宗見深在位之四年也（即成化四年民國紀元前四百四十四年）。初石城未下，天甚寒，士卒頗困；忠慮俊兵奔突，乘凍渡河，與套寇合？日夜治攻具，身當矢石，不少避，大小三百餘戰，閣臣彭時商輅知忠能辦寇，不從中制：卒用殄賊，送俊至京師，伏誅！自是以後，固原遂大定（明史滿俊即滿四）。

（四）平猺　明代南方之患，以苗猺諸族之叛爲最偪：猺民多聚於廣西，而大藤峽者尤爲諸猺巢穴之所在；自明初以來，峽猺時出沒爲患，明不能即時誅滅之者，地險故也（峽在廣西桂平縣西北，四山環繞，綿亙數百里，跨潯柳二府間）。英宗祁鎭時，大藤峽猺爲亂，兩廣苗獞蠭起，廣西郡邑多殘毀！乃命都督僉事顏彪率師擊之，攻破七百餘寨，駐軍大藤峽，進擊龍山（廣西貴縣北，爲藤峽之左臂），直抵潯梧，所向皆捷；而彪多濫殺冒功，勦捕不能盡，以是藤猺輒復起。峽中諸猺姓不一，而以藍胡侯槃四姓爲渠魁；有渠長侯大狗者，明懸千金購其首，不能得也。憲宗見深始即位，命都督趙輔爲征夷將軍討之，兵部尙書王竑薦浙江參政韓雍可平猺，乃召雍爲僉都御史，贊理軍務。輔知雍才足以制猺，軍謀一聽於雍。雍謂：『大藤乃猺之巢穴，我以全師搗之，心腹既潰，餘迎刃解耳』。因倍道而進，連破諸猺巢穴，追躡至九層厓（大藤峽北）等山，先後破猺三百二十四寨，生禽其渠侯大狗及其黨七百餘人，斬首三千二百有奇，墜溺死者不可勝計。先是峽中大藤沈夜見，猺以爲神；及是雍以斧斷之，改名斷藤峽，勒石記功而歸。然班師未久，而猺復集；乃知前所殺者多猺黨，而眞猺避匿者又出，論者有遺恨。其殘猺鄭昂等七百餘人，未幾復起，攻陷潯州，明兵力禦之，潯復而猺巢終不能破盡；迨武宗厚照時，藤猺復猖獗，江路爲斷，總督陳金王守仁先後討之，其禍暫定，而其後亂事復作，明迄未能平。

（五）討蠻及苗　明時西南蠻有大壩都掌者（在四川興文縣），爲山都之蠻（通志：蠻有山都六鄉，水都四鄉；而山都尤爲強悍，叛服不常），明人所謂山都掌蠻者也。憲宗見深在位之三年（卽成化三年，民國紀元前四百四十五年），山都掌蠻叛，陷合江等九縣，朝議大發兵討之，遣襄城伯李瑾充總兵官，而以兵部尚書程信提督軍務。師至永寧（四川永寧縣），分道進，所向克捷，焚寨斬首甚多。又討平九姓苗（明史地理志：永寧有九姓長官司地，在今四川敍永縣界）之不奉化者。改大壩爲太平川長官司，分都掌地，設官建治控制之，師還。瑾進爲侯，信兼大理卿。

閱十年，灣溪蠻（貴州黃平縣）又叛，四川巡撫張瓚討破之；會松潘番（四川松潘縣）寇邊，瓚兼以師討，諸番全定。

其他如憲宗見深卽位初，右都督李震之討破靖州苗；孝宗祐樘時，貴州巡撫鄧廷瓚之討平都勻苗，皆爲兩時代中之大事而廷瓚之於都勻平數十年未靖之苗亂，改置府州縣，靖貴州邊方之患，尤爲有名。

以上猶就行兵四隅而言。至成化一朝，內地兵禍之最爲劇烈者，莫如荊襄之亂；荊襄上游爲鄖陽，古麋庸二國地，元末流賊聚此爲亂，朝廷不能制！明初鄧愈以兵勦除，空其地，禁流民不得入；然地界秦豫楚之間，又多曠土，山谷阸塞，林菁蒙昧，流民稍稍入之，不可禁。及憲宗見深立，有劉通者，糾其黨石龍劉長子等聚衆於此，起寇襄鄧境，詔兵部尚書白圭討之；其明年，通等戰敗，通被禽，石龍劉長子遁掠四川，圭分兵蹙之，長子縛龍降，事垂定矣，而荊襄流民屯結如故。通黨李原等復寇掠南漳內鄉諸縣，詔以項忠討之；忠遣人入山招諭，先後來歸者九十萬，原等亦以次就禽。至見深在位之十二年（卽成化十二年，民國紀元前四百三十六年），流民復聚，更命副都御史原傑出撫，於是遂有鄖陽府之設置，流民咸就治。自後至孝宗祐樘以下，鄖陽得無事。

孝宗祐樘在位十八年（卽弘治十八年，民國紀元前四百零七年）沒，太子厚照立，是爲武宗。厚照多欲，朝綱大紊，弘治之政衰；而乘之以肆其奸惡者，則爲劉瑾諸人，請繼此以述瑾等干政之事：

明中世百九十餘年間變故紛更之三（宦權兵禍之迭乘及嘉靖一朝之紛亂）（民國紀元前四百零六年至三百四十六年）

明之宦官，日伺人主左右，與閣臣輙相見，通人主閣臣間之消息，故用權最易，而防制爲難：厚照卽位，政柄漸屬中官；一時名臣，如尚書劉大夏馬文升，大學士劉健謝遷，先後俱罷，而以劉瑾掌司禮監。瑾本談氏子，依中官劉姓者以進，冒其姓，侍厚照於東宮；厚照卽位，瑾掌鐘鼓司，內侍之微者也！瑾朝夕與其黨八人者爲狗馬鷹犬歌舞角觝以娛厚照，厚照悅焉；八人者馬永成、高鳳、羅祥、魏彬、邱聚、谷大用、張永，其一瑾；瑾尤猾黠，通古今，乃漸用事。外廷知八人誘厚照游宴，劉健謝遷等迭請誅之，厚照欲遣瑾等居南京，而健等不可，且力爭；會吏部尚書焦芳與瑾洽，乃悉以告瑾，瑾懼，率永成等伏厚照前環泣，厚照心動，乃反用瑾爲司禮監，而加諸朝臣罪；於是健遷等皆去，焦芳得入閣，瑾之專橫自此始。朝臣與之異者，多被杖謫，復毛舉官僚細故，散布校尉，遠近偵伺，使人救過不贍，因專擅威福，悉遣黨奄分鎮各邊，濫授官爵，無所不爲；每奏事，必偵厚照爲戲弄時，厚照惡之，亟麾去，自此遂專決不復白。其明年，爲厚照在位之二年（卽正德二年，民國紀元前四百零五年），瑾召羣臣跪金水橋南，宣示奸黨，自劉健謝遷以下凡五十有三人，皆海內號忠直者也。瑾專旣肆，公侯勛戚以下，莫敢鈞禮，每私謁，相率跪拜，奉稟，先具紅揭投瑾，號「紅本」，然後上通政司，號「白本」，皆稱劉太監而不名。又明年夏，御道有匿名書詆瑾所爲事，瑾矯旨召百官跪奉天門下，瑾立門左詰責，日暮，收五品以下官盡下獄，有暍而死者！明日，大學士李東陽申救，瑾亦微聞此書乃內臣所爲，諸臣始得釋。時東廠西廠緝事人四出，道路惶懼，瑾復立內廠，尤酷烈，中人以微法，無得全者；又悉逐京師客傭，令寡婦盡嫁，喪不葬者焚之，輦下洶洶，幾致亂。瑾又好賄賂，凡以金求官者，無不售，正直者多被害，劉大夏之謫戍，劉健謝遷之爲民，皆瑾計成之；又凡瑾所逮捕，一家犯，鄰里皆坐，或瞰河居者，以河外居民坐之，屢起大獄，冤號遍道路。是時內閣焦芳劉宇，吏部尚書張綵，兵部尚書曹元，錦衣衛指揮楊玉石文義，皆爲瑾腹心，變更舊制；凡都指揮以下求遷者，瑾第書片紙曰『某授某官』，兵部卽奉行不敢復稟；邊將失律，賂入卽不問，有反陞擢者，明政大亂！厚照在位之五年（卽正德五年，民國紀元前四百零二年），都御史楊一淸太監張永出討安化王寘鐇之變（說見下節），永故與瑾同爲「八虎」者；當瑾專政時有所請，多不應，永成大用等皆怨瑾；又欲逐永，永以譎免。及永出師還，欲因誅瑾，一淸爲畫策，永意遂決；先期歸入獻俘，厚照置酒勞永，瑾等皆侍；及夜，瑾退，永言於厚照，請誅瑾，時厚照已被酒，俯首許之；於是永等遂共執瑾，分遣官校封其內外私第，詔降瑾奉御，謫居鳳陽。厚照親籍其家，得諸違禁物，大怒曰『奴果反』！趣付獄，獄具，詔磔於市，族人逆黨皆伏誅！張綵獄斃，閣臣焦芳曹元劉宇而下共六十餘人，皆降謫；已而廷臣奏瑾所變法凡數十事，詔悉更正如舊制。

自劉瑾用事，國內亂數起，其關於地方者凡三，關於宗藩者凡二，明廷雖調師遣將，次第平之，而元氣索然，明無由復治矣。今先就地方亂事之著者說述於左方：

（一）河北之亂　明代地方之亂屢作，時人以爲盜難，永樂以後，固已有之；至武宗厚照時，其亂尤熾，而胥由劉瑾當國專橫無法致之。劉六劉七者，本皆霸州莠民，並驍悍善騎射，初從有司捕盜畿輔，累建功。會劉瑾家人梁洪徵賄不得，誣爲盜，令捕之，六等乃投大盜張茂。茂素招納亡命，爲逋逃主，家在霸州，與太監張忠鄰，結爲兄弟，夤緣馬永成谷大用翟，得出入豹房（武宗厚照所居，在西華門內），侍蹋鞠，而乘間出刼如故。已，茂爲明兵所禽，六等詣官首伏，兵部奏赦之，令捕他盜自効。六等憚要束，遂於劉瑾伏誅之際，聚衆剽掠，旬日間至數千人，畿南大擾。衆漸聚合，乃分爲二：其一掠山東，劉六劉七等爲首；其一掠河南，其黨楊虎等爲首，縱橫數千里，殘破州縣以百數。明廷初遣京營出討，以不得其人，空議招撫，而劉楊諸人之勢日甚！乃以兵部侍郎陸完督邊兵討之，轉戰畿輔山東間，漸得勢；至厚照在位之七年（卽正德七年民國紀元前四百年），都御史彭澤等平河南盜，楊虎先溺死；於是山東盜勢日衰，陸完等連蹙之，乃西南走湖廣，六戰死，復沿江東下，至狼山，七亦死，餘盜盡平。盜之起，明廷任非其人，故至敗；其後河南事，則彭澤等任之，山東事，陸完任之，故盜終大創！至其東出而寇衆全覆，則又澤等與完會勦之功也。

（二）四川之亂　方劉瑾專權，四方饑饉，盜亂數起：湖廣與四川接境，其初有楊清邱仁等自稱天王，出沒湖湘間，而四川諸盜應之；藍廷瑞自稱順天王，鄢本恕自稱刮地王，廖惠自稱掃地王，擁衆至數萬！武宗厚照在位之五年（民國紀元見上），乃以左都御史洪鐘出討亂。時楊清邱仁等方圍岳州，陷臨湘（湖南臨湘縣），鐘檄布政司陳鎬等擊破之，湖湘定，鐘遂移師入蜀。會藍廷瑞與廖惠謀據保寧，本恕謀據漢中，取鄖陽，由荆襄東下，四川巡撫林俊方議遏通江（四川通江縣），而惠已至，攻陷其城，尋復遁去，俊發兵討破之，遂禽惠；廷瑞本恕東奔，越漢中至大巴山（四川南江縣北），俊復追敗之，而鐘至，與俊異議，俊別擊瀘州賊曹甫。廷瑞等乘間收集散亡，勢復振，而俊旋平曹甫，鐘復與俊會師討之，廷瑞本恕皆被禽，蜀亂漸平。時厚照在位之六年也（卽正德六年民國紀元前三百九十九年）。諸盜中有廖麻子者，乘藍鄢之獲，乃獨逸去，轉掠兩川，明軍不能擊至厚照在位之七年（民國紀元見上），陷州縣日多，勢愈猖獗（時有謠曰：賊如梳，軍如篦，士兵如鬀），言官劾鏜，乃召還，以彭澤代之。澤至數勝，卒禽廝子，移師於漢中，討平餘黨，留鎮保寧，進左都御史、太子太保，累請還，未從，會吐魯番據哈密，乃移征哈密。

(三)江西之亂　當四川盜起時，江西諸地亦頗不靖：東鄉（江西東鄉縣）則有王鈺五、徐仰三等，桃源（山洞名，江西萬年縣東）則有汪澄二、王浩八等，華林（江西高安縣西北）則有羅先權、陳福一等，各據山寨；而贛州大帽山（江西長寧縣東南）又有何積欽等，據險自雄，蔓延福建、廣東之境，明軍禦之，輒不能獲利。武宗厚照在位之六年（民國紀元見上），乃以左都御史陳金總制江西軍務，金以屬郡兵不足用，奏調廣西狼土兵，久之，兵至，先平東鄉，遂移師以次悉定桃源、華林及大帽山諸亂，立東鄉、萬年（即桃源洞置）二縣，招降人居之；然土兵貪殘嗜殺，刼掠甚於賊，而江西盜黨亦多有乘間逸去者，轉掠徽、衢間，衆復集，攻剽如故。厚照在位之八年（即正德八年，民國紀元前三百九十九年），言官劾金，乃召還，以俞諫代之；時其渠王浩八屯貴溪（江西貴谿縣）之裴源山，勢甚盛，諫濳軍夜破之，禽浩八，桃源、東鄉諸地以次平，而餘寇固仍未戢也。南贛一帶，地連閩、廣，山谷深阻，盜賊之徒易爲巢穴，故用兵不數年而餘亂常復起！自陳金、俞諫用兵後，橫水（隘名，江西崇義縣東）、左溪（即汀水，福建長汀縣東）、桶岡（江西崇義縣西北）則有謝志山等，浰頭（山名，廣東和平縣西北）則有池仲容等，皆稱王，攻剽府縣；而大庾（江西大庾縣）陳日能、大帽山詹師富諸人，復與相應；於是江西福建廣東湖廣之交千餘里皆亂。厚照在位之十一年（卽正德十一年，民國紀元前三百九十六年）乃以王守仁爲僉都御史巡撫南贛汀漳；守仁至贛州，知左右多寇耳目，呼老隸詰之，隸不敢隱，因貰其罪令詷賊動靜無勿知！遂檄福建廣東會兵先討大帽山，復進討大庾橫水左溪諸地，俱平之；時別兵亦破滅桶岡，守仁再攻下浰頭，因於橫水設崇義縣，浰頭設和平縣，置戍而歸，自是南贛一帶大定。

以上皆爲地方寇盜之亂；至於宗藩之亂，則又有如下述之兩端：

（一）寘鐇之亂　安化王寘鐇者，慶靖王㮵之曾孫，祖秩炵，㮵第四子，成祖棣時，封安化王；孝宗祐樘時，寘鐇嗣王。是時，劉瑾擅權，毒流中國，寘鐇素狂誕，術者相之，謂當大貴；遂覬望非分，與其黨指揮周昂等潛蓄逆謀。會瑾遣大理寺少卿周東度田寧夏，以五十畝爲一頃，苛斂騰怨；而巡撫安惟學素殘虐，將士銜次骨，寘鐇使人激之，多願從；於是遂殺周東及巡撫安惟學起兵。時武宗厚照在位之五年也（卽正德五年，民國紀元前四百零二年）。寘鐇移檄遠近，數劉瑾諸罪狀，謂『特舉義兵淸君側』。遣將調師，邊鎮漸騷動，關中不安。陝西守臣將寘鐇等刊印劉瑾激變罪惡告示榜文封稟，瑾匿不以聞，但以寘鐇亂事告；詔起右都御史楊一淸總制軍務討之，以太監張永爲監軍。先是寧夏游擊將軍仇鉞以邊警屯城外（寧夏城外）玉泉營，聞變欲遁去，顧念妻子在城中，恐爲所屠滅，遂引兵入城，解甲覲寘鐇，歸臥家稱病，以所將兵分隸寘鐇營，其黨周昂等信之，而不知鉞實有圖彼之心也；及一淸將至，寘鐇令昂就鉞問計，鉞方臥呻吟，伏卒猝起，捶殺昂，遂至寘鐇第，縛寘鐇，其衆皆潰。寘鐇叛十有八日而敗，檻送京師，賜死，黨與皆伏誅，鉞論功封咸寧伯；一淸及永歸，遂成誅瑾之功，語在上節。

(二)宸濠之亂　厚照在位未久，所行日無道，劉瑾雖誅，國內亂未已，而好爲微行如故；又喜自稱總督軍務、威武大將軍、太師、鎭國公朱壽，巡邊，並思徧覩宇內，滿朝死諫，概加杖斥，雖駕不果行，而官常爲之不肅，國體從而加損：要其私心妄動，目無顧忌，則皆左右諸奸佞有以導之，而江彬、錢寧其尤也。錢寧故隸於太監錢能家，掌錦衣衞事，甚專權，而彬尤佞惡，初爲大同游擊，奉召入京師，因得蠱惑厚照，作種種不法事，浸淫稍久，而宸濠之變以興。

寧王宸濠者，寧王權之玄孫，覲鈞之子也。初，元璋諸子，燕王善謀，寧王善戰，「靖難」兵起，燕王以計挾寧王遷北平，後以其地與朶顏三衞，遂徙封江西。英宗祁鎭復位，寧府不法，革去護衞，改爲南昌左衞。當劉瑾專權，宸濠遣內官梁安輦金銀二萬通瑾，朦朧稟請，準改南昌左衞爲護衞；及瑾伏誅，兵部奏革之，仍爲南昌左衞，宸濠心益不平！加之厚照無儲嗣，遊幸不時，人情危懼，遂日夕覬覦。江西巡撫都御史孫燧七上章言之，皆爲所邀阻。宸濠與其黨定謀，遣奸人分布水陸孔道，萬里傳報，浹旬往返，蹤跡大露，諸權奸匿不以聞；會御史蕭淮盡發其不軌狀，大學士楊廷和請如宣宗處趙府故事，先遣人宣諭，詔從之，乃遣使持諭往收其護衞；宸濠聞之，遂決計起事，殺孫燧等，集兵南昌，號十萬，陷九江南京。時厚照在位之十四年也（即正德十四年，民國紀元前三百九十三年）。王守仁方奉命勘建福叛軍，行至豐城（江西豐城縣）而宸濠反；知縣顧佖以告，守仁急趨吉安，與知府伍文定徵調兵食，治器械舟楫，傳檄暴宸濠罪，俾守令各率吏士勤王。守仁等定謀先取南昌而宸濠在南昌未行，不敢動；已而宸濠刼衆六萬人出大江，攻安慶，守仁聞南昌兵少，大喜，趨樟樹鎮（江西淸江縣東北）。或請救安慶，守仁曰：『不然，今九江南康已爲賊守，我越南昌與相持江上，二郡兵絕我後，是腹背受敵也，不如直擣南昌』。衆曰：『善』。乃先入南昌據之，宸濠果解安慶圍，還救南昌，與守仁連戰，大敗於樵舍（江西新建縣西北），宸濠及其黨多就禽，九江南京亦下。凡三十五日，而江西之亂遂定。

初宸濠亂事聞，邊將在左右者，各獻禽宸濠之策，厚照亦欲假親征之名以南遊，遂傳詔親征，而以江彬諸人從駕；既之涿州，守仁捷奏至，留之不下，仍長驅而南。江彬等在途，又矯旨輒縛長吏至揚州，即民居爲提督府；旋至南京，又欲導厚照幸蘇州，下浙江，抵湖湘，諸臣極諫，會其黨亦輒沮，乃止。彬率邊兵數萬跋扈甚，公卿大臣皆側足事之，甚有長跪者！其明年，江西俘宸濠至，厚照令設廣場，樹大纛，環以諸軍，釋囚去桎梏，伐鼓鳴金而禽之，然後置械受俘，以爲寧王之禽由己之功也。先是宸濠變報聞，厚照命太監張忠安邊伯許泰率禁軍往江西，頗與守仁隙；比車駕至南京，忠泰於上前屢言守仁過，設法間之，謂守仁將反，召之必不至！及守仁聞召而至，忠泰計沮，乃遣還鎮，令更上捷音；守仁稔其隱，即易前奏，言奉威武大將軍方略，討平叛亂，而盡入諸變倖名，江彬等乃無言，守仁始得免。

厚照既俘宸濠，遂發南京，至通州，江彬矯旨召勳戚大臣赴行在議宸濠獄；時車駕久駐外，京師洶洶，人情危懼，閣臣楊廷和等請厚照還大內御殿受俘，然後誅宸濠；不納，趣召廷和等至通州受事，遂賜宸濠自盡。錢寧者，初與江彬合勢，後二人不相容！厚照南征，彬即發寧罪，以寧嘗與宸濠交通也，詔命羈寧臨淸，及通州戮俘，乃執寧歸京師。又明年，厚照疾沒。

厚照在位十六年而沒，無嗣，閣臣楊廷和主議，謂『興獻王長子厚熜者，憲宗之孫，孝宗之從子，大行皇帝之從弟也；兄終弟及，誰能瀆焉』？乃令中官入啓太后得請，乃遣使往迎，執江彬錢寧諸人下之獄；及厚熜立，是爲世宗，彬寧皆伏誅。

世宗厚熜之在位也，先之則有大禮之紛爭，後之又有權臣之跋扈，而塞下兵氛，乘之益惡，嘉靖（世宗厚熜年號）一朝之政，鮮有足言者！大禮之議，言者各無定；究其事由，則全緣厚熜之入嗣而起，其後爭持迫切，朝端水火，迨而使爲人上者，緬越禮義而亦不顧，則當日諸臣實尸其咎，而非張璁桂萼一二人之咎也。厚熜即位甫六日，即詔議興獻王祐杬典禮，禮部尙書毛澄請於楊廷和，廷和出漢定陶王宋濮王事授之，曰『是足爲據』。於是澄大會文武羣臣，主議，略謂：『今陛下入繼大統，宜如定陶王故事，以益王子厚炫主後興國，其稱號宜如宋英宗濮安獻王故事：稱孝宗曰「皇考」，興獻王曰「皇叔父興獻王」，妃曰「皇叔母」』。議上，不許，廷和等極言，終不聽，於是張璁之議乃崛起：

時進士張璁見廷議追崇興獻王禮三上三卻；揣知厚熜之意，因遂上疏，略謂：『廷議執漢定陶王宋濮王故事，欲考孝宗，叔興獻王？夫漢哀帝宋英宗皆預養宮中立爲儲嗣，其爲人後之意甚明。今陛下以倫序當立，循繼統之義，又非爲孝宗後也：故謂陛下入繼祖統則可，謂爲人後而自絕其親則不可！今宜別立聖考廟於京師，以隆尊親之孝』。時厚熜方扼廷議，得璁疏，大喜曰：『此論出吾父子獲全矣』！遂手詔廷和等，欲尊父爲興獻皇帝，母爲興獻皇后，廷和持不可，封還手詔；給事中朱鴻等卽交章劾璁，不聽。會母妃蔣氏來京師，旣之通州，聞朝議考孝宗，恚而不入；厚熜願避位歸藩，羣臣惶懼。毛澄乃謀於內閣，請稱興獻王爲興獻帝，蔣妃爲興獻后，而以太后懿旨行之；厚熜不得已，乃報可。明年，爲厚熜卽位之元年，淸寧宮後三小殿災，楊廷和等因言：『興獻帝后加稱，列聖神靈，容有未安；今火災示警，昭然可見』！厚熜又不得已勉從衆議，興獻帝后再加「本生」字，不稱皇而實非己意，故稱號定已二年，尊崇議且寢，而桂萼之說又崛起：

初，張璁曾迎合上意，而北京諸臣，多不容之，詔出爲南京刑部主事；桂萼在南京，與璁同官，日夜私詆朝議。萼遂上疏，希上指，請改稱孝宗曰「皇伯考」，興獻帝曰「皇考」，興國太后曰「聖母」；厚熜得疏，私以爲可行，先下廷臣集議：而禮部尙書汪俊會文武羣臣二百五十餘人並排萼議；於是厚熜因事罷俊，而追尊興獻帝曰「本生皇考恭穆獻皇帝」，上興國太后尊號曰「本生聖母章聖太后」，視向之不稱「皇」稱「本生」者又異。時厚熜在位之三年也（即嘉靖三年民國紀元前三百八十八年）。先是侍郎席書員外郎方獻夫，皆各草疏，請追尊所生帝后，爲朝議所持不敢上乃密以示蕚，蕚並上之故汪俊既罷，席書代其位，獻夫爲侍講學士，而張璁桂蕚亦各爲翰林學士。璁蕚等既貴於是閒罷失職武夫小吏皆望風希旨抗論朝事而厚熜亦以向日朝議爲不利於己故特重用附己者以示國人未幾而「本生」之字並去而不稱矣。

厚熜既欲去「本生」字，乃召見羣臣於左順門，示以手勅，言出章聖皇太后意；羣臣駭愕，而張璁桂蕚復列上禮官欺罔十三事，且斥爲朋黨；於是羣臣各上章力爭，皆留中不下；乃更爲伏闕之諫，羣跪左順門，有大呼「高皇帝，孝宗皇帝」者。厚熜方齋居文華殿，命中官諭之退，不聽；乃遣錦衣先執爲首人豐熙等，羣臣復大哭；於是命盡錄諸臣姓名，共繫一百九十人於獄；越數日，爲首者戍邊四品以上奪俸，五品以下予杖。編修王相等十六人皆杖死，自是衣冠喪氣，璁蕚等勢益張！乃更定大禮，稱孝宗爲「皇伯考」，獻皇帝爲「皇考」，章聖皇太后爲「聖母」，尊稱由是遂定。未幾，作世廟於京師，享皇考；終尊皇考爲睿宗，祔太廟焉。

要之，大禮之議，厚熜始則刼於羣臣之議，稱父爲「伯」，而以孝宗爲皇考，此第一步也；繼則於本生之父加「本生」字，而去「伯」之稱，其第二步也；終則以孝宗爲伯，而父爲皇考，並「本生」之字亦削而不稱，其第三步也。後之論者，以爲厚熜之立，固與漢哀宋英二君預立爲儲者不同；若謂繼統必繼嗣，則宜稱武宗爲父；以武宗從兄不可稱父，遂欲抹去武宗一代，而乃考未嘗爲父之孝宗，理本窒礙！故張熜論一出，楊一淸即謂此論不可易也。

張璁桂蕚以議禮旨趣相同，厚熜信之，二人大用事，居嘗恆相比；既而璁蕚先後均入閣，二人者又復相失，並與閣臣楊一清不相能。言官劾璁蕚引用私人，日圖報復，威權既盛，黨與復多，不亟去之，將爲社稷患；於是詔罷二人，而一清亦致仕。已而蕚復進用，再罷遂死；璁以名嫌御諱，請更名，詔賜名孚敬，字茂恭，御書四大字賜之，用事不衰，又十餘年，始死。璁蕚皆剛愎喜報復，而璁尤甚，嘗欲力破人臣私黨，而已先爲黨魁；顧厚熜始終眷禮，廷臣卒莫與貳，嘗稱爲少師羅山（璁別號）而不名，其倚畀之隆可見。

嘉靖一朝，閣臣之不賢莫如嚴嵩。嵩之先有夏言，始頗用權，既而與翊國公郭勛禮部尚書嚴嵩不協，二人乃相與構之，言寵漸衰，罷而復相，既相又罷，而恩眷遂不及初。嚴嵩與言均籍江西，嵩科第先言，而位在言下，始倚言而起，事之甚謹；及言入閣，援嵩自代，以門客畜之，嵩恨甚！嘗置酒邀言，躬詣其第，言辭不見，嵩布席展所具啓跽讀，言謂嵩實下己，不疑也。言既失厚熜意，懽斥，呼嵩與謀，嵩則已潛造當權者第，謀齮言代其位；言知甚慍，風言官屢劾嵩，厚熜方憐嵩，不之聽；於是二人益大郤。時郭勛已爲言者所劾得罪下獄，言所忌者惟嵩，嵩之謀言亦愈力，厚熜卒爲嵩動，乃下詔落言職閒住。時厚熜在位之二十一年也（卽嘉靖二十一年，民國紀元前三百七十三年）。厚熜在位久，常經年不視朝，崇信道教，專疲祈禱，日以齋醮爲事，工作歲數興，諸以道得幸者專橫恣肆，都人相側目，而厚熜不恤也。厚熜齋醮必用青詞，顧鼎臣夏言始爲之，自言之去，醮祀青詞，非嵩莫當意，既代言入閣，年已六十，猶不異少壯，然於青詞之外，實亦無他才略，惟一意媚上竊權罔利而已。厚熜平日英察自信，果刑戮，頗護己短，嵩以故得因事激厚熜怒，戕害人以成其私，誅斥者相屬；巡按山東御史葉經與嵩有宿憾，卒被杖殺，嵩權益發舒：自後劾嵩者希得免，明政益以凋殘矣！

厚熜之經年廢朝，自其在位之二十年以前，固已有然；及二十年（卽嘉靖二十年，民國紀元前三百七十一年），宮婢之變作，厚熜積日不視朝，明事乃無可爲。是年冬，厚熜宿曹妃宮，宮婢楊金英伺其熟寢，以組縊其項，未絕，有走告皇后方氏者，后馳救得甦，命內監等捕宮人雜治之，王寧嬪實首謀，又言曹端妃亦與知，而厚熜病悸不能言，后傳旨收端妃寧嬪及金英等悉磔於市，其實曹妃本無與。變故既定，厚熜移西苑萬壽宮，遂不入大內，益嗜方士之說，終日求長生，郊廟不親，朝講盡廢，君臣不相見；除方士陶仲文獲時賜見外，惟嵩得承顧問，御札一日或數下，雖同列不獲聞，以故嵩得逞志。而厚熜微覺嵩貪橫，復召用夏言；言至，盛氣折嵩，嵩再與錦衣都督陸炳等結合排言，而言不悟；至厚熜在位之二十七年（卽嘉靖二十七年，民國紀元前三百六十四年），嵩卒借河套事構言至死（河套事詳見下節）。

抑嚴嵩之專，齮之者，不止夏言一人而已；武臣仇鸞者，始與嵩比，嵩猶兒子畜之，寖相惡，嵩密疏毀鸞，鸞亦頗陳嵩及其子世蕃過，厚熜信鸞而漸疏嵩父子，嵩乃專結陸炳合而圖鸞。會鸞病死，炳訐鸞陰事，厚熜追戮之，復信任嵩，嵩及是疏而復親者再；兵部員外郎楊繼盛上疏劾之，列其十大罪五奸，卒爲嵩所陷，下獄死；錦衣衞經歷沈鍊亦以言事觸嵩怒，被陷戍外死。

嵩雖數以權術結主，而攬權日久，漸爲厚熜所厭；夏言仇鸞輩既終不足制嵩而死，然猶有徐階，不明與嵩競權勢，而頗得厚熜心：以是厚熜漸移其親信嚴氏父子之心，而親信徐階。嵩雖警敏，能先意揣厚熜旨，然厚熜所下手詔，語多不可曉，惟世蕃一覽了然，答語無不中；及嵩妻歐陽氏死，世蕃當護喪歸，嵩請留侍京邸，厚熜許之，然自是不得入直所代嵩票擬：嵩受詔，多不能答，遣使持問世蕃，値其方耽女樂，不以時答，中使相繼促嵩，嵩不得已，自爲之，往往失指所進「青詞」又多假手他人，不能工，以此積失主歡。厚熜在位之四十年（卽嘉靖四十年民國紀元前三百五十一年），萬壽宮災，嵩請暫徙南城離宮；南城，英宗祁鎮爲太上皇時所居也，厚熜不悅。而徐階營萬壽宮甚稱旨，厚熜益親階，顧問多不及嵩；卽及嵩，祠祀而已。其明年，方士藍道行假乩仙語，言嵩奸罪，御史鄒應龍避雨內侍家，知其事，抗疏極論嵩父子不法，曰：『臣言不實，乞斬臣首以謝嚴氏』。遂詔罷嵩，下世蕃獄，世蕃子鵠鴻及其客羅龍文俱戍邊；其奴嚴年最黠惡，士大夫無恥者稱爲蕚山先生者也，及是並下獄，凡嚴氏之黨俱坐貶。又三年，世蕃龍文等皆遣戍，中途而返，復爲南京御史林潤所劾，仍逮至京殺之，嵩及諸孫皆爲民，籍其家，黃金可三萬餘兩，白金三百餘萬兩；後二年，嵩老病，寄食墓舍而死！

當嘉靖初年，明已數不靖；所謂「嘉靖」者，年號而已！其始有甘州之亂，殺巡撫都御史許銘，僉都御史陳九疇討平之；未幾，有青州礦盜王堂之亂，蔓延及河南，右都御史俞諫等討平之；未幾，而大同軍亂，殺巡撫都御史張文錦，僉都御史蔡天祐討平之；未幾，田州指揮岑猛叛，都御史姚鏌討平之；未幾，猛黨盧蘇王受等復亂，姚鏌不能定，兵部尙書王守仁撫降之；未幾，斷藤峽猺人再叛，又守仁討平之；未幾，大同軍復亂，殺總兵官李瑾，指揮馬昇等討平之；未幾，遼東軍亂，囚巡撫都御史呂經，巡按御史曾銑討平之。以上皆厚熜在位十四年（卽嘉靖十四年，民國紀元前三百七十七年）以前之事。十四年以後，四川則有邊番之亂，柘城（河南柘城縣）則有師尙詔之亂；內亂之起，雖無十四年以前之衆，而邊禍則愈紛！要其致此之由，則實嚴嵩輩尸之，玩寇誤兵機之咎，嵩等不得逭也。今擇述其要，以見一斑：

（一）倭寇之紛紜　倭寇之亂，明初已有，然至厚熜之世而愈烈。其初，中國瀕海州縣，雖數被倭侵掠，而亦貪與中國互市，每貢所攜私物，逾貢數十倍。舊制，於浙江設市舶提擧司，駐寧波，海舶至則平其直，制馭之權在官；及厚熜初立，廢市舶，不設，海濱奸民，與倭人相貿易，居寧波之雙嶼，爲之主，屢負倭直：已而明廷嚴通番之禁，遂移之貴官勢家，負直愈甚，倭糧匱不得返，大怨恨！奸民勾之，遂煽爲亂，時時寇掠沿海諸州縣；甚有華人僭稱王號，而其宗族妻子田廬，皆在籍亡恙，莫敢誰何者。朝議徇外臣請設重臣巡撫浙江，兼統福建沿海諸府，以都御史朱紈爲之；紈至，嚴爲申禁，獲交通者，輒處斬，由是浙閩大姓素爲倭內主者，失利而怨，紈卒不得久安其位，朝廷且遣官按問，紈自殺：自是而海禁日弛，亂亦益甚矣。

自紈之死，浙江不設巡撫者四年，而倭亂益劇；大奸若汪直徐海陳東麻葉輩，素窟其中，以內地不得逞志，逸海島爲主謀，倭聽指揮，誘之入寇。海上承平既久，民不知兵，自聞倭至，罔不走避，由是民間騷然，朝議復設巡撫；至厚熜在位之三十一年（卽嘉靖三十一年，民國紀元前三百六十年）乃以僉都御史王忬任之，而勢已不可撲滅。明年春，汪直勾合諸倭大舉入寇，連艦數百，蔽海而至，浙東西江南北濱海數千里，同時告警！破昌國衞（浙江象山縣西南），陷上海城，流刼乍浦金山太倉崇明常熟嘉定；又明年，掠蘇州松江，復趨江北，薄通泰，尋陷嘉善崇明，入崇德（浙江石門縣），掠嘉興，還屯柘林（江蘇華亭縣東），縱橫往來，忬不能禦：乃移忬巡撫大同，以李天寵代；又命兵部尚書張經總督軍務。是時眞倭不過十之三，從倭者十之七，倭戰則驅其所掠之人爲軍鋒，法嚴，人皆致死，而明軍素恇怯，所至潰奔！朝命工部侍郎趙文華督視軍情。文華者，嚴嵩之黨，既出視軍，頤指大吏，勢頗張；經以位在其上，獨輕之，文華不悅：乃與巡按御史胡宗憲比，屢趣經進兵。經時調諸路狼兵已集，惟永順保靖兵未至，經欲待其至而後戰；文華以爲怯，劾奏之。疏方上而永保兵已至，經大破倭於王江涇（浙江嘉興縣北），斬千九百餘級，焚溺死者無算，爲軍興戰功第一；文華攘爲己功以奏，嚴嵩爲之左右：於是經反被逮，與巡撫李天寵同論死。時厚熜在位之三十四年也（卽嘉靖三十四年，民國紀元前三百五十七年）。張經被逮，始易周琉，繼又易楊宜，顧皆不能勝倭；倭勢日盛，其黨自紹興分竄，轉掠杭州嚴州徽州寧國太平，直犯南京，出秣陵關，刼溧陽宜興，抵無錫，趨滸墅，轉鬬數千里，殺傷四千人，始爲應天巡撫曹邦輔所殲，文華未之能禦也。文華忌邦輔功，復與宗憲集兵禦倭，搗之陶宅（江蘇奉賢縣西北），然終又大敗；文華氣奪，始定計招撫。會川兵破倭周浦（江蘇奉賢縣東南），總兵俞大猷破倭海洋，文華遂言水陸成功，請還朝，許之，比至，盛毀楊宜諸人而薦宗憲；有詔奪宜職，謫戍邦輔，而推宗憲爲兵部侍郞，督諸軍討倭；乃文華入未踰年而東南敗報踵至，於是復遣文華出視師。宗憲欲藉文華之通嵩，諂奉無不至；文華素不知兵，亦倚宗憲，二人交甚固。當是時，徐海陳東麻葉方連兵攻桐鄉，宗憲設計間之，海遂禽東葉以降，盡殲其餘衆於乍浦，未幾，海亦授首，餘黨盡滅，江南浙西諸寇略平。文華以大捷聞，厚熜大喜，加文華少保，宗憲右都御史；已而頗聞文華視師江南，有黷貨要功諸事，思逐之，遂因疾罷其官；文華故病蠱，及遭譴，疾益重，遂鬱鬱死。

自徐海等授首，江南浙西諸寇略平；而江北倭則先後犯丹陽，如皋，掠揚州，高郵，入寶應，遂侵淮安府，集於廟灣（江蘇山陽縣東北），時厚熜在位之三十七年也（即嘉靖三十七年，民國紀元前三百五十四年）。明年，巡撫都御史李遂調諸將克之，驅之入海，江北倭亦定。倭既蹙於浙江，又敗於江北，其勢少殺；然窺伺沿海之謀不止，乃去而爲福建之患，而其禍則自明之殺降始：

先是當厚熜在位之三十六年（即嘉靖三十六年，民國紀元前三百五十五年），汪直猶據海島，挾倭爲雄，明廷懸賞購之，迄不能致；自陳東輩既死，直勢益孤，宗憲乃設法招直。直要宗憲須一貴官爲質，乃可降；宗憲立遣指揮夏正往，直不疑，遂降宗憲。又奉宗憲令特至杭謁巡按御史王本固，本固下直於獄以聞；宗憲疏請貸直以繫番人心，本固爭之強，遂斬直，其黨大恨，支解夏正，由浙海方面揚帆而南，流劫閩廣福建，受其害特甚！閩人在朝者，爭劾胡宗憲嫁禍；已而嚴嵩敗，宗憲坐罪去，倭寇掠福建如故。迨厚熜在位之四十二年（卽嘉靖四十二年，民國紀元前三百四十九年），旣陷興化，移據平海衞（福建莆田縣東）不去；俞大猷者，故禦倭有功，詔急徵爲總兵，而以戚繼光爲副：於是繼光等會兵連戰勝倭，倭大創，被殺者二千二百有奇，還被掠者三千人，倭遂棄平海而遁，閩患少息。自是大猷繼光等仍連戰破倭，東南得安枕；其後廣東巨寇曾一本黃朝太等雖各引倭爲助，犯閩廣沿海，北及浙江，然爲患則不能如前此之著已。

（二）諳達之猖獗　前述之大元汗，卽彼中所號爲小王子，而史書亦稱達延汗者也。自衞拉特衰，而韃靼復盛，至大元汗尤強，曾入居河套，武宗厚照時屢入寇，自薊遼宣大秦隴沿邊無寧歲。世宗厚熜在位，大元汗老壽尤富強，多畜貨貝，稍厭兵，乃挈其曾孫達賚遜駐幕宣塞外，後復徙帳於遼，爲其徙幕東方之始；所謂土默特者也。所分諸部落在西北邊者甚衆，曰濟農，曰諳達者，於小王子爲從父行，據河套，雄黠喜兵，爲諸部長，相率躪諸邊。濟農等旣據套，其西直抵賀蘭。其後有趙全邱富者，皆明人，以罪降韃靼，招集亡命，居豐州，築城自衞，墾水田，搆宮殿，號曰「拜甡」，數誘諳達爲明邊患，且教之益習攻戰，諳達勢日甚：然亦嘗求貢於明，明廷不許，遂與濟農分道南侵；厚熜在位之二十一年（卽嘉靖二十一年，民國紀元前三百七十年），復遣使於明求貢，大同巡撫龍大用誘縛之，諳達怒！入掠朔州，抵廣武，由太原南下沁汾，復從忻崞而北屯祁縣，參將張世忠等戰死，敵遂從雁門故道而去。未幾，濟農死，其子朗台吉等散居河西；諳達獨盛，歲數擾明邊，於是又有庚

戌之役：

庚戌之役者，卽厚熜在位之二十九年（卽嘉靖二十九年民國紀元前三百六十二年），諳達入犯京師之役也。先是諳達入寇或不利，遣使求貢而明終不許；諳達大入寇，總督三邊侍郎曾銑率兵數千駐塞門（砦名，陝西安塞縣北），而遣參將李珍擣之馬梁山（本陝西榆林府北）後，敵始退。銑議復河套，時大學士夏言適當國，同主銑議。厚熜方留用言，令銑圖上方略，以便宜從事；故力絀貢議，謀專力復河套，而令諸邊臣共議其事。諸邊臣多以爲難，而總督侍郎翁萬達尤熟邊情，謂以橫挑強寇爲非計！厚熜以河套爲眞可復，諸邊臣議上未之省也。已而厚熜意中變，忽降旨責夏言，其詞甚厲。有曰：『今逐賊河套，師果有名否？兵食果有餘，成功可必否』？嚴嵩知其意，遂極言河套必不可復，廷臣亦盡反前議，如嵩說；嵩從而攻言，言罷而銑亦被殺，敵益畜忿思逞，廷臣不敢復言套事矣。迨厚熜在位之二十九年（民國紀元見上），諳達犯大同，總兵張達者素拒戰有功，及是戰死，敵益無憚；旋引去，傳箭諸部，大舉長驅至古北口，都御史王汝孝率薊鎭兵禦之，敵陽引滿內向，而別遣精騎自間道潰邊牆而進，汝孝兵潰，遂至通州，分兵剽昌平，犯諸陵，殺掠不可勝計。京師戒嚴，詔各鎭勤王，分遣文武大臣各九人守京城九門，急集諸營兵僅四五萬，老弱半之，久之不能軍。詔城中居民及四方入應武舉者悉登陴守。時敵已薄城，勢甚岌！會大同總兵仇鸞巡撫保定，都御史楊守謙各以兵至，詔鸞總督軍務，守謙督兵。倉卒無犒糧，兵多飢疲不任戰；時厚熜久不視朝，軍事無由而白，羣臣亟請，始御奉天殿，惟切責百官，趣諸將戰甚急。兵部尚書丁汝夔以咨嚴嵩，嵩曰：『寇飽自颺去耳』！汝夔因不敢主戰，且承嵩意，戒諸將勿輕舉，守謙等皆不敢戰。敵縱橫內地凡八日，本無意攻城，且所掠已過望，乃整輜重，將趨白羊口（昌平縣西）而去，仇鸞尾之，敵猝東返，鸞兵潰，死傷千餘人，敵遂徐由古北口出塞。諸將收斬遺屍，得八十餘級，以捷聞；厚熜喜，加鸞太保，而棄汝夔、守謙於市，以示刑賞。鸞既得志，總督京營戎政，擅更軍制，邊事益壞；性又駑惰，畏寇，密遣人結諳達義子托克托，使貢馬互市：於是明與諳達復開馬市於大同宣府，春秋兩度，而諸邊苦侵暴尤甚；詔命鸞逐寇大同，遇伏收歸；至厚熜在位之三十一年（卽嘉靖三十一年，民國紀元前三百六十年），疾歿，錦衣都督陸炳發其罪，詔戮屍，而馬市亦旋罷（參看上嚴嵩專政節）。

其明年，爲厚熜在位之三十二年（卽嘉靖三十二年，民國紀元前三百五十九年），諳達復大舉入寇，沿邊之地，多爲所攻掠，東至廣昌，西掠延慶諸城，會久雨，始去。未幾，又寇大同；未幾，又犯宣大，自是累擾邊，邊人大困。至厚熜在位之三十八年（卽嘉靖三十八年，民國紀元前三百五十三年），諳達子錫林阿復以師寇內地，渡灤河而西，大掠遵化、遷安、薊州、玉田，駐內地五日，京師大震！薊遼總督王忬爲言者所劾，下獄死。

其後大同總兵劉漢雖曾襲敗諳達於豐州，焚拜甡略盡，寇亦漸移其帳，不敢偪邊塞而居，而後患仍踵起。至厚熜在位之四十二年（卽嘉靖四十二年，民國紀元前三百四十九年），錫林阿等復潰牆子嶺（河北密雲縣北）而入，大掠順義、三河，諸將趙溱、孫臏戰死，京師戒嚴，詔諸路兵入援；敵駐內地八日，大同總兵姜應熊敗之於密雲，始退，薊遼總督楊選又以是役伏誅。

自諳達錫林阿之入寇，明兵死者不計，邊將及督臣或敗死，或伏誅，其貽禍於明也可謂至巨，而患終不弭。厚熜在位之四十五年（卽嘉靖四十五年，民國紀元前三百四十六年），疾沒，太子載垕立，是爲穆宗，邊禍仍不靖。諳達孫巴噶奈濟以諳達奪其妻，迫而降明，明厚撫之。諳達方西略土魯番，聞之急引還，約諸部入寇，不利，遣使來請命，明令縛送拜牲諸叛人以易其孫。諳達遂使人如明乞封，復互市，隨執諸叛人來獻，明亦遣其孫歸。諳達感泣，遣使報謝，誓不犯大同，乃封諳達順義王，名所居城曰歸化，其別部亦有來歸者，自宣大至甘肅，邊禍始一靖。

明中世百九十餘年間變故紛更之四（江陵柄國後之大勢及黨論之初興）（民國紀元前三百四十五年至二百九十二年）

明自嚴嵩當國，朝政以壞，其後繼之者爲徐階、李春芳，與階、春芳同在閣者曰高拱；載垕正位，張居正亦旋入閣：居正，江陵人，世稱「江陵相國」者也。自嵩以後，階、拱相業皆平常，惟居正則聲名籍甚，明廷倚之，獲十餘年之小治。居正初通籍，卽爲徐階等所器重；嚴嵩爲首輔，忌階，善階者皆避匿，居正自如，嵩亦器居正。又嘗與高拱善，以相業相期許；及階代嵩首輔，傾心委居正，世宗厚熜沒，階草遺詔，與居正共謀，尋卽入閣。時徐階以宿老居首輔，與李春芳皆折節禮士；居正最後入，獨引相體，倨見九卿，無所延納，間出一語，輒中肯，人以是嚴憚之，重於他相。高拱爲人不自檢，以狠躁被論去，徐階亦去，春芳爲首輔；亡何，趙貞吉入，易視居正。居正故與宦官李芳善，與之謀，召用拱，俾領吏部，以扼貞吉而奪春芳政；拱至，益與居正善，春芳尋引去，而貞吉卒被擠罷。獨居正與拱在，二人益相密；已而又內離，猜防日甚。載垕在位之六年（卽隆慶六年民國紀元前三百四十年），有疾，宦官馮保私與居正處分後事，居正因引保爲己助。保嘗因事怨高拱，及載垕疾大漸，召閣臣入受顧命，而宦官矯遺詔命與馮保共事；載垕沒，太子翊鈞卽位，是爲神宗，時年十歲，保遂掌司禮監，又督東廠，勢兼內外，權益張大。拱以主上幼冲，中人專政，疏請黜司禮太監權；又屬言官合疏攻保，而己從中擬旨逐之，使人報居正，居正陽諾之而私以語保，保訴於太后陳氏，謂拱專權，不可容，太后爲所動，明日召羣臣入宣詔，拱意必逐保也，急趨入，比宣詔，則數拱罪而逐之。拱去，居正遂爲首輔，益以弄權；惟頗能治國，其功烈亦自有足多者。茲撮述其政績之一斑如下：

（一）整飭官治　明世官司之治，至嘉靖一朝而弊，居正當國，首注意及之。於是先有章奏考成法之設立。其初，諸司章奏，部院覆行撫按勘者，常稽遲不報；及是居正請以大小緩急爲限，立文簿，月終注銷，閣科部院，迭相糾舉，誤者抵其罪。此關於章稾考成之法然也。吏部尚書張瀚請諸司久任，居正善其議，使內外官皆久任，由是百官各得以能自展。此關於內外官久任之法然也。明初本有起居注、給事中之設，未幾卽罷；及是，有翰林院編修張位者，請命日講官分直記注起居，纂輯章稾，臨朝侍班，居正善其議，由是始命日講官更迭爲之。此又一事也。又居正父沒，戶部侍郎李幼孜欲媚之，首倡奪情議，於是居正遂得以父喪起復，編修吳中行等爭之，皆杖謫；居正知國人不與己思以威權刦之，時因星變，考察百官，既又見於內外宂官之多，遂加意淘汰。此又一事也。以上皆關於整飭吏治之可治者。

(二)寬恤民生　明初役法有里甲、均徭、雜役三等，說見下章。其後「一條鞭」法行，頗稱簡便，然諸役宂費，名罷實存，有司追徵如故；及居正當國，始減錢一百三十萬有奇。此一事也。居正又倡議，凡國內田畝，通行丈量，遂用開方法，以徑圍乘除，畸零截補，於是豪猾不得欺隱，里中免賠累，而小民無虛糧；總計田七百一萬三千九百七十六頃，視孝宗祐樘時贏三百萬頃。此又一事也。居正又上言：帶徵逋賦，徒為民累，百姓財力有限，乞諭戶部覆萬曆七年以前積負，盡行蠲免；詔從之，凡免二百餘萬有奇；而是時帑藏充盈，國最完富。此又一事也。以上皆關於寬恤民生之可知者。

居正之當國也，不僅如上之所述而已；又能信賞必罰，知人善任，號令既發，雖百里外，朝下夕奉行；故萬歷初政，起衰振隳，綱紀修明，海內殷阜，皆其力也。奪情以後，漸專政固位，好諛自尊，士大夫始譽以伊周五臣，繼竟擬之舜禹，居正恬不為怪；其所黜陟，或不免由愛憎，左右用事之人，恆通賄賂，漸為正直人所詬病；而翊鈞以其嚴厲，尤所心憚。當翊鈞在位之十年(即萬歷十年，民國紀元前三百三十年)，居正臥病四閱月不愈，百官並齋醮為祈禱；南京秦晉楚豫諸大吏無不建醮，其威望之尊，蓋可想見。時翊鈞年漸長，頗不以居正所為為然，又見馮保恃以專擅，心常不喜；是年，居正沒，保亦以罪謫奉御，安置南京。其明年，新進者往往攻居正，詔追奪居正上柱國太師，並奪去文忠謚，居正所引用者多被斥削，言官輩復借端誣居正罪；又明年，遂籍居正之家，子禮部主事敬修不勝拷掠，自縊死！弟都指揮居易，子編修嗣修俱戍極邊！諸以忤居正罷黜者，俱召歸。

抑當明之末世，又有一事焉亦足以爲亡明之一因者，則言官與政府之爭是也。言官與政府爭端既烈，於是黨論藉之以盛，諸附和者日以起，一事未立，而議論紛然，雖欲無亡，又豈可得？而其禍要自居正當國始之。居正以前，言官所爭者爲公是非；居正以後，則所爭者爲私是非矣！爲公是非而爭，雖言者論調相同，於黨乎何害？若爲私是非而亦出於爭，爭端所集，黨見從之而異，卒也公是非轉無由而明，朝政因以大壞！此黨事誤國所以爲明社傾覆之一因也。茲略述其起因如左：

明初，凡百官布衣皆得上書言事，沿及宣英，流風未替！雖昇平日久，堂陛深嚴，而縫掖布衣，刀筆掾吏，朝陳封事，夕達帝閽，所以廣聰明，防壅蔽也；而科道之以言爲職者，其責尤專，其權尤重。職官志序謂：『御史，天子之耳目，凡大臣奸邪，小人搆黨者劾，凡百官猥茸貪冒者劾，凡上書亂成憲者劾，遇考察，則同吏部司黜陟；大獄重囚，會鞫於外朝，則同刑部大理平讞之；政事得失，軍民利病，皆得直言無隱。又有六科給事中，凡制敕有失，則封駁；至廷議大事，廷推大臣，廷鞫大獄，皆得預。言官之職掌有如此』：自武宗厚照以前，明廷風氣淳實，建言侃直無阿，不盡以矯激相尚；厚照以後，風漸不古，然其建議亦多迫於義之不得不然，甚者罹刑受譴，而猶以爲適：此正後代士大夫之所難爲，而明世言官爲獨得之者也。及居正當國，異己者多被斥去，言路因之望風而靡！「奪情」一事，疏劾者特出於翰林部曹，而科道曾士楚陳三謨等且交章請留；及居正歸葬，又請趣其還朝；迨居正有病，建醮祈禱者，又有科道，科道之迎合政府也又如此：迨居正死，而風氣乃爲之一變。

居正之沒也，言官以爲居正抑遏久，於是爭礪鋒銳，持擊當路；御史羊可立與李植江東之三人並荷翊鈞寵，三人更相結，亦頗引吳中行輩爲重。未幾御史丁此呂劾侍郎高啟愚主試以『舜亦以命禹』爲題，爲居正勸進！朝臣輩中時行楊巍以此呂爲曖昧陷人，請出之於外；植東之交章劾時行巍蔽塞言路，翊鈞爲罷啟愚，留此呂；時行巍求去，而朝臣又有謂大臣國體所繫，不可徑聽其去者，翊鈞不得已，乃出此呂於外。閣臣許國尤憤，專疏求去，有曰：『昔之專恣在權貴，今乃在下僚；昔顚倒是非在小人，今乃在君子。意氣感激，偶成一二事，遂自負不世之節，號召浮薄喜事之人，黨同伐異，罔上行私，其風漸不可長』！蓋指中行輩而言，謂其與言路相鈎結也；自是而言官與政府日相水火矣。

明自居正死，言路攻擊之習開，惟時又有「建儲」之論：先是皇妃鄭氏有殊寵，生子常洵，進封貴妃；而王妃生皇長子常洛已五歲，不益封，中外藉藉，疑宮廷將立愛。給事中姜應麟首抗疏請立元嗣爲東宮，被貶；閣臣申時行率同列再請建儲，亦不聽；廷臣以貴妃故，多指斥宮闈，觸翊鈞怒，被嚴譴。又嘗詔求直言，時行請下詔令諸曹建言止及所司職掌，聽其長擇而獻之，不得專達，翊鈞甚悅之；於是言者蠭起，多爲時行咎，門戶之爭大起。時翊鈞在位之十四年也（卽萬曆十四年，民國紀元前三百二十六年）。時行雖數請建儲，而亦頗依違，廷臣上疏有觸翊鈞意者，則請翊鈞留疏不發，章稟之留中自此始；又戒廷臣毋因儲位事瀆擾，皇長子終必立，於是言官復劾時行，謂陽附羣臣之議以請立，而陰緩其事！時行旋請罷政，太子終不立。

與申時行同閣者，又有王錫爵：時行柔和，張居正之法治多壞於時行；而錫爵則性剛負氣，嘗疏請豫教元子，錄用言官姜應麟等不報！未幾，又偕同列請建儲，不得！遂乞歸。時翊鈞在位之十九年也（卽萬曆十九年，民國紀元前三百二十一年）。其明年，禮科給事中李獻可疏請豫教，言元子年十有一，豫教之典，當及今舉行，翊鈞怒！貶秩調外；六科給事中鍾羽正孟養浩諸人各具疏救，而養浩言尤力，乃杖養浩，削其職；閣臣王家屏極諫不聽，家屏又乞罷：凡此皆爲建儲一事而去者也。迨王錫爵復入閣，密請建儲：翊鈞欲令元子與兩弟（鄭妃生常洵，周妃生常浩）並封爲王，而言官極諫，並請錫爵力爭，翊鈞意動，而其事始寢；又明年，爲翊鈞在位之二十二年（卽萬曆二十二年，民國紀元前三百十八年），乃令皇長子常洛出閣講學，輔臣侍班，詞臣六人侍講讀，俱如東宮儀，而建儲之議始少息。

迨翊鈞在位之二十九年（卽萬曆二十九年，民國紀元前三百十二年），常洛年已二十，羣臣屢請冊立冠婚並行，於是遂立常洛爲太子；封諸子均爲王，而儲位以定。

乃建儲之議停而妖書之禍旋起！先是刑部侍郞呂坤嘗撰閨範圖說，太監陳矩購入禁中，翊鈞以賜鄭妃，妃重刻之；或撰跋名曰憂危竑議：言坤書首載漢明德馬后由宮人進位中宮，意以頌妃，而妃之刊刻，實藉此爲奪嫡地！翊鈞乃重譴嫌疑者二人，事遂寢；及是續憂危竑議復出，閣臣朱賡於宮門外獲之，大略言東宮之立，出於不得已，他日必當更立，其用朱賡爲內閣者，以「賡」「更」同音，寓更易之意，詞極詭妄，時皆謂之「妖書」。翊鈞大怒！勅有司大索奸人，臣下有因是波及者；最後錦衣衛獲順天生員皦生光，生光性險賊，多脅取人財，又嘗爲妖詩傾戚里，疑書出其手，遂下獄考治，磔殺之！而「妖書」之獄以定，儲位終無動。

乃「妖書」之獄結，而東林之黨興，於是朝野遂有東林黨議之目，而諸臣之分門相角，自此無已時！初儲位未定，羣臣方力爭，申時行等亦均婉轉調護，然頗以言者爲多事，惟王家屏則與言者之意合：顧憲成者，無錫人，官吏部郎中，有直名，當三子並封命下，憲成上疏力爭，又遺書閣臣王錫爵反覆辨論，議遂寢；及錫爵將謝政，廷推閣臣，憲成舉家屏，家屏故嘗力主建儲，與翊鈞意忤，遂被削籍歸故里。里故有東林書院，宋楊時講道處也；憲成與弟允成倡修之，常州知府歐陽東鳳與無錫知縣林宰爲之營搆，落成，偕同志高攀龍錢一本薛敷教史孟麟于孔兼輩講學其中，學者稱涇陽先生。當是時，士大夫抱道忤時者，率退處林野，聞風響附，學舍至不能容；憲成嘗曰：『官輦轂志不在君父，官封疆志不在民生，居水邊林下志不在世道，君子無取』。故其講習之餘，往往諷議朝政，裁量人物，朝士慕其風者，多遙相應和，由是東林名大著，而忌者亦日多。其後孫丕揚鄒元標趙南星等多相繼講學，自負氣節，與政府相抗；諸依附東林者日衆，東林儼成黨會，黨議不期而自興，頗含有左右輿論之潛力。倏忽十餘年，所謂東林黨者，自反對人言之，俱有誰某誰某之可以指數，迨翊鈞在位之三十九年（即萬曆三十九年，民國紀元前三百零一年），而李三才之事起矣。

欲述李三才之所以得名，則不能不先言明季鑛稅之弊之惡：先是房山民史錦等言房山等地各有礦砂，請遣官開採，以閹臣申時行之言而止；後言鑛者爭走闕下，詔命宦官與其人偕往，蓋自在位之二十四年始（卽萬曆二十四年，民國紀元前三百十六年）。其後又於通都大邑，增設稅監，故礦稅兩監徧中國，而其事俱以宦官任之，敲詐剝奪，殆無不爲，甚者戕殺民命，有司不敢問！翊鈞在位漸久，行日荒恣，旣恆不視朝，而廷臣章疏，時或不省；是時唯諸稅監有所陳奏，朝上夕報可，所劾無不曲護之，以故諸人益驕，隨地激變：陳奉貪虐，致成武昌漢陽之亂，是其變之最著者也。三才在淮久，以凌折稅監，頗得民心，屢加至戶部尚書，然嘗私通賂遺，結納徧海內；會輔臣缺，建議者請參用外僚，意在三才，由是忌三才者日衆：工部郎中邵輔忠劾其貪僞險橫，御史徐兆魁等繼之，胡忻諸人又交章論救，朝端聚訟，數月不已！顧憲成時方講學東林，貽書閣臣葉向高等，盛稱三才廉直，御史吳亮素善三才，以憲成書附邸報中，由是議者益譁；三才力請罷去，不待命，遂自引歸。時翊鈞在位之三十九年也（民國紀元見上）。又自翊鈞倦勤，內外章奏悉留中不發；惟言路一攻，則其人自去：以故臺諫之勢，積重不返，而諸人亦多分黨相爭！丌詩教周永春韓浚張延登爲齊黨之魁，而燕人趙興邦輩附之；官應震吳亮嗣田生金爲楚黨之魁，而蜀人田一甲徐紹吉輩附之；姚宗文劉廷元爲浙黨之魁，而商周祚毛一鷺過庭訓等附之。其他如祭酒湯賓尹，宣城人也，諸附之者曰宣黨；諭德顧天埈，崑山人也，諸附之者曰崑黨。崑宣浙楚齊五黨，聲勢相倚，並以攻東林，排異己爲事：創爲「大東」「小東」之說，目東宮爲「大東」，東林爲「小東」；一人稍異議，輒羣起逐之，大僚非其黨，不得安於其位，國人號爲「當關虎豹」。是年大計京官，諸黨謀以鈎黨陷東林，未成；而吏部尙書孫丕揚遂爲諸人所攻，引去，羣臣水火甚，黨局之成自此始：自後不善東林者輒得用，善東林者多被逐，明事益無可爲矣！

是時明廷內政旣日卽於杌隉，而各地亂事乘之以起，明又不得不用兵，其事之較著者，國內則有寧夏播州之役，國外又有土默特緬甸朝鮮滿州之役。今次第述之如下方：

(一)播州之役　明代四川一隅，亂事數起，憲宗見深時都掌蠻肇亂，未久卽平，語在前節。翊鈞卽位，都掌蠻復亂，爲總兵劉顯所討平；又松茂諸番，列砦四十八，歲爲吏民患，亦爲巡撫徐元泰所討平。至翊鈞在位之十九年（卽萬曆十九年，民國紀元前三百二十一年），而播州之役起（播州今貴州遵義縣西，明屬四川，爲播州宣慰司）。

唐末有楊端者，應募定南詔，遂據播州，歷宋元皆附屬稱臣。明初，楊鏗內附，改播州宣慰司，使隸四川，其城廣袤千里，形勢完固，數傳至應龍，數從征伐，恃功驕蹇，性甚猜狠，阻兵而嗜殺，所轄諸司咸與畔離。翊鈞在位之十七年（民國紀元見上），其妻叔張時照等上變，告應龍反，貴州巡撫葉夢熊請發兵勦之，四川巡按李化龍則主豎撫；朝議命勘，應龍願赴蜀，不赴黔。已而應龍受勘，坐法當斬，願出金自贖，且請征倭立功，詔釋之；會巡撫王繼光至，嚴提勘結，應龍抗不出，用兵之議遂決。其後繼光討應龍，不勝，論罷，而其勢大熾，四川諸州縣多爲所陷，寖及湖廣；至翊鈞在位之二十七年（卽萬曆二十七年，民國紀元前三百十三年），詔以李化龍總督川湖貴軍務，討之。時應龍方勒兵數萬，五道並出，化龍大會文武於重慶，登壇誓師，然後分八道而進：每路兵三萬，官兵三之，土司七之。總兵劉綎由綦江（四川綦江縣）入，連戰勝之，追奔至海龍囤（貴州遵義縣城北）；諸路兵亦集，遂築長圍攻之，應龍力絀，自殺，播州平。以其地置遵義、平越二府，分屬川貴。

（二）寧夏之役　甘肅一隅，明屢困邊患。自諳達西掠諸番，番人不支，輸款於虜，虜騎數入青海，聲勢與河套相聯絡；諳達又嘗建寺青海，明廷賜名仰華，青海自此爲韃靼有。其酋浩爾齊嘗犯邊，甘肅不靖。至翊鈞在位之二十年（卽萬曆二十年，民國紀元前三百二十年），而巴拜又據寧夏以叛。

巴拜故韃靼種。方世宗厚熜時，巴拜得罪其酋長，南走降明，屢立戰功，官都指揮；翊鈞在位之十七年（民國紀元見上），巴拜老，加副總兵致仕，子承恩襲職。巴拜雖告老，而多畜亡命；承恩性很戾，既而有所求於巡撫党馨，不能得，遂怨；會戍卒衣糧久弗給，巴拜遂嗾軍鋒劉東暘等爲亂。翊鈞在位之二十年（民國紀元見上），殺党馨，起事，東暘自稱總兵，奉巴拜爲謀主，承恩等爲副將，遂陷玉泉營（寧夏城外），諸堡多下；率兵渡河，欲取靈州，又齎金帛誘河套卓哩克圖等，許以花馬池一帶，聽其游牧，勢甚猖獗，全陝震動。總督魏學曾急檄兵進勦，諸堡次第復，惟寧夏急切不能下，套部兵方助之爲援。學曾等定計決黃河之水灌寧夏城，套部兵來救者，亦先後爲明軍所敗，巴拜援絕；會給事中許子偉劾學曾惑於招撫，誤國事，學曾被逮，以甘肅巡撫葉夢熊代。御史梅國禎時方監寧夏軍，行間使虜內鬨，承恩遂殺東暘等開門降；總兵李如松以兵圍巴拜家，巴拜自縊死。俘承恩等至京師，磔於市；學曾被逮，不一月而寧夏平，敍勞，復其官，致仕，餘將亦皆加恩賞有差。

巴拜之亂定，甘肅暫得無事。未幾，諳達從子永什卜又自青海進犯甘肅，爲參將達雲所敗，斬首七百餘級；其走峽外者，番人殲之，遂爲西陲戰功第一。

以上皆行兵之關於國內者，至於土默特諸役，轉戰之地往往在於國外，茲再析述如下：

(一)土默特之役　自大元汗東徙爲土默特部落，明史所謂土蠻者也。諳達既受明封，又佞佛禁殺，西塞諸部歲來貢市，於是西邊之患息，而東部則有土默特之衆，時來寇邊。時薊鎭戚繼光守邊甚固，敵無出入，盡轉而之遼；遼東總兵李成梁故驍勇善戰，連敗其衆：翊鈞在位之七年(卽萬曆七年民國紀元前三百三十三年)，乃封成梁爲寧遠伯。其後雖有副總兵曹簠之敗，以成梁在遼，終不得大逞；成梁又時襲敵於塞外，輒斬其魁，以故敵少戢。又蘇巴爾噶及其弟綽哈皆泰寧部長，爲遼東三衞之一，屢與土默特結合寇邊，先後均爲成梁敗；蘇巴爾噶爲遼左患且二十年，已而敗死，其子巴圖爾欲報父仇，終挫於成梁，故遼得無患；至翊鈞在位之十九年(民國紀元見上)，成梁遣師出塞，師挫，爲巡按御史胡克儉所劾，引歸，以寧遠伯奉朝請。成梁鎭遼凡二十二年，先後奏大捷者十，翊鈞輒祭告廟，受廷臣賀，蟒衣金繒，歲賜稠疊，邊帥武功之盛，二百年來未有也！然成梁頗事斂蓄，多行賄賂，而其戰功率在塞外，易爲緣飾，故爲言者所劾；又成梁之戰，率藉健兒，其後健兒李平胡等皆富貴，擁專城，暮氣難振，且轉相掊克，士馬蕭耗；迨成梁去遼十年之間，更易八帥，邊備益弛；迨翊鈞在位之二十九年（民國紀元見上），復奉命鎮遼東。是時土默特勢衰，寇鈔漸希，而開原廣寧之前，復開馬、木二市，諸部耽市賞利爭就款；以故成梁復鎮八年，遼左事日少，其後始有滿州之師。

（二）緬甸之役　自明將王驥南征後，緬甸附明。當世宗厚熜時，孟養木邦酋攻殺緬酋莽紀歲，分有其地。紀歲有子曰瑞體，年尚少，奔匿洞吾母家，其酋養爲己子。既長，有其地。洞吾之南有古喇濱海，其酋兄弟爭立，瑞體和解之，因德瑞體，爭割地爲獻，受其約束，號瑞體爲噠喇。瑞體乃與衆絕古喇糧道，殺其兄弟，而盡有其地。遂復入緬，陷孟密，併孟養，勢益強，木邦、蠻莫諸部俱爲之下。乃遣人招隴川宣撫多士寧，士寧不從，而記室岳鳳方用事，欲降緬，遂殺士寧，受緬命代之爲宣撫。已而瑞體死，子應裏嗣，鳳導之入寇，窺騰越、永昌諸處。已陷順寧（雲南順寧縣），明將吳繼登戰死。事聞，詔以劉綎爲騰衝游擊，鄧子龍爲永昌參將，提兵往討。時翊鈞在位之十二年也（卽萬曆十二年，民國紀元前三百二十八年）。綎等兵既至，連戰俱捷，遂入隴川，岳鳳請降。時諸部蠻視鳳爲向背，緬亦倚鳳爲心腹，鳳既降，諸部俱殺緬使來歸。綎等率兵進緬，直抵阿瓦，應裏退走，緬將猛勺詣綎降。猛勺，瑞體弟也。緬將守蠻莫孟養等地者俱遁去，鳳伏誅。

方明軍之歸，應裏又以其子思斗守阿瓦，復攻孟養蠻莫，聲言復仇，緬勢再熾！旋爲明將萬國春所敗；國春以五百人勝敵數萬，爲西南戰功第一。迨翊鈞在位之二十二年（卽萬曆二十二年，民國紀元前三百十八年），巡撫陳用賓又設八關於騰衝，列兵戍守，募人至暹羅，約夾攻緬；久之，緬爲暹羅所困，勢頓衰；然近緬諸邦仍服屬之，終明世不能復。

(二)朝鮮之役　翊鈞始即位，日本豐臣秀吉初與征服國內之六十六州，遂促朝鮮入貢，且使為伐明之嚮導，不從；秀吉見朝鮮無備，遂起兵侵朝鮮，以加藤清正小西行長為前鋒，由對馬島渡海逼釜山鎮。時朝鮮承平久，兵不習戰，其王李昖又湎酒廢弛，日本兵初至，望風奔潰，昖亦棄王城而走平壤，令次子琿攝國事，已復奔義州，王城遂為日兵所陷。時翊鈞在位之二十年也(即萬曆二十年，民國紀元前三百二十年)。朝鮮故為明外藩，既遭日師之難，遂急急請救於明；明師東發，於是遂有與日交戰之事：

日兵入朝鮮，勢甚強；朝鮮請援之使，絡繹於途：廷議以『朝鮮為國藩蔽，在所必爭』，先遣游擊史儒等以師救之；儒戰死，副總兵祖承訓出援，僅以身免，明廷大震！乃詔兵部右侍郎宋應昌經略備倭軍務以救之，遣李成梁子如松如柏如梅並率師援勦。兵部尚書石星議遣人偵敵，於是嘉興人沈惟敬應募：惟敬者，市中無賴也，至平壤，見日將小西行長，執禮甚卑，行長謂曰：『我不久當還，以大同江為界，平壤以西盡屬朝鮮』。惟敬以聞，廷議日本詐，未可信，乃趣應昌等進兵；而星頗惑惟敬言，乃題署游擊，赴軍前，且請金行間。已而如松督諸軍進戰，大捷於平壤，行長清正先後遁，朝鮮所失四道並復；明軍既連勝，有輕敵心，朝鮮人有以敵已棄王京遁告者：如松信之，將輕騎趨碧蹄館(朝鮮漢城西)，猝遇日本兵，圍之數重，如松幾不免，明軍喪失甚多，乃退駐開城。如松既敗，氣大索！應昌亦即欲休息，於是沈惟敬封貢之議復行；未幾，日軍以糧盡(龍山積粟，爲如松焚）棄王京，如松與應昌入城，日軍屯釜山爲久留計，朝鮮兵役將不解；而石星力主款議，獨留劉綎拒守，如松乃班師。

明軍旣撤，詔以顧養謙爲經略；養謙亦主款，奏言豐臣秀吉宜封爲日本王。其後明使至日本，秀吉怒朝鮮王子不來謝，不肯撤兵；明使歸，日本罪惟敬，並呈石星前後手書，翊鈞怒逮星、惟敬，案問下獄論死：實則惟敬奸譎，其罪浮於星；星以書生無謀略，妄信惟敬，力主封貢，遂以此死。是時明廷亦遂變封貢之議爲戰守，以尙書邢玠總督薊遼，麻貴爲備倭大將軍，楊鎬爲經略；迨翊鈞在位之二十五年（卽萬曆二十五年，民國紀元前三百十五年），明軍先勝後敗，師挫於蔚山（朝鮮慶州西北），死亡甚多，輜重俱喪失。是役也，傾國內之力，合朝鮮之衆，委棄一旦，舉朝嗟恨！鎬旣奔還王京，與總督邢玠僞以捷聞，贊畫主事丁應泰發其敗狀，乃能鎬，令聽勘，而以萬世德往代；其後玠復使麻貴等出師，亦敗，迄不能成功。

其明年，豐臣秀吉死，日本兵有歸志，加藤淸正等發舟先走，明將鄧子龍駕巨艦邀之釜山南海，戰沒；會副將陳璘等兵至，日軍無鬬意，明軍焚其舟，遂告大捷；總兵劉綎又大破小西行長，奪曳橋砦（朝鮮慶州西南），於是日兵揚帆盡去。自日本亂朝鮮七載，喪師數十萬，糜餉數百萬，明與朝鮮迄無勝算；至秀吉死，而其禍始息。又明年，爲翊鈞在位之二十七年（卽萬曆二十七年，民國紀元前三百十三年），以平倭詔告天下，又敕諭朝鮮王李昖有曰：『惟王雖還舊物，實同新造，振凋起敝，爲力倍艱；倭雖遁歸，族類尙在，玆命邢玠振旅歸京，量留萬世德等分布戍守，王宜臥薪嘗膽，無忘前恥」！云云。

（四）滿洲之役　欲述明與滿洲之交兵，先不得不述滿洲之先世。滿洲者，東胡諸族之一，即宋女眞之後，明人亦謂之建州女眞，曾設建州左右等衞以官其酋，其地均在興京附近。由清人之紀載言之，謂當金世末造，其先世有名布庫里雍順者，始建國於長白山東南鄂謨輝之野，居鄂多里城。相傳布庫里雍順爲天女呑朱果而生，及長，天女命以愛新覺羅爲姓，布庫里雍順爲名。時鄂謨輝有三姓，爭爲雄長，方搆兵，驚布庫里雍順狀貌之異，共推爲三姓主，以女伯哩妻之，奉爲貝勒，三姓之爭自此已。布庫里雍順自此定都於鄂多里（吉林瑚爾哈河源勒福善河西岸，去寧古塔三百餘里），建國號曰滿洲，實爲滿洲開基之始。

又自清人紀載言之，謂其先世自布庫里雍順後，亦越數世，不善撫其衆，部人多叛，其族被戕，有幼子名樊察者，遁荒野得免。數傳至都督（即明指揮使）孟特穆，後世諡爲肇祖者也。生有智略，慨然以恢復爲志，計誘先世仇人之後四十餘人，誅其半以雪祖仇，執其半以索舊業，既得，遂釋之。遂定居赫圖阿拉，後世即其地爲興京者是也。都督孟特穆生子充善，充善生子錫寶齊篇古，錫寶齊篇古生子都督福滿，後世諡爲興祖。都督福滿生子覺昌安，後世諡爲景祖。覺昌安承先世之業，居赫圖阿拉地，其餘五子各築城環赫圖阿拉而居，近者距五六里，遠者二十里，並稱寧古塔貝勒。覺昌安多才智，率諸貝勒征滅鄰近部落之較大者，拓地漸廣。覺昌安生塔克世，後世諡爲顯祖。塔克世生努爾哈赤，是爲太祖。滿洲開創之業，又自此始。

環滿洲而處者，爲滿洲之鄰部，其區域遠近不一，而部各有稱：曰蘇克素護河部，曰渾河部，曰棟鄂部，曰哲陳部，曰完顏部，是爲滿洲五部；曰葉赫部，曰哈達部，曰輝發部，曰烏拉部，是爲扈倫四部；曰訥殷部，曰鴨綠部，曰珠舍哩部，是爲長白山三部；曰瓦爾喀部，曰庫爾哈部，是爲東海二部。惟長白山部在明建州衛境以內，當遼瀋之東；扈倫部當明海西衛地，在滿洲之北；東海亦曰渥集，當明野人衛地，跨有今吉林及西伯里亞沿海州境：而扈倫四部於諸部中爲最強，嘗與明廷相結，明亦倚之爲外援，其後滿洲遂有與明爭葉赫哈達等部之事。

初，蘇克素護河部圖倫城（吉林縣西南五百六十里）有尼堪外蘭者，陰搆明總兵李成梁引軍攻古埒城（吉林城西南五百五十里），城主阿泰章京爲覺昌安之女孫壻，覺昌安聞警，恐女孫被陷，偕塔克世往救，先後及古埒城，城中守禦甚堅，成梁不能克；尼堪外蘭詭往招撫，城中人信其言，殺阿泰以降，成梁盡屠之，遂幷害覺昌安塔克世，努爾哈赤聞之，怒明，來責邊吏，明乃歸覺昌安塔克世之喪。迨神宗翊鈞在位之十一年（卽萬曆十一年，民國紀元前三百二十九年），努爾哈赤時年二十有五，思復其先世之仇，乃起兵征尼堪外蘭，克圖倫城；尼堪外蘭逃於嘉班，復進征，又逃於鄂勒歡（今齊齊哈爾城西南三十餘里），築城居之。時諸部中隔，追兵不得越境，至努爾哈赤乃次第攻服近部，爲進兵之計；已而滿洲諸部要塞俱爲努爾哈赤有，乃進攻鄂勒歡，尼堪外蘭逃至明邊，努爾哈赤遣使來索，邊吏執與之，尼堪外蘭遂爲滿洲所殺，明自此歲輸銀八百兩，蟒緞十五匹，與滿洲通好，時翊鈞在位之十四年也（卽萬曆十四年，民國紀元前三百二十六年）。翌二年，滿洲各部悉爲所征服，明又於撫順清河寬甸靉陽四關口以通互市，自是而滿洲之勢日盛矣！

扈倫四部以葉赫爲最強；努爾哈赤既統一滿洲，葉赫忌其盛，乃糾合諸國同盟來攻。翊鈞在位之二十一年（卽萬曆二十一年民國紀元前三百十九年）扈倫四部長白山二部（時鴨綠江部已爲滿洲所滅），又合蒙古之科爾沁錫伯卦勒察三部共九國衆三萬陳渾河北岸，旋爲努爾哈赤所敗而珠舍哩訥殷二部亦俱被滅於努爾哈赤。葉赫知勢不敵，一方與滿洲修好，一方遂欲統一扈倫，而先用師哈達；哈達屢乞師於明，明廷不許，於是哈達降於滿洲。哈達與葉赫形勢南北相對峙，故明以哈達爲南關，葉赫爲北關：自哈達降滿洲，而明之南關始失！其後努爾哈赤又滅輝發，征烏拉，烏拉部主遁入葉赫，努爾哈赤遣使諭葉赫使速執送，葉赫不與，且使之告明，曰：『扈倫四國，滿洲已滅其三，今復侵我，行必及明』！明因使游擊馬時枏等率師衞葉赫，於是努爾哈赤益與明懷怨。至翊鈞在位之四十四年（卽萬曆四十四年，滿洲努爾哈赤天命元年，民國紀元前二百九十六年），努爾哈赤遂建元天命，稱覆育列國英明皇帝，潛與明搆戰釁；又二年，明與滿洲之兵端開。

先是明與滿洲本有各守邊境之約，建碑於沿邊各地，以資遵守，事在翊鈞之三十六年（卽萬曆三十六年，民國紀元前三百零四年）；及葉赫告急，明出師往援，努爾哈赤乃以葉赫渝盟之過訴之明，且請明守中立，卒不得要領。時滿洲日強，明廷勢漸衰，滿洲漸知明爲易與；加之兩國間嫌隙日啓，於是遂有撫順淸河之役：

是役也，由努爾哈赤起師，萃全力以攻明，將行，以七大恨祭告天地！所謂七大恨者，其大半皆以葉赫爲之詞，而以餘事足之；當時明與滿洲相関之由來，據此可知其概。茲分端表列於下方：

滿洲對明之七恨

- 其關於葉赫者
  - (1)明不守邊約，遣兵越界，衞助葉赫。
  - (2)明越境以兵助葉赫，致葉赫許字滿洲之女，改適蒙古。
  - (3)明偏信葉赫言，遣使滿洲書多詬詈之詞，肆爲凌侮。
  - (4)哈達助葉赫二次侵略滿洲，均被滿洲征服，明又脅復其國。
- 其不關於葉赫者
  - (5)明邊吏輕用尼堪外蘭之謀，無端起釁，害滿洲之二祖。
  - (6)明人於淸河以南江岸以北，每歲踰界肆其凶奪，滿洲誅之，明廷責其擅殺，拘滿洲使臣，脅之，卒取十人抵罪於邊境。
  - (7)滿洲人民於柴河三岔撫安等路耕田藝穀，明不容刈穫，遣兵驅逐。

凡此七端，俱爲滿洲攻明之由。努爾哈赤自率步騎兵二萬進發，遂趨撫順，圍其城；明游擊李永芳降於滿洲，撫順守將王命印死難，廣寧總兵張承蔭率師往援，不勝，承蔭等皆戰死！於是撫順東州諸城俱喪。是年秋，清河堡又爲滿洲下，守將鄒儲賢等皆戰死！清河在四山之中東距寬甸南距靉陽，北距瀋陽，清河旣失，全遼震動：是時，楊鎬已奉命經略遼東，恥滿洲兵數勝，明年大發兵攻之，於是遂有薩爾滸之役：

明以滿洲之強，調四方援兵甚盛旣集，恐師老財匱，下廷議議卽進戰。兵部尙書黃嘉善等日發紅旗趣楊鎬進兵；鎬分兵四道：總兵馬林出開原攻北，杜松出撫順攻西，李如柏出鴉鶻關（鳳凰城西北境）攻南，劉綎出寬甸搗後，而令游擊喬一琦別監朝鮮兵爲助，號四十七萬；期是年三月一日會二道關（興京城西）並進。天大雪兵不前，師期洩，松欲立首功，先渡渾河，遂乘勢趨薩爾滸（山名興京城西一百二十里）谷口，別引軍攻鐵背山（興京西北）上之界藩城；努爾哈赤別遣軍援界藩，自率師攻薩爾滸，明軍大敗，杜松戰死！馬林由開原出三岔口（遼寧海城縣西），聞松軍敗，結營自固，旋爲滿洲兵所挫，林遁！鎬聞急檄止如柏綎兩軍，而如柏綎師已出；綎尤深入，力戰死！朝鮮兵又降，喬一琦投崖死！是役也，明出師號四十餘萬，而努爾哈赤之師僅四五萬，明勢足以一舉覆滿洲，而竟爲所敗，文武將吏前後死者三百一十餘，兵士則無算；敗書聞，明廷大震，言官交章劾鎬，尋逮下詔獄論死！

楊鎬旣喪師，廷議以熊廷弼嘗按遼，熟邊事，命代鎬經略；未出京，滿洲兵已克開原，馬林敗沒！甫出關，鐵嶺復失，瀋陽及諸城堡軍民一時盡竄，遼陽洶洶！廷弼兼程進，遇逃者諭令歸，斬逃將三人，督軍士造戰車，治火器，濬濠繕城爲守禦計，法嚴令行，數月，守備漸固；又請集兵十八萬，分布靉陽清河撫順柴河（堡名，遼寧鐵嶺縣東北）鎮江（堡名，遼寧鳳凰城東南）等諸要口，使首尾相應，詔從其請，由是人心始固，遼事轉可爲。

其後至熹宗由校初年，熊廷弼已罷，代之者爲袁應泰；滿洲兵復進薄瀋陽，克之；乘勝趨遼陽，又克之，應泰及巡按御史張銓皆死。遼陽既下，遼東之三河等五十寨及河東大小七十餘城，俱望風降附於滿洲！明乃以王化貞巡撫廣寧，復起熊廷弼略經遼東；而是時遼東已爲滿洲所下，戰端復集於遼西；未幾，又有西平堡之役矣。

明末四十年間對清失勢之一（客魏之用事及三案之紛爭）（民國紀元前二百九十二年至二百八十四年）

翊鈞在位之四十八年（即萬曆四十八年，滿洲太祖努爾哈赤天命五年，民國紀元前二百九十二年），疾沒，太子常洛即位，是爲光宗。常洛在位一年，沒，皇長子由校即位，是爲熹宗。由校乳母客氏與太監魏忠賢並專權，世稱客魏，其事實有如下述：

自萬曆以來，宦官藉礦稅之名，多爲惡於外，故宮禁間之禍，得以暫戢；翊鈞死，遺詔罷礦稅，撤諸中使還，延至熹宗由校時，而內禍乃獨熾。宦官魏忠賢（初名進忠）與由校乳母客氏深相結，並有寵；未踰月，封客氏奉聖夫人，蔭其子弟，忠賢亦進爲司禮秉筆太監，忠賢不識字，例不當入司禮，以客氏故得之。客氏故與忠賢有私，既得志，遂合謀矯詔殺司禮太監王安；由校遇事多不問，故二人益得專權。已而客氏出復召入，言者交劾之，俱被責譴，時尚未及忠賢也。忠賢嘗勸由校選武閹，練火器，爲內操，密結閣臣沈漼爲援；又日引由校爲倡優聲伎狗馬射獵，明政益不舉。忠賢旋自提督東廠，車馬儀衛等人主；已又任用田爾耕掌衞事，許顯純爲鎮撫理刑，羅織無遺，鍛鍊殘酷，廠衛之毒日甚：左副都御史楊漣劾忠賢大罪二十四條，中旨切責漣，廷臣大憤！工部郎中萬燝言尤切至，遂被杖殺，一時犯之者多被斥逐；又素憾內閣中書汪文言，下鎮撫司獄。大抵客魏之排除異己，往往以東林爲之名，苟其人一被指爲東林，則立被斥免；其後又得御史崔呈秀用爲腹心，日與計畫，而東林黨人益無由免。顧其排擊東林則又以「三案」爲之詞：三案者，一曰梃擊，一曰紅丸，一曰移宮。廷臣對此，各有所主張，議論蠭起，盈朝如聚訟！與東林忤者，偏與東林持異論，目東林爲邪黨。今分端述之，以求其概況如左：

（一）梃擊之案　初，翊鈞之立常洛爲太子也，事頗遲回，經羣臣更端迭請，而常洛始立，故外人恆疑宮闈中必有刼持之者？當翊鈞在位之四十三年（民國紀元見上），有不知姓名男子，持梃入慈慶宮門，慈慶者，常洛所居宮也；既擊傷守門內侍，復進至殿前檐下被執。常洛奏聞，下法司案問，御史劉廷元鞫之，知犯名張差，口呶呶無倫次，乃以瘋癲奏；會提牢主事王之寀私詰差於獄中，得其詞甚悉，因揭其語，由侍郎張問達以聞，明差非瘋狂，乞勅廷臣會訊。時原問諸臣將以差風癲定案，旋會鞫，得內監龐保劉成主使狀；保成皆鄭妃內侍，中外籍籍，語多侵妃弟國泰。蓋太子非鄭妃出，外人本有鄭妃結謀國泰，思害東宮之謗，及是羣且疑以爲眞；

給事中何士晉直攻國泰，且侵鄭妃，鄭妃窘，乞哀常洛，自明無他，翊鈞令常洛白之廷臣。常洛亦以事連鄭妃，大懼，請上速具獄，毋株連；乃卽磔差於市，掠死成保，其事遂止。初，翊鈞不見羣臣者已二十五年！及是因張差獄始出御慈寧宮，一見羣臣，疑始釋，而鄭妃得無事。是爲梃擊之案。

(二)紅丸之案　神宗翊鈞沒，光宗常洛立，甫數日卽病痢，宦官崔文昇進洩劑，益劇；有鴻臚寺官李可灼進藥，稱仙丹，常洛召閣臣方從哲韓爌等入受顧命，因問李可灼藥，卽傳入診視，言病源甚悉，常洛命速進藥，諸臣皆不敢決，可灼遂進一丸，所謂紅丸者也：服之稍舒暢，諸臣退，可灼復進一丸；出明日，天未明，常洛沒！於是廷臣遂交章劾從哲，謂可灼之進，實由從哲。是爲紅丸之案。

(三)移宮之案　或謂明之三案，俱有故事之可比附，然前事大抵與後事爲無關；惟移宮一案，前後之關係較密。先是鄭妃侍神宗翊鈞疾，留居乾清宮，及常洛卽位，猶未移，懼常洛以前立儲之事憾己，乃進珠玉及美女以結其歡；又知選侍李氏最得常洛寵，因請立爲皇后，選侍亦爲鄭妃求封爲皇太后：常洛時已有恙，力疾御門趣舉册封禮，禮部侍郎孫如游力爭，事得寢。給事中楊漣御史左光斗旋復昌言於朝，以大義責鄭妃兄子養性，趣鄭妃移宮，鄭妃恐，卽移居慈寧；及常洛沒，熹宗由校立，選侍李氏，猶居乾清宮，謀專大權：光斗等又上疏，請令選侍移宮，有曰：『選侍既非嫡母，又非生母，儼然尊居正宮，而殿下乃退處慈慶，不得守几筵，行大禮，名分謂何？及今不早斷決，將借撫養之名，行專制之實，武氏之禍，再見於今，將來有不忍言者』！選侍得光斗疏，怒，將加嚴譴，數使召光斗光斗不至，而楊漣等又卽合疏上。時閣臣惟方從哲頗事游移，劉一燝韓爌等則力主移宮，乃邀從哲請卽日降旨佇立宮門以俟選侍不得已，乃移噦鸞宮，於是由校始得正居於乾清。是爲移宮之案。

三案既興，廷臣對此意見不一致。東林黨人主是非，坐罪鄭妃李可灼而不護李選侍；非東林黨者主利害，力祖鄭妃可灼而以迫令選侍移宮爲執政者之無禮！要之此三案者各有其是：「梃擊」雖不能不致疑於鄭氏，然劉成龐保等行險徼功又未可必；「紅丸」之案，據韓爌具述進藥始末，謂『可灼進藥時，諸大臣皆在，並未阻止』，若專責從哲，近於深文；至於「移宮」，李選侍向無權勢，卽暫居乾清，亦豈遂能垂簾稱制？特由校年尚幼，不可不慮其久而挾制：故崇禎初年倪元璐論此三案，謂『主「梃擊」者力護東宮，爭「梃擊」者計安神祖；主「紅丸」者仗義之詞，爭「紅丸」者原情之論；主「移宮」者弭變於幾先，爭「移宮」者持平於事後：各有其是，不可偏非』。此說最得情理之平，乃此三案遂啓日後無窮之攻擊者：因東林之士譽望既盛，其名姓聲勢足以奔走天下，天下清流羣相應和，遂總目爲東林，而主「梃擊」「紅丸」「移宮」者，皆東林也。萬曆之末，東林已爲齊楚浙諸黨斥盡！光熹之際，葉向高再相，與劉一燝等同心輔政，復起用東林；及趙南星掌吏部，又盡斥攻東林者！於是被斥者謀報復，不得已附魏忠賢之勢以求勝，向高南星等相繼去位，而東林之禍以興：

先是諸不得於東林者，既與東林交惡，力圖報復之舉：顧秉謙魏廣微輩以己意點縉紳便覽一册，若葉向高韓爌趙南星楊漣左光斗等百餘人目爲「邪黨」，而以黃克纘王永光徐大化賈繼春霍維華諸人爲正人，進之忠賢，俾據是爲黜陟；已而王紹徽又編東林一百八人，繫以宋時淮南盜宋江諸名，目爲點將錄，令忠賢按名黜汰；其後呈秀復進同志諸錄，皆東林黨人，又進天鑒錄，皆不附東林者；由是羣小無不登用，而善類一空！而呈秀不二年卽晉兵部尚書兼左都御史，出入烜赫，勢傾朝野！於是忠賢門下文臣則呈秀田吉吳淳夫李夔龍倪文煥主謀議，號「五虎」；武臣則田爾耕許顯純孫雲鶴楊寰崔應元主殺僇，號「五彪」；他若尚書周應秋等太僕少卿曹欽程等則又號爲「十狗」；此外並有「十孩兒」「四十孫」之號，而呈秀尤爲之魁，權勢甚重，明政之壞，於此爲極矣！

羣小輩既得志，藉忠賢之勢以報仇，凡異己者，概指爲東林黨而去之，而卽借三案等事爲詞，實亦與三案無與也。未幾，楊漣左斗光等皆死詔獄，趙南星等亦削籍；御史張訥又希忠賢意，力詆鄒元標等之講學，請毀其書院，於是元標等俱奪官，東林關中江右徽州及國內一切諸書院皆毀；訥爲忠賢鷹犬，最効力。書院既毀，御史盧承欽效之，上言東林自顧憲成李三才趙南星而外，尚有副帥、先鋒、敢死軍人、土木魔神、諸名，宜一切榜示海內，俾奸慝無所容；忠賢大喜，悉刊黨人名示天下，並作三朝要典，極意詆諆東林，暴揚其惡不已，復致前左都御史高攀龍諸人於死地，氣燄熾一時！浙江巡撫潘汝楨首疏請建忠賢生祠於西湖，自是諸方傚尤，祠宇徧中國，都城重地，魏祠內外並相望；詔旌忠賢勞，進其爵爲上公，從子良卿寧國公；章奏無巨細，輒頌忠賢，稱廠臣不名。客氏爲忠賢內主，勢盛與之同，二人狼狽爲奸，明政濁亂，毒痛海內，而由校不之悟！監生陸萬齡甚至請以忠賢配孔子，忠賢父配啓聖公，其疏有云：「孔子作春秋，廠臣作要典；孔子誅少正卯，廠臣誅東林黨人，禮宜並尊』。詔從其請，由校之昏蔽一至此！

忠賢之專權妄殺具如上述矣；其尤苦冤者，莫如熊廷弼之獄。先是滿洲兵下瀋陽，趨遼陽，明仍起廷弼經略遼東；廷弼至，建三方布置策『廣寧用馬步兵列壘三岔河（遼寧海城縣西原）上；天津登萊各置舟師，設登萊巡撫，如天津；而山海關特設經略，節制三方，以一事權』。遂命廷弼駐山海關經略軍務，但與王化貞意見不合，經略巡撫相齟齬！會滿洲鎮江砦守將陳良策降明，化貞遽以大捷奏，謀進取；廷弼以爲輕動，力主不可。兵部尚書張鶴鳴納化貞言，令廷弼進駐廣寧；然化貞實不能勝敵，引師而出，既復引還。廷弼乞敕化貞慎重舉止。化貞上言：『臣願請兵六萬，一舉盪平』！廷臣多右之者，且令毋受廷弼節制；廷弼抗疏言『臣以東西南北所欲殺之人，適遘事機難處之會，諸臣能爲封疆容則容之，不能爲門戶容則去之，何必內借閣部，外借撫道以相困』？又言『經撫不和，恃有言官；言官交攻，恃有樞部；樞部佐鬬，恃有閣臣；今無望矣』！詔令羣臣議兩人去留，張鶴鳴篤信化貞，請撤廷弼他用，議未決，而滿洲兵復至。時熹宗由校在位之元年也（即天啓元年，滿洲太祖努爾哈赤天命六年，民國紀元前二百九十一年）。其明年，滿洲兵取西平堡（遼寧廣寧縣境），化貞棄廣寧而走，遇廷弼於大凌河，化貞哭！廷弼曰：『六萬衆一舉盪平，今如何』？乃授化貞兵五千人爲殿，與共入關；滿洲兵入廣寧，下四十餘城，進克義州。敗書聞，言官請並逮廷弼化貞伸國法，獄具，二人並論死；鶴鳴尋亦罷歸，而以孫承宗爲薊遼經略。時滿洲勢日強，自界藩而遷都薩爾滸，而遼陽，而瀋陽；承宗守禦完備，滿洲不得逞，邊境小安。適魏忠賢當權，故未幾而廷弼即罹於難：

先是法司論廷弼獄與王化貞俱論死；已而楊漣左光斗諸人俱坐罪斃獄，忠賢黨門克新石三畏等趣殺廷弼，至由校在位之五年（即天啟五年，滿洲太祖努爾哈赤天命十年，民國紀元前二百八十七年），遂棄廷弼市，傳首九邊，化貞竟不誅！御史梁夢環謂廷弼侵盜軍貲十七萬，劉徽謂廷弼家貲百萬，宜籍以佐軍中旨從之；罄產不足償，其子兆珪自刎死，姻族家俱破，有爲之稱冤者俱斬，遠近莫不嗟憤！迨莊烈帝由檢即位，詔免追贓，工部主事徐爾一爲訟冤，不從；閣臣韓爌又繼之上疏，始許其子持首歸葬。未幾，化貞亦伏誅。

忠賢殺廷弼後，強勢踰曩時；又與孫承宗不洽，罷去之，而以高第代。第素恇怯，以關外必不可守，欲盡撤錦州廣寧右屯諸城守禦，移關內；僉事道袁崇煥力爭，謂『兵法有進無退，錦右動搖，則寧前震驚，關內亦失保障』。第意堅，且欲幷撤寧遠前屯（寧遠城西南百三十里），崇煥不從，第不能奪；寧遠一鎭，本崇煥所經營，及是遠近歸赴者甚多，聲勢頗振。第雖不能竟刼崇煥，而錦州諸城守具則竟撤去，死亡載途，哭聲震野，惟崇煥守寧遠如故；明年，爲由校在位之六年（即天啓六年，滿洲太祖努爾哈赤天命十一年，民國紀元前二百八十六年），滿洲兵復大舉渡遼進圍寧遠，崇煥守之力，城終不破，圍解；明廷以高第與總兵楊麒均擁兵不救，詔削其職，而以王之臣代第經略；擢崇煥巡撫遼東，駐寧遠如故。是年，努爾哈赤沒，子皇太極立，是爲太宗。

皇太極既立之明年，明廷以崇煥與之臣不協，召之臣還，罷經略不設，而以關內外諸軍統屬之崇煥。自錦州大小淩河諸城守具盡撤，寧遠無外障，崇煥數欲乘間修復，以備持久；及聞滿洲大喪，乃特遣使致弔，假和議以緩其師：

是時滿洲方用兵朝鮮，亦願與中國通和，而和議迄無要領。及滿洲兵定朝鮮，乃復大舉攻遼西，旣圍錦州而不能下，復進攻寧遠，仍不克，乃又回攻錦州，卒不得利，於是遂毀大小凌河二城而去，時稱寧錦大捷。而忠賢在內往往與邊臣爲難，陰使其黨劾崇煥不救錦州爲暮氣！崇煥乞休去。自關外師興以來，滿洲擧兵所向在在多克，諸將自熊廷弼後，罔有敢議戰守者，議戰守自崇煥始。崇煥旣連扼滿洲，使不得逞，徒以不得於忠賢之故，不得不去；時中外方爭頌忠賢，崇煥不得已，亦請建祠，終不爲忠賢所喜，旣允其歸，而以王之臣代爲督師，駐寧遠，及敘功，文武增秩賜蔭者數百人，忠賢從孫鵬翼且借是役封爲安平伯，加少師，而崇煥止增一秩，識者有以卜明社之不終矣！

明末四十年間對清失勢之二（流寇之殘局及三王之迭覆）（民國紀元前二百八十四年至二百六十八年以後）

熹宗由校在位七年，病沒，遺詔皇五弟信王由檢卽位，是爲莊烈帝。由檢平昔夙稔忠賢惡，深自儆備，及卽位，其黨自危，言官楊維垣等先劾崔呈秀以試之，呈秀果罷歸；於是主事陸澄源等遂交章並劾忠賢，而嘉興貢生錢嘉徵並劾忠賢十大罪：一、並帝，二、蔑后，三、弄兵，四、無二祖列宗，五、尅削藩封，六、無聖，七、濫爵，八、掩邊功，九、朘民，十、通關節，疏上，有詔安置忠賢於鳳陽，榜其罪以示國人，尋命錦衣衞逮治忠賢，在途自殺；呈秀聞忠賢死，亦自殺，客氏等皆伏誅。於是積年之元惡大憝至斯而俱盡！

忠賢等雖誅，明之邊事旣漸無可爲，而內政亦多不理。由檢詔定忠賢逆案，分爲六等，刊布中外，諸隷逆案者雖不得勢，而陰圖報復，以故黨勢仍不解；益以天災流行，賦斂繁重：其初滿洲之役既興，歲徵遼餉六百六十萬！由檢即位，又立勦餉練餉之名，共增賦一千六百六十萬！竭中國之軍餉大半以事關東，中原愁怨，而西北饑荒又繼之而作，朝廷不能周恤，反裁驛卒，使山陝游民之仰驛糈自給者，急切無由得食，羣起爲盜，而流寇之亂以興！

抑明自萬曆以來，遼左既有兵爭，而內地亦多不靖：四川永寧土司奢崇明，貴州水西（貴州黔縣）土司安邦彥，山東白蓮教徐鴻儒等乘間竊發，已肇流寇之勢，幸即勦除，未震動全局；及由檢即位，而陝西流寇之難起。

流寇之難，由於天時者半，由於人事者亦半，而魏忠賢之肆，亦與有咎焉者也！先是忠賢黨喬應甲爲陝西巡撫，朱童蒙爲延綏巡撫，貪黷不詰盜，盜由是始。由檢初即位，陝西大饑，延綏缺餉，固原兵刼州庫，於是府谷王嘉允等一時並起；安塞馬賊高迎祥者，本米脂人李自成之舅，迎祥自稱闖王，自成聚衆依之，號闖將；延安人張獻忠亦據十八寨，號八大王：三邊總督楊鶴不能制，撫而又叛，其勢日盛，蔓延及山西；既而嘉允爲左右所殺，惟迎祥與自成獻忠最強！言官劾楊鶴主撫誤國，逮下獄，遣戍，使洪承疇代之。時由檢在位之四年也（即崇禎四年，清太宗皇太極天聰五年，民國紀元前二百八十一年）。承疇既出督三邊，使總兵曹文詔攻破諸寇，關中幾清！迎祥等悉入山西，文詔又連戰破之；流寇分道踰太行，掠河北，其別部復闌入西山，均不得逞。是時曹文詔戰功最高，諸寇酋或死於其手；會巡按御史劉令譽與文詔不相得，借私怨劾之，遂調文詔爲大同總兵，諸寇前所最憚者爲文詔，文詔去而禍益不支。時由檢在位之六年也（即崇禎六年，清太宗皇太極天聰七年，民國紀元前二百七十九年）。

流寇初起自陝西而山西而畿南河北，初尙未至河南湖廣也；迎祥自成獻忠等既集河北，爲明軍所困，前阻於河，不得進，乃乞降於監軍內臣楊進朝；進朝信之，爲入奏；會天寒冰合，諸寇得渡河，河南軍無扼之者；於是河南諸州縣多陷，南下走湖廣，所過之地日廣，大局漸不支！而自成於諸寇中尤狡強，既渡河而下，卽別將一軍，流寇之熾自此始。

初，陳奇瑜巡撫延綏，以善禦寇名；由檢在位之七年（卽崇禎七年，淸太宗皇太極天聰八年，民國紀元前二百七十八年），乃以奇瑜往督河南五省軍務，專辦流寇。時流寇自鄖陽渡漢，獻忠等十三營流突漢南；別部又南入四川，陷夔州，以阻險折而還鄖陽，將分道走出；奇瑜特檄諸路扼之，而自偕鄖陽巡撫盧象昇連戰破諸寇，聲勢甚盛！獻忠奔商雒，迎祥自成則遁入興安州（今陝西興安縣）之車箱峽。峽四山巉立，中亙四十里，易入難出，迎祥等既誤入其中，居民又設法困之，死者過半；自成懼，用其黨顧君恩之謀，以重寶賂奇瑜左右及諸將帥，僞請降；奇瑜輕敵，遽許之，先後籍三萬六千餘人，悉令歸農；既出峽，遂大噪，殺安撫五十餘人，屠所過七州縣，復自陝西出犯河南。敗書聞，急逮奇瑜下獄，而代以洪承疇；其明年，流寇勢更熾。

明廷以流寇勢熾，詔洪承疇出潼關進討，諸寇皆聞之，大會滎陽，共十三家七十二營，議敵明軍，未決。李自成進曰：「匹夫猶奮，況十萬衆乎？官軍無能爲也，宜分定所向」。皆曰：「善」！乃分支，或當川湖兵，或當陝兵，或扼河上，綴河南兵；迎祥獻忠及自成則出略東西，而以別部往來策應。始，迎祥與獻忠並起比肩，而自成乃迎祥支黨；及是遂相頡頏，與俱東掠，江北兵單弱，所至輒陷，鳳陽遂不守。

高張李三人自滎陽大會之後，既取合勢而進；及鳳陽下，自成與獻忠又相鬩，自成因與迎祥西趨歸德，復謀入關，獻忠獨東陷安徽諸州縣，於是三人勢合而復分，時八年春夏間事也。六月，獻忠復入陝，會迎祥自成於鳳翔，與曹文詔戰大勝，文詔死，流寇益喜；承疇力扼之涇陽三原間，諸寇不得過。獻忠復謀東出入商洛山中，惟迎祥自成留陝西。時諸寇已蔓延半中國，承疇一人不能顧，乃擢盧象昇督江北諸省軍務，承疇辦西北，象昇辦東南，分當剿寇之任。

高張李三人者，數分而數合：自迎祥自成爲承疇敗於渭南，乃東出與獻忠合勢，既至河南，又爲象昇所敗；迎祥圍廬州不下，攻滁州，象昇又敗之，於是諸寇仍折而入陝。時由檢在位之九年也（卽崇禎九年，清太宗皇太極崇德元年，民國紀元前二百七十六年）。孫傳庭者，善用兵；至是代承疇爲陝西巡撫，銳意滅諸寇，遂擊禽高迎祥於盩厔（陝西盩厔縣）：於是諸寇失所主，乃共推自成爲闖王，而獻忠居商雒山中如故。

已而滿洲兵入塞，盧象昇奉詔入衞，東南空虛，流寇勢復燃！其明年，張獻忠糾合黨與自襄陽而東犯安慶，連陷諸州縣；明軍援者漸盛，獻忠等始走入湖廣。詔以楊嗣昌熊文燦爲兵部尚書，嗣昌議大舉平寇，分明軍爲四正六隅，謂之「十面之網」；並建議增兵餉大半，諸寇聞之頗懼。文燦奉詔督師，獨主招撫；而獻忠時在湖廣，亦數爲明軍所困，乃僞降於文燦。自成在陝，窺蜀地無備，乘間陷寧羌，破七盤關（四川廣元縣北），分三道入蜀，連進偪成都；洪承疇督曹變蛟（文詔子）來援，自成復西北遁入甘肅境。又明年，再謀犯蜀，終不勝，乃走漢中，又爲明軍所扼，其黨皆降，惟自成東遁；承疇命曹變蛟窮追，設伏潼關，大破之，自成妻女俱失，從十八騎遁商洛。時關山寇略盡，張獻忠已降，惟羅汝才等十餘部往來豫楚，窺陝西，亦以求撫紿熊文燦，孫傳庭復引兵敗之閿鄉靈寶，忽得文燦止兵檄，謂『毋妒我撫功』，傳庭乃止，與承疇先後入衞京師，西北之地又卽空虛，而諸寇遂不可制！

是年爲由檢在位之十一年（卽崇禎十一年，淸太宗皇太極崇德三年，民國紀元前二百七十三年），張獻忠居穀城（湖北穀城縣），擁兵索餉，不奉調遣，且日肆刼奪，人咸知其必叛，明年獻忠遂變，毀穀城，進陷房縣，明將左良玉追擊之，大敗，喪士卒萬人。詔逮熊文燦，命楊嗣昌代之，以左良玉爲平賊將軍。時議者以李自成之遁車箱峽，與張獻忠之叛穀城，爲明所由亡，而以陳奇瑜熊文燦二人爲禍首云。

又明年爲由檢在位之十三年（卽崇禎十三年，淸太宗皇太極崇德五年，民國紀元前二百七十一年），左良玉以師追獻忠入蜀，大敗之於太平（四川太平縣），獻忠妻妾均被虜，遁入興歸山中，勢大蹙；已而良玉與嗣昌不合，弗爲用，獻忠與羅汝才諸部合，禍復熾，四川諸州縣俱爲所陷。李自成自爲明軍所困，輾轉入川東，後復出鄖均，走河南，勢力再強，又明年遂陷河南，殺福王常洵，獻忠亦自四川東出，陷襄陽，殺襄王翊銘。嗣昌旋師至荊州沙市，聞襄陽洛陽皆陷，憂懼不食死，詔以丁啓容往代，啓睿才更非嗣昌比，以是諸寇勢益烈，而河南諸州縣受害尤深，明不能救也。是時獻忠與良玉戰信陽，大敗，走東南，惟自成爲獨強，既陷南陽，殺唐王聿鏌，進攻開封，自成爲守將射中，眇一目，而圍攻不已。良玉赴援，見寇勢盛，拔營走襄陽，於是諸鎭救開封者均潰，開封不守；諸寇附自成者益衆，略南陽，陷汝寧，河南郡邑多殘破；至由檢在位之十六年（卽崇禎十六年，淸太宗皇太極崇德八年，民國紀元前二百六十八年），而事乃不可爲矣。

左良玉自朱仙鎭潰下，退守襄陽；自成初亦無遠圖，所得城邑，輒焚毀棄去，及灌開封，下河南諸地，羣寇附之，於是乃思奪襄陽爲根本。時良玉壁樊城，大造戰艦，驅襄陽一郡人以實軍，諸降寇附之，有衆二十萬；然親軍愛將大半死，而降人不奉約束，良玉亦漸衰多病，不復能與自成角；及自成兵至，良玉東走，過武昌，自成遂陷承天（湖北安陸縣），擄掠諸州縣，自號順天倡義大元帥。初，自成善攻，羅汝才善戰，兩人相須若左右手；及是自成兵強，士附，有專制心，顧獨忌汝才，殺之，幷其衆；於是遂攻襄陽，得之，稱襄京，修襄王宮殿居之，僭號新順王；又用謀者牛金星言，創設官爵名號。獻忠旣東陷安徽諸州縣，聞良玉避自成東下，盡撤湖廣兵自從，遂西陷黃州漢陽武昌，執楚王華奎，籠而沈諸江，遂改武昌曰天授府，江夏曰上江縣，據楚王第，稱西王，設尙書、都督、巡撫等官，開科取士；自成聞之忌且怒，貽書誚責；會良玉復自安慶溯江西上，獻忠乃悉衆趨湖南；良玉乘間復武昌，立軍府以駐師。獻忠遂陷岳州，入長沙，造宮殿，將擬爲都；復東犯江西，陷吉安袁州建昌撫州諸府，及廣東南韶屬城，軍民盡逃！或獻計取吳越，獻忠不可，乃決策入川中。

當是時，十三家七十二營諸大寇降死殆盡；惟李自成與張獻忠存，而自成在襄陽尤勁！議兵所向，從事顧君恩言：『關中山河百二，宜先取之，建立基業』。自成以爲然，自率師攻潼關，孫傳庭戰死，西安遂不守，三邊皆沒。又明年，爲由檢在位之十七年（卽崇禎十七年，淸世祖福臨順治元年，民國紀元前二百六十八年），自成於西安稱號，改名自晟，國號曰順，追尊李繼遷爲太祖，以牛金星爲大學士；尋陷太原，別遣將犯畿南，陷眞定；又攻下寧武關，長驅而東，大同總兵姜瓖，宣府監視太監杜勳，俱降；自成自犯居庸，守將唐通，太監杜之秩又降；自成偪京師，太監曹化淳又啓彰義門納之，由檢命后妃自盡，自登煤山，書遺詔有『諸臣誤朕，任賊分裂朕躬，毋傷百姓一人』等語，遂自縊於山亭以沒！大學士范景文以下死者數十人，於是又有吳三桂乞師淸廷入關討寇之事：

先是由檢當國，滿洲勢日強，明既內防流寇，外又不得不力遏滿洲：袁崇煥者，素諳邊情，善守禦，旣得罪魏忠賢去職；及忠賢伏法，廷臣請召崇煥歸，於是詔以崇煥爲兵部尚書，使督師薊遼。崇煥陛見日，言『五年之內，戶部轉軍餉，工部給器械，吏部用人，兵部調兵遷將，須事事相應，則全遼可復』。由檢爲飭四部臣如其言，並賜崇煥尙方劍，假之便宜。崇煥以前此熊廷弼孫承宗皆爲人排搆，不得竟其志，上言『恢復之計，不外臣昔年以遼人守遼土，以遼土養遼人，守爲正著，戰爲奇著，和爲旁著之說，法在漸不在驟，在實不在虛』。由檢答以優詔，於是崇煥遂復誓師。當是時，毛文龍以總兵官設鎭雙島，歲糜重餉，戰不得其利，崇煥設計誅之，明廷方倚崇煥，得報，亦不之罪：雙島者，亦稱東江，在登萊大海中，綿亙八十里，遠南岸，近北岸，北岸海面八十里，卽抵淸轄境，其東北海則朝鮮也，文龍旣死，島弁失主帥，心漸攜，益不可得用，其後遂有叛去者，而崇煥亦卒以是見疑於朝廷。時滿洲太宗皇太極憎崇煥備遼西極嚴，乃議取道內蒙古，撫直隸之背；遂聯合蒙古喀喇沁諸部，用爲嚮導，由喜峯口毀邊牆入，下遵化。明急起孫承宗，使守通州，敕督師袁崇煥等速入援，而滿洲兵已越薊州而西偪三河，下順義，遂進薄京師；崇煥既至，營廣渠門外，皇太極設間謂與袁巡撫有密約，事可立就，令所獲宦官知之，陰縱使去。時都人驟遭兵，怨謗紛起，謂崇煥縱敵擁兵；朝士因前通和議，誣其引敵脅和，將爲城下之盟；由檢聞之，已不無回惑，又加以間，由檢乃召見崇煥，詰以殺毛文龍，故且責其援兵逗遛，縛付詔獄。祖大壽者，本崇煥部下，見主帥被枉，擁衆東走，毀山海關去，遠近大震！滿洲兵日薄城，明廷特設文武兩經略禦敵，而命承宗移鎭山海關；已而武經略滿桂戰死，滿洲兵連捷，然猶不敢卽下京師；旋越通州而東取遵化永平遷安灤州，分兵向山海關，不克，乃還攻撫寧昌黎，又不下；於是復與明室議和，取道冷口關（河北遷安縣東北）而返。是役也，自由檢在位二年十一月至三年五月，滿洲兵在內地凡亙六月之久；自此輒長驅入犯，明邊牆不足禦，而禍之肇始，則在是役焉。

崇煥既被罪，關內外事悉以孫承宗任之；承宗乘滿洲兵去，先復關內四城（遵化永平遷安灤州），乃更理關下舊疆。時崇煥已被磔死，承宗在外，尤懍懍！其明年，承宗議幷力築大淩河城，遂以七月興工，工甫竣，滿洲兵已抵城下，遼東巡撫邱禾嘉聞之，與總兵吳襄等急往救援，敗還，夜渡小淩河，次長山（遼寧錦縣東南），連戰大潰；祖大壽堅守大淩河城而援不至，不得已僞降滿洲，得脫身而返。自長山之敗，聞言者謂由禾嘉與承宗築城起釁，承宗禾嘉均引疾，邊事益棘，而滿洲勢日強，旅順及沿岸諸島均爲所降服；內蒙古如科爾沁諸部本早被滿洲兵征定，惟察哈爾部受明賄，獨爲明防禦；及滿洲兵征察哈爾下之，於是明之長城諸口無由嚴備，而滿洲兵得出入自如矣。由檢在位之九年（卽崇禎九年，清太宗皇太極崇德元年民國紀元前二百七十六年），皇太極始建國號曰清，復以兵入喜峯口，由間道至昌平，連下畿內諸縣；明兵部尚書張鳳翼督師不戰，清兵（以下凡滿洲兵悉稱清兵）從容出冷口而去，專力偪朝鮮，朝鮮始決意絕明降清；清既得朝鮮，占形勢於東海，於是又亟亟入寇困明矣。

由檢在位之十一年（卽崇禎十一年，清太宗皇太極崇德三年民國紀元前二百七十四年），清命睿親王多爾袞等率左翼軍，貝勒岳托等率右翼軍分道伐明；入牆子嶺青山口，薊遼總督吳阿衡敗死，清兵益深入。詔盧象昇督師，象昇主戰與兵部尚書楊嗣昌總監中官高起潛議不協！會清兵分三路而下：一由淶水攻易州，一由新城攻雄縣，一由定興攻安肅。象昇是時名督天下兵，爲楊高二人所持，軍不滿二萬。其始由涿州進據保定，戰事頗勝；已而一時列城多望風失守，嗣昌復齮齕之於內，象昇意鬱鬱，遂戰死鉅鹿！起潛握重兵相距僅五十里，不爲救也。清軍之窺畿輔也，下城四十有八；明年春又自德州渡河，下山東等縣一十有六；至三月，始由青山口而去。顧滿洲兵數入內地，勢非不振，迄不能據城池而有之；因思山海關之蔽不撤，則內地終不克久居，中原將不可得：於是又竭力以圖關外諸城，而松山錦州諸役復起。

自清兵復竭力擾關外，松山錦州諸地，守備益嚴；而錦州被圍尤久，守將祖大壽終不降。時洪承疇任經略，調吳三桂等八大將兵十三萬，進攻松山，皇太極聞之，自率大軍陳松山杏山間，橫截大路，三桂等不能救錦州，且敗；承疇僅與巡撫邱民仰等堅守松山，松錦間形勢日急！時由檢在位之十四年也（卽崇禎十四年，清太宗皇太極崇德六年，民國紀元前二百七十一年）。其明年，松山圍久食盡，民仰死，承疇降，松山為清有；祖大壽聞之，乃亦以錦州降，杏山塔山俱從而降清，於是明兵僅能退寧遠禦敵。敗書聞，或傳承疇已死，由檢震悼，詔設壇都城，賜承疇祭十六，民仰六；尋命建祠都城外，承疇民仰並列，將親臨奠，已聞承疇降，乃止。

明廷既困流寇，復連挫於清兵，關外地多不守，而是時諸將又皆挾有重貲，敗則賂權貴以自免，明之邊事遂無可言！顧清與明激戰，亦未嘗不受敗創，已而遂屢遺書議和。兵部尚書陳新甲以國內困敝，亦嘗請主和議，與故兵部尚書傅宗龍言之；宗龍後以語大學士謝陞，陞見疆事大壞，述宗龍之言於由檢，由檢召新甲詰責，新甲叩頭謝，陞曰：『倘肯議和，和亦可恃』。由檢意漸動，尋諭新甲密圖之，而外廷不知也。已而言官謁陞，陞言上意主和，諸官幸勿多言！言官駭愕，交章劾陞，陞遂斥去。由檢既以和議委新甲，手詔往返者數十，皆戒以勿洩；外廷漸知之，故屢疏爭，然不得左驗。未幾事洩於邸報，言官譁然，由檢下詔切責新甲，令自陳；新甲不引罪，反自詡其功，由檢益怒！新甲雖有才，曉邊事，然不能持廉，所用多債帥，深結中貴為援，與司禮王德化尤暱，故言路攻之不能入；及主和議，機事不密，致觸怒由檢，被殺，而和議亦絕。

是年為由檢在位之十五年（民國紀元見上），清兵復至，毀長城而下，既克薊州，遂分道南嚮，河間以南多失守；至山東，連下兗州等府，凡攻克八十八城。明年清兵始自山東引歸，計十五年十一月至十六年四月，凡在內地又亙五月之久！時明廷於山海關內外並建二督，又設二督於保定昌平，又有寧遠永平順天保定密雲天津六巡撫，寧遠山海中協西協昌平通州天津保定八總兵星羅棋布，無地不防，而事權反不一，故及於敗；又明年，自成陷京師，總兵吳三桂遂假師於淸，淸之入關由此始。

初，三桂率師駐寧遠，防淸兵，京師戒嚴，詔三桂入援，至豐潤而京師已陷，遂頓兵山海關，猶豫未有所決。自成執其父襄，令作書招之，三桂欲降；已而聞其愛姬陳沅爲寇軍所掠，憤甚，乃疾歸山海，襲破自成所遣追兵，據關自固。自成怒，親率衆十餘萬，執吳襄於軍，東攻山海關；以別將從一片石關（河北撫寧縣東北），越關外夾擊。三桂懼，乞救於淸，其書詞有曰：『三桂受國厚恩，欲興師問罪，奈京東地小，兵力未集，乞念亡國孤臣忠義之言，合兵以滅流寇』。時淸太宗皇太極已沒，皇子福臨立，是爲世祖；年幼，叔父睿親王多爾袞攝政，方以大將軍督師略地關外；既得三桂書，乃偕洪承疇等疾馳而進；至沙河，距關祇十里，而自成兵已出邊立寨柵，淸兵不得通，急奮擊之，遂至關；三桂出迎。多爾袞知諸寇輕悍不易敵，先令三桂爲先驅嘗敵，而自蓄精銳以待。自成悉衆陳於關內，自北山亙海，淸軍布陳，不能橫及海岸，乃令軍士鱗次布列，對自成陳尾而軍。三桂先出決戰，良久，闔開復合；淸軍從三桂陳右突出，衝其中堅，所向辟易，自成兵不支，遂潰。自成奔永平，三桂爲先鋒，已追至，自成乃遣降臣王則堯等之三桂營議和，三桂送則堯於淸軍，被殺；趣三桂進兵，自成乃殺襄，懸首於纛，歸京師；旋謀歸西安，而先稱號於武英殿，尋以崇禎太子慈烺西走。是年五月二日，淸兵入京師，東北諸府悉降於淸；至六月，福臨亦至，遂定鼎北京。

方自成之自京師西竄也，由山西而陝西，據潼關自保；淸以英親王阿濟格爲靖遠大將軍，偕吳三桂等由大同邊外，會蒙部諸部兵南下，扼陝西之背；又以豫親王多鐸爲定國大將軍，率明降將孔有德等由河南攻潼關。是年終，畿南山西等省先後定。明年，多鐸等以兵攻潼關，其將馬世燿以七千人降清，被殺，潼關破，自成棄西安由間道出走湖廣；及清兵入西安，自成去已五日。清廷議以陝西既定，乃命多鐸移師征江南，而以流寇餘衆付阿濟格及三桂追討；自成以爲清兵所追，復走武昌，清兵兩道分躡，連蹙之鄧州承天德安武昌。當是時，將軍左良玉東下，武昌虛無人！自成屯武昌，衆尚五十餘萬，改江夏曰瑞符縣；尋爲清兵所迫，部衆多降或逃散。自成以十餘騎入禱九宮山（湖北通城縣南）自殺，或云爲鄉衆所殪；餘衆尚二十餘萬，降於湖廣總督何騰蛟。

當清軍之蹙自成，謀中原也，張獻忠時據四川，以成都爲都，號大西國王，改元大順；時蜀王至澍已自殺，乃以蜀王府爲宮，名成都曰西京，設六部、五軍都督府等官，而以養子孫可望劉文秀李定國等爲將軍，賜姓張氏。獻忠黃面長身虎頷，人號黃虎，性狡獪嗜殺，一日不殺人，悒悒不樂！其將卒以殺人多少敍功，共殺男女六萬萬人有奇；川中民盡，乃謀窺西安。自成敗死之翌年，獻忠盡焚成都宮殿廬舍，夷其城，率衆出川北，又欲盡殺川兵；其部將劉進忠方守川北，聞之奔清軍乞降。時距福臨入關已二年，而陝地猶多不靖，任川陝軍務者，爲肅親王豪格及三桂；未幾，漢中諸不靖地漸定，方謀征四川，而進忠以降師至，卽以之爲嚮導；清兵遇獻忠於西充鹽亭間，射殺之；其黨孫可望等悉潰入川南，尋又入貴州境，清軍以餉匱，遂旋追師。

以上述諸寇之事已終，以下所陳，則爲明末三王相繼傾覆事：初，福臨定鼎北京，山西山東陝西諸地雖先後取得，而江南則依然爲明有：福王由崧（神宗翊鈞孫，福王常洵長子），潞王常淓（穆宗載垕孫，潞王翊鏐之子），均以避難至淮安；兵部尚書史可法又以勤王故屯師浦口。諸大臣以北京無主，議即立君，由崧於序當立：而諸臣以王爲福藩嗣，一旦正位，或追怨「妖書」「梃擊」「移宮」等事；立常淓則可無後患，而人又明惠，克任事，因思共戴。鳳陽總督馬士英者，故專權猥鄙，利由崧昏惑，密與操江劉孔昭總兵高傑劉澤清黃得功劉良佐等相結，致書可法，請立由崧；可法刼於士英等之恣張，不得已，立由崧：士英等以功入理機務，而出可法督師江北。分江北地爲四鎭：劉澤清轄淮海，駐淮北，經理山東一路；高傑轄徐泗，駐泗水，經理開歸一路；劉良佐轄鳳壽，駐臨淮，經理陳杞一路；黃得功轄滁和，駐廬州，經理光固一路，並封侯伯。諸將又各爭揚州地駐兵，務爲殺掠；可法竭力和解，移傑鎭瓜洲，置得功於儀徵，然四鎭之隙未釋也。先是由崧初立，可法與姜曰廣高弘圖等均宿德在位，將以次引海內人望，而士英必欲起阮大鋮；大鋮向有惡聲，其名懸逆案，閣臣姜曰廣等力諫不從，曰廣等先後引去，而大鋮益顯用。士英獨握大權，內倚中官田成翟，外結勛臣劉孔昭及鎭將劉澤清劉良佐諸人，而一聽大鋮計，盡起名掛逆案諸人，復置之言路，爲己爪牙；朝政濁亂，賄賂公行，四方警報狎至，士英身掌中樞，一無籌畫，日以鋤正人，引凶黨爲務。初，舉朝以逆案攻大鋮，大鋮憾甚；及見北都從亂諸臣有附會清流者，因倡言曰：『彼攻逆案，吾作順案與之對』。以李自成僞國號曰順也，因指求其名附東林者爲疏糾之；又思復起東林大獄，因造「十八羅漢」「五十三參」之目，而以史可法高弘圖姜曰廣諸人姓名預其內：會士英不欲與大獄，其事始止。左良玉者，故以追捕流寇，擁重兵武昌；及監國詔書至，良玉勉強開讀，而遣巡按御史黃澍入賀，陰伺南京消息。澍挾良玉勢，當陛見面觸士英，士英故懼良玉，不得已乞退，而賂宦官田成爲之懇留於上前，於是士英得不去；澍歸述其狀，自是良玉與士英有隙。良玉之起由侯恂，恂故東林也；馬阮用事，頗惡東林，而慮良玉，面好而心謾：良玉亦以馬阮之肆，謀乘間起兵；又有黃澍等居中慫慂，故明京上流之禍旋熾，而士英等不知也。史可法在江北聞自成敗，陝西山東諸州縣爭殺僞官，據城自保；於是一方請頒監國、登極二詔，慰山東河北軍民心；一方卽進師淸江浦，遣官屯田開封，爲經略中原計。會淸兵下邳宿，可法飛章報士英，謂人曰：『渠欲斂防河將士功耳』！慢勿省，而諸鎭逡巡無進師意，且數相攻。諸鎭帥以高傑所部爲特強，但素憚可法，約束，故能爲可法用；頃之河上告警，良佐得功，均出扼潁壽，傑亦進兵歸徐。其明年，爲由崧稱號之元年（卽弘光元年，淸世祖福臨順治二年，民國紀元前二百六十七年），傑進次歸德，爲降淸總兵許定國所殺；定國故與傑結，而陰背傑降淸變作，可法流涕頓足歎曰：『中原不可爲矣』！遂如徐州，以總兵李本身爲提督，統傑兵。本身者，傑甥也；傑既死，大梁以南皆不守，明壤日蹙，而江北之形勢乃日危。

初，北京之陷，李自成刼太子慈烺西走，不知所終，或曰已遇害；至由崧登極，有自北來稱故太子者，乃召馬士英等入見，使辨眞僞。羣臣奏係故駙馬都尉王昺姪孫王之明，曾侍衞東宮，家破，南奔鴻臚少卿高夢箕家，丁穆虎教之詐稱太子；乃逮夢箕穆虎鞫之，詞具服，遂與僞太子後先下獄。事已結矣，而彼時都下民譁然是之；時又有童氏者，自稱王妃，亦下獄；督撫鎭將交章爭太子及童妃事，由崧亟出獄詞徧示中外，衆論益藉藉，謂士英等朋奸導上，滅絕倫理！黃澍在左良玉軍中，日夜言太子冤狀，請引兵除君側惡，良玉遂亦上疏請全太子，斥士英等爲奸臣；又以士英裁其餉，大恨，移檄遠近，聲士英罪。復上疏言：『陛下卽位之初，恭儉明仁，士英百計誑惑，進優童豔女，傷損盛德；復引用大鋮，睚眦殺人，尤其著者：借「三案」爲題，凡生平不快意之人，一網打盡！令天下士民重足解體。目今皇太子至，授受分明，大鋮一手握定，忍以十七年嗣君付諸幽囚；凡有血氣，皆欲寸磔士英大鋮等以謝先帝！乞立肆市朝，傳首抒憤』！疏上，遂引兵而東，自漢口達蘄州，列舟三百餘里；士英懼，乃遣大鋮及黃得功劉孔昭等禦良玉，而撤江北劉良佐兵從之西。時良玉疾已劇，至九江，邀總兵袁繼咸入舟中，袖中出密諭云自皇太子，劫諸將盟，繼咸正色拒之；而部將郝教忠陰約良玉兵入城，殺掠縱火，殘其城而去；良玉遂悔恨，以爲負袁公，嘔血死。其子夢庚密不發喪，諸將共推爲帥，留七日而東，軍勢尚盛，自彭澤以下皆陷；尋爲黃得功所敗，後卽降清。

方左良玉之稱兵而東也，清豫親王多鐸之師已自河南而下，進薄泗州，乘夜渡淮；可法時在揚州，聞清兵已偪，將移兵泗州，防護祖陵：輜重已發，而左良玉稱兵，召之入援；渡江抵燕子磯，黃得功已破左軍，可法乃趨天長，檄諸將救盱眙。俄報盱眙已降，泗州援將侯方巖全軍沒，一日夜奔還揚州，城中洶洶，居民紛出避難，可法檄諸鎭兵，無一至者；及清軍大至，諭可法降，可法不從，清兵圍益力，揚州不守，可法自殺不死，一參將擁之去，可法自承曰『我督師也』，遂被害！可法爲督師，行不張蓋，食不重味，夏不葛，冬不裘，寢不解衣，故深得將士心；又善爲文章，由崧初立，上疏有曰：『陛下處深宮廣廈，則思東北諸陵魂魄之未安；享玉食大庖，則思東北諸陵麥飯之無展；膺圖受籙，則念先帝之集木駁朽，何以忽遘危亡？早朝晏罷，則念先帝之克勤克儉，何以卒隳大業？戰兢惕厲，無時怠荒，二祖列宗，將默佑中興，若宴處東南，不思遠略，賢奸無辨，威斷不靈，老成投簪，豪傑裹足，祖宗怨恫，天命潛移，東南一隅，未可保也』！是時清遺可法書，責以大義，謂『春秋之法：有賊不討，則新君不得書即位』。且諷以形勢，謂『以中華全力受制潢池，而欲以江左一隅，兼支大國，勝負之數，無待蓍龜』！可法覆書，乃歷引漢光武昭烈晉元帝唐肅宗宋高宗中興故事，解自立之嫌；且以當時駐兵未進，不可無辭，乃曰：『謹於八月薄治筐篚，遣使犒師，兼欲請命鴻裁，連兵西討；是以王師既發，復次江淮。』且知清欲統有中國，因謂『貴國驅除亂逆，兵以義動，若規此幅員，為德不卒：是以義始而以利終，將為賊人所竊笑』！可法之妙於文多類此。

揚州既破，清兵屠戮甚慘，留十日南行；師至揚子江，明總兵鄭鴻逵，侍郎楊文驄，合兵守京口，與清軍相持。會清軍乘夜霧潛渡，據北固山（江蘇丹徒縣北），守江岸無兵不能禦；文驄奔蘇州，鴻逵擁衆入閩。由崧聞警，西走蕪湖，依黃得功；劉孔昭斬關遁，馬士英挾福王母妃與阮大鋮先後走浙江。清師長驅而入，分兵迫蕪湖，得功戰死，總兵田雄劫由崧以降！於是清兵遂進兵浙江：

潞王常淓時在杭州，清兵既至，乃開門而降，士英與大鋮俱走嚴州；明年，為桂王由榔稱號之元年（即永曆元年，清世祖福臨順治三年，民國紀元前二百六十六年），清兵擒士英誅之，大鋮乞降，後從清兵攻仙霞關，僵仆石上死。

南京既亡，浙江旋定，而魯王以海（太祖元璋九世孫，魯王壽壋之子），稱監國於紹興，畫錢塘江而守，張國維熊汝霖等實輔翼之；未幾，鄭鴻逵等復擁唐王聿鍵（太祖元璋八世孫，唐王碩熿之子），稱帝於福州，鄭芝龍黃道周蘇觀生諸人皆從，上由崧尊號曰聖安皇帝，恃仙霞嶺爲守，與魯藩對峙。方是時，清軍下薙髮令，民間大擾，江南民兵四起；時多鐸已北旋，洪承疇駐江寧，貝勒博洛屯杭州，博洛旋盡平民兵，而唐魯二藩之聲勢一沮。聿鍵頗欲大有爲於天下，而扼於時勢，權在芝龍；鴻逵者，芝龍之弟，二人權相埒，廣引私人，爲其羽翼；道周又因事與鄭氏隙，文武大不睦。先是清豫王多鐸定江南，而英王阿濟格追流寇之兵，亦至九江東流縣，左良玉子夢庚遂率所部三十六營降清，阿濟格遣降將金聲桓等狥江西，又遣兵分守荊州武昌，班師，於是江岸一帶多定；及聿鍵正位，江西諸州郡亦平，清謀用師福建，乃先事招撫。所遣黃熙允故與鄭芝龍同里，芝龍密使通款；聿鍵屢促出兵，輒以餉絀辭。道周知芝龍終無意出關，乃自請募兵江西，號召羣帥：求兵餉於芝龍，芝龍多不應；道周僅得羸卒千人，齎一月之糧而去。時明湖廣總督何騰蛟以大軍次長沙，與清相扼，明兵入江西者亦漸勝，時事尚有可爲；而唐使至魯頒詔，魯惑諸臣之言，拒而不受，於是閩浙相水火！既而道周出師婺源，戰死，芝龍知衆議不平，不出關無以弭物議；其明年，爲桂王由榔稱號之元年（民國紀元見上），乃請出師，仍遷延不進。聿鍵思聯輔車之效，復遣使爲魯勞軍，其餉銀盡爲魯部將方國安所刼；時馬士英阮大鋮尙未死，國安之刼，實馬阮鼓之，魯且申檄以數聿鍵罪，於是閩浙益相衝突！而紹興旋爲清軍所破，以海移台州，航海走，張國維死焉。清兵入金華，克衢州，閩中大震！始聿鍵知芝龍不可恃，欲由江西入湘倚騰蛟；會江西兵敗，而博洛又定浙東，芝龍已陰與清通，詭言海寇入犯，須往備禦；盡撤兵馳回延平，仙霞嶺二百里間，無一人爲守，清兵長驅而入建寧延平，先後下。聿鍵走汀州，爲清兵所及，被執，死福州；福建遂下，芝龍降，惟何騰蛟守境如故。

魯王以海初爲清兵所偪，遁入海，輾轉達舟山，後益飄泊無歸，依鄭成功於廈門。時桂王由榔早卽位，復奉表由榔，自去監國號（以海在海上，別有事實，讓清史詳言之）；後成功事以海益懈，以海將離成功走南澳，旋死，或謂事爲成功知，成功乃使人沈之於海。時桂王由榔稱號之六年也（卽永曆六年，清世祖福臨順治八年，民國紀元前二百六十一年）。

清兵之南下也，平江南，平浙，平閩，平上下江，明之勤王者仍不絕迹。聿鍵既沒，兵部尚書丁魁楚侍郎瞿式耜等復立桂王由榔（神宗翊鈞孫，桂王常瀛次子），稱號肇慶，上聿鍵尊號曰思文皇帝；閣臣蘇觀生等別以聿鍵弟聿鐭稱號廣州，方二百里間，兩帝並立，互不相能：由榔遣使說之，觀生怒，反殺其使；於是由榔發師攻廣州，爲觀生所敗，觀生益務粉飾，爲太平事。李成棟者，故明將降清；及是既定福建，乃自閩趨潮州惠州，皆下之，進至廣州，自東門入；聿鐭觀生均自殺，成棟遂進攻肇慶。

初，成棟之破廣州也，由榔方任太監王坤，銓政軍務，任意顛倒；以內敕授官，由榔諸臣力爭不從；瞿式耜故忠摯，爲由榔多所策畫，由榔亦不從，從王坤議，遂出奔梧州。其明年，爲由榔稱號之二年（卽永曆二年，清世祖福臨順治四年：民國紀元前二百六十五年），清兵下肇慶，由榔又越梧州而西，奔桂林；式耜請堅守，由榔不從。會武岡鎮將劉承胤以兵至全州，由榔往依，而桂林則以式耜爲守，成棟攻之不能下；已而廣州諸地旋有起師爲明攻清者，成棟急回師往救，式耜遂乘勢定廣西地。孔有德者本明將降清，及是率大兵定湖南，盡得險要；騰蛟勢雖強，不能支，乃退入桂林與式耜謀議畫地分守，乃以兵移鎮全州，與式耜相策應。清兵引卻，由榔還桂林。

由榔初在全州，爲部將劉承胤所刼，再遷武岡；武岡不守，再走柳州；覃鳴珂亂作，再走象州；及騰蛟與清師戰全州，大捷，於是由榔始得還桂林。明年，爲由榔稱號之三年（即永曆三年，清世祖福臨順治五年，民國紀元前二百六十四年），明降將金聲桓以江西地，李成棟以廣東地，先後附由榔，騰蛟遂分軍奪還湖南大部之地；由榔移蹕肇慶，兵勢漸轉。時由榔諸臣各樹黨，從成棟至者有曹華耿獻忠諸人，從由榔至者有朱天麟嚴起恆諸人；曹耿等自夸降附功，氣淩朝士；朱嚴輩則又自恃舊臣，詆斥曹耿。久之復分吳楚兩黨，主吳主楚，各有徒衆，明事仍無可爲；而是時清之取明，其狀又甚急，欲桂藩之終不覆，於勢難矣！

初，金李既棄清降明，清廷即詔孔有德班師，而令尚可喜耿仲明移軍救江西。二人又明降將，頗爲清勠力。同時大同鎮將姜瓖，起事山陝；而魯藩遺臣張名振，出沒於閩浙沿海，均遙相應和。清廷於是復命譚泰及和洛輝自江寧赴九江，會可喜仲明討江西廣東；鄭親王濟爾哈朗順承郡王勒克德渾會孔有德征湖南廣西；而以端重郡王博洛，敬謹郡王尼堪，討姜瓖於大同；承疇仍鎮江寧，經略沿海。已而清兵下南昌，聲桓死；至信豐，成棟死；而騰蛟亦戰沒於湘潭，於是湘贛一帶，復爲淸有。其明年，爲由榔稱號之五年（卽永曆五年，淸世祖福臨順治七年，民國紀元前二百六十二年），有德克全州而南，進攻桂林；式耜激諸將出戰，無有應者，旋爲淸軍所執，遇害！由榔始聞淸兵之至，由肇慶走梧州；桂林既破，乃避南寧；其後遂爲孫可望所刼，徙安隆（今廣西西隆縣）。

孫可望者，故張獻忠之黨，與李定國劉文秀爲同輩；獻忠死，可望等兵潰，由四川至貴州，勢復振。可望從任僎議，自爲國主，已而請封於由榔，由榔不許；迨粵東西盡失，瞿何諸公皆死，由榔不得已，封可望爲秦王。可望刼遷由榔於安隆，而以兵爲守；並遣其將劉文秀李定國等分道出師。文秀入四川，頗得利；定國亦陷湖南西南部之地，徑襲桂林，孔有德力守不敵，自焚死。時由榔稱號之七年也（卽永曆七年，淸世祖福臨順治九年，民國紀元前二百六十年）。桂林既復，楚粵間或以兵應定國，定國勢驟強，不復奉可望令。其明年，淸兵大至，定國敗，退保南寧；文秀亦師罷，還雲南，惟可望強橫如故：自設六部內閣，擅立太廟，託帝制。由榔時在安隆，困甚，聞定國已與可望相離，乃密計召定國，以兵入衞；又明年事爲可望所知，盡殺謀者，期再遷由榔，而定國兵已入安隆，奉由榔入雲南，合於文秀；於是孫李復相攻，而可望旋以師敗之故，至湖南降淸。

方可望未降以前，淸四川總督李國英駐保寧，經略洪承疇駐長沙，大將軍辰泰及阿爾津先後駐荊州，尙可喜等分駐肇慶廣州，而以雲貴及川東南爲由榔苟安之地。自受孫可望之降，盡知由榔虛實，於是承疇三桂等俱請大擧：詔以貝子洛托爲寧南靖寇大將軍，與承疇由湖南進；三桂爲平西大將軍，與都統墨爾根李國翰由漢中四川進；

都督卓布泰爲征南將軍，同提督線國安由廣西進，三路約會於貴州。清廷猶懼諸帥分勢，復以信郡王鐸尼爲安遠大將軍，總督三道，明軍不能禦；鐸尼入貴州，大會將帥，自督師入滇。時由榔稱號之十三年也（卽永曆十三年，清世祖福臨順治十五年，民國紀元前二百五十四年）。貴州之略，文秀已死，定國外無健將，而見解昏蔽，不知所爲禦；延至明年，雲南亦不守，由榔自永昌走騰越，旋入緬甸；定國禦清師，敗歸騰越，聞由榔已西，乃棄城而去。四川雲南貴州諸境，皆爲清兵所定；諸將約先後班師，而以吳三桂鎭守雲南，任善後之事。

由榔之入緬也，李定國與故將白文選尙思迎之歸，緬人不允；定國等以師攻緬不克，尋舍之去。由榔入緬，其從官多文臣，緬人輕之，俱被殺！時由榔稱號之十六年也（卽永曆十六年，清世祖福臨順治十八年，民國紀元前二百五十三年）。是年冬，三桂會定西將軍愛星阿等帥師征緬，分兩道進，會於木邦；定國先奔景線，文選據錫箔，憑江爲險，卒爲清兵所困，走猛養而降。清兵直驅緬城，令執送由榔；由榔懼，貽書三桂，有曰：「將軍忘君父之大德，圖開創之豐功，督師入滇，覆我巢穴；僕由是渡荒漠，聊借緬人以固吾圉。乃將軍不避艱險，請命遠來，何視天下之不廣哉！豈天覆地載之中，獨不能容僕一人乎？抑封王錫爵之後，猶欲殲僕以邀功乎」？又云：「如必欲僕首，則雖粉身碎骨，血濺蒿萊，所不敢辭；若其轉禍爲福，或以遐方寸土，仍存三恪，更非敢望；倘得與太平草木同沾雨露於聖朝，僕縱有億萬之衆，亦付於將軍，惟將軍是命」。而是時三桂必以俘永曆爲己功，故書亦不省；緬人遂執由榔及其眷屬悉送軍前；又明年，爲三桂所害，葬雲南北門外；後三桂起事，則率屬拜祭，稱爲故君之陵寢焉。李定國以攻緬無功，由榔又被獲，鬱鬱死猛臘；其子嗣興與劉文秀子劉震等俱降清。

明自太祖元璋至莊烈帝由檢，李自成陷北京，明一統之局絕，凡傳十六主，歷二百七十五年；其後唐福桂三王繼立，又十六年：共十九主，凡二百九十一年。系如左：

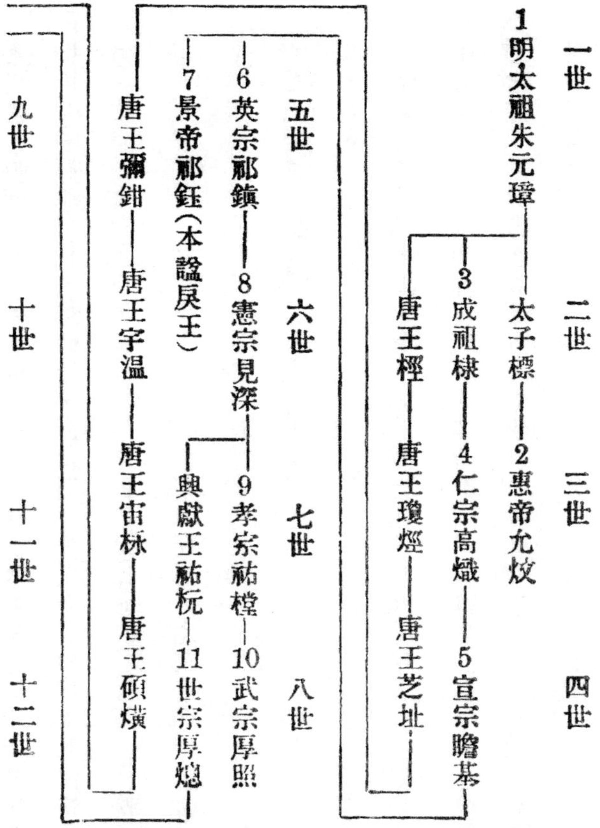

12穆宗載垕——13神宗翊鈞——14光宗常洛——15熹宗由校
　　　　　　　　　　　　　　　　　　——16莊烈帝由檢（本謚懷宗）
　　　　　　　　　　　——福王常洵——17聖安帝由崧
　　　　　　　　　　　——桂王常瀛——19永曆帝由榔
——唐王器墭——18思文帝聿鍵

第四章　本時代之法制

本時代法制之一（建官及理財）

自宋而後，法制以明為善；元起域外，多所更創，不足與為治也。今順次敍之以著一斑：

（一）建官　元明建官，多有不同之點；要之明為清制之母，研究清制，先當注意於明，而官制其一也。舉其大綱，則如下述：

（甲）京師　京師之官，莫尊於宰相。元特置中書令，典領百官，會決庶務，一統以後，多以皇太子兼之，無特拜者；中書尚書二省，又各有左右丞相及平章政事，皆為宰相之官，而以右為大；其後尚書省終廢去，并其職於中書。明初沿襲元制，亦有左右相國、左右丞相、平章政事諸官，屬中書省；後懲於胡惟庸之專權，罷丞相

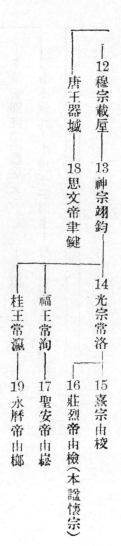

不設，析中書省之政，歸吏、戶、禮、兵、刑、工六部，以尚書任部內事，而侍郎貳之，古制於茲一變。蓋三省之立，由來已久，元世尚書省廢，而中書之職獨尊，故六部雖各理其事，視古職爲加專，而俱隸入中書，每事必受成於省長；明則幷中書而亦不設，於是六部之權特尊，古來三省之制始盡廢，而宰相之職權，遂以六部尚書分之矣。同時又置所謂殿閣大學士者，備顧問，初不以爲與聞國論之官也；成祖棣當國，始簡儒臣直文淵閣，令其參預機務，「內閣」之名自此始。然當時所謂入內閣者，不過如內直之翰林，故不置官屬，其官銜但曰「入閣辦事」，「入閣預機務」而已；必洊加方得至大學士，班秩俱五品而止，未嘗得制六卿也。自仁宗高熾以後，諸大學士歷晉尚書保傅，品位漸崇，專任票擬，事權益重，遂以大學士爲定名，班次在六部之上，而尤重首揆，至詔旨章奏，均以首輔同之；惟是大學士委任雖隆，而終明世，秩止正五品，故其官仍以尚書爲重，其署銜必曰「某部尚書兼某殿閣大學士」，本銜在下，而兼銜反在上，此爲明官名實不符之一徵證。凡此皆相職之可知者也。元置三公，明則於三公之下兼置三孤，然俱非常設，此又公孤之職之可知者也。元代京朝諸官，自御史臺外，或爲院，或爲寺，或爲監，或爲司，其機關之設立多於宋世，院也而有翰林院，國史院，集賢院，宣政院，宣徽院，大禧宗禋院，太常禮儀院，典瑞院，太史院，太醫院，奎章閣學士院，將作院，通政院，中政院，儲政院之別；寺也而有武備寺，太僕寺，尚乘寺，長信寺，長秋寺，承徽寺，長寧寺，長慶寺，寧徽寺，延徽寺之別；監也而有太府監，度支監，利用監，中尚監，章佩監，經正監，都水監，祕書監，司天監，司禮監之別司也而有司農司詳定司之別。明世置職，不似元之瑣，故惟都察（即御史臺）翰林、太醫稱院，大理、太常、光祿、鴻臚、太僕爲寺，國子、欽天、上林苑爲監，通政使、行人、尙寶爲司。此又京朝庶職之可知者也。以上皆諸官之集於京師者。

抑明代官制尤有與前朝異者：則南京亦準北京之制而建官也。其諸部寺監均猶北京之職：例如北京有六部，南京亦有六部；北京有諸寺，南京亦有諸寺是也。其不同者：南京諸部寺監雖有可存，而俱爲閒散之職，所以養臣僚之淸望，於政本無關，此有足爲明世官制殊異之一證者。

（乙）地方　地方之官，又有京師、地方之別。元於京都不稱府而稱路，不置尹而置「達魯噶齊」總管等員，與外之諸路無異；明於京師則置順天府尹以董正之，猶漢置京兆尹，宋置開封尹之意。元世地方分劃不以道名，而以行中書省爲別。「行中書省」者，對「中書」而言。中書省雖置於京師，而亦統山西河北之地，謂之腹裏（治大都）；行中書省凡十有一，漠北治和林，遼西治遼陽，河南治汴梁，陝西治奉元（陝西咸陽縣），四川治成都，甘肅治甘州，雲南治中慶（雲南昆明縣），江浙治杭州，江西治龍興（江西南昌縣），湖廣治武昌，征東治高麗（開城）而以行中書省平章政事爲其長官。每一行省所統有路有府有州有縣，以路領州，以州領縣；而腹裏則以路領府，以府領州，以州領縣。凡路、府、州、縣，各置「達魯噶齊」治之；「達魯噶齊」之大小，則視其所治之地而定。明興，改元中書省之制，而以地之直接隸於政府者爲直隸

（北直隸治北京，南直隸治南京），故當時有南北二直隸之名；其外又立布政使司，凡十有三（山東治濟南，山西治太原，河南治開封，陝西治西安，四川治成都，江西治南昌，湖廣治武昌，浙江治杭州，福建治福州，廣東治廣州，廣西治桂林，貴州治貴州）。其下有府，有州，有縣，而知州、知縣俱領於知府，知縣亦有領於知州者。又明地方官制，爲吾人所特別注意者，當莫如「總督」與「巡撫」。「總督」「巡撫」之官，猶唐以來節度使之職；金時「總管府」之「都總管同知總管」，其位置尤相彷彿；元時行中書省之丞相、平章、則正明之總督，其左右丞、又明之巡撫也。明初命御史巡視地方，有軍事則命總督軍務，因事而設，事已旋罷，初未爲一定之官也。其後各省有一巡撫，數省有一總督，於是向日一省政務總理於布政使司，僅以理刑之按察使司與之對立者，至是則又有管兵之巡撫加奪於其間，而其上更有總督以爲之牽制也。

以上爲諸官之布於地方者。

元初百官俸祿，第上中下爲三等，止給錢米，錢以貫計，米以石數，故定制不似宋代之繁。明初百官給米，間以錢鈔；成祖棣定制：官高者支米十之四五，官卑者支米十之七八，而其餘皆以鈔，惟九品雜職全支米；其後鈔價日賤，又折米爲布，布値亦落，而官俸因以日薄。中世以後，官員俸給因有二制：一曰本色，一曰折色。其「本色」有三：曰月米，曰折絹米，曰折銀米。「月米」不問官大小，皆一石；「折絹」之一疋，當銀六錢；「折銀」六錢五分，當米一石。其「折色」有二：曰「本色鈔」，曰「絹布折鈔」。絹每匹折米二十石，布一匹折米十石行之未久，米、布、鈔三者皆賤，而銀獨貴，百官之祿不足以贍其身，故吏治大壞。

(附)人才之任用與培養　人才之任用，多由選舉，而學校則培養人才之地也。今節取其要者述之如下：

(甲)選舉　自來舉士之方，較舉官為重；官為已入仕者，士則未仕者也。元起蒙古，入主中國，中國一切制度，未加討論，故其初國內習儒者少，而由刀筆吏得官者為多。世祖呼必賚時，始議行貢舉取士之法；仁宗阿裕爾巴里巴特喇立，乃下詔書，有曰：『其以皇慶三年八月，天下郡縣，與其賢者能者，充貢有司，次年二月，會試京師，朕將親策焉』！元行科舉之制自此始。又其試士用經義策論，而詩賦亦不盡廢。蓋元制蒙古色目人之應試，與漢人南人之應試，微有不同：漢人南人之會試第二場，即用古賦一首，是其證也。朱子四書集注，元世盛行，試士設問，惟此為首。以朱子四書集注試士，又自此始（清秦蕙田謂：『唐時試明經，令帖孝經論語，而孟子不立於學。咸通中皮日休請以孟子為科，事竟不報。至宋熙寧之世，更以經義試進士，始命專經者兼治論語孟子。自河南二程子出，表章學庸，朱子為大學中庸章句論語孟子集注，由是有「四書」之名。嗣後理學日明，皇慶開科，遂以朱子四書之學，首立於學官矣』）。又元世所定科場條目，參用宋金之制，斟酌損益，最為得中；而或謂元代惟以詞曲取士者，則誣甚也（清邵遠平曰：『臧晉叔云：元以詞曲取士，設十二科。其說甚為無據。皇慶二年制科舉，用經書時務為題，並無詞曲一項，此為明證』）。明初用人專賴薦舉，後亦采用元法，間有更易，而實為清制之所因。明初定制，三年大比，以諸生試之直省，曰鄉試，中式者爲舉人；次年以舉人試之京師，曰會試，中式者天子親策於廷，曰廷試，亦曰殿試，分一、二、三甲以爲名第之次。一甲止三人曰狀元，榜眼，探花，賜進士及第；二甲若干人賜進士出身；三甲若干人賜同進士出身。狀元授修撰，榜眼探花授編修；二三甲考選庶吉士者皆爲翰林官；其他或授主事、中書諸官，或授府推官、知州、知縣諸官。凡此又皆清制之所緣飾以生者也。又經義之文流俗謂之「八股」，蓋始於憲宗見深以後。其文以代古人語氣爲之，體用排偶，故曰「股」；其數八，故曰「八股」，亦謂之「制義」。是皆關於取士制度之粗有可徵者也。元代官規不舉入仕之門多而黜陟之法簡，故吏治甚不振。明制，以任官事專歸吏部，除文臣得任子、武臣得世襲之外，並行保舉之法：凡舉人不善者，舉主連坐，或有以爲撓吏部之柄者，而明世終推行之。又明制凡員缺應補不待滿者曰「推陞」，內官如大學士、吏部尚書，外官如督撫，皆由廷推，是皆銓舉以外之法也。以上爲選舉。

(乙)學校　元之國學，自太宗諤格德依時始。世祖呼必賚更定其制，凡蒙古色目、漢人皆得與學。仁宗阿裕爾巴里巴特喇時，學制改而益密，升登有法，黜罰有法，私試又有法。凡試每月皆有，或明經或策問，詞理俱優者爲上等，準一分；理優詞平者爲中等，準半分；每歲終通計其年積分至八分以上者陞充高等生員。明制之「積分」，即由茲昉，而亦後世學校記分之法所自來也（清秦蕙田言：『明代太學「積分」之法，雖取於元，然其法實始於宋。宋史選舉志：嘉定十四年，詔歲終取外舍生校最優者一人升內舍，而咸淳中外舍生晏泰亨以七分三釐乞理爲第三優，朝命不許，遂申嚴學法，今後及八分者，方許歲校三名。卽所謂「積分」也」）國學以外，又有蒙古國子學回回國子學，其制視國學不無微異。明代國學，舉人生員品官子弟皆得入之，故有舉監貢監蔭監之別，而其制之最敝者，則莫如例監。例監由捐貲而得，太學之貴，捐貲可得，由是流品雜而學制亦失其尊嚴矣！然其初制固未爲敝也。太祖元璋始定中國，首立國學之制，凡入學諸生先習吏事，謂之「歷事監生」；取其中尤英敏者入文華武英堂說書，謂之「小秀才」；其才學優贍聰明俊偉之士，使之博極羣書，講明道德，通經之學，以期大用，謂之「老秀才」。成祖棣遷都北京，於是太學始有南北之分，而與初制亦漸漸差異。其後「積分」「歷事」等制，雖不改初法，而進士之途日重，舉貢等在監讀書，資望反輕，而又以例監雜之，國學之制始漸不如古。至於地方之學，元世亦嘗興辦，而究不如明代之多。太祖朱元璋下詔有謂：『京師雖有太學，而天下學校未興，宜令郡縣立學』。後世因襲其意，故學制日興，一切鄉社衞所之學，亦維持不廢，中世以後，始徒具其名云。

(二)理財　元明兩代，政令不同，故理財之法，亦不無殊異。今就其著者述之：

(一)徵稅　元之取民，大率以唐爲法。其取於內郡者曰丁稅，曰地稅，倣唐之租庸調也；取於江南者曰秋稅，曰夏稅，倣唐之兩稅也。太宗諤格德依時，始定國內地稅，中田每畝二升有半，上田三升，下田二升，水田每畝五升；既又定科徵丁稅，令諸路驗民戶成丁之數，每丁歲科粟一石，驅丁五升，新戶丁驅各半之，老幼不輿，間有耕種者，或驗其牛具之數，或驗其土田之等，而量徵之，此丁稅地稅之制然也。成宗特穆爾時，又定江南兩稅之制，秋稅止命輸租，夏稅則輸以木棉、布、絹、絲綿等物，其所輸之數，視糧以爲差，糧一石或輸鈔三貫，二貫，一貫至一貫五百文，皆因其地利之宜，及人民之衆，酌其中數而取之。其所輸之物各隨時估之高下以爲値；獨湖廣則異是，夏稅之外，又有門攤，故江南之稅，惟湖廣爲獨重！此則由阿爾哈雅用兵以來，有特異之情形使之然也。明代亦用夏秋兩稅之法，夏稅毋過八月，秋稅毋過明年二月，凡官田畝稅五升三合五勺，民田三升三合五勺，重租田八升五合五勺，沒官田一斗二升三合，蘆地五合三勺，草場地三合一勺。以米麥輸者曰本色，以銀鈔錢絹代輸者曰折色。當時租稅，以蘇松嘉湖四府爲特重，後雖輕減，而究逾於他處；蘇松之賦又比嘉湖爲重。故蘇松歷代財賦考，有謂：『蘇松二郡之田，僅居天下八十五分之一；而所出之賦，竟任天下一十三分之二。其始也，因張士誠之負固，明祖以租額爲官糧；其繼也，以萬曆之後，有司官以耗增充正數，相沿既久，民困莫蘇』！較之元代湖廣之稅，其數尤酷，是可痛也。又理田之制，以明初爲善，其法：隨稅糧之多寡，分田爲幾區，區定糧長四人，乃集糧長暨耆民躬履田畝以量度之，遂圖其田形之方圓大小，次書其主名及田之四至，編彙爲册，號曰「魚鱗册」，册成，田之經界於是始正。蓋魚鱗圖册以田爲主，田各歸其都圖，履畝而籍之，諸原坂墳衍下隰膏腴瘠鹵之故畢具，爲之經，而土田之訟質焉；又別立「黃册」，以戶爲主，田各歸其戶，而詳其舊管、新收、開除、實在之故，爲之緯，而賦役之法從焉。役之法，自古已然，宋時役分九等，至安石變法始行「免役制」，南渡後又有「義役法」。明初役法以民十六爲成丁，成丁卽役，六十而免。以一百十戶爲里，里分十甲，曰里甲；別上戶中戶下戶爲三等，五歲均役，十歲一更造，一歲中諸色雜目應役者，編第均之，曰均徭；他雜役曰雜泛。其後累朝更制，至神宗項時，「一條鞭」法行，於是總括一州縣之賦役，量地計丁，丁輸糧於官，一歲之役，官爲僉募，力差則計其工食之費，量爲增減；銀差則計其交納之費，加以贈耗。凡存留起運供億諸費，皆併爲一條，役與賦合而爲一，民得無擾而事亦易集，立法最善。又元世鹽茶以引計，而皆有課，明沿行之；其立法間多改變，而雜稅之征，則於明爲甚。中世以後，鑛稅之害，與瑣屑之商征，因之而起，至其末葉，遼餉、勦餉、練餉，無一不取之民，民於以病，而明亦於以亡矣。

(二)鑄錢　鈔法本由錢重而起，宋金行鈔，皆以錢爲本，而幣已不支。至元明則專用官鈔，未嘗鑄錢。武宗海桑時，雖一行錢法，後以鼓鑄勿給而罷；順帝托歡特穆爾時，又鑄「至正通寶」錢，未幾又罷。蓋元世之鈔，雖皆以錢爲文，而錢則未嘗興鑄，惟以銀爲其母，各路立平準庫，以事交易，又立回易庫，凡鈔之昏敝者，許易新鈔；故元之鈔法，其初蓋甚愈於宋金，而民間所通行者，尤以世祖呼必賚朝所造之「至元鈔」，爲特便。及其衰世，財貨不足，止廣造楮幣以爲費，楮幣不足以權變，百貨遂澀而不行，而鈔乃無用。明興，雖立局鑄錢，而視鈔特重；蓋自宋以來，錢鈔之先後，往往客主易位，而元世則幾廢錢不行，明初猶沿其習，謀鈔法之推行，至禁民間使用金銀以姦惡論，而鈔法卒不能大興！則以自元以來，銀之需用日廣，人民樂用銀而不樂用鈔使然也。故當明初鈔千貫爲銀百兩，金二十五兩；至成祖棣時，鈔千貫爲銀十二兩，金二兩五錢；逮乎孝宗祐樘之世，鈔三千貫，不過值金四兩餘，自是壹意用銀而鈔法遂廢，殆若有自然之勢驅之？銀日盛而鈔日微，當國是者卒亦無如之何也。本時代中，元則不鑄錢，明歷代皆鑄稱曰「制錢」。太祖元璋時所鑄之「大中通寶」錢，與古之舊錢並用，最利行使；其後至世宗厚熜時所鑄之「嘉靖通寶」錢，尤爲精工，爲明代制錢之最善者。又古來之錢，凡有兩大變：隋時盡銷古錢，一大變也；熹宗由檢時又盡銷古錢，又一大變也。然自古錢銷而新鑄之錢彌多彌惡，僞造之弊日滋；至明將亡，錢法大亂，每錢百文僅值銀二分。錢日鑄而國用日匱，論者又以此爲亡明之一因云！

（附）農工商之待遇　元雖起自塞外，其先世並非倚農而立；及有中國後，重農之政，不厭求詳。觀呼必賚下詔，有謂：『國以民爲本，民以食爲本，衣食以農桑爲本』。則知元世重農之意，與唐宋同，游牧之治固不能移於中國也。其尤異者：元有中國，置十道勸農使，總於大司農，皆愼擇老成重厚之士，親歷原野，安輯而教訓之，功成省歸憲司，憲司以耕桑之事上大司農；國內守令皆以勸農繫衔，郡縣大門兩壁皆畫耕織圖，立法周密如此：唐宋固猶不能及也。又「農事會」之設置，於古無聞。元制，令縣邑所屬村疃，凡五十家立一社，擇高年曉農事者爲之長；增至百家者，則設長二員；不及五十家者，與近村合爲一社；地遠人稀，不能相合，各自爲社者聽。其合爲社者，仍擇數村之中立社長官司長，以教督農桑爲事。當世稱爲「農社」，其性質殆有與近時之「農事會」合者。明祖元璋起自田間，備嘗艱苦，故注意農事，獨爲肫摯；其後朝廷之上，重農勸耕之詔屢頒，或不免於奉行故事？然其農事之盛，尙可於成祖棣一朝徵之。史臣謂：『永樂之世，宇內富庶，賦入盈羨，天下本色稅糧三千餘萬石，絲鈔等二千餘萬，計米粟自輸京師百萬石外，府縣倉廩蓄積甚豐，至紅腐不可食』。講求農田之效，其表著有若此！自後嗣體之君，罔不重農；迨夫末世，天災流行，西北之地，卽於荒蕪，農以大病，明社始不祀！

元世商人之能力，遠過宋金。試觀太宗諤格德依時，商人烏爾圖哈瑪爾巒撲買中原銀課二萬二千錠，以四萬四千錠爲額；又劉廷玉等以銀一百四十萬兩撲買國內課稅，皆爲先世之所未見。而其國內之商稅，亦歷世增加，商之富者日多，故朝廷亦從之而罔其利。其初當世祖呼必賚時，統計一國商稅之入爲四萬五千錠；至文宗圖卜特穆爾時，則爲九十三萬九千五百六十八錠，其增加不啻百倍。究之商亦何能久富？況國內業商而致富者又未必果多也。明興，稍革其弊；中葉以後，稅例既多，商累亦愈重，京師商戶又困於采辦之令，多逃匿以自免，商民之苦痛，從可知已。

又互市之局，至元大開。時西方亞細亞及歐洲商人，水陸販運俱極發達：陸路多從今七耳基斯坦達天山南路或北路，開販路於元之上都大都；海道則由印度河東航，而以福州泉州爲貿易之商港，外人之僑居者以萬數，吾國商人多有與之營貿易者。至於明代鄭和遠渡南洋，於是南方迤西諸國，所有珍異，如犀角、象牙、玳瑁諸品，悉隨之以入中國；玻璃各器用至此亦入明人之目，明人好奇之心漸啓，而西力由茲東漸，乃至澳門一隅，政府以地租與葡人而年收其稅；歐商之蒞至者日與明人營相當之貿易，商情由茲而漸見其發越，亦本邦商業史上一紀念之時也。茲附列歐人東漸略表如下：

國名	紀年	民國紀年以前	事略	西曆紀年
葡萄牙	明武宗厚照正德五年	民國紀元前四百零二年	取臥亞爲根據地	一五一〇
	六年	四百零一年	佔麻剌甲爪哇	一五一一
	九年	三百九十八年	入中國海	一五一四
	十二年	三百九十五年	抵廣東旋於寧波廈門建商館	一五一七
	世宗厚熜嘉靖十二年	三百七十九年	抵日本	一五三三
	四十一年	三百五十年	租廣東澳門	一五六二
西班牙	世宗厚熜嘉靖四十四年	三百四十七年	佔菲律賓羣島建馬尼剌根據地	一五六五
	神宗翊鈞萬曆八年	三百三十二年	謀通商於明爲葡人所阻未遂乃與日本通商	一五八〇
荷蘭	二十四年	三百十六年	奪西班牙之麻剌加殖民地	一五九六
	四十七年	二百九十三年	建巴達維亞於爪哇爲根據地	一六一九
	熹宗由校天啓四年	二百八十八年	佔台灣與日本通商	一六二四

英吉利	神宗翊鈞萬曆七年	三百三十三年	於印度暹羅爪哇開商館	一五七九
	四十一年	二百九十九年	抵日本	一六一三
	莊烈帝由檢崇禎八年	二百七十七年	抵廣東廈門	一六三五

考工之政，元循宋制，亦設耑官以理董之，所謂「工部掌營造百工之政令」者是也。試一核其職司，凡大都通州之皮貨，晉寧冀寧等路之織染，永平等路之紋錦，皆有專司，工匠之程能，或基之而促進；而元分南人以爲十等：工之品第居六，匠之品第居七，均在吾輩儒生之上，則元之未嘗極意輕工，又可知也。明之置部，上準唐宋，工又爲其一；而是時民間工藝，亦多有進步之可徵：王弇州謂：「吳中陸子剛之治玉，鮑天成之治犀，朱碧山之治銀，趙璧之治錫，馬勛治扇，周治治鑲嵌，及歙呂愛山治金，王小溪治瑪瑙，蔣抱雲治銅，皆比常價加倍」。從知工事之精良，僅舉吳中及歙而言，已如此，其盛矣。

本時代法制之二（制兵及用法）

本時代之制兵用法，惟明爲良；然遷變靡恆，勢又不能終善也。今就其著要者述之如左：

（一）制兵　元起漠北，以武功勝人，其初兵制之雄，至於囊括四海，包舉亞西；中葉以後，吞金平宋，一統中外，爲從來所未有！其兵數機密，除蒙古親臣外，莫能知之，故舊史亦無從詳核；今考其大綱，則宿衛諸軍在內，而鎮戍諸軍在外，京師地方之兵，蓋由此判。其初宿衛之衆，分領於四「集賽」，其人皆元勛世冑，出將入相，貴盛冠一時；及中葉以後，增設集賽日多，皆紈袴子弟，覬希恩澤，歲賜鈔帛以億萬計，非復青吉思汗之舊制矣！及世祖呼必賚時又設五衛以象五方，始有侍衛親軍之號；明置都指揮使以領之，而其後增置改易，於是禁兵之設，不止於前，且宿衛之用不徒列之宮禁，用之於大朝會時謂之「圍宿軍」，用之於大祭祀，則謂之「儀仗軍」；車駕巡幸用之，則曰「扈衛軍」；守護人主之帑藏，則曰「看守軍」；或夜警非常則謂之「巡邏軍」；或歲漕至京師用以彈壓，則謂之「鎮遏軍」：此皆人主禁旅，所謂爪牙之兵也。至其四方鎮戍之兵，則自青吉思汗以來，出平異域，以師兵為營衛，惟留皇弟皇子鎮守和林老帳；其鎮戍各處者，皆錯居民間寺院，或立營帳於高邱曠野，凡萬夫千夫百夫之長，無廨居城邑者，遇有徵發，無文移，惟遣使銜命，大帥聞召，即整隊以行，其立法簡易疏闊如此。中國統一以後，始仿漢制，有文檄符節，有軍府廨舍，駐城中，又命宗王將兵鎮邊；其重者為和林元帥府，鎮守舊都；其西則阿力穆爾，亦多命皇子重臣鎮守以防西北諸王之侵犯！而中原則設重兵於關中河洛山東，皆蒙古探馬赤軍（蒙古軍為其國人，探馬赤則以諸部族之衆戍之）；江漢以南，名藩列鎮，則各以新附漢軍戍焉（宋兵降者為新附軍，就宋遼之民編置者為漢軍）。其後承平稍久，將驕卒惰，軍政不修，於是元制因之大敝！明興，革元舊制，自京師達於郡縣，皆立衛所，外統之都司，內統於五軍都督府，而上十二衛為天子親軍者不與。其初兵制整一，內外相聯絡，未幾，京師又有三大營（五軍營、三千營、神機營）之設，立五都督府，雖仍舊制，其掌府者，治常行文書而已，非特命不預營事；其後于謙管兵部，以三大營之制未善，乃請於諸營選勝兵十萬，分十營團練，是爲十大團營，其餘軍歸本營，曰老家，京軍之制一變。憲宗見深在位，復增之爲十二；武宗厚照時，又選精銳於東西兩官廳操之，自是兩官廳軍爲選鋒，而十二團營又爲老家矣；至世宗厚熜時，又以團營兩官廳之制未善，復改爲三大營，兵制數變，而仍復爲古制：此就京師方面言之也。南京一方亦設五軍都督，猶官制上之分立南北，地方之兵，雖總於各都司，而實分轄於各地方之衞所（於制五千六百人爲衞，千一百二十八人爲千戶所，百二十八人爲百戶所）；衞所之外，郡縣有民壯，邊郡有土兵，沿江沿海又各屯有防守之兵：此又地方兵制之可考而知者也。元明兵制之不同有如此者。

（附）兵士之徵調　元制：家有男子十五以上，七十以下，無衆寡盡僉爲兵，十人爲一牌，設牌頭，上馬則備戰鬭，下馬則屯聚牧養；孩幼稍長，又籍之，曰漸丁軍。既平中原，發民爲卒，是爲漢軍，或以貧富爲甲乙，戶出一人曰獨戶軍，合二三戶而出一兵，則爲正軍戶，餘爲貼軍戶。或以男丁論，十丁出一卒；或以戶論，二十戶出一卒，而限年二十以上者充。士卒之家，爲富商大賈，則又取一人，曰餘丁軍，至十五年免。或取匠爲軍，曰匠軍；或取諸侯將校之子弟充軍，曰質子軍，又曰禿魯華軍：是皆多事之際，一時之制。國內既平，嘗爲軍者，定入尺籍伍符，不可更易；詐增損丁產者，覺則更籍其實，而以印印之。病死戍所者，百日外役次丁，死陳者復一年，貧不能役，則聚而一之，曰合併；貧甚者，老無子者，落其籍；戶絕者，別以民補之。奴得縱自便者，俾爲其主貼軍；其戶逃而還者，復三年，又逃者杖之，投他役者還籍：此元代調兵之大概也。明制：衞所之軍，番上京師，而其隸衞所也，約有三途：曰從征，曰歸附，曰謫發。從征者，諸將所部兵既定其地因以留戍；歸附則勝國及僭僞諸降卒；謫發則以罪遷隸爲兵者，其軍皆世籍。三者以外，其兵之由於召募者，亦有之。凡征伐則命將充總兵官，調衞所軍領之；既旋，則將上所佩印，官軍各回衞所：是又仿唐「府兵」之遺意而行者也。明代調兵之制之異於元者又若此。

(二)用法　笞、杖、徒、流、死者，中世之五刑，宋因之，元亦因之；治獄尚寬，除嚴罪阿哈瑪特諸人外，尚無非法之刑：此爲較勝於遼金者一也。又其立法不偏於貴族而有時尤能注重於倫常：此爲較勝於遼金者又一也。然而其弊在南北異制，事類繁瑣，挾情之吏，舞弄文法，用譎行私；而凶不逞之徒，又數以赦宥獲免，識者痛之！明之刑名仍爲笞、杖、徒、流、死五種，而施法常嚴，其特異之例有爲古代之所不同者，約有二端：一曰「廷杖」。先是當太祖元璋時，工部尚書王肅坐法當笞，元璋曰：『六卿貴重，不以細故辱命以俸贖罪』。然永嘉侯朱亮祖父子皆鞭死，工部尚書夏祥斃杖下，廷杖之刑，實自元璋始。其後京官有罪，輒予廷杖，士大夫當之，未有不以爲辱者。此一事也。一曰衞獄。當太祖元璋時，罷儀鑾司，改置錦衣衞，掌侍衞緝捕刑獄之事，鎮撫司隸焉。元璋時有所誅戮，下鎮撫司雜治；其後錦衣之勢日張，誅戮多無道，與東西廠合稱，亦曰廠衞。此又一事也。明代刑獄之濫有如此。

(附)法典之編纂　元初未有法守，百官斷理獄訟，循用金律，至世祖呼必賚時，始頒至元新格；仁宗阿裕爾巴里巴特喇時，又以格例條𧶽有關風紀者，類集成書，號曰風憲宏綱；至英宗碩德巴拉時，復取前書加以損益，號曰大元通制，其書之大綱有三：詔制、一也，條格、二也，斷例、三也；至順帝托歡特穆爾時，復就條格多所增定，命曰至正條格，一代法典更易之沿革，其明著若此。明之始興，即命左丞相李善長等爲律令總裁官，楊憲劉基陶安等二十人爲議律官，遂撰「令」一百四十五條，「律」二百八十五條；又命大理卿周楨等取所定律令類聚成編，訓釋其義，名曰律令直解。其後復詔刑部尚書劉惟謙定大明律，篇目一依唐律而增爲六百有六條；後又復取比年所增，以類附入，成三十卷，即今所傳之大明律是也：計其內容，名例律爲一卷，吏律爲二卷，戶律七卷，禮律二卷，兵律五卷，刑律十一卷，工律二卷；其後至孝宗祐樘時，雖有一度之更定，而其大綱則莫能外是云。

第五章　本時代之文化上

本時代文化之一（學藝）

本時代之學藝，惟明爲良，玆爲分類述之，其概如左：

（一）文學　文學之別四：

（甲）經學　自南宋朱熹注「四書」，大學中庸論語孟子與「五經」並稱，於是士人之解經者，多以稱說義理爲高而漢學爲之衰熄。淸儒錢大昕謂：『自宋以經義取士守一先生之說，敷衍附會，併爲一談，而空疏不學者皆得名爲經師，至明季而極』。蓋深有慨乎其言之也！經說既奉爲率履而不能資爲考鏡，故說經之士，其取徑多與漢儒不同，因之訓詁學之流傳，於斯益替。後人謂：『自宋末以逮明初，學脈旁分，攀援日衆，驅除異己，務定一尊，其學見異思遷，及其弊也黨（如論語集注誤引包咸夏瑚商璉之說，張存中四書通證卽闕此一條，以諱其誤；又如王柏刪國風三十二篇，許謙之吳師道反以爲非之類）；自明正德嘉靖以後，主持太過，勢有所偏，材辨聰明，激而橫決，其學各抒心得，及其弊也肆』（如王守仁之末派，皆以狂禪解經之類）。要之，元明之學爲宋學而非漢學，其意絕明；而辨者必謂宋學之空虛說理，足以駕漢學而上之，抑亦過矣！

訓詁既不講求，小學亦廢而不舉！猶足幸者，音韻一門，於元則有黃公紹之古今韻會，宋濂之洪武正韻，皆依據宋劉淵之禮部韻略（一名平水韻）而成，而韻會於字母之學言之尤精。其字書之屬，如元周伯琦之說文字原，明趙撝謙之六書本義，焦竑之俗書刊誤，皆爲有關考證之作；惟元楊桓著六書統一書，變亂字書，爲學者所訾詬。又其時以書法著聞者，元則有趙孟頫，明則有董其昌，其始固皆研習北派，後又稍偏於南，圓潤妍渾，爲後世所推崇，其盛名至今不朽。

(乙)歷史　本時代中，宋史遼史金史俱成於托克托諸人，宋史蕪冗，遼史重複，金史較修潔，三史中惟此爲善；至明宋濂修元史，歷時甚暫，議者謂其苟且塞責，文章之叢脞，事蹟之決裂，時或不免，當日修史諸臣固有不能辭其咎者；歷史學之不興，惟本時代爲甚矣。元代馬端臨作文獻通考，籀證古制，獨有心得，明人不能希其業；端臨而外，其以史學鳴者：如陳桱著通鑑續編，王禕著大事記續編，胡粹中著元史續編，陳邦瞻著宋史元史紀事本末，王世貞著弇山堂別集，皆以一朝史學著名。世貞最博覽，尤熟明之掌故，顧其成書，終不能望端臨云。

(丙)哲理　元之初興，程朱之學，流衍入河北，故宋滅而宋學轉以逾昌：許衡，河內人，學者所稱爲魯齋先生者也；吳澄，崇仁人，學者所稱爲草廬先生者也；陳苑，上饒人，學者所稱爲靜明先生者也；鄭玉，歙縣人，學者所稱爲師山先生者也。魯齋守朱學，靜明守陸學，草廬師山則調和朱陸間。草廬之言曰：「朱子以道問學爲主，陸子以尊德性爲主：然問學若不本於德性，則其弊必偏於語言訓釋之末；故學必以德性爲本，庶幾得之」。師山則謂：「陸子之質高明，故好簡易；朱子之質篤實，故好邃密；各因其質之所近，故所入之途不同；及其至也，仁義道德，豈有不同者？朱子之說，教人爲學之常也；陸子之說，才高獨得之妙也。二家之說，又各不能無弊：陸氏之學，其流弊也，如釋子之談空說妙，至於鹵莽滅裂，而不能盡夫致知之功；朱子之學，其流弊也，如俗儒之尋行數墨，至於頹惰委靡，而無以收其力行之效。然豈二先生垂教之罪哉？蓋學者之流弊耳」！其論尤正碻。蓋有元之一代，哲學之大凡，不外於朱陸；而奉朱者比奉陸爲多，故朱子之說盛行。明興，哲學諸儒大抵皆朱子之門生流裔，師承有自，矩矱秩然；自陳獻章王守仁出，於是陸學之勢再張。宗獻章者曰『江門之學』，宗守仁者曰『姚江之學』江門孤詣，流行不盛；姚江別立宗旨，提倡知行合一之說，門人宗之者殆徧全國？嘉靖（世宗厚熜年號）而後，國內守朱學者曾無幾人。今表示王學盛行狀況之一班如左：

- 朱學（朱熹倡之）
  - 河東學派（薛瑄倡之）
  - 崇仁學派（吳與弼倡之）
  - 三原學派（王恕倡之）

- 浙中王門學派（徐愛蔡宗兗朱節錢德洪等屬之）
- 江右王門學派（鄒守益歐陽德聶豹等屬之）
- 南中王門學派（黃省曾周衝朱得之周怡薛應旂等屬

之）

- 王學盛行前後之大系
  - 陸學（陸九淵九齡倡之）
    - 姚江學派（王守仁倡之）
      - 楚中王門學派（蔣信冀元亨屬之）
      - 北方王門學派（穆孔暉張後覺孟秋尤時熙孟化鯉楊東明南大吉屬之）
      - 閩粵王門學派（薛侃周坦屬之）
      - 泰州學派（王艮倡之）
      - 止修學派（李材倡之嘗謂『知識賜自陽明惟標宗旨則不敢苟同』故以止修爲別）
    - 白沙學派（陳獻章倡之）—甘泉學派（湛若水倡之）

本時代中足以代表哲理界之大凡者，卽爲王守仁之「知行合一說」。守仁之論知行合一也，以爲：『知之眞切篤實處便是行；行之明覺精察處便是知。若知時其心不能眞切篤實，則其知便不能明覺精察，不是知之時只要明覺精察，更不要眞切篤實也；行之時其心不能明覺精察，則其心便不能眞切篤實，不是行之時只要精切篤實，更不要明覺精察也』。其立論之概要大抵如此。或謂守仁學說雖屬系於象山，導源於陸學，而究亦托體於伊川，觀其答王虎谷書有云：『程子云「知之而至，則循理爲樂，不循理爲不樂，自有不能已者」。循理爲樂也者，非眞能知者未易及此』。然則必謂陽明所守純爲陸說，而與朱子一派相背馳者，又非也。其後陽明而起者，有劉宗周，學者稱爲蕺山先生，學以愼獨爲主，少變陽明之說，似和同而實獨立。蕺山，山陰人，爲浙學之粹者；其盛名之起，則在明之季世云。

(丁)文詞　文章之道，實關係於世變。試自散文言之：元有中國，歷年不多，故其文人之名滿一朝者甚少；譽之著者，莫如虞集楊載范梈揭傒斯四家，而集尤爲四家之冠。四家以前，有趙孟頫雅善文章，而世不注意；故楊載謂孟頫才爲書畫所掩，知其書畫者多不知其文章，故後世論元代之文章者知數四家，而不知數及於孟頫，爲可惜也。明興，文學之士承元世諸家之後，師友講貫，學有本原，宋濂劉基王禕方孝孺均有文名；而基與元璋論文，又有『宋濂第一，其次臣不敢多讓』之語，則當代文士之必以濂爲領袖，可無疑也。永樂（成祖棣年號）以還，有所謂「臺閣體」之文者，而以楊士奇爲之祖；其後李東陽李夢陽何景明輩繼出文章之體制爲之大變。東陽之文出入於宋元，夢陽景明則以復古爲名，凡所制作，必探本於先秦，學者靡然從風，而門戶之分亦由玆而著；說者以爲一代深痼之病，卽由斯伏。其橫流所屆，能卓然當之而勿屈者，惟王守仁一人而已！迨嘉靖（世宗厚熜年號）時，王愼中唐順之之文，以歐曾爲宗；李攀龍王世貞之文，以秦漢爲宗；王李之持論，大率與夢陽景明相倡和。歸有光頗後出，以司馬歐陽自命，力排李何王李；而徐渭湯顯祖袁宏道鍾惺之屬，亦各爭鳴一時，於是宗李何王李者稍衰。至天啓（熹宗由校年號）崇禎（莊烈帝由檢年號）之時，錢謙益艾南英準北宋之矩矱，張溥陳子龍擷東漢之芳華，又一變矣。凡此皆散文之可知者也。元詩靡弱，自虞集而外，作者不多；而後人又以「近纖」少之。明初以劉基之高格，合以高啓袁凱諸人，多逞才情，連鑣並軫，然猶存元季之遺風，未及隆時之正軌。永樂以還，體崇「臺閣」，骫骳不振。弘治（孝宗祐樘年號）正德（武宗厚照年號）之間，李夢陽何景明力追雅音，邊貢徐禎卿左右驂靳，古風未墜；餘如楊愼之才華，薛蕙之雅正，高叔嗣之沖淡，俱稱斐然；李攀龍王世貞之外，益以謝榛，接踵曩哲，雖其間規格有餘，未能變化，識者咎其少自得之趣焉；然取其菁英，彬彬乎大雅之章也。自是而後，正聲漸遠，繁響競作，袁宏道鍾惺等，比之自鄶無譏，蓋詩教衰而國祚亦因以移矣。此又關乎韻文之可知者也。又宋人塡詞之學，至元演而爲曲，明世亦盛；玆以其與音樂有關，仍於「音樂」節中述之，此不贅及。

（二）質學　質學之目三：

（一）天文　元時天文學者之著述，以趙友欽爲最有名；歷象新書即友欽所撰。至明，專家之著述，更爲不乏；而尤有足開天文學界之曙光者，則西方學說之流行，中國譯籍由茲大盛，而利瑪竇之乾坤體義，熊三拔之簡平儀說，均因是而傳也。著述之外，又有儀象，爲言天文者所當先。古之爲其法者三家：曰周髀，曰宣夜，曰渾天。周髀宣夜先絕，而渾天之學至秦亦無傳！漢洛下閎始得其術，作「渾儀」，以測天；厥後歷世遞相沿襲，其有得有失，則由乎其人智術之淺深，未易遽數也。宋自靖康之亂，儀象之器全歸於金，元興，定鼎於燕，其初襲用金舊，而規環不協，難復施用；於是太史郭守敬者出，其所創簡儀仰儀及諸儀表，皆臻精妙，其卓見絕識，蓋有古人所未及者；又當時四海測量之所，凡二十有七，東極高麗，西至滇池，南踰朱厓，北盡鐵勒，是亦古人之所未及爲者也。自是八十年間，司天之官，遵而用之，靡有差忒；而凡日月薄食五緯淩犯等事，均有紀載，以存其略：元人之廑念天文，勝於遼金矣。明世數造渾儀，具以元法爲斷；其後利瑪竇製渾儀、天球、地球諸器，於是儀象一門，又闢新徑，而古制於焉漸變：是又明勝於元之一徵也。又本時代歷譜之學，較宋金之世爲更進。元初承用金「大明歷」，其後又復更易，而以郭守敬等所製者爲善，所謂「授時歷」者是也。就史志考之：中國歷法，經久則必改，故自黃帝迄秦，歷凡六改，漢凡四改，魏迄隋十五改，唐迄五代十五改，宋十七改，金迄元五改，惟明之「大統歷」，實即元之「授時」，承用二百七十餘年，未嘗改變；迨其末世，始議改用西洋新法，命閣臣徐光啓光祿卿李天經先後董其事，成歷書一百三十餘卷，多發古人所未發而議者阻之，西歷終以不行：是又足爲明代歷法停滯之一徵矣。

(二)算數 算數之學，與天文歷譜之道相互見：元之李治，其專家也；明與顧應祥輩尤嫻其術，而外人如利瑪竇等又各以新法相餉遺。幾何原本者，西方數學之祖，歐幾里得所撰，利瑪竇譯之，而徐光啓所筆受者也；以是西方算數，多傳入中國，歐學之東漸自此始：中國算數亦自此而增其進步，西方學者之所賜，蓋未爲不優也。度量衡之制，代有更易：元興，其法恆不齊，觀東平布衣趙天麟上言，謂『臣居山東，但見山東數郡，或隔一鎭，或間一河，其度之長短，量之多寡，衡之輕重，已皆不同，則又何以示四海一家乎』？於是呼必賚遂有度量衡制度之頒定，然終不能一也。明興，亦以其制頒定於官民，而積久弊生，一致之效，卒無由覩。大率明之六錢爲古一兩，明之八寸爲古一尺，明之三斗爲古一斛；度以八爲率，量以三爲率，權以六爲率：是又明法大於古制之一徵矣。

(三)醫術 元醫之著者，曰李杲，曰王好古，曰危一林，曰朱震亨，曰王國瑞，曰齊德之，曰眞啓宗，各有著錄，流衍至今；明初解醫之士尤多，滑壽、葛乾孫、呂復、倪維德、周漢卿、王履之徒，俱負盛名。履嘗謂：『張仲景傷寒論爲諸家祖，後人不能出其範圍。且素問云「傷寒爲病熱」，言常不言變，至仲景始分寒熱；然義猶未盡，乃備「常」與「變」作傷寒立法考』。又謂『陽明篇無目痛，少陰篇言胸背滿，不言痛，太陰篇無嗌乾，厥陰篇無囊縮，必有脫簡』。乃取三百九十七法，去其重複者二百三十八條，復增益之，仍爲三百九十七法，極論內外傷經旨異同，併中風中暑辨，名曰泝洄集，凡二十一篇；又著百病鈎玄二十卷，醫韻統一百卷，從來醫家著錄之多無有若履者。其他如戴思恭、盛寅、吳傑、李時珍等皆爲當世醫家，而時珍所編本草綱目尤爲一代有數之巨著，無多讓也。先是醫家本草，自神農所傳，止三百六十五種；梁陶宏景所增，亦如之。唐蘇恭增一百十四種，宋劉翰又增一百二十種；至掌禹錫、唐愼微輩，先後增補，合一千五百五十八種，時稱大備。然品類旣繁，名稱多雜，或一物而析爲二三，或二物而混爲一品，時珍病之，乃窮搜博采，芟繁補闕，歷三十年，閱書八百餘家，藁三易而成書，曰本草綱目，增藥三百七十四種，釐爲一十六部，合成五十二卷；至神宗翊鈞時，詔命刊布全國，自是士大夫家有其書，而醫術之推行，於茲乃益廣。

本時代文化之二（美術）

本時代之美術，方之前世，尤爲足稱。茲就其大者述之，以見一班：

(一)繪畫　繪畫之學，唐世風行，至宋亦頗盛；元世畫家祇有兩派：一爲董源，一爲李成，成畫有郭河陽爲之佐，亦猶源畫有僧巨然副之也；然黃公望、王蒙、倪瓚、吳仲圭四大家，皆以董巨一派成名，是董學超於李學遠矣。自元末以至明初，畫家秀氣略盡，中世以後，其學復行，而自明顧凝遠畫評求之，亦有足見彼時畫學之一班者：凝遠以爲沈周、文徵明、唐寅、周用、劉珏、仇英，士大夫名家宗匠也，董其昌則中興間氣也；陳道復、陸治、文嘉、莫是龍、文伯仁、王穀祥、岳岱、孫克弘、譚志伊、張元舉、張雲、錢穀，文士名家也；周臣、侯懋功、陳粲、周之冕，畫名家也，李流芳、鍾惺、陳元素、朱鷺、顧懋恩、今文士名家也，而其間尤以唐寅、董其昌爲最有盛名。明人論唐寅者，謂「寅下筆輒追唐宋名匠，四方慕之，無貴賤貧富日詣門徵索」。又論其昌謂「其書集宋元諸家之長，行以己意，氣韻秀潤，瀟灑生動，非人力所及」。又謂「其昌山水樹石，煙雲流潤，神氣具足，而出以儒雅之筆，風流蘊藉，爲本朝第一」。然則當世之畫，在明人已有定評矣；茲之所舉，不過其百一云。

(二)建築　自來建築之術，施之帝皇宮室之間者，世有殊觀；大抵時代愈下，則繼長增高之舉，亦因之加甚，非民間普通宮室之可倫也。觀陶氏輟耕錄所載，知元代宮闕臺寢之制，實過於宋。其度之高者七八十丈，廣者三十里，白玉爲階，紫檀成殿，而精居雅舍，緜延聯絡，終日游之而不能盡，一何盛哉！蒙古風之建築，向爲中國所無；自元治中原，於是民間寺觀之制，亦有改爲蒙古之風者：建築界之異證又其一也。明世建築雖不至如元室之夸，而帝都宮室，則羣以爲體統之所關，踵事增華，在所不免；又凡民間普通居室，在在以階級制度繩之，一建築物而以政治觀念禁其過制，則又安能卜其振興哉？至若一切城郭之繕興，湖池之開濬，以及黃河運河之工，其事大率與國防民計有所關連，而精究其工者，史迄不著！又未始非吾國文明史上之一缺點也。

(三)雕鑄　雕刻冶鑄之術，本時代中亦非無可紀者。以言雕刻書籍鏤版之概情，旣過於前代；而元人槧本亦與宋刻同珍。觀元趙希鵠有言：「鏤版之地有三：吳也，越也，閩也。蜀本、宋最稱善，近世已稀；燕、粤、秦、楚，近皆有刻，類自可觀，而不若三方之盛。其精、吳爲最，其多、閩爲最，越皆次之；其直重、吳爲最，其直輕、閩爲最，越皆次之』。此於當世刻書狀況，言之最明；而明陸容又謂：『明初書版，惟國子監有之』。考元明詔書籍必經中書省看議過，事下有司，方敢刊印，想當世無擅刻者；然則自元以至明初，刊板之法，亦頗有所限制，不似中世以後之廣行翻印，又可知也。至如印璽碑碣之屬，善其藝者固亦不乏專家；而於文化上之關連，則俱不似刻書之巨：惟究心考古者，有時或藉是以爲掇拾之資焉。

以言冶鑄：元世佞佛之風大行，故鑄像之術，因之發達；而以是傳名者，則阿爾尼格其人也。元代兩京寺觀之像，最多，往往出自阿爾尼格之手；又嘗爲明堂針灸銅像，關鬲脈絡皆備。金工歎其天巧，莫不愧服。有劉元者，從阿爾尼格學西天梵相，亦稱絕技；當世祖呼必賚時，其範金成像之出於元手者，神思妙肖，與阿爾尼格相同。仁宗阿裕爾巴里巴特喇在位，嘗敕劉元非有旨不許爲人造他神像：此皆本時代中美術界上有數之人才，求之前古，罕有其匹；而浙西銀工之精於手藝，如朱碧山謝君餘一流者，猶後也。又古代本有鐵劵，五季以來，未廢其制也。元鐵劵狀如卷瓦，刻字畫欄，以金塡之，外以御寶爲合，半留內府，以賞殊功；其餘如金牌金符金銀印璽之屬，無一不假冶鑄而成。明代更而新之，凡物之賴夫冶鑄而就者，厥數尤衆；而宣德時所製之銅器，尤爲後世所珍；要其大師名匠，終無由指數，則正已往史書中之缺憾！後有作者，矯而正之可也。

（附）音樂　蒙古起自朔漠，不知中國聲音之道，所徵用者，西夏舊樂而已；其後逐次采用宋金諸樂，音樂漸備。世祖呼必賚時，又命王鏞作大成樂，於是元人始有究心中國之樂者；逮夫後世，審音製樂，雖遠不如古，而其重視玆藝之心，則昭然若揭。觀成宗特穆爾至欲拜教坊使曹耀珠爲禮部尚書平章政事張珪曰：『伶人爲宗伯，何以示後世』？是又證之最著者也。明興，太祖元璋銳意雅樂，是時儒臣冷謙陶凱詹同宋濂樂韶鳳輩皆知聲律，相與究切釐定，而掌故闕略，欲還古音，其道無由！元璋亦方以下情偸薄，務嚴刑以束之，其於履中蹈和之本，未暇及也。成祖棣在位，訪問黃鍾之律，臣下無能應者。英景憲孝之世，宮縣徒爲具文，殿庭燕享，郊壇祭祀，教坊羽流，慢瀆苟簡，劉翔胡瑞之倫，爲之深慨。世宗厚熜制作自任，張鶚李文察以審音受知，終以無成。蓋學士大夫之著述，止能論其理，而施諸五音六律，輙多未叶；樂官能紀其鏗鏘鼓舞，而不曉其義，是以卒世莫明，其失墜爲可惜也。其初定樂雖號中和，究其實際，豈惟不與唐宋同符，而雅俗互歧，亦多不免；又自唐分太常與教坊爲二，實爲鄭聲亂雅之始：至於明世廟堂之上，亦用教坊之樂，至爲識者所譏，是其每下愈況，並不能及唐制矣！凡此皆關於一代音樂之可知者也。曲之名古矣，近世所謂曲者，乃元人之北曲，及後又濫爲南曲者也。北曲將開，絃索先之，而西廂記實爲其宗；西廂即北人塡詞：然塡詞盛於宋，至元末明初，始有南曲，其接續也甚遙；絃索調生於金，而入元卽有北曲，其接續也相踵。而自今人之眼光觀之，大抵北曲爲北人習慣之樂，其音調淒緊，爲習慣之所存，及與中原士夫相接近，所聞歌詞，多和平中正者，絕無足以快其耳，故特剏爲北曲以保存其習慣；南人則不然，平時所習皆爲悠揚和緩之調，因是亦不諧於北曲，而遂利用一種南曲，以陶寫其聲情：用是北曲多勁切，南曲多清柔，元則盛行其勁切者，明則盛行其清柔者，凡此又本時代樂曲之可連類而知者也。

第六章　本時代之文化下

本時代文化之三（宗教）

本時代之宗教，可析爲四綱述之如次：

（一）宗教之起於國內者　道教本與佛說平行，自唐以來，道教之勢常盛；至元雖尊事西僧，而道教之徒，仍爲朝廷所優遇。至其派別，可約爲四者述之：

（甲）全眞教　出於重陽王眞人，馬鈺譚處端劉處玄王處一郝大通孫不二均爲其徒，而邱處機之名尤著，所謂長春眞人者也：成吉思汗頗重長春，爵以宗師，使之掌管國內道教；及沒，其徒尹志平等奉璽書，襲掌其教。四傳至祈志誠，道譽甚著；志誠傳苗道一，全眞之緒，賴之以興。

（乙）正乙教　正乙教者，始自漢張道陵；其後四代曰盛，來居信州龍虎山；傳至三十六代宗演，世祖呼必賚召見之，命主領江南道教。宗演沒，弟與材嗣；與材沒，子嗣成嗣。時有張留孫者，信州貴溪人，少時入龍虎山爲道士，後從宗演入朝，爲呼必賚所信重，加號立教大宗師；及沒，其徒吳全節嗣，襲立教大宗師之稱如故。

全節沒，其徒夏文泳嗣。留孫者，宗演旁支，要其始源，皆出於正乙，後皆不衰。

(丙)眞大教　眞大教者，金季道士劉德仁所立也。其法以苦節危行爲要，不妄取於人，不苟侈於己。五傳至酈希誠，居燕京天寶宮，見知憲宗莽賚扣，始名其教曰眞大道，使希誠主教事。世祖呼必賚時，又命其徒孫德福統轄諸路眞大道，又三傳至張志淸，其教益盛。

(丁)太一教　始於金道士蕭抱珍，傳太乙三元法籙之術，因名其教曰太一；四傳至蕭輔道，請於世祖呼必賚，以弟子李居壽掌其教事。

以上爲元代道教流行之一班。明世待其教益重，尊張氏之裔曰正常者號爲眞人，授以正二品之秩；憲宗見深尤崇事之，凡羽流之加號眞人高士者，輒盈都下；至世宗厚熜時，道教之燄日張，邵元節陶仲文之徒，且以道流而儕於侫倖，仲文居然封伯爵，兼三孤！厚熜既沒，當國者裁之以法，始不敢肆，亦可以見明代道教之緐興矣。

(二)宗教之傳自外方者　宗教之自他方傳入者，不止一佛氏也，今綜次大概，而先以佛起其端：

佛教自宋以來，中國士夫多有從其說者；元興，崇事西僧，其人習喇嘛經咒，雖託旨於佛，而與中國舊時之佛說迴不相符；南山天台諸宗雖有傳者，其門徒不盛。又佛氏禪宗，自六祖以後，條分派別，厥有雲門法眼曹洞潙仰臨濟之五宗，而臨濟一宗，得海雲諸人而轉盛，武宗海山尊崇之，曾有建立臨濟正宗碑於臨濟院之勅：終元之世，佛氏之受朝廷優禮者，蓋莫過於臨濟。元亡明興，佛說沈滯，仍不見有鴻篇巨著之流行？其教則分教、講、禪爲三部，禪主不立文字，講主辨論經旨，教主播化人間，諸宗之中，尤以禪之臨濟一宗爲獨盛；天台華嚴各有傳人，不能望臨濟。二代佛教流行之概情，其可知者蓋如此。

佛教以外，異教頗多，吾今且繼之以述喇嘛。或曰，喇嘛教者，蓋佛教之一種。自唐太宗世民以文成公主下嫁吐蕃棄宗弄讚，好佛，立寺廟，西藏始通於中國，而其時印度佛教亦自此傳入於西藏：印度僧人之入西藏者，大抵齎陀羅尼之祕密修法；而此祕密修法，又卽爲喇嘛教之所自起。喇嘛者「無上」之意，「高僧」之謂也；自後西藏民人從其教者日多，喇嘛之勢力逐漸增加。元之興也，扮底達喇嘛之威力布於全藏；元兵入境，扮底達請和，此爲元交際喇嘛之始。喇嘛教僧帕克思巴者，西藏人，生七歲，能誦經典數十萬言；年十五，謁世祖呼必賚於藩邸；卽位後，尊爲國師，命製蒙古新字，字僅千餘，凡四十一母，頒行中國，而朝野之皈依其教者亦甚多。然僧徒坐是多跋扈，如元初之嘉木楊喇勒智發南宋諸帝陵寢，元末之結淋沁導順帝托歡特穆爾之荒淫，皆其濟也。明興，太祖元璋以西番地曠人悍，欲殺其勢而分其力，故凡元代法王國師後人來朝貢者，輒因其故俗，許以世襲；成祖棣則兼崇其教，迎其僧哈立麻至京師，優賜尊號，其徒來朝者亦各授名稱，死則自相承襲，歲一朝貢，略與土司等：故終明世，西番罕爲邊人患，然皆紅教，非黃教也。黃教宗祖槪於宗喀巴，未嘗受封於中國，中國亦無有知之者：宗喀巴初習紅教，既以紅教耑持密咒，流弊至以吞刀吐火炫俗，無異師巫，盡失本教初旨；乃改立新教，會衆自黃其衣冠，遺囑二大弟子世世以「呼必勒罕」轉生，演大乘教。呼畢勒罕者，華言化身也。二弟子：一曰達賴喇嘛，一曰班禪喇嘛。達賴二世曰根敦嘉穆錯者，始以活佛聞於中國；三世曰鎖南嘉穆錯，名益著，諳達親入藏迎之青海，建仰華寺奉之。鎖南嘉穆錯戒其好殺，勸令東還；而諳達亦勸其早通中國，乃自甘州遺閣臣張居正書，自稱釋迦牟尼比邱，是時紅教中諸大法王，亦皆俯首稱弟子，改從黃教，化行諸部，是又黃教代興之沿革矣。

喇嘛之外，又有回回，所謂摩哈麥教者是也。唐末，海隅多故，回回教徒大抵死亡；宋初，喀什噶爾部長曰布格拉者，崇信其教，漸流布於西域，然猶未至中國本部也；元初用兵中國，其部下兵士多有崇奉回教者，回教東漸之基，殆決於此？考元時有所謂答失蠻者，殆即回回教之別名？元典章有云：『答失蠻迭里威失戶，若在回回寺內住坐，並無寺產，合行開除外，據有營運寺產戶數，依回回戶體例收差。』是答失蠻有住戶、住寺兩者之別。答失蠻者一稱木速魯蠻，義謂「正教之人」，或又謂之爲天方教，要之皆回回也；又天方教之濫觴爲猶太教，猶太教者，元人謂之斡脫，自猶太失國，戶口四散，波斯布哈爾等地種族甚夥，西人謂今中國河南開封仍有猶太人，華人不知，但以回回統之；地有猶太碑，其人多業屠牛，本教理致茫昧若遺，惟鼻高而鉤，厥形未變云。

回回之外，又有基督教者，有新舊二宗：新曰耶穌，舊曰天主。天主教者，元人謂之也里可溫。方憲宗葬賚扣時，羅馬教主使人路卜洛克至和林，則已有聶斯托爾教人爲之譯語·世祖呼必賚時，維尼斯國人謨克波羅至中國，其書謂華地久有秉西教者。明季歐力東漸，天主教徒之入中國者，有利瑪竇龐迪我諸人，神宗翊鈞尤崇信之，朝臣如徐光啓李之藻等又均爲彼教徒，以是教會堂得設立於北京。是爲中國有西洋教堂之始。已而湯若望又次第來中國，天啓又推薦若望使正曆法，益得明廷之信賴，故當時教徒往往有當觀察天文之任者；熹宗由檢在位，光啓請多鑄西洋大礮供守禦之用，而嫻其製造者，則多爲教徒，是以布教益盛！逮夫明末，信徒之數，已達數千，其內宗室十四人，內官十四人，顯官十四人；北京陷落，司禮太監龐天壽且通書羅馬，乞其相救，則彼教強勢之由來，固非伊朝夕也。

(三)宗教與政治之關係　元人信奉宗教之力甚強，故其影響常波及於政治，觀喇嘛之恣橫可知矣；旣尊喇嘛僧爲帝師，每帝即位，又必專詣帝師受戒，后妃公主罔不膜拜！統至元（世祖呼必賚年號）三十年間，醮祠佛事之目，計百有二，可謂侈矣；而其後嗣又復增至五百餘目，綜核每歲內廷供奉佛事，甚至有用麵四十三萬九千五百斤，油七萬九千斤，酥二萬一千一百七十斤，蜜二萬七千三百斤者，其濫費之患及於政治可斷言也。明世如憲宗見深、世宗厚熜亦皆偏信二氏之教，而厚熜尤甚！方士之以僞術得官者，難更僕數；臣下之有諫者，必坐以罪；後遂從風而靡，獻瑞應以附和方士之所行者，爲數尤衆，馴至政事宂漫，患中於人心，而靡所屆。統明一代之主，嗜其說者雖不過一二人，然已足以貽憂於政治矣！

(四)宗教與民習之關係　宗教之勢力，常能約束夫人心。元之外教，以喇嘛爲盛行；喇嘛之勢力日張，人民之迷信其教者亦愈盛：故元人十等之別，官吏之外，僧居其三，而元人論釋，又擬之如黃金社會，一般之觀念，從可知矣。明興，以二氏之徒之因緣日衆也，於是京師則置僧錄司，道錄司；各州則置僧綱司，道紀司；各縣則置僧會司，道會司；統全國之大而設官立職如是其衆，又可知人民之對於二氏皈依而附託者更比比也。自國民生計之途隘，其遁入於二氏者，初亦不明其教旨之若何，但使衣食之道得賴以存，則亦以爲人間之一業而相率歸之，故自宋以來，二氏之徒，代有增加，而當國者卒亦無由以遏其趨勢也。

本時代文化之四（風俗）

本時代之風俗，亦得析爲四事言之，其目如下：

(一)風俗之成因基本於禮制者　元明二代，具有禮書之創定：元曰太常集禮，明曰大明集禮，朝野禮制，胥規定於其中，要其大端，則仍得以左之三事括之，今分述於下：

(甲)婚姻　元之婚禮，多詳於帝室；至於明世，對於人民之規定，始漸有可徵。太祖元璋在位，令凡民間嫁娶，並依朱子家禮而行；又令男女婚姻，各有其時，或有指腹割衫襟爲親者，並行禁止。其後關於人民之婚禮，又續續有所頒定，而其最關重要者：一爲禁財婚。洪武（太祖元璋年號）五年，詔曰：『古之婚禮，結兩姓之好，以重人倫；近代以來，專論聘財，習染奢侈，宜令中書省集議定制，頒行遵守，務在崇尚節儉，以厚風俗，違者論罪如律』！此一事也。一爲限喪昏。宏治（孝宗祐樘年號）二年，令曰：『有訐告服內成婚者，如親病已危，從尊長主婚，招壻納婦，罪止坐主婚，免離異；若親死，雖未成服，輒婚配，仍依律斷離異』。此又一事也。一爲訂婚制。嘉靖（世宗厚熜年號）八年，題准士庶婚禮，如「問名納吉」，不行已久；止仿家禮「納采納幣親迎」等禮行之（自朱子訂家禮去「問名納吉」，於是六禮之制遂不全，後世沿用不改）：所有儀物，二家俱無過求。又一事也。又王士晉之著宗規，有曰：『婚則禁同姓，禁服婦改嫁，恐犯離異之律。女未及笄，無過門。夫亡無招贅，無招夫養夫。受聘擇門第，辨良賤，無貪下戶貨財，將女許配』。是又足見彼時風俗之一班者：凡此皆本時代婚姻之制之可連類而知者也。

（乙）死喪　人子三年之喪，爲古今之定義：元興，其制不廢；然亦惟施諸漢人然耳。覩托歡特穆爾朝，儒學教授鄭咺建言：『蒙古乃國家本族，宜教之以禮；而猶循本俗，不行三年之喪：恐貽笑後世，必宜改革』。不報。是蒙古民族中無所謂「三年之喪」，可知也。明當憲宗見深時，閣臣李賢丁父憂，詔奪情「起復」，修撰羅倫疏諫，不聽；繇自羅倫疏傳誦通國而朝臣不敢以「起復」爲故事。明世士大夫對於「起復」亦恆能力持淸議，觀吳中行之於張居正，侃然爭論，罹杖而不恤，爲足稱也。喪中佛事，宋以來盛行；明世定律，凡居喪之家，修齋設醮，若男女混雜，飮酒食肉者，家長杖八十，僧道同罪還俗。而方孝孺則謂：『喪而用浮屠之術，親沒於床，不於禮而於浮屠，不哭泣擗踊而於鐘磬鐃鈸，非是之務，則人交笑以爲簡』。流弊之積重難返，一至於是數百年之風，尙終無由破，亦歷史上事之可異者也。火葬、宋世盛行，明仍不改；又有所謂水葬者，明世亦間聞之，覲王士晉宗規言「葬必擇地，不得泥風水邀福，至有終身不葬，累世不葬。不得盜葬，不得侵祖葬，不得水葬，尤不得火化，犯律重罪」。然則水葬亦當時一種之惡風也。

(丙)祭祀　自宋以來，關於天地鬼神之祭，辨論恆多，而其禮終不免失於繁瀆；元初儀制較簡，至文宗圖卜特穆爾之世，祈祀天地之禮始隆，然仍爲合祭而非分祭；明自元璋開國，卽分祭天地，惜十二年後，仍循合祀之舊；至於世宗厚熜，釐定祀典，郊丘復爲分祭，始足正歷來沿襲之訛。宗廟時享，元亦有之，惟命國師僧於太廟薦佛事，則其制頗異；明自世宗厚熜建立九廟，特立祫享之禮，此其規制可謂近古，或謂有明一代之禮，較宋爲周，非過論也。封禪之事，明之周訥、呂震雖請成祖棣行之；棣謂聖經不言封禪，唐太宗亦不爲封禪；自是以後，遂無有議其事者。至於民間祭祀，非同帝室之繁，家禮之外，各地淫祀雖復不少，輒爲執政者之所禁；例如山西之忻州，河南之磁州，湖南之衡州，俱有其事；其於一局部之人心風俗，或未必無利害之關係；要其趨而信之者，大率不外愚夫愚婦，則可斷言也。祀孔之禮，元世不廢，武宗海山下詔有曰「先孔子而聖者，非孔子無以明；後孔子而聖者，非孔子無以法。所謂祖述堯舜，憲章文武，儀範百王，師表萬世者也」。其加號大成至聖文宣王」。遣使闕里，祀以太牢，孔子之膺「大成」之封自此始。明興，復頒大成樂於國內郡縣之學，祀禮從而加備；後世歷有論議，尊聖之典益以隆盛；至世宗厚熜時又詔分兩京國子監，及國內學校，於孔子神位題稱至聖先師，而倡其議者則爲當時禮部諸臣云。

(二)風俗之成因基本於自然者　本時代之風俗，亦有基於自然之趨勢而成者。其概別如左：

(甲)語言　蒙古入中國，語言不變，而又聽漢人學之，故元世漢人且多有爲蒙古之名者；元廷以漢人多習其語言，故詔敕亦以蒙古文行之。趙璧者，元之儒臣，世祖呼必賚曾命蒙古生十人從璧受儒書；又敕璧習國語譯大學衍義，時從馬上奏之，此尤足爲漢人嫺習元語之一證。明祖統一中國，蒙古之語漸以不行；中葉以後，沿海患倭，警士人亦有通其語言者；東南濱海之區，外番借地以求互市，於是西方言語亦多傳入於中國；而言語界之變遷，不僅國內區區方言土語之糾龐矣！凡此俱本時代言語之可知者也。

(乙)好尚　元入中國，民風剛毅，當國者不能節之以禮教，故其失在貪橫；但其嗜尚亦不全依據夫習慣：觀其既有中夏，而仍使中夏人民安於故俗，初無有薙髮易服之事，其徵證也。明興，一切好尚，大抵如宋，虛文之鋪飾，僞節之推崇，誠所不免；且其好爲論議，多與宋同，文社之爭衡，書院之叢議，跡其習尚，又與宋之太學無殊。近人或謂我國今日所行者，皆宋人之道；與宋人之果；然則明世之所傳習者，亦豈能凌越夫宋人也？宋人之不競也由尚文，而明亦終以尚文之過，至衰弱不能自振；其尤甚者，末世士夫相與習詞訟，嬉賭博，風尚之弊，幷宋亦不如，豈不痛歟！

(丙)階級　階級之弊風，自古有之；元入中國，又有南人十等之別：一官，二吏，三僧，四道，先之者，貴之也；五醫，六工七匠，八娼，九儒，十丐，後之者賤之也。明興，階級之習更重，官吏以下，雖祇士、農、工、商四等之殊；而平民於此四者之外，仍有特殊之階級：如廣東之蜑戶，山西之樂戶，浙江紹興之惰民，江南寧國之世僕，徽州之伴當，江蘇常熟昭文之丐籍，跡其卑賤，不齒於平民；而諸種之人，亦不敢自儕於平民之列！習俗之所趨，誠有莫之爲而爲，莫之致而致者。又明祖定制，舉凡衣冠宮室器用，皆區別階級以別尊卑：如庶民廬舍不得過三間五架，酒注止能用錫而不能用銀，酒盞祇能用銀而不能金；又衣不許用黃，禁穿韡，所冠祇四方平定巾，雜色盤領，當時階級之見於制度者如此，宜乎風俗之所趨，寖久寖盛，而不能已也！

(三)風俗與國勢之關係　元人風俗，好淫恣而不守禮教，明葉伯巨因謂：『元之有國，其本不立，犯禮義之分，壞廉恥之防，不數十年，棄城降敵者，不可勝數；雖老儒碩臣，甘心屈辱：此禮義廉恥不振之弊，遺風流俗，至今未革，深可怪也』！伯巨所言，絕中時弊，而卒以得罪死；其後文字之獄，又甚之數起。明之民俗，轉失於優柔，無他，重法之下，小民罹罪之防切，俗尙因以日柔，而漸忘所以禦外；馴至國民奄息，無復有朝氣，而朝社致不能以一日存！然則明室之亡，乃開基者宅謀之未善，有以成之，患中於風俗，而國勢遂末由再振，可不鑒哉？

(四)風俗與人心之關係　元以異族入主中國，風尙未改，而民心罔附，故不久卽亡。明以人民慴於專制之威，無敢覦越，夫法制久則法制窳敗，而人心亦漸卽於無良，上貪而下惰，風俗日敝，而時事殆無由措手矣。劉瑾以後，握大權者一旦身敗，黃金以數千斤計，白金則以數十萬斤計，不獨嚴嵩也，墨吏之多，賄風之熾，卽由斯伏，此其患在貪；又其士夫圖一時之利，忘異世之害，或徒圖小廉小信，而自謂無怍於古賢，或僅憑一藝一能，而自命無儕於當世，虛憍之弊，保守之惑，又於此乘，此其患在惰；其他如事佛過甚，營喪破家，服食靡麗，優倡爲蠹，博塞成風，皆於人心有直接之弊害，其俗亦不獨京師爲然。當元璋在位時，雖諭諸臣以爲『世之治亂，本乎風俗；京師，天下之根本，四方所取則；而積習之弊，以奢侈相高，浮藻相誘，宜先之以教化』。又曰：『天下大定，禮儀風俗不可不正』。又謂劉三吾曰：『汝謂南方風氣柔弱可以德化；北方風氣剛勁，可以威制：然君子小人何地無之？君子懷德，小人畏威，施之各當，烏可拘以成見』！然則元璋固亦知厪懷風俗者；乃其末世，人心婾而風俗因以愈下，求有當於當日君臣之籌議者，其幾何也？

中華通史

第五册

丁編　近世史

中華通史第五册目次

丁編（近世史）

第一篇　滿洲入主民國胚胎時代（清）

第一章　清上（民國紀元前二百六十八年至一百十七年）……一三一五

清興百五十年間盛勢之一（順治之統一及康熙之武威）（民國紀元前二百六十八年至一百九十年）……一三一五

清興百五十年間盛勢之二（雍正之法治及乾隆之昇平）（民國紀元前一百八十九年至一百十七年）……一三五〇

第二章　清中（民國紀元前一百十六年至三十八年）……一三八九

清中世八十年間由盛而衰之一（嘉道間之亂事及鴉片之戰爭）（民國紀元前一百十六

年至六十二年）……一三九〇
清中世八十年間由盛而衰之二（英法之交侵及太平天國之大難）（民國紀元前六十二年至三十八年）……一四一〇
第三章　清下（民國紀元前三十七年至一年）……一四四〇
清末三十七年間由衰而亡之一（外患之迭乘及朝臣之失策）（民國紀元前三十七年至四年）……一四四〇
清末三十七年間由衰而亡之二（內憂之繼起及民國之勃興）（民國紀元前十四年至一年）……一四六八
第四章　本時代之法制……一四八六
本時代法制之一（建官及理財）……一四八六
（附）人才之任用及培養……一四八七
（附）農工商之待遇……一四八九
本時代法制之二（制兵及用法）……一四九〇
（附）兵士之徵調……一四九一

（附）法典之編纂……………………………………一四九二
第五章　本時代之文化上……………………………一四九三
本時代文化之一（學藝）……………………………一四九三
本時代文化之二（美術）……………………………一四九七
（附）音樂………………………………………………一四九八
第六章　本時代之文化下……………………………一四九九
本時代文化之三（宗教）……………………………一四九九
本時代文化之四（風俗）……………………………一五〇一
校讀後記
附錄　國史之研究

丁編（近世史）

第一篇　滿洲入主民國胚胎時代（清）

第一章　淸上（民國紀元前二百六十八年至一百十七年）

淸與百五十年間盛勢之一（順治之統一及康熙之武威）（民國紀元前二百六十八年至一百九十年）

滿洲先世大略，具見明季史中及順治初立其叔父多爾袞攝政，是時，朝鮮與內蒙古之地，咸服於淸。適明廷遘流寇之禍，京師爲李自成所據，總兵吳三桂乞師討難，多爾袞許之；遂與三桂破自成之兵，先後入山海關，自成棄明京師西走。京師人士，初聞崇禎太子慈烺在吳軍，原任御史曹溶率衆城守，搜餘寇，錦衣衞都指揮使駱養性與侍郎沈惟炳等立崇禎帝位哭臨，備法駕迎太子於朝陽門，望塵俯伏，及登輿，非太子也；衆駭愕間，前驅者麾都人悉去白冠，則淸多爾袞已率滿洲兵入城矣。城上白標驟遍，紫禁佈氈廬，諸臣有具勸進表者，淸大學士范文程對衆曰：『我國皇帝，去歲已登極矣，何勸進之有？』始傳令為崇禎帝設位帝王廟，哭臨三日，諡為懷宗端皇帝，皇后周氏為烈皇后。時都民搜捕餘寇不已，清廷因下令薙髮者卽非賊！於是京中官民皆薙髮留辮；而北方人士，究以習便明俗之故，京外諸州縣士民亦頗抵抗。時福王由崧又方卽位於南京，於是多爾袞復諭兵部略曰：『予前因歸順之民，無所分別，故欲其剃頭以示標異，今聞甚拂民願，反非予以文教定民之本心矣。自茲以後，天下臣民照舊束髮。』時世祖福臨卽位之元年（卽順治元年，民國紀元前二百六十八年）五月也。明年五月，南京下，清廷亟以書往諭豫親王多鐸，略謂：『各處文武軍民，盡令薙髮，倘有不從，以軍法從事！』同年，又諭禮部：『向來剃頭之制，不急畫一，姑聽自便者，欲俟天下大定，始行此事；朕已籌之熟矣：君猶父也，民猶子也，父子一體，豈可違異？若不歸一，終屬二心，不幾為異國之人乎？此事無俟朕言，想臣民亦明之也。自今布告以後，京城內外，限旬日；直隸各省地方，自部文到日，亦限旬日，盡行剃完！遵依者為我國之民，遲疑者卽同逆命之寇，必置重罪；若規避惜髮，巧辭爭辨，決不輕貸！（中略）其衣帽裝束，許從容更易，悉隨滿洲，無異。該部卽行傳諭京城內外，並直隸各省府州縣，文武衙門官吏師生，一應軍民人等遵行！』至同年七月，復諭禮部，謂：『官民既已剃髮，衣冠皆宜遵本朝之制。近見京城內外軍民仍著舊時巾帽者甚多，甚非一世同風之意！爾部卽行文順天府五城御史，曉示禁止！』於是衣冠辮髮，相率遵清制；而是時江南一帶之民，雖有抗者，卒以兵力單弱之故，先後為所下。魯藩之臣錢肅樂所謂：『合藩鎮之兵，不能衞小民之一髮』者是也。

清廷知漢民之難治，至不惜以曲術牢籠其羣下；翻譯三國演義諸小說，編為滿文，頒賜諸王以下，使共研究，亦可以

見滿洲人擇術之一斑矣

江南之立君，及閩粵之失勢，大略亦見明季史中。魯藩始起，附從者雖多；而其究也，亦終顛連海上，悲困以死！其時明室遺民所跂望者，惟有海外之鄭氏而已。鄭成功者，芝龍之子。初江南不守，明臣奉唐王聿鍵立國於福州，實以芝龍之力爲多；芝龍子成功，以年少材武，得幸，賜國姓，世人所謂「國姓爺」者也。芝龍初以其衆橫行閩海間，商船出外諸國者，得芝龍符令乃行，八閩羣不逞歸之，勢頗強；及立聿鍵，廣引私人爲羽翼；又故與洪承疇有鄉誼，承疇既事清，握兵柄，屯師江南，私以書招芝龍，芝龍遂決計降清。始猶招成功計事，謀與俱；成功曰：『清兵不足患也，閩粵吾所自有，父欲得之，則乘時練兵集餉，號令天下，豈無應者？』又曰：『父教子忠，不聞以貳。且北朝何信之有？倘有不測，兒只惟縞素復仇而已！』芝龍卒不聽，旋爲清將博洛所紿，挾與俱北；猶強之作書招成功，成功復書堅拒，終不至。鄭氏宗故大，弟昆多，諸鄭集廈門，未有主；成功乃走海上，募師以抗清。顧海上勢闊，順治入關，雖銳意定東南，而終不能靖海上兵；今請繼此述海上之事，補明季兵事史之缺焉。

方福臨在位之三年（卽順治三年，民國紀元前二百六十六年），清將博洛引軍定浙東，明監國魯王以海航海，其石浦守將張名振以舟師從；是秋，清軍定福建，滅唐王聿鍵，降鄭芝龍，博洛引師還，留兵分守要害，然成功時方擁衆海上，於是浙與閩沿海一帶，清俱不能無防禦。而以海浮浪浙海，苦無屬，適成功從兄弟鄭彩鄭聯以舟師來會，奉之入廈門；廈門方爲成功有，成功故唐藩遺臣，唐與魯素不睦，故成功不願奉之；以海改次長垣，浙中遺臣錢肅樂等皆奔附。其明年，出師掠福建，連下諸城，然不能久守；又明年，各郡邑俱復爲清有。適松江提督吳兆勝謀變，爲明潛招浙東海師，使急入名振等赴之不利，乃退歸，由南田陷健跳所，迎以海，復入浙。時鄭彩已棄以海走，以海於是復入浙，居舟山，舟山在浙海中，形勢優異，浙海兵又多幷集於名振，海事非無望；而鄭彩軍金門，鄭聯軍廈門，亦於福臨在位之七年（卽順治七年，民國紀元前二百六十一年），盡爲成功所奪，閩海兵又多幷集於成功，於是海上之勢力益張，成功威令尤出名振上。同時又有所謂浙東山寨者，其人皆明室故民，聚衆數百，爲自守計，不願列清籍。當時浙閩總督陳錦奏中所謂『浙東舟山海寇，及各山寨之寇，皆以故國爲名，狼狽相倚。海寇登岸，則山寇爲之接應；山寇被剿，則入海以避兵鋒：交通閩粵，窺伺蘇松，久爲東南之患』者也。明年，錦率兵先攻山寨，用鄉兵爲嚮導，分路進擣四明諸山，盡破巢穴；遂乘大霧渡海取舟山。名振初恃海島之險，謂清兵必不能渡，先期奉以海擣吳淞；及聞警回救，則城已破，乃奉以海赴廈門，去「監國」號，爲寓公。成功居以海金門，名振別屯品頭。初，鄭芝龍之北也，遺書戒成功曰：『衆不可散，城不可攻。南有許龍（亦當時健者），北有名振，汝必圖之。』及名振至，成功不爲禮；袒背見「赤心報國」四字，深入膚寸，乃呼「老將軍」，下拜，與兵二萬，承制諸軍，期以收復南京。先是魯藩之立，同倡有張煌言，與清戰頗力；以海既居金門，閩政自鄭氏出，煌言和謹調護，以海爲之安。已而成功復使監名振軍入長江，江淮之間亦有嚮應者；顧以清勢之盛，終不能撼南京。時成功始終爲唐，二張始終爲魯，所奉不同，而其交甚睦；於時明之遺臣義旅，亡滅殆盡，獨兩軍犄角海上，清終不能立靖其兵氛焉。

成功之兵勢，較二張爲更雄。方福臨在位之九年（即順治九年，民國紀元前二百七十九年），淸兵方有事舟山，成功乘之出攻，福建總督陳錦回救，爲其下所殺。其明年，淸廷以成功不降，東南終不靖！乃下令招撫，使芝龍少子世忠持芝龍書往招，諸鄭皆降，獨成功不受患福建如故。又明年，舟山復爲成功有，於是浙閩二海聲勢相聯絡，而成功益强。舟山之下，張名振死於軍，或曰，成功實酖之，軍中疑莫能明也。是時閩浙海事既一氣，而浙中起義者亦俱亡盡，惟煌言以文士獨存。

浙海之事，以舟山爲終始，故淸廷亦數遣兵爭之，卒復爲淸軍據；然成功之侵軼閩浙沿海一帶之地如故也。方福臨在位之十四年（即順治十四年，民國紀元前二百五十五年），明桂王由榔遣使自雲南航海，進封成功延平郡王、招討大將軍。成功分所部爲七十二鎭，設六官理事，假永曆號便宜封拜。遂議大擧攻淸，戈船之士十七萬：以五萬習水戰，五萬習騎射，五萬習步騎，以萬人來往策應；又有鐵人萬，披鐵甲，繪朱碧彪文，時陳前專斫馬足，矢銃不能入。時名振之師盡幷領於張煌言，乃使煌言領軍爲嚮導，抵浙，陷溫、台；師次平山，颶風發，碎巨艦數十，漂沒士卒數千，成功不得已班師。翌二年，乃有大擧入江之事：

時桂王由榔猶未平雲貴之地，猶不爲淸有；淸廷乃分三路出師攻入雲貴，語在前篇。成功開警，遂於福臨在位之十六年（即順治十六年，民國紀元前二百五十三年）六月，由崇明入江，下鎭江。部將甘輝請取揚州，斷山東之師；據京口，斷兩浙之漕；嚴扼咽喉，號召各郡，南畿可不戰自困。成功不聽！七月，直薄金陵，謁孝陵；而煌言則以前部由蕪湖進取徽寧諸路。松江提督馬進寶復通於成功。成功移檄遠近，太平、寧國、池州、徽州、廣德、無爲、和州等四府三州二十四縣望風納款，維、揚、蘇、常旦夕待變，東南大震！福臨幸南苑集六師議親南征。兩江總督郎廷佐佯使人通款，以緩其攻，成功信之，按兵儀鳳門外不爲備；崇明總兵梁化鳳先已降，又不時調化鳳偵丹陽無備，遂引兵突入南京，登高望成功諸營，知其可襲，乃乘勢出擊，成功兵大潰，甘輝被殺！成功收餘衆，猶數萬人，揚帆出海，並棄瓜、鎮。鎮江書生羅綸（即子木）抱成功足涕泣請留，成功不聽；退攻崇明，不克，遂還；而煌言師亦戰敗，走徽、寧山中，出錢塘入海。成功崎嶇海上十餘載，進取無成，乃謀奪臺灣爲窟穴；煌言自浙海之南田貽書爭之，不顧也。越年，成功以疾沒於臺灣，魯王以海亦死，煌言被執，不屈，受戮於杭州；羅綸者，既說成功，觸衆人之目，後走依煌言，與煌言同死難，浙人唶焉！

福臨在位之十八年（即順治十八年，民國紀元前二百五十一年）疾殁，其三子玄燁即位，是爲聖祖。時中國雖定，藩鎭方強，明之遺民雖有不屈於清廷者，其人大抵屏跡山林，不復問世故，無絲毫之力足以抗清；其力足抗清者，厥惟當時藩鎭。茲爲述其要況如下：

清兵事之大者，曰「前三藩」，「後三藩」。「前三藩」，明福王、唐王、桂王也；「後三藩」，平西王吳三桂、平南王尚之信、靖南王耿精忠也。初，福臨定鼎，以東南未靖，故命大學士洪承疇經略五省，定南王孔有德徇廣西，尚可喜、耿仲明徇廣東，吳三桂徇四川、雲南。福臨在位之六年（即順治六年，民國紀元前二百六十三年），仲明同有德、可喜率兵南下，行至吉安，仲明殁於軍，子繼茂襲封王爵；繼茂與可喜入廣東，而有德入廣西，兩粵漸平。翌三年，有德守桂林，與明兵戰敗自焚死，粵中震動！朝命平靖二王同鎮廣州，一府兩藩，供應浩繁，藩府使命絡繹旁午，役縣令如奴隸；後科臣上言兩藩並建，諸所未便狀：會鄭成功自臺灣進掠泉漳諸郡，遂移繼茂鎮守八閩，開府福州。此爲耿尚二藩建立之始。吳三桂初奉朝命，自四川入雲南，逐桂王由榔入緬甸；經略洪承疇以巖疆難靖，援明黔國公沐英世鎮例，請移藩久鎮；於是三桂遂奉詔鎮雲南，其後由榔李定國白文選等俱爲所滅，語在前篇。此爲吳藩建立之始。三藩之中，三桂勢最強，其將馬寶等俱甚驍勇，凡文武職官並擅除擢，號曰「西選」；「西選」官徧東南，復請勅雲南督撫受節制；以由榔所居五華山故宮爲藩府，藉沐氏子孫莊田爲藩莊；以濬渠築城爲名，廣徵關市，榷稅鹽井金鑛銅山之利，頗自封殖；又通使達賴喇嘛，市及蒙古西番名馬。御史楊素蘊嘗劾其專擅，三桂摘疏中「杜漸防微」語，請旨詰問，素蘊以杜漸防微古今通義，復奏，事始寢；子應熊尚公主，居京師，以少傅兼太子太傅，亦頗攬朝權。其始總督卞三元極附三桂，三桂歸養，甘文焜爲總督，三桂惡其不附己，稱邊寇至，檄赴剿，比至，復曰寇遁，文焜不敢校。近省輓輸不給，徵諸江南，歲二千餘萬，偶絀，則連章入告，旣盈，不復請稽核。當是時，三桂所部孫可望張獻忠李定國之餘旅，猶有存者，其幕客且多熟習兵書，滇中形勢又優，耿尚二鎮亦俱與聯絡；三桂馭下以誠，兵民咸附，歷時稍久，於是遂有「癸丑之役」。

削藩之原因不一，而其事實起於尚藩。初，尚可喜開府廣州，有子女百三十餘人，長爲之信，次爲之孝；可喜自以馬上得功名，始終不延師教其子，故之信等多驕恣不法。之信初留京師，未幾歸藩，酗酒嗜殺，所爲多不道；尚藩屬下兵丁又多擾害地方，廣東人民幾失其生理。聖祖玄燁在位之十年（卽康熙十年，民國紀元前二百四十一年）可喜疏陳有疾，請令長子之信代理軍事，詔如所請；可喜故遼東籍，翌二年又請歸老遼東海城，疏下戶兵二部議，令率諸子藩屬及其子所部佐領悉移歸。三桂精忠聞之，均不自安，亦於是年疏請撤兵以探朝旨，詔下羣臣議，惟戶部尙書米思翰、兵部尙書明珠、刑部尙書莫洛等，力請徙藩；於是特允三桂精忠之請，徙藩山海關外。詔至雲南，三桂震恐！陽以十二月二十四日起行，陰與左都統吳應麟、右都統吳國貴、副都統高得捷、壻夏國相、胡國柱謀變，部署腹心，扼關隘，入者聽，出者有禁。而撫臣朱國治懼三桂行多逗留，驅之甚急；三桂弗能堪，遽於十一月二十一日殺朱國治，執按察使以下之不屈者；移檄遠近，自稱天下都招討兵馬大元帥，以明年爲周元年，蓄髮易衣冠，旗幟皆白，步騎俱以白氈爲帽；又遺書於平南靖南二藩及黔蜀楚秦官吏舊相識者。馬寶先驅至貴陽，提督李本深應之。總督甘文焜聞變，馳書荊州告川湖總督蔡毓榮，復趣經理移藩之郎中党務禮等詣闕告變；自趣鎭遠，爲副將江義所偪，自殺。貴州巡撫曹申吉等俱降三桂，三桂兵遂進至湖南之沅州辰州，明年正月，湖南巡撫盧震棄長沙奔竄，於是長沙、常德、岳澧、衡諸州盡陷。襄陽總兵楊來嘉以襄陽應；四川巡撫羅森以四川應；廣西將軍孫延齡者，孔有德之壻也，與提督馬雄以廣西應；福建耿精忠聞之，亦同時起事：不數月，而六省俱陷。雲南貴州湖南三省則聲勢聯合，惟三桂所呼應；僅尙可喜則猶爲淸守。三桂稱周王後，親赴常德一帶相度軍務，通番市以茶易馬，伐山木造層樓巨艦，散滇鑄錢，文曰「利用，」聲勢日盛。淸廷對之，不能無所怯，吾今請繼此以述淸廷對付三桂之事：

初，党務禮等至京，奏聞吳三桂已反。清廷以荊州乃咽喉要地，關係最重，命前鋒統領碩岱率師先赴荊州守禦；都督尼雅翰、赫業等分馳西安、漢中、安慶、兗州、鄖陽、汝寧、南昌諸要地聽調遣；續遣大軍繼其後，而以順承郡王勒爾錦統之，向荊州進發。削三桂官爵，宣示中外，其子應熊及應熊子世霖均處死。詔責三桂，字之曰「逆賊」。又曰：『其有能擒斬吳三桂投獻軍前者，即以爵之；有能誅縛賊渠及以兵馬城池歸命自效者，論功從優敍錄之。朕不食言！』而是時三桂勢強，清兵雲集荊襄、武昌、宜昌諸郡，無敢渡江攖其鋒者。三桂既定湖南，使其將吳應麟守岳州，扼洞庭峽口以當江北；又以清軍之盛，不敢遽議渡江，方別有所圖，遣人與達賴喇嘛通好。達賴爲上書乞赦罪，清廷勿許，命貝勒尚善出助勒爾錦進師岳州。三桂既調兵力守岳州，又分道窺江西：一由大江達南康境，陷都昌；一由長沙入袁州境，陷萍鄉、安福，上通新昌。清廷乃又命安親王岳樂統師之江西，復以簡親王喇布統師鎮江南。時清軍方圖以荊州等路之兵牽制其岳州之守，而一方即由江西以進取長沙，湖南指日可以敉定；湖南定而大軍合偪，三桂退竄雲貴，勢必無以自存；不謂是冬有陝西王輔臣之師，於是湖南一隅之計畫既不能奏效，而西北又有糜爛之憂矣。

方四川巡撫羅森之以守土應三桂也，朝命西安將軍瓦爾喀進屯四川，以絕自滇入蜀之通路；而使大學士莫洛至陝西經略軍事；貝子董額又率滿洲騎兵繼進。王屏藩者，三桂部將，甚驍勇，及是出川北，劫瓦爾喀糧道；清師自保寧退至廣元，而瓦爾喀旋以疾歿，川北事頗棘。時陝西提督王輔臣駐平涼，勢甚強，莫洛調之使從征川北；輔臣懷叛志，以乏馬爲詞；莫洛給馬二千。輔臣欲搖衆心，謂『經略盡調我良馬他往，以瘦瘠者與我，欲置我死地！』是年十二月，行次寧羌，與莫洛營相距近，乃唆衆以馬羸糧絀，譟莫洛而戕之，通款三桂。董額本奉詔統師，繼莫洛後；中途聞變，急退保漢中入秦。其明年，爲聖祖玄燁在位之十四年（卽康熙十四年，民國紀元前二百二十七年），輔臣還據平涼，甘肅全陷；屏藩等復出四川應之，輔臣勢益強，與董額相持一年不下。董額雖出兵略取甘肅一部分之地，而輔臣負隅自得。至十五年（卽康熙十五年，民國紀元前二百三十六年），朝命大學士圖海爲撫遠大將軍討輔臣；是年五月，圖海大破輔臣兵於平涼城北之虎山墩，輔臣窮蹙乞降，詔赦其罪，隨圖海駐漢中，於是陝西甘肅之局遂定。初，王輔臣變作，三桂欲由秦蜀入犯京師，親至松滋，布船於虎渡口上游，截荊岳兵上游；又分兵掠穀城鄖陽均州南漳，欲以通與安漢中之路；適王輔臣降清，屏藩等引師還川北，三桂取道秦蜀之計遂以無成。其赴松滋也，雖分留大兵當荊州江西之師；而岳樂方謀急取湖南，乘三桂西上，遂由袁州出師，連復江西諸地，進攻長沙；三桂聞長沙急，急自松滋回軍，調諸將嚴守長沙。清軍以三桂既重長沙，其湖口諸路，守備必虛，荊岳兵乃稍稍進；而其大軍未嘗扼虎渡口而守，致松滋上游舟師救至長沙，既不能克，而勒爾錦等又不能力爭江湖之險，卒引師還荊州；吉安一府，爲岳樂之後路，是時又爲三桂將高大節所陷，岳樂急回顧，於是時長沙之危復得少紓。而是時清師與三桂相持，三桂雖善調度，終不能卻清師而使之毋偪；加之西北之地不復爲三桂有，而東南形勢又有幾多之變遷，三桂軍事漸至於末路，其敗狀乃豁然無可掩！然則三桂之敗，乃王輔臣自西北敗之，耿尙自東南敗之，故終以不免也。吾今請繼此以述東南方面之事：

方吳三桂之踞湖南也，同時耿精忠亦變於福建。精忠者，繼茂之子，繼位後，日與宵小伍，而羣不逞之徒，方煽以起事之謀，因讖緯所載有『天子分身火耳』之謠，謂「火耳」者，耿也，天下有故，據八閩以圖進取，可以得志！勸分部署將士，以待時變。及三桂變起，以書招精忠，精忠遂舉福建以應，稱兵變，幽囚總督范承謨；以藩屬都統馬九玉、總兵曾養性、白顯忠三人為爪牙，分三路出師：養性出攻浙之溫台處，顯忠出攻江西之廣信、建昌、饒州，九玉出攻浙江之金衢。朝命康親王傑書、貝子傅勒塔赴浙進討，時聖祖玄燁在位之十三年也（民國紀元見上）。耿藩之師，雖分三路，實集於浙東，故浙江之患為特甚。清軍與之相持於浙東，互有勝負；至玄燁在位之十五年（民國紀元見上），閩中有臺灣之寇，不復能對外，而浙東之師全敗，江西之師亦挫，精忠勢始岌。先是臺灣之鄭成功歿，子經嗣，精忠與之約，遙應潮州總兵劉進忠，內外夾擊廣東；其後經借泉漳二州，精忠不允，經遂與精忠相隙，奪其漳泉汀邵諸府，精忠始不得不急謀內救。但其所恃，惟馬九玉、白顯忠、曾養性三人；及是九玉已為浙江之清軍所挫，顯忠復降於江西之清軍，養性所破郡縣亦多不守；而臺灣日偪，閩地多入鄭氏。清別軍圍潮州，精忠不能救，劉進忠亦以州降；康親王傑書又率大軍直偪其境，精忠知勢已去，先殺范承謨以滅口，然後出降；曾養性聞之，亦以溫州降。翌年，鄭經棄泉漳諸府，退守廈門，於是福建之局又定。

吳三桂之變，由削藩；削藩之故，則由於尚可喜之陳請，故可喜在廣東始終無二心。劉進忠變作，可喜使次子之孝往討。未幾，高州總兵祖澤清亦附三桂，據城起事，引故廣西提督馬雄及三桂所遺將軍董重民等進陷廣東城邑；

臺灣鄭經又從耿氏之請，遣兵萬餘助進忠入寇，之孝戰失利，退駐惠州：可喜東西兼困，力不能支，乃自陳衰病不起，乞江西大軍往援，詔以將軍覺羅舒恕及副都統莽依圖赴粵。之信乃乘可喜病，降三桂，密遣腹心環守可喜藩府，戒毋得聞白諸事，殺金光以徇；金光者，浙江義烏人，隨可喜幕下，贊畫謀最久，嘗以之信凌虐藩屬，不可襲封告可喜者：而之信遂受三桂招討大將軍號，改幟易服，與鄭經議和，奪之孝兵柄，使閒居廣州。三桂屢脅之信出庾嶺，抗清軍；賂以銀十萬兩，乃已。可喜憂憤死！之信益橫，顧陰頗懼清軍強，及福建定，之信亦通款於江西之清軍；時清軍在江西已下吉安，大部指日定，於是詔以莽依圖爲鎮南將軍，自贛州入廣東，受之信降。其明年，爲玄燁在位之十六年（卽康熙十六年，民國紀元前二百三十五年），清軍至廣東，祖澤清等亦降，廣東之局又定。

初，孔有德死廣西，無子，惟一女名四貞，詔養之宮中，旣長，適孫延齡，聖祖玄燁在位之五年（卽康熙五年，民國紀元前二百四十六年），鎮守廣西，轄孔有德之舊部；及三桂變起，延齡以地應。當是時，精忠自福建攻浙江，江西，三桂據湖南，合衆出袁州吉安，清兵急顧此兩路，未暇往粵；延齡遂自稱安遠大將軍，移牒桂林梧州諸郡，馬雄等又從而助其勢，廣西一隅無復有與延齡敵者，遂自稱安遠王，調兵勑吏自若也。有傅宏烈者，舊爲慶陽知府，當三桂未變時，舉發三桂不軌事，坐誣，譎戍蒼梧；延齡旣變，宏烈欲假事權，集兵圖恢復，數以大義說延齡，延齡猶豫未決，妻四貞約宏烈往迎清兵，至卽反正：迨玄燁在位之十六年（民國紀元見上），宏烈遂通款於江西清軍，詔授宏烈廣西巡撫，合清軍進征。先是延齡謀降清，爲三桂偵知，使從孫世琮進軍桂林，殺延齡；比清軍至桂林，已爲世琮據，於是清軍又不能不專力於廣西。幸福建廣東時已俱定，三桂勢已蹙吾今請繼此復述三桂頓師湖南之事：

三桂頓師湖南日久，而江西福建廣東俱為清定，不獨失陝西之援已也其據地自湖南雲南貴州而外，僅有四川之大部，廣西之一部。世琮雖據桂林，苦為清偪，三桂之勢漸危！又其川湖賦稅，久供軍需，亦有所不足，乃思竊帝位以維繫人心，其下亦爭勸進；以衡州當兵衝，自長沙徙都之，遂於玄燁在位之十七年（康熙十七年，民國紀元前二百三十四年）三月朔即位，定朝號曰周，置百官，封諸將，造新曆，舉雲貴川湖鄉試，號召遠近。三桂時年六十有七，雖正大位，而兵勢推移，亦漸悟衡州之不能久居，於是使馬寶等以師爭永興；永興為衡州之門戶，相距僅百餘里，清軍死守不下，寶等力攻，簡親王喇布屯茶陵，不敢救。會三桂病噎，召其孫世璠於雲南，未至，三桂死，乃調諸將之圍永興者入城；是年十月，世璠自滇至衡，始發喪，嗣迎柩還滇，而退居貴陽。然自三桂之歿，兵勢益衰，而清軍則日強，其戰事多在湖南廣西四川三面；至玄燁在位之十八年（即康熙十八年，民國紀元前二百三十三年），尚善已歿，察尼代領其軍，攻岳州下之，其將吳應麟遁，長沙衡州相繼為清下；世琮在廣西，與傅宏烈戰，兵敗負重傷而死，明年趙良棟破成都，王進寶破保寧，王屏藩自殺，徐治都復克重慶，楊來嘉降，四川略定。而湖南之辰州沅州又俱為清下，吳應麟胡國柱走貴陽；世璠令國柱等再掠四川，陷瀘州敘州，然終為趙良棟等所扼，不得逞。詔以簡親王喇布定廣西，安親王岳樂順承郡王勒爾錦先後還京師，以貝子彰泰與蔡毓榮等由沅州進貴州；又詔貝子賴塔自廣西南寧進雲南，趙良棟統川師自四川成都進雲南，三路夾攻之勢既成，而沅州進偪貴陽之師亦捷，世璠偕應麟奔雲南，毓榮等遂連戰復貴州。翌二年爲玄燁在位之二十年（卽康熙二十年，民國紀元前二百三十一年），湖南廣西之師會合於曲靖，同偪雲南，世璠遣將出戰不勝；乃盡調馬寶等於川南，使率師回救，盡爲良棟所敗，而良棟師遂繼之入滇。世璠援絕自殺，馬寶等均被俘；自湖南廣西定後，至是而四川貴州雲南之地亦於是俱定，亂事之起訖亙八年云。

耿尚二藩雖降，而之信與精忠亦不甚聽朝廷驅遣，其下多有告訐之者，乃先後召之信精忠入京。未幾之信賜死。精忠入京，適雲南事定，詔析三桂屍骨頒示國內，遂並磔精忠於市。孔四貞以一女子，隨清軍凱旋京師，獨無恙。

自三藩禍定，盡籍藩產入官，所部藩兵亦皆撤回京師；復於西安江寧杭州等地之外，增設八旗兵士於福州廣州荊州以監轄之，亦曰「駐防」；仍與漢族異城而居，永遠爲定制。

自三藩禍定，聖祖玄燁又不能不一治諸臣老師之罪，以儆後來：順承郡王勒爾錦，先以行軍不力羈禁；及是安親王岳樂康親王傑書，俱以討亂失機罰俸；簡親王喇布，以調度乖方革去王爵；其餘諸臣與當時軍事之遲玩有關係者，俱籍產拘禁有差。

自三藩禍定，聖祖玄燁復諭大學士等曰：『邊疆提鎭久握兵權，殊非美事；兵權久握，心意驕縱，故每致生亂。常來朝見，則心生敬畏！如吳三桂耿精忠尚之信輩，亦以不令來朝，心生驕妄，以致反叛；況邊陲將士，惟知其統轄之主，不習國家法度。曩者朕承降敕於廣西將軍馬承蔭，承蔭跪受，其下諸人皆驚曰：「我將軍亦跪人耶？」卽此觀之，兵權不可令久擅也！』承蔭者，廣西健將，所部兵皆桀悍，十九年（民國紀元見上），廣西略定，承蔭請以七千人分設七營，議止許五營，於是兵復變；後簡親王喇布及莽依圖進討，承蔭（卽馬雄子）被執，送京師伏誅。

三藩之禍，猶禍端之發於內地者；論其兵事，實非限制內地一隅。今綜而計之，一曰臺灣，一曰俄羅斯，一曰準噶爾，一曰西藏。所敵以俄羅斯爲大；而以彼時國勢之盛，故所得之結果亦較良。茲爲分端述之如左：

（一）收臺灣　臺灣亙閩海中，明季，荷蘭國人拓殖之，一曰赤嵌，一曰安平，餘皆土番，奉約束不敢校；荷蘭據有其土者三十餘年矣。成功積苦海上，自金陵敗回，已無經略中土心，又虞廈單弱，謀所向？荷蘭譯人何斌進曰：「臺灣沃野千里，四通外洋，橫絕大海。得其地，足以廣國；取其財，足以餉兵。土番受紅夷（當時人稱荷蘭之號）凌侮，每欲反噬久矣；以公威臨之，如使狠逐羣羊也。」陳可取狀甚悉，於是成功始決意取臺灣。世祖福臨在位之十八年（民國紀元見上），成功以兵二萬五千自安平附近上陸，先取赤嵌，繼取安平，荷蘭人不能敵，多出降；其生存者悉被逐，於是臺灣遂爲鄭氏有。

成功既有臺灣，號赤嵌城爲承天府，置天興萬年二縣；而用鄭有英爲府尹，犯法者雖親故不假。成功以草萊初闢，居者無多，勒諸將遷眷，生齒漸繁，並以兵戍守金門廈門二島。是年，清廷棄芝龍於市，鄭氏在京者皆伏誅；又以成功終不可致，閩海之患將長！乃詔沿海居民三十里界外盡徙內地，禁漁舟商舟出海，以杜構煽。聖祖玄燁卽位之元年（民國紀元見上），成功歿，年三十九！長子經自廈門入臺嗣立。初閩海遙聞桂王由榔被獲，張煌言每勸成功尊立魯王以海以存明祀，成功不欲，惟奉永歷年號終身；是年，以海亦歿，經奉永歷號如故，惟勢不如昔。至十三年（民國紀元見上）而三藩難作，經與耿氏合謀，中更有隙，爲清軍所乘，經兵屢戰皆敗，所得泉漳諸州均不守。至十八年，經將劉國軒等復分道攻閩，總督郎廷相禦戰失機，海澄一役，清兵將死者甚衆！詔罷廷相，代以姚啓聖；時三桂已死，岳州爲清下，湖南水師無所用，乃調而之閩，與啓聖等合師，遂以十九年（民國紀元見上）三月克海澄，偪廈門，鄭經及國軒等終棄金廈二島歸臺灣。其明年，經死。

先是經連年用兵海外，總制陳永華言克𡒉（經長子）長成，臨事明達，請循君行則守之典，命爲「監國」，經從其請；而克𡒉母賤，羣小畏其明，煽流言，侍衞馮錫範先以計罷其親信陳永華之兵柄，永華鬱鬱死，克𡒉失助，卒爲錫範等所襲殺，而立經次子克塽；克塽幼弱，不能任事，事皆決錫範，於是鄭氏遂敗。總督姚啓聖奏鄭經死，子少國內亂，時不可失！薦水師提督施琅習海道可用；李光地奏亦同；遂以琅專任臺灣事。時劉國軒守澎湖甚嚴，琅軍攻克之，乘潮入鹿下門，臺人大懼，請降；琅與啓聖奏聞，未幾，敕至，國軒錫範共以克塽降，繳上成功所受明「延平郡王」「招討大將軍」金印各一，公侯伯及將軍都督銀印五，籍土地戶口府庫軍實以獻，臺灣平。時聖祖玄燁在位之二十二年也（卽康熙二十二年，民國紀元前二百二十九年）。臺灣之下，施琅功爲多，詔封琅靖海侯；軍勛在平滇諸將上；未幾，歿，諡襄壯。克塽入都，隸漢軍，授公爵，國軒錫範俱伯爵。鄭氏自成功據臺灣，至克塽凡三世，傳三十八年而亡。清收其地，置臺灣府，諸羅、臺灣、鳳山三縣，西爲澎湖廳；設兵備道一，總兵官一，以統轄之，飭戒備焉。

時沿海居民雖復業，尙禁商舶出洋互市，施琅等平臺灣以爲言；又荷蘭初思復有臺灣，嘗出師助清勦鄭氏，至是又首請通市，許之，而西洋諸國因荷蘭得請，聞風絡繹趨海隅，求如荷人例，於是海禁始開。舟山本魯王以海所居，後鄭成功有之，清復奪之；至是又因浙江巡撫趙士麟言舟山爲寧郡藩籬，請設縣治；於是詔以舟山爲定海縣，屬寧波府，而以舊定海縣爲鎮海。

（二）禦俄羅斯　俄羅斯自吞併蒙古諸汗國以來，漸次蠶食西伯利亞荒地，東略之志頗橫，漸次與吾國有交涉。當有明末季，清兵方定黑龍江、索倫、達瑚拉及使犬、使鹿各部；而俄羅斯遠征軍亦踰外興安嶺侵佔黑龍江北岸之雅克薩、尼布楚二地，築木城居之，當時東方人所稱爲羅刹者也（據平定羅刹方略：羅刹者俄羅斯國人也，其人率皆獷悍貪鄙，冥頑無知，所屬有居界上者，與黑龍江諸處密邇，我達呼爾（卽達瑚拉）及索倫之人因呼之爲羅刹海，橫肆殺掠，納我逋逃，爲邊境害）。未幾，清兵復出定黑龍江，毀其木城而未及戍守，兵退，而俄羅斯人復城之；至世祖福臨在位，始調師往逐，終以糧運不繼返，以故俄兵仍出沒不時。俄與清之通問，始福臨在位之十一年（民國紀元見上）；以中西文語不能互嫻，故事多隔閡，而兵端迄莫能弭也。聖祖玄燁立，俄使復來求互市，清廷以俄肆侵略，思以其軍占據什爾喀河流域；時土酋根特穆爾率部衆內徙，旋又逃入彼境，而俄不之遣，因以「容納逋逃」爲詞，於康熙九年（民國紀元前二百四十二年）遣使莫斯科，令交付根特穆爾，且禁其侵略；俄人不解，乃遣使與中國使節俱赴北京，以十四年（卽康熙十四年，民國紀元前二百三十七年）至，欲與清廷開互市，換俘虜，進而爲界議之碻定；而清廷宣言若非交付根特穆爾，則一切皆在所拒絕，以是談判仍不調。而俄人兼侵入精奇里江諸處，且於其上流築塞盤踞，以爲雅克薩城之援；清廷命大理寺卿明慶等往令撤還，而俄人不許，於是始決意用兵；遂於二十一年（卽康熙二十一年，民國紀元前二百三十年），遣副都統郞坦等率兵往達瑚拉索倫，聲言捕鹿，因以覘視俄兵情形；郞坦歸言俄兵少，攻之甚易，發兵二千卽足。玄燁自決策：先使人赴寧古塔修戰艦，嗣於愛琿、齊齊哈爾二處建立木城，與對壘，置十驛，通餉道；又令戍兵往襲雅克薩城四近，芟刈其耕種；俄境本南與外蒙古車臣汗地連，通貿易，至是詔絕車臣汗，使毋與通，凡此皆所以困俄。俄領兵官謀自雅克薩移營黑龍江下流，至愛琿附近，又爲清兵所俘，致諸齊齊哈爾，二國間戰機益迫！玄燁務持重，將軍巴海始與副都統薩布素同奉命出征；巴海議用兵，失之疏略，玄燁乃使薩布素爲將軍，駐屯愛琿。薩布素行兵取穩健態度，雖一切運糧屯田造舟諸事，經營並舉，而頗不能相機進師；至二十四年（卽康熙二十四年，民國紀元前二百二十七年），清廷於是再下征剿俄羅斯人之令。

方是時，任進討之事者爲都統彭春。彭春率陸軍萬人，水軍五千人，乘冰解會師而進，至雅克薩城下，諭俄兵退，不從；於是分水陸兵爲兩路，列營夾攻，復移置火器急擊之，其兵酋額里克謝（近人從日文轉譯則曰圖爾布青，疑卽其人），西退至尼布楚，副酋巴什里等四十人皆降清。清兵毀其城，凡蒙古索倫逃人及被擄者咸加收集；旋奉詔投誠俄人巴什里等安插盛京，其被擄之索倫諸人衆仍各發回原地。清廷以爲雅克薩之果遂無事也，相與喜賀，當日諭旨中所謂四十年盤踞之衆數日即行擊破收復雅克薩城者是也。是爲攻奪雅克薩之前役。

額里克謝初以勢力不敵之故，俄籍則謂其棄城而退，而清之紀載則謂係由我軍釋歸；要之額里克謝不死，則後患必不絕！果也額里克謝至尼布楚，即爲俄援師，復以兵五百餘人，至雅克薩，依舊址築城。其城夾木爲之，中實以土，寬一丈五尺，高一丈，木外墐之以泥；所運糧食，足以支二年，於是雅克薩城又復爲俄有。清廷聞警，復詔將軍薩布素出師，而以郎坦參贊軍務。時二十五年（即康熙二十五年，民國紀元前二百二十六年）四月也。七月，清兵數千，載礮進攻雅克薩城，額里克謝嚴守不下，尋中彈死；俄將佐繼其志，守如故。清兵於城三面掘濠築壘，濠外置木樁鹿角，分兵防禦，城西對江另設一軍，泊船於東西兩岸，兼以堵截尼布楚兵之來援者，計慮甚密，而雅克薩城終不降。清續調援軍繼至，兵事漸棘。是時俄彼得一世新立，謀罷兵；清兵亦以雅克薩城之堅守不易力攻，亦有與俄息戰之心。未幾，俄使復來，清廷乃下令使薩布素等解雅克薩城之圍，收集衆兵，聚於一所，近戰艦立營，俟俄使至境之日定議。軍士解圍之後，患疾者甚多，詔遣醫二人賫藥調治，且以俄兵苦戰，亦多罹疾，使醫不分畛域往治之，俄人不受。時玄燁在位之二十六年也（即康熙二十六年，民國紀元前二百二十五年）。是爲攻奪雅克薩之後役。

初荷蘭之貢使在京，稱俄羅斯爲其鄰國；乃托荷使賫書轉致，俄政府遣使致復書。略謂：『貴國在昔所賜之書，敝國無通解者！及使臣回述但言貴國大臣以不還逋逃根特穆爾等騷擾邊境爲詞。近聞貴國興師辱臨境上，有失通好之意；今奉詔旨始悉端委，已令敝國將士到時切勿交兵，除嗣遣使臣議定邊界外，先令使賫書以行，乞撤雅克薩之圍』云云。清廷卽詔撤雅克薩之圍，以待其議界之使；至二十七年（卽康熙二十七年，民國紀元前二百二十六年）俄使費要多羅至色邏格地方，遣人至京師告至，約清使至彼集議。詔京內大臣索額圖、都統佟國綱、尙書阿爾尼等爲使，並發勁兵千餘，命都統郎坦等帥之偕往，宣教師徐日昇張誠等俱從。索額圖等臨發，奏言：『俄羅斯所據尼布楚，本係我茂明安部游牧之所；雅克薩係我達瑚拉總管倍勒兒故墟，原非俄人所有。臣以爲尼布楚雅克薩及黑龍江上下，與夫通此江之一河一溪，皆屬我地，不可棄之於俄！』詔從其請。既行，適喀爾喀厄魯特爭戰報至；乃遣侍衞往追索額圖等，令其退駐喀倫地方，以道阻緣由，遣人曉諭俄使；於是索額圖等作書告俄使，俄使復書，稱已遣人由尼布楚赴京。其明年，清廷聞費要多羅已往尼布楚，詔使索額圖等就之，清兵同往者量增於前；又命調黑龍江兵千五百人，由水陸赴尼布楚，與索額圖等會。臨行，玄燁諭以：『爾等初議時，當以尼布楚爲界；彼使者若懇求尼布楚，可卽以額爾古納爲界。』其後兩國使臣既會於尼布楚，俄使謂尼布楚雅克薩皆彼所擴之地，欲劃黑龍江爲兩國之境，以江南地歸我，而自有其北岸；索爾圖等則欲以尼布楚爲分界，兩國議不決！張誠等從而調停之，清使許讓步，議北以格爾必齊河及外興安嶺南以額爾古納河為界，俄人在額爾古納河東所築之堡寨，應撤徙於河西，俄使復不允！於是索額圖等乃嚴師為備，謀取尼布楚，俄使不得已，卒許其議，界約遂定。又兩方戰事之起，根特穆爾實為其一因，時其人已隨父西入莫斯科，改名波威爾，為希臘教徒；索額圖等聞之，知終不可致，不復議及逃人事，和約以成。初，俄之冒險家歷次東征，意在擾我黑龍江沿岸地，及約定，黑龍江北岸俱為清有，雅克薩終不能永據，俄於此約，實不能謂之勝利；而中國則藉清勢之盛，軍聲之張，宣教師之調和，終以致捷。是年九月，兩國使臣各以國文約書相交換，而以拉丁語譯文副之，約書有相違者，則以拉丁文為準；從其約締結地為名，亦曰尼布楚條約。清廷又采用羣臣之議，勒碑石於格爾必齊河東及額爾古納河南，而以滿、漢、蒙古、拉丁及俄羅斯五種文字寫之，以為界標，其碑文則悉以條約為據，大旨如下方：

(甲)關於地界者　碑文第一條之由北流入黑龍江綽爾納即烏倫穆河相近格爾必齊河為界，循此河上流不毛之地，又沿外興安嶺以至於海，凡山南一帶流入黑龍江之溪河盡屬中國，山北一帶之溪河盡屬俄羅斯；及第二條之流入黑龍江之額爾古納河為界，河之南岸屬於中國，河之北岸屬於俄羅斯，均是也。

(乙)關於雅克薩者　地界既定，雅克薩復為我有，故於碑文之第三條，有將雅克薩地方，俄羅斯所修之城盡行除毀，俄羅斯居民及物用盡行遷入俄境之語。

(丙)為關於人民者　二國界約既明，懼民人之越界，於是又有嚴格之規定，故碑文第四條有曰：『凡獵人等斷不可越界，如有一二小人，擅自越界捕獵偷盜者，即行禽拏，送各地方該管官照所犯輕重懲處。』

(丁)關於互市者　自明季以來，中國與外國之交通，所重在互市，故碑文第六條又有『今既永相和好，一切行旅，有准令往來文票者，許其貿易不禁』之語。

碑文共七條，其大要已如上述。自此俄羅斯人始不敢有所肆，其貿易之使，間歲一來北京；聖祖玄燁洞明俄人之必爲後患，故精奇里江之口，曾置有屯田兵備之。又遣圖里琛往探其國中情狀，圖理琛歸繪圖上之；又爲異域錄數萬言，記其所經，爲世人所爭覩。其後清廷以俄羅斯來京讀書子弟日多，乃以國子監設俄羅斯學；又以八旗子弟不可不習俄羅斯文，並於內閣理藩院設俄羅斯文，一以柔遠人，一以通象譯，中俄交際，漸以頻繁，俄遂爲諸締約國之先進云。

(三)討準噶爾　元之亡也，宗支苗裔，散處塞外，綿延勿絕，其部類大別爲漠南、漠北、漠西、青海四部。漠南蒙古與滿洲地域相接，明季廷臣有議款元之嫡裔察哈爾蒙古以捍邊陲者；而察哈爾酋林丹汗不道，諸部解體，清太宗皇太極親征收其部落，林丹汗走死，其子額哲率所部降清，漠南全定。再傳至聖祖玄燁，三藩事定，察哈爾汗布爾尼復叛，仍爲清軍所克，收其地隸諸內務府及太僕寺，徙其部衆於寧化大同邊外，而以都統等官轄之，號曰「內屬游牧部」。自是漠南蒙古有所鑒懲，迄無敢爲亂，而漠北喀爾喀三部亦內款。漠北三部者：一曰車臣汗部，一曰土謝圖汗部，一曰札薩克圖汗部。其地東界黑龍江，西界厄魯特，北界俄羅斯，南盡瀚海。太宗皇太極時，察哈爾部平，遣使宣捷三部；三部來聘，詔定制歲獻白駝一，白馬八，曰「九白之貢。」至世祖福臨時，內蒙古蘇尼特部騰吉思以己爲太宗額駙，頗不自戢，與多爾袞勿和，率所部北投喀爾喀土謝圖汗車臣汗合兵三萬迎之，並掠巴林部人畜。清廷聞警，命豫親王多鐸北征，大捷，札薩克圖汗上書代解，仍勿協；騰吉思不得已乞降，喀爾喀三部亦各奉表謝罪。詔各遣子弟來朝，補「九白之貢」，盡歸所掠巴林人畜；各汗不奉詔，越數年，始乞盟；故至玄燁時，三部之叛志已戢，內款頗殷，惟漠西厄魯特勿服如故。

厄魯特係故元脫歡太師及額森衛拉特可汗之後，其地向爲四部，稱四衛拉特：牧於烏魯木齊者曰和碩特，牧於雅爾（本新疆塔爾巴哈台廳）者曰土爾扈特，牧於額爾齊斯河域者曰杜爾伯特，牧於伊犁者曰綽羅斯特。綽羅斯亦曰準噶爾，與喀爾喀部鄰，勢甚張；聖祖玄燁時、至內犯中國，於是遂有征討準噶爾部之事。

準噶爾雖爲西北強部，古人震其悍武，至謂其勢與俄羅斯埒大！此讆言也；惟其窺伺邊陲，思爲中夏患，則恆出沒不時：故克魯倫河之役，清師轉戰，多在杭愛（山名）以東；已而窺青海，寇西藏，則邊警之來，又在洮岷以西。所侵擾之範圍最爲廣漠，故清廷不能以一戰殲之。蓋厄魯特四部，準噶爾爲特強。其初準噶爾酋巴圖爾渾台吉自伊犁蠶食近部，勢力日張。聖祖玄燁立，渾台吉死，子僧格嗣。僧格死，子索諾木阿拉布坦立，僧格弟噶爾丹殺之，自立爲準噶爾汗。未久，盡佔四衛拉特之地，復南摧回部城郭諸國，盡下之，威令至衛藏，則又思東北幷喀爾喀，乃自伊犁東徙帳阿爾泰山，並使杜爾伯特部衆屯田，且耕且牧，以足其食。會喀爾喀土謝圖汗攻札薩克圖汗而奪其妾，構兵二部內鬨，噶爾丹乘之，故使其族人多爾濟札布至土謝圖挑釁；土謝圖汗果執殺之，噶爾丹遂藉詞報復，揚言借俄羅斯兵而陰遣喇嘛千八至其地游牧。喀爾喀本漠北雄部，中葉以後，習梵唄，懈武事，又部族嗜酒，自相陵轢，遂爲準噶爾所乘！時喀爾喀仍不以爲意也。玄燁在位之二十七年（卽康熙二十七年，民國紀元前二百二十四年），噶爾丹率騎三萬，逾杭愛山突擊土謝圖汗，游牧喇嘛從中應之，土謝圖汗敗走；其鄰部車臣汗札薩克圖汗俱被攻破，大喇嘛哲卜尊丹胡圖克圖之帳亦被劫：於是喀爾喀三部，率其衆東奔投漠南，叩關乞降，清廷受而安撫之，借科爾沁水草地使游牧。噶爾丹亦遣使入貢，尋有詔令其率衆西歸，還三部侵地，而準噶爾據三部王庭如故；未幾而有烏蘭布通之役：

噶爾丹既不奉詔，旋以還喀爾喀三部爲名，選銳東略，侵及烏爾會河（近人汪氏謂卽烏拉圭河，在烏珠穆沁境），尚書阿爾尼率兵備邊。會準噶爾部衆驅掠喀爾喀人畜過，阿爾尼以蒙古兵擊之，而令喀爾喀奪還所掠；喀爾喀務爭取，陣遂亂，準部從而乘之，反爲所敗，深入至烏珠穆沁。詔命裕親王福全爲撫遠大將軍，出古北口；恭親王常寧爲安北大將軍，出喜峯口，車駕親幸邊外以節制之。常寧兵既出戰不利，噶爾丹長驅而南，遂至烏蘭布通（河北赤峯縣境），距京師七百里乃止；常寧兵改命康親王傑書等屯歸化地，要其歸路。是年八月，福全率師與噶爾丹之衆大戰於烏蘭布通，敵騎數萬陳山下，依林阻水，以清軍火器堅利，不可攖所蔽；乃用萬駝縛足臥地，背加箱垛，蒙以濕氈，環列如柵，士卒於垛隙發矢銃，備鉤距，謂之「駝城」。清軍傍河而陳，以火器攻其中堅，駝斃於礮，頹且仆，陳斷爲二，步騎爭先陷之，噶爾丹大敗！遣使卑詞乞和，不俟報，即拔營越大磧山宵遁，中途具疏謝罪；乃詔福全班師，車駕自塞外歸京師。

時喀爾喀三部之衆駐塞下，聖祖玄燁以其地居極北，曩雖進貢，未嘗親身歸順，因謀出巡塞外，撫綏安輯，且欲藉是以察看邊外蒙古生計。遂於次年夏出巡，駐多倫諾爾，受喀爾喀三部及內蒙古諸部之朝；分喀爾喀三部爲三十七旗，與內蒙古之四十九旗同列；復於多倫諾爾附近建寺曰彙宗，以安其喇嘛。是役也，武衛煊赫，儀節整齊，內外蒙古諸部咸震懾惟命！比回鑾，內蒙古四十九旗王等跪路左，喀爾喀部汗等跪路右，送車駕起行！自此喀爾喀爲中國外藩，而內蒙古亦震於清主之威嚴，惴恐而無敢復動矣。

噶爾丹雖以書乞和，而怙惡不悛，仍以科布多爲根據。烏蘭布通之役，數萬之衆，歸途飢踣，不過數千；曾幾何時，而其勢又盛，窺中國，侵喀爾喀如故。其兄子策妄那布坦以曾爲所困，憾噶爾丹，陰遣使附中國，使者往報，爲噶爾丹所害；且陰遣使誘內蒙古各部叛歸己，科爾沁親王以聞。聖祖玄燁念喀爾喀爲我外藩，不庇之使安游牧，使永處於近邊，則蒙古生計亦受害；自非大殺噶爾丹不可，乃決計用兵；又恐我兵至而敵先遁也，遂於在位之三十四年（即康熙三十四年民國紀元前二百十七年），密諭科爾沁等部，令傳語噶爾丹僞許內應，誘令深入，以一戰覆之。是年九月，噶爾丹果率其衆，掠喀爾喀所部，駐兵於土喇及克魯倫河之間，自秋徂冬不去，亦不犯漠南？遣使往激，則令使者徒步歸，揚言借俄羅斯鳥鎗兵六萬將大舉；蓋以烏蘭布通之役，火器不如中國而敗，欲佯假西洋火器以張其軍，其實俄並無意助之也。明年春，復詔親征，車駕統禁旅由中路出獨石口，向克魯倫河進發；黑龍江將軍薩布素率東三省兵出東路，遏其衝；大將軍費揚古率將軍孫思克康調元等之軍出西路，向土喇進發。五月，清兵至克魯倫河，噶爾丹已遁，追之不及；即馳諭費揚古從西路追擊，遂回鑾。

其時費揚古西路之兵至昭莫多，探知噶爾丹在特勒克濟，相距僅二十里，遣人誘之，孫思克陳東阜，康調元陳西阜以待。噶爾丹兵至，迎戰大捷，奪獲準部牛羊軍械罔算，噶爾丹之妻阿奴阿敦（可汗妃曰阿敦亦死於亂軍，其他台吉、宰桑陣沒者不可數計。投費揚古軍者二千餘人，投他軍者亦五百餘人，噶爾丹狼狽以數十騎疾遁。時車駕方駐克魯倫河中流南峯地，得捷奏，命費揚古留防漠北，護喀爾喀游牧地，御筆撰銘勒察罕拖諾山及昭莫多山而歸；次歸化城，躬自犒宴西路凱旋之師。是役也，以費揚古之功為特多。其後費揚古入對，故有『昭莫多之戰，勢如破竹，實為可嘉』之諭。

初，噶爾丹自破喀爾喀後，戀漠北地久不歸，其伊犂舊部盡為兄子策妄那布坦所併，自阿爾泰山以西皆非己有；又連年與中國戰，精銳喪亡殆盡。三十五年（即康熙三十五年，民國紀元前二百十六年）之秋，聖祖玄燁欲乘勢遂滅之，於是再發京師，至歸化城，親督理其事：檄青海諸台吉協禽噶爾丹，諭策妄那布坦亦如之又多遣間使招其黨與。時翁金河有清軍餘糧，噶爾丹欲資以度冬，使其族丹吉喇引兵潛劫，爲副都統祖良壁所敗；其遣往達賴喇嘛之使人喇克巴過青海，亦爲副都統阿南達所禽；台吉額爾克巴圖等皆承檄與策妄那布坦會於阿爾台，約共禽噶爾丹自効。噶爾丹勢益蹙，乃遣使詣行在，探中國意；詔數其罪，又許其待喀爾喀恩例招撫之，否卽進兵；並命理藩院自獨石口至寧夏設驛以待。車駕旋京師，而噶爾丹卒不至。

三十六年（卽康熙三十六年，民國紀元前二百十五年）春，噶爾丹之子塞卜騰巴爾珠爾捕獸於巴爾思庫爾，又爲哈密回兵所禽。二月，車駕再發京師，涖寧夏，命費揚古等分道進兵。而噶爾丹時竄薩克薩呼里，克資野獸以給，野獸將盡，部下多怨言，其稍強者或偃蹇不用命。未幾，費揚古奏至，噶爾丹已於三月十三日死矣。傳聞謀食無資，部衆盡潰，故仰藥自盡也。其族丹吉喇攜其屍及其女鍾濟海來降，途次爲策妄那布坦奪去，別遣人獻於朝，所部盡降。於是自阿爾泰山以東皆平，勒石狼居胥山而歸，使喀爾喀三部俱還歸舊牧，增編其部屬爲五十五旗，漠北以定。清臣俱推爲聖祖三駕親征之力云。

(四)定西藏　西藏自昔有喇嘛國之名。鎖南嘉穆錯者，爲宗喀巴轉生之第三世達賴喇嘛，其事實略見前篇。其後四世爲雲丹嘉穆錯，五世爲羅卜藏堅錯。當清太宗皇太極時，羅卜藏堅錯遣使至盛京奉書及方物，清亦遣使存問達賴喇嘛，稱之爲金剛大士，是爲清與西藏交通之始。世祖福臨卽位，達賴喇嘛曾一至京師，清廷待以優禮，顧不能弭其內爭也。吾今請繼此以述西藏內情，然後再及策妄那布坦侵人之事：

初，唐古特人之所有，大部爲四：東曰喀木，曰青海，西曰衞，曰藏。其衞地亦曰前藏，達賴喇嘛居之；西俗視達賴最尊，達賴專主黃教，其下有「第巴」，則理事之官也。藏地又曰後藏，則藏巴汗居之；藏巴汗者，乃其西境之拉達克酋長，爲紅教之護法，蓋其時藏地尙多爲奉紅教者之所居也。當達賴五世羅卜藏堅錯時，其「第巴」桑結者，以藏巴汗之祖紅教而有異於黃教也，乃以達賴五世命招和碩特部人逐之；和碩特爲衞拉特四部之一，居青海，勢夙強：及是入藏殺藏巴汗，藏地虛，乃以班禪居之，與達賴共主黃教事，達賴居前藏之拉薩，班禪則居後藏之札什倫布，後藏之紅教徒多南遁不丹及尼泊爾境。達賴等以固始汗爲有平定後藏功，乃盡以喀木一部與之；於是和碩特既有青海，又有喀木，得幷唐古特人之東二部：且以其長子達延鄂齊汗留鎭拉薩，以次子達賚巴圖爾台吉佐之，和碩特部勢力直達衞藏矣。

桑結滅藏巴汗，多假力於和碩特部，事成之後，又思所以防之；準噶爾部長噶爾丹，其先曾入藏爲喇嘛，與桑結相暱，既歸篡其可汗，遂出征青海，和碩特部勢力爲所挫，而桑結益強，至聖祖玄燁在位之二十一年（民國紀元見上）達賴示寂，桑結匿不以聞，益與噶爾丹相表裏，而自行達賴事於其部中，中國不知也。又喀爾喀蒙古自淸初以入藏扼於厄魯特，乃自奉宗喀巴第三弟子哲卜尊丹巴之後身爲大胡土克圖，凡數十年矣；及是，喀部車臣汗與札薩克圖汗交惡構兵，淸廷遣使約達賴喇嘛往和解之，桑結始遣使應命，既至，渝盟，與哲卜尊丹巴並坐，噶爾丹使其族人隨之觀釁，因責喀部待達賴使無加禮，詬責之，爲土謝圖汗所殺；

噶爾丹遂以報仇爲名，出師襲喀部，兩地之兵爭自此始。清廷復申命達賴遣使罷兵，桑結使濟隆胡圖克圖往，反陰嗾之使南寇烏蘭布通之役，濟隆爲緩師，故噶爾丹得乘機而遁。其後噶爾丹終不能抗清，部衆來降者，具言桑結聯庇準部之故；聖祖玄燁乃遣使賜桑結書，責其祕達賴之喪；又不尊班禪而尊己，阻班禪進京之行，須令班禪來京朝見；濟隆庇噶爾丹，須執之畀我；如其不然，當檄雲南四川陝西之師見汝城下！於是桑結惶懼。明年爲聖祖玄燁在位之三十六年（民國紀元見上），乃遣使密奏，言達賴喇嘛實於壬戌年示寂，今十五歲矣；前恐唐古特人民生變，故未發喪，今當以本年十月宣布；至班禪因未出痘，尙未能至京；濟隆當竭力致之京師，乞全其生命戒體。清廷如其請，且許爲暫祕。而桑結使者歸途，適遇策妄那布坦會禽噶爾丹之兵，使者宣言達賴已厭世，爾部落兵毋得妄行！策妄哭而歸。清以桑結始終反覆持兩端，追還其使，別謀所以制桑結之法。未幾，而桑結爲拉藏汗所殺。

拉藏汗者，青海固始汗之孫也；時達延鄂齊與達賚巴圖爾已先後沒，拉藏汗嗣位，仍其先世之習慣，時干涉藏事。已而以議立新達賴六世事，與桑結不睦，桑結欲毒拉藏汗，不遂，欲以兵逐之；拉藏汗集衆討誅桑結，並奏廢桑結所立假達賴而立博克達山之伊西嘉木錯爲第六世達賴喇嘛。青海諸蒙古不之信，則以裏塘之噶爾藏嘉穆錯爲眞達賴，推立之，於是西寧兩部爭論不決。時清廷以西藏部衆素著恭順，恐內構釁，反以勞兵旅：既先嘉拉藏之功，封爲翊法恭順汗，使鎭藏地矣；乃又下詔青海諸蒙古暫慰諭之，使奉噶爾藏嘉木錯居西寧，藏事一時反不能得正確之解決，而策妄那布坦之兵卽乘是以興。

初，準噶爾汗僧格死，其弟噶爾丹殺僧格長子自立，其次子策妄那布坦與其父舊臣七八奔土魯番，乞降，清廷納之。策妄那布坦乘噶爾丹南侵敗衄之際，潛回伊犁游牧博羅塔喇河，用其七臣收集散亡，闢地至額爾齊斯河，遂有準部大半。及噶爾丹敗滅死，策妄那布坦奪尸以獻，清廷亦不欲再勞兵革，遂畫阿爾泰山以西地使游牧。策妄那布坦生聚漸盛，於是遂成西域一大部落，又思效噶爾丹之所爲，幷四部爲一。既取土爾扈特，思所以制青海和碩特者，復娶和碩特拉藏之姊，而贅其子丹衷於伊犁，不令歸。清廷以厄魯特狙詐，勅拉藏毋恃親疏防。拉藏耄而好飲，不以爲意。至玄燁在位之五十五年（卽康熙五十五年，民國紀元前一百九十六年）策妄那布坦果帥師由間道入後藏拉薩，拉藏汗急遣使乞援。五十七年（卽康熙五十七年，民國紀元前一百九十四年），詔侍衛色楞率西寧兵會同青海王台吉等進救，將軍額倫特繼之。未至而拉藏汗已爲敵所殺，新達賴亦同時被禁。色楞與額倫特會於喀喇烏蘇河，合兵出戰，額倫特中槍死，清軍敗績。明年，乃命皇十四子允禵爲撫遠大將軍，率重兵駐西寧。又明年，詔平逆將軍延信由青海，定西將軍噶爾弼由打箭爐兩路進兵。時西藏諸土伯特以新達賴旣被禁，藏中大亂，亦共朝迓青海之達賴入藏，有詔封爲第六世達賴喇嘛，賜册印，以延信兵扈送入藏，蒙古諸王台吉亦各以兵從，軍容甚盛。

時策妄那布坦聞警，自率師拒延信軍，而分兵以當噶爾弼。噶爾弼自南路進至察木多，奪橋拒險，欲俟北路兵至偕進。恐期久糧乏，用列將岳鍾琪計，卽招土司前驅，集皮船渡河，直趨拉薩，沿塗招降番兵頗衆，別出師斷其餉道。時北路牽制之師，將軍富寧安、傅爾丹、祁里德等亦分途進擊喀爾丹邊境，降其宰臣，焚其積畜，獲牲畜萬計。策妄那布坦無援應，又腹背受敵，遂爲延信兵所敗，復由間道竄歸伊犂，得達者無幾。兩軍旣會於藏，諸蒙古降王台吉之扈從而至者，遂擁新達賴登座。詔取博克達之達賴喇嘛歸京師，以拉藏汗之舊臣貝子康濟鼐掌前藏，台吉頗羅鼐掌後藏事。蓋自五世達賴喇嘛沒後，西藏擾亂經三十餘年，至是始定。御製文記事，勒石拉薩之大招寺。是年，延信留駐藏。六十年（卽康熙六十年，民國紀元前一百九十一年）以病召還，命噶爾弼往代，仍佩定西將軍印。至雍正初始有駐藏大臣之設立，而西藏遂爲中國之領土焉。

以上皆康熙時代外征之略情，至於內治則力主從嚴。其可知者又有三端，今分述於左：

（一）爲明史之獄　明史一案，乃文字之獄之較大者。清初，明史雖待纂修，顧遲遲莫有敢當其任者？以偏論明末事，不能無觸清人之忌諱；益以清起外族，措詞不易，而私家立說，則尤屬難能。初，明臣朱國禎有志撰著明史，其編次未竟全功。甲申以後，朱氏藁本尙存，爲其烏程鄉人莊廷鑨所得。廷鑨家故富，招集知名之士，而以己意增損之，冒爲己作，付之剞劂，號曰明書。其中崇禎一朝，多涉及清代事，如云『王杲孫婿卽清之祖』，所云『建州都督卽清之太祖』，而直書名；又云『長山衄而銳士飮恨於沙燐，大將還而勁卒銷亡於左袵。』如此之言，散見李如柏李化龍熊承遇傳中；又指孔耿爲叛，又自丙辰迄癸未，俱不書清年號，而於隆武永曆之卽位正朔，多大書特書！凡此皆爲異日起禍之端而莊氏固未警也。聖祖玄燁在位之三年（卽康熙三年，民國紀元前二百四十九年），歸安知縣吳之榮以事罷官，謀以告訐爲功，藉此作起復地，白其事於將軍松魁，魁移巡撫朱昌祚，朱牒督學胡尙衡，將治罪矣，而莊氏以重賂免，稍易指斥語，復刊之；之榮計不行，更求得初刊本上之法司，事聞，乃遣刑官至浙江讞獄：時廷鑨已死，戮其屍，誅弟廷鉞，故禮部侍郞李令哲曾作序，亦伏法，株連而死者甚衆。江楚諸名士有列名書中者多死，甚至有買賣是書而亦死者！刻工之被刑，固其所也。是獄之作，死者凡七十餘人，婦女並給邊；又其他潘檉章、吳炎，名重當時，俱死於此；惟海寧査繼佐、仁和陸圻當獄初起，先首告，以是得免；之榮卒以此起官，仕至右僉都御史。

至玄燁在位之五十年（卽康熙五十年，民國紀元前二百零一年），戴名世又以南山集得罪清廷，盡誅其族；又以名世所紀本之桐城方孝標，時孝標已死，以戴名世之罪罪之，子登嶧、雲旅、孫世樵並斬，方氏有服者皆坐罪！方苞編旗下，後得赦還。

（二）鰲拜之誅　清之初興，庶政嚴明，羣下之專政者尙少；至康熙初，始有鰲拜用事被誅之事。鰲拜者，滿州廂黃旗人，姓瓜爾佳氏，天聰以後，屢立軍功，由護軍校起家，歷封公爵；玄燁卽位，與內大臣索尼、蘇克薩哈、遏必隆共爲輔政大臣。既受事，與內大臣費揚古有隙，又費揚古子倭赫及侍衛西住、折克圖、覺羅賽爾弼日直御前，不加禮輔臣，鰲拜惡之，遂論倭赫等擅乘御馬及取御用弓矢射鹿，罪坐棄市；費揚古坐怨望，亦棄市，並殺其子尼侃薩哈，連籍其家，以與弟都統穆里瑪。先是廂黃旗屯莊，畫給保定河間涿州之地已二十年；蘇克薩哈、鰲拜姻婭也，論事多齟齬，積而成仇；鰲拜因蘇克薩哈籍隸正白旗，欲以薊州遵化遷安諸莊改撥廂黃旗，而別圈民地給正白旗；聖祖玄燁在位之五年（即康熙五年民國紀元前二百四十六年），使旗人訴請以牒部。大學士蘇納海管戶部，議阻之；貝子溫齊等則又以履勘廂黃旗地，不堪耕種，疏聞；命蘇納海與直隸總督朱昌祚巡撫王登聯酌議圈換。時則兩旗人較量肥瘠，相持久不決！而旗地待換，民地待圈，所在荒廢不耕！百姓環訴失業，昌祚等疏請停止圈換之令。鰲拜怒，坐蘇納海撥地遲誤，昌祚等紛更妄奏，悉逮治棄市！且以蘇納海族人已故額駙英俄爾岱為睿親王多爾袞私黨，令部臣盡削世職，以洩其忿；已而又議蘇克薩哈罪，慮大學士巴泰逆己意，不使與聞，坐蘇克薩哈以大臣觖望，畜異志，論應磔死！上意察其枉，鰲拜攘臂強爭，卒予絞，並誅其族屬。鰲拜既專政，日與其弟穆里瑪、姪侍衛塞本特訥及大學士班布爾善、尚書阿思哈、噶褚哈、馬爾賽、都統濟世、侍郎壁圖、學士莫格賽等黨庇營私，凡遇入對，輒請申禁宦官，不得上書陳奏，以故權勢獨熾。馬爾賽死，部臣請謚，不與，而鰲拜與之，則是不治於主權之障礙不小；聖祖玄燁乃於在位之八年（即康熙八年，民國紀元前二百四十三年）五月，命議政王大臣等治其罪。降諭謂：『鰲拜用人行政，專恣妄為，文武各官，欲盡出伊門下；凡事在家定議，然後施行；倚仗凶惡，毀棄國典，種種惡跡，難以枚舉！其嚴拿勘審。』於是康親王傑書等列其攬權欺罔諸罪狀，請革職立斬籍沒，特降旨親加鞫問，念其效力軍久，改為革職拘禁，以是鰲拜得不死；至玄燁在位之五十一年（民國紀元見上），復念其戰功，仍賜一等男，使其孫襲爵。

或曰：鰲拜之死，由「布庫」使然。「布庫」，滿洲語，譯語則曰撩腳。選十餘歲健童，徒手相搏，而專競足力，勝敗以仆地爲定。聖祖玄燁初卽位，年甫八歲，已悉鰲拜奸，在內日選小內監，令之習「布庫」以爲戲；鰲拜或入奏事，並不知避，且以朝廷弱而好弄，心益恬然無所顧忌。一日入內，忽爲習「布庫」者所禽，遂付外廷論罪。

繼鰲拜而起者，又有明珠。明珠，滿洲正黃旗人，姓納喇氏，爲葉赫尼雅哈之次子。康熙朝，官兵部尚書。三藩徙藩之論起，獨明珠與米思翰、莫洛等堅持宜撤，遂得稱旨，升任大學士，權勢逾恆。至二十七年（民國紀元見上），御史郭琇嚴劾之，謂其連結黨與，包舉政權，凡所施爲，率多不法！因革去明珠大學士之職，交與領侍衞內大臣酌用，尋授爲內大臣而沒。或謂明珠雖貪擅，聖祖玄燁念其籌畫三藩，頗著勞勛，故時加以警策，終不置之極典，其得優游以天年終者，蓋幸也。

（三）允礽之廢　康熙在位年數獨久，至其晚年，遂有儲位廢立之事。立儲之事，自古有之，清初固未廢也。聖祖玄燁有子三十五，其長者曰直郡王允禔，爲惠妃納喇氏出，而非嫡出；次子理密親王允礽，則孝誠仁皇后赫舍哩氏所出，是爲嫡出，故得立爲皇太子。允礽性暴戾，多不法，怙權恣肆，常鞭撻諸王貝勒。時玄燁當國久，數南巡，名爲治河，實以覘反側；允礽從幸，復所至擾民，甚或令外間婦女出入宮掖，民間耳目不爲慮也。玄燁在位之四十七年（卽康熙四十七年，民國紀元前二百零四年）降詔廢之；且以允礽居處失常，語言顛倒，目爲狂易之疾，幽禁咸安宮內。然自允礽廢後，諸王多營求爲太子，允禔首奏：『允礽所行卑汚，大失人心。相面人張明德曾相允禩後必大貴。今欲誅允礽，不必出自皇父之手。』聖祖玄燁素知允禩柔奸有大志，聞允禔所言，不能無忿；且並疑允礽之狂疾出於允禔輩之咒咀？而允禔允禩平時又皆聚徒植黨，密有營謀；遂將允禩鎖拿，交與議政處審理；革允禔王爵，卽幽禁於其府；而旋又赦允禔，封爲多羅貝勒。先是，允禩等謀奪嫡，朝臣亦有附之而希恩眷者；故於次年正月下詔略謂：『去歲朕躬違和，命爾等於諸阿哥中保奏可爲儲貳者，爾等何以獨保允禩？允禩獲罪於朕，身膺縲絏，且其母家微賤，豈可使爲皇太子？況允禩乃允禔之黨，允禔曾奏言：「若立允禩爲皇太子，伊當輔之，」可見伊等結黨潛謀，早定於平日。其先日舉允禩者爲誰？爾等各具實陳奏。』時阿靈阿、鄂倫岱、揆敍、王鴻緖俱議私立允禩，羣臣不敢奏；旋查出議出馬齊，乃將馬齊及允禩嚴行拘禁。且以儲位不可久虛，太子一日不定，羣臣之附從諸子而爲覬伺之謀者，勢必難免！遂謂允礽之疾，實由魘魅使然；同年三月，以其疾愈，復立爲皇太子焉。

允礽復位之後，怙惡如故；因循三年，不得已，復於五十一年（民國紀元見上）八月下詔廢之。略謂：『允礽自復位以來，狂疾未除，不可付以大任，仍須拘禁看守。』並謂：『自後有奏請太子已經改過，庶當釋放者，其人亦一並治罪。』儲位遂虛，然頗屬意於四子胤禛；迨六十一年（卽康熙六十一年），疾亟，胤禛遂奉嗣統之命。允礽之廢，爲聖祖玄燁晚年最爲拂意之事，故六十年降諭，有『朕衰老，中心憤懣，衆人虛誑』之語；而其後胤禎正位，亦曰聖祖『因二阿哥（卽允礽）身心憂悴不可憚述』云。

綜上數端觀之，聖祖玄燁之武斷，實爲難及；允礽爲最所心愛之子，然終以大寶之重，不敢狥情，而貽後世之患，此其所見，固自有大過人者！又其幼時，天命時代之臣庶，猶得見及三分之一；天聰崇德時代之臣庶，得見其半；順治時代之臣庶，俱爲全見；明萬歷泰昌天啓崇禎時之臣僚閹官，亦曾有及見者；閱歷之多，用人之審，不愧爲清代全盛之主！而其學問又極淵博，幾暇格物，洞中窾要，加之提倡文化，重用漢臣，一代巨籍之編纂，人文之蔚起，未有不胥推康熙者，六十一年之長治久安，非無故也！

清興百五十年間盛勢之二（雍正之法治及乾隆之昇平）（民國紀元前一百八十九年至一百十七年）

聖祖玄燁沒，皇四子胤禎立，是爲世宗。世宗在位僅十三年，而政尚嚴肅，海內畏法，殆重足屏息？吏治因而不振；至於對外諸役，亦多有可紀者，茲爲簡述大要，析論如左方：

（一）因西藏之平而有青海之役　康熙時，西藏告平，達賴六世乘中國之兵威得以登位，自是準噶爾部衆始不敢窺西藏。其後準噶爾酋策妄那布坦又西與俄羅斯交兵，東境空虛，將軍富寧安、傅爾丹之兵得以深入烏魯木齊，策妄那布坦因介哲卜尊丹巴以求和，邊事暫戢。而是時厄魯特諸部，準噶爾外，以青海之和碩特爲大。和碩特對中國夙馴愼，清廷常扶殖之，冀爲西番蔽。至雍正初年，清廷西北防遏準部之師已次第撤回，和碩特部從而生心，於是青海遂有羅卜藏丹津之變。

青海在甘肅西寧之西，瀦水七百餘里，西北回疆，西南衛藏，古西戎所居。漢爲鮮水諸羌，後爲吐谷渾；唐末入吐番，始隸衛藏。崇佛教，明封番酋爲禪師、國師，復併入諳達；後厄魯特部固始汗自西域來據之，南凌衛藏。清初崇德中，遣使自塞外通貢；順治初，導達賴喇嘛入覲，受封賜金册印，旋沒。有十子，或分駐西藏，或內牧套西（其牧套西者卽爲阿拉善王之祖）居青海者八部，叛服不常；及噶爾丹之强，固始汗兄子鄂齊爾汗爲所襲殺，青海和碩特諸台吉懼，稍內附；康熙中，駕幸寧夏，時宣諭八台吉皆入覲，詔封固始汗子達什巴圖爲親王，餘授貝勒、貝子、公有差，青海之爲中國外藩自此始。及達什巴圖子羅卜藏丹津襲爵，從清軍定藏歸，以青海及西藏舊皆和碩特屬部，己爲固始汗嫡孫，仍冀總長諸部；於世宗胤禛卽位之元年（卽雍正元年，民國紀元前一百八十九年），復誘諸部與盟，令復故號，而自號達賴渾台吉。諸部不從者加以兵，親王察罕丹津等不從，倉卒奔河州關外；又誘青海大喇嘛察罕諾們使從己。察罕諾們者，自西藏分支住西寧之塔爾寺，爲青海黃教之宗，其尊重視喀爾喀之哲卜尊丹巴，夙爲番人信向，大喇嘛既從令，於是遠近風靡！諸番喇嘛等同時騷寇掠西寧；詔命川陝總督年羹堯爲撫遠大將軍，四川提督岳鍾琪爲奮威將軍，自松潘會之。羹堯先分兵防其內犯，又守險扼其入藏及通準噶爾之路，復遣諸將分攻，潰其黨羽，移察罕丹津所部於蘭州；鍾琪自松潘出師，沿途勦撫，諸番多破散，松潘至西寧五千里，烽烟肅淸，青海爲奪氣！明年正月，既見羹堯，卽本檄討西寧東北之郭隆寺喇嘛，大捷，惟羅卜藏丹津尚負嵎於柴達木未下。其地距西寧千餘里，羹堯請調兵二萬餘，由西寧松潘甘州布隆吉河四路進攻；鍾琪請乘青草未生，以精兵五千，馬倍之，兼程擣其不備，詔從鍾琪策。二月出師，先後殲殛其守險偵伺之衆，敵無哨探，徑往襲其帳，出羅卜藏丹津不意。羅卜藏丹津急衣番婦之衣，騎白駝而遁！清軍循河涼西竄追至桑駝海（青海西藏交界處）而返。時羅卜藏丹津已橫越戈壁，投準部矣。其母阿爾泰哈妹阿寶等俱被禽。是役也，鍾琪以五千兵往返僅兩月，降台吉三，禽台吉十有五，斬首八萬，青海遂定。詔封鍾琪三等公，羹堯一等公。西寧諸番之未定者，俱以次討平，改西寧衛爲府，辦事大臣駐節於此，追繳諸番兵器及明國師印勅，限每寺喇嘛毋過三百，闢青海地千餘里，以賜厄魯特之未叛者；又移阿拉善王游牧於賀蘭山後，而收山前爲內地，以重寧夏之險：自是厄魯特始不敢窺青海。

青海之亂平，翌三年，而西藏又有阿爾布巴之變。阿爾布巴者，西藏之噶布倫（官名），忌康濟鼐之強，欲投準噶爾。詔命內閣學士僧格等往藏撫綏，又分師繼其後。未至藏，而頗羅鼐已先率札什倫布及阿里兵邀阿爾布巴去路，明年，獻之清軍。詔封頗羅鼐爲貝子，總前後藏事，而留僧格等駐其地，是爲大臣駐藏之始。

(二)因噶爾丹之滅而有噶爾丹策零之征　羅卜藏丹津之投準部也，策妄那布坦納之，清廷遣使索之，不即獻，惟不敢入犯；乃罷兩路兵，量留兵哈密，護其耕作。世宗胤禎在位之五年（卽雍正五年，民國紀元前一百八十五年）策妄那布坦沒，子噶爾丹策零立，黠狡好亂，過於其父！又集兵窺邊。翌二年，乃以傅爾丹爲靖邊大將軍，屯阿爾泰山出北路；以岳鍾琪爲寧遠大將軍，出西路征之，期以明年會攻伊犁。會羅卜藏丹津因事與其族謀殺噶爾丹策零事覺，策零執之將解送中國，遣使特磊偕行；中途聞清兵已出，因將羅卜藏丹津送回。岳鍾琪以聞，詔命特磊赴京而諭兩將軍暫緩出師，使至京會議；又命侍郎杭奕祿等偕特磊往諭準部，令其戢兵。兩將軍既行，兵事以副將軍巴賽提督紀成斌分統；噶爾丹策零見清兵可乘，乃以兵二萬襲哈密、至巴里坤中間之科舍圖卡倫，紀成斌不設備，幾敗，賴總兵樊廷等力戰得免。世宗胤禎在位之九年（即雍正九年，民國紀元前一百八十一年），傅爾丹進駐科布多，主戰事，副將軍查弼納、巴賽、副都統眞豪、海蘭、西彌賴、定壽、蘇圖、侍郎永國、塔爾岱、達福等皆會。時噶爾丹策零遣其臣大小策零敦多布潛師博克托嶺；遣諜故爲清軍所獲，詭言厄魯特大隊未至，在博克托者僅千人，距清軍三日程可達。傅爾丹勇而寡謀，遽信之，即以兵萬餘往襲；定壽、永國、海蘭等力諫不聽，前鋒及和通泊（科布多西二百里），爲準部兵所圍。清軍力戰不利，定壽、蘇圖中矢殞！西彌賴率本部兵援之，兵潰，身殉！眞豪、海蘭自縊！查弼納躍馬舞刀，敵皆披靡，潰圍出，不見傅爾丹，恐蒙陷帥罪，復入陳死！達福殿軍被殺，巴賽血戰死之！惟塔爾岱冒鋒出，中槍，血殷征衫，蒙古醫以羊皮蒙之三日，始甦！大兵萬餘，得生還科布多者僅二千人。傅爾丹奏聞，自請正法！詔貶爵，寬其死，而以順承郡王錫保代之。

和通泊敗後，喀爾喀之地位危，準部之師旦暮至。詔科布多營移於察罕廋爾（札薩克圖汗右翼左旗境），專守喀爾喀；又以馬爾賽爲綏遠將軍駐歸化城爲犄角。時準部亦兩路備兵，令諸台吉環峙烏魯木齊以伺淸軍西路，又屯田於鄂爾齊河以窺淸軍北路，而喀爾喀則尤所蓄意：其大小策零敦多布以察罕廋爾科布多皆有淸軍，乃取道阿爾泰山迤南進攻喀爾喀；小策零以精騎六千深入，大策零擁衆二萬於蘇克阿勒達以爲之援。錫保令喀爾喀親王丹津多爾濟及額駙策凌合兵迎擊於鄂登楚勒河，敗之。時議以推河、翁金河、拜達里克河三處皆要地，乃各築城爲大營犄角；馬爾賽在歸化，退縮不前，詔率兵移守拜達里克城以扼其衝，聽錫保節制：北路之戰事因之暫定。

初，岳鍾琪之屯兵巴里坤，以籌西路也，聞傅爾丹有和通泊之敗，急遣紀成斌進攻烏魯木齊以分其勢，敵已委城先徙，無所得。世宗胤禛在位之十年（卽雍正十年，民國紀元前一百八十年），噶爾丹策零以師由烏魯木齊進擾哈密，鍾琪令總兵曹勷等拒之；又檄將軍石雲倬等以萬人赴南山口，邀其歸路；遇敵相望二十里，遷延不擊，縱其飽颺。鍾琪劾奏雲倬治罪，大學士鄂爾泰等因並劾鍾琪；詔削鍾琪大將軍號，仍留營戴罪視事。初，鍾琪奏木壘（齊台東木壘河）地勢險要，且可屯種，請卽彼築城駐兵二萬，截敵來路，詔從其議；及是大軍由巴里坤移駐木壘，方爲次第進偪之計，廷議終以鍾琪辦理軍務未協，召還京，以副將軍張廣泗護大將軍印。廣泗尋劾鍾琪調度乖方各款，且言準夷專資馬力，我兵對敵必須馬步兼用，而岳鍾琪立意用車，自巴里坤至木壘沿途溝塹崎嶇，紆繞沙磧，用車甚不相宜；且木壘四面受敵，牧廠運道，在在可虞，必不可駐兵！詔速撤軍回巴里坤：於是西路之守略，又爲之一變。鍾琪既至，交兵部拘禁，候議；翌二年，大學士等復訊，擬決，得旨改斬監候；至乾隆初，始赦歸。

方是時，噶爾丹策零之用兵注重在北路；雖有哈密之捷，第不過爲牽制之師。小策零敦多布初侵喀爾喀，不勝，力謀再舉；既退屯喀喇沙爾，尋於十年六月糾衆二萬進次奇蘭河（厄爾齊斯河源支流）附近。七月，遂自奇蘭越察罕廋爾大營北進，錫保檄額駙策凌偕將軍塔爾岱等禦之本博圖山（烏里雅蘇台東南）。時小策零師甫深入，探知策凌已出，遂突襲其帳於塔米爾河，虜其子女牲畜；策凌聞警還救，相拒二日，以親王多爾濟丹津援兵未至，小策零遂趨額爾德尼昭。八月，策凌追及，十餘戰俱勝；小策零據杭愛山麓，偪鄂爾坤河而陣，策凌麾衆疾攻，斬馘萬餘，獲畜械無算，其衆三萬存者無幾！小策零倉皇西遁，策凌卽檄馬爾賽出拜達里克城截殺。副將軍達爾濟整兵待發，馬爾賽不許；副都統傅鼐至跪求出兵，亦不許。軍士登城望見敵騎由城下過，如亂鴉投林，紛雜無行列！翌日，將士不稟命自出追之，僅截其零騎，無大功，馬爾賽終以畏縮伏法；而準部自此役戰敗以後，勢日衰耗，亦不敢犯邊。

額爾德尼昭者，又名光顯寺，故又稱光顯寺之捷。是役也，以策凌之功最多。策凌本元太祖第四子後裔，居喀爾喀賽因諾顏部。康熙中，噶爾丹勢寖強，喀爾喀賽音諾顏亦被破。策凌時弱冠，負祖母單騎叩關，降詔居京師，尚純慤長公主。雍正中，遣歸游牧，會準噶爾寇喀部，遂建大功。鄂登楚勒河之捷，晉封和碩親王，使主賽晉諾顏，自是喀爾喀爲四部。光顯寺再捷，又賜以「超勇」名號，漠南北均企其聲威焉。

自光顯寺戰後，準部勢落，錫保乃自察罕廋爾移營烏里雅蘇台備之。然於準兵東犯，既不能扼之於前而光顯寺大捷，又不能出師以爲策凌之應，準兵雖大創而不能盡滅，錫保身爲統帥，不能辭咎！詔削其爵，令軍前戴罪効力，而以多羅平郡王福彭爲定邊大將軍，額駙策凌副之。準兵兩犯喀部，既不能勝，北部已爲清兵所御，無復能繼進；西路署大將軍查郎阿與副將軍張廣泗，又力謀守禦，其入犯西路者亦數被敗衄。西北兩路之衆，準部皆不能拒，而清廷用師之態度彌復橫厲！噶爾丹策零始遣使乞和，清廷亦遣傅鼐等往議。鼐等旋奏噶爾丹策零請以哲爾格西拉胡魯蘇地方爲我喀爾喀游牧界，詔令將鼐等奏摺並地圖密寄額駙策凌，囑其細閱；策凌旋奏稱以阿爾泰山爲界，山東令我處巡邏，山西令彼處巡邏，所有游牧，斷勿令過阿爾泰山！自是往復爭論，至高宗弘歷在位之二年（即乾隆二年，民國紀元前一百七十五年）始定議以阿爾泰山爲界。先是準部請和之議起，清廷以勞師久糜餉多，旋即量撤西北二路兵；北路築城於鄂爾坤河，留戍兵屯田防秋；西路則戍哈密、巴爾坤；及和議定，西北兩路之師於是悉罷。計自康熙五十六年（民國紀元見上）至此，先後軍用達七千餘萬之多云！

（三）因尼布楚之會而又有恰克圖之約　自尼布楚會議定約以來，中國東北邊境之界線，於茲確定；及清師征準噶爾，喀爾喀內附，外蒙古主權屬中國；既以外蒙古之地爲其北境，因是與俄領之西伯里亞交涉頻繁恰克圖地當庫倫之北，名初不著；以互市故，始大顯。今述互市起源：自康熙五十九年（民國紀元見上），庫倫之市始。先是祇准俄人隔三年來京貿易一次，而喀爾喀土謝圖汗之邊界人民，其對俄之貿易，向惟土謝圖汗自爲經理，初未設官彈壓，亦未著於功令也。康熙五十九年，理藩院議准：喀爾喀庫倫地方，俄羅斯與喀爾喀互相貿易，民人叢雜，難以稽察；嗣後內地民人有往喀爾喀庫倫貿易者，令該管官出具印文，將貨物人數開明，報院給與執照，出何邊口，令守口官弁驗明，院照放行；由院委監視官一人，前往會同土謝圖汗等，強壓稽查，二年一次更代。是爲庫倫准互市之始，設官著令，皆肇於此。明年，又命土謝圖汗旺札勒多爾濟督理俄羅斯邊境事。至世宗胤禛在位之四年（民國紀元見上），旺札勒多爾濟又遣人購穀種於俄羅斯，播之於額爾德尼昭等，以裕軍食，得旨褒嘉。俄與蒙古之貿易，由是日繁；同年，恰克圖之約以定。

康熙末，俄皇彼得曾遣使至中國，議改定商約；初以覲見禮節起紛議，而所請亦迄不得要領。時彼得方與瑞典交兵，無暇顧及極東，故對於中國之交涉，亦不聞有繼續之進行。至世宗胤禛在位之三年（民國紀元見上），彼得妃皇后加他鄰一世卽位，復遣使至北京，申前請，且請畫蒙古西伯里亞間之定界；清廷許之，卽遣喀爾喀親王額駙策凌、內大臣伯四格、侍郎圖理琛等，會同俄使往布拉河上商議，共結成恰克圖之條約，時雍正五年九月也。其要旨大略如左：

（一）關於境界者　（甲）於恰克圖小河溝俄國卡倫與鄂爾懷圖山之中國卡倫地方，建立界碑，自此界碑迤東至額爾古納河，迤西至沙畢納伊嶺。此間如橫有山河，則以橫斷山河爲界；如空曠地，則於適中地立標爲界。陽面作爲中國，陰面作爲俄國。(乙)烏帶河地方作爲兩國共有之地，彼此不得佔據(烏帶河在外興安嶺北東流入鄂霍次克海之烏帶灣者)。

(二)關於通商者　(甲)以恰克圖尼布楚爲互市場，兩國人民均得在其地建造室宇。(乙)俄商至中國者，仍照原定額不得過二百人，每間三年入京。

(三)關於人民居住者　(甲)國界既定，兩國各有屬下不肖之人，游牧佔據地方，蓋房屋居住，查明各自遷回本處。兩國之人各有互相出入雜居者，查明各自收回居住，以靜疆界。(乙)兩國嗣後於所屬之人，各有逃走者，於拏獲地方，卽行正法。

(四)關於官文往返者　(甲)送文之人，須俱由恰克圖行走。(乙)嗣後如彼此咨行文件，有勒措差人，並無回咨，耽延遲久，回信不到者：既與兩國和好之道不符，則使臣難以行商，暫爲止住，俟事明之後，照舊通行。

(五)關於傳教者　京師俄羅斯館，嗣後得許俄人來京者居住；俄使請造教堂，中國補助之，聽俄國教徒居住，教徒得依本國教規禮拜。

(六)關於控斷者　兩國邊界各置頭目，凡事秉公迅速完結，倘有懷私畏葸貪婪者，各按國法治罪。

右條約以雍正六年(民國紀元前一百八十四年)，得兩國政府之批准，自是兩國往復文書，中國則以

「理藩院，」俄國則以「元老院」之名義行之。此條約維持中俄兩國國交者殆一百二十年（雍正六年至咸豐元年），恰克圖之貿易因是日盛。清政府爲之設監視官一人，由理藩院司官內揀送，二年一次更代，恰克圖之准互市駐員自此始。自是以後，庫倫之市移於恰克圖，以庫倫在卡倫內，恰克圖在卡倫外故也。中國內地商人之至恰克圖貿易者，強半籍山西，由張家口販運煙、茶、緞、布、雜貨前往易換各色皮張、氈片等物。初時俗尙儉樸，故多獲利。嗣是百貨雲集，市肆喧闐，恰克圖遂爲漠北繁富之區。後至高宗弘歷在位之二十七年（卽乾隆二十七年，民國紀元前一百五十年），始改庫倫辦事大臣二人。翌二年，以俄商交易無信，詔罷恰克圖市場。其後屢開屢閉，操縱在我。至五十七年（卽乾隆五十七年，民國紀元前一百二十年），復與俄官訂恰克圖新約，大致均爲互市上之規定焉。

以上皆爲雍正一朝對外之槪情，至於內政，則恆賴法而理。其用法嚴厲之徵，厥端又有四：

一、爲施之軍將者　雍正朝、馭將尙嚴，事之著者，莫如年羹堯之獲罪。羹堯爲漢軍廂黃旗人，由康熙進士，累官至川陝總督。雍正初，加太保。青海變起，羹堯駐四川，佩撫遠大將軍印，移鎭西寧，功成，晉一等公爵，語在上節。已而羹堯奏青海善後十三事，頗嘉納，羹堯勢益強。時年氏家僕自平西陲時隨軍敍功，多至顯官，羹堯之駐節西安也，又擅罷外官，專用私暱，屬吏不能平。巡撫范時捷劾奏之，調羹堯爲杭州將軍，奪其撫遠大將軍之印，而令岳鍾琪繼之爲川陝總督。時世宗胤禛在位之三年（民國紀元見上）四月也。同年，削羹堯爵，革杭州將軍任，授爲閒散章京，在杭州効力行走。世宗胤禛故惡羹堯，朝官希上旨，共劾羹堯謂與靜一道人邵魯謀爲不軌，僞造圖讖妖言，家藏戰甲二十八，箭鏃四千，綜計大罪得九十二，律應大辟，奉旨賜羹堯自盡，子富立斬，餘十五歲以上之子發邊，其父遐齡兄廣東巡撫希堯俱革職，其黨均次第治罪。至雍正五年，始赦歸其子，交年遐齡嚴加管束。或曰：羹堯之死，實由其驕邁使然。方西陲定，奉詔入覲，至京日，公卿跪接於廣寧門外，策馬過，毫不動容；王公有下馬問候者，羹堯頷之而已。至御前，箕坐，又無人臣禮。其上疏奏，又書「夕惕朝乾」爲「朝惕夕乾」，語意干指斥，故世宗胤禛遂決意殺之云。

其他如征定準部之役，岳鍾琪之不死，可謂天幸。大學士大將軍之受誅者亦不少。鄂爾泰爲彼時有力之勳臣，以辦理貴州苗務，未能得手，而苗亂轉興，亦削去伯爵。雍正之馭將士，可見一斑。

二、爲施之宗王者　或問清代密建儲位之法，始於何時？原於何事？則當語之曰：其制始於雍正，其事由允礽。何言之？自允礽失德被廢，胤禛即位，以不立太子，固易啓諸王之營謀，明立太子，又易生嫡庶間之鬩奪，乃特剏爲「儲位密建」之法：元年八月，密書四子弘歷名，加以緘識，置諸宮內正大光明匾額之內；又別爲密旨交內府藏之，備後日之對勘，自是遂爲清代建儲之定法。允禩當康熙朝，本已黜爵，世宗胤禛既立，以允禩才望爲諸王冠，復封爲親王；又以允禩曾與其弟允禟互爲黨援，乃安置允禟於西寧，以分其勢。而允禩怙惡，仍與允禟私相通問事聞，允禩允禟俱得罪，屏其名於宗籍之外；並改允禩名爲阿其那，允禟名爲塞思黑，其同黨弟兄允禩允禟亦被拘治，而諸臣且有乘是請殺允禩允禟者；允禩允禟尋以病死，至乾隆時，始復其名列入宗籍焉。

三、為施之士夫者　雍正朝文字獄數起，而以曾呂之獄為較著。先是湖南人曾靜者，因考試劣等，家居憤鬱，謀所以抗清，陰遣其徒張熙投書於岳鍾琪。鍾琪時總督川陝，掌兵權，故熙勸其同謀舉事。鍾琪故忠於清，又遇雍正之嚴厲，一旦為所覺，禍不解；因密訊之，知為曾靜所指使，急以上聞。詔遣刑部侍郎杭奕祿等至湖南提問，靜供係沈溺浙人呂留良之說，又與呂留良之徒嚴洪逵沈在寬等往來投契等語；隨將曾靜張熙解京研訊，並命浙江總督李衛查抄呂氏諸家書籍，所獲日記等書，並列名案內諸人，一幷送部。詔以呂留良之罪在曾靜上，羣臣共定議具奏，將呂留良嚴洪逵及留良之子呂葆中皆剉屍棄市，子孫遣戍，婦女入官，沈在寬凌遲處死；曾靜張熙則罪從末減，得赦歸。御纂獄事始末成一書，曰大義覺迷錄，頒之學官，俾士夫共誦之，至乾隆時始列為禁書。

四、為施之官吏者　雍正朝既以允禩輩怨望不服，其門客又多流言，以惑國人之聽聞；於是嚴布偵探，以審伺之，閭里細故，無不上聞！而官吏陰私，亦往往於斯發覺！廷臣舉動，輒被周知。其緹騎邏察之人，隨在皆有，故一般官吏，羣有戒心。雍正之治，號為嚴厲，並禁止羣臣朋黨，而以六科給事中隸諸都察院，以抑其昌言罔忌之驕心，於是風氣為之一變。

世宗胤禛在位之十三年，疾歿，太子弘曆卽位，是爲高宗，改元乾隆。乾隆之時，中國乂安，至其武功之可觀者，約有十端。清人所謂「十大武功」者也。今彙而述之如下：

(一)準噶爾之役　準噶爾自噶爾丹以來，兩抗中國，雖先後爲清兵所定，其餘孽固猶未靖，清猶未能弛西北之防也。高宗弘曆在位之十年（卽乾隆十年，民國紀元前一百六十七年），噶爾丹策零死，其子策妄多爾濟那木札爾嗣位，昏暴不恤國政。十五年（卽乾隆十五年，民國紀元前一百六十二年），其姊夫賽音伯勒克害之，立其庶兄喇嘛達爾濟。喇嘛達爾濟本噶爾丹策零外婦所生子也；大策零敦多卜之孫達瓦齊，於喇嘛達爾濟爲近屬，喇嘛達爾濟忌之。輝特台吉阿睦爾撒納者，策妄那布坦之外孫，而和碩特部丹衷之子也，爲人最狡黠，欲構達瓦齊篡亂而己從後圖之；乃與達瓦齊合兵突入伊犂，殺喇嘛達爾濟。達瓦齊自立爲汗，阿睦爾撒納謀襲之而力不敵；十九年（卽乾隆十九年，民國紀元前一百六十三年），遂與杜爾伯特台吉納默庫，和碩特台吉班珠爾，率所部二萬餘人來降，且乞師往靖亂：其意欲借我兵力滅達瓦齊而己得據其地也。先是喇嘛達爾濟之立，以台吉達什達瓦素爲策妄多爾濟那木札爾所任用，執而廢之，欲以其部衆分賞各台吉：其部有宰桑薩拉爾不肯他屬，率千戶來降，清廷授爲散秩大臣，詢以準部事，悉其內亂狀，然尙未欲用兵也；迨達瓦齊之立，有杜爾伯特台吉策零及策零烏巴什策零蒙克率所部來降，備得悉其情形，亡可企足而待。於是清廷用兵之意遂決，方調兵籌餉以圖大舉，而阿睦爾撒納等來降，詔各封王號，寵賚甚至。二十年（卽乾隆二十年，民國紀元前一百六十二年）兩路出師：北路以尚書班第爲定北將軍，阿睦爾撒納副之；南路以陝甘總督永常爲定西將軍，薩拉爾副之。所至準夷各部落俱迎附，兵行數千里，無一人敢抗軍行者！兩軍以五月朔會於博囉塔拉河；未幾，抵伊犂，達瓦齊已遁，爲清兵所追及，回酋霍集斯（卽霍集占）縛而獻之，伊犂平，並獲前青海叛酋羅卜藏丹津。距出師止百餘日，沙漠萬里，咸隸版宇，說者以爲前古未有之武功云！

厄魯特之先，故有四「衞拉」，華言四大部也，部各有汗。清高宗弘歷之用兵也，欲俟平定後，仍其舊設四汗，衆建以分其勢，可以息邊釁，消亂；如喀爾喀之編七旗，後世長享太平，而阿睦爾撒納志不在此也。班第出師，甫受命，卽有密諭示以分封四汗意；又以額駙色布騰巴勒珠爾本科爾沁親王，令與阿睦爾撒納偕行，俾無猜疑，陰伺察之；乃額駙反與之昵，阿睦爾撒納遂特與援。班第等之留伊犂籌善後也，阿睦爾撒納輒隱以汗自處，凡事多不稟承將軍，生殺任意，置副將軍印不用，用其國汗舊傳小紅鈐記，發書隣部哈薩克及俄羅斯之鳥梁海；又使其黨散布流言，謂不立阿睦爾撒納爲汗，準部終不得安。班第等密以其事入奏，得旨，卽軍中誅之，而是時大軍已撤，隨將軍兵僅五百，其餘皆厄魯特也。班第等不敢舉事，惟趣之入覲，欲就內地執之，而令喀爾喀親王額林沁多爾濟督之行，阿睦爾撒納又遷延不卽入。先是阿睦爾撒納與額駙約：乘其先歸，密囑以己總長四部之意入奏，期七月下旬俟命，額駙歸，隱忍不敢奏，阿睦爾撒納以俟信久不至，中途設計紿額林沁多爾濟而遁，寄聲伊犂衆厄魯特嗾其反，於是伊犂之衆遂起應之，阿睦爾撒納勢益盛，班第薩拉爾等率兵五百奪路歸至崆吉斯，薩拉爾先遁，五百兵皆散，班第自刎。定西將軍永常方駐木壘，聞軍告被掠六七處，恐賊大至，乃退回巴里坤，移糧哈密。清廷以額駙匿情不奏，致誤軍事，革其爵，發軍効力；額爾沁多爾濟與阿睦爾撒納偕行，而聽其兔脫，立賜死。又以永常恇怯退兵，逮問來京；以策楞為定西將軍，富德、玉保、達爾黨阿俱為參贊大臣，由巴里坤速進兵。同年十一月，師行，玉保為前隊，諸降夷入覲後回游牧者，亦各以兵從。二十一年（即乾隆二十一年，民國紀元前一百六十一年），薩拉爾自伊犂脫歸，迎大軍於土魯番。玉保至特克勒，阿睦爾撒納懼，偪偽使人報前途已擒阿睦爾撒納來獻。玉保信之，入京報捷，而阿睦爾撒納乘機遁；二月，策楞兵至伊犂，阿睦爾撒納已逃入哈薩克。乃褫策楞、玉保職，用達爾黨阿為定西將軍，富德副之，以禽阿睦爾撒納事專任此二人，直入哈薩克索取。繼命巴里坤辦事大臣兆惠為定邊左副將軍，往軍營應援。事垂定矣，忽有喀爾喀郡王青袞札卜撤軍台之亂，形勢又一變！

初，北路郵驛本喀爾喀各部應役，自用兵以來，軍報絡繹，需人馬頗多，青袞札卜苦之，遂撤其所設台，文報中斷。又以額林沁多爾濟之死，心不平，衆喀爾喀惑之，自十六至二十九台一時盡撤。乃以超勇親王策凌（已歿）之子成袞札布為定邊左副將軍勦捕，又命侍郎阿桂等助之。各台旋即復設。達爾黨阿之追阿睦爾撒納至哈薩克界也，阿睦爾撒納方借哈薩克兵來拒戰，清兵雖迭敗之，而阿睦爾撒納則不能得。時將冬寒，乃命達爾黨阿等撤兵由北路歸，與成袞札布協禽青袞札卜。是年冬，阿桂追獲之，始伏誅。而西路諸降夷，聞青袞札卜之變，亦羣起叛亂，策楞玉保逮入京，在途亦爲所害。兆惠方駐兵濟爾噶郎，聲息阻隔，或傳其率兵途次，爲敵所截者？巴里坤營中遣人往探，大風雪，莫敢應，有守備高天喜獨請行，侍衛圖倫楚已由巴里坤率兵往。兆惠方率千有五百兵，轉戰而東，至二十二年（即乾隆二十二年，民國紀元前一百五十五年）正月，達烏魯木齊，迭次至數十百戰，然軍中無馬，皆步行雪淖中，履襪亦多不完，所食惟瘦駝疲馬，且將盡，至特納格爾（新疆阜康縣），不復能衝殺，乃結營自固。已而圖倫楚率兵至特納格爾，圍始解。兆惠得圖倫楚，又往勦巴雅爾部落，始回巴里坤。是歲，再出師，禽阿睦爾撒納，成袞札布由北路，兆惠由西路，皆於三月中起行。會諸敵酋不睦，自相吞噬，阿睦爾撒納自哈薩克歸，會諸賊於博羅塔拉，欲自立爲汗。聞清兵將至，又遁去，諸酋皆竄匿，兆惠設計禽之，惟阿睦爾撒納尚未獲。六月，又窮追至哈薩克，其汗阿布賚謀禽之以獻，阿睦爾撒納驚，又逃，阿布賚執其兄達什策凌送軍門。阿睦爾撒納走入俄，爲樵者所得，守卡之馬玉爾送往俄廷，患痘死。理藩院行文俄國索之，俄送其屍入恰克圖，兆惠等因擇地過冬。二十三年（即乾隆二十三年，民國紀元前一百五十四年）春，兆惠等復以師盡勦厄魯特衆之漏網者，至二十五年（即乾隆二十五年，民國紀元前一百五十二年），大軍先後合圍勦殺，凡山陬水涯，可漁獵資生之地，悉搜剔不遺，於是準部全平。設伊犁將軍以涖治之，建官屯田，築城開渠，遂成西北之一大都會焉。

自清平西陲，開伊犁爲都會，至三十六年（即乾隆三十六年，民國紀元前一百四十一年），土爾扈特亦歸化。土爾扈特者，故衞拉特四部之一，先世出元臣翁罕，九傳至和鄂爾勒克，居於雅爾之額什爾努拉地。初，衞拉特諸酋以伊犂爲會宗地，各統所部，不相屬。準噶爾部酋巴圖爾琿台吉者，噶爾丹之父也，游牧阿爾台博，恃其強，侮諸衞拉特，和鄂爾勒克惡之，舉族走俄境，屯牧額濟納河，俄國稱爲己屬。土爾扈特習蒙古族務游牧，逐水草徙，與俄羅斯城郭處異；衣冠用強厲，復與諸衞拉特絕異。三傳至阿玉奇，始自稱汗，康熙中，表貢不絕。乾隆朝，伊犂平，有附牧伊犂之土爾扈特族舍稜等奔額濟勒河；時阿玉奇孫渥巴錫在位，舍稜勸其內附，於是遂於三十六年偕舍稜等絜全部三萬餘戶內降清。蓋自清初綏服蒙古以來，至是乃盡屬而臣之，詔以新舊別稱，各設札薩克，異牧而處，而仍以渥巴錫爲汗，其所部則爲舊土爾扈特；舍稜爲郡王，其所部則爲新土爾扈特，賜牧地於伊犂及科布多附近焉。

抑烏梁海之服屬，亦由清平伊犂致之。烏梁者，即明時兀良哈之部族，在蒙古諸部之西北，而役屬於喀爾喀準噶爾，且亦有隸於俄羅斯者。康熙朝，喀爾喀既內屬，其所隸之烏梁海亦歸順供貢聽役；惟內地準噶爾所部之烏梁海部人在烏里雅蘇台之北，未供貢役，清廷初亦度外置之；已而策妄那布坦跋扈，倚烏梁海爲援，始議征烏梁海，以殺準部之勢。厥後北路大兵控扼要衝，因以漸撫勦；及乾隆間，又屢征之，於是準噶爾兩部所屬之烏梁海亦內附，乃分其種人爲三：曰唐努烏梁海，曰阿爾泰烏梁海，曰阿爾泰諾爾烏梁海。分隸於烏里雅蘇台之定邊左副將軍及科布多參贊大臣，而其中尤以唐努烏梁海之地爲大。

抑伊犂之平定，不特得烏梁海之內附，而卡倫以外之哈薩克，亦因之臣屬，甚盛事也。哈薩克雖與俄爲鄰，俗符回部，恃游牧爲生。東接塔爾巴哈台，南接伊犂二城之境，賴哈薩克爲屏蔽，其分部大者有三：曰左曰右曰北。左右二部最近新疆，右部之西，卽俄羅斯始起地也；阿睦爾撒納之始遁也，實與左部相犄角，及淸兵進討，左部先歸，右部亦附；於是封王公台吉之爵，歲時朝覲納租賦，悉與內地各蒙古相等，惟北部與俄羅斯接境，迄不服，而淸於三部中已得其二，聲勢達域外。或曰：其地爲古大宛。大宛去中國於漢爲遠，於是淸之盛威彷彿西京攫取天馬時矣！

二）回部之役　自準噶爾平，天山北路之地全爲淸屬；所未定者，尙有南路。南路爲諸回城之所在，本受役於準噶爾；當高宗弘曆在位之二十二年（卽乾隆二十二年，民國紀元一百五十五年）伊犂未定，而回部之變興，於是淸兵又轉鬬於天山以南，而新疆全定。初，蒙古盛時，天山南路隸察罕台；其後數變遷，至元明間，察罕台子孫後建汗國於喀什噶爾，而天山南路仍爲所屬。其後西方回教漸次由撒馬兒罕移喀什噶爾，遂有加利晏及伊薩克之兩派，二人皆和卓木子；喀什噶爾之有回教，實自二人始。加利晏之門徒曰白山宗，伊薩克之門徒曰黑山宗。喀什噶爾汗伊嗣馬爾者，黑山宗之信徒也；當淸順治初，見白山宗之盛而忌之，乃設謀放逐白山宗之主教和卓木阿巴克，阿巴克赴愬西藏；於是準部之噶爾丹遂以達賴五世之命，舉兵入喀什噶爾，立阿巴克爲汗，遷其舊汗之一族於伊犂，而察罕台之汗統遂絕。時聖祖玄燁在位之十七年也（民國紀元見上)。然其時回疆各城,尙皆有汗,皆爲蒙古後,阿巴克雖爲喀什噶爾君長而不能全有天山南路之各城也;及準噶爾盛強,於是南路迤東諸蒙古汗國或滅或內附,迤西諸國遂皆爲回族有。白山黨夙爲噶爾丹之所扶持,故當噶爾丹稱盛時,白山黨頗強;至策妄那布坦立,則又扶助黑山黨而白山黨始衰。先是噶爾丹敗後,其質伊犂之回酋阿布都實特,白山黨也,自拔來投,清廷優卹之,遣人護至哈密,歸諸葉爾羌,是爲霍集占兄弟之祖;至其子瑪哈木特欲自爲一部,不外屬,策妄那布坦乃以師襲葉爾羌,執歸幽之,並羈其二子,使率回民數千,墾地輸賦,長曰布那敦,次曰霍集占,卽所謂大小和卓木者,猶華言「聖裔」也。高宗弘曆在位之二十年(民國紀元見上),清兵定伊犂,擇大和卓木布那敦,歸葉爾羌,使統舊部,而留霍集占居伊犂,掌回務。及阿睦爾撒納爲變,霍集占助之,以與勤王之台吉宰桑戰踰年;清兵再克伊犂,霍集占遁歸布那敦,初欲集所部聽約束,霍集占以曾助逆,故終阻;欲乘準部反側未安,清兵久勞,自立國,乃集其伯克、阿渾等自立爲巴圖爾汗,回戶數十萬皆靡;惟庫車、拜城、阿克蘇三城回官不從,皆奔伊犂將軍兆惠所派遣招撫之副都統阿敏道,旋被害於庫車。事聞,清廷以兆惠方有搜討準噶爾之役,乃命雅爾哈善爲靖逆將軍,二十三年(民國紀元見上)五月,由吐魯番進攻庫車;霍集占兄弟率鳥槍兵萬餘,由阿克蘇捷徑來援,爲清兵所敗,乃率餘衆入保庫車城,雅爾哈善不爲備,於是霍集占兄弟均分道而遁。布那敦奔喀什噶爾,霍集占奔葉爾羌,守庫車之回酋阿布都亦突圍而出;詔誅雅爾哈善以下諸將,命兆惠等自北路移師而南。兆惠以步騎四千先行，至葉爾羌霍集占已堅壁淸野，掘濠固守；兆惠抵葉爾羌城東，隔葱嶺南河而陳。葱嶺南河亦名黑水，故時謂兆惠所駐爲黑水營；回兵懼其偪結衆數萬出攻，築長圍困之，相持三月不下。副將軍富德尙在北路，聞黑水營圍急，乃自阿克蘇率師冒雪往援；二十四年（民國紀元見上）四月至呼拉瑪（葉爾羌城東北三百七十里），遇敵騎五千，轉戰四晝夜，渡葉爾羌河，距黑水營三百里，敵愈衆，不能進。適巴里坤大臣阿里衮奉命以兵六百解馬駝至，副都統愛隆阿亦以千兵至，三路進偪敵壘，兆惠亦勒兵潰圍出。先是兆惠在圍中久，參贊鄂實等先衝圍死，軍士咸煮鞍革以救其饑，懸伏山谷間以保其命，及圍破，軍士謝更生，奏聞，諭旨嘉獎；於是諸軍均還駐阿克蘇，俟師集繼進。

同年夏，兆惠復出師由烏什取喀什噶爾，富德由和闐取葉爾羌。時回人方怨霍集占虐困其民，衆漸解體，霍集占兄弟遂棄城西遁，欲投敖罕，不報，乃赴巴達克山。淸軍一方平定收喀什噶爾葉爾羌兩城，一方則分師追至阿爾楚山，斬其驍將阿布都；又追至伊西洱庫河，乃巴達克山界。霍集占以萬衆據北山及迤東諸峯，決死戰，淸兵連破之；巴達克山酋乘其窮蹙，設計擒殺霍集占兄弟，函其首以獻。兆惠等既全定南路，以喀什噶爾爲參贊大臣建駐之所，節制南路各城，與葉爾羌英吉沙爾和闐爲西四城，烏什阿克蘇庫車闢展爲東四城，並東路哈密土魯番哈喇沙爾共十有一城，分設辦事領隊大臣鎭之，又各設三品至六品阿奇木伯克理回務，不得專生殺，回疆平。明年，爲高宗弘歷在位之二十五年（即乾隆二十五年，民國紀元前一百五十二年），大兵遂凱旋京師焉。

烏什者，回部大都會之一。兩和卓木之亂，其阿奇木伯克霍吉斯頗持兩端；及亂平，乃召霍吉斯入京，而以哈密伯克阿布都拉代之。阿布都拉暴戾，回民不附；辦事大臣蘇成駐其地，又以荒淫失衆心，回民無所訴。時葱嶺西境布哈爾阿富汗諸國惡巴達克山王之殘其同族也，合師殺其王，屠其城；烏什住民等聞其事，竊通使乞援，遂以二十九年（卽乾隆二十九年，民國紀元前一百四十八年），舉兵反，殺蘇成以下諸官吏。阿克蘇辦事大臣卡塔海及庫車大臣鄂寶先後赴救，皆戰敗；於是喀什噶爾參贊納世通、伊犂將軍明瑞、參贊永貴等各以兵赴援，會圍烏什。事聞，卡塔海以誤軍機伏法，納世通亦以騷擾罪誅；明瑞等遣兵晝夜攻城，烏什人不支，自五月至七月，阿富汗救不至，諸回城又不爲響應，烏什人遂縛首謀降，清兵入城，殲其黨，爲徙其老弱萬餘口戍伊犂，而移他回戶以實之，喀什噶爾之參贊大臣並移駐於此，烏什遂平。翌二年，而又有昌吉之事：

昌吉（新疆昌吉縣）者，清師定準部後，大興屯田處也。除兵民回屯外，復有內地謫戍之屯戶，是爲流屯。是年，屯官與流屯生釁，流屯戕屯官，據城叛，報至，烏魯木齊鎮守都統温福出師討之，昌吉平。自後五六十年間，天山南北得無事。

清自用兵回疆後，天山南北兩路俱底定，於是浩罕、阿富汗、布哈爾皆先後入貢，清威之所被者益遠，中亞細亞諸部皆收而儕諸屬國之列矣。

（三）黔苗之役　雍正末清方有事準部，而貴州之苗亂又興。苗疆向號荒僻，介中國西南諸省邊地，其地方之官，歸土著世襲，號曰「土司」；自順治迄康熙，苗中尙無劇烈之變，故雍正朝用雲貴總督鄂爾泰策，自四川雲南貴州等地之不法土司，多改而歸流，苗疆大拓。各土司自以漢唐世襲二千餘年，雄富敵國，一旦入版圖，受官吏約束，心終不甘，以是改流後反者歲數起。先是鄂爾泰督雲南，旣奏定「改土歸流」之議，於是詔以四川所轄之東川烏蒙鎭雄三土府改疆雲南；三土府距四川省治遠，距雲南省治近，鄂爾泰用游擊哈元生，使以兵制烏蒙鎭雄東川。其初烏蒙土知府祿萬鍾擾東川，其黨土知府瀧慶侯助逆，元生等旣定其亂後又屢建功，累升至貴州提督，苗人畏其威，朝廷嘉其勞。當時經略苗疆之易於就緒者，多賚元生力。其滇邊諸苗，則以鎭沅威遠爲先服，已又平定瀾滄內之孟養茶山各土目，建普洱爲府，黔邊諸苗則先著手於廣順定番鎭寧諸州長寨，順次以至古州。古州位沅水之上游，淸水江之源，深處山谷，別有天地，乃苗疆之中心，爲自來兵力所難及！鄂爾泰使知府張廣泗招撫之，闢苗疆甚遠，並不重煩兵力；詔嘉廣泗功，累遷官巡撫。其他廣西境內之各土司，因亦相率歸附；至世宗胤禛之九年（民國紀元見上），苗疆大定。

鄂爾泰旣靖苗疆，以功封襄勤伯，入爲武英殿大學士；張廣泗亦旋由貴州巡撫移督湖廣。始事諸臣先後去，而諸苗餘孽猶伏，當事者不注意；至十二年，於是遂有台拱九股苗之變。先是鄂爾泰用兵招撫，未及台拱之九股苗有司輒稱台拱頗內屬貴撫元展成易視之遽於十年（民國紀元見上），設營置兵台拱苗叛起，幸而鎮定；至十三年（民國紀元見上），苗疆吏以徵糧不善台拱遠近各寨復蜂起陷黃平以東諸城，貴州省治勢岌岌！詔以哈元生素熟苗事苗人之所畏乃以為揚威將軍而以湖廣提督董芳為副。芳主撫，元生主戰，見解既不和嗣欽差撫定苗疆大臣張照至，又袒芳與元生相忤。照倡議分地分兵劃施東以上為上游滇黔兵隸元生施東以下為下游用楚粵兵隸芳。元生與芳遂欲將村莊道路盡劃上下兩界文移辨論日久無功；元生坐革職，而世宗胤禛旋歿。高宗弘歷立，召張照還，授張廣泗七省經略，哈元生以下咸受節制；旋逮張照董芳哈元生，元展成治罪，而元生旋歿。廣泗悉反前此諸將任意氣者之所為，定計撫熟苗，剿生苗；乃先調全黔兵集鎮遠，通雲南貴州間往來大路，以精兵數千分攻台拱之九股苗，而自統兵五千攻清江下流各寨生苗，死者甚衆，餘衆逃入牛皮大箐。箐圜苗巢中盤亘數百里，北丹江，南古州，西都勻八寨，東清江台拱，形勢險要。廣泗檄諸軍攻破之，復乘勢窮誅熟苗之從亂者，先後共燬苗寨千二百餘，赦免者三百餘，斬首四萬級，黔苗亂定。詔盡豁新闢苗疆錢糧，以塞官吏之擾；其苗訟仍從苗俗處分不拘律例；而以廣泗總督貴州，兼管巡撫事。

四）大小金川之役　閱黔苗之亂方十年，而大金川土司莎羅奔又奪小金川土司澤旺之地以畔。金川土司者本四川西邊諸土司之一。川邊土司憑踞巢穴自相攻擊，難馴而易動，自古為然；而金川地更闢遠，尤為難馭。金川者，爲金川平定後之阿爾古廳，在省治西一千二百一十里，舊領於吐蕃，信喇嘛教；明代有哈伊拉木者，得封演化禪師，世有其地；至清康熙間，嘉勒巴乃復受演化禪師印於中國，而莎羅奔則其庶孫也。小金川者，爲金川平定後之美諾廳，在省治西八百六十里，向隸吐蕃；至明，又爲演化禪師之所有；傳至卜兒吉細，於清順治時，歸誠授職。蕃人稱金川曰促浸，稱小金川曰攢拉。促浸者，大河濱之謂；攢拉者，小河濱也。兩金川歷史上沿革之概情有如是。

莎羅奔以土舍將兵從將軍岳鍾琪征西藏有功，雍正初，奏授金川安撫司；莎羅奔自號大金川，而與小金川土司澤旺深相結，初以女阿扣妻澤旺，澤旺懦，爲妻所制：至高宗弘歷在位之十一年（民國紀元見上），莎羅奔刼澤旺歸，奪其印；明年，又侵四川打箭爐附近之土司，巡撫紀山遣兵彈治，不遵諭，反傷官兵。紀山請勦，朝廷以黔督張廣泗征苗有功，嫻軍務，調川督用兵；至則進駐澤旺所居之美諾官寨，而以澤旺弟良爾吉從征。時莎羅奔居勒烏圍，其兄子郎卡居噶爾厓，地皆在大金川之東，據壤險阻，而又善造戰碉，建築甚巧。其法以石疊壘，高於中土之塔，缺壞隨補，頃刻立就；戰碉大小林立，外皆有壕，攻兵不能越，而敵得伏其中，自上擊下；其人心又非常堅固，至死不移，故清兵一時難措手。廣泗分兵進戰，皆阻險不前；至十三年（卽乾隆十三年，民國紀元前一百六十四年）春，諸將多失事，詔命大學士訥親往經略，起岳鍾琪赴軍自効。訥親至，限三日取噶爾厓，總兵任舉戰歿！廣泗輕訥不知兵，以事相讓，而實困之，將相不和，士皆解體；又良爾吉本與阿扣通，甚不利清軍之助小金川，陰爲敵耳目，廣泗以漢奸王秋之言，信任之，師久無功。鍾琪奏聞於前，訥親又劾廣泗於後，詔逮廣泗入京，廷訊不服，斬之；訥親尋亦賜死，而命大學士傅恆代其任。至則斬良爾吉阿扣王秋，斷內應，具奏軍事本末，極言攻碉之難，擬分兵從間道出師，裹糧直入，踰碉勿攻，繞出其後，布置既定。明年，恆與鍾琪兩路進師，已連克戰碉，將行間道出奇之計矣；莎羅奔父子聞清兵深入，又斷內應，遣人詣鍾琪乞降。鍾琪前代年羹堯爲川陝總督，莎羅奔故以土舍隸麾下，蒙奏給土司印，甚德之，至是乞降於鍾琪，鍾琪請於傅恆，率輕騎徑抵勒烏圍，諭順逆大義；敵見其親至，大喜，翌日遂從鍾琪皮船出洞，詣大軍。傅恆責其抗命，莎羅奔誓遵五事：一、歸土司侵地，二、獻凶酋，三、還兵民，四、納軍械，五、供徭役。乃宣詔赦其死，班師。詔封傅恆一等威勇公，鍾琪三等威信公，立碑太學。

以上大金川之平，爲乾隆十四年之役，本以救小金川；其後郎卡主土司事，漸桀驁，逐澤旺，侵鄰境，詔川陝總督阿爾泰檄附近土司攻之。阿爾泰姑息，但諭反諸土司侵地，卽以安撫司印給郎卡，且許其以女妻澤旺子僧格桑，而與綽斯甲布聯姻。綽斯甲布者，亦川邊土司，與小金川等。大金川之盛，惟此二土司之力足相制，而阿爾泰不能離之，反聽釋仇結約，由是兩金川勢合，益以綽斯甲布，尤非邊疆之利。已而郎卡死，其子索諾木與僧格桑屢侵附近土司，且盜邊，事聞，以阿爾泰歷載養癰，又按兵不進，詔賜死；命大學士溫福自滇赴川，尚書桂林爲總督。溫福由汶川出西路，桂林由打箭鑪出南路，進討僧格桑，懼，求援索諾木，頗陰得其兵爲助，詔命官兵先剿小金川，且勿聲大金川之罪。時高宗弘歷在位三十六年也（卽乾隆三十六年，民國紀元前二百四十一年）。明年夏，桂林遣將薛琮深入大不利，桂林不以聞，被劾走，阿桂代其任，出南路；同年冬，阿桂轉戰抵美諾，温福師來會，僧格桑已先送其妻妾於大金川，自赴澤旺所居之底木達，澤旺不納，僧格桑又出間道竄入大金川，温福軍至底木達，俘澤旺送京。時高宗初意祇以僧格桑叛逆故申討；索諾木曾不靖，尙無意於並滅之也；然預知二酋必相黨助，已命温福爲定邊將軍，阿桂、豐伸額爲副將軍，以備進兵；至是僧格桑已走合於大金川，將軍等檄索諾木縛以獻，不應，淸軍卽乘勢分道而進。又明年春，温福以扼險不得前，別取道攻，駐營木果木，令提督董天弼分屯底木達，守小金川，並以偵敵。索諾木先遣人陰約小金川降附，出不意，攻董天弼戕之，刼其糧台；而潛襲木果木，温福不嚴備，敵突薄大營，四面攔入，温福中槍死，師大潰，小金川復陷。阿桂方自當噶爾拉進師，聞變，知必有降番內應，凡近寨諸番之形迹可疑者，悉擊殺之，故一軍獨鎭定！詔嘉其有調度，授爲定西將軍，副以明亮、增調健銳火器營、索倫吉林兵進剿，分師而進，轉戰至美諾，盡復小金川，敕進討大金川；而大金川自初用兵以來，增壘設險，嚴密十倍，阿桂力以身任事，與諸將分道而入：自率兵出小金川，攻其東，而遣明亮等分渡大金川上下游以牽制之。迨三十九年（卽乾隆三十九年，民國紀元前一百三十八年），阿桂首克羅博瓦山，得建瓴之勢，迭次奪其要隘，直臨勒烏圍之外障曰遜克宗壘者；索諾木時方與其從祖莎羅奔聚守勒烏圍，見勢不支，會僧格桑已死，乃遣人獻其屍及其妻妾頭目，期緩師。阿桂械送京而攻益急，敵守亦愈堅，乃冒險克墨格山，距勒烏圍僅二十里；中途以遇於雨雪之故，至四十年（卽乾隆四十年，民國紀元前二百三十七年）七月，始抵勒烏圍。其官寨西臨河，柵卡層立，寇敗咸聚守，阿桂軍力進，而河西之明亮軍亦漸漸接近，聲勢相聯絡：敵援兵皆扼於河西，勢益沮。八月，勒烏圍破，莎羅奔索諾木已先期遁噶爾厓；阿桂師遂進據瑪爾古山，俯可瞰敵巢，索諾木之母姑姊妹及番目多出降，惟其腹心死黨尙在圍中。先是河西軍進偪，索諾木分師拒之，明亮等頗爲所困；及是拒河西者內顧喪膽，明亮富德遂所向各捷，令軍徇各險皆下。十二月，三路兵皆會噶爾厓，築長圍，斷水道困之；至四十一年（卽乾隆四十一年，民國紀元前一百三十六年）正月，索諾木計窮，乃率莎羅奔等挈番衆二千出寨降，金川平。露布人日至京師，御製碑文四：一刻太學，一刻美諾，一刻勒烏圍，一刻噶爾厓。定各土司分年入覲例，阿桂以功封誠謀英勇公；其餘建功行陳者均升賞有差。蓋自淸師討小金川，閱二載而有木果木之潰；既復小金川，移師進討大金川，又閱二載餘，至是始克蕩平。其地較之準夷回部不及十之一，攻五年而後得勛伐，似未足侈述？要其番性狡健，地形深阻，大軍致力於無可致力之處，戰攻之苦，不啻倍蓰過之！故平定準夷回部，縻帑不過三千萬兩，而平定金川，縻帑乃至七千萬兩，誠哉用兵之難易，固未能執一而言也。兩金川既平定，詔以小金川爲美諾廳（後賜名懋功），大金川爲阿爾古廳（廳治卽今綏靖屯），皆直隸四川省；而於勒烏圍則設重兵以鎭守之，號鎭安營：自此川邊各土司得永靖。

五）緬甸之役　緬甸之爲患於中國也，自元始：元世祖呼必賚成宗特穆爾數征之，未得志。明初，設宣慰司；至神宗翊鈞時，有莽瑞體者，呑併諸部，勢頗強，爲貝葉書遺中國，自稱西南白象主，傳及其子莽應裏，世爲邊患，參將鄧子龍等討之，而其雄長於南徼如故。明初所謂邊外三宣六慰諸土司，大抵皆服屬於緬矣。其後桂王由榔至其國，緬酋莽應時陽款而陰拘之，李定國率兵入，欲護王以出，莽應時勿與，定國肆焚刧，莽應時密遣使乞援於淸，約大軍至，卽俘由榔以獻，故吳三桂軍至，莽應時卽獻由榔於軍；是時三桂未及爲善後計，邊外木邊孟密大山諸土司聽其仍爲緬屬，不復能如明初之衆建而分其勢，由是緬甸竟國於西南。桂家者，隨桂王入緬之官屬也，其子孫淪於緬，自相署曰桂家，亦曰貴家，據波龍山采銀，與滇邊之茂隆銀場相接；銀場者，在木邦孟艮閒之卡瓦獨立部，石屏州人吳尙賢所開。乾隆初，尙賢思乘時建立邊功，說緬酋莽達喇入貢，緬酋乃遣使入關，顧由滇吏爲之介，而滇吏旋以他事殺尙賢，茂隆銀場衆皆散，而緬甸南方之白古部，又適於此時起師殺莽達喇，據緬都阿瓦，將代以主緬；阿瓦北境之木疏土司雍藉牙遂起兵，聲言復仇，戰勝白古，奪還阿瓦地，建新緬甸國，而仍以緬酋所居之阿瓦爲其都，凡緬舊屬土司皆降服之，有不服者，輒治兵攻擊無虛日。桂家因是不服，與木邦相約起兵；已而雍藉牙死，子莽紀覺立，桂家木邦先後敗，桂家部酋宮裏雁者，旋遁入滇邊，謀內附，淸雲貴總督吳達善不爲扶助，反因是殺之，於是緬酋益心輕中國；已而莽紀覺死，弟孟駁立，遂寇伺永昌普洱邊外諸土司大擾。蓋中國諸土司之近緬者，往時皆於緬私有年例，自木疏據位號，諸土司以其故等夷，不復與，而木疏方與桂家木邦相攻，未暇遠問；及桂家木邦相繼爲所并，乃漸次及於中國滇邊諸土司。此實爲中緬起釁之起因，而當事者不察！吳達善已他調，劉藻代爲總督，調師出禦，皆失利，詔降劉藻官，劉藻自殺。時高宗弘歷在位之三十一年也（民國紀元見上）。明年，大學士楊應琚奉命自陝甘移督雲南，緬兵適苦瘴癘，師漸退，而應琚輕敵，從其屬官部將言，以緬爲易取，副將趙宏榜者，少爲波龍廠丁，以悉緬事聞，方應琚至，卽以生縛緬酋自効，乃重假以兵，使進討；於是清軍因之失利，而緬禍紛矣。

先是應琚之謀取緬也，一方使人誘致孟密孟養諸土司，實則地懸緬境，不易有效；一方移文檄緬，言不降卽進討，以致緬人得預備；及趙宏榜出師襲克新街，新街扼金沙江水口，據阿瓦上游，頗於地理上佔優勢！緬時已出兵攻陷木邦，景綫聞新街失，卽急爭新街；宏榜走還，敵尾而入，分兵圍騰越永昌各營，師襲孟卯城，應琚皆不以聞。時高宗弘歷在位之三十二年也（民國紀元見上）。未幾事露，有旨諸將多以失守逗留論死，應琚亦以貪功致敗，賜自盡，而詔明瑞自伊犂以將軍兼雲貴總督，大擧征緬。

明瑞至滇，議分兩路進：自由錫箔路，參贊額爾景額由孟密路，約相會於緬都阿瓦。是年，師起行，至冬，明瑞始出宛頂，整隊至木邦，留參贊珠魯訥守之，給以兵五千，俾爲聲援；遂渡錫箔江，進攻蠻結，敵兵聚守之堅柵十六，明瑞遣諸將破其三柵，緬兵大潰，宵遁！自新街交兵後，緬從未受巨敗，受巨敗自蠻結始。明瑞兵乘勝繼進，至象孔，迷失道，而軍中糧匱，不能復進；又慮孟密之師或已先入，而將軍退兵，則法當死！聞孟籠有糧，且與孟密近，遂定計赴之。時値歲除，果多糧食，賴以濟；駐兵數日，終不得孟密消息。三十三年春，遂取道大山土司，歸孟籠，敵師追之，中途戰蠻化，而其先過者已分兵柵要路以障明瑞師：其攻木邦者，又大勝，珠魯訥死焉。於是木邦之緬兵亦至；額爾景額之出師也，進次孟密北之老官屯，爲敵兵所阻，相持月餘，病死，其弟額爾登額代之，戰益不利，頓兵數月，奉詔援明瑞，遂撤師；於是老官屯之緬兵亦至：敵衆麕集，共四五萬人，額爾登額之援兵終不至。還至小孟育，距宛頂約二百里，明瑞度兵可自達，乃約束部將等領兵夜出，而身自拒敵，領隊大臣觀音保、札拉豐阿等從之；已而札拉豐阿、觀音保皆戰沒，明瑞亦被創，力疾行二十里，拔劍割辮髮，令家人持歸報，而自縊於樹間，餘衆數千，皆潰入宛頂！事聞，有旨以額爾登額擁重兵，既不能進取孟密以赴將軍約，又使將軍陷賊，逮至京磔之，然後圖再舉：此征緬前一役也。

明瑞既死，緬人懼再討，遞書求和，詔絕之勿報；命大學士傅恆爲經略，阿桂、阿里袞爲副將軍，再進師討緬。三十四年（即乾隆三十四年，民國紀元前一百四十三年），夏，傅恆至永昌騰越，定議大軍渡戛鳩江，從孟拱、孟養由陸直擣阿瓦，偏師由東岸夾江下取孟密，而遣提督哈國興率兵及工匠至野牛壩（在蠻莫）造舟以通兩軍聲勢。恆師既渡戛鳩江而西，孟拱、孟養各土司皆迎降，而以士馬觸暑多疾病，又未習道路，勢難深入；惟阿桂東路軍新從虎踞關出，精銳可用！會九月下旬，蠻莫野牛壩所造戰艦成，閩粵水師亦集，乃議兩軍共歸一路；於是阿桂與傅恆之師共會於蠻莫，出伊拉瓦底江，緬已列舟江口，水陸來犯；哈國興率舟師，阿桂率陸師循東岸，阿里袞循西岸，俱獲大勝。而傅恆及阿里袞已病，諸將議不向阿瓦，惟老官屯有敵壘，前歲額爾登額頓兵處，欲取之以蕆事；緬兵立柵老官屯，守禦極固，清兵力攻垂克矣，而緬王孟駁以方與暹羅用兵之故，遣使議和，阿桂與諸將籌進止，皆以水土瘴癘，願罷兵：乃令國與等往會緬官肸旺模，責以進表納貢，歸逃人，返土司侵地，緬亦要利歸其木邦蠻莫孟拱孟養諸土司。方兩軍定議時，阿里袞已沒，傅恆以疾退居銅壁關，清廷以大軍再破緬，足張國威，即如諸將之議班師。其明年傅恆還京師，亦沒，阿桂留雲南備邊；未幾，金川事起，阿桂奉調討金川。而緬亦內訌屢發，緬王孟駁沒，子贅角牙立，旋爲其臣孟魯所害；緬人又殺孟魯，立雍藉牙之季子孟雲。其後暹羅與中國通好，情勢日浹；方滇邊出師時，中國本有約暹擊緬之議，緬人思之益懼，孟雲遂決計入貢；至五十五年（即乾隆五十五年，民國紀元前一百二十二年），賀高宗八旬萬壽，受封册，約十年一貢，著典例，自後爲中國屬藩矣。

（六）安南之役　安南當明成祖棣時，地已爲中國有，故有交阯布政司之設立；然其南境，僅限於順化；至明中葉，黎利脫明廷之羈絆，重建大越國，再傳及其孫灝，又兼併占城，於是其領地遂擴至順化以南，疆宇漸拓。其後權臣莫登庸篡國，據河內；黎氏遺臣有阮淦者，仍擁護黎之子孫，據清華州與之抗，於是大越國有南北之分：莫王北，黎王南。自明世宗厚熜在位之十年（即嘉靖十年，民國紀元前三百八十一年）至神宗翊鈞在位之二十三年（即萬曆二十三年，民國紀元前三百十七年），南北兩朝相峙者且六十五年之久，而南朝將鄭松卒起而逐莫氏，恢復河內；阮淦子潢復不悅鄭氏之專權，遂據順化獨立，自稱廣南王：於是黎與阮又相抗，安南復分爲大越廣南二國，而大越日衰。清順治大軍定雲南，大越國王黎維禔遣使勞軍；至聖祖玄燁在位之五年（卽康熙五年民國紀元前二百四十六年），其嗣王維禧繳所受明桂王敕印，詔封維禧爲安南國王，安南之受清册封，自此始。

安南自黎維禧後六傳至維祹，政權益下移；鄭氏世爲黎氏輔政，至鄭棟尤專柄，陰圖篡立，而實懼廣南。時廣南國勢在大越之上，領地日多，已兼有下交阯支那及柬埔寨王國之大半；其王阮福要性倨傲，當乾隆自稱安南大帝，以爲己足以代表安南矣。福要有二子，長嫡出，爲廣南人民所屬望；次福順庶出，福要愛之，病革，欲立爲嗣；以國屬望長子，故慮不得立，乃擇分親勢重之大臣而託之。福要沒，福順立，年幼不能制權臣，廣南人民之不滿意於政府者，多走依鄭氏。鄭棟本有竊取大越心，懼廣南之干涉，則亦不敢遽舉事；及廣南人來附，棟竊喜，乃陰嗾西山州大酋阮文岳與弟文惠文慮共起兵，託言爲福要長子復仇，擾平定州。文惠善戰略，文慮富貲財，三阮會合，勢頗盛，自稱西山黨；廣南四分五裂，不可復治；而鄭棟遂乘勢侵之，引兵入順化。阮福順南遁，募兵圖再舉，終爲西山黨所敗，被殺；兄子福政繼立，未久，自殺；福政弟福映又繼立，僅有下交趾支那一部分之地。廣南強勢，非復如前日矣！而西山黨尚引師繼進，福映不得已，遁倚暹羅。時高宗弘歷在位之四十九年（卽乾隆四十九年，民國紀元前一百二十八年）也。西山黨既顚覆廣南之王室，乘其強勢，又興師圖北，於是遂有進取東京之事。

初鄭棟輔大越政，既嗾成西山黨之亂，乘機侵廣南，其北部之廣平廣治廣德三州，均爲鄭氏有；於是西山黨復北進，迭破黎鄭君臣之師，攻入河內；河內爲黎氏國都，文岳等既至，鄭棟自殺，其族戚皆被害，文岳遂代之攝政大越。人初以文岳爲阮王之族，修怨鄭氏而來，頗歡迎之；及後知爲西山賊徒，咸忿怒。大越王維禑尤怏怏，遂沒；嗣孫維祁立，制於阮氏，不能有爲，文岳勢愈盛。自都平定州，統轄中交阯；弟文惠留輔東京黎氏，爲攝政，統轄上交阯；文慮統轄下交阯。時高宗弘曆在位之五十一年也（即乾隆五十一年，民國紀元前一百二十六年）。已而文惠因事歸順化，河內內訌起，文惠復馳歸，殺黎氏宗室數十人，王族懼，走投中國，維祁遂位不敢出。文惠自稱東京王；自此大越廣南均全爲西山黨之所有，而中國始爲黎氏興師矣。

黎氏王族等自廣西龍州附近入邊，粵督孫士毅以聞，詔以士毅及提督許世亨討之。士毅等遂以兩廣兵一萬出鎭南關，由諒山分路進，別調雲南兵從後繼之，安南人大悅，爭爲鄉導，師行無阻。士毅等旋以師薄富良江，敗其南岸兵，進入河內，文惠南遁，而黎維祁亦出。時清廷先期已將封安南册印寄軍前，士毅等尋宣詔，封維祁爲安南國王，並馳報廣西巡撫孫永清歸其家屬。詔嘉士毅功，封一等謀勇公，許世亨一等子，諸將士皆頒賞。時高宗弘曆在位之五十四年也（即乾隆五十四年，民國紀元前一百二十三年）。維祁雖復位，而文惠已窺清軍之懈，於次年正月朔，復以廣南兵來襲，於是垂成之功，隳於一旦，而安南事又失敗。

初安南捷報至京師，詔以孤軍深入，令即班師入關；而士毅等以文惠方乞降，師不即行，欲俘之而去，故駐軍河內以待之，不爲備也。及文惠兵反攻，倉卒間清軍遂亂，維祁挈家先渡富良江入邊，士毅繼之，既渡，斬浮橋以斷後；提督許世亨等以下官兵夫役萬餘，尚在南岸，遂被擠溺死。士毅走回鎮南關，兵馬還者，不及一半；其雲南來會戰之師，幸有黎臣黃文通爲嚮導，得以全返。士毅既召禍，即上疏自劾，詔令料量兵事畢，來京待罪，而以福康安代之。

文惠之敗清師也，自知倖勝，終必賈後禍，懼清兵再往；其兄文岳又方與暹羅搆兵，不暇北顧：因叩關願謝罪乞降，改名光平，遣其兄子光顯齎表入貢，言守廣南已九世，與大越敵國，非君臣，亦非敢抗中國，請入覲京師。乾隆一朝，雖爲清盛世，顧不能媲其祖父，邊隅用師，輒先敗而後勝，又其圖勝，往往不易，故高宗意亦不欲再於安南用兵；遂以維祁再棄國，並册印不能守，是天厭黎氏，不能存立爲辭：乃許光平之請，編維祁旗籍，安置京師，大越竟爲文惠有矣。迨五十五年（民國紀元見上），光平入朝，賜冠帶，封安南國王。歸顧安南國人，則仍以爲西山黨徒，鮮有心儀之者；第沮於兵力，則亦無如之何也。大越舊王阮福映時尚在暹羅，日夜思恢復其領土，而國人又多竊望其來歸，後遂借法兵入河內，王位復而外患自此深入，其詳當於第三章述焉。

抑自光平歸國之後，未幾即沒，子光纘嗣位，安南史書中所稱爲弘瑞者，殆其人也？弘瑞年少，諸將不用命，以故禦福映不能勝；文岳之勢亦不復如從前，弘瑞既立，轉爲其所廢，尋死，其子奪陸欲襲父位，與弘瑞戰不克，自殺；又文慮固與文岳文惠共起兵，其後文慮亦爲弘瑞所殺；而福映兵日強，弘瑞徒自爲釁骨肉，終不能拒福映，後卒攻入河內，禽弘瑞斬之。時仁宗顒琰在位之七年也（即嘉慶七年民國紀元前一百十年）。西山黨擾亂國中，殆三十年，至是始平。中國爲所蔽，至封文惠安南國王以統治其民人，夫亦太失越南之心矣。

（七）臨清之役　山東去畿甸不遠，有運河以綰轂南北交通，尤利。臨清州濱運河東岸，新舊二城相對，宇戶口稠密，得其地自足以集事。三十九年（民國紀元見上），兗州有王倫者以清水教運氣治病教拳勇，往來山東，號召無賴亡命，徒黨日衆。羡臨清富庶，又大兵方征金川，意畿輔兵備或虛，倡言有「四十五日大刼」，從之者得免。壽張知縣沈齊義捕之，倫遂入城，戕吏，連陷堂邑陽穀，趨臨清，襲舊城據之，圖阻運道。詔大學士舒赫德先赴山東，偕額駙拉旺多爾濟，左都御史阿思哈及巡撫徐績禽勦。分兵三路：舒赫德與拉旺多爾濟自德州進，阿思哈由高唐州赴梁家淺會合巡撫徐績進，直隸總督周元理由故城進，會兵至臨清。大兵既集，倫竄入城內不敢出，舒赫德遣侍衞音濟圖等入城禽之，倫自焚死，有名黨徒孟燦梵偉等俱檻解伏誅。臨清之亂定。

（八）甘肅之役　甘肅一隅，回教徒多與居民相雜處。四十六年（即乾隆四十六年民國紀元前一百三十一年）循化回徒馬明心藉叛改新教爲名，其徒蘇四十三聚衆殺舊教徒，屠官吏。總督勒爾錦捕明心下獄，於是河州不守，勒爾錦出防蘭州，又被圍。繞城噪索馬明心甚急，布政使王廷贊主謀誅明心以靖內變，而河州旋復蘭州圍尙未解詔落勒爾錦職代以李侍堯並遣大學士阿桂率師馳救蘇四十三旋伏誅亂事垂定而侍堯待新教徒甚酷。四十八年（卽乾隆四十八年民國紀元前二百二十九年）變復作伏羌縣阿渾田五等藉詞爲明心報復，欲以通渭縣之石峯堡爲根據，分屯伏羌靜寧各山險，尋爲甘肅提督剛塔等所敗，田五受創死，而餘黨繼起者更盛。詔逮李侍堯剛塔，改命福康安及海蘭察會討，又命阿桂仍馳往調度。福康安等抵軍，並力攻破其石峯堡，盡俘首逆，詔封福康安嘉勇侯，餘官皆有升賞，自是永禁回民不得立新教。

（九）台灣之役　方聖祖玄燁在位之六十年（民國紀元見上），台灣民朱一貴起事，總兵歐陽凱戰死，府城及諸羅鳳山俱失，一貴稱義王，僭號永和，閩督滿保遣提督施世驃總兵藍廷珍以萬七千兵入平之，俘一貴獻闕下：世宗胤禛卽位，用廷珍議，以諸羅北境寥闊，增設彰化縣，及北淡水同知。至乾隆時，彰化有林爽文者，爲其地巨族，聚衆結社，號天地會，會中所爲多不法；五十一年（民國紀元見上），清兵捕之，爽文反，遂陷彰化及諸羅鳳山縣。有莊大田者，亦盜魁，乘亂起，直犯府城，總兵柴大紀力戰禦之，台灣府獲全；泉州民林湊等亦固守彰化之鹿港，是以府城及鹿港得不失。閩中聞變，水師提督黃仕簡，陸路提督任承恩，各以兵渡海。至明年春，仕簡命大紀北取諸羅，總兵郝壯猷南取鳳山。大紀連戰復諸羅，守之；壯猷南出，爲敵阻，及入鳳山，鳳山內亂起，城復不守，游擊鄭嵩死，壯猷遁歸本城。任承恩至鹿港，亦不敢進。清廷以兩提督俱失機，無能，命閩浙總督常靑自行督師，調浙兵從之，誅失律之郝壯猷以狥。維時爽文等雖猖獗，勢力尙未甚大，各村民俱未爲所脅也；而諸將以五月出師，盧兵少或不敵，甫交綏卽退，常青又請兵一萬：於是爽文等得以其暇蠶食各村，不從者輒殺，旬日間，驟增至十餘萬人。莊大田驅以擾府城，林爽文驅以攻諸羅。諸羅爲南北之中樞，爽文攻之尤急，常青遣兵往援，皆畏敵不敢援，孤城將旦夕陷矣！高宗知諸將不足恃，是年六月，卽調陝督福康安爲將軍，及內大臣海蘭察來統兵；命大紀捍衛兵民出府城，再圖進取。大紀奏言諸羅失則敵尾而至府城，府城亦危！且半載以來，深壕增壘，守禦甚固，一朝棄走，克復甚難；而城廂內外義民，不下四萬，實不忍委之於敵，惟有固守待援。詔嘉諸羅士民之義，改諸羅爲嘉義縣，並封大紀嘉義伯以旌之。迨福康安等軍抵嘉義，爽文遁，並進下彰化，明年春，爽文被禽；而莊大田之在南也，雖與林爽文同變，又各自號召，不相下，卒爲清所敗，大田又被禽，台灣平。

先是柴大紀以守城功，封伯爵；及福康安至，大紀出迎，不執櫜鞬之禮，福康安卽劾其先後奏報不實；已而大紀又連爲忌者所中傷，高宗信之，命逮大紀至京，訊而不服，斬之，論者多以是爲大紀寃焉！

（十）廓爾喀之役　廓爾喀小邦，在喜馬拉耶山南麓；乾隆時，西藏喇嘛內訌，廓爾喀乘之，遂犯西藏，自是清始與廓交兵。先是西藏第六世班禪喇嘛，以高宗七旬萬壽入京祝嘏，得朝廷錫賚及內外王公布施，無慮數十萬金，其餘珍品不可勝計；未幾，班禪病痘死京師，賫送歸藏，其財物皆爲班禪兄仲巴呼圖克圖所有，擯其弟舍瑪爾巴爲紅教，不使分惠：舍瑪爾巴憤愬廓爾喀，煽其入寇。五十五年（民國紀元見上），廓爾喀以舍與西藏互市，故乃以商稅增額、食鹽糅土爲詞，進兵。清廷所遣援救之侍衞巴忠等復調停賄和，以賊降飾奏，諷其遣酋瑪木野入貢受封。明年，藏中歲幣爽約，廓人責負償，遂冒險深入。駐藏大臣保泰聞敵至，則移班禪於前藏，仲巴又挈資財先遁，廓兵大掠札什倫布，全藏大震！喇嘛飛章告急。巴忠扈駕熱河，聞變，畏罪自沈死。詔命福康安爲大將軍，超勇公海蘭察爲參贊，率兵進征，並治保泰畏葸之罪。福康安等由青海草地至藏，敗廓爾喀留藏之衆，遂盡復藏地；是年夏，大舉深入，連奪鐵索橋、東覺嶺諸險，直偪廓境。廓人求和，不許；復三路進攻，尼泊爾距其國都陽布不遠，廓酋懼，急遣援於英屬印度。英兵佯以軍船赴援，而陰窺其邊境。廓人不得已再乞和於清軍；時清軍進攻小挫，且恐大雪封山難返，乃允其降，盡獻所掠藏中財寶及舍瑪爾巴之屍，定五年一貢，著典例。大軍凱旋，即留兵戍藏：自是駐藏大臣行事儀注，始與達賴班禪平等；又以歷輩達賴班禪各多親屬營私專利，致召兵戎，自是特頒「金奔巴瓶」供大招寺，遇「呼畢勒罕」出世，互報差異者，納籤瓶中，誦經降神，駐藏大臣會同達賴班禪於宗喀巴前掣之，以息爭。蓋漠南北與青海各蒙古及滇蜀各邊土司，皆崇信黃教，邊民強橫，故因慈悲以消殘殺，假靈異以降服其心；此神道設教之微意，而非乘用兵之後，亦無由變革云。

以上十端，合而言之，是爲乾隆時代之「十大武功」；其實山東甘肅俱屬內地，而山東之變不大，亦不足以見武功也。金川緬甸安南台灣均始敗後勝，幾經艱苦而後克之，從知乾隆時代之兵力固已非復先世者矣；至於吏治，當時雖有獎勸之方，而文字上之猜疑，則仍不免。茲就其大端，述之如後：

高宗弘歷效康熙時代之所爲，屢事南巡；惟康熙以治河爲名，乾隆則初不假此爲辭。自京師起程，南行至杭州爲止：其至江浙，則必取文士之秀者，榮以官秩；當幸山東天津時，雖偶一行之，不似江浙之數數也。又康熙時、曾開博學鴻詞科，以取文望彰著之士；乾隆初、復仿康熙制行之；稍久，又令外省官吏選舉經學之士，入京授職；並以康熙時代屢編巨籍，收效頗多；於是關於經史大部之書，又集衆開編，出版日富。迨三十六年（民國紀元見上），開四庫全書館，以紀昀爲總裁，主其事；別著目錄提要，正目之外，並有存目，書類以萬計！經十三年，四庫全書成，詔命賜杭州揚州鎭江各一部，建閣儲之，聽東南人士之觀覽，或傳寫焉：凡此皆乾隆朝發揚文治之一種策施也。

顧其發揚文治，雖盡力推行；而於文字上之猜疑，則無微不至。胡中藻者，大學士鄂爾泰之門生，鄂爾泰頗爲之延譽，累官至內閣學士，後罷歸江西；鄂爾泰姪鄂昌，時爲巡撫，與中藻有世誼，互相倡酬。中藻所著詩集，頗有依附師門之語；鄂爾泰故與大學士張廷玉同朝異黨，二人門戶之見頗深，高宗詔旨中所謂『滿員則思依附鄂爾泰，漢人則思依附張廷玉，不獨微末之員，卽侍郎尚書中亦所不免』者也。其時鄂爾泰雖死，而中藻詩中曾用「諓舌」「青蠅」等字，隱斥廷玉；時高宗方怒兩家門戶之見，積久未除，見中藻詩，乃摘其字句之嫌疑者，欲處以罪，事連鄂昌。又中藻存稿，以堅磨生詩鈔標題，高宗謂『堅磨出自魯論，孔子所謂磨涅，乃指佛肸而言，中藻以此自號，是誠何心？』廷臣集議，論中藻大辟，當凌遲處死，詔改棄市，賜鄂昌死。並謂：『鄂爾泰爲滿洲大臣，尤不應蹈朋黨惡習，姑念已死，著撤出賢良祠。』自胡氏案與比附妖言之獄數作，並有挾仇以誣告詩文者，於是士夫各慄慄以身罹法網爲憂矣。

乾隆六十年間生齒倍雍正賓服逾康熙，論者以爲清代全盛之世；然其晚歲戶部有天下州縣府庫缺乏之奏，則國用已漸不支！而和珅之貪黷，尤其事之昭著者：當乾隆中葉，和珅以正紅旗官學生供職鑾儀衛；旋以事浹上旨，累升至侍衛；旋又改文職，自侍郎尚書遷至大學士，四十二三年後，嚮用益專。子豐紳殷德尚公主，權勢薰灼！和珅性貪黷，統專大柄，徵求財貨，皇皇如不及，督撫司道，多輦金爲壽，倚和珅若長城，和珅由是大富，金銀財物不勝計；外僚如國泰福崧陳輝祖輩，俱身爲督撫，而以贓案獲重譴，其始俱黨和珅，比案發，和珅不能助，至相率伏法以死。和珅猶不知悛改，攬權既久，至行文各省，凡有章奏，令具副封先白軍機處；吏風坐是日壞，而川楚教民之難由是興，宮廷不知也。兵禍作，和珅復任意稽壓軍報，於核算報銷，多索重賄，以致將帥相率侵尅軍餉，奉之而教民致愈聚愈多，不可收拾。迨六十年（民國紀元見上），皇子顒琰受禪，是爲仁宗，尊弘歷爲太上皇。四年（卽嘉慶四年民國紀元前一百十三年），太上皇沒，和珅意甚得，御史廣興等知其失庇勢不久，乃列款糾參；仁宗故惡和珅，旋奪職下獄，賜自盡，子豐紳殷德降爲散秩大臣，後復查抄家產，其已估價者約計得二萬二千三百八十九萬五千一百餘兩，其殖產之富，爲近世權臣中所僅見云！

第二章　清中（民國紀元前一百十六年至三十八年）

清中世八十年間由盛而衰之一（嘉道間之亂事及鴉片之戰爭）（民國紀元前一百十六年至六十二年）

清當乾隆之末，盛治漸衰；至嘉慶朝，各地變亂因之迭作，舉其著者，殆有四端；至於道光之世，回部湘猺，又多不靖。今連類述之，綜爲六事如左：

（一）貴州湖南邊界之苗　當武陵山脈以東，貴州湖南接壤間，山水錯雜，境域深阻，其大小川流，多入沅江：自沅州府以北，有鳳凰廳，再北有乾州廳，再北有永綏廳，再北有永順府，皆屬湖南；乾州西有松桃廳，則屬貴州。自鳳凰至永順，其始皆苗地，康熙間，乾州鳳凰始爲廳；雍正間，鄂爾泰總督雲貴，斷行「改土歸流」之策，雲貴廣西諸土司，既爲所收服，而永順諸土官，亦乘機自請歸流，於是永順始爲府，永綏松桃始爲廳。諸苗雜聚處其間，而漢民之徙殖其地者，亦日盛。乾隆以來，至者雲集，永綏廳地初懸苗巢中，環城外寸地皆苗，不數十年，盡占爲民地，苗人漸憤；六十年（卽乾隆六十年，民國紀元前一百十七年），貴州銅仁府屬苗石柳鄧倡亂，湖南永綏苗石三保，鎭筸苗吳隴登吳半生，乾州苗吳八月，羣起應之，倡言逐客民，復故地，聲勢洶洶，陷乾州，攻松桃永綏諸城，川湖廣三省邊界同時戒嚴。苗之起，貴州邊界乃後路，湖南永綏乾州等地則可謂前路，詔令雲貴總督福康安，四川總督和琳，及湖廣督撫，合兵會剿：於是福康安自貴州方面出師，和琳自四川方面出師，先攻散貴州之苗，兩軍既會，並進攻柳鄧，柳鄧遁走，貴州苗略定，其後路盡爲淸軍所收復；乃遣總兵花連布，率師援湖南，會湖南提督劉君輔之師，共解永綏圍，湖南邊界可望漸靖矣。而苗見官軍勢盛之故，及併力守乾州。福康安和琳引軍由銅仁府方面東進，阻於道路，不能卽達；劉君輔雖勇戰，牽於苗勢，祇能獲永綏；以故苗兵轉熾。福康安等雖力向乾州方面進師，輾轉克苗寨，吳半生聞之，急從乾州西南方面之鴨保寨至高多寨，拒戰；清兵攻克之，擒半生，遂進抵鴨保。鴨保之南有寨曰天星，稱苗中奇險，亦乾州之門戶，清兵攻之不能得；而吳八月又據乾州西面之平隆稱王，石三保石柳鄧附之，勢轉盛。清兵節節進攻，旋擒八月，降隴登，而天星寨亦克，乾州之門戶失，方謂苗亂可指日而定矣，而八月子廷禮廷義尙負嵎不下；迨仁宗顒琰卽位之元年（民國紀元見上），始直偪乾州，而州城終不能卽下。其始諸大帥欲專乾州功，並力急進而不克如志；湖南諸將如劉君輔等又多所牽制，不敢徑進師；數路官兵持久一載餘，其酋石三保等雖爲清兵獲，而終不能靖苗，苗反坐大。是年福康安沒於軍，和琳等力戰，始復乾州，乃使額勒登保等進攻平隆；至秋，和琳又沒，詔以額勒登保繼其任，急下平隆；至十月，平隆下，廷禮已病死，廷義及石柳鄧父子皆被擒處斬。時川楚事急，清軍不暇討餘黨，匆匆北去，而亂仍未定；至嘉慶四年以後，鳳凰廳同知傅鼐盡力經畫善後之方，苗事乃漸定。

（二）四川湖北之白蓮教徒　清包世臣之與魏源論川楚教徒也，有云：『教匪殺擄焚而不淫，兵則殺擄淫而不焚，鄉勇則焚殺擄淫俱備；故除白蓮教外，民間稱官兵爲「靑蓮教，」鄉勇爲「紅蓮教，」有三教同源之謔。』觀此則知川楚教匪之難作，良民之受害於官兵鄉勇者，其禍尤虐，罪不專在教徒也。白蓮教者，元明已有，日久潛伏，所至惑平民，聚黨徒，時或謀爲抗清之舉；故清廷特著嚴禁，遏其爲亂，其徒黨之被獲者，往往服上刑。乾隆時，安徽劉松倡白蓮教事發，被捕謫甘肅，其黨劉之協等猶祕密運動，遊行四川湖北諸省間，授徒日衆，將乘機起事，謀復洩，同黨悉被捕，惟之協不獲。清吏嚴事搜索，則奉行者亦多不得意旨，奸吏蠹役，乘機敲詐，所求不遂，則以白蓮教匪相誣陷；蓋自搜捕令下，荆州宜昌等地之民，已無有能避騷擾之苦者。彼時各地又方嚴小錢之禁，川楚諸省無賴之民，向以私鑄私販爲業者，一旦失敗，皆有蠢動志；而教徒事適從而乘之，於是湖北之亂事興，而豫蜀諸省，亦因以連及矣。仁宗顒琰卽位，教徒聶傑人等倡亂荆州湖北之當陽鄖陽各方面，一時俱應，均以官逼民反爲詞，附者甚衆；傑人雖被擒，而姚之富及教首齊林妻王氏復起襄陽，教徒聚者尤多；已而川中徐天德等亦起達州，勢更蔓延。都統永保時方統湖北諸軍從事襄陽，而其方略祗知尾追而不敢迎擊，故襄陽一隅，敵勢仍盛；至川楚兩省之教徒乘機聯合，朝旨雖逮永保，而以惠齡繼其任，無益也。明年，姚之富齊王氏等以清軍之偪，由豫達陝，又南折入川，嗣以川北地瘠無可掠食，又引師東，謀窺襄陽荆州，留其黨李全於四川；於是惠齡等留川當李全，而將軍明亮都統德楞泰等則自川東躡而至鄂。姚之富等東走，爲清兵所厄，終不得志於荆襄，又折而西竄，適李全與王三槐分黨東還，於是川楚兩路之教徒復合於安康。其東西既阻於清軍，方謀渡漢而北，而王三槐等亦據巴州，欲斷川東川北運道，川地阻險，而兵力漸單！惠齡等以追李全出川，川中祇有陝甘總督宜緜治軍務，勢不能兼顧；詔以勒保總督湖廣，赴川代宜繇統軍務而以宜緜督四川。時諸將皆入陝防李全等之渡漢，勢將禍全陝，追之孔急；而教徒卒出清軍不意，於次年春渡漢而北，將大掠陝西，嗣爲清軍所厄，自山陽隅趨湖北；明亮德楞泰等追之，至鄖西界上，其衆不得脫，爲清軍所殺者八九千人，齊王氏姚之富皆死。李全等雖留陝，勢已不盛；惟三槐等仍竊據川東北一帶，厥勢未衰。

川督宜綿本代惠齡任總統，有調遣軍將之權；及是以境內教徒勢轉熾盛，乃調恆瑞於陝西，額勒登保福寧於湖北，入川會剿。時川東之達州，川北之巴州，皆爲教徒所據，李全等又謀自陝以合於巴州，川北亂益重，川東因之更難措手！詔令宜緜回督陝甘，福寧治軍；而勒保以總統兼領四川總督，調度諸軍。詔令諸路將帥，顧此則失彼，仍使各剿各賊，期收急效。直至是年之秋，勒保設計擒三槐，粉飾入告，得封一等威勤公；而勒保弟永保前以失機逮問者，亦坐是得釋。然三槐雖擒，餘衆爲其黨冷天祿所有，徐天德縱橫其間，川東仍不靖；川北諸教首雖以次爲額勒登保德楞泰惠齡諸人所擒，亦仍不能立上肅清之奏。又明年，爲仁宗顒琰在位之四年（即嘉慶四年民國紀元前一百十三年），大學士和珅以稽壓軍報等罪名奪職賜死，於是軍事始有轉機；鄉勇官兵亦漸有約束，實行堅壁清野之策。命勒保仍以總統任經略大臣，明亮額勒登保均以副都統爲參贊大臣。已而額勒登保屢捷於川北，冷天祿等俱被殺，而其同黨之在廣元寧羌間者，且西寇階州，犯鞏昌，折奔秦州，蔓延甘肅東南；川東方面，則徐天德猶與德楞泰相角逐。時達州雖早爲清軍所收復，勒保坐鎮其間，終袖手而莫展一籌，以故教徒愈剿而其勢愈盛；向惟川楚陝三省邊界罹其害，及是則又貽殃於甘肅，而川東北仍然不靖。是年秋，詔奪勒保職，擢明亮經略，以魁倫署川督，令俱赴達州。時永保方撫陝，與明亮因用兵事互訐；明亮任經略未久，旋與永保並逮入京，而以額勒登保繼其任。同時德楞泰之師與徐天德角逐稍久，深知陝邊不靖，力足以牽制川東，乃又入陝，攻逐其餘黨，盡驅羣敵而南，於是陝甘漢南之寇又入川北，與徐天德合；額勒登保聞警，乃遣師出川北，與德楞泰夾攻，期其必克：於是川北一股復突向甘肅方面而去，陝邊諸寇隨之，而甘肅之禍日亟矣！

額勒登保德楞泰聞川北大股已入甘肅，乃引兵躡其後，徐天德等乘清兵之虛，復出犯鄖陽；明年春，其黨徒亦紛掠潼川綿州龍安寖淫及川西，將與甘肅相合縱。清廷先後起明亮以領隊大臣赴湖北，赦勒保，授爲四川提督，專從事川北，詔德楞泰回援，以成都將軍專從事川西，使魁倫嚴守梓潼河以扼之。德楞泰既回援，連捷於川西，其餘衆乘魁倫守備未嚴，乃渡梓潼河以西；詔落魁倫職，尋賜死，命勒保署川督。勒保與德楞泰分任潼東西事，殺敵頗衆；而甘肅之衆，又自階州文縣折入龍安，分掠松潘，川西事方順手而又有變機！於是勒保等再回師剿之，其衆力不支，乃再走甘肅，川西禍解。

川北大股之入甘肅也，額勒登保等急追之，至五年三月，羣寇多渡渭水而南，分道散走，於是甘肅得以肅清；其餘徒衆，局促漢水之北，制於清軍，勢日衰。同年夏，教主劉之協又被獲於河南。其時天德亦爲川東北清兵所偪竄入湖北，出入襄鄖荆宜間；而諸寇之未盡者，又多聚於湖北，節節爲清軍所偪迫。至六年（卽嘉慶六年，民國紀元前一百十一年），陝西境內之教首往往爲清軍所擒斬，其僅存者皆竄湖北；至是年五月，徐天德亦爲德楞泰所追，溺死均州之兩河口，三省十餘萬巨寇存者已不滿三萬。詔以明亮老病，召還朝；而額勒登保等議會軍平利，驅其餘衆至三省交界，聚而殲之。是年冬，餘衆復潰入川東北，有頭目苟文明者，勢猶強，後亦爲清軍所斬；至十二月，三萬之寇，所餘者不過數千而已。捷聞，詔封額勒登保德楞泰一等侯，勒保明亮以下均賞賜有差。

自是以後，清軍搜捕餘寇，遏其復燃，至九年（卽嘉慶九年，民國紀元前一百零八年）九月，事始大定。由軍興至此，已達九年，用軍費至二億兩。自清兵與教徒交戰，兩方死難之人不可勝數。之協等事雖不舉，而清廷元氣實由是而衰。

（二）廣東福建浙江沿海之艇盜　初，阮光平父子之平安南也，以國用匱乏，商船不至，乃招用亡命，資以船械，使率艇爲嚮導，入寇中國沿海各境，而粵閩浙三省濱海之地，均被其害；已而安南之舊王阮福暎得法蘭西兵之助，戰勝光纘而復有其國，於是縛獻海盜莫扶觀等歸誠於中國：諸亡命既失勢，而舊習不革，其在閩者，多爲漳人蔡牽所幷，出沒沿海各境，人數漸多。浙江提督李長庚者，夙以驍勇名，熟海戰，禦盜常得力；至六年（卽嘉慶六年，民國紀元前一百十一年），長庚方擢浙江提督，得巡撫阮元等之資助，入閩造大船，成曰

「霆船，」鑄大礮四百餘爲配翌二年，聞蔡牽正進香普陀，至定海，長庚出牽不意，以舟師掩至，牽僅以身免；追至閩洋，牽不支，遣其黨乞降於閩督玉德，玉德不虞其詐，招撫之。牽又言果許降，勿令浙兵由上風來偪我，玉德調浙兵居下風，牽以其間繕器備物，揚帆走，玉德怒，趣浙兵擊之，已無及矣。牽畏「霆船，」厚賂閩商，吏造船之大於霆者，令商載貨出海，濟牽用，商歸岸，偽報被刼，牽以是能渡台灣。至九年（卽嘉慶九年，民國紀元前一百零九年），刼台灣米數千石，濟廣東盜朱濆，遂與濆合八十餘大船，猝入閩海，玉德檄溫州總兵胡振聲擊之，振聲陷於濆，盜勢益熾！詔以長庚總統浙閩水師，率溫州海壇二鎭爲左右翼，專捕蔡牽。是年秋，牽濆同入浙，長庚連敗之於定海北洋，牽以艇大得遁走，委敗於朱濆，濆怒，於是牽與濆復分。明年，牽復聚船百餘艘，犯台灣，沈舟鹿耳門以塞官兵，又結土八萬餘攻府城，自稱鎭海王。長庚至台，不得入，牽分力回拒長庚，以故台灣府城得不破。長庚檄金門總兵許彭年澎湖副將王得祿由別港進，水陸夾攻；又明年爲仁宗顒琰在位之十一年（卽嘉慶十一年，民國紀元前一百零七年），牽師跼促於鹿耳門以內，勢日蹙，幸遇東風大，潮驟漲，鹿耳門所沈舟漂去，牽奪門出，長庚追擊之，奪其船十餘，而牽竟遁去。或曰閩省軍政腐敗，久牽先散錢四百餘萬賂閩兵，因得以殘艦三十餘突圍出海，是亦一說也。清廷旋悉閩政之壞，乃褫玉德職，逮問治罪，以阿林保代之。時閩文武吏以不協勦，不斷岸奸接濟，懼獲罪，交譖長庚於新督，阿林保信之，卽上三疏密劾浙撫阮元以丁父憂去職，清安泰繼其任，有旨密詢清安泰，清安泰力白其誣，且推長庚爲水師諸將之冠，末復要以兩省合力，乃可期效：詔切責阿林保，而以軍事專責長庚一人。十二年（卽嘉慶十二年，民國紀元前一百零六年）冬，長庚率福建水師提督張見陞等追牽入粵海，至黑水外洋，牽存三舟，長庚以浙江親軍專擊牽一舟，又自以火攻船挫牽舟，將成禽，倉卒間長庚誤中敵彈，遽殞；張見陞本庸懦，又窺總督意頗不事提挈，及是遠見總統船亂，遽率舟師退，牽以是復遁安南海上：事聞，追封長庚壯烈伯，謚忠毅，命原籍同安縣立專祠，以長庚裨將王得祿邱良功嗣其任。十三年（卽嘉慶十三年，民國紀元前一百零五年），牽自安南回棹，朱濆資之，又與濆合兵入浙海；巡撫阮元復蒞任，用間離之：濆復舍牽竄閩，俄爲總兵許松年轟斃，餘衆均領於其弟渥；十四年（卽嘉慶十四年，民國紀元前一百零四年），閩督易方維甸，軍政有起色，渥旋降於閩，所存惟牽。至是年冬，浙江提督邱良功，福建提督王得祿，合浙閩兵剿牽於定海之漁山，俱乘上風，牽懼，東遁，轉戰至綠水深洋，偪而攻之，牽知不免，乃首尾舉砲，自裂其船，沈於海，詔封王得祿二等子，邱良功二等男；同侍艇盜之在廣東海面者，亦爲總督百齡所制，盡斷岸奸接濟，改粵糧水運爲陸運，盜窮無所刼，遂於十五年（卽嘉慶十五年，民國紀元前一百零三年）二月，出降，詔嘉百齡功，賞輕車都尉世職。

四）畿輔間之天理教徒　天理教者，卽八卦教之異名，中國近世諸雜教之一也；嘉慶時，滑縣李文成大興休淸首倡之。文成之衆凡數萬，淸之處地，尤與京師密邇，嘗一方聯合文成，一方賄通宦者，謀入淸禁衞地，一舉成大功！十八年（卽嘉慶十八年，民國紀元前九十九年）車駕幸木蘭，文成等定謀乘其回鑾，徑襲行在，事爲滑知縣強克捷所聞，文成遂被捕；其黨在外者因事迫，不暇如期，遂聚衆三千，出文成於獄，殺克捷，其外徒黨之散在直隸長垣、東明，山東曹州、定陶、金鄉者，皆同時響應。先是林清等妄占星象，以十八年九月十五日當有變故，謀如期應之；而克捷捕獲文成在先，故其黨人之起，遂不能如期，滑之路，尙在九月七日至十五；清以遵守星象，故潛使人入內城謀起事，日近午，分攻東華西華二門，首白帕爲號，太監劉金等爲其內應，清自伏黃村，尙覬滑縣之師至而後進。時東華門護軍先悉其狀，閉門拒之，禦甚力；其竄入西華者，雖幸而無阻，再進至隆宗門，見門已閉，謀踰垣而入，皇二子旻寧發鳥槍射之，殪二人。諸臣紛紛率兵入衞，同黨多被禽，清亦於黃村見獲，車駕急自木蘭馳回京師；變甫定，卽日磔治清及與謀諸太監，京畿遂無事。文成守滑，方出兵圍濬，萃精銳於道口，號召諸響應者；詔調陝甘總督那彥成討之，旋奪道口鎭，進兵圍滑。文成出走，自焚死，惟滑縣未下；至十二月，城始破，殺其黨二萬餘，加那彥成太子太保以旌之。同時陝西南山木商夫役，復以歲飢罷工，掠食聚衆，焚木箱，陝撫朱勳以教匪聞於朝；詔遣那彥成移攻滑之師往勦，未幾，其亂亦定。

以上皆爲嘉慶一朝用兵之大事。林清之難，皇次子旻寧因有定變之功，得封智親王。仁宗顒琰在位二十五年殂，旻寧嗣立，是爲宣宗。宣宗之世，戰事之可紀者，又有二端。茲分述於下：

（一）天山南路之回　回疆去京師遠，官吏易爲弊；久之，漢失回人心，而朝廷不知也。初，回酋大小和卓木以叛爲巴達克山禽殪獻馘，布拉敦長子阿布都里旋亦俘入；次子薩木克留匿敖罕，有三子，次張格爾，以黠逆祈福，傳食諸部落，奸回以餽遺和卓木爲名，假之歛財，漸得所據。嘉慶末喀什噶爾參贊大臣斌靜以荒淫稱，頗爲衆所輕視，張格爾乘之自敖罕北投布魯特，假其衆數百窺喀什噶爾近邊。時寧宗旻寧即位之前一年（即嘉慶二十五年民國紀元前九十二年）八月也。領隊大臣色普徵額率兵敗之，而不事窮追，故其後張格爾得以復熾！事聞，詔令伊犁將軍慶祥往勘始末，始悉斌靜之惡，乃逮之入京。二年（即道光二年民國紀元前九十年），以永芹往代。張格爾時據那林河源集兵，屢窺內地，回民多爲其耳目，往捕輒遁；領隊大臣巴彥克圖以兵二百出塞扼之，不獲，則縱殺游牧之布魯特妻子百餘，其酋汰列克憤甚，率所部二千，追覆清兵於山谷，詔以伊犁將軍慶祥代永芹。六年（即道光六年民國紀元前八十六年）夏，張格爾又至，各回部多響應；清軍迎戰失利，領隊大臣烏淩阿等戰死於渾河。時伊犁援師尚未集，張格爾懼，急遣使求助於敖罕，約西四城子女玉帛共之，且割喀什噶爾酬勞；比敖罕酋率師至，張格爾尋悔，酋怒，即率所部攻城，不下，宵遁；張格爾遣兵追覆其衆，降者三千，以是勢益張！至八月，喀什噶爾陷，慶祥自縊，英吉沙爾、葉爾羌、和闐三城繼之。伊犁將軍長齡奏言：逆酋已據巢穴，全局蠢動，斷非伊犁烏魯木齊援兵六千所能克復；惟有連發大兵四萬，以萬五千護糧，二萬五千進戰。詔授長齡揚威將軍，山東巡撫武隆阿陝甘總督楊遇春均參贊，會兵阿克蘇；特頒密諭十條，指授方略。而張格爾陷各城後，進至渾巴什河，距阿克蘇祇四十里，東四城戒嚴；阿克蘇辦事大臣長清遣百餘騎擊之，敵退走南岸，始不敢窺河北，東四城得無虞。

七年（卽道光七年民國紀元前八十五年）二月，大軍發阿克蘇，至巴爾特軍台喀葉兩城分道處也；復留兵三千以防兩路繞襲之敵。分軍爲三隊：長齡楊遇春將中軍，武隆阿左，楊芳右，敵遇戰輒敗走，追至拜瑪達河，距喀城八十里；又進至渾河北岸，距喀城十數里，敵力戰不克，清兵盡渡，乘勝下喀什噶爾：張格爾已先期遁敖罕，獲其甥姪，先後殺敵甚衆，生禽四千，遇春及芳遂分途復英吉沙爾葉爾羌和闐；詔以出師期踰元惡，乃臨巢兎脫，棄前功留後患！長齡等皆受譴，仍勒限捕敵。

張格爾初以厚利陷敖罕入寇，又攻降敖罕之兵收爲已助；及四城破，敖罕人搜括回戶，張格爾又濫殺，失回衆心，及逃至敖罕，不受；傳食諸部落，亦漸不能供；時中國馳諭諸部，禽獻者爵郡王，張格爾愈遠颺。長齡令楊遇春楊芳等出塞掩捕，孤軍突入，幾不免，詔責諸將，命留兵八千防喀什噶爾，餘九千卽隨遇春入關，以芳代參贊。長齡謂八千留防之兵，不能制百萬犬羊之衆，請赦回酋布拉敦之子阿布都里，——乾隆時羈在京師者，——令歸總轄四城，庶可服內夷制外患；武隆阿亦言留兵少則不敷戰守，多則難繼度支，不若以兵餉歸幷東四城，無需更守西四城以節漏卮：詔均切責，命直隸總督那彥成以欽差大臣赴回疆，代長齡籌善後，而張格爾卒爲長齡所禽。

回教徒故有白山黑山兩派：張格爾者白山黨之領袖，其據喀什噶爾時，頗仇殺黑山黨；以故黑山黨多與清軍通，或有爲清軍効死者，中國官書稱之爲黑回者是也。同年十二月，長齡等密遣黑回出卡，揚言大兵全撤喀城空虛，諸回翹首以望和卓木；張格爾果復率步騎五百，欲乘清軍歲除不備，入卡煽衆，圖窺喀城；及至阿爾古回城，白回奔竄，黑回要拒，敵知有變，卽折奔出卡，楊芳等本已率兵爲備，聞信急追，至喀爾鐵蓋山，遂爲副將胡超所禽，捷聞，詔封長齡二等威勇公，楊芳三等果勇侯，胡超等以下，賞賚有差。

初，張格爾就禽，檄諭浩罕布噶爾縛獻逆裔家屬；浩罕遣使來賀，言被虜兵民可以獻出，惟回人經典，無獻和卓木子孫之例。詔使那彥成、楊芳嚴守卡倫，絕浩罕貿易；諸將又以浩罕容留和卓木家屬之故，又盡逐浩罕商民之流寓邊內者；浩罕人雖憤，清軍未撤，猶不敢動也。九年（卽道光九年，民國紀元前八十三年），敖罕聞清已班師，其酋遂以張格爾兄玉素普爲和卓木，糾布魯特等部之衆，將入寇；回酋伊薩克密報喀城參贊大臣札隆阿，不信；及十年（卽道光十年，民國紀元前八十二年）八月，警至，始遣兵禦之，敗績卡外，敵遂猖獗！詔參贊大臣哈朗阿、楊芳赴阿克蘇，調兵進剿。而敵已圍喀城及英吉沙爾，又合寇葉爾羌，辦事大臣壁昌率漢回兵屢卻之，札隆阿亦三敗敵衆；而伊犂參贊大臣容安（那彥成之子）將援兵抵阿克蘇，不敢進，喀英二城圍久不解。詔逮容安，並落那彥成職，以哈豐阿領容安兵，進破中途之敵，比至英吉沙爾，敵已擊掠回城，皆解圍出塞，玉素普亦從之而西。時浩罕聞清師將三路出討，亦築邊牆，又遣使獻貢俄羅斯，乞援，俄人不受，浩罕乃遣頭目赴喀城，訴前事，請通貢市；長齡以聞，命悉如所請，浩罕大喜，遣來來抱經盟誓，納貢通商。詔移喀什噶爾參贊大臣於葉爾羌，便居中控制，別留兵分駐各城，與屯田以佐餉。而浩罕自與中國通市後，連歲與布哈爾交兵至二十二年（即道光二十二年民國紀元前七十年，）浩罕兵敗於布哈爾，勢漸衰。未幾，和卓木王族加他漢等七人又以復仇爲名糾合布魯特人，於二十七年（即道光二十七年民國紀元前六十五年）春入寇，提兵往來葉爾羌喀什噶爾間，回民懲前敗，鮮應之者；同年春伊犂兵來援，遂不戰而遁，是謂七和卓木之亂。自和卓木子孫入浩罕後，其初有張格爾，繼有玉素普，繼則有七和卓木，而七和卓木因回民之不從，終不能成事，論回禍者以爲天幸。（敖罕一作浩罕）

（二）湖南之猺　猺者苗人之一種，與民雜處，散在湖南衡永郴桂四州郡；民欺其愚，常侵侮之，猺頗有怨言。有趙金龍者，湖南永州錦田猺，與常寧猺趙福才以巫鬼神其衆；時楚粵奸民結天地會，屢強刦猺寨牛穀，黨聯官役，猺無所愬，於是金龍煽惑其衆，倡言復仇，與趙福才相結，於十一年（即道光十一年民國紀元前八十一年）冬焚掠兩河口。永州鎭總兵鮑友智等合兵討之，直破其巢，猺竄藍山之五水猺山，所至虜脅衆二三千，圖據九疑山巢穴。參將成喜扼之無功，猺人遂旁掠寧遠，湖南提督海淩阿進勦藍山，戰死，猺愈猖獗。已而湖廣總督盧坤湖北提督羅思舉兵至，形勢始一變：

盧坤率師至永州，猺已脅衆甚多，趙金龍率連州八排散猺及江華錦田各寨猺爲一路，趙福才率常寧桂陽猺爲一路，又趙文鳳率新田寧遠藍山谷猺爲一路，每二三千，犄角出沒。詔以猺皆山氓，蹻捷負險，恐蔓延兩廣，或盤踞山峒，致稽搜討；勅諸將誘至山外平野之地，聚而殲之。羅思舉至永州，建議大兵由新田後路潛踞，遏其南竄，與桂陽北路兵夾攻，並扼其西通道州零陵小路：於是三路猺俱爲淸兵驅偪出山，皆東竄常寧之洋泉鎭，思舉見猺偪歸一路，急檄北路齊赴，又漸移各守隘兵進偪合圍，連日殲猺數千，趙金龍亦突圍死，其子弟妻女及死黨數十，俱被禽。時欽差戶部尚書宗室禧恩、盛京將軍瑚松額已抵衡州，未至軍，捷聞乃止。湖南猺之平，在是年三月至五月，金龍餘黨趙子靑復自連州八排竄江華藍山，羅思舉等馳禽之，餘黨瓦解，而廣西賀縣復有猺人盤均華之變；六月，廣西參將滿承緒敗之，逃至江華界，爲湖南守卡兵所獲，於是詔禧恩瑚松額進攻八排猺。八排猺初無稱兵事，當事者聞湖南猺定，思藉以稱功，力主剿；及淸兵入討，爲所拒，死者甚多，兩廣總督李鴻賓以硝藥失火焚傷入奏，詔革職，而以禧恩暫署其任。禧恩憚猺寨之險，又急以平猺爲己功，乃使按察使楊振麟設法招降，旬日得數百人，及縛連州黃瓜寨附近猺三人，諸將得以草草蕆事；迨盧坤繼任粵督，禧恩遂以善後事宜委之，而其後連州八排之猺懾於淸勢，亦終無變故。

道光朝兵事之大者，蓋莫如鴉片；自鴉片戰開，中國與外人交綏始失敗！道光以前，淸未嘗與外人宣戰而敗也，雅克薩之役歷時甚暫，用兵不多，其結局則歸於淸勝；由是以往，益養成其閉關自大之習，或謂西方強國無不可以戈鋋刀戟折之矣！英之與華通商也，於康熙朝爲著，其始英於遠東商務多萃於廣州廈門；迨二十三年（卽康熙二十三年，民國紀元前二百二十八年），英遂於廣州建立商館；至四十年（民國紀元見上），又遠航至浙江寧波舟山各地。其時浙海關之稅，則較粵海關爲輕，因是諸國商船多有至者；至五十六年（民國紀元見上），淸改浙海關之稅則比粵海關爲重，於是英人復舍浙而就粵，而中外商人。又常以事互相轇轕。迨高宗弘歷在位之五十八年（民國紀元見上），英使馬戛爾尼入北京，凡所要求綜有七條：『（一）准英國派員駐北京照管本國商務。（二）英商得至天津寧波舟山廣州地方貿易。（三）英商倣俄國例，於北京設一商館。（四）求舟山附近小島一處爲商人收貯貨物地。（五）求廣東省城附近小地方一處居住英商，或准在澳門居住，得自由出入。（六）英商輸入貨減稅。（七）准英人自由傳教』。而清廷不許。至仁宗顒琰在位之十三年（民國紀元見上），英人以兵艦窺伺安南，無功，謀佔澳門爲補牢計，清軍旋集，英始議澳民賄銀六十萬圓，撤師回國，戰釁幸而未啓；至道光世，鴉片問題起，而中英兩方之戰事遂開。

至道光朝，英商之東航中國者人日多，英政府遣律勞卑爲英商貿易監督官，至廣州，與總督盧坤議勿協，坤禁英通商，兩方旋有虎門之戰；已而律勞卑因病退出，歿於澳門，盧坤仍許與英通商。至十六年（民國紀元見上），英政府廢貿易監督官，而以甲必丹義律爲領事；義律以守中國規則，故得駐廣州。時中國禁鴉片極嚴，英商竊不願。鴉片者產於英領之印度，其輸入中國也，自明季已然；至清道光朝而其額益富。當嘉慶二十一年（民國紀元見上），英商輸入鴉片額僅三千二百十箱；至道光十年（民國紀元見上），遂超至一萬八千七百五十箱；道光十六年（民國紀元見上），超至二萬七千餘箱。其在乾隆嘉慶兩朝，雖一再禁止，顧久則無效，輸入者仍勿絕；至道光世，朝議益主嚴禁，使無再輸入，鴻臚寺卿黃爵滋首主張之，遂下令嚴禁；而鴉片仍秘密輸入廣東，官吏間受英商賄，明知故縱，清政府厲行於上，而當事者仍陽奉陰違於其下，鴉片幾乎不能禁矣！十九年（卽道光十九年，民國紀元前七十三年），欽差林則徐赴粵，促使英商估報存儲烟土，英商不應，乃絕其互市，斷其使役接濟；英商懼，乃交出全數鴉片二萬二百八十三箱，每箱百二十斤，約計資本需銀圓五六百萬，則徐聚而焚之，並以其灰投諸海：英領怒，自領事義律以下皆去之澳門，此實爲二方搆釁之始。時清政府方定禁烟新例，嚴詔國內販賣及吸食之人民；而則徐並欲爲杜絕根源之計，向通商各國之官吏布告：凡商船入口者，均須具『夾帶鴉片者，船貨沒官，人卽正法』之親結，葡萄牙美利堅諸國俱願如約；獨英領義律不欲，請則徐派委員至澳門會議，則徐斥不許。次年秋，下令沿海州縣，絕英人薪蔬食物，且令退出澳門：義律率同英商聚居香港對岸之尖沙嘴貨船中，進退維谷，不得已決戰，轟擊九龍，則徐不爲動；乃復介葡萄牙人轉圜，願削「人卽正法」一語，餘悉如約，則徐仍不許。同年冬，詔以則徐爲兩廣總督，下詔罷英商互市；英政府聞其事，乃下令印度總督調水陸軍向中國海面進發。二十年（卽道光二十年，民國紀元前七十二年）夏，英將伯麥率軍艦數十艘東來，集澳門附近，則徐時方大治軍備，購置戰船甚多，日事校閱，見英船至，卽發火舟十艘，乘風潮攻之，焚其杉板小船二；伯麥見廣東有備，遂分師北犯廈門及定海，進偪寧波，浙江巡撫烏爾恭額等均不知爲計。英人意原在通商，及定海陷落，知中國震恐，伯麥乃與義律同至天津投書講款，意在償貨價軍費，要求開廣州廈門福州定海上海爲商埠，清廷不許；而與則徐不洽者，多以開釁爲則徐之罪，詔奪則徐職，而以琦善署兩廣總督。時伯麥等亦返舟山，暫時與中國休戰，其軍艦之半還屯澳門；琦善之粵，不敢決戰事，惟首撤海防以媚敵，並許償烟價七百萬圓。領事義律欺琦善易與，復要以割香港，琦善始猶不許；同年十月，伯麥忽以艦隊攻陷虎門大角沙角兩砲台，琦善遂許以割讓香港，義律亦許還付定海及沙角大角兩砲台，事垂定矣；清廷聞英有入窺虎門之報，遽令宣戰，復以琦善無能，奪其大學士之職，而不知琦善與英人此時亦定成草約也。同時，御前大臣奕山奉命爲靖逆將軍，赴廣東備戰事；英軍遂於二十一年（卽道光二十一年，民國紀元前七十一年）二月，再攻虎門，據其砲台，水師提督關天培戰死！英政府又急命駐印度之陸軍少將臥烏古，海軍大將巴恰，率印度戍兵續向中國進發。參贊楊芳等甫至廣州，而臥烏古已以師盡占珠江要害，英兵既入廣東堂奧，勢日振而清政府此時新得英人占據香港之實狀，憾英尤切，以故兩方益齟齬。奕山又不善固守，圖博僥倖之小勝，致英兵直向廣州挑釁；三月，英軍遂砲轟廣州，總兵鄧永福戰死，四方砲台俱落英人手！奕山不得已，遣人出城與英軍約和：（一）將軍等允於烟價外，先償英軍軍費六百萬圓，限五日內交付。（二）官軍退駐城外六十里之地。（三）香港割讓事件，俟異日協商。（四）英軍退入虎門。（五）交換俘虜。和議既成，奕山以此六百萬圓之償金，爲廣州居民生命財產之代價，議以四百萬由官庫發給，二百萬由廣州行商分擔，搜括無所不及；而英軍又以其間游行市街，大肆淫掠，致粵人大憤！三元里民萬餘，忽樹平英團旂幟，乘英軍陸續退去之際，圍義律，不使出。嗣由奕山遣人往解，義律始脫險。未幾，六百萬圓之償金授受已畢，英兵先退去，清軍亦移屯金山，廣州方面始暫得無事。蓋自鴉片戰爭以來，始禍之地在廣州，故受兵以廣州爲甚；則徐剛決，其過尙淺；琦善奕山所誤實大！虎門之釁，琦善召之；廣州之釁，又奕山召之也。請繼此以言英師再圖北略之事：

自奕山與英軍訂盟，廣州一時得無事；然奕山奏報則仍以混飾出之，僅謂英人祇求如舊通商，且以償金改爲清還商欠，其烟價、香港問題，則置而不道也。清政府以爲大局已定，方坐罪則徐、戍之伊犂，而令奕山益完密其守備，以籌不虞；而英人則以此次退兵不過一時之休戰，必將上年所索諸款及香港割讓事全然承認，另訂正約，然後罷兵。屢向奕山催告，奕山不得已，乃以賠償烟價及割讓香港二事，不能得皇帝之允許報之；英人怒，復分師北進，臥烏古等遂率軍艦北上，連陷廈門、定海、鎮海、乍浦，並及寶山、上海、鎮江，逼江寧。其時定海死難者，則有總兵王錫朋、鄭國鴻、葛雲飛，鎮海死難者，有欽差大臣裕謙；乍浦死難者，爲都統長喜；吳淞死難者，有提督陳化成；鎮江死難者，有副都統海齡。溯英軍自二十一年（民國紀元見上）七月陷廈門，至二十二年（卽道光二十二年，民國紀元前七十年）七月，已進至南京，清廷震懼，乃以尙書耆英爲欽差，起前兩江總督伊里布會之，與江督牛鑑各帶全權大臣職守，與英使璞鼎查開和議於南京；英軍本已定期砲擊南京，聞和議有望，遂停止不攻，卒以同月二十七日，訂成南京條約，其要款如左：

（一）清政府納賠償銀二千一百萬圓，與英政府，內以一千二百萬圓賠償軍費，以三百萬圓償還債務，以六百萬圓賠償燒失鴉片費。其款分四年交兌清楚。英國占領揚子江一帶地方，於第一年賠款交清後，卽行撤兵；惟舟山、鼓浪嶼二處駐兵，則俟債金全清、五港開放之後始撤。

（二）清政府以香港全島永遠割讓於英國。

（三）清政府將廣州福州廈門寧波上海五處開通商口岸，准英國派領事住居，並准英商帶家屬自由來往；英商貨物照例納進口稅後，准由中國商人販運進內地各處，所過稅關，不得加重課稅。

（四）以後兩國往來文書用平等款式。

（五）清政府放還英國俘虜，凡戰役中爲英軍服務之華人亦一律放免。

清政府遵守右項條約，卽於是年八月，交付第一期之償金！於是臥烏古卽撤江寧等地之兵，還屯定海，旋於舟山置守兵二千，鼓浪嶼置守兵一千，香港戍卒一千七百，臥烏古遂歸香港，返印度。英政府嘉璞鼎查功，授爲香港總督，使主其地；而清政府則以牛鑑不守江口，致有南京之事，革職逮問，以耆英代之，奕山等均交刑部議處，伊里布則奉命爲欽差大臣，赴廣州與英使交換批准條約，且協訂開埠章程。廣州爲五口通商之一，粵人夙與英商不協，三元里一役後，感情尤激昂，同年冬，粵民有與英勞働夫格鬬負傷者，乃相率爲排外之主，張焚掠英商館，不受當道約束，勢洶洶！璞鼎查時在廣州，急調香港艦隊往衛，會伊里布至，懲暴徒以謝；璞鼎查亦智者，遂從容與伊里布籌議通商事，惟以暴徒之排外，歸過於官吏約束之不力。伊里布旣以始終附成和議，爲時指摘；又見粵事多棘手，至是以憂卒，詔耆英往接辦。時二十三年（卽道光二十三年，民國紀元前六十九年）二月也。是年五月，兩全權交換批准條約，九月復於虎門訂補遺條約，自關稅之規定及其餘細目凡十七條，以爲南京條約之附錄；且依於此附錄，凡向來在廣東通商諸國，亦得與英國同一條件在南京條約訂定之五口一律通商：由是比利時荷蘭普魯士西班牙葡萄牙諸國相率派領事或公使來廣東，而美利堅法蘭西且派特命全權公使與清政府締結通商條約；二十四年（即道光二十四年，民國紀元前六十八年）六月，耆英與美使立約於澳門，九月又與法使立約於黃浦。至二十六年（即道光二十六年，民國紀元前六十六年），中國償英之款項悉數還清，耆英乃與璞鼎查後任之香港總督達惟斯會於虎門，請撤舟山鼓浪嶼之兵，且以廣州人民之排外，拒斥英人入城之故，乞再延期二年；達維斯念南京條約內之五口惟廣州未能實行通商，乃以舟山永不割讓他國爲條件，期其承認：耆英許爲奏請，得清廷之允諾，乃與達維斯先訂舟山不割讓他國之約，然後英始撤去舟山鼓浪嶼之兵，以其地還中國，四年來鴉片戰事之局以終！

鴉片戰事，其釁端由鴉片而起；而於終局則轉不提及鴉片事。或謂清政府之設意非也，鴉片之終局所由不涉及鴉片者，蓋由清政府之誤解。何也？其始英政府之主戰，實非爲鴉片而爲通商，清政府既不許其通商，其結果惟有出於戰，戰而捷，通商可望，鴉片之輸入，度清政府亦必再許之也；而清政府之意，以爲英之戰爲鴉片而通商其名，且通商何欲？欲鴉片而已！故戰事既已失敗，鴉片事遂不復提及，以爲英旣勝我，鴉片自必當輸入，鴉片以外之條件，我尙一一許之，何論鴉片？此則爲清政府之誤解使然，不能不爲當事者責也。自是以後，鴉片旣毫不加禁，官民之嗜者益多；至咸豐朝，政府且公然弛禁，以洋藥之名徵收關稅，且利用之以爲收入財源之一助！而李圭著鴉片事略，以爲：光緒間外洋一年進口鴉片共一千萬斤，五成煮膏五百萬斤，節少補多，每人日吸烟膏二錢，一年則需膏四斤八兩，以此計吸烟者得一百一十一萬餘人；各省自種之土烟亦如進口之數，而兩倍之，共得三百三十三萬餘吸烟之人。此猶就光緒中葉言之，彼時固猶未大盛，而現況已若此，不亦危乎？

清中世八十年間由盛而衰之二（英法之交侵及太平天國之大難）（民國紀元前六十二年至三十八年）

宣宗旻寧在位三十年殁，四子奕詝卽位，是爲文宗。當文宗在位，內有金田之難，外遇英法之釁，海疆搖動，而外侮迭乘，通國驛騷，而東南不保，如是而猶不亡者，清之幸也！太平天國之初起也，兵强勢順，頗有多數之謀臣力士爲之用，而以不能北伐，潛召內訌，因守東南，而卒以隳其十六年之成業，或以之歸諸天運，而不知其實由於自亡也！至其起因要有四端，茲爲析言其概如左：

（一）由於宗教之薰染也　乾隆之末，白蓮教爲亂，竭數省之兵力，九年之時間而後克之，巨變雖平，而其徒仍徧布各省：其時北方則有天理教，南方則有三合會。天理教雖以謀變不成而敗，而三合會則頗流行於兩粵間，當道初亦不問也。人民迷信邪教之風既日益興盛，而廣東又承鴉片戰事以後，外教之傳入，得訂約大臣之許可，於是內地人士亦多有奉天主或耶穌教者。洪秀全因之始得託耶穌以惑衆人，而又先獲朱九濤三合之助（語見下節），故其勢日强，人民之歸之者不期而自集。此由於宗教之薰染者一也。

（二）由於種族之畛域也　清自入關以後，厲行專制之政策，人民謀革命者，終莫能成，而文字之獄，且因之而數起；少數之士民中間有富於革命之觀念者，懾於兵勢，無敢動也。自鴉片戰事後，清勢大露，漸不能控制叛命之人人人存有復明之心，而當時俗諺有曰：『清去明還在，清亡朱又來，』及五更朱氏當興諸謠。比宣宗旻寧歿，陳亞癸等聞之起事，乃建白布為大旗，上書「官迫民變」或「天厭滿清朱明再興」等字，以鼓煽人民；人民以為朱明果可復也，則相與從之，以致徒黨愈聚愈多，而禍端以大。此由於種族之畛域者又一也。

（三）由於盜禍之披猖也　抑自鴉片戰後，朝廷兵力之虛實，不第為外人所盡知，卽朝野不逞之徒，亦有漸萌輕視朝廷之志者。方琦善之羈縻義律也，廣東之民謠曰『百姓怕官，官怕洋鬼。』和議成，廣州為商埠，而粵民格之，英商不得入，乃又相與謠曰：『官怕洋鬼，洋鬼怕百姓。』夫至於能怕其官之所怕，則粵民駸駸乎玩大府於股掌之間矣。重以道光之末，兩廣大饑，羣盜乘間竊發，嘯聚山谷間，攻掠城堡，亂民響應日益衆，而廣西之柳慶思潯梧寧五府一州間為尤甚：慶遠則張家福鍾亞春，柳州則陳亞癸陳東興山豬羊，武宣則劉官方梁亞九，象州則區振組，潯州則謝江殿，而亞癸尤強！大股數千人，小股三四百人，他無名草竊者不可勝數，故粵西事起，應者易集；而官吏亦以久疏防禦之故，視為適然，故禍遂一發而未由再遏。此由於盜禍之披猖者又一也。

（四）由於官吏之縱弛也　方盜禍初起，守令不能治，隱匿或不以聞，大府微覺之，而亦竊幸其不遽發，上下務為掩飾姑息，盜益無所忌。秀全等之起事，蓋卽由是而成。觀龍啓瑞上梅伯言書有曰：『金田會匪萌芽於道光十四五年，某作秀才時已微知之。彼時巡撫某公方日以游山賦詩飲酒爲樂，繼之者猶不肯辦盜，又繼之者，則所謂窺時相意旨者是也。當其時，馮雲山韋振胡以洸等蓋無人不爲本地紳民指控拘於囹圄者數月，府縣以爲無是事也而故縱之。逮其起事始以八百人聚於桂平之紫金山，紳民知必爲巨患，集鄉兵千餘，自備口糧器械，欲往剿捕，具公揭於道府，但請委員督視，使知非私鬭而殺人得免於賠償。蓋其時粵西初有團練，而民之畏法如此，紳民再三催促，始委一候補知縣薩某應之，而夫馬又不時給，委員因逡巡不去，賊聚黨瞬至巨萬，團練弱且嘯官兵之莫爲助，遂撒手而賊勢滔天矣！蓋某所聞於官中者如此：」然則金田之難，直官吏釀成之，洎夫事起而始圖補救，其又奚及？此由於官吏之縱弛者又一也。

積以上之四因，故洪秀全之難遽起。秀全，廣東花縣人，二十好飲博，多大言，境遇貧乏，賣卜以爲活。同省有朱九濤者，自稱明室遺裔，襲白蓮教故智，倡立上帝會，蓋即三合會之流，藉以惑衆斂錢，圖自給。秀全等聞而信之，約其友馮雲山往與游。九濤死，秀全與雲山入廣西，居桂平武宣二縣間之鵬化山中，陰事布教，往來潯州藤縣象州陸川博白間。桂平人曾玉珩者，家饒於貲，延秀全課其子；武宣人蕭朝貴者，秀全妹壻也，與貴縣石達開、花縣楊秀淸皆客桂平，陰相比附，共師事秀全。秀全嘗詐死七日復甦，詭云上帝召我，有大刼，拜天則免。遂託西方傳入之耶穌教，造眞言寶誥，謂天曰耶和華，耶穌爲長子，秀全次子，凡入會者納銀五兩爲香燈貲。其從教者男曰兄弟，女曰姊妹，無長幼尊卑之別。或曰，秀全自入廣西傳教後，曾再度至廣東，親就美利堅牧師羅巴爾特受教，故其人曾爲西方教徒。及後復歸廣西，雲山等已得信徒至二千人之衆，勢更強盛。至三十年（民國紀元見上），遂共集於廣西藤縣間之金田謀起事，其同志均蓄髮爲識別。旋移營武宣東鄉，招集拜上帝會者；又赴象州，聚納亡命，貴縣林鳳祥、揭陽羅大綱、衡山洪大全等率衆從之，遂部署隊伍，裝旗械，踞金田爲巢穴。廣西巡撫鄭祖琛自度力不能討亂，請派大將會剿，詔以固原提督向榮爲廣西提督。同年秋，榮至桂林，時慶遠、思恩、南寧諸府適有盜警，向榮率師往討，秀全乘機益盛。詔以林則徐爲欽差大臣，赴廣西督師，會則徐歿於途；而前雲南提督張必祿亦奉命來粵，至潯州又歿；詔以李星沅爲欽差大臣。鄭祖琛已爲給事中袁甲三參劾革職，周天爵奉命巡撫廣西。明年，天爵與星沅不相能，疏請統帥，乃詔大學士賽尚阿赴粵視師，未至而星沅歿，卽以賽尚阿爲欽差大臣。烏蘭泰者，本廣州副都統，奉命幫辦廣西軍務，與向榮不相能；榮方轉戰，而天爵劾之，故天爵與榮又不相能：諸將帥相水火，而秀全坐是大。天爵雖去職，然無及也。同年秋，秀全等由大黃墟分水陸兩路趨大黎，犯永安，陷之，定朝號曰太平天國。同志共推秀全爲主，曰天王，楊秀清爲東王，蕭朝貴爲西王，馮雲山爲南王，韋昌輝爲北王，石達開爲翼王，洪大全爲天德王，秦日綱、胡以晃等各稱丞相、軍師等職，勢大張。時廣西初起盜伏誅殆盡：陳亞癸爲署桂平縣知縣李孟全禽獲，顏品瑤爲布政使勞崇光梟誅，其他二十餘股皆平；惟秀全獨存，然已非清軍所能制。向榮、烏蘭泰等各率師圍永安，四閱月而不能下；二年（卽咸豐二年，民國紀元前六十年）二月，秀全等潰圍出，北趨陽朔，向桂林，烏蘭泰邀擊山岡，斬二百人，禽洪大全，乘勝窮追至六塘墟，距桂林僅六十里，烏蘭泰中砲死。三月，秀全攻桂林，則向榮已先入，嚴師爲備；前秀水知縣江忠源又自湖南募鄉兵至，奮力攻闘，秀全勢不支，解圍北走：四月，陷全州，順湘江流下，趨長沙，忠源誘而扼之，南王馮雲山中砲死，秀全等遂東向道州。是年五月，道州陷；七月，郴州陷；西王蕭朝貴率其死黨先趨長沙，欲出守者不意，巡撫駱秉章等悉力固守，而江忠源又與總兵和春等馳師而至，自是朝貴祇踞南城一面，不能旁擾。時賽尚阿駐永州，湖廣總督程矞采駐衡州，皆逡巡不赴；八月，詔奪二人職，以徐廣縉並代之，促向榮赴援。榮自四月初稱疾，居桂林，賽尚阿深劾之，罪至譴戍，榮終不起；聞賽尚阿罷，乃疾行。新任湖撫張亮基亦自常德集兵至，先趨而入，謀守禦；蕭朝貴攻南門，城兵擊之殁。時秀全秀淸尚踞郴，聞朝貴死，乃悉黨突來，益募礦工穴城根；比九月，賽尚阿師亦至，於是援兵大集，其數近五萬，秀全等雖置地雷轟城，城崩而復完，不能進，圍攻既久，地道屢無功。至十月，秀全懼衆疑貳，乃造玉璽，稱天授，脅衆呼萬歲！旋於夜半從浮橋渡湘西，走道寧鄉，至益陽，奪民船數千，出臨資口，渡洞庭，陷岳州，盡得舊存吳三桂軍械礮位；十一月，下湖北，奪漢陽，焚漢口；十二月，陷武昌。先是向榮追師至，營武昌東門外洪山中，隔壘不能與省兵合，故無功，而省城旋失守，詔逮問徐廣縉，以向榮爲欽差大臣，起在籍侍郎曾國藩幫辦團練，駐長沙，而以張亮基代廣縉爲湖廣總督；又以前大學士琦善爲欽差大臣，偕直隸提督陳金壽內閣學士勝保由河南進勦，遏敵北竄；又命兩江總督陸建瀛爲欽差大臣，督兵進防江皖，籌布置焉。

時秀全雖得武昌，而向榮偪之，終不能久踞；欲於襄樊北趨，偵知河南有重兵扼守，遂於三年（即咸豐三年，民國紀元前五十九年）正月下竄。是時所俘男婦約五十萬人，船約萬艘，資糧軍火財帛與婦稚盡置舟中，蔽江而下，帆檣如雲，餘衆分兩岸夾江走，連陷所過黃州武昌蘄水蘄州，直抵廣濟縣之武穴，遇陸建瀛師，又大勝，自是沿江無阻，而秀全等得直至江寧矣。先是建瀛奉命防江皖，建議須守上游黃蘄等處，先遣師駐武穴下游，而已亦溯江而上，次九江；及聞敗報，倉卒退江寧：於是秀全得連陷九江安慶，得資銀漕米甚夥，遂進薄江寧，水陸師百萬，晝夜環攻不少懈；至二月八日，儀鳳門地雷發，其別隊乘淸軍力禦時，已由三山門進師，於是江寧遂破，內城繼之，建瀛以下多死難！迨榮兵追至，省城已陷，遂結營城東孝陵衞以企後圖，所謂江南大營者也。

秀全等之下金陵也，一方遣林鳳祥羅大綱等陷鎭江揚州；一方卽頒布各種制度，以行帝中國者之體制：凡一切制度，俱出東王楊秀淸；而興國州人劉某爲秀全武昌所取士，亦與其謀畫者也。綜而計之，約有八端：

（一）建都　改江寧府曰天京，恢總督署而居之；諸王府第，亦均以故家大宅改建。綜宮室制度中，第一、爲龍鳳殿，卽太平天國之朝堂；第二、宣教臺，爲秀全說教之所；第三、軍事議政局，爲太平天國軍事調遣及諸軍粮械發源之所，各局之隸於其下者最多。

（二）分職　侯王之下爲丞相，爲檢定，檢定之下爲指揮，指揮之下爲將軍。其諸王亦均有屬官：如六部尙書諸職。天王以下，東王爲長，總理文武軍機事，位置視首相；其他丞相亦皆文武兼理，行軍屬武職，克有城鎭則兼攝文職，故其文事往往兼屬於武將之手，曾國藩所謂洪軍官制悉擬漢唐者。

（三）軍制　凡二十五人爲一兩，有兩司馬統之；四兩爲卒，有卒長統之；五卒爲旅，五旅爲師，有旅帥、師帥統之；五師爲軍，有軍帥統之，而總以監軍。自監軍以至兩司馬，均有正副。

（四）市政（附雜禁）　江寧之初定也，秀全卽頒布各種軍民法令：令從軍者從軍，否者各安本業；男女行路，各由一道，不得混廁；出城者準手攜車載，而禁止背負肩挑；已安民之地，無論軍官兵士，私入民居者，殺無赦。每日七時卽起，不得曉眠；夜行者不得過三鼓，違者均罰；又令女子毋得纏足，並立娼妓婢妾奴婢之禁，犯者處重刑。

（五）外交　抑江寧之初定也，英艦將曰西西波林者，就洪軍探虛實，秀全等多與定交；於其歸上海也，使介弟洪仁玕同行報聘，謁上海英法美各領事；是年，並使仁玕出使美國，齎國書以行，中有『一切交涉事件，可與朕弟仁玕往還』之語。仁玕留美二年，然後歸，有使美日記；後仁玕死江西，其書爲清軍所得，或曰清臣沈葆楨藏之云。

（六）改歷　以三百六十六日爲一年，有閏日無閏月，七日一禮拜，猶今陽曆制。

（七）試士　洪軍凡遇諸王慶典，則必開科；上自丞相，下至胥吏，皆得與考。初有武昌，卽行考試之法；其於江寧，且屢舉之，略仿明清科舉之制。

（八）禁烟　吸食鴉片烟之禁，洪軍最嚴，飲酒次之；凡尋常截長竹作管、製銅爲小斗狀而呼爲烟袋者，亦禁用之。秀全曾以禁絕鴉片事商之西西波林，願勿輸中土，英人多有知其事者。

方林鳳祥之下揚州也，其時琦善等已自河南方面進師來爭江北；故當時謂向榮孝陵衛之師爲江南大營，琦善揚州城外之師爲江北大營。鳳祥窺河南空虛，乃留指揮曾立昌踞揚城，驅婦女及所刼資財回江寧，率所部二十一軍北上：游軍數千人擾滁州，據臨淮關；是年四月，遂陷鳳陽，勝保亟由江北大營分師尾躡。楊秀清在江寧，別命丞相吉文元由浦口犯亳州，與鳳祥之師合，轉入河南；五月，歸德陷，開封旋被圍，將軍托明阿等盡力防禦；於是鳳祥等舍之而西，由鞏縣渡黃河，攻懷慶，詔以納爾經額爲欽差大臣，會同勝保及山東巡撫李僡等救之。鳳祥等爲地道以攻城，不克；其城外新立戰柵，又爲納爾經額之師所破，遂棄柵由間道入山西，陷平陽，直抵洪洞。事聞，逮問山西巡撫哈芬；勝保躡敵先至，諸統兵官亦督師並進，收復平陽。納爾經額請馳回正定爲備禦計，詔令上欽差大臣關防，即授勝保；而鳳祥等已東入直隸，據臨洺關，擾至深州，納爾經額逮問，詔以惠親王綿愉爲奉命大將軍，科爾沁郡王僧格林沁爲參贊大臣，統四將軍兵會勝保進討，柳城設巡防廳以籌備禦。先是鳳祥等入山西，秀清復自江寧出援師二萬助之，故聲勢特盛；及入直隸，旋得據深州，旁擾襄城一帶，烽火不絕。九月，勝保督軍與敵戰深州城外，斃敵七八百人，於是鳳祥等不敢久踞深州，遂乘間直走天津。當敵偪懷慶時，卽有人獻議撲天津者，而鳳祥以必破懷慶爲期，故卒爲清軍所制，反迂道走山西；及是深州不守，乃亟謀天津，而不知天津此時固已有備也。鳳祥等既不能入天津，卽斂師退，而勝保已由深州尾追，不得已退據靜海；勝保等遂以師屯天津附近，專事偪擊，所謂天津大營者也。

鳳祥雖孤屯靜海，然其勢尙盛，獨流鎭楊柳青一帶，均爲所據；是年十一月，又敗勝保兵於天津衛口，蒙古副都統佟鑑陣亡：自是勝保僧格林沁建「以圍爲攻」之策屢獲成效所陷各城以次復，惟獨流尙固守不下；至四年（卽咸豐四年民國紀元前五十八年），獨流又爲清軍所攻克，鳳祥等知天津已無可希望乃棄定海而趨阜城分據附近各邨莊資爲犄角，勢已頓衰！秀清等在江寧聞信，亟調安徽之師分支北上，擾山東，陷臨清，疲清軍救應之力：於是僧格林沁自任阜城攻圍之事，而使將軍善祿等赴山東；勝保亦奉詔往援。同年三月，勝保等收復臨清；四月，其丞相曾立昌等均走死，山東大定，阜城之勢孤。鳳祥方思聯絡山東以圖南竄，由靜海連敗至連鎭；而秀清在江寧自調安徽兵往山東大敗後，反爲他方清軍之所牽掣，未能再出援師：鳳祥等雖固守連鎭，爲僧格林沁所制，不克與山東通消息；方於五月遣一支隊赴高唐，而不知高唐之衆亦陷於孤露。是年十一月，清軍攻連鎭，克其西鎭，鳳祥等悉力守東鎭；至五年（卽咸豐五年民國紀元前五十七年），東鎭亦破，鳳祥被禽，送京師處斬！洪軍之渡河與清軍抗者，僅高唐一隅，勝保以是獲譴，僧格林沁亟移得勝之師進勦；洪軍聞警，遂棄城而南，清兵追之，及於茌平縣屬之馮官屯。洪軍自保於屯之東莊，僧格林沁修築套堤，引河水圍繞以困之；至四月，敵壘始破，擒其帥李開芳送京師處斬！於是北方軍事告蕆。五月，凱旋京師，詔封僧格林沁博多勒台噶親王。當是時，僧王名震中國，莫不多其功烈，以爲畿疆者，中國根本，畿疆固則中國之本不搖，而後東南寇亂可平。洪軍自湖南長驅東下，藩籬盡失，始遣其丞相林鳳祥攻直隸，謂爲「掃北之師」，及兩次遣其援軍渡河，皆破滅無一脫者：洪軍自是不能再北犯，而清政府始不至有門戶之憂矣。

清軍與洪軍之轉鬬，以長江流域一帶爲特橫其間若武漢若九江南昌若安慶，兩方之用兵皆劇烈。方三年（民國紀元見上）正月，秀全等自武昌連檣而下也，過安慶，刼其財米去，未之守也，及林鳳祥陷鎮江揚州，豫王胡以晃亦奉秀全等之命攻桐城，再陷安慶；而丞相賴漢英石祥貞又分擾九江湖口，進偪南昌：於是安徽江西二省始被重兵。江忠源時官湖北按察使，詔令赴江南大營；行次九江，阻敵勿能進。江西巡撫張芾聞忠源至，則飛檄召援省城，忠源由九江踔四百里奔入南昌；翌日，敵至，則守禦已備，敵晝夜環攻，闕地十道，分擾旁郡，以眩清軍，而吉安土匪又蠭起應之。時曾國藩駐長沙，得忠源請援之書，急調楚勇二千，湘勇千二百，營兵六百，分道馳往，吉安土匪賴以平；省城受圍九十餘日，而忠源守益力，而敵終解去，以是南昌得無恙。楚勇者，其始爲江忠源之所部；湘勇者，其始爲湘鄉羅澤南王鑫之所部，皆鄉勇也。楚湘勇之威名，自援江西始；而國藩在長沙益專事訓練：於是湖南之兵，震爍一時！而與洪軍之連年戰鬬，亦自此而日紛矣。

洪軍既不能得南昌，復出湖口，沿江而上；忠源亦自九江回援湖北，是年九月，戰於田家鎮，失利！洪軍陷黃州漢陽，方泝江漢而上；中途阻清軍，退據黃州。時曾國藩在長沙治水軍，奉詔先遣師往援；而其意實在堅守省會，俟水師成，然後再出，勸貽書湖廣總督吳文鎔，得其同意，於是文鎔專注力守省治，期閉門扞敵；比江忠源死廬州之難，而文鎔遂亦不免，則急於主戰者實有以害之也！

先是洪軍出湖口，窺湖北，江忠源方馳師赴之，自江西方面攻擊入湖北矣；同時而安徽警信日至，有詔授忠源安徽巡撫，於是忠源遂移師而下，入安徽。安徽自胡以晃下安慶，翼王石達開頗事要結，張榜安民，擇村里桀黠者爲鄉官，迫民獻糧册，按畝輸錢米，立榷關於大星橋，以鐵鎖巨筏橫截江面，阻行舟，徵其稅；或謂達開詭托安民，實掊克自富，然安慶實賴以治。至十月，楊秀清以秦日綱代達開，日綱專主攻，遂以師進陷桐城、舒城，偪廬州；廬州者，安徽文武大吏所僑寓，以爲省治也。忠源既奉命巡撫安徽，以廬州危偪，即率所部兵千人先發，冒雨而進，將士多病，至六安，憊甚，留兵爲守，復奮勇進廬州，所部僅數百人矣。十二月，忠源入城，胡以晃率悍黨十餘萬踵至，圍之數匝，未幾，城破，忠源死於難！事聞，贈總督，謚忠烈。廬爲安徽新設之省治，既不守，湖北巡撫崇綸嚴劾文鎔，謂不應守省治，蹈廬州覆轍，詔旨切詰吳文鎔速進兵；文鎔不得已，於十二月赴黃州督師，反爲敵所乘，清軍大敗，文鎔下馬於雪泥中，北向叩頭痛哭，大呼曰：『無以仰對皇上！』遂投塘水死。洪軍乘勝復陷漢陽，詔旨仍促國藩赴援；而楊秀清已遣石祥貞率大股越武昌而上。四年（民國紀元見上）二月，岳州不守，漢陽之洪軍又溯襄河連陷德安、隨州、棗陽，湖北省城勢益孤露；時國藩水軍已成，不再出禦敵，匪特武昌落敵人掌握，即長沙亦不免危岌，於是遂乘勢建旗鼓而東征矣。

時洪軍方謀於兩湖建瓴，據其勢，欲回兵兩粵，以收臂指之捷，而厄於國藩，不能逕得湖南也；國藩方出師援武昌，聞洪軍已陷岳州、湘陰、寧鄉，乃分師迎戰，而洪軍聞之，棄岳州遁。國藩遂以是年三月督水陸師北進，貴州道員胡林翼先奉吳文鎔調赴軍，及是，亦以兵從，而水軍出洞庭，北風大作，船多壞，陸軍亦敗於岳州，王鑫退保長沙。洪軍乘勝陷湘潭，豎木城湘水上，以阻清軍；國藩邀擊洪軍於靖港，出省城衹六十里，又敗！乃憤而投水，左右援救得不溺。塔齊布自崇陽還奉檄援寧鄉，中途得國藩檄，乃改援湘潭，出洪軍不意，再戰再勝，焚其木城，國藩從彭玉麟議，益發舟援之；自是年四月初一起，連戰至四月九日，殲敵甚多，湘潭下，湘軍之名自此振，所謂湘軍第一奇捷者也！

湘潭雖復，洪軍仍馳突湖南北間，未去也；洪軍之在隨州棗陽者，方連陷安陸荊門，謀窺荊州而不能有。至五月，石祥貞復自湖北糾其衆陷華容，踞岳州，陷常德；其謀荊不成而散入宜昌者，復自宜昌方面入虎渡口，與湖南境內洪軍合勢，攻澧州安鄉，以是湖南仍不能無事：至六月，洪軍又圍武昌下之，巡撫青麐出走，詔誅死，湖北省治失，湖南洪軍聲勢日以強！國藩聞信，急出師，使塔齊布胡林翼等分路進，於是洪軍所得湖南諸城，皆棄去，國藩遂得一意援湖北；至是年閏七月，武昌復爲湘軍有，田家鎮諸要隘皆下，詔國藩自九江安慶進窺江寧。夫湖南此時雖大定，湖北僅小定，以言東規，夫豈易事？且其時秀全等聞兩湖失利，急東保江西安徽，戰局方將由此而開，豈能因此而結？九江爲江西門戶，洪軍守之力，其將林啓榮尤以善於防禦馳聲於當時！國藩既移師而謀規江西，首嚴師圍九江而不能下；洪軍則謀駛上游爲牽制之計，遂於是年十二月出攻武漢，五年（民國紀元見上）正月，漢口陷；二月，武昌陷，巡撫陶恩培死於難！時胡林翼已由國藩調遣率師援湖北，及至而城已陷，湖北復大亂。國藩始聞湖北之警，留塔齊布圍九江，而己則趨南昌與巡撫陳啓邁籌增船砲，別令羅澤南分攻廣信饒州：未幾而廣饒俱復，國藩亦於是年四月移駐南康籌練水師；至六月，塔齊布沒於九江軍，國藩使周鳳山領其衆，而九江圍終不下。八月，羅澤南自義寧上書國藩謂：『東南大勢在武昌，得武昌乃可控制江皖。』因單騎詣南康，請援武昌；國藩乃率五千人而西，於是湘軍在江西之勢力日孤。林翼入湖北，初以武昌之陷，屯師金口；既又自金口轉戰薄武昌，然不能下也：及是年九月，羅澤南之援師至，與林翼合軍勢振；而石達開乘江西之虛，攻入義寧，於是江西勢更危，一時新昌瑞州臨江袁州先後陷。國藩檄周鳳山解九江圍回駐江西省城備不虞；而彭玉麟亦自衡州來南康，國藩令領水師援臨江。六年（卽咸豐六年，民國紀元前五十六年），鳳山師敗於樟樹鎮，退入南昌，國藩亦自南康移駐；而撫州又陷，江西除省城外，祇廣信饒州贛州南安尙爲淸廷有。澤南在湖北，聞江西警報日至，乃謀急收武昌，得回師東援，同年三月，攻城不克，中彈死！事聞，謚忠節，林翼使其高弟李續賓領其軍，薄武昌如故；洪軍乃自江西分師來援，武昌守益堅。當是時，湘軍與洪軍相持江寧九江武漢間，其勝負殆非一時所易定；直至是年九月以後，林翼爲長圍以圍武昌之洪軍，至十一月，武昌漢陽俱復。武昌爲湖北省治之所係，失陷者三，至是始克復，而漢陽地勢尤與武昌相聯絡，其先後失陷且達於四次：自是林翼益籌鞏固武漢之策，長江上游，落湘軍掌握矣。

方羅澤南之死事於湖北也，是年五月，江南大營潰，於是江寧之勢又爲之一振！先是向榮之結營孝陵衞也，激厲軍士，挑洪軍戰，連破通濟門七橋甕諸敵壘，進營鍾山之陽，樹幟招降，凡棄刀杖者皆免死，降者日衆：秀全等惡逼其巢穴也，欲襲蘇常截餉道，遣兵順流下駛，榮率水師從小湖繞出，遇於月湖閘，奮前迎擊，沈敵船百餘，餘寇退回鎮江；未幾，又由蕪湖竄高淳，直逼東壩，榮使副將張國樑禦之，三戰三捷！敵既不能下竄，出敵營後以相撓，遂思旁攻側擊，冀分大營兵力；於是洪軍之駐瓜州者，由鮎魚套至高資句容諸處，肆行攻擊；且於沿江築壘，與鎮江兵相呼應：榮旋遣兵分攻克其蕪湖太平兩城，洪軍自此不能肆意四出，而蘇常與浙省皆得宴然無警；自五年秋以後，凡三山燕子磯秣陵關板橋淮河一帶敵壘，均為清軍所克，向榮且進師攻其雨花臺大寨，飛砲及城內之王庭。秀全與秀清計，謂非先擾江皖以撓其勢，再摧鎮江揚州之師，金陵圍必不解；乃分遣其驍將陳玉成李秀成等四出，而寧國等地俱失守。榮知圍久必有變，既遣軍援寧國，復使張國樑扼守倉頭要口；時江蘇巡撫吉爾杭阿方克上海，規取鎮江，亦出師來應。洪軍至倉頭，阻不得前，戰又輒敗；會水師諸將防江不嚴，敵以小舟夜渡，得盡由金山達瓜州，掩至揚州城下。揚城外本江北大營駐在地，此時琦善已去職，托明阿代之；敵至，大破托明阿所部軍。六年三月，揚州陷，事聞，托明阿等皆褫職，詔德興阿以都統銜充欽差大臣，接統江北大營之軍，收復揚州，江北事少定；而鎮江則仍為洪軍所堅守，吉爾杭阿久圍不下，以攻堅不如斷糧，分兵進高資，江寧聞之，出師數萬來爭，吉爾杭阿亦馳至，兵敗死焉！時同年四月也。向榮聞高資之警，則遣張國樑馳救，連戰連捷；五月，洪軍援高資者盡退回江寧。當是時，榮與國樑負重望，中外盛稱江南勁旅，以故江南大營名遠出江北大營上，諸路告急，使至，援師隨發，無須臾阻！洪軍見榮軍遠征者多，居守者少，營壘空虛，炊烟日減，晝夜謀所以覆之；軍士又以餽餉乖時，忍饑赴敵，頗觖望！鎮江圍甫解，秀清議夾攻大營，密約守鎮江之洪軍自東而西，趨江寧，撫江南大營之背；城中洪軍自西而東，與相應。向榮張國樑狃常勝，方併力殺敵，而大營同時火起，守戰兵皆潰，國樑翼榮退丹陽；七月，榮疾怒死，以軍事付國樑曰：「君才足以辦賊，吾死何憾？」事聞，賜世職，詔以江南提督和春為欽差大臣，自廬州移丹陽領其軍。

和春以攻克廬州收復舒城，功名頗盛：而洪軍方嚴踞三河，與和春相持，和春不能卽滅之也；及奉欽差大臣之命，於是年八月，大捷於三河，乃移師丹陽。七年（卽咸豐七年，民國紀元前五十五年）十一月，德興阿克瓜州，張國樑下鎮江，江寧之外蔽失，於是和春益與諸將規江寧；至八年（卽咸豐八年，民國紀元前五十四年）三月，遂進薄江寧：所謂江南大營者，至是乃復與金陵城相偪，洪軍勢漸落，長江上下游要隘所未失者，祇安慶；迨是年七月，廬州復爲洪軍有，因是而有三河之戰，清軍大敗，於是安徽再入洪軍掌握，而兵勢轉強。

所謂三河之戰者何也？先是李續賓以善戰著名，爲羅澤南之高弟，澤南死，從胡林翼收武昌，又渡江克黃州，大冶興國，遂直擣九江；林啓榮者本洪軍健將，已於前節略著其行誼，往歲塔齊布圍攻時，堅守勿下，及是仍率衆死守七年（民國紀元見上）正月，續賓用攻武昌法，掘濠困之，敵出城阻截，數月濠始成，然終不能卽下九江也。初國藩治水軍鄱陽湖，爲洪軍所掠，乃設法奪江西戰艦，沈塞湖口，築壘石鍾山，爲浮梁鐵鎖以阻水軍，隔岸梅家洲敵環攻，清軍攻之不利！故當四年之冬，水軍反陷入內湖，而國藩則益經紀之，檄彭玉麟統其衆，水軍未幾復振；及是袁吉瑞臨以次皆復，衆議會剿九江，續賓謂九江之衆，恃湖口相犄角，不拔湖口，九江不可得，乃於是年九月先出師攻湖口；八年春，水陸晝夜攻九江，九江之洪軍被圍久，以數千人嬰城種麥以爲食，糧不絕，守益暇，至四月，始收復九江，啓榮死亂軍中，其部下無一降者！九江平，詔加續賓巡撫銜，使統師入安徽，而廬州已先爲洪軍所陷。續賓入皖，連下潛山太湖桐城舒城，益向廬州方面進師，至三河，距廬五十里，洪軍於此築大城，環以九壘；同年十月，續賓悉兵十三營先攻九壘，大戰皆破平之，而所部死傷亦過千人！衆懼，乃增調後軍於湖北；未至，英王陳玉成等糾合捻酋張洛行等自廬州來，其衆合十萬，日夜奔赴，勢洶洶，圍續賓軍三十重，敵來如牆，續賓戰死！於是皖楚之間大震，先克四邑皆陷，都興阿時圍安慶，亦撤師而退屯宿松矣。

洪軍既有三河之捷，聲勢轉張，而江西餘敵漸又再起：先是李續賓復九江，張運蘭等同時收建昌，建昌洪軍走人浙江境，圍衢州，陷處州各州縣，禍已及浙矣！時國藩丁父憂在籍，詔馳往浙江；是年七月，國藩至南昌，大軍集河口，將計日出師，而衢州圍解，處州等州縣相繼克復，惟福建、浦城、崇安、建陽、松溪、政和等地，勢益蔓延！於是國藩又奉詔以援浙之師援閩；國藩弟國荃初從兄轉戰，自率所部號吉字營；及是吉安爲所下，江西殆已全定，惟景德鎮尚有大股洪軍，及三河變作，景德鎮之洪軍勢將窺河口，故國藩此時上疏，略謂：論大局之輕重，宜併力江北，圖淸中原；論目前之緩急，宜先攻景德鎮，保全湖口。九年（即咸豐九年，民國紀元前五十三年）二月，蕭啓江克南安，福建定；六月，國荃克景德鎮，江西境內自是無洪軍！國藩與胡林翼等會商，乃定進軍安徽之議：

國藩既聯合湖北之師人安徽，自駐宿松，林翼駐英山，二人同心謀皖；其攻取太湖各軍，則悉歸多隆阿節制；陳玉成聞之，大出師援太湖，多隆阿撤太湖圍，檄鮑超壁潛山水池驛，當前敵，移他軍爲後援，而自屯新倉爲助；國藩林翼危之，益發兵圍太湖，援前敵。十年（即咸豐十年，民國紀元年前五十二年）正月，鮑超與洪軍戰大勝，太湖潛山兩城均復，遂謀進窺安慶；淸軍諸名將多集安徽，於是安徽之洪軍奔赴下游，而江南之大營再潰！

江南大營自八年七月定計以長濠圍困江寧，洪秀全等頗引以爲患，思再破潰之，未有當也。會陳玉成自皖東出，陷江北大營，德興阿走揚州；同年九月，陷揚州，德興阿走邵伯，乞援於江南。江南大營使張國樑北渡，卒復揚州，至九年夏，德興阿以無功被劾去，江北不置帥，詔和春兼轄。至十年正月，國樑以師下浦口，悉平沿江諸敵壘，洪軍勢益蹙；而安徽上游之地又多爲淸軍所偪奪，乃一意謀致死力於大營。忠王李秀成者，於洪軍中屢建非常之偉略；及是，謀掣淸軍肘，遂以同年二月連陷涇旌德太平寧國四縣，突取廣德，入浙，兵進安吉、長興，巡撫羅遵殿新自湖北來，徵調曹翰慶率楚軍六千往救，道遠未能至。詔和春兼督浙江軍，以提督張玉良爲總統，率江南軍援浙，未至而省城陷；三月，玉良至，洪軍棄省治而走，秀成復經廣德回江寧，陳玉成亦自安徽上游下江浦；玉良留浙未歸，而江南大營兵力日薄。和春雖爲帥，事事倚辦於張國樑，而又驕愎不省事，謂克江寧在指顧，且陰惡國樑，凡事又不免無齮齕；軍士各有家室，諸大校多飲博嬿戲，視帑銀如泥沙，其厮養多食鴉片，莫不有桑中之喜；和春又以不破城不發餉爲可激軍心，軍屢譁！至是年閏三月七日，江寧之洪軍猛撲大營，而玉成等復自外援應，國樑苦戰不能支，十四日，大營火起，江南軍再潰，國樑驅其殘衆守丹陽，洪軍踵至，遂與陳玉成李秀成大戰於丹陽城外之尹公橋，七戰，而淸兵傷者萬餘，湖北提督王浚壽春總兵熊天喜俱戰沒，國樑投河死！事聞，諡忠武。和春突圍走常州，與洪軍戰，受傷嘔血死；洪軍踵至，遂取蘇常，詔授曾國藩署兩江總督，國藩使弟國荃圍安慶而自駐師於祁門焉。

國藩既駐師祁門，旋奉旨實授兩江總督；洪軍多入皖南，環偪祁門，度淸軍必棄安慶而救祁門矣；曾國荃知之，攻安慶益力。十年十月，陳玉成率衆十萬往援，不勝；走桐城，多隆阿李續宜又敗之。玉成改圖上駛，遂由霍山英山寇趨湖北蘄水，陷黃州，分擾德安隨州；湖廣總督官文戒嚴，急檄新任安徽巡撫李續宜回援，彭玉麟亦以水師繼進：玉成乃留軍湖北德安，而已復馳至安慶，與蕪湖廬江各方面奔赴之洪軍期克日解安慶之圍；而是時李秀成亦使侍王李世賢再入浙邊，陷江山常山，共奪瑞州爲根據；是年五月，遂由義寧武寧經湖北入興國通城，更進至咸寧大冶武昌，期與德安之洪軍共迫省治。六月，林翼自太湖旋師武昌，連克所陷地，於是西路洪軍之聯絡因之中斷；秀成旋東歸，而國荃等合圍安慶，布置尤周到，安慶遂以是年八月收復，桐城亦下。同時清軍又迭次收復瑞州德安黃州諸府，乘勢東下；而林翼旋以疾沒於武昌，事聞，謚文忠：於是東下之事，惟國藩兄弟蒞任之，國藩亦同時進駐安慶，洪軍勢日衰。

安慶之將下也，同時湘軍復轉戰於江西；是年八月，鮑超援又至：於是李秀成李世賢先後入浙境，連陷嚴州紹興；十一月，杭州又破，詔授左宗棠浙江巡撫。先是蘇州陷，松江太倉諸城皆不守，江蘇巡撫薛煥駐上海，而蘇松太道吳煦募洋兵，使美人華爾領之，號「常勝軍」：十年（民國紀元見上）七月十一年（民國紀元見上）五月，洪軍兩度圍上海，皆不勝，敗退；其年十一月，洪軍復取奉賢南匯川沙以偪上海，上海震懼。時文宗奕詝新沒，穆宗載淳即位，東西兩太后方垂簾聽政，專意任國藩，國藩薦李鴻章才可大用，鴻章遂奉命任蘇事，募淮軍到安慶；至同治元年（民國紀元前五十年），上海駛船抵安慶，迎淮勇至營城南，詔以李鴻章代薛煥爲江蘇巡撫。

安徽當江寧上游，故洪軍死守安慶，以重其蔽；及安慶不守，陳玉成尙屯廬州；至元年（民國紀元見上），廬州又爲清軍所下，玉成被獲，殺之於河南之延津，洪軍喪失一良將，安徽已無寸地之根據，而沿江要隘，又先後爲清軍所攻克，國荃遂於同年五月，進營雨花臺，以偪金陵；於是李秀成率其所部之衆，號六十萬，自蘇常馳至，李世賢又自浙江馳至，先後與國荃大戰，國荃力強，得不退，受圍至四十六日之久，而終以得解。同時左宗棠在浙，李鴻章在蘇，皆以能戰聞，常勝軍助守松江，分師克浙江之慈谿，亦所在有功。二年（卽同治二年，民國紀元前四十九年）十月，鴻章克蘇州；三年（卽同治三年，民國紀元前四十八年）三月，宗棠克杭州，蘇浙省治，皆復爲清軍有，江寧之勢日孤矣。

抑洪軍之衰，不僅分竄蘇浙者，終無所成也；其在陝西四川，亦不能有功。扶王陳得才者，爲陳玉成之死黨，自同治元年三月，廬州爲清軍所攻，得才別領一軍，犯河南南陽，入陝西武關，偪省城，爲陝西巡撫瑛棨所擊敗，遂轉陷渭南。時有藍大順藍二順李短搭搭者，於咸豐九年間，倡亂於雲南之昭通，未幾闌入四川，李短搭搭被禽，而藍氏兄弟遂北行入陝，大順據洋縣，二順據山陽，得才與之聯合，將謀有所爲於關中；而廬州被圍亟，得才急旋師回援，至河南，格於清軍，謀再入陝。時將軍多隆阿方奉命爲欽差大臣，督辦陝西軍務，遂以是年八月，破得才於紫陽關，得才乃南下犯湖北；多隆阿復回軍樊城，以破之，得才遂以全股入陝西。同治元年（民國紀元見上）十二月，陷興安；二年（民國紀元見上）八月，陷漢中；值江寧圍急，秀全急檄令回援，得才遂以是年十二月率所部而東。三年二月，多隆阿與藍大順戰，大順被殺，而多亦以是役傷重死軍中；得才入湖北，與清軍轉戰，輒不勝，雖迭次擾蘄水蘄州廣濟而終於無濟，同年七月，得才聞江寧已破，遂服毒而死！是年九月，藍二順亦爲陝西之清軍所攻滅。

洪軍名將如林啓榮陳玉成陳得才皆勇健善戰，及是死亡殆盡，已無與爲援；其尤足惜者，則石達開之死四川是也。洪軍之衰，雖由其中無熟諳政治之徒，而當軍事時代，政治之措施固亦無須亟亟；其最不幸者，莫如秀全等之內訌，石達開即其中與有關係之一人。洪軍之衰，蓋內訌爲之，無可飾也！先是秀全等下江寧，志日荒，秀全居深宮，耽逸樂，凡事悉主於楊秀清：秀清起廣西，其桀黠本過於秀全，自言通天語，秀全爲天兄，嘗託天父降其身，令秀全跪受杖，以是人憚秀清或過於秀全；咸豐六年（民國紀元見上）五月，江南大營潰，向榮死（事實已見上節），江寧開之舉酒相慶賀，而秀清益驕，使其下呼萬歲，謀自立。是時北王韋昌輝，翼王石達開，方率衆分略江楚間，達開較諸王爲練達，素不直秀清所爲；昌輝前嘗自外敗歸，秀清不納，奪門而後入，故憾之尤深。秀全既爲秀清所制，惡其相偪日甚，密召昌輝於安徽，達開於湖北，陰使圖之；而昌輝適先至，佯與秀清約議事於天主堂中，預戒甲士以擲盃爲號，酒半，發兵殺之，又誅其黨羽，而各室其室：及達開至，責昌輝曰：『秀清可誅，其屬何罪？』於是昌輝欲併圖達開，達開縋城走寧國，昌輝悉殺其母妻子女，秀全大恐！陰使秀清餘黨攻北王府，昌輝潛逸，渡江爲邏者所獲，縛送金陵，磔之，夷其族，傳首寧國，甘言召達開回江寧；既至，羣議如秀清故事，輔大政，秀全既誅楊韋，益疏忌達開，達開還走安徽，不復歸；以安王洪仁發福王洪仁達柄政，皆秀全兄弟也：自是始起諸王，略盡！陳玉成李秀成李侍賢皆封王，內事盡決於諸洪，而秀全益卽於恣佚，以上皆咸豐六年（民國紀元見上）七月以後事。達開旣入安徽，與秀全不通聞問，遂弗爲所制，欲據險自雄於一方，旋於九年（民國紀元見上）二月出江西之南安，取崇義，入湖南，連陷郴州桂陽州，圍永州。時湖南巡撫駱秉章悉以軍事委左宗棠，宗棠調劉長佑等至永州，達開解圍去，悉力圍寶慶，衆號三十萬，連營百里；湖北巡撫胡林翼急遣李續宜統兵五千往援，續宜與長佑會籌用師，至是年七月，達開大敗，走廣西，圍桂林，續宜亦還湖北，湖南警稍定；秉章使長佑與蕭啓江率師出援廣西，啓江等師至，與道員蔣益澧等會合再戰，勝之，達開解桂林圍而走，至十年五月，復據慶遠，分遣其兵擾附近各地，不能克，自是至十一年（民國紀元見上）六月，往來楚粵邊境，無復能得根據地，始銳意謀黔蜀，至同治元年（民國紀元見上）二月，卒由楚邊入四川之涪州境，三月，圍涪州，四月，圍綦江，顧皆不能克，達開乃西走貴州仁懷，至同年十月，復擾敍州各屬邑，十二月，遂入雲南東川，二年（民國紀元見上）二月，復由雲南入四川，三月，達開自率大隊渡金沙江，時駱秉章已調任四川總督，豫檄諸土司設法困達開！同年四月，達開遂爲清軍執送成都伏法，餘黨皆死。

方曾國荃之舉師圍金陵也，同時蘇浙之清軍亦互與洪軍相持，戰狀至勞；其間如程學啓之用師無錫蘇州，左宗棠蔣益澧之用師金華衢州，其攻取又皆不易，及蘇杭省城下，金陵之受圍益迫。先是當二年五月間，國荃累下沿江諸壘，並克九洑洲；九洑洲者，自江寧渡師北岸之咽喉，旣爲清軍所取，自是江寧北渡之道絕，而城守更危，至三年（卽同治三年，民國紀元前四十八年）正月，鍾山石壘破，於是洪軍所設之天保城毀；五月，攻𦠆子山陰堅壘又破，於是洪軍所設之地保城亦毁。其時蘇州杭州方面敗潰之洪軍，多走入江西蘇浙交界內之洪軍，尙堅踞湖州：清廷恐掣全局，詔李鴻章會攻江寧；江寧諸將以城破可計日待，恥借力於人，鴻章知其意，亦言盛暑不利火器，延不至。淸廷欲速其功，益促鴻章，激之；國荃亦以此激諸將，期必破：至是年六月，諸將爭奪江寧各城門而進，洪軍守城者十萬，悉舉火自焚，無一降者！時秀全已於是年五月間服毒自殺，清軍擒李秀成洪仁達等，旋殺之；秀全子洪福則爲其餘黨所挾走廣德；捷聞，詔封國藩一等侯，國荃一等伯，餘將皆封賞有差。清內亂之大者三：曰康熙三藩之役曰嘉慶川楚之役，曰咸同洪軍之役。顧三藩之役，蹂躪十二省，淪陷三百餘城；川楚之役，蹂躪四省，淪陷十餘城，二者較之三藩之禍大矣！至於洪軍之役，蹂躪竟及十六省，淪陷至六百餘城之多，其禍蓋尤烈於三藩！秀全起事，歷十有五年；其據金陵，亦十有二年，實爲古今以來未有之奇變！且秀全實以漢族排滿，而當時以兵力戡定者，則其功又多建於漢人；城外人之論我變故者，至或詫以爲異事云！

洪福入江西，爲清軍所追，輾轉不能自保，至是年九月，遂被獲於石城，送南昌伏誅；其餘黨復走入福建，則李世賢等之所率也：既入閩，據漳州；同黨汪海洋則據汀州南境之南陽鄉，衆號二十萬，蘇浙贛粵各會師討之。四年（卽同治四年，民國紀元前四十七年）二月，海洋走；四月，世賢亦走。先後入廣東，而海洋又因事殺世賢，勢益孤；至是年十月，突陷嘉應州，又爲清軍所攻，海洋中砲死，其餘黨皆降，洪軍至是而盡！

當洪軍據有江寧，聲勢全盛之日，而清廷又適受英法乘釁之師，咸豐朝亦可謂多故矣！初，南京條約之威也，法美二國頗有違言，淸廷許二國如英例，各予通商；自是口岸所在之地，對外情勢日形轇轕：於是漸招英法之師，釁端再啓。當五港始開，中外商人關係漸密，原約本許英領事居五處城邑，理其國之商務：耆英督兩廣，廣東紳民合詞請毋許英人入城，英人以所議與原約不合，置不答，紳民大憤，傳檄辦團練，將自拒英！耆英知事不易爲，運動內用，而姑以二年之後準與如約許英人至；道光二十七年（民國紀元見上），耆英內召，徐廣縉代之，而二年許英如約之期旋至；英香港總督文翰遂於二十九年（民國紀元見上）用軍艦逼入內河，期廣東當道之踐約，廣縉藉諸鄉團練爲後盾，英商懼犯衆怒，請仍修前好，不復言入城事：廣縉復要之文翰，請以嚴禁入城之語，載入約章，文翰不得已，許之。廣縉以此獲上賞，封子爵；葉名琛亦與其謀，封男爵。至咸豐二年（民國紀元見上），廣縉移督湖廣，葉名琛遂升總督，馭外甚傲；而英適使巴夏禮爲廣東領事，主通商事務，巴夏禮亦負氣好爭！於是遂有亞羅號事件之發生，而兵禍因之以起：

抑南京條約之成也，其追加條約之第九條，載有：『不法華民逃至香港或在英船潛匿者，英官查交華官；若華官探聞在先，亦准照會英官移取。其英人犯法逃華者亦如之。』咸豐六年（民國紀元見上）九月，有華商船曰亞羅者，張英國旗，泊廣東海面，巡河水師疑係奸商託英籍自護者，登舟大索，而去其旗，並械其舟子十三名送省，皆華人也；巴夏禮聞其事，商之香港總督寶林，期與名琛開嚴重之談判，名琛送十三人至領事館，巴夏禮復不受，名琛乃卽下此十三人於獄。巴夏禮請寶林加派軍艦，遂於同年九月，砲擊黃浦砲台，繼又擊虎門砲台，兩方益齟齬；至十月朔，省城又爲英軍陷，名琛出走，英軍旋以兵少故卽退。粤人見其退也，爭起爲暴舉，燬城外之商館洋行，巴夏禮急電告政府，請增兵而自駐香港以待會廣西地方亦於是年有殺害法國教士事，於是英約法共出師，二國同盟軍遂於七年（民國紀元見上）夏秋間次第東發。英與法雖議先遣特使迫淸政府改訂條約賠償損失；必不見許，則以兵相制：故是時英法俱遣全權大使東來，法爲噶羅，英則額爾金。額爾金先至香港貽書名琛，申改約償費事，名琛不應，而噶羅亦旋至；同年十一月，同盟軍遂攻破廣州，執名琛，送之於印度之加爾各搭（孟加拉），未幾以幽死！

同盟軍既陷廣州，復提出改約償金事；而俄美二國使臣（俄使布恬廷，美使利特）之隨軍東來者，亦欲乘機加入，聯合要求：於是四國使臣以咸豐八年（民國紀元見上）正月，共致書於淸相裕誠，而由兩江總督何桂淸轉遞，桂淸遽以奏聞。裕誠得書，旋覆英法美，略謂：『廣東之事，皆葉總督辦理不善，我皇上已將伊革職；並著黃宗漢赴廣辦理外國事務。爾國差官，欲修和好，可遣赴廣東與黃宗漢會晤；本大臣參謀內政，未便預聞外國之事，故特札江蘇督撫轉諭。』覆俄使則云：『爾俄羅斯與大淸向有私約，在黑龍江貿易，並無立馬頭通商之說；如有相爭事件，可速赴黑龍江，我國自有欽差大臣（卽辦事大臣）在彼，可以面議，毋庸與本大臣議事』。時四國人已至上海，以裕誠之未能如其所求也，乃決議率艦北進：於是英艦十餘艘，法艦六艘，美艦三艘，俄艦一艘，次第由上海向天津；三月，諸艦集白河口，要淸廷遣全權大臣出議和，淸遣戶部侍郎崇綸等至，而英法使臣以爲非全權，不與見，惟見俄美使。四月，英法同盟軍突入大沽，至天津，淸廷大震！一方遣僧格林沁至天津籌守備；一方遣大學士桂良，吏部尚書花沙納，爲全權大臣至天津與英法兩使訂和約。約中大要，計有六端：中國派公使分駐英法二國，二國亦各派公使駐北京，一也。許英法二國教師傳教於中國之自由，二也。許英法二國改訂稅則，每十年修改一次，三也。此其同與者也。與英約五口通商之外，更開牛莊登州台灣潮州瓊州五港爲通商口岸；又長江一帶俟洪軍平定後，許選擇三口通商；與法約五口通商之外，更將瓊州潮州台灣淡水登州江寧六口爲通商口岸，但江寧俟洪軍平定然後開放，四也。賠英商損失及軍費四百萬，賠法商損失及軍費二百萬，五也。與英約：英民犯罪由英領事懲辦，中國人欺害英民，由中國地方官懲辦，兩國人民爭訟事件，由中國地方官與英領事官會同審辦；與法約：法人有嫌怨中國人者，由領事詳核調停，中國人有嫌怨法人者，領事亦詳核調停，遇有爭訟領事不能調停者，移請中國官協力查核，秉公完結，六也。此其異局者也。桂良等既定和議，以所定約上聞，廷議謂改定稅則事，必須親歷海口，相度地宜，卽命桂良花沙納至上海與江督何桂淸籌議，而英法兵艦已先期啓椗去天津；同年秋，桂良等至上海，卽照會英法使臣，訂期商定稅則。而英法使臣言粵督黃宗漢於天津定約後仍行招勇，且偏懸賞格購領事巴夏禮之頭，我兵（卽英法兵）不得已，攻陷新安，今必欲訂期商定稅則，必先罷黃宗漢及粵紳團練之兵；桂良不得已許之，故至是年八月，廣東團防局撤，而宗漢亦走，可謂事事惟彼所命矣。十月，英法通商稅則成，結果將各項輸入物品，核定値銀百兩徵二兩三錢之稅率；又准鴉片公然進口，每百斤徵銀三十兩之稅率！而俄與美亦得共霑是項稅則上之利益焉。

天津條約之成也，其末項規定有『本約調印後以一年爲期，經兩國皇帝批准，在北京交換』之語；九年（民國紀元見上）二月，英政府以額爾金之弟普魯斯爲公使，法政府以布爾布隆爲公使，詣天津換約。時大沽口方設防，清政府初遣桂良告之，而英艦先至，逕入大沽，清守將令改道不從；僧格林沁於去年奉命籌天津防禦，已於內河兩岸，建築礮臺，守禦極完固，乘英艦入駛偪近礮臺之際，發礮擊之，沈其艦四艘！英兵大挫，普魯斯傷足，乃亟遁上海，告急於其本國；於是英復以額爾金爲特命全權公使，率兵一萬八千；法政府仍派噶羅爲特命全權公使，率兵七千二百，先後來中國。英法同盟軍再至，先襲舟山爲根據；六月，同盟軍復北上，入直隸灣，旋於北塘上陸，僧格林沁防戰不利，新河之役，精兵三千，中鎗如牆潰，生者僅七人！未幾，塘沽失，大沽礮臺陷；七月，天津遂爲同盟軍所有。清廷不得已，以大學士桂良與直隸總督恆福爲欽差大臣，與英法聯軍議和；英法乘清有內難，需索甚嚴：一、開天津爲商埠，二、增償兵費八百萬兩，英法使各帶兵數十人入京換約。桂良等入告，朝旨不許，飭僧格林沁守通州；英法大使亦怒，留兵天津，率師六千向京師進偪：清廷聞警，復以怡親王載垣，兵部尚書穆蔭爲欽差大臣，至通州議款。巴夏禮席戰勝之餘威，吐詞甚傲，清軍設計擒之，並其從者執送京師；同盟軍遂進取京師，僧格林沁禦之，又大敗！時文宗已出避熱河，留恭親王奕訢居守，同盟軍以索巴夏禮爲名，攻京師益急；清人旋釋巴夏禮，開安定門，放同盟軍入，英兵並於西北城外，占圓明園而燬之，火三晝夜不絕！奕訢不得已，與同盟軍定議，照天津原約，增加額外各條，許英法二國通商天津，二國賠償費，英改爲一千二百萬，法改爲六百萬，而割九龍司地方一區爲英國領地，並以僧格林沁爲開戰釁而奪其職；凡巴夏禮從人之死於獄中者，悉予資撫恤；於是同盟軍始向天津撤退，而中國對外能力之薄弱，益爲世界列國所共知矣！

中俄自恰克圖締約以來，至乾隆二年（民國紀元見上），御史赫慶請停止中俄北京間之貿易，悉歸於恰克圖，於是恰克圖之商務日盛；二十七年（民國紀元見上），始設庫倫辦事大臣二人，兼理中俄交涉事。至二十九年（民國紀元見上），清政府以俄人屢踰定約私課賦稅，於是復禁止恰克圖之互市，俄人商業因此一衰；三十三年（民國紀元見上），辦事大臣慶桂請修正原約，復許通商，旋得詔旨許可。其後又有四十四年（民國紀元見上）之役，五十年（民國紀元見上）之役，皆因事惡俄，絕其互市，至五十七年（民國紀元見上），而恰克圖市場始啓。自是以後，至於道光之末，中俄國交，得以無事；然俄人東略之心，久而未饜。咸豐八年（民國紀元見上），俄人乘清多內難，提議兩國分界事，清政府不得已，勉許其請，遣黑龍江將軍奕山與俄西伯利亞總督木哩斐岳福會議於愛琿，以黑龍江定兩國之界：黑龍江左岸由額爾古納河至松花江海口，作爲俄國屬地；右岸順江流至烏蘇里江，作爲中國屬地；其烏蘇江以東，則爲二國共有之地。凡黑龍江烏蘇里江松花江道，限於清俄二國船舶通航，準二國之人一同交易。自此約成，中國於康熙朝尼布楚條約所獲大興安嶺以南之廣域，悉數委爲俄有；又其甚者，清政府對於約中松花江之解釋，僅謂就松花江口至黑龍江海口之下流言之，俄人故反其說，謂松花江云者，係指貫滿州內地之全流而言，而二國異時交涉上之紛爭，實萌於此。

自後天津條約成，俄人亦乘間與其大利；至咸豐十年（民國紀元見上），英法因換約事中變，和議因之生一波折！英使額爾金主持尤激，謂清政府至此已無立國資格，不若依據同盟軍之力，以洪秀全易清室之帝統；俄使伊瓦索窺度時機，遽壹力居中斡旋，一方對於英法使臣謂百年舊交之政府，不可一旦廢棄；一方又勸恭親王奕訢出維持早定大局。及和議成，伊瓦索乃要求清政府讓以烏蘇里河東岸地方；清政府以伊曾居調人之故，貿然許之：於是烏蘇里河以東地全爲俄有，俄不費兵力，安坐而得二百七十萬方里大區域，而尼布楚恰克圖之兩界約悉更矣！

抑清當內外交鋒之日，而有乘之以攬大柄者，則爲載垣、端華、肅愼：怡親王載垣，鄭親王端華，皆於咸豐元年襲爵，官宗人府宗正；而端華同母弟肅愼時官戶部郎中，無所知名！已而載垣端華薦肅愼入內庭供奉，善迎合上旨，於是三人皆得干大柄，而軍機處之權漸移：及英法同盟軍北上，三人均勸文宗出避，巡幸熱河；及文宗疾沒，遺詔立穆宗載淳，尊皇后鈕祜祿氏，皇妃那拉氏，均爲太后，此三人者，均自署爲贊襄王大臣，藉之攬柄，廷旨多出其意。御史董元醇上疏請兩太后垂簾聽政，並派近支親王一二人輔政，以繫人心；而三人不悅，且藐視恭親王奕訢。兩太后召奕訢入見，定策除三人，首罷載垣兵柄，令奕訢先歸，遂下回京之詔；三人力阻不從，隨遣肅愼獲送梓宮入京，穆宗及兩太后先由間道旋蹕，載垣端華皆從。兩太后用大學士周祖培言，先解其贊襄王大臣之職，而以奕訢爲議政王，旋革三人職，敕宗人府公同朝臣議罪：肅愼方護送梓宮，次密雲，亦被逮，元醇復劾奏其欺藐兩太后之罪；於是載垣端華均賜自盡，肅愼立斬，其黨多赦免，兩太后遂定臨朝之制。

同治一朝，洪軍已全失敗，清復統一中國，其時關於兵事之足紀者，約有三端：曰捻，曰苗，曰回。今以次述之如下：

（一）東西捻　捻之起不自洪軍強盛時始也，考嘉慶十九年（民國紀元見上）十一月御史陶澍奏『河南南汝光一帶及安徽亳潁等處向多紅鬍匪徒，近來日聚日多，橫行日甚，每一股謂之一「捻子」，小捻子數十人，大捻子一二百人不等。』是捻之起，在嘉慶時已然矣。或曰：捻初起由於鄉民行儺逐疫，裹紙撚膏以爲龍戲，亦謂之捻，其後報仇掠奪，浸淫成寇盜，而其人遂以捻子爲名，是亦一說。當洪軍之強，其乘時而起互爲聲援者有張總愚賴汶洸諸人之衆，當時亦稱爲捻，仍舊名也。先是捻酋張洛行稱兵於雉河集（安徽渦陽縣），清廷使勝保袁甲三等嚴扼之，勢終不衰；至文宗載淳在位之二年（即同治二年，民國紀元前四十九年）僧格林沁以兵克雉河集，洛行被擒，其從子張總愚走入山東，與洪軍名將賴汶洸等相聯合，其勢頗張。僧格林沁故善禦捻，能窮追突進，河南光黃汝鄧之間多山谷沮洳，僧軍謀急追而騎不得逞，累中捻伏，其良將恆齡舒通額等俱死，僧格林沁益怒，常身先諸將，率諸衞士以追捻；三年（民國紀元見上）曹州之役，僧軍戰敗，退入曹南空堡，爲捻所圍，謀突之而出，部將某有異志，既出堡，即反走，以衝僧軍，捻兵乘之，僧格林沁遂戰死，於是捻勢益熾！洪軍自金陵之陷，散而之北者亦多併入於捻，捻兵既衆而戰馬尤多，且其所過之地，並不似洪軍之佔據城池，來往靡常，經程不定，行止倏忽如飄風！清廷大懼，乃使曾國藩辦捻。國藩受事以後，一方精練馬隊，以速奔馳；一方又剏與黃河水師，以爲攔截。國藩並以捻勢如流，清軍節節尾追，反著著落後，而諸將亦有以奔走勞苦爲言者，於是謀爲長圍圈制之法：以江蘇之徐州，安徽之臨淮，山東之濟寧，河南之周家口爲四老營，迎擊而不尾追，坐以困敵；復築長圩，憑運河以拒之，捻勢漸離，遂有東捻西捻之目。其時汶洸領東捻，略山東，總愚領西捻，入陝西。至五年（卽同治五年，民國紀元前四十六年），國藩請疾，李鴻章代其任，守曾軍兵略無所變，東捻旋敗，其馳突於淮陽徐海間者，勢亦不振，汶洸遂爲清將吳毓蘭所獲，東捻以定；西捻始入陝，爲劉松山所厄，乃由山西渡河北，偪畿甸，鴻章以師圈制之於天津府以南，茌平縣以北，節節駐兵而圍擊之，捻兵大敗，總愚自殺，西捻亦平。時七年（卽同治七年，民國紀元前四十四年）六月也。或曰，防河圈制之策，均國藩之宿謀，故國藩於是年並受武英殿大學士之任。

（二）貴州之苗　方咸豐四年（民國紀元見上），黔苗張秀眉者起事於清江台拱間，陶金春等從之，與洪軍宿將石達開爲聲援；及金陵下，各省搜除洪軍甚力，苗不能有所倚而爲亂，勢乃日孤。五年，乃以席寶田爲貴州布政使，督師入黔。寶田以爲苗之強者，台拱清江生苗九股河黑苗爲之最，鎭遠施秉黃平清平所屬之苗次之，堅巢巨砦，率羅列清水南北岸之間；而教匪尤出沒爲之援應，故先拔荊竹園，除教民之附亂者；繼踞紫頭，屯大軍，奪苗之勢，然後次第畢收攻戰之利。又討苗砦如布棊，苗悉狡悍長於守險，欲試行鵰勦法，懼無效；自其部將榮維善奮出立奇功，於是始決行之；後維善戰死，復督龔繼昌蘇元春等繼之，卒以平苗。鵰勦者，懸軍深入，飢因敵糧，夜宿敵壘，行不持營帳，居不依城砦，軍不時出，出不時反，皆岳鍾琪張廣泗曾行之，寶田師行其法，而遂奏巨效；至十一年（民國紀元見上），秀眉卒爲寶田所擒殺，清江台拱諸城皆定；計用兵五載，拓地千餘里，破砦千餘，殲苗及百萬，而實田之名因以大著。

（三）雲南甘肅之回　方咸豐五年（民國紀元見上），雲南回民起事，姚州蒙化大理諸城皆陷；至同治三年（民國紀元見上），雲南布政使岑毓英決兵事，收大理以東地：自七年至十一年（即同治十一年民國紀元前四十年），清軍與回兵屢戰，回兵敗潰，其首謀馬金保被獲，杜文秀自殺，於是大理諸城復爲清有。又同治初年，洪軍名將陳得才之入陝西也，陝中回徒起而應之，清政府命勝保馳平，事垂定矣，而鳳翔平涼回徒俱起，蔓延至甘肅，和州西寧諸城亦應。八年（即同治八年民國紀元前四十三年），陝甘總督左宗棠克陝西，進攻甘肅；明年下金積堡（甘肅靈縣西），其首謀馬化龍被殺，於是關隴亦一律告平矣。

第三章　清下（民國紀元前三十七年至一年）

清末三十七年間由衰而亡之一（外患之迭乘及朝臣之失策）（民國紀元前三十七年至四年）

清穆宗載淳在位稍久，好微行游宴，終以致疾，在位之十三年（即同治十三年民國紀元前三十八年）沒，無子；兩宮皇太后御養心殿西暖閣，召親王奕誴奕訢奕譞及諸大臣等議所立：旋由西宮皇太后那拉氏決旨，召奕譞子載湉承繼文宗爲皇嗣，入承大統；並降懿旨，俟皇帝生有皇子，即承繼大行皇帝爲嗣。載湉即位方四歲，是爲德宗；

王大臣等仍請兩宮皇太后聽政，於是兩太后再垂簾，制度視同治。同治后阿魯特氏者，尚書崇綺女，夙不爲西宮皇太后所愛寵，載淳之沒，受訓責備至，距大行未百日，遂以身殉，國人私議竊有哀之者！而禮部主事吳可讀又以將來大統之歸，未奉有明文必歸之承繼之子，遂於德宗載湉在位之五年（卽光緒五年民國紀元前三十三年），仰藥自盡，冀爲古人尸諫之者，遺密疏上之，請明降御旨預定將來大統之歸；詔令諸臣議，申以懿旨，謂『將來繼大統者必爲穆宗嗣子』，而以可讀原奏及詔旨均另錄一分存毓慶宮備徵證焉。

東宮皇太后鈕祜祿氏（孝貞）性沈靜而明決，遜西宮，晚年遇事多謙讓，朝廷要政，國家主計，咸待西宮爲可否；迨德宗載湉在位之七年（卽光緒七年民國紀元前三十一年）疾沒，西宮皇太后（孝欽）獨垂簾，積久政弛，覆亡之近因由茲生。其始由對外之失敗而起內爭，其繼因馭內之不誠而召革命，故自光緒以來之事實又以關於對外者爲多，今彙述其略如左方：

（一）因伊犂事件而有對俄之失策　俄之經營亞洲也，一方侵略西伯利亞以扼吾之北，一方侵略中亞細亞以掎吾之西。乾隆時準部亂平，以俄境與準部鄰，恐滋蔓後患，以兵盡逐喀什噶爾之俄商；俄商對於新疆方面之貿易夙擅厚利，一旦爲清絕，意怏怏！因優待敖罕人而一切商品由敖罕而致之新疆，厚利仍不墮。至咸豐朝，清廷兵力迥不若前，而伊犂塔爾巴哈台喀什噶爾之地，先後開放與俄互市；至伊犂方面之清俄疆界，亦訂明重勘：自雍正五年所立之沙賓達巴哈界碑末端起，迤西至齊桑淖爾湖，自此西南行，順天山之特穆爾圖淖爾，南至敖罕邊境爲兩國之境，其間設立界碑，由兩國另派大員勘定。嗣以回徒變作，事遂停止；而伊犂方面兩國之境界旣以未定，俄人從而生心，未幾遂有侵占伊犂之事：

初，回教徒首領妥得璘乘中國有陝甘之亂，潛入新疆，據烏魯木齊起事，鄰地多被奪；其別派回徒並起於天山以南，共相呼應，新疆大亂。至同治五年（民國紀元見上），伊犂及塔爾巴哈臺俱不守，將軍明誼死難！同時敖罕之兵復乘機奪取喀什噶爾英吉沙爾葉爾羌和闐諸城，其酋阿古柏帕夏自稱喀什噶爾王，回教徒與之戰不勝，帕夏勢益強：天山以北得地日多；天山以南盡爲所據。俄聞新疆之亂，本謀進兵觀釁；及帕夏旣強，俄益忌之，恐於中亞方面爲英所利用：因於同治十年以維持治安爲名，進兵占伊犂。新疆一隅，回徒、敖罕、俄兵三者相割據，亂益棘！詔命左宗棠經理新疆軍務，而共議以軍費過重，謀棄天山以南地，宗棠不可，上疏力爭；至德宗載湉在位之三年（卽光緒三年，民國紀元前三十五年），宗棠遣劉錦棠與張曜進攻南路，首破土魯番城，嚴師直入，帕夏知南路不守，勢將瓦解，不得已自殺：於是南路諸城次第爲淸有，兵鋒利甚！英公使猶不知，妄爲敖罕請，期割喀什噶爾使立國，志在抗俄，詔下宗棠議，宗棠奏：『英欲別爲立國，則割英地與之，或卽割印度與之可也，何爲索我膏腴以示恩？彼以喀什噶爾爲帕夏固有之地，陰圖爲印度增一屏障；公然向我商議，欲於回疆撤一屏障：此何可聽？』宗棠理直氣壯，英勢由此絀；一方轉兵北路，迭令俄師退出伊犂。嗣政府得俄廷意向，伊犂可望全歸，遂於明年（卽光緒四年，民國紀元前三十四年），派侍郎崇厚赴俄，議還伊犂事；俄廷僅許以伊犂一部還清，須償兵費五百萬盧布（俄幣），而忒克斯河上流之地，則仍靳而勿與。議定，崇厚還京師，物議譁然，詹事府洗馬張之洞參崇厚尤力，清廷因否決崇厚原約，下崇厚於獄，俄政府始決計與中國搆兵，中國亦調遣兵員，預定衝突地，爲開戰之準備；促宗棠回京，而以劉錦棠代理新疆軍務。英人戈登者，初助清軍攻洪楊有功，留南京，聞信急入京師，力陳開戰之不利；政府信之，赦崇厚，別調駐英使臣曾紀澤於俄，改訂前約。紀澤者，國藩之子，幹練聞於時；及是奉使至俄，磋廢崇厚原約，而收回伊犂全部，增四百萬盧布爲九百萬，重定國界：自伊犂西部別珍島山，順霍爾果斯河，過伊犂河，南至烏宗島山廓里札特村，沿此等地方劃成一線，其線西之地，盡屬俄；有關於齋桑湖方面之國境，亦自奎洞山起，過黑伊爾特什河，至薩烏爾嶺，劃一直線，爲二國之新界；並許擴張俄人之商業，凡內外蒙古天山南北各地，均許俄商無稅貿易；至於領事官，前約准伊犂塔爾巴哈台喀什噶爾庫倫有之，及是又准其在肅州及土魯番兩城設立，一俟商務興盛，科布多烏里雅蘇台哈密烏魯木齊古城五處均得商議增設：凡此數端，俱約中著要之事。時德宗載湉在位之七年（卽光緒七年，民國紀元前三十一年）七月也。自伊犂條約定，俄雖不能得特克斯河流域一帶地，而償金與商務，則所益不淺；翌二年，清闢新疆爲行省，以烏魯木齊爲首府，改名迪化，駐巡撫焉。

（二）因安南而有對付法國之失策　安南向爲中國屬藩，法蘭西人東漸以來，數窺伺其國，謀所以據之，而苦無說；自乾隆時，其王阮福映爭位，約法兵爲助，由是法人得潛植勢力於安南。其最初之結約，有所謂法安同盟條約者：法以兵助福映，復安南王位；安南王割化南島贈法，而以康道爾全島租借之法，於安南始有根據地。迨道光時，安南仇視西教，法教徒有被執下獄者，於是遂有二十七年（民國紀元見上）礮擊廣南之役；咸豐朝，法與安南之仇隙益深，並殺西班牙與他國教徒，法蘭西西班牙聯軍討之，占領下交阯，安南震懼。會是時，法人方有中國之役，重兵出南海，向東北馳，下交阯屯兵僅七百，安南乘之集大軍圍西貢；迨十一年（即咸豐十一年，民國紀元前五十一年），法兵自中國來，始解西貢圍，其要地漸次爲法軍所占有，而安南東北境內又適有黎氏之亂，於是安南始不得已與二國聯軍議和。西班牙本爲附從法蘭西而來，法於安南夙有潛勢，因是穆宗載淳元年（即同治元年，民國紀元前五十年）所締之西貢條約，雖償金四百萬圓爲二國軍費，其實利則均爲法占，而西班牙無有；安南政府基於是約，故不得不割邊和定祥嘉定三州及康道爾羣島於法，而兵釁始平。

法蘭西窺伺安南雖急，顧於中國則初無直接之釁端也：自西貢約成，安南之邊和等三州既爲法領，而法人又以安南內亂未靖爲言，永隆城內駐有屯兵，觀內釁及黎氏禍定，安南人期法撤兵，法兵不應。迨穆宗載淳在位之六年（即同治六年，民國紀元前四十五年），柬蒲寨南部之民起有暴亂，駐邊和等三州之都督克蘭智爾遂出兵襲取永隆以外安江河仙等地，下交阯之地全爲法有，乃遂謀進取安南之北部；至十二年

（卽同治十二年，民國紀元前三十九年），洪軍部衆曰黃旗軍者起事，法師助之，攻河內，爲黑旗軍所敗。（黃黑旗皆洪軍部衆本統於吳鯤；鯤死，劉永福領黑旗，據老撾；葉成林領黃旗，據興安。黃旗聯法，黑旗聯安南）。明年，法與安南結和親條約，以懷柔之政策籠絡安南，陽認安南爲獨立國，而陰收其地歸法人之保護！凡安南遇有內患外寇須援助時，法國可盡力爲之援助；又輸入各種人員負教導之任；安南之外交事務，均由法人監督；法人與安南人訴訟，均由法人理處：一國重權，俱落法人手。德宗載湉初立，法人通牒於清政府，旋得清政府覆書抗議，法人誤解以爲承認；而安南政府亦漸悟及前約之不利，借黑旗兵排法，法軍爲黑旗師所挫，益奮戰，遂占領河內。是時中國聞安南警信迭起，亦派兵入其境；法政府時猶思與中國和，其後主戰派當局，平和之議無望！清政府又不能直派大軍援安南以戰法，法於安南軍務進行甚急：安南不得已，遂於九年（卽光緒九年，民國紀元前二十九年）與法人締約割讓平順府於法，爲法人保護國，自後與中國交涉一切，均由法人紹介；清廷聞警，始籌備戰事，詔雲貴總督岑毓英，兩廣總督張樹聲，辦邊防，統大軍入安南。或曰，此時中國兵多窳敗，暮氣中之，一切戰術，大致不足言！時安南內部適起內爭，一年之中，嗣君三易，而舉國惶惶，類於無主，法兵乘勢連下北寧太原諸地；清軍助安南爲守者悉敗，提督黃桂蘭等皆坐罪！朝臣惟李鴻章始終主和，而士論皆主戰，彈劾鴻章無虛日。法安搆釁綿延三年，致法占安南，和戰仍無定見；鴻章堅持和議，而法約已明認安南爲法保護，尚飾言不傷中國體面，越南不敢藉詞背叛；當時外交多以推宕粉飾致喪主權，皆此類也！明年（卽光緒十年，民國紀元前二十八年），鴻章與法司令官富原毅締約天津，議以北部安南之淸軍悉數撤退，法兵並不侵犯淸之邊界；從前法與安南所結之條約，一律承認；自此中國遂永遠承認安南爲法屬！淸廷反對者雖衆，顧絀於大勢，終亦無如之何也。撤兵約定，法急思收地，鴻章期三月；富原毅則故期以三週；及法兵來收地，淸軍在諒山者尙未奉到政府撤兵之令，從而擊卻之，法復咎中國，乃有償金一千萬磅之要索，淸政府不應，戰釁復開；自是因安南事件之爭持，引而爲中法交兵之新釁矣！

中法釁端開，法師攻諒山者大敗！法軍使巴特納與淸全權委員兩江總督曾國荃會於上海，迭開談判，各固執本國所主張，而法政府旋電巴特納，占領中國一要地以行威壓，於是法東洋艦隊演轟擊福州占領臺灣之計劃；淸政府亦任詹事何如璋督辦沿海軍務，而以學士張佩綸爲船政大臣，兼欽差大臣左宗棠爲會辦，以劉銘傳督辦臺北府軍務。銘傳守基隆，擊敗法艦；法人目的本在佔臺地以懼中國，及是失敗，益決意主戰，北京及巴黎間之駐在公使各下旗歸國，形勢日惡！法軍艦闖入閩江口，志在轟擊馬尾船政局；時左宗棠雖奉命督師，未至，軍事皆主於佩綸，佩綸實不知兵，而意氣極盛，總督何璟巡撫張兆棟皆曲意事之；佩綸狃於鴻章之議，謂和約旦夕成，戒軍士勿妄戰；聽敵船入閩口，及法船大集，何如璋又嚴諭各艦毋妄動，法人轟發，傷中國兵輪七，商船兩艇喃各船均灰燼，閩江艦隊中所餘，惟伏波藝新兩輪而已！以是閩人多切齒佩綸如璋，並詆如璋通款於敵；佩綸等不得已，飾詞入告，又爲言者所劾，朝議洶洶；張何雖革職發極邊，而海軍亡壞！法將孤拔既得志馬尾，遂專意臺灣；至十一年（卽光緒十一年，民國紀元前二十七年），法兵攻臺灣益力，別分兵出黃海，陷寧波，擊鎭海，而基隆附近要地，亦先後爲法軍所佔領；未幾孤拔疾發（一說實爲中國揚威兵艦礮所擊中）歿澎湖，海上之戰局因以暫結。

至於諒山方面，法軍初因收地過早與清軍開釁；自後清軍連戰連敗，諒山爲所奪，法兵突入鎭南關，諸營皆潰，提督馮子材率衆力戰，敗法兵，奪還所據地，進克諒山，並乘勝規取北寧，安南人民大驚喜！而岑毓英之兵，又克廣威，承祥二府，直偪歸化，安人多響應；法國議會聞安南敗耗，遂否決政府增加軍費案之要求，法政府至此始有言和之誠心；英使巴夏里知二國和機已熟，復出爲調停；於是鴻章再與法使巴特納締和約於天津，遂承認安南爲法人保護國！而子材毓英之兵皆退，法軍駐澎湖者亦撤。是役也，法原要求賠償軍費，造內地鐵路，課安南華商之口稅，而皆不獲。中國清議，則猶以政府早和爲惜，當事者頗難得圓滿之應付。法雖得勞開以上、諒山以北之兩處通商，而心殊不足；至十三年（卽光緒十三年，民國紀元前二十五年），中法乃復訂約，開廣西之龍州，雲南之蒙自與蠻耗爲通商口岸；後又以河口代蠻耗，而加開思蒙焉。

（三）因緬甸事件而有對付英國之失策　緬甸與清政府之接近，在交付明藩桂王由榔時；其後至乾隆朝，大用兵，緬遂爲清屬：於中國諸藩中地不大而頗恭馴，三年一貢，著典例。緬甸西與英領印度接，嘉慶間，緬英已有境界問題之爭議；道光初，緬兵西北出，阿隆密等小國俱爲所征服，不已，又侵入英領，英人怒，遂起師伐緬，由海道攻仰光，緬兵方力備孟加拉境，而不虞英兵之由海道至也，急調師往援，倉卒爲英敗，英兵北上，偪阿瓦，緬政府不得已乞和！至六年（卽道光六年，民國紀元前八十六年），英緬約成，償英軍費一千萬磅，割阿薩密阿拉干地那西林三州爲英屬：其後英人又復根據此約，與緬通商，設理事官於阿瓦，保護其商人。緬人喜排外，對英官理事尤激昂，多有不堪其辱而退走者，緬甸內政數變更，而其排斥英人之志則始終無變；至咸豐初，仰光知事因不理英官，英人怒激而啓戰釁，英發屯駐印度之師，復由海道至仰光，及附近都市爲所據，緬政府再乞和，割擺古州爲英屬：自此南緬甸之地俱隸英，英政府卽以仰光爲南緬甸之會城，益進而圖北。初，法人見英之由緬南入侵也，遂亦由東京方面向緬東侵入；至德宗載湉之十年（民國紀元見上），法與緬結一密約，乘機攫得湄公河東之領土，英人甚之，以重兵向北緬甸進發，遂下阿瓦，俘其主而走，明年，緬甸全屬英人。清政府方與法有安南之爭，以是不能與英校，然卽能與校，其結果亦不過儕安南烏乎，是可痛也！英之攻緬機事奮而定，既代中國藩屬其土地，然亦不能不稍顧外貌，再結一協約；至十二年（民國紀元見上），中英協約成：自此清政府承認英國對於緬甸有最上之高權，滇緬境界由兩國派員會同勘定，至二十年（卽光緒二十年，民國紀元前十八年），駐英中國公使薛福成與英政府締立滇緬境界及通商條約於倫敦，而其最要之一層則爲分界：（一）自北緯二十五度三十五分起，由格林尼址東經九十八度十四分，卽北京西經十八度十六分之尖高山起；南行至北緯二十一度二十七分，格林尼址東經一百度十二分即北京西經十六度十八分之湄公河岸爲兩國境界，（二）永昌騰越邊界外之隙地，歸於英國，木邦科于及從前中緬共屬之孟連江洪二地歸於中國；但孟連江洪二地若不先與英國議定，不得讓與他國。斯時清政府初不以爲外交之詐，貿然受其孟連江洪二地而不知此即先時緬王以密約贈於法者；英既劃於中國而又爲不得讓與他國之規定，如是則法欲得地，當問之中國，而不當問之英；中國而不許法，於英甚利，於法爲不利，法必爭，爭必有所以許之，固也，中國而許法也，英則曰：違前日之規定，必有以報我也，賠償我！烏乎，清政府貿然受地而初不以爲危，以爲喜也，是可痛。

果也，法政府又起而與中國爭矣，清政府無以拒之也；乃於二十一年（即光緒二十一年，民國紀元前十七年），中法再結一協約，許法國擴張領土至湄公河上流東岸之地，江洪河畔確認爲法國領土。英政府聞信，不亟亟與中國爭，而先與法再爲一協約，對於中國川滇二省之一切權利，規定二國同等享受，且得扶助勢力進行；然後再責清政府不應違反二十年孟連江洪二地之協約，不與英協商，不得讓與他國之規定！於是清政府不得已，再與英結一新協約，現在仍歸中國所有湄公河左右岸之江洪土地及孟連等處，自後不先與英國議定，不得將全地片土讓與他國；廣西之梧州，廣東之三水，均開放爲通商口岸。自此英法於緬甸方面既無所爭，而於中國方面又得相扶相助以協而謀我，然而我則苦矣！

（四）因琉球朝鮮而有對付日本之失策　日本之與清政府通商也，在同治初年；其始僅視西洋無約各小國例，至十年（民國紀元見上），淸日始訂修好條約；十一年，復改約；翌年，臺灣生番問題起，中國與日本之戰端自此始，琉球之滅基此矣！初琉球人漂抵臺灣，多爲臺地生番所殺，十一年三月，日本人亦有漂至遇禍者；日本政府因遣副島種臣入中國北京問生熟番經界，淸政府以臺灣東部爲化外地卻之。十三年（民國紀元見上），日本遂發師平生番，實欲借端以窺度中國對外之能力，志不在復番人之仇也；淸政府聞其事，以爲前此化外云云，係言其風俗，並非包及土地，乃遣船政大臣沈葆楨福建巡撫王凱泰先後率師渡臺灣，設防，日本懼，復使大久保利通來京師議，兩月不決，英使威妥瑪出而調停，竟成和議：賠日本兵費銀五十萬兩！日本兵歸國，行凱旋禮，進其將西鄉從道爵，自是益輕視中國；光緒初，遂絕琉球貢船，使毋入中國，並毋許受淸政府册封；至五年（即光緒五年民國紀元前三十三年），日本遂廢琉球爲縣，曰冲繩，淸政府詰之，日本置不顧！時中俄方有伊犁事件之爭，不暇顧小藩，而琉球遂滅。

琉球亡矣，而朝鮮之禍又急：光緒初，日本以兵艦突入朝鮮江華島，燬其砲臺，焚永宗城，殺朝鮮兵，掠軍械以走，復以軍艦駐釜山要盟。方副島種臣之入北京議約也，乘間問政府朝鮮是否淸國屬？若爲屬國，則勾淸政府主朝鮮通商事；淸政府圖省事，則以『朝鮮內政外交悉自主』！答之，至是日本兵迫朝鮮，而遣黑田淸隆赴朝鮮議約，約定：認朝鮮爲獨立自主國，互派使臣，並開元山仁川兩埠通商，日艦得隨時測量朝鮮沿岸；至八年（即光緒八年，民國紀元前三十年），朝鮮復與英美德法四國通商，事由水師提督丁汝昌，道員馬建忠等監之，日本滋不悅！先是朝王李熙繼李昪而立，本由支派入繼，其本生父昰應號大院君柄國，頗拒外交；及熙年長親國事，王妃閔氏之族多緣之顯貴，大院君失柄，勿樂，又不利通商，與閔氏相水火，遂交鬨為亂，戕及日本人。日本兵大至，提督吳長慶、丁汝昌等亦以師水陸並進，執大院君歸，安置保定（十一年放歸）；朝鮮畏日本之偪，卒償金五十萬，開揚華為商埠以和。朝鮮士夫故有黨，素相閱十年（即光緒十年，民國紀元前二十八年），維新黨人金玉均等復亂，結日使竹添進一郎為援，殺閔泳翊以下諸臣，日兵遂入王宮，效守衛；朝鮮臣民急款清提督吳長慶，以師入王宮，為平難，日兵應戰不利，朝王懼，走投清軍；日政府遣井上馨渡朝，清廷亦令吳大澂為朝鮮辦事大臣往主持之。日使與朝鮮議約，並不告大澂，大澂自往力干涉之，卒為井上馨所阻，而朝鮮亦懼日人之偪，出償金十三萬圓以行成。

朝鮮亂甫定，日本怨清師援王宮，及朝王李熙之投清師也；明年，遣伊藤博文來天津，與李鴻章立約三條：一、兩國屯朝鮮兵各盡撤還；二、朝鮮練兵，二國均可派員為教練官；三、將來兩國如派兵至朝鮮，須互先行文知照。當時鴻章左右皆不習國際法，故有此巨謬，成公同保護之條約，鴻章不之知，舉國上下亦無有識其謬誤者！江華條約日本認朝鮮為自主之國，清政府默不一言，固已等於承認；及是復與結此平等關係之約，是惟恐承認之不確，又從而立約以固之，猶泰然曰：朝鮮我屬國也，烏乎，是可痛也！

迨二十年（即光緒二十年，民國紀元前十八年），朝鮮國內有所謂東學黨人者，倡亂於全羅道，進陷忠淸道，將擣王京，朝鮮遣人入中國乞救；直隸提督葉志超奉命往，並告日本。日本此時忌中國尙以朝鮮藩屬爲言，復書堅拒，且遂發兵；及淸軍向牙山上陸，東學黨人已棄全州遁，而日兵來不已，朝人懼，止之不得；淸政府約日本退兵，而日本要改朝鮮內政，淸政府不可。大抵當日之交涉，誤在「自主」與「藩屬」兩議並提，我國之出兵也，則曰：朝鮮我藩屬，固應爾；其反對日本之干預朝鮮內政也，則曰：朝鮮係自主，豈應爾？既屢以朝鮮自主之文形諸公牘矣，而又屢稱朝鮮爲藩屬，背馳已極，淸政府不悟其謬，致啓大爭，以迄喪敗，國中尙鮮明此義者！日本堅不肯撤兵，兵釁將啓；而日使大鳥介圭復說朝鮮獨立自主，勿自認爲中國藩屬，且要其合力擊屯駐牙山之淸兵，朝王不許；日使遂率師入宮，虜之去，使大院君主國政，事無巨細，皆須關白日本人，時袁世凱駐朝鮮，聞朝鮮與日本交涉事多有所謀幹；及是歸國，言於李鴻章，力陳不得不用兵之故：乃以大同鎭總兵衞汝貴率盛軍發天津，盛京副都統豐伸阿統盛京軍發奉天，提督馬玉崑統毅軍發旅順，高州鎭總兵左寶貴統奉軍發奉天。四大軍奉朝命出師，慮海道梗，乃議盡由陸路自遼東行，渡鴨綠江入朝鮮，迂遠甚矣！牙山兵孤懸，援師久不至，鴻章租英船高陞濟之，爲日本偵知，發艦要擊，沈於海；葉志超牙山之軍，遂以無援而潰。進行之始，迭遭挫折，有如是。

葉志超旣棄要隘而走，至平壤，與大軍合，大軍之先至者多不服志超，將士漸不和；又昧然以平壤爲可守，置酒高會，築壘環礮，行自得也。日本旣偪，志超聚全軍爲嬰城計；左寶貴扼孟武門嶺，戰敗，寶貴死，志超懸白旗乞緩兵，與日本議弗調，卒棄平壤而走；中途受日兵邀擊，死二千餘人！過安州定州，皆不守，同渡鴨綠江而東，自是朝鮮陸上無清兵。以言海面：當朝亂初起，鴻章令濟遠兵艦率揚威平遠往護朝鮮；及日本兵大至，濟遠管帶方柏謙以船歸，鴻章方冀和，召諸艦悉歸。洎日本虜朝王，絕海道，乃命濟遠廣乙等艦先後赴牙山，遇日艦先擊廣乙，廣乙受殊傷逃，濟遠亦逃，既歸，塞威海東西兩口，自是朝鮮海上又無清兵矣。及平壤之潰，同時二國之師會戰於黃海，日本軍又大捷，我來遠揚威致遠超勇四艦，均被轟沈，定遠經遠二艦半焚，致遠管帶鄧世昌經遠管帶林永升死焉，時二十年八月十八日也；翌日，廣甲艦又被轟毀，而日之比叡赤城西京三艦亦受重傷，海上大戰，我之被毀者如此，彼豈能無所喪？此不足幸也。同年九月，陸軍渡鴨綠江而歸者，並安東鳳凰亦不守；至二十一年二月，閱五月間，岫岩海城金州大連灣旅順蓋平榮成威海衞牛莊營口田莊臺澎湖列島，皆先後為日本所占。清廷始聞平壤之敗，詔奪志超職；以衞汝貴無紀律，失朝人心，遇敵又輒敗，並逮問汝貴；自此數易將，宋慶劉坤一，皆一為統帥，顧皆不能敵日本軍，多隊亂，調度不靈，故遂至巨敗！海軍提督丁汝昌亦以北洋敗殘戰艦降日本而死！

顧吾於此，猶不能無幸者，幸汝昌之能死也；使以衞汝貴較之，則汝昌賢矣。汝貴治淮軍久，以貪諂至提督，援朝時年六十，其妻貽以書曰：『君起家戎行，致位統帥，家既饒於財，宜自頤養；且春秋高，望善自為計，勿當前敵！』汝貴守婦誡，益避敵軍，敗逃，後日人獲其書，引諸教科書以戒國人。汝昌自旅順陷後，仍統海軍駐威海；及日本兵進偪，軍心忽變！德員瑞乃爾獻計，謂不如沈船焚礮臺，徒手降敵，計較得，汝昌令同時沈船，諸將不應；又命諸將突圍出，亦不應，汝昌遂自殺。烏乎，既降敵矣而又多齎船械以贈之，是可痛也！

海陸軍既敗，清戰局已無可爲，不得已因美國之調停開議和約，清政府首派侍郎張蔭桓，巡撫邵友濂，爲全權大臣同往；明年正月，至廣島日本以清政府委任全權文憑之不合式也，致美國駐京公使徵露屬望鴻章意；清廷更派鴻章爲全權大臣會日本之伊籐博文陸奧光宗開議於馬關。其談判之開始，僅爲休戰問題，而非議和條約日本力索大沽天津山海關三處爲質彼此磋磨未決；至第三次會見，始議及和事。會見終，鴻章歸旅館，途中突遇刺客日小山豐太郎者，以手槍擊鴻章中左顴；鴻章既負傷日本政府以清廷將責難，不能無所慮，海陸軍同時戒嚴和議乃假此稍有端緒。清政府聞其事，並派鴻章子經芳爲全權大臣，而鴻章仍一切自行裁斷；至第七次會見，和約始成，所謂馬關條約是也！約成，互換於煙臺，凡十一款，其大要者有五：

（一）朝鮮自主。

（二）割奉天省南部及臺灣澎湖列島與日本。

（三）賠償日本軍費二萬萬兩。

（四）開沙市重慶蘇州杭州爲商埠。

（五）爲違背和約之擔保，得一時占領威海衛。

換約之後，未及一月，俄人以日本之占有遼東，將不利於己國也；乃有合德法二國偪日本政府歸還遼東之事，大略謂：『日本如占守遼東，東方永無再享太平之日』！是年秋，三國駐日公使迭與日本政府嚴重交涉；俄國且以太平洋艦隊游弋東海示威喝；而其東部西伯里亞總督統轄之兵五萬，全集海參崴備戰鬭。時日本重兵多屯駐遼東，又以收復臺灣，故有力之軍艦亦多向臺灣海上進發，形勢空虛；不得已，勉從三國之請，復與清政府訂侵地還附條約六款於北京：日本始以遼東地還中國，中國與銀三千萬兩報償之。是役也，俄人之示威情於中國也獨厚；至二十二年（即光緒二十二年，民國紀元前十六年），鴻章奉命至俄，賀尼古拉斯二世加冕，密結中俄條約；一時歐洲報界遂有中國與俄定約，旅順大連二地不得讓與他國之喧傳矣。

日本之要割遼東，其近狀如是；若臺灣，固亦未能無事也。方德宗載湉在位之十一年（民國紀元見上），清法媾和，臺灣改為省，設巡撫以下官治之；二十年六月，中日釁起，海疆戒嚴，劉永福始奉命率師東渡布置守禦；及援朝師潰，臺灣巡撫邵友濂走，以藩司唐景崧署撫篆。二十一年，和議開，旋有割棄臺灣之論，臺灣人爭之不能得，臺紳邱逢甲首瓶自立議，為共和國；是年四月，中日和議成，臺灣在割讓之列，臺灣人上總統印於景崧，冀苦守。日本知臺灣尚有抵抗事，急發軍艦南駛，抵臺北，士勇戰不力，守又不支，而景崧走，臺北亡；臺人猶固守臺南，相持數月，餉械俱絕，逢甲等知事無可為，亦走：於是臺灣上總統印於永福，冀以馭衆、定士心，而永福不受會力任兵事，而勢實不支，先後遣人至內地求接濟，沿海各省乃無一以實力應者！時日本兵至者益多，臺人且有私為導引者；無何，永福又走，臺南亡，時九月一日也。先是四月間，政府以李經芳為割臺灣使；而臺事旋作，經芳不得至，遂於日艦中交割；至是臺灣遂為日本所有。

清政府對於外國之政略既著著失敗，屬藩多不保，兵逃財盡，抑又何說！然東西強國之勢力，則自此橫滛；外人所借此以挾持中國者，蓋有三端，今彙述其略，以鑒前車：

（一）地域之租借　自列強租界政策行於中國，一班法學家至有謂租借即占領者，斯說幸未為世人所同認；然試究其實際，即曰租借與占領不同，而為害要亦不淺。茲約述其本末以見一班：

（甲）德人之租借膠州灣　方德宗載湉在位之二十三年（民國紀元見上），德因與於還遼之役，冀報償於清廷，始則索福建之金門島，而清廷不應；是年十月，山東鉅野適有殺害其國宣教師之事，德軍將齊德黎遂率兵艦直抵膠州灣，青島礮臺守將章高元勢不支，礮臺為所據；清政府與德公使海靖議，卒弗諧，而德之海軍又踵至；明年春，乃與德定議，以膠澳附近方百里之地租借於德，期九十九年。

（乙）俄人之租借旅順口大連灣　自李鴻章使俄，一時有中俄密約之喧傳，而膠州灣即在密約圈定範圍之內；自是役後，俄使至北京報聘，又有華俄銀行之提議：於是清政府遂命駐俄公使許景澄與俄政府結立華俄道勝銀行之契約。道勝雖華出銀五百萬兩，與俄合資；而俄人則實欲藉一銀行之名義，以施行其侵略中國之手腕，當事者未之察也！以故一國稅賦，則可由道勝領收；一國之鐵道電線，又可由道勝布設；基於此約而又有東清鐵道會社條約之成立，卽以華俄道勝銀行承辦其事務。其鐵道初定之程序，則自俄國之赫塔城接續至南烏蘇里河；其約最後規定之一條，有曰：『鐵道開車之日，該會社卽將中國政府之庫平銀五百萬兩交還中國』。如是則道勝已純爲俄有。其後基於東清鐵道會社條約，而又有東清鐵道條例之發布，並得採掘與鐵道連帶或與鐵道無關係之炭坑，及爲保護鐵道而得設立俄國之警察，範圍愈推愈廣；俄猶不足，至二十三年（民國紀元見上），膠州灣既爲德人所據，乃有藉口租借旅大之事：

同年十一月，俄之海參崴艦隊闖入旅順口，卽以防禦他國侵入滿洲爲詞，向清政府提議租借旅順大連，並要求建築南滿洲鐵道，政府不得已一一許之；旅順大連及鄰近相連之海面，遂租借於俄國，期二十五年。

（丙）法人之租借廣州灣　法亦預於還遼之議，冀報償於清廷，清政府僅與結中法境界及陸路通商續約（見上節），尙未能有以饜之也；未幾，中法再立約，有海南島不許讓與他國之規定；至二十四年（卽光緒二十四年民國紀元前十四年），列國租借地域之端開，法人亦以地方仇殺其教士爲詞，先以兵闖入廣州灣，而後議租借之，清政府不得已又許之，其期限亦九十九年，並立雲南廣東廣西三省不許讓與他國之約。

（丁）英人之租借威海衞九龍灣　俄國之租借旅順大連灣也，英人又藉口於均勢之局，索威海衞於清：時日本之賠款已清，戍兵亦退，英援俄例借租此港，清政府與之反覆辨難，而終無以拒也，乃與訂約，租借期限亦二十五年；及中法廣州之約定，英人又請租借九龍以爲抵制，清政府又許之，其期限亦九十九年。

（戊）日本爲福建不割讓之協商　日本見列國之紛紛租借，慮危及福建也，乃於二十四年（民國紀元見上）春，急備文照會清政府，爲福建一省不可割讓他國之協商，清政府覆書略謂：『福建爲中國要地，無論何國，決不讓與』。而日人載籍中有謂此卽爲承認協商之徵證者。

（己）意人租借三門灣之不成功　意大利人見列國之紛紛租借而亦思效尤也，乃於二十五年（卽光緒二十五年，民國紀元前十三年），亦要求清政府以三門灣租借之，不應；大抵中國與意本無國交上重要之關係，清政府對外之勢力雖不甚強，拒絕意大利之要求，猶非難事也。

（庚）美國開放門戶之宣告　美利堅人見列國之紛紛租借，慮夫諸強利害之必致衝突也，乃於二十六年（卽光緒二十六年，民國紀元前十二年），有開放中國門戶之宣言，大致以『各國對於中國所獲之利益範圍，或租借地域，或別項既得權利，互不相干涉；除自香港外，各範圍內之中國各港，皆歸清政府徵收賦課關稅』。首商之英，英許之；次商之德俄法意日本，德俄法意日本亦許之，自是列國對於中國之局面爲之一變：以相互之利益，爲相互之約束，從前列國競取之利己主義侵入中國，其勢不驅中國至瓜分地步而不止者；茲則由美國之提議，一變而爲列國之統一合議之緩和行動，不啻開中國爲世界之公共市場，而救中國出於瓜分之局也！自是而列強所朝夕研究之中國問題，蓋庶乎息矣。

（二）鐵道之經營　中國之鑛產與鐵道，同爲列邦之所注意；中日戰事以後，凡與外人立約，幾無有不涉及此端者，而其關於鐵道政策之競爭，較鑛產爲尤烈。今彙述於下：

（甲）俄定築滿洲鐵道　中俄密約之喧傳於歐洲也，俄人基於是約，得有敷設滿洲鐵道之利權，尤爲歐人之所屬目；俄政府不得已，乃借華俄道勝銀行爲過渡，遂得開築北滿洲之鐵道，其情節略見於上文。其初俄人之意，不過謀海參崴與西伯里亞幹線之聯絡；及租借旅大之約告成，清政府復許俄人築造南滿洲之支路：於是俄人歷年經營之東清鐵道，始得直達不凍之旅大海口，而其慾益盈。

（乙）比人之於京漢鐵道（現稱平漢）　京漢鐵道爲聯絡北京（今北平）漢口間之一大幹線，此路首由湖廣總督張之洞創議，以中國資力不充，開借外債；其時列國資本家方熱心殖民事業，於是競相投資：最初交涉者爲美，次爲英，以要求之條件過重，不能得中國當局者之同意，而皆不果；獨比利時銀行工廠合股公司以輕易之條件，與當局者相商榷，約由是成，路卽由茲始，而當時之訂立契約者，則盛宣懷也。大抵比人資金實際多由華俄銀行資助，名爲比辦，陰有俄人操縱於其間，英聞其事，多方抵抗；俄與法爲同盟之國，俄陰助比以爭，法亦和俄爲說，借款承辦之約，終以成立：於是英人始爲避實擊虛之計，別籌所以抵制之術（詳見下節）；後至三十四年（卽光緒三十四年，民國紀元前四年），清政府湊集巨款歸比，始將全路收回。

（丙）英人之於關外鐵道及滬寧鐵道（現稱京滬）　方是時，山海關外之鐵道延長線，清政府雖有建設之議，而資本不敷，英人欲乘機斷俄比路權之聯絡也，乃謀及於關外；二十四年（民國紀元見上）夏，關外鐵路督辦胡燏棻因籌造中後所至新民屯及營口之支路，與香港上海銀行締結借款三百萬鎊之契約，以新造之線路爲抵當，外卽北京山海關間所有鐵道附屬產業及營業收入，亦作爲抵當，由是英人得以握及關外鐵道之管理權，而並牽及於關內：俄辦滿洲鐵道與比辦京漢鐵道線之聯絡，爲之中斷矣。方二十二年（卽光緒二十二年，民國紀元前十六年），間南洋當局援北洋造路例，奏請開辦吳淞至江寧鐵路，旋又奏准改爲先辦淞滬，再辦滬寧：然當時英人見俄之獲得滿洲路權，心不平，遂於二十四年（民國紀元見上），乘淞滬尙未工竣之時，索辦滬寧鐵路於政府，政府不得已，命盛宣懷與英國銀公司訂草約於上海；已而中國以拳亂之故，遷延未決，至二十九年（卽光緒二十九年，民國紀元前九年）中英遂訂滬寧正約，借款凡三百二十五萬鎊（後因官紳奏請核減百萬鎊），外借購地款二十五萬鎊，以路之本身及附屬品爲抵押：或謂中外各鐵路借款合同，喪失權利，此爲特重，而當時之政府，則未察也。翌年，粵漢廢約之論勝，寖淫及滬寧，當地士紳雖有倡爲早贖之論者，究亦等於畫餅；無何而第二次六十五萬鎊之小借款又匆匆成立，滬寧不啻爲英有矣。

（丁）美人之於粵漢鐵路　美國本以「門羅主義」聞世界，近年以來，方鍼已變；其在中國，亦欲與歐洲列國同享國際上之利權，而以取得粵漢鐵道敷設權爲其莫大之願望。粵漢鐵道者，爲自漢口至廣州之一大幹線。方二十四年（民國紀元見上）夏，中國駐美公使伍廷芳與美國合興公司首董畢來斯締結契約，計借美金四千萬圓，以全路及路之產業爲抵；已而畢來斯死，比人乘機陰託美人買得合興底股三分之二，期南北幹路地權之聯絡：事爲湖廣總督張之洞所聞，乃極力謀爲贖回之法，湖北湖南廣東三省人士和之，與合興力爭，因假英款一百二十萬鎊以償合興，已失之粵漢路權，從此復爲中國有。時三十一年（民國紀元見上）八月初二日也。自是役以來，中國人漸有知鐵路自辦之益者；收回路權之議由此盛，遂醞釀而起東南廢約之風雲矣。

其他如德人之經營膠濟鐵路，法人之經營龍州及滇越鐵路，其用意正與英俄諸國相同，茲第舉其著者以見一班；要之二十年以來，列強經營中國鐵道之陰謀，其顯然易見者，一爲縷析計之，而固有餘痛也！

（三）要邊之侵略　列強之窺伺中國要邊也，始萌於中日戰事以後，而實行於拳匪肇難之時；其後踵之而起者，有間島問題，片馬問題，澳門劃界問題，其間事變雖有大小之殊，要其侵略土地之謀則一。今彙述其大略於左方：

（甲）俄日之於滿洲　中日戰事之結果，日本既得遼東，而仍不能有其干涉最力者為俄；日本雖憤俄，阻於強勢無能難也。二十二年（民國紀元見上）後，俄與中國締約，隱然囊括滿洲，包舉遼東，聲勢奕然，遠壓日本上！及拳變起，俄出兵滿洲，以保護東省鐵道為名，避列邦之注意；及拳亂定，關東三省大部幾全為俄有。其始俄兵入境，黑龍江將軍壽山以拒俄死，俄師長驅而南，三省人民遭難死者無算；及中外議和，俄人宣言軍隊卽日可撤，不過為一時之佔領，中俄二國須另為新約：於是世界遂有第一清俄密約及第二第三密約之喧傳，凡茲密約均非以撤兵為本文，而實包有占領滿洲土地之深義！日本聞之，雖憤俄，阻於強勢，仍無以難。未幾，日本當局以深密之謀畫，得與英國結立同盟；俄雖與法結同盟當之，終以英故，不敢遽欺日，乃有還附滿洲，分期撤兵之約：及期又提出意外之條件，要求清政府。觀俄人第一期撤兵，先將奉天之師撤回，尙為踐約；至第二期則提出新條件而不撤，第三期則以新條件為口實而反增，蓋其意仍在永久占領，無還我滿洲土地之心也。日本以滿洲苟為俄有，勢必及朝鮮，而於己將大不利！既結英，又約美，共勸清政府開放滿洲，俄必不可肆力壓迫於清政府，冀一時全獲滿洲地，既開置極東總督矣，而又預向朝鮮租借龍巖浦，日本滋憤！始仍與俄為互相之協商，期尊重清韓二國之獨立及領土保全，並于二國商工業保持機會均等主義；俄政府於韓國方面，尙能從日本之所提商，而於我國，則斷然異論。而日本則謂滿洲若不加入協約之內，爲日本所萬不能承認，俄終不應；其最後之讓步，僅曰：『日本或他國於滿洲區域內，依條約上獲得之權利及利權，俄國不阻礙』而已。職是之故，俄人之視滿洲，不啻已爲己邦之所有；日本憤極而遂與議戰！先收朝鮮爲保護國，發師屯王京；二十九年（民國紀元見上）冬，戰事開，各國共宣言中立，而我國之中立問題尤極困難。蓋兩國交戰地，皆我屬地，其中立地域既難確定，而又慮列國之不承認日俄二國之橫動，籌維至再，乃宣言以遼河以西爲界；日政府亦命駐外公使與各國相周旋。我之滿洲，我不能自保而仍中立，天下豈有中立之國而兩國之師卽交戰於其境內者？烏乎，是可痛也！戰局既開，海陸師皆交綏：統計陸上，則有鴨綠江岸之戰，遼陽之戰，遼陽一役，兩國主力軍約共四十萬，奉天一役，兩國主力軍約共八十五萬，而俄軍死者尤衆，其將苦魯巴金僅以身免，喪失精銳至十六萬人；海則有旅順之戰，對馬海峽之戰，旅順一役，俄極東艦隊盡，對馬一役，俄之波羅的海艦隊亦盡，俄海陸軍均大敗！計自二十九年開戰，至三十一年，統計日軍約達七十一萬，俄軍約達八十四萬，俄軍死傷及俘虜近四十萬，日軍死傷亦及二十萬，日本所用軍費約十七萬萬，俄之所費至不可以數計；加之兩方武器戰略之進步，又從古所無，爲自有歷史以來所未有之大戰，日本國威，遂一躍而躋諸世界強國之列矣！然俄亦健者，雖敗猶終不屈，終以美統領盧斯福之調停，日本遣小村壽太郎爲全權公使，俄國以微德爲全權公使，開會議於美國之樸資茅斯；約成，俄不但承認朝鮮爲日人隸屬，而其關於俄國方面者，則爲旅順大連之租借權，及南滿鐵道一切移轉於日本：兩國在滿洲所有之兵，各自撤歸，始以滿洲土地歸中國。中日別結滿洲善後條約，開滿洲著要之各商埠；清政府旋以滿洲為三省，設官置治，制度視內地：而日本勢力，遂瀰漫於奉天；俄國勢力，僅敷施於黑吉。且也，日本基於是役，大博世界列國之崇重，其強勢一日千里，連次而得日英日法日俄日美諸約，均以尊崇締約國之領土權利，與保全中國領土，及列國機會均等為主義；至宣統帝溥儀在位之二年（卽宣統二年，民國紀元前二年），日本滅朝鮮，其侵略趨向遂及南滿：於是滿洲間島問題，安奉鐵道問題，俱由此滋！後雖得以一一解決，而中日兩國之境界，則基於間島協約之第一條，而以圖們江為兩國之國境。同時日俄二國又締結一祕密之條約，一變其前此戰事之態度，而愈形其接近：卽日本併合朝鮮，俄國不反抗；俄國於伊犁蒙古有何等進行，日本為何等援引是也。烏乎，使俄國人而尙知蒙古伊犁之猶為我屬也，其亦不勝唏噓感慨之致也矣！

向者列國之對付中國，有所謂「某地不許割讓他國」焉，有所謂「機會均等」焉，有所謂「保全中國領土」焉；至是而又有一種之名詞發生，則日俄二國之所謂「自由行動」者是也。日本東爭安奉鐵路建築權也，固爭不得，則曰『吾將自由行動，與中國絕國交上之關係！』清政府懼其自由行動也，則允之矣。同時俄人以爭哈爾濱行政權，並思壟斷松花江航行之利而俱不能得清政府且開為萬國自由通航之河域以抵制之，俄人竊憤；至明年（卽宣統三年，民國紀元前一年），政府因蒙古新疆稅率問題，欲改訂前此清俄二國間無稅之約，俄匪惟不允，並提出通告書六則於清政府，其尤要者：爲蒙古及天山南北諸地方，俄國臣民得自由居住，一切商品均爲無稅貿易，俄國以伊犂、塔爾巴哈臺、庫倫、烏里雅蘇臺、喀什噶爾、烏魯木齊、科布多、哈密、古城、張家口等處得設領事，俄人對於是等地方，有購置土地建築房屋之權，謂中國若不從者，俄亦將取自由行動，而一方且已進兵伊犂以示威壓！清政府懼其「自由行動」也，則亦允之。充「自由行動」四字之極，則勢有不亡我中國而不止者！

（乙）英人之於西藏片馬　藏地、吾國西陲之重障，自邊地多故，藏亦將勿保；而從而覬覦之者，則英與俄也。英俄之勢力先衝突於中亞，旋各注意於西藏，而英之慾尤肆！哲孟雄者，西藏之屬部；英欲自印度至西藏，開一交通之便道，以侵入內地，惟以收取哲孟雄爲宜：嘉慶時，哲孟雄爲廓爾喀所攻，英助哲復其王位，而又割尼泊爾東部以畀哲王，哲之親英自此始；至道光間，廓哲復交鬨，英爲和解，遂割哲之大吉嶺及毘連印度之平原與英，而英政府歲酬哲王俸三百鎊爲報酬；其後哲以英人屢販其民入藏爲藏貴族奴，於是哲英復衝突，積仇益甚。咸豐時，英兵竟據哲爲城下盟，哲勢日落，王遂求救於西藏；藏兵入哲以拒英人敗，英索王歸國議和，其結果英設官監督其內外政，王徒擁虛名，始爲印度諸藩伍。時德宗在位之十三年也（即光緒十三年，民國紀元前二十五年）。自是英領印度入藏之中路通。

布丹者，又西藏屬部，宗教尊喇嘛，風俗視藏無所異：自大吉嶺東北行一日而抵噶倫綳，實爲布藏互市地更東行一日而抵培頓二地者昔皆屬布丹。同治間布人與英隙陰襲印度爲英敗遂割第司泰河以東，與培頓平原一帶地迄亞山上部歸英以和；其東之巴克薩英防軍駐焉。自是英領印度入藏之東路通。哲孟雄之隸英，我不能問何論布丹？清政府惟於十六年（卽光緒十六年民國紀元前二十二年）間，遣人與英人結哲孟雄條約於印度，以東自布丹西至尼泊爾，藏哲間之一帶分水嶺爲兩國之境，承認哲孟雄之內政外交專由英國保護監理而已；至二十年（民國紀元見上）又互行所謂藏印續約者，開亞東爲英人通商埠，而藏人之在哲孟雄游牧者，照英國隨時所訂游牧章程辦理：於是藏人憤不平，以彼之商務擴充，而我之游牧反爲所限制，排英論大熾！亞東開埠不允實行，中英交涉無進步，俄人乘其機會，遣人入藏，深與十三世之達賴喇嘛相結和，十三世達賴遂萌倚俄心；俄又嗾之使與英爲難，而陰輸軍火以相濟，英雖漸悉而不能阻也：及日俄之戰開，俄爲日困，英政府以藏人違約爲藉口，遂乘機進軍，藏兵禦之大敗，拉薩陷，十三世達賴遁蒙古；於是駐後藏之班禪喇嘛額爾德尼自任和局，與英軍官締結媾和條約：除前約所開亞東外，兼開江孜噶大克爲商埠，暫留駐藏英兵，於春丕俟償軍費五十萬鎊繳清後撤退；而此五十萬鎊之軍費又須攤繳至七十五年，審是則英於是約實已舉西藏全部劃歸己國勢力範圍以內！藏官迫清駐藏大臣有泰簽名，有泰不從，電告於政府，政府抗辯而英不從，第變更其撤兵條件以結藏民歡。於是侍郎唐紹儀等奉命往印度與議，不決，因移藏約於北京；至三十二年（民國紀元見上），藏印續約成：以唐紹儀折衝樽俎之結果，英仍承認西藏爲中國之領土，而以三十年所訂之藏印條約爲附條；又以西藏財政窮乏賠英軍費，由清政府以三年完清。明年，英之春丕駐在兵亦撤退於印度。

俄人於極東戰事既定之後，乃復與英結一關於波斯阿富汗西藏之協約；其關於西藏者，則兩締盟國爲保全西藏領土，各不干涉其一切內政爲前提：自是二國對於西藏之侵略，遂於茲熄；而中國對於西藏之宗主權又於茲定。三十四年（民國紀元見上），達賴十三世入朝；其明年，歸國，藐視清室，唆教徒爲亂，清將鍾穎征之，達賴遁印度，遂爲清政府所廢。

抑自英併緬甸以來，滇境已與英屬地相接；其北緯二十六度格林尼址東經九十七度三十五分之間，有地曰片馬，爲通雲南四川西藏之要道，實屬永昌：宣統帝溥儀在位之二年（卽宣統二年，民國紀元前二年），英兵突佔領之；明年，清政府約英共派劃界委員，而英軍旋撤，且以無意侵略爲詞，改爲租借之建築。

（丙）葡人之於澳門　初，葡萄牙人居澳門，有歲租，年輸清政府；自鴉片戰事後，中國開五大商埠與歐美人爲互市，葡人頗惡之，屢要求免納澳門歲租，政府不許；德宗載湉在位之十三年（民國紀元見上），中葡定約，規定清政府承認葡國有永居管理澳門之權，此爲中國於條約上承認葡國佔領澳門之始。惟二國之境界終未確定，葡人得以自由縮伸於其間，清政府初亦不問也；自是以來，葡人益於原有地域外及附近諸島中經營移民事業。迨三十四年(民國紀元見上),日本有船曰二辰丸者密輸軍火於中國,假泊澳門附近海面,爲中國礮艦所弋獲,日人以其地爲葡之領海,中國礮艦之獲二辰丸爲越捕;中日互交涉而葡人遂乘機聲言二辰丸泊地爲葡領海,淸不應過問:於是淸政府反惹起二重之交涉,而澳門劃境問題之提出卽爲對付葡國之第一方針;旋遣雲南交涉使高而謙開議於香港,葡人最初要求澳門半島及拱北大小橫琴諸島與附近諸島均爲葡領,而中國則許予以譯俘過路環二島,爭論久不決!迨宣統帝溥儀在位之二年(民國紀元見上),移至北京交涉,適葡萄牙革命起而談判遂停。

對外之波瀾,其曲折變換若是至於內政則糾雜之狀尤紛,淸末之多故,亦因其所!茲請於下文更敍之。

淸末三十七年間由衰而亡之二(內憂之繼起及民國之勃興)(民國紀元前十四年至一年)。

淸之衰也,外患迭乘內政基之而多所更革,約計其略,又可別爲四事,言之如左:

(一)戊戌變法　淸廷變法之端,不自光緒戊戌始;當洪楊之變既平,曾國藩輩相與謀創「製造局」以制新器,設「方言館」以養譯才,創「招商局」以爭航利,派出洋學生以遊學於他國。其時滿臣文祥亦頗明時局,用客卿美人蒲安臣爲使,徧與西洋列國相親交,變法之議稍稍萌;迨光緒甲午,中國爲日本所敗,舉國上下,咸伸憤慨,其明達者相與考世變,究日本稱強之由來,始知其制作略式歐風,變法論又稍聞於野。時則翁同龢曾以帝傅兼毓慶宮行走,頗爲德宗載湉所信任;同龢能稔大局,明變故,時以國家強弱之故稱說於君前當二十一年（即光緒二十一年，民國紀元前十七年）夏，順天府府尹胡燏棻條陳變法自強事宜，有曰：『目前之急首在籌餉，次在練兵；而籌餉練兵之本原，尤在敦勸工商，廣興學校。』因列舉修鐵路，製鈔幣，造機器，開鑛產，折南漕，減兵額，創郵政，練陸軍，整海軍，立學堂各大端，終復要以數言，有謂：『舍此不圖，更無長策！自來殷憂啓聖，多難興邦，時局轉移之機，正在今日。』疏入，盛荷嘉許，諭旨『著各直省將軍督撫將以上各就本省情形，與藩臬兩司，暨各地方官，悉以籌畫，酌度辦法，限文到一月內，分晰覆奏：當此創鉅痛深之日，正我君臣臥薪嘗膽之時！』云云，自是變法之說漸盛行。同年，兩廣總督張之洞則有設立江南自強軍及陸軍學堂、鐵路學堂之奏請，監察御史王鵬運則有通飭各省開辦鑛務、鼓鑄銀元之奏請。其明年丙午，距戊戌尙二年，而總理各國事務衙門又有辦理郵政事宜之開議；未幾又有設立鐵路總公司之奏請，未幾而又有開設銀行、創立速成館之奏請。同年，工部尙書孫家鼐又有開辦京師大學堂之議覆，監察御史華煇又有廣種植、興水利，以闢利源之奏請。又明年，爲戊戌之前一年，張之洞已調湖廣總督，又有設立武備學堂之奏請；盛京將軍伊克唐阿又有調員招商開辦奉天東邊銀鉛各鑛之奏請；直隸總督王文韶又有開辦磁州銀鑛之奏請。而同年工部主事康有爲因德據膠州，遂又上書呈請及時發憤，革舊圖新，去戊戌大改革之機爲益近矣。

有爲夙富於改政之觀念，戊戌以前，數上書稱述中國變法之不得不急；顧是時朝貴多迂舊，鮮理解者，書亦無由竟達上前也。迨二十三年（民國紀元見上）冬，給事中高燮曾薦有爲宜大用，將諭有爲進見矣；而恭親王奕訢阻之事不果。奕訢者，資望居諸宗王前，爲人樂保守，不喜變革，然頗熟清世典例，其阻有爲也，則曰：本朝成例，非四品以上官不召見，宜命大臣傳語於有爲，故德宗亦無由竟見有爲也。戊戌四月，奕訢沒，翁同龢輔政，德宗乃銳意謀改革，御史楊深秀、侍讀學士徐致靖又相繼上書，請定國是；未幾，以定國是之詔下，而尤以興學爲先圖，國內外方知朝廷之銳意革新，其明達者忻然相告，有喜色，而頑舊者怫如也！好事之徒，從而煽異之，曰：何某新黨矣，何某舊黨也，新舊黨之畛域分，而滿人之主張保守者則尤衆。德宗毅然於上，既召見有爲，下詔變法，一切舊制之不良者，率更創；其間改科舉，廢八股，尤見變制之精神！詔勅日數下，楊銳、劉光第、譚嗣同、林旭，皆入軍機預新政；有爲弟子梁啓超，則辦理譯書局，新政漸盛行。時翁同龢雖不爲頑舊者所容，奉旨開缺回籍，而有爲等方力謀展布，不少衰，於新政亦初無所阻；然而滿人則相與駭憾，冀所以爲備，或以之聳動太后，其第一著手，則以太后意降旨，以榮祿代王文韶爲直隸總督、北洋大臣，以衞門戶而爲之伏線，預期是年七月，車駕閱兵於天津；諸不喜新政之大僚，方從中有所籌議，而閭里風傳，或謂車駕閱兵宮內將有若何之舉動者？屆時德宗不行，而又以禮部堂官不爲代奏王照上書事，革去尚書懷塔布等六人職，懷塔布等心不平，朝端益不能無水火！太后於名義上雖不能預政，而懷塔布等則其所心祖；德宗年少氣銳，方欲倣康熙乾隆嘉慶三朝之成例，開懋勤殿以大進人才，嗣其議被沮於太后，而太后不憚新政之情形，乃昭然其若揭。先是太后猶爲黑幕中之主持，及是黑幕揭而太后干預政治之策亦愈敏，時時與北洋通消息；迨八月，榮祿自天津至，宮廷之面目爲之一變！太后則以皇帝有疾爲名，復出而垂簾聽政，諸不懌新政者則以爲罷黜之可望再起，歡欣待命而力贊其成；於是太后置皇帝於瀛臺，而使榮祿在軍機大臣上行走，授裕祿爲直隸總督，詔殺楊深秀、楊銳、林旭、譚嗣同、劉光第及有爲之弟康廣仁（時稱六君子），有爲走英，啓超則走日，徐致靖等皆坐罪奪職，新政行百日而遽遭挫折，楊深秀等且以是死！張蔭桓者，自李鴻章免職以來，即掌總理各國事務衙門之大權；其人遊西方久，熟新政，亦以是役遣戍新疆，在途爲人殺而賢人盡矣！

新政既廢，於是閉官報局，於是禁士民上書，於是復八股，於是停止各省已辦之中學小學，於是廢農工商總局，於是命各省督撫查封全國報館，嚴拿主筆，於是復武試刀弓石之制；曩時變法之成績悉如電光之一瞥而無由再見，皆太后致之，無可說也！

（二）己亥建儲　清當康熙朝，因儲位事，大啓爭端；故雍正時定制不許明立太子，此祖訓也。光緒朝，太后再聽政，益惡視德宗，於是遂違反祖訓，而有己亥立儲之事：

初，德宗載湉親政，召見羣臣，太監輩之陰附太后者，聞臣僚所言，或以告，故二十一年間，德宗本太后意降旨，有曰：『朕敬奉皇太后，宮闈侍養，夙夜無違，仰蒙慈訓殷拳，大而軍國機宜，小而起居服御，凡所以體恤朕躬者，無微不至，此天下臣民所共知者也；乃有不學無術之徒，妄事揣摩，輒於召對之時，語氣抑揚，罔知輕重；

郎如侍郎汪鴻鑾、長麟，上年屢次召對信口妄言，跡近離間；當時因值軍務方棘，深恐有損聖懷，是以隱忍未發。今特明白曉諭，使諸臣知所警惕，吏部右侍郎汪鴻鑾，戶部右侍郎長麟，均著革職永不敘用！』是時國人紬繹旨意，或有謂德宗母子間實不和者！迄戊戌變法，太后尤不懌，旣置德宗瀛臺，閭里風傳，或曰上已病，或曰否，所論多非常；而旋有徵召國內名醫來京視疾之旨。其時英使以局外之言，警告當局，謂如德宗崩逝，其影響或被及歐西，恐自此將爲當局者之不利；太后亦以列國公使視聽匪遠，而諸大臣中如劉坤一、張之洞輩亦各以直道著於時：迨戊戌之翌年，乃先以廢立密議商之江督劉坤一、鄂督張之洞，坤一雖抗爭，而立儲之詔旋下；則以帝從兄端郡王載漪之子溥儁爲皇子，繼承穆宗後，所謂大阿哥者也。上海官紳經元善等首以電文爭，詔命捕元善，元善走澳門，而言者繼起，宮庭意稍沮！德宗雖不廢，退處無權，政治毫末不能問；然大阿哥亦終以性情之不良，隨幸西安時，時聞過舉，迨回鑾，仍爲太后所廢。

（三）庚子縱拳　義和拳之名，自光緒初之冀州徐某始；其後山東人民頗有習其術者，徒黨稍稍盛。山東自昔多匪亂，光緒間失業者日以多，後乃相與習拳，標名曰義和拳，有坎字乾字諸團以爲別，至二十六年（卽光緒二十六年，民國紀元前十二年），載漪等倚太后勢而利用之，禍乃大張，遂召聯軍入京之禍！當二十三年（民國紀元見上）間，山東曹州教案，兗州教案與二十五年間沂州教案，大抵卽義和拳分子之所爲；原夫教案之興，歸教者往往獲地方官吏之袒庇，故民間不平之聲日益甚，義和拳乘之，對於教堂教士，則必肆殺戮，加焚掠，甚或及於良民；山東巡撫毓賢素不明外勢，匪惟不禁，反與其首領李來中相契洽；至陰致書於朝臣剛毅，謂義和拳爲義民，其神技可大用，若保護之可用以驅逐山東之洋人！其時端王載漪等漸得權，剛毅等將大有爲，聞毓賢說以爲信；然嗣因德使之詰責，謂毓賢不應縱匪，於是政府召毓賢入京；毓賢乘機而陳義和拳之義勇於當局，且介紹李來中謁載漪，載漪恨相見晚，而以是爲毓賢功，調山西巡撫。義和拳知政府亦有嚮往心，其徒黨之在山東者乃愈盛；時調袁世凱任東撫，先後迭施剿討，山東匪跡遂淨，乃去而爲殃於直隸；直督裕祿初雖不信其爲義民，然以其衆已爲朝廷王公之所庇，未敢竟除也。自戊戌變政，己亥建儲，康有爲經元善等均走依外國，太后既難免不慊於外人；而載漪尤憤，日夜思報復；會義和拳起，以扶清滅洋爲名，故載漪喜任，力言於太后，以爲義和實義民；遂命刑部尚書趙舒翹，大學士剛毅，順天府尹何乃瑩，先後赴直導之入京師，至者數萬人。義和拳謂鐵路電線皆洋物，或焚或燬；凡家藏洋書洋圖，皆號「二毛子」，捕得必殺之；城中爲壇場殆徧，自謂能降神；又謂能咒槍礮不使然；向空中指畫，則火起，刀槊不能患；於是鄉愚相率習拳，羣拜降其神，馴至政府亦與化合爲一物，而大學士徐桐，尚書崇綺等，信之尤篤，朝事不可問。甘軍者，董福祥之所部，曾戰平回部，以勇名，時駐京師，頗表同志於義和；是年（庚子）五月，日本書記杉山彬道出永定門，途遇福祥所部，遂被戕！義和拳則又乘勢焚教民之居於天安門者，燬教堂於順治門，燒市場於正陽門！時雖有旨剿匪，不過因其過行搪塞外人之耳目；王公貴之信而庇之者，仍如故也。朝臣之明達者，多竭力主勦而太后不從，載漪尤反對；甚至謀圍使館，殺使臣，不暇思善後，各國公使多責言，惡載漪倍至。時太后方任載漪主總理衙門事，諭各公使入總理衙門議，德使克林德先行，載漪所部伺於道殺之，後至者皆折回，各使先後各告急於其本國。徐桐崇綺聞德使死，喜曰：「夷酋誅，中國強矣！」載漪益以戮辱外人之無足患也，密謀於太后，下詔與各國公使宣戰；董軍義和拳恃勢攻外國使館益急。其時浙人徐用儀許景澄袁昶合疏略謂：『數萬匪徒攻四百餘洋兵所守之使館至二十餘日之久，猶未能破，則其伎倆亦可概見！』又云：『在京之洋兵有限，續來之洋兵無窮。』又云：『請保全使館為將來轉圜地步。』又云：『非痛剿拳匪，無詞以止洋兵；非誅袒護拳匪之大臣，不足以剿拳匪。』不謂徐許袁等之卽以疏請剿匪伏誅也！

方義和拳始禍時，英美俄法德日奧意八國兵艦麕集大沽口，英將西摩亞為之長；五月，各艦隊向總兵羅榮光索礮臺，羅不許，八國軍以礮擊守兵，中外戰始此。已而礮臺陷，大沽口失，榮光走天津，仰藥死，而直督裕祿謬報大捷！太后及載漪以為果大捷也，則相與大喜，發帑金十萬兩犒將卒；裕祿初不信義和拳，聞朝議變，乃又袒拳匪。聯軍既陷大沽，以天津為租界之所係，而當局者又方與外人共為仇，乃徑偪天津；西摩亞則率輕軍趨北京，援公使，中途苦戰，折而南。聯軍攻天津益急。提督聶士成者，知兵能戰，初奉裕祿令剿匪，繼又改口為剿夷；士成憤義和拳之殺害其母也，與外兵戰，陷陣死。士成死而天津於是不支矣！

士成死，天津陷，裕祿走北倉，敗報聞，袒拳者猶不信，謂外兵必可平；無何，聯軍攻北倉，提督馬玉崑戰敗，走楊村，聯軍並進，漸將偪京師。李秉衡者，前受命巡閱長江水師，後奉召入京，見太后，極力主戰事，且謂義民可用，嘗嫻以兵法；太后初聞天津敗，方旁皇，自入秉衡言，益主戰；及北倉陷，秉衡奉詔出視師，請義和拳三千人以從。主領拳事者皆稱大師兄，及是大師兄亦行，各持引魂旛、混天大旗、雷火扇、陰陽瓶、九連環、如意鈎、火牌、飛劍，擁秉衡而行，謂之「八寶」：其思想實源於戲劇，稍有見解者類能辨之，而秉衡不以為謬也；及交綏，前軍敗河西，秉衡走通州自殺，義和拳譁遁！

通州破，秉衡死，時京師僅有載漪及董福祥所部等軍，任北京守禦，而莊王載勛及剛毅所統之義和拳分布城內防戰；比聯軍自通州至，董福祥戰於廣渠門，大敗，七月二十日黎明，北京陷，聯軍自廣渠、朝陽、東便三門入，禁軍皆潰！福祥出彰義門，率所部掠而西，太后、德宗俱蒙塵，大阿哥、載漪、載勛、剛毅、王文韶等先後從，八國之兵入京師！列國協議，劃京城為數區，各設民政廳，析理界內事務；而塘沽及山海關，又共為一時之佔領；是年閏八月，統帥瓦西（德人）至北京，以保定為董軍義和拳巢穴，復遣兵據之，於是京津保俱落外人之掌握矣。太后、德宗時西狩，自太原往西安，令慶親王奕劻由行在回京，與新任直督李鴻章會商和議。鴻章前奉命督粵，義和拳亂起，詔從中下，由載漪主持，令各省焚教堂，殺教民，諸疆臣皆失措，乃各電鴻章請所向，鴻章毅然復電曰：『此亂命也，粵不奉詔。』各省乃決劃保東南之策；鴻章領銜，偕江督劉坤一、鄂督張之洞、川督奎俊、閩督許應騤等，聯銜入奏；於是東南得自保，其主動實由於鴻章。鴻章既奉詔議和，由上海入京師，奕勗旋來會，凡事悉惟鴻章議。鴻章以孑然身寄京師，與列國開始談判，髣髴陷重圍；俄美首先議和，次詢各國，德以先誅罪魁對，餘亦各有所要挾。蓋此次議和之性質既艱阻而又轇轕，使非鴻章固無人能與此大任也！列國公使見和議牽於衆見，日形窒滯，一時難結束，於是先爲會議各定綱要，而後整齊其條件之輕重，向鴻章提出，要求清政府之承認；鴻章與之反覆辯難，而列國持之甚堅，雙方事極費周章。同年十二月，清與德奧比意葡法英和俄美日本十一國約始成，列國要求之十三款悉允之。玆舉其最重要之七端如左：

（一）端王載漪，輔國公載瀾（亦縱拳），禁錮新疆；莊王載勛，趙舒翹，英年（亦附拳），均賜自盡；毓賢，啓秀，徐承煜（此二人亦附拳），均正法；剛毅（已病沒），追奪原官；徐桐，李秉衡（已殉難），革職撤銷卹典；董福祥革職；徐用儀，袁昶，許景澄，立山，聯元（此二人亦以力諫死），均追復原官。

（二）賠款銀四百五十兆兩，分三十九年償還，就地籌償者不在此數。

（三）侍郎那桐赴日本謝殺書記之罪，醇王載灃赴德謝殺德使之罪，並於德使被害處建坊恤之。

（四）以常關歸稅務司辦理，先與英國改訂商約。

（五）列國於使館區域不准中國人住居，得屯駐兵士爲防衛，大沽口及有礙北京至海濱間交通之礮臺，一律撤毀。

（六）白河黃浦兩水路之改良，清政府分擔其費用。

（七）改總理各國事務衙門爲外務部，班六部之首。

翌年，和議定，太后及德宗自西安起蹕還京師，鴻章以疾沒，詔以王文韶爲全權大臣，籌議和約未盡事；聯軍先駕返，退駐天津至二十八年（民國紀元見上）春，始次第撤還。先是太后德宗在西安下詔罪己，觀者相感動，說者以爲太后於此有悔心矣！太后見臣工每涕泣，有請行新政者，則亦采納之。既還京師，新政次第詔行，中外稍安；乃又漸恣大修頤和園，忘喪亂之自來！惟惕於外人之威，有求輒副，庚子排外，庚子後則轉徇外，又其失也！德宗回鑾，仍不能預政，一切事均主於太后；未幾，又有預備立憲之事：

（四）丙午立憲　丙午立憲云者，不過於是始下預備立憲之詔，非眞立憲也。庚子以後，外侮日偪，世界視線多注集我中國！我中國人民以爲不改良政治，國家將無望；而欲改良政治，必先立憲。立憲政體有君主，有民政；君主立憲者，中國可循行，於是要求「君主立憲」之聲漸起：加之國中少數人士，或主張激烈之革命論，結果將大不利於淸；淸政府又聞人言，日俄之戰，一立憲一專制，故專制者敗，意不能無動；而中國駐法公使孫寶琦及江督周馥，鄂督張之洞，粵督岑春煊，又多以立憲之說形章奏：袁世凱時爲直督，建請簡派親貴分赴各國考察政治；未幾，詔派載澤戴鴻慈徐世昌端方紹英出洋考察，時光緒三十一年（民國紀元見上）乙巳也。方啓行，革命黨人吳樾以炸彈擊之於車站，載澤紹英受傷，餘無恙，樾死，行期阻；未幾，徐世昌紹英均他任，改派李盛鐸尙其亨代之，分途而出，歷日本及歐美諸大國，從事考察，頗有所陳奏，駐外使臣，復紛紛請立憲和之。明年丙午夏，諸考察者陳說立憲尤詳盡，太后意漸動，乃下詔預備立憲，視進步之遲速，定期限之遠近。顧詔文雖美，徒託空言，既以改革官制為入手，而軍機處為行政總匯如故，舊式之內閣如故，各部雖增設，於改制上之真精神無多裨益。次年，雖有憲政編查館之設立，而所司者亦僅關於「編查」；直至是年之秋，始命各省籌設諮議局於省會。華僑等方聯名請願，求實行立憲，而終不納。又明年戊申夏，各省人民紛紛舉代表呈遞國會請願書至京師；八旗士民亦有與其列者：乃改預備為籌備，下籌備立憲之詔，以九年為期。又明年己酉，各省諮議局開議；又明年庚戌，京師資政院開議：而人民復要求速開國會，屢次請願，於是詔改籌備九年之期為七年，期於宣統五年開設國會，即日解散各省代表，東三省代表後以續行要求再至京，遂被送回原籍。又明年辛亥，新內閣成立，以親貴為總理，輿論譁然，政府初不顧，於是民心去，而革命之大難相倡以興矣！

先是德宗載湉在位之三十四年（即光緒三十四年，民國紀元前四年），疾沒，同時太后亦沒，醇王載灃子溥儀入嗣位，是為宣統帝，尊德宗皇后為太后，載灃攝政。革命論之熾，其初實由太后失政使然，自太后沒，朝政雖趨向立憲，不過有其名，而從事革命者仍弗懈。當德宗載湉在位之二十年（民國紀元見上），孫文諸人糾立興中會，聯絡同志謀革命；至明年舉事於廣州，不成，此為二十年以來革命運動之始；至二十六年（民國紀元見上），鄭弼臣則起事惠州，唐才常則謀變漢口，殆皆為廣州一役後之繼起，顧皆不能成也。至三十年（民國紀元見上），劉揆一等起事長沙；三十一年（民國紀元見上），朱元成起事於萍醴又皆爲漢口之繼起顧又皆不能成也革命運動至三十三年（民國紀元見上）爲益劇，許雪秋於饒平徐錫麟於安慶合之欽廉之役鎭南關之役，一年中凡四起四起皆不成。至三十四年（民國紀元見上），欽州馬篤山變起，雖失敗與前此諸役相同而聲勢則漸盛，軍隊或受黨人之運動事機漸熟。同年，熊成基起安慶；翌二年，倪映典起廣州則皆有軍隊附之，軍人之潛圖革命自此始：清政府知革命黨人而已，不問其爲軍隊爲學生爲會徒也。軍心旣潛向革命，則革命之禍必不遠，清當局大抵昧然，故事起愈烈；至宣統帝溥儀在位之三年（民國紀元見上），廣州之難又起而又不成，於是革命黨人乃變計從長江流域入手，益復聯合軍人。同年八月，密謀舉事於武昌，鄂督瑞澂始亦迭破其謀，顧黨人謀屢破而所定機宜終能奏凱者，則由武昌多數之軍隊附之；多數軍隊爲所用，而武昌下，漢口漢陽亦附，旣據國之中央，陳師鞠旅而發文告布清政府之不道及專制於人心囂動之會，未有不聳動天下人之耳目者也。茲爲綜考概情，析述其事之可信者：

（一）武昌之始局　武昌一局與四川之變有連帶之關係。先是清政府向英美德法借款辦粵漢、川漢鐵路，以「鐵路國有」爲之名，而商辦之公司爲所取消，人心多不靖；其接收川路也，復提取商辦股銀七百餘萬兩，四川人不服，成都洶洶罷市矣！清政府令端方帶兵入川，予以查辦，名川民憤怒，相與集總督署前，求川督趙爾豐阻止端方兵，趙不允，求者日衆，兩方相衝突，結果甚不良；外縣民團聞聲至，川中幾亂，東南輿論多不滿政府，革命黨人之密布武漢間者從而乘之。武漢未起事前，瑞澂捕黨人，得其籍，見有新軍某、新軍某名，欲嚴搜新軍新軍危！八月十九工程隊第八營左隊步隊二十九三十兩標共起事十五協兵士從之督署防護之馬隊亦變是夜瑞澂遁諸兵聯合而爲革命軍改諮議局爲軍政府推黎元洪爲鄂軍都督湯化龍長民政，遂分兵渡江佔領漢陽兵工廠至漢口懲治土匪保護外人而以嚴守中立要求各領事領事各致電於其政府得許可自是而革命軍與清政府爲交戰團體遂爲列國所認可內外秩序漸以定專俟清兵之南下而交鋒矣。

清政府聞警革瑞澂職，一方令陸軍大臣蔭昌督陸師兩鎮赴鄂而以薩鎮冰領兵輪至漢口江心輔助之；河南亦派毅軍兩營駐灄口供調遣。八月二十六日革命軍與北軍始開戰革命軍始戰屢捷已而北軍大至，稍挫衄其後漢口劉家廟大智門一帶俱爲北軍佔漢口市場焚燬盡戰日惡！至十月初七，北軍占漢陽，漢口漢陽相聯絡革命軍固守武昌不爲動至十三日兩軍各停戰。

（二）各省之脫離清室　方武昌之停戰也，湖北外府州縣亦相繼附從，十日之間，全省大定。至九月一日，湖南撤駐醴陵之常備軍入長沙起事應湖北防營統領黃忠浩不從，被殺，巡撫余誠格出走此爲湖南脫離清室關係之始。同日，陝西礮隊二營工程隊二營馬隊二營佔西安，巡撫官以下皆出走，是爲陝西脫離清室關係之始。九月二日，九江新軍起事，佔九江及湖口，未幾入南昌，江西巡撫馮汝騤死，此爲江西脫離清室關係之始。九月五日，貴州新軍入貴湯，巡撫以下多出走，此爲貴州脫離清室關係之始。九月八日，山西新軍入太原，山西巡撫陸鍾琦死焉，此爲山西脫離清室關係之始。九月十日，雲南新軍入雲南，總督官以下出走，此爲雲南脫離清室關係之始。九月十三日，上海革命黨人與巡警商團聯合佔縣城，攻克製造局，別遣人至蘇州杭州聯合新軍。十四日，新軍入蘇州，推巡撫程德全爲都督，此爲江蘇脫離清室關係之始。同日新軍入杭州，巡撫被獲，尋赦之，餘官皆出走，此爲浙江脫離清室關係之始。九月十七日，廣西新軍入桂林，推巡撫沈秉堃爲都督，此爲廣西脫離清室之始。十八日，安徽新軍入安慶，推巡撫朱家寶爲都督，此爲安徽脫離清室關係之始。廣東自是年三月將軍孚琦爲温生才所暗殺，旋有革命黨人之起燬督署，爲清軍擊退，死者七十二人，至九月三日，將軍鳳山到任，又爲岑開始所暗殺，十八日，廣東紳民決議推總督張鳴岐爲都督，旋出走，此爲廣東脫離清室關係之始。九月十九，福建常備軍等攻福州旗營，焚將軍署，總督松壽，將軍樸壽先後死，此爲福建脫離清室關係之始。九月二十一日，山東紳民要求巡撫附和南省，旋以山東偪近畿甸，故復取銷之，然煙臺一埠則已與南省相響應，此爲山東脫離清室關係之始。十月十九日，新疆軍民推將軍廣納爲都督，此爲新疆脫離清室關係之始。十一月十八日，甘肅全省亦附和南方，總督被囚，此爲甘肅脫離清室之始。凡此諸省，均先後與清室脫離關係，步趨湖北，湖北之聲勢得以不孤；其間惟山西一省，清政府以其地位之密邇畿甸也，先令吳祿貞署巡撫，祿貞駐兵石家莊，以扣留清軍運往戰地子藥，爲人所殺，太原旋復爲清軍有。四川自起事後，軍民與前督趙爾豐感情不和，卒殺之；端方帶兵入川，至資州，亦被殺。江蘇一省，蘇州雖下，南京未附和，因是南京城外不能無戰爭，吾今請繼此以述南京交綏之事：

（三）南京之戰事及上海之議和　武昌事起，南京新軍調駐秣陵關，城中所屯惟防兵；九月十七日，新軍分隊至雨花臺，防兵礮擊之，遂開戰。十九日新軍以子彈不足，退屯鎭江，高資，龍潭一帶，於是蘇杭滬各派軍隊至鎭江，會師協助，再進攻南京；南京雖力守，而烏龍，幕府兩山則不能保有。十月初七日戰神策門；初九日，戰太平，朝暘二門，而朝陽門陷；初十日，守兵勢漸弱，攻兵冒險奪其天保城，於是守兵不復能固守，而攻兵遂於十三日入南京，南京又脫離淸室之關係矣。

武昌事起，淸政府應戰不能盡有功，而各省之繼起者又日有所聞，慶親王奕劻乃辭內閣總理職，而以新任湖廣總督袁世凱爲內閣總理，攝政王載澧亦辭職歸邸；迨武漢戰局停，內閣總理奉旨爲全權大臣，而以唐紹儀代表與南方各省討論大局；於是各省軍政府公舉伍廷芳爲代表，會唐代表開議於上海英租界之市政廳，時十月二十八日也。十一月一日，復開第二次之會議，南方各省堅執國體改爲共和，要求淸宣統帝退位，予以年金，紹儀據情電達內閣，停頓數日，淸政府僅許召集臨時國會議決政體，而其召集諭旨亦同時頒下，於是南方共議國會召集之法，事垂定矣，而內閣以京中多所牽掣之故，謂唐代表於國會辦法不俟電商，遽行簽定，決計不能承認；蓋南方對於召集方法各有主張，淸廷主延緩，南方主急進，其始伍代表與唐代表議定國會由各處代表組織，每一省爲一處，內外蒙古爲一處，西藏爲一處，每處各派代表三人，每人一票，若有某處代表到會不及三人者，仍有投三票之權，開會之日，如各處到會人之數佔四分之三，即可開議兩方各分路發電召集期國會之速開；而清廷之意以爲如是急進則將來必歸失敗，因堅執須明定選舉法國會地點必在北京。清內閣並直電南方代表，謂貴代表與唐代表所議條款，大不可行；而南方代表仍堅執前此所訂條款，不許更易，南方各省，且推舉孫文爲臨時總統，設政府於南京，於是兩方之和議益梗。紹儀此時亦以簽定之約不能得內閣承認之故，先自辭職；內閣雖電達南方代表，嗣後應商事件用電文相直接，而南方代表則謂彼此磋商必非電達所能盡悉，請內閣總理親來上海一行，而內閣亦令南方代表至北京一行，兩方究亦無一肯行者：自此和議無進步，而兩方之停戰如故；此停戰期中雖有清帝退位之風說，而未見實行。時南方已宣布改陰曆爲陽曆，以西曆一千九百十二年爲中華民國元年。中華民國元年正月，在鄂第一軍統領段祺瑞聯合北方將士四十七人，軍隊十四萬人，電請改建共和，由是國會問題一變而爲清帝退位問題，而議和漸以就緒；太后連次開御前會議，旋即議決宣統帝遜位下詔，頒布共和，將統治權公諸全國，定爲共和立憲政體，由袁世凱組織臨時共和政府，時二月十二日也。原夫清帝退位問題所以易於解決若是者，雖由南方各省倡義於前，北方諸將士贊成於後；而亦因於種種之條件有以助成之，綜計優待皇室，議定爲八款：

（一）存清室尊號，民國以外國君主之禮相待遇；

（二）歲給清室用費四百萬元；
（三）以頤和園爲宮廷移居後之住所；
（四）保護淸宗廟及陵寢；
（五）修竣德宗崇陵；
（六）留用以前宮內各項執事人員，惟以後不得再招閹人；
（七）保護淸帝原有之私產；
（八）原有之禁衛軍，歸民國陸軍部編制，額數俸餉各如舊。

待遇王族議定爲四款：
（一）淸王公世爵如舊；
（二）皇族對於民國國家之公權與私權與國民同等；
（三）皇族私產一體保護；
（四）皇族免當兵之義務。

待遇滿蒙回藏議定爲七款：
（一）與漢人平等；

（二）保護原有之私產；
（三）王公世爵概仍其舊；
（四）王公中有生計過窘者設法代籌生計；
（五）先籌八旗生計，於未籌定以前，八旗兵弁俸餉仍照舊支放；
（六）從前營業居住等限制一律蠲除，各州縣聽其自由入籍；
（七）滿蒙回藏所有之宗教，聽其自由信仰。

以上條件列於正式公文，由兩方代表照會駐京各國公使，轉達各國政府，以昭信守。是月十五，南京參議院公舉袁世凱為臨時大總統，派蔡元培至京迎總統來南京就職；二十九日，北京第三鎮礮輜兩營兵變，總統不果來，乃於北京行正式受任禮。禮成，南北統一，而清以亡。計清自太祖努爾哈赤稱號，至宣統帝溥儀遜位，傳主十二，計二百九十六年；自世祖福臨入關，至溥儀遜位，則為十主，凡二百六十八年。其世系如左：

一世 1清太祖努爾哈赤—二世 2太宗皇太極—三世 3世祖福臨—四世 4聖祖玄燁—五世 5世宗胤禛—

六世 6高宗弘曆—七世 7仁宗顒琰—八世 8宣宗旻寧—九世 9文宗奕詝—十世 10穆宗載淳
　　　　　　　　　　　　　　　　　　　　　　　—九世 醇王奕譞—十世 11德宗載湉
　　　　　　　　　　　　　　　　　　　　　　　　　　　　　　　—十世 攝政王載灃—十一世 12宣統帝溥儀

第四章 本時代之法制

本時代法制之一（建官及理財）

清代各制俱因明而立，茲舉其大者以見一班：

（一）建官 清官制之組織，舊別爲三：宗人府，內務府，太常、光祿、太僕、鴻臚各寺，爲帝室各官之一類；吏部、禮部、戶部、兵部、刑部、工部及都察院、理藩院、大理寺等，爲中央各官之一類；府尹、總督、巡撫、布政使、按察使、道、知府、知州、知縣等，爲地方各官之一類。其間爲吾人所當知者又有三事：其一爲內閣軍機處政務處職權之移轉。清天聰間設內三院曰國史，曰祕書曰宏文。順治朝，始改爲內閣，凡大學士必加殿閣之名，稱殿之名四：曰中和，曰保和，曰文華，曰武英稱閣之名二：曰東閣曰文淵。後屢興廢，乾隆以後，删中和殿之名，更增體仁閣，於是殿閣各爲三。清初政事大權多出於內閣；至雍正朝，乃有軍機處；光緒朝又立政務處，於是政務又自軍機處而移於政務處，向日之內閣乃有名而無實，及新內閣成立而清亦旋亡。此關於內閣職權之可知者也。其二爲外省督撫職權之異同。就清制言之，外省巡撫掌民政，總督兼軍政；但行省地方亦有不設總督者，則巡撫亦兼管提督之職務，而掌兵事。此關於督撫職權之可知者也。其三爲中央官廳與地方官廳之關係。清制中央官廳與地方官廳無統屬之關係，兩者皆直隸於皇帝遇有互相堅執之事務，惟以勅裁決之；惟外省巡撫當上奏時，例應咨部，與之接洽。此又關於京外官廳之可知者也。光緒之末，清廷銳意改制，更立新部，如所謂學部、外務部、郵傳部、民政部者，皆後先設立，同時增至十部之多；別裁去官署之不適於現勢者，舉棋未定而革命成。

清代制祿，官俸及養廉爲數不多，官吏之所恃爲衣食者中飽陋規而已；至末葉規行新政，於是始有祿食之更定，其數較豐於舊。

（附）人才之任用與培養　清之始興，不注重培養而惟嚴爲任用；至其末葉，乃始有培養人才之法茲就其大者，分言如下：

（甲）選舉　清沿明制，采科舉之法以取士，用制藝試帖分場去取，有小試、鄉試、會試、殿試諸階級，此人人所知者也；至其末季，謀變成法，乃以經義策論取士。既而學校之制興，科舉遂罷，然仍有舉貢考職之法；又留學生歸國，亦須廷試，仍科舉之弊不能去也。又官吏之銓舉，清因明制，掌自吏部，歷時既久，叢弊爲甚；及敍官局成，而吏部遂裁。

（乙）學校　清初學制：有宗學旗學太學直鄉黨學之分，但專注重科舉，學校徒有其名而已；至於末葉，乃始倚重教育，植初基於蒙養院，而小學中學大學之規，釐然畢具：其外又有專門教育、師範教育、女子教育、實業教育、軍事教育、社會教育行之數年，尙有進步。

（二）理財　理財制度亦得因襲前例言之。分其事爲二：

（甲）徵稅　清地賦沿明世之制，用夏秋兩稅之法，徵納分前後兩期，而月限則各省不同；其徵稅之率，因各省之遠近，地力之肥瘠，亦不一定。「丁稅」則據康熙五十年之丁額爲準，其時地賦丁糧猶分徵也；雍正初年將丁糧攤入各地賦之內，例如直隸每地賦銀一兩，攤入丁銀二錢七釐有奇，自餘各省，輕重不等，而地丁始合爲一：其制在使有地者輸丁稅，無地者免焉；民之有地者，必其有產可資者也，地丁合而貧民得以無病，此實爲清世善政也。地丁之外，有漕米：惟江蘇安徽浙江湖南湖北江西河南山東八省有之，約共四百五十萬石；至光緒朝，拳團肇亂，償款至五百兆兩之多，乃取盈於各省，於是遂有漕糧折銀之議，然迄未盡行也。又清代徵稅諸制中，其最足病民者，莫如「釐金」，爲地方通過稅之一種：其制起於咸同軍興之時，軍餉不足，因有抽釐之法；凡商貨能至之地，無不有徵釐之所，其稅率初僅值百抽五，後乃以貨物原價百分之二分五爲標準，然其標準亦多無依據，隨官吏之意思而已！「釐金」之外，有「鹽課」，爲一國歲入之大宗；其他又有各地關稅，清季舉債時，多持以向外人抵押，故國家賦稅之類別，雖甚繁多，而其實際之有裨於國家正用者，反不多焉！

（乙）鑄錢　清代每帝紀元，必鑄錢以充民用，著於典例，未之易也；每帝所鑄，號曰制錢。順治康熙兩朝，制錢量重質良；雍正乾隆，俱未能及。其後鼓鑄之法，雖沿清初之制而行，而代衰一代，私鑄蠭起，政府曾立嚴禁以隨其後，弊端不絕；至光緒朝，始行銅元，有當二十當十當五當二之別，當事者廣爲興鑄，貨値日昂，而銅元反賤矣。舊時通行銀兩與制錢相權濟，以質言曰紋銀，以狀言曰元寶、曰中錠、曰小錁，民間得以自由鑄造，無監守制限之規定；至市面上之流行，則各地皆有時價，不能一致！至光緒朝，始行銀元，東南沿海各地方，以曾習用墨西哥銀元之故，遂低昂其價格，而民間不能盛行也。又楮幣之流行，亦自清季爲甚，政府又特設國家銀行以經理之，蓋駸駸乎倣效歐美各國制度矣。

（附）農工商之待遇　農業爲歷朝之所注重，清世亦然：故清初令州縣以墾荒多寡爲優劣，道府以催督勤惰爲殿最，報墾者乃日多；康熙時行奬官之法，雍正時下勸農之詔，皆爲當時特重農業之徵。其後或因天災，或因兵燹之經過，天行與人事漸戾其宜，而農於是病；至於末葉，乃有農務局、農學堂、農事試驗場之設立，而外國新農學之輸入，又月異而歲不同，農政之改革爲期不遠。

清代商業尤繁：其初惟有國內貿易而已，與俄雖由陸路通商，未爲盛也；自五口商港開，國外貿易亦因之而盛。其初以商業著聲國內者，僅有山西之票商，兩淮之鹽商，安徽之茶漆商；及國際貿易興，於是又有粵商、閩商、寧波商，多有乘長風破萬里浪以遠賈於外邦者：清政府亦漸漸重視之，因而設商部，訂商律，修改條約，加稅免釐，對外之商業乃稍有競爭步驟之可得而言。

本邦古時，工業雖盛，政府不爲提倡而嫻習其學者蓋亦未嘗無人；即如火藥、羅盤針之制，其發明皆在歐洲列國之前，此徵證之顯而且著者也。惟自昔立邦以農治爲本，故壓心工業者無由得當道之保護與獎勵，而工業轉以日衰！至於清世，仍古代政治上之習慣，不爲加意，各省著名工業，如江西之磁器，浙江江蘇之絲織品，皆一任其自興自替，而不爲議改良競進之方，工業如何而克振乎？洪軍以後，外威日偪，感於軍械上之不敷應用，始注意於製造；福州上海等處，雖開船廠，以從事造船，而效不甚著。

本時代法制之二（制兵及用法）

清世制兵與明代大殊；惟用法則尙沿明制。今舉其著者以見一班：

（一）制兵　清代兵制大別爲二：一曰八旗，鑲黃、正黃、正白爲上三旗，鑲白、正紅、鑲紅、正藍、鑲藍爲下五旗；一曰綠營，旗用綠，有馬兵、步戰兵、守兵之別。八旗爲滿兵，而蒙古漢軍之降滿者亦附，故滿州八旗外，又有蒙古八旗，漢軍八旗，共爲二十四旗；其滿洲八旗之分駐要省者，則曰駐防八旗，有將軍都統各官領之。綠營爲漢兵，則取明世兵制而成，隸於各省提督總兵而歸督撫節制者也。自洪軍盛強，旗營綠營皆不足爲禦，於是湖南湖北安徽先後練鄉勇以任戰事，洗盡從前軍營腐敗之習，而洪軍遂爲所敗，於是楚勇湘勇淮勇之名轉著，所謂咸同之間第一軍隊也。其後越南一敗，遼東再敗，勇營亦漸頹廢，乃選擇精壯，加餉更練，立武衞五軍（中左右前後），以衞畿甸；及庚子難作，武衞軍抗敵外兵，卒以不勝，而成規全廢。其後則行新軍之制，有常備、預備、後備之別：十四人爲一棚，三棚爲排，三排爲隊，四隊爲營，三營爲標，二標爲協，二協爲鎮，二鎮爲軍，一軍總數得兵一萬二千零九十六名；凡軍有總統，鎮有統制，協有統領，標有統帶，營有管帶，隊有隊官，排有排長，組織層級，較以前之兵制爲更合宜。應徵之後，受軍事教育漸深，民國之興，則新軍響應之力也！鼎革後，仍以清季新軍之制爲根據，略有變易，而大體不改。又清世海軍之組織，實由法越戰事之後激刺而成，自中日交鋒，海軍敗黃海，其軍艦或火或沈或棄，京師之海軍衙門亦撤，而成規遂墮；宣統之初，政府頗有整頓海軍之計畫，而未能遂行。武昌事起，海軍中人俱表同意，民國之所由成也！嗣後從事振興，操練駕駛，日有進步矣。

（附）兵士之徵調　清起滿洲，其始舉國皆兵，故以八旗爲之編配；入關以後，惟綠營則仍以召募制度行之。其後各地鄉勇，多由鄉團改成；鄉團之始，雖由各地紳民量財集合，究爲召募之衆。至於末葉，徵兵制度行，召募之方，因之改善；凡年齡、身體、膂力、來歷、品行，俱有精實之調查。

（二）用法　清因明制，五刑之目如故；然其外尚有黥刺及凌遲諸法，實乖好生之旨，而迄未能革也：至光緒朝，始注意於刑律之改良，特簡大僚，從事刪訂，死罪至斬決而止，其連坐之律，除知情者仍坐罪外，凡不知情者，悉予寬免；又除刺字，廢杖笞，其後杖笞者改罰銀，無力徵銀者，折爲工作，而刑制始輕。又訴訟機關，其初行政與司法不分：地方審刑擬罪之權，概屬於州縣，由州縣而府、直隸州，而道，而按察使，而督撫，層層覆審，供詞不符，即發回再審，由督撫達於刑部、大理寺，無異議而獄始具！凡犯罪人不服其地方官處斷者，得以控訴於府道，抗告於按察使等；又不服，亦得上告於京師都察院。至光緒之末，擬興憲政，司法與行政分立：於是京師有高等以下各級審判廳，掌理內外城各地之刑民訴訟，而各級均有檢察廳盡補助之作用；各級之審判廳檢察廳附設視京師制。綜計全國審判階級可別之爲四等：最初爲初等審判廳（區），再進爲地方審判廳（府廳州縣），再進爲高等審判廳（京師及各直省），最高爲大理院。凡刑民事案，由初級審判廳起訴者，不服則以高等審判廳爲終審，由地方審判廳不服者，則以大理院爲終審。各級檢察廳，皆以搜查案證、監督裁判爲主務，屬於司法上行政之組織，不受審判廳之節制；蓋自司法與行政分立，而司法上之行政與裁判又各自分立：如此則采之先進國而成，故有是善制也。

（附）法典之編纂　清初翻譯明律，參以滿制，爲大清律十卷；其後數有興革，至乾隆朝，清律例成，律與例乃合爲一集。嘉慶以後，代事纂修，例文時有增損，所以應時勢之變動，不能不爾。先是外人犯罪，亦依律擬斷，自海禁開後，西人以彼刑律輕、此重，不允就中國之範圍，遂恣行其「治外法權」，而中國官始不獲處斷外人；至光緒二十八年，上諭：『現在通商交涉事益繁多，著派沈家本伍廷芳將現行一切律例，按照交涉情形，參酌各國法律，悉心考訂，妥爲擬議，務期中外通行，有裨治理』。此爲編訂新律之權輿。其後京師開法律館，修訂法律草案，更易者數次，奏進後，旋交憲政編查館查核；宣統二年查核事竣，奏交資政院議決，而反對者甚多，卒不及通過而閉會。政府不得已，先以皇帝詔令頒布其總則於國人，其分則亦由政府自行修改；至民國成立，乃去其與共和政體牴觸各條，用爲暫行法律，旋又得總統命令之許可，而此新律，遂爲民國初年之法律矣。本時代法典編纂之進行有如此者。

第五章　本時代之文化上

本時代文化之一（學藝）

本時代之文化，亦得別爲四端言之，其大端則如下述：

（一）文學　文學之別四：

（甲）經學　清代研究經學之士最多，其流別可析爲二派：一曰純粹派之經學，專以漢代經師之說爲宗，如毛奇齡（著仲氏易等書）惠棟（著左傳補注等書）戴震（著孟子字義疏證等書）等是也；一曰調和派之經學，其義理以程朱學說爲本營，仍博采漢唐注疏以濟其用，如李光地（著周易通論等書）方苞（著周官辨等書）姚鼐（著九經說等書）等是也。兩者各有門戶分別至嚴；亦惟兩者嚴爲區別之故，而學者輩出，校經詁字，代不乏人。其尤著者，如長洲惠氏，高郵王氏，嘉定錢氏，俱能世其所學；而純粹派之經學，尤爲見重於時。蓋清代經學，貴純粹不貴調和，而調和派之經學，或爲專尚漢學者所排斥。然漢學諸家，其間又有今文、古文之別；道光以後，爲今文者日多，而其說因以大行，龔自珍魏源之徒，其著者也。民國成立，治經之說衰而復盛；然經師迄無所聞，時代既降，研斯藝者蓋日形闃寂矣。

清代研經之士既多，故關於小學之著書亦頗不乏，凡訓詁音韻形象各有專門之籍，資後人之稽討；而其工於形象之學者，如錢坫之篆，金農之隸，尤爲後人之所寶貴。民國成立，因求教育普及之故，謀各省讀音之統一，於是稽求音韻之士漸多，而小學復盛。

（乙）歷史　清代史界之巨著，首推明史：自康熙十七年（民國紀元見上），使博學鴻詞諸臣分門纂述；至乾隆四年（民國紀元見上），全書始成，歷年六十有一，經張玉書陳廷敬王鴻緒張廷玉以下數十人之力，始克竣事，然文多掩飾，避清人之忌諱，結果亦猶一代之官書而已！至如私家著述：「編年」一體，有畢沅之續資治通鑑，蔣良騏之東華錄；「紀事本末」一體，有馬驌之繹史，魏源之聖武記；「傳系」一體，有熊賜履之學說；「年表」一體，有萬斯同之歷代史表，齊召南之歷代帝王年表，是皆爲史家參考所必需。至於晚近專門著述，乃不能望康雍乾嘉之盛，豈西學東漸，承其流者，或無所資於考古歟？抑流俗淺見之徒，不能洞悉史家之精微，妄論薄測，鄙爲不足輕重，而其影響所及，遂使史學沈沈於長夜中不見明旦也！

（丙）哲理　即所謂性理之學也。清代研精性理之儒，亦得分爲三派：一曰程朱派，爲恪守宋程子朱子之學說者，張履祥陸世儀陸隴其諸人是也；一曰陸王派，爲稟承宋陸子明王子之學說者，李中孚李紱諸人是也；一曰調和派，爲兼宗陸王而不倍於程朱者，孫奇逢湯斌諸人是也。然自明代以來性理之學多偏於陸王，程朱一流衰微久矣！張陸諸家雖以恪守程朱風示後學，顧於學界之影響，則不能大著；加之研究經學之風盛行，世以性理之說爲淺迂，專事考據，而不能得儒家立世之精神，雖有躬行實踐之徒，或不爲世重；雖朝廷取士，仍以性理之說爲歸，而所言均不逮所行，行言離而世變亦由之大亟矣。

（丁）文詞　清初散文，以侯方域、魏禧、汪琬三家爲冠；其後方苞崛起桐城，蔚爲宗派，桐城遂爲文界之山斗。方氏一傳爲劉大櫆，再傳爲姚鼐，鼐又傳之管同等，桐城派大盛；時陽湖惲敬、張惠言亦多好爲古文之學，或又字之曰陽湖派，惟其流比桐城爲稍狹。自外若汪中、包世臣、龔自珍所爲古文，亦頗殊異，惟不立宗派；中興之際，曾國藩以古文鳴湘鄉，湖南文風，爲之變動，是又近時文界之偉人也。清初以韻文之學著者，推錢謙益、吳偉業、王士禎、朱彝尊爲首，合而列之，亦曰四家；四家以外，北有宋琬，南有施閏章，一時有北宋南施之目；乾隆以還，袁枚蔣士銓趙翼三家繼起，各爲派別，而後世又有排斥其短者；厥後王文治、吳錫麒、張問陶輩亦多有專集行世，連類言之，幾不勝其枚舉。自是以迄清末，擅韻文之長者，甚不乏人，士大夫之研究其學者亦日衆，豈非風流不沫之一徵哉？

（二）質學　質學之別三：

（甲）天文　清之盛時，人主亦有研心天文之學者，故曆象考成、儀象考成兩巨著，皆出於御定；其餘若胡亶則有中星譜之著，薛鳳祚則有天學會通、天步眞原之著，游藝則有天經或問之著，許伯政則有全史日至源流之著。凡此皆著錄之可知者也。渾儀之作，歷世有之，清代因南懷仁諸家之說，采用西法，儀器之更製，較之古人尤爲精密，而一切天文地球諸儀，次第頒行，至乾隆一朝，於以大備。此又儀器之可知者也。道光以後，西方學說隨時俱進，而吾國人之研究天文學者，於此更得有幾多之精理，天文之學，因此革新，舊時推步之書，可以廢矣。

（乙）算數　抑清之盛時，人主不獨研心天文之學而已，卽於算數亦極所注意：聖祖玄燁嗜此頗篤，數理精蘊，由其手定，而時復采用西說；則所謂通中西之異同，闡天人之微奧，自隸首以來，未窺斯祕者也！蓋算數之學，本有中法、西法、中西調和法三派之殊；而中西法之調和，最爲有影響於學界，王錫闡、梅文鼎二家實開其先河。文鼎尤爲三百年來言算者之所宗，所成算書，凡二十五種，六十卷，其亦博矣！自後說經之士，亦多明算，故諸實用科學中，此爲獨振，阮元疇人傳，羅士琳疇人傳補備載之；咸同之世，又以李善蘭、華蘅爲有名；至於今日，其流猶盛。度量衡制者，清初雖有規定，自後民間所用，紛歧雜出，殆不能以定制繩之。

（丙）醫術　清代考求學術之書，時或出於御纂，或御定，醫術亦然：醫宗金鑑一書，卽乾隆時奉敕編成者；而圖書集成之醫部，搜羅尤富。其以醫傳名者，若喻昌，若張登，張倬，若魏之琇，若徐大椿，均有著述行世，而大椿所著之書尤多。自西學東漸，歐洲醫術亦有傳入吾國者；至於末葉，宣教師之入中國者日多，其人大抵各專一藝，而醫學之善，在於濟衆，故業者尤繁；於是市醫亦漸明斯術矣。日本醫學先得於中國，繼得自荷蘭，漢洋從而調和，別爲一派，至於今日，吾國人之負笈彼邦研其學而歸者先後相望，或懸壺閭里，貢獻所學於當世，本邦醫學界之革新，殆非難事矣。

本時代文化之二（美術）

本時代之美術，又得析爲三事，言之如下：

（一）繪畫　繪畫之學，清世極盛，最著者爲四王：時敏及鑑、原祁及翬也。惲格亦工山水，名儕四王；而花木寫生，尤著盛譽。惲敬作格傳，略謂：『先生於畫，天性也。山水學王蒙，既與常熟王翬交，曰：君獨步矣，吾不爲第二手也。遂兼用徐熙黃荃法，作花鳥，自爲題識書之，世稱南田三絕。』然則南田不第以畫名，而且以詩名、字名也。且詩書畫三事兼全者，抑又不止南田，鄭燮畫蘭竹，其題識亦並佳妙；乾隆以降，公卿大夫擅畫者尤多，其能畫者又往往兼有題識之長。至於叔季，西洋畫法傳入中國，市肆之鋪設，學校之采用，乃多注重西法矣。

（二）建築　清代建築以帝都爲盛，觀宮室之華侈，城郭之崇隆，甲於當世；中世以後，圓明園、頤和園之建築，馳聲域外，而頤和尤爲建築界之精華。然此猶非與民同樂者也。叔季之世，各地有建設公園，爲公衆娛樂之地者矣；而又經始不善，布置不備，不足以徵建築之進步。其間惟鐵道之經營，大廠肆之成立，或於建築界有發明之效果；又自近年以來，官衙家屋爭倣歐風；西洋建築術之東輸，其盛況一日千里矣！

（三）雕鑄　雕刻與冶鑄之術是也。雕刻書籍有所謂「殿版」者焉；刊鐫之精，得未曾有，民間刻本未能及也。若夫雕刻圖章，能其藝者殆難指數，而浙人工此者尤多；浙派之傳承，於雕刻界最負無疆之譽！近人著印人傳，備載清世印人之流別及其家數，可謂盛矣。雕刻器物亦有專家，昔沈初嘗見象牙浮屠，高數寸，圓寸餘，雕鏤工細，窗欄簷鐸，層層周密，內設佛像，面面端整，細處幾不可辨，以顯微鏡窺之，稱爲「鬼工」所作！其他如雕核爲舟，爲沙彌羅漢，爲各種之器物，散見故書雜紀，不勝枚舉。凡此皆關於雕刻之術之可知者也。冶鑄所亟，莫如錢幣；錢幣制度，以順康兩朝爲極則！錢幣以外，或軍器，或鐘鼎，均賴其術以成，然均未能度越前人；至於叔季，舊式軍用之物，不適於用，廣州上海漢陽德州各地先後設立製造廠，從事於槍礮之鑄造，於是西方軍器，吾國人亦有嫺其術者：而其機器則多購諸英德，蓋歐式之鑄造，固猶未能獨立自營也。

（附）音樂　清代人主亦有究心音樂之學者：康熙時，御定律呂正義，首明黃鐘度分體積倍半相生相應之理，較古尺九寸得今尺七寸二分九釐，以定黃鐘徑圓長短之數，咸繪圖列說，以昭法守；乾隆時，重輯律呂正義後編，又續定丹陛導迎鐃歌凱歌鼓吹及四夷諸樂圖說，然此不過爲鋪張典禮而設。其流傳最盛者，則爲雜劇，崑曲之外，有京腔、秦腔、弋陽腔、粵腔及其他諸腔；而京腔尤爲世人所娛，戲劇多演之，士大夫且有嫺習其聲調者。

第六章　本時代之文化下

本時代文化之三（宗教）

本時代之宗教，亦得析爲四事。言之如下：

（一）宗教之起於國內者　自漢末張道陵輩傳播曲說，附會於老子而道教始興；其後裔世居今江西貴溪縣之龍虎山，世掌其教，俗號天師，其信徒則號道士。然道教自明以來，已失其固有之教旨，而遁於修養、煉丹、符籙之三術，故其信從之士，終不能如佛教之盛。清沿明制，京師置道錄司，府置道紀司，州置道正司，縣置道會司，以統督道士，日持其支離之說，以愚流俗，去老氏甚遠，其不能免於天行之陶汰，有固然矣！

（二）宗教之傳自外方者　宗教之傳自外方者，不止一佛氏也。舉其要端，則如下述：

佛氏者，後漢時由西域入中國，盛於唐宋，而衰於元明，至於清代，遂不復振。高宗弘曆時，曾下限制僧廟之詔，凡民間男子年十六以下，女子四十以下者，皆不許出家，故佛教益趨於衰落，天台華嚴法相眞言淨土諸宗，僅存典型而已！然而閭里之媚事，愚民之齋禱，一切如故，故政府所立之僧錄、僧綱、僧正、僧會諸司，因之不廢；叔季之世，其僧徒亦有明白時局，頗能以衞道之責自繩，組織教育會，建立小學校，規模畢具。

喇嘛教者，本佛教之支派；清初西藏喇嘛教徒聞兵力強盛之故，乃致書獻幣以表嚮往；政府亦因其教以羈絡其國人。其教有紅黃二派，說具於前編；乾隆時認黃教爲國教。舊說喇嘛衣紅者爲紅教，衣黃者爲黃教，實則不爾；喇嘛年老者多用黃，年少者多用紅，據服色之紅黃以判定其宗教之新舊，實誤之甚者也！京中喇嘛，以黃寺雍和宮爲盛。

回回教者，亦簡稱爲回教；今新疆甘陝間，其徒猶盛；南方濱海之地，亦所在有之；惟西藏蒙古尊奉喇嘛，與彼教相抵觸，故西蕃北蕃二部無信徒。經曰可蘭，寺曰清眞，其主教俗稱老師父，同教之人尙團結，務親愛，然亦以悍刻著稱：當乾隆平定準噶爾，以回教徒之不易制馭也，因編入八旗以籠絡之；至於後世，陝甘一帶之回徒，仍不能無煽亂之事。

基督教者，有新舊二者之殊：名舊教曰天主，新教曰耶穌。天主教入中國較久，唐世固已流行；至於明季，利瑪竇龐迪我等相繼而來，有徐光啓李之藻等導揚其教，益蔓延於中國。清代用湯若望南懷仁等總理欽天監事，信任頗隆；康雍乾三朝雖一再禁止，而傳教者之希望卒不因茲而絕。道光時，經法使噶羅之要求，始許傳教於通商各地；咸豐間天津條約成，乃承認其傳教於中國全部；光緒間，其總會之在羅馬者，對於我國傳教上之設備，劃分之爲五部，小別爲四十一區，教民殆及百萬矣。

新教之與舊教，雖同出一源，其流衍吾中國也，尙未百年；始不過在濱海各地方，散布新舊約全書而已，後乃漸次入內地傳教：其教徒多英美二國人，而美人又較英人爲盛！近年以來，其新設之教會轉多，如美人所立之美以美會、公理會、長老會，皆其著者。

（三）宗教與政治之關係　清儒對於外教常有禁絕之舉，此爲政治上之作用，殆無可疑，然此猶顯著之事也；觀高宗弘歷御製詩序有曰：『御史有以沙汰僧道爲請者，朕謂沙汰何難，卽盡去之不過一紙之頒，天下有不奉行者乎？但今之僧道，實不比昔之橫恣，有賴於儒氏辟而闢之，蓋彼教已式微矣！且藉以養民，分田授祿之制既不可行，將以此數千百萬無衣無食游手好閒之人，置之何處？故爲詩以見意。』然則高宗之不欲禁絕僧徒，乃其政治上之作用，佛旣不禁，何有於道？其智略之過人如此；後世師法其意，亦遂不聞有禁絕二氏之事。

（四）宗教與民習之關係　中國人民信教自由，根夫習慣，殆不足爲異？故信崇外教，罔勿迷惑：喇嘛之盛行於北，基督之盛行於南，皆其明證。大抵中國之民，喜浮動而無固志，易入人言而罔知別擇，故愚民信教，常不知審擇，其故實基於無教育，良可痛也！諸教之中，首以佛爲盛，士夫家中亦有設像懸影以致祭者，內而婦豎，下之僕隸，無勿崇敦：甚或昌言天堂地獄之事，持之有故，詰其究竟，則又茫然！蓋徒習聞其事，而未能明言其理；雖二三優於文藝之士，壹意孤行，求自得於佛學，要之亦僅事也。

本時代文化之四（風俗）

本時代之風俗，又得析爲四事言之如左：

（一）風俗之成因基本於禮制者　清初釐定典禮，頒之國內，自公卿以至士庶，所行諸禮，均有規定，甚盛舉；也民國成立，通禮未訂，凡所沿襲，多依清制。今就其大綱述之，得析之爲三端：

（甲）婚姻　清代婚禮之載於通禮者：漢官自七品以上，禮別爲九：一議婚，二納采，三納幣，四請期，五親迎，六婦見舅姑，七婦盥饋舅姑，饗婦，八廟見，九壻見婦父母。庶士庶人之婚，則較七品以上之禮爲殺。然其儀節又因各處鄉風所嚮，而有不同，甚或過於侈靡，致有失制禮之初意者。清吳榮光言『商賈之流，以逐末爲務，囊雖偶贏，不能保其無絀；乃至僭用官紳輿服，競尚奢靡，不獨違制踰等，亦將立見困窮』。此可見當時婚姻之俗，固有日趨侈靡而不自知者。又清政府因政治上之作用，滿族與漢族不相通婚，光緒間，迫於時變，始下通婚之詔，迄亦不能盡行云。

（乙）死喪　清通禮，官員喪禮：有疾，居正寢，女居內寢，自初終至拜埽儀凡二十有六：一初終，二襲，三小殮，四大殮，五成服，六朝夕，七初祭大祭，八親朋弔奠賻，九親臨賜奠，十賜恤，十一扶喪，十二聞喪奔喪，十三治喪具，十四開兆祀土神，十五遷柩朝祖，十六祖奠，十七遣奠發行，十八窆，十九祀土神題主，二十反哭虞，二十一卒哭祔，二十二小祥，二十三大祥，二十四禫，二十五忌日，二十六拜埽。此第舉其大端言之也。士庶節目較官員爲簡，而服制則貴賤不易，滿漢同風。清於禮教，可謂特重，又其葬制，亦悉依古禮，昧者不察，或拘於地師之說，妄冀富貴，求吉地不得，至停柩不葬，則惑之甚者也！清代民俗，間尚侈靡，於喪亦然：觀高珩言「近人治喪，其侈費也動至千金或數百金，問之則曰富貴之家創焉，遂相效而務過之；不然，世俗將以爲譏！」此爲喪事侈靡之一徵；至於末季，其風尤盛。

（丙）祭祀　清沿古制，京師有致祀天地之所，實爲分祭；宗廟時享，於禮尤繁。其他如風雷神有祠，嶽鎮海瀆神有祠，名山大川神有祠，先蠶有廟，火神有廟，城隍有廟，均載於祀典；而於孔子之廟祭，則又行特殊之禮目，以表尊崇，至於叔季，孔廟之祭，且升爲大祀矣。民間祭祀，於家禮之外，其他淫祀，亦頗繁多；惟於律有禁，而禁迄不絕！神怪之祠，所在多有。

（二）風俗之成因，基本於自然者　本時代之風俗，亦有基於自然之趨勢而成者，其概別如下：

（甲）語言　自滿洲入主中國，清語漢語，迴乎不合；而清人究以反客爲主之故，後世習用漢語，滿洲人士至有不能操清語者！至於漢語，亦有官語、俗語之分：官語爲北京語，俗語卽各方土語也。各方土語以閩廣爲最不易知，鄂湘川豫諸省明白易解，江浙音尤清晰；浙語間與豫語同根，說者謂宋時汴京士著遠徙杭州，歷世雖長而故音未改，故二方之語，多有合者，是亦一說也。京語爲士大夫所操，土語則商幫所用，商幫以不改變鄉言爲營業之本色；至於清季，制學規者以中國語言過於龐雜之故，乃以練習國語詔示國人；迄民國成立，效乃日著。

（乙）好尚　人民之好尚，視地望以爲殊。就其要者言之：沈樸，直隸人之所尚也；剛儉，山東人之所尚也；質勁，山西人之所尚也；敦本任俠，河南人之所尚也；朴勇，陝西人之所尚也；務農經武，甘肅人之所尚也；淳古，安徽人之所尚也；樸實溫良，江西人之所尚也；文秀，浙江人之所尚也；勁爽，湖北人之所尚也；質直，湖南人之所尚也；敦善，四川人之所尚也；信義勇爲，福建人之所尚也；富實，廣東人之所尚也；儉約，廣西人之所尚也；馴和，雲南人之所尚也；好文知本，貴州人之所尚也。凡此皆就本部言之。至若蒙古新疆之人好武，西藏之人好多得而閉拒，則又本部以外民習之一班，與內地之人殊別之點甚多；茲猶采其著於地志者，約舉之而已。

（丙）階級　清當雍正之世，凡山西之樂戶，浙江之惰民，安徽之伴當，寧國之世僕，昭文之丐戶，皆削其籍，儕入齊民，甚盛事也！顧積習相沿，久而不革，雖有詔令，民間之畛域，高下猶分；民國成立，是等階級乃廢除之，對於國家社會之一切權利，一切平等，於是階級之弊風，始由茲盡革矣。

（三）風俗與國勢之關係　一國風俗之患，莫如惰與侈。惰則不勤，不勤則不強；侈則不儉，不儉則不富，此定義也。清之初世，風俗勤儉，故國勢鼎盛；流及既衰，國民既耽於逸樂而不知勤，並又習於侈靡而不知儉，故自民國成立，政府有勸民尚儉之通令。抑又有說焉：儉則能勤，勤者必儉，清自中葉以後，人民怠靡，不知振作，正爲不勤之弊之所乘；故奢侈之風，積時益盛：其覆亡之漸，即由是而生矣。

（四）風俗與人心之關係　人心之善良，不能盡人而胥然也。外人之評論本邦民德也，其贊我者則曰保守，曰忍耐曰強健，曰寬大；其訕我者則曰吝嗇，曰齷齪，曰頑固，曰睽隔，曰虛僞，曰貪惏。究之我國之人心，固有如彼之所贊與所訕乎？如其然也，則何以保其所有而祛其所患乎？其情實之如何，吾人誠有不能不重計及之者。蓋人心之多數既日卽於無良，則風俗亦必隨之而大敝；清之末葉，鑽營奔競，不知廉恥者衆，而全國因以交亂：此正由人心之不德使然，亦民國前車之鑒也！

校讀後記

先師章厥生教授（嶔），師儒終老，平生未嘗一履仕途，執教大江南北，以文史專精名於時。及門桃李，毋慮千百，皆樂道盛德，罔不以先生為人師之範。

先生於自署年譜記自光緒甲辰以史學任教授，即專攻國史，廣搜乙部故籍。民國肇基之二年，始以教讀餘暇，出其心得，成中華通史一書。（初名中華新史）蓋歷敘歷代史事，採通史之體制，且先生融會東鄰本邦史論之精粹，去取別具眼光，故特稱曰「新」。是誠國內一有系統有條理之史冊也！嗣後掌教南北各大學，迭加修正，乃愈臻於完善，更足以啓迪後進，使得一整個中華民族進化之概念。行見是書之印行，教澤將深被舉國初學之嚮往者。

竊以歷史者，一縱的時間觀念，亦一進化之觀念也。世界已進展至二十世紀，然則十九世紀之現狀，奚若？此非特為吾人所樂知，且亦必強烈以求知者。其關係迫切與求知橫的空間——現世之情狀者，將毋同然！一國自有一國歷史之背景，Anglo-Saxon 族人承受先人之惠澤，與吾中華民族不必盡同，而亦不能盡同也。蓋彼我各有其歷史耳！嘗聞他國國人之注重本國歷史也：美國國民，雖在稚齡，莫不知有 Washington 與 Lincoln，且日傳誦其言行。夫僅知崇拜英雄，非習歷史者應具之態度，固也，然有知夫 Washington 之國民，未有不明 Washington

之立德建功，亦未有不從而知十三州獨立時代之困難堅苦者矣！夫必具知先人惠澤之及於我，而後始知所以發揚光大之，此歷史之所以可貴也。

顧國人歷史觀念之淺薄為何如乎？徵諸國內史學界之荒蕪足矣！誠以國史頭緒之紛繁，與歷代官私書籍之雜出，「一部二十四史不知從何處說起，」已足徵國史之不易着手；矧專修史學未能以之膺盛名也，而窮年兀兀，畢生心血之報償又屬幾何？國家社會待遇學者之菲薄，視若固然，學者為生活之所迫，且又不得不別取捷徑以圖自保，現實環境之限制已如此；以是幾多聰明睿智之士，胥日從事新文化事業，視國史如敝屣，而史學界乃自陳其當然之結果已！苟是書之出而能鼓動國人自由研究之風，或藉此為進修之門，再求深造，先生雖勿克目睹其盛，當亦可告慰於地下矣！

余初讀此書講稿，先生正執教於國立浙江大學。同堂晤對之頃，先生嘗列舉參考書何者宜精讀，何者宜略讀，獲益滋多，時即以此著為一精善之教本。蓋論其內容，詳矣備矣，然所有者非徒為帝王作家乘也，夫秦皇漢武，正朔所承，固不容其忽視，顧民族進化之史跡，社會發展之線路，乃與吾民族國家之將來息息相關者，獨可捨而棄之者乎？蓋必於政治史之後，列敍政制文化之沿革，而通史之概念始備，此義實有不可踰者！獨本著得之。其次紀年之核實，先生於編輯概略亦嘗自言其用例新而取例巧。竊嘗以為以民國紀元記本國史事，乃表國史之本色，為國史紀年法之最妥善者，非獨時距之短長可一計而得之也，較之他書之引用西曆以示其數典忘本者，不可同日而語矣！

而復觀夫導言、釋系、釋時諸篇，於本國史乘紀元尚不得一清楚概念者不可也。卽此二端，已足爲我國史學界一揚眉吐氣矣！至如本書內容之編訂取捨，匠心獨運，亦足爲我學術界放一異彩。卽如目次之編置，排列整齊，亦足爲提綱絜領之助。憶昔初讀五胡十六國一節時，嘗引以爲煩者，經本書以區域爲經，列敍各國之現狀；復以時間爲緯，詳述列邦之起伏；何國屬何族，佔何地，歷若干年，乃了然於心目中。而歷代官制、幣制、稅制、兵制、法制，以及文學、史學、天文、醫術、彫刻、音樂暨宗教、風俗，凡足瞻吾先民活動之梗概而初學常所茫然者；均得獲得一極清楚完備之概念：以是服膺於先生者甚深。亟願此書之早付剞劂，得餉夫世之未獲列於先生之門牆者！

不幸先生以病腸久久勿瘥，本年夏五月，竟至不起。後學頓失明師，而此稿以先生病久，竟不得作最後之輯定，遺命囑鍾巘代竣其功。自揣愚陋，重以先生遺命，不獲已，乃藉暑休之暇，朝夕從事，自五代十國章以下，咸準則原稿，或別考史籍，加以標點，改正錯字錯句，期無負先生之命。惟限於時日，或有訛誤，歷史貴乎求眞，海內名達，幸希指正。

先生遺稿尚存多種：若秦事通徵，若史學研究法，皆行將付梓，而以此書爲最鉅，費時亦特多，徵引故籍數千種。今先生存書有五萬卷，乙部典籍已十得其八九，（註）可謂備矣！聞此稿之成，寒暑不輟，暑熱則以油紙承腕下，以防滲漏，原稿作蠅頭小楷，共二百八十七紙，先生用力之勤，亦迥非常人所可及也。

（註）先生遺書，已悉數捐存浙江省立圖書館，別置一室，以供社會人士公開參考。

讀校既竟，樂此書出版之有日，爰誌個人之雜感以就正於讀者。校讀時佐余者，有予弟希徵君。

——後學念慈宋鍾嶽揮汗誌於天行草堂之對螺山館時民國二十年八月。——

中華通史附錄

目次

國史之研究……一
第一節　讀史之要義……一
第二節　正史之研究……二
第三節　編年史之研究……一一
第四節　紀事本末之研究……一四
第五節　別史雜史之研究……一五
第六節　國史上民族之研究……一七

中華通史附錄

國史之研究

第一節　讀史之要義

所貴乎讀史者，非僅僅區析其時代，移置其篇第，剖論其政治法度已也：其一，不可不有新評決。評決之方，在發現古來重要之史案，加以攷較，察其癥結而息其糾紛；其同時有影響與否，其將來有反應與否，皆當次第研精，撮其要旨以完吾人之判案者也。其二，不可不有新調核。本邦歷史古代多歧聞，後世多氾錄。歧聞而審計之，以期其不歧；氾錄而淘汰之，以求其無氾。使非善爲調核，則猶是曩昔史家之面目，奚賴乎吾人之研究爲也！近三百年來，傳聞異辭，官書多諱，私乘近野，會而審之，斯見精意，尤不容少忽也。其三，不可不有新理想。理想云者，非專以測過去，乃以計方來者也。方來之局勢，關於國史趨步之變更者何若；方來之運會，關於國史榮譽之增減者何若；此不可不先有理想以迎導之。而欲發表是種之理想，又非從事切實之研究不爲功；此於評決調核之外，必更當注意及之者。蓋善評決之謂「識，」勤調核之謂「學，」理想之精邁與夫透闢，又即古人之所謂「才。」才學識者，讀史之三長；三長備，而於史學尙瞢然無所發明者，吾未之聞也。

第二節　正史之研究

漢書藝文志，無所謂史之一目，即附於六藝春秋之後；隋書經籍志始以經史子集判爲四部；然猶未定史之總數如何也，宋時始有十七史之名；明刊監本合宋遼金元四史，爲目二十有一；至清勅撰明史，又增舊唐書爲二十有三；後又蒐羅舊五代史而裒集之，與歐陽氏之五代史記並列，共爲二十四史矣。據昔人之說，以爲正史云者，所以尊其體於諸家私史之上，而義與經配，其部次非復卑如稗官；實則正史爲往古政治人物之淵泉，其文例之得失利病，後之論者辨難駁詰，繁而寡要，而要之俱爲考求往事者之所必稽。例如研究唐事，束新舊兩唐書於高閣，取唐宋人之私家雜說而鉤貫之，以爲足廢唐書，夫亦安見其可哉？茲爲綜論大意，部居其說如下：

（一）史記　史記一百三十卷，漢司馬遷撰，自序凡百三十篇，五十二萬六千五百字，爲太史公書；漢書藝文志，作太史公百三十篇，附於春秋家；自漢以後，乃稱史記焉。遷自言繼春秋而論次其文；後之學者，疑辨相屬。以今考之，其敍事多本左氏秦漢以來之本事，則次第增敍之，然亦第記大要而已；其義則取之公羊，論定人物，多寫文與而實不與之意，皆公羊氏之法也。——遷嘗問春秋於董仲舒，仲舒故善公羊之學者；遷能仲明其義例，雖不必全純，而於道亦未嘗全戾，亦足見漢人經史學之各有師承矣。——其文章體例，則參諸呂氏春秋而稍爲變通，呂氏春秋爲十二紀、八覽、六論，史記則爲十二本紀、十表、八書、三十世家、七十列傳，篇帙之離合先後，不必盡同；要其立綱分目，節次相成，首尾通貫，指歸則一也。世人以遷作史記，義法背經訓，而譽其文章爲創古獨製，豈得爲通論乎？史記注傳於後者三家，裴駰集解，一也；司馬貞索隱，二也；張守節正義，三也。其初各爲一書，後人併附分注，以便檢覽，而裴駰尤爲司馬遷之功臣云。

（二）漢書　漢書一百二十卷，漢班固撰。南史劉之遴傳云：「鄱陽王範得班固所撰漢書眞本，獻東宮，之遴錄其異狀數十事；」於是漢書亦復有古本今本之別。據之遴所言，其最異者，謂古本漢書稱：「永平十年五月二十日己酉，臣班固上，」而今本無上書年月日子。（案）固自永平受詔修漢書，至建初中乃成，又班昭傳云：「八表并天文志未竟而卒，和帝詔昭就東觀藏書踵成之。」是此書之次第續成，事隔兩朝，撰非一手；之遴所見古本，既有紀表志傳，乃云總於永平中表上，殆不考成書之年月，致此誤論也。其他各事，之遴齗齗爭辨，謂古本確與今本不同；要之古本漢書，殆由後人妄造，之遴所論，實無一足以爲徵。淸人謂：「魏王肅始撰僞經，至梁人於漢書復有僞古本，」可謂有識之言矣。班固此書，敍次縝密，故鄭康成、干寶引以注經，而經師服虔、韋昭，皆爲漢書注，蓋實有可輔經而行者。顏師古注，唐人稱爲班固忠臣，惜其祇聚諸家舊注而定其折衷，不能旁徵載籍以推廣其義；然後人考正漢書者，俱不能出其範圍，雖非忠臣，而要不能不謂爲功臣也。

(三)後漢書　後漢書一百二十卷，宋范曄撰，唐章懷太子賢注；其志三十卷，則取諸司馬彪續後書，而梁劉昭爲之注者也。酈道元水經注嘗引司馬彪州郡志，疑彪之諸志在六朝已有單行之本，故昭獨爲之注；杜佑通典述科舉之制，以後漢書續漢志連類而舉，則知以司馬彪之志附見范書，實始於唐人。陳振孫書錄解題謂宋乾興初判國子監孫奭始建議校勘合爲一集者，考之不審也。東漢尚氣節，此書剏爲獨行、黨錮、逸民三傳，表章幽隱，於義無卯；然史家多分門類，實由於此，此不能不爲范氏惜也。李賢之注，參用裴駰裴松之之體，於音義則省其異同，於事實則去其駢拇，徵引之廣博，訓釋之簡當，爲史注之善者。司馬彪志詳述制度，較史漢諸志爲稍變其體，後來晉隋諸志，實依其例。劉昭注尤諳悉於累朝掌故，薈萃羣說而爲之折衷；蓋能承六朝諸儒羣經義疏之學，而達之於史，亦可見其學之條貫矣。

(四)三國志　三國志六十五卷，晉陳壽撰，魏四紀、二十六列傳，蜀十五列傳，吳二十列傳；宋文帝嫌其略，命裴松之補注，博采羣書，分入書中，其多過本書數倍。王通數稱壽書；今細觀之，實高簡有法。蓋自左氏、司馬遷以來，作史者皆自成一家言，非爲後世官修之書；壽書亦由私爲，身死之後，始錄以入官。後世因其帝魏，頗有微詞；要之時勢所趨，壽乃出於不得不然，不能因是而專爲壽咎也。

(五)晉書　晉書一百三十卷，唐房喬撰。劉知幾謂貞觀中詔前後晉史十八家未能盡善，敕史官更加纂撰，自是言晉史者皆棄其舊本，競從新撰，然舊本固猶在也。至南宋之後，諸家之書盡亡，於是考史者始專以喬等所修晉史爲正；然其時修晉書者多浮華之士，好引雜事以資談柄，而不能明於史家之義例，是亦一失也。音義三卷，乃唐時何超所撰，其審音辨字多所發明，今附見於末焉。

（六）宋書　宋書一百卷，梁沈約撰。約表上其書，謂本紀列傳繕寫已畢，合志表七十卷所撰諸志，須成續上。今此書有紀志傳而無表，論者以爲後世之所闕；觀約前後敍例，其史體多擬班固，不應舍表不作，其爲後人所佚明矣。沈書自昔以精詳稱，但以兼載魏晉，失於限斷，因是頗爲後世所譏；然其博洽多聞之處，則固不能掩也。

（七）南齊書　南齊書五十九卷，梁蕭子顯撰。其文喜自馳騁，更改破析之處尤多；又其敍次亦多無法，列傳之文，亦甚宂雜，自李延壽之史行，此書誦習之者日少，今惟備爲正史之一而已。

（八）梁書　梁書五十六卷，唐姚思廉撰。劉知幾謂「姚察有志撰勒，施功未周；其子思廉，憑其舊稿，加以新錄，述爲梁書」云云。大抵古人修史，以專門紹述爲盛業，思廉傳其世學，見聞較近，旁參互覈，歷久成書，苦心非不可取；且其排整故事，敍次明晰，議論亦多平允，分卷次第，猶具魏晉以來相傳之史法，異乎取成衆手，編次失倫者矣。

（九）陳書　陳書三十六卷，亦姚思廉所撰。劉知幾謂貞觀初思廉奉詔撰成二史，彌歷九載，方始畢功；而曾鞏謂姚察錄梁陳之事，其書未就，屬子思廉繼其業：然則梁陳二書，皆察所開始撰集可知也。惟察當日用力於梁書者多，用力於陳書者少，陳書第由察啓其端，而列傳多屬思廉撰定；今讀其書，首尾完善，敍次如出一手，信思廉之善承家學也！書中雖有微疵，要自無損其價値焉。

（十）魏書　魏書一百十四卷，北齊魏收撰。其中頗有闕失，後人乃以魏澹魏書與李延壽北史補之，卷第殊舛！宋人之留心史籍者，已不能辨之矣。收以修史爲世所詬病，號爲「穢史」！今以收傳考之，則當時投訴，或不盡屬公論，千載以下，可以情測也。議者云：「收受爾朱榮子金，故滅其惡。」夫榮之凶悖，惡著而不可掩，收未嘗不書於册；至論云「若修德義之風，則韓彭伊霍夫何足數。」反言見義，史家微詞，乃轉以是爲美譽，其亦不達於文義矣。又云：「楊愔高德正，勢傾朝野，收遂爲其家作傳；其預修國史，得陽休之助，因爲休之父固作佳傳。」夫愔之先世爲楊椿楊津，德正之先世爲高允高祐：椿津之孝友亮節，允之名德，祐之好學，實爲魏之聞人；如議者之言，將因其子孫之顯貴，不爲椿津允祐立傳而後快於心乎？北史陽固傳，固以譏切聚斂，爲王顯所嫉，因奏固剩請米麥，免固官，從征峽石，李平奇固勇敢，軍中大事，悉與謀之：是固未嘗以貪虐先爲李平所彈也。固他事可傳者甚多，不因有子休之而始得傳；況崔暹嘗薦收修史矣，而收列崔暹於酷吏，其不徇私惠如此，而適得休之之助，遂曲筆以報德乎？自崔浩以修史被謗獲禍，後遂釀爲風氣，故李庶訴於楊愔，謂魏收合誅；其一時讙訟之狀，猶可概見，收之得免，幸也。然李延壽以唐臣修北史，多見館中鑒簡，參校異同，多以收書爲據，其爲收傳論云：「勸成魏籍，婉而有章，繁而不蕪，志存實錄」。於是「穢史」之謗，可以一雪矣。收敍事詳贍，而條理未密，多爲魏澹所駁正；北史不取魏澹之書，而於澹傳存其敍例，亦史家言外之意也。澹等之書俱亡，而收書終列於正史；然則著作之業，固不係乎一時之好惡哉！

（十一）北齊書　北齊書五十卷，唐李百藥撰。百藥承其父德林之業，纂輯成書，仿范蔚宗後漢書之體，卷後各繫論贊；自宋人專尚北史，而此書誦習者少。晁公武已云：「亡闕不完」，後人取北史以補之，非百藥原本也。北齊立國本淺，文宣以後，綱紀蕩然，其事率無足紀；惟考一代之史，必宜備有專書，此書篇帙雖缺，尚足與北史相發明，故後人亦列之爲正史焉。

（十二）周書　周書五十卷，唐令狐德棻等撰。貞觀中，修梁、陳、周、齊、隋五史，其議自德棻發之；而德棻專領周書，與岑仁本等同事修輯，當時稱其文體之工，勝於同修諸史。惜其書久而殘缺，後人取北史以補之，而又不標明其所補何篇，遂與德棻之書相混；然按其文義，猶可得其梗概，德棻之長固不可掩也。初劉知幾嘗譏周史枉飾虛辭，多損事實，晁公武遂謂其務清言而非實錄；不知德棻之所記載，偏於文辭者，乃由周人尚文使然。夫文質因時，紀載從實者，正爲史臣之天職，不得因是而菲薄之也。書雖殘闕，而義例之善，有非北史所能掩者；若讀周書而競賞其文體之工，則目論矣。

（十三）隋書　隋書八十五卷，唐魏徵等撰。此書十志最爲宋人所推重，然成非一手，要當分別觀之：禮義志晉樂志始於齊梁，以續前志；至律歷志天文志所載，皆上溯魏晉，與晉書之志復見，殊非史家前後相承之體；惟五行志用例，較爲殊別，勝於律歷天文；又地理志詳載山川以定疆域，百官志辨明品秩以別差等，能補蕭子顯魏收所未備；惟食貨刑法約舉終始，尙有與紀傳參差者；至於經籍一志編次無法，於十志中殆爲最下！蓋唐人重詞章而輕經術，其端已見於此，固不能紹劉向班固之絕業也。其他紀傳因編次不出一手之故，常有異同，然大致不謬；後人於官修諸史中等量觀之，覺隋書條理足觀之處良多，淸人稱爲六代之佳史，亦宜哉！

（十四）南史 南史八十卷，唐李延壽撰。延壽承其父大師之志，爲北史南史；而南史先成，就正於令狐德棻，其乖失者常爲改正。宋人以爲延壽之書，刪繁補闕，爲近世佳史；然而合累朝之事實，別編通史，自成一書，起例發凡，宜歸畫一：今延壽於循吏儒林隱逸諸傳，旣遍載四朝人物；而文學傳則因宋書無文學傳，遂始於齊之邱靈鞠，將謂宋無文學乎？抑必仍宋書之舊而不敢別有所增也。若此之類，不止一端，宋人以爲佳史，實有未允！然自四朝別史，如宋略、齊春秋者，今已無有，則夫得此書而參校之，其亦聊勝於無也已。

（十五）北史 北史一百卷，亦李延壽撰。延壽旣與修隋書十志，又承其父之志爲南北史；而世居北土，家世見聞較近，參核同異，於北史用力最深！故敍事詳密，文章有首尾，視南史之多仍舊本者，爲不侔矣。然而延壽敍次列傳，往往不得其法！例如編述諸朝人物，先以魏宗室諸王，次及魏臣，又次以齊宗室齊臣；下逮周隋，莫不皆然：誠不知其何所取裁，而一代之始末必卷次相接至於如是也。至故家大族，則自紊其例之處尤多！但當延壽書成，高宗嘗爲之序，宋人尤爲推重，晁公武謂：「學者止觀此書，沈約魏收等所撰皆不行，亦無負其六十年鳩集之苦心矣。」今本間有脫譌，然不甚多云。

（十六）舊唐書　舊唐書二百卷，晉劉昫等撰。自宋嘉祐中修新唐書，而舊書遂爲所掩！然司馬光修通鑑，敘事專以舊書爲據；近人日知錄復歷舉新唐書滅字之失當者，推重舊書爲實錄。但見仁見智，古今人士所說不同，亦有以其書爲失於翦裁，敍次無法者！其書流傳於世者甚少，明嘉靖中餘姚聞人銓購得紀志列傳，始重事開雕；今監本所據，卽爲聞人銓本：惟訛奪之字難以枚舉，參核考訂，尚有待耳。

（十七）新唐書　新唐書二百二十五卷，宋歐陽修宋祁撰。曾公亮表進其書，謂其事則增於前，其文則省於舊，語似誇詡；陳振孫又謂事增文省正新書之失。以今考之，其說皆有所偏，未可据爲定論也；新書之失，在增所不當增，省所不當省爾！自吳縝爲新書糾繆以來，學者師其餘論，吹毛索疵，莫不以新書爲詬厲；但其書亦有可原之處甚多，卽如宰相世系表，雖多附會華胄，難盡徵信，要足備唐人之譜學；藝文志略存撰人出處，亦較舊書爲優。綜其大略，刪繁補闕，亦所謂後起者易爲功耳。今新舊唐書並列學官，集長去短，各有取材，學者亦無庸過分軒輊矣。

（十八）舊五代史　舊五代史一百五十卷，宋薛居正等撰。元明以來，歐陽修之五代史記盛行，罕有援引薛書者，而其書亦日就湮沒；惟明內府有之，見於御用書目；故永樂大典，多載其文；然割裂淆亂，已非居正等篇第之舊。清世始蒐輯成書，於是其傳本徧海內；薛史多本各朝實錄，較歐史爲詳備，惟文章有遜於歐公耳。

（十九）五代史記　五代史記七十五卷，宋歐陽修撰。修以文章名，此書自謂得春秋遺意，當時推重其書，至比諸劉向班固；然南宋李心傳諸人，多有譏之者，不僅當時一吳縝也。大抵修爲此書，取材不富，書法不審，掌故不備，時或見之，舊史但就實錄，排纂事跡，無波瀾意度之可觀；而修則筆墨馳騁，推論興亡之跡，故讀之感慨而有餘情，此所由揜舊史而駕之也。徐無黨注發明義例，疑親得於修之口授者；然但有解詁而不詳故實與音義，是亦史注之別體耳。

（二十）宋史　宋史四百九十六卷，元托克托等撰。向來論宋史者，俱譏其繁蕪而尠所舉正；其實待正之處，不一而足。元修宋史，大率以宋人所修國史爲稿本，匆遽成篇，無暇參考。宋人好述東都之事，故史文較詳；建炎以後稍略，理度兩朝，宋人罕所紀載，史傳亦不具首尾；遂至文苑傳止詳北史，而南宋僅載周邦彥等寥寥數人，循吏傳則南宋無一人，豈無可考哉？抑亦姑仍東都之舊而不爲續纂也？惟書中諸論，偏駁之處尚不甚多，姑取之以備一代之史而已。

（二十一）遼史　遼史一百十六卷，元托克托等撰。其書蓋據耶律儼陳大任之舊，當日史臣見聞既隘，又迫限時日，無暇旁搜，而局於三史並行之議，敷衍成文，取盈卷帙！觀諸志敍例，惟取其門類相配，而不顧其事之有無此大失也；特既引爲官書，後世因而用之，亦莫能廢矣。

(二十二)金史　金史一百三十五卷，元托克托等撰。金人重典章，修法制，實錄以時纂輯，中原文學，彬彬稱盛，撰著之書，多有裨於史事；此書所本乃元好問之壬辰雜編，參以劉祁之歸潛志，首尾完密，條理整齊，約而不疏，贍而不蕪，在三史中爲最善，非大金國志等書之所能望也。

(二十三)元史　元史二百十卷，明宋濂等撰。因急於成書之故，頗不爲時人所滿意，解縉作正誤，許浩作弼違，皆有所抉摘；大致其病在於條例不明，褒貶不實，域外諸事，不能包舉，遠方地望，不能確求，與夫引用原文失其意指者，亦時或有之。此後人元史類編，元史新編，暨最近屠氏蒙兀兒史記之所由作也。

(二十四)明史　明史三百三十二卷，清張廷玉等撰。先是明人撰集故事者，或僅誌一朝，或止舉一事，聞見未周，事蹟未備；至清乃蒐集明代諸史，彙爲一書而加以翦裁，清人咸以爲詳贍有法，勝於前代諸史。其實自明中世以後，所載邊疆之事，與夫福唐桂諸王之淪沒，亦多有因清代之故而多所節汰者；補正重修，後之作者必有起而持之者矣。

第三節　編年史之研究

編年之史，明時序，統先後，包隸衆目於單獨一年之中，能悉此一年中之經過各要事：論史首貴辨時，法至善也；

而不能與史記各書並列於正史，何也？或謂編年之史，實不如正史善，正史善分疏，編年則事多散碎而不易於理；不知非也。司馬遷改編年爲紀傳，荀悅又改紀傳爲編年，劉知幾深通史法，而史通分敍六家，統歸二體，則編年紀傳均正史可知矣。其不列正史者，以班馬舊裁，歷朝繼作；編年一體，則或有或無，不能使時代相續，故姑置焉，非揚彼而抑此也。春秋經以提綱，傳以述事，事必繫年，編年之法，卽肇於斯；其後有一代之編年，有歷代之編年，體或不同，而義則無別。今仍古人之說，分而述之，以見一斑：

（一）編年之屬於一代者　其書之善者：一曰前漢記三十卷，漢荀悅撰。悅自序約有五志：（甲）達道義，（乙）章法式，（丙）通古今，（丁）著功勳，（戊）表賢能。當時推爲佳史，後世因而譽者尤盛，惟顧亭林日知錄獨輕詆之；要其詞約事詳，論辨優美，則全書俱在，固莫得而揜之也。二曰後漢記三十卷，晉袁宏撰。其體例論斷，全仿荀悅前漢記爲之。但悅書在班之後，全取班書，宜也；宏書則在范之前，然亦皆范書所有，范所無者甚少。觀宏之自述，採輯之書，可謂至博，乃竟少有出范書之外者；然則諸書精實之語，范氏固已摭拾殆盡矣，由彼悟此，范書固善，袁紀亦善也。劉知幾謂漢室中興，作史者惟袁范二家，以配蔚宗，誠哉其言也。三曰西漢年紀三十卷，宋王益之撰。其書排比西漢事蹟，多搜採於馬班二史之外，條下所載考異，亦頗不少；其自序謂迄於王莽之誅，而此本乃竟止於平帝，殆有所佚脫者？史漢以外，其足資參攷者，又莫如是書也。以上爲編年史之屬於一代者。

(二)編年之屬於歷代者　其書之善者：一曰資治通鑑二百九十四卷，宋司馬光撰，元胡三省音注。光作此書，閱十九年乃成，清儒謂淹通貫穿，乃史家之絕作，其所用材料，除正史外，共得雜史三百三十二家，亦云博矣。文獻通考引：「洛陽有資治通鑑草稿兩屋，黃魯直閱數百卷，訖無一字草書；」可見古人編史之勤。後人因其書中隸事，間有與史記漢書後漢書唐書不合之處，或從而議之，則未免吹毛而索疵矣。且光亦知後人之不免於抨擊也，因自作考異三十卷，明所以去取之意；又作目錄三十卷，謀所以整挈之法；又作釋例一卷，述所以立例之由，其用心周匝如此。宋人之附麗其書，因而有所述作者：劉恕則有通鑑外紀十卷，目錄五卷；李燾則有續資治通鑑長編五百二十卷；王應麟則有通鑑答問五卷，通鑑地理通釋十四卷；沈樞則有通鑑總類二十卷；金履祥則有通鑑前編十八卷，舉要三卷；劉時舉則有續宋編年資治通鑑十五卷，朱子則別出而為通鑑綱目五十九卷，然不能勝之也。至明又有陳桱之通鑑續編二十四卷，清世又有徐乾學之資治通鑑後編一百八十四卷，畢沅之續資治通鑑三百二十卷，嚴衍之資治通鑑補正二百九十四卷。續鑑以畢為善，補鑑以嚴為善，皆為傳世不廢之書，吾人讀資治通鑑後，嚴畢二家之書，要當兼治不可忽也。一曰大事記十二卷，通釋三卷，解題十二卷，宋呂祖謙撰。其書取司馬遷年表所書，編年系月，以記春秋後事，復采諸書以補益之；其通釋則如說經家之有綱領，解題則如經之有傳，略具本末而附以己見。朱子語錄每譏祖謙所學之雜，獨謂大事記為精密，亦足以見是書之長矣。一曰大事記續編七十七卷，明王禕撰。蓋續呂祖謙大事記而作體例一仍其舊，惟解題散附各條之下，不復成編；上起漢征和四年，下僅訖周顯德元年，故後人有疑此書爲佚去有宋一朝者。以上又編年史之屬於歷代者也。

編年史之大體明，請進而爲紀事本末之研究焉。

第四節　紀事本末之研究

古史之體，其可見者，書春秋而已：春秋編年通紀，以見事之先後；書則每事別紀，以具事之首尾。意者當時史官，既以編年紀事，至於事之大者則又採合而別紀之；若二典所記，上下百有餘年，而武成金縢諸篇其所記載，或經數月或歷數年其間豈無異事，蓋必已具於編年之史而今不復見矣。故左氏於春秋既依經以作傳，復爲國語二十餘篇國別事殊，異於春秋之通紀，蓋其書大意亦與書體爲近；當時作者不多，無如春秋用例之著，故遂不能配經耳。然自漢以來，爲史者一用太史公紀傳之法，此意固不復講；至司馬光作資治通鑑，然後一千三百六十二年之事，編年繫日，如指諸掌。然一事之首尾，或散出於數十百年之間，不相綴屬，讀者病之；袁樞因是有紀事本末之作，其部居門目始終離合之間皆曲有深意，於以錯綜司馬光之書，實亦國語之流：特春秋國語作自一人，此則兩人耳。夫事例相循，其後謂之因，其初皆起於刱；既刱是體以後，微獨編年相因，紀傳相因，卽紀事本末亦相因：因者旣衆，遂於二體之外，別立一家矣。通鑑紀事本末者，宋袁樞撰。書凡四十二卷，以一事爲一篇。每事各詳起訖，自爲標題；每篇各編年月，自爲首尾。始於三家之分晉，終於周世宗之征淮南，包括數千年事蹟，經緯明晰，節目詳具，論者至以「前古未見」稱之，亦足以著其價値矣。其後明陳邦瞻繼之，而有宋史紀事本末二十六卷，元史紀事本末四卷。宋史紀事本末，馮琦先有屬稿，未成而歿，邦瞻因而成之；其用琦遺稿者十之三，自行補葺者十之七，凡一百九篇。諸史之中，宋史最爲蕪穢，不似資治通鑑端緒易尋，邦瞻排比棼絲，俾就條理，其書雖並於袁樞，而難則較樞十倍；惟元史紀事本末則頗爲後人所譏，其中漏略之處，誠所不免；然於有元一代典制，則條析頗詳，亦佳著也。邦瞻以後，至於淸世，谷應泰則有明史紀事本末八十卷，高士奇則有左傳紀事本末五十三卷，皆與袁陳之書並行；高書較差，谷書則多有與明史異同之處，研求明史者，因其同異而參考之，固亦未爲無益。其他紀事本末之作，或僅關於一代，如魏源之聖武記者，名目繁多，良書絕鮮，是在平居博覽之日，區其臧否，加以考訂，以爲臨時講授之助而已。

第五節　別史雜史之研究

漢藝文志無史名，前已言之矣；當時戰國策史記均附見於春秋，厥後著作漸繁，隋書經籍志乃分正史、古史、霸史諸目，然尙無有別史之名也。至宋陳振孫作書錄解題，瓶立別史一門，以處上不至於正史，下不至於雜史者；其書對於正史，或資草創，或取證明，或以之檢校異同，皆有裨益，故命之曰別史，猶大宗之有別子云爾：故以言夫漢，既有前漢書爲之正史矣，其別出而輔之者，則有漢劉珍之東觀漢記二十四卷，宋蕭常之續後漢書四十七卷，元郝經之續後漢書九十卷；以言夫宋，旣有宋史爲之正史矣，其別出而輔之者，則有宋王偁之東都事略一百三十卷，明柯維騏之宋史新編二百卷，明錢士升之南宋書六十卷；循是類推，實不勝其枚舉；要之諸家別史，隸事雖博，然有時亦終不能出正史之範圍；吾於別史之中，僅取一書，已足爲講演史書之助，蓋宋黃震之古今紀要是已。古今紀要卷凡十九，其書撮錄諸史，括舉綱要，每一帝之事，則必附以一帝之臣，且各繫以賢否之標題，爲治國史者所必當閱。惜其書僅止宋代，後之人亦無敢起而續纂之者；然欲求別史之精賅，應用俱如紀要之良，則不可得也。紀要近有浙東刻本，求之殆不甚難；惟多附印於黃氏日鈔之後，孤行之本甚希。

至於雜史，則其源流大略，亦有可得而言者：自秦燬失古文，篇籍遺散，漢初得戰國策，蓋戰國游士記其策謀；其後陸賈作楚漢春秋九篇，以述誅鋤秦項之事；又有越絕書，相傳爲子貢所作；後漢趙煜又爲吳越春秋，其屬詞比事，皆不與春秋史記漢書相似，蓋率爾而作，非史策之正也。靈獻之世，中國大亂，史官失其常守，博達之士，愍其廢絕，各記聞見，以備遺忘，是後羣才景附，作者甚衆；又自後漢以來，學者多抄撮舊史，自爲一書，或起自人皇，或斷自近代，而各有其志趣。至體制則往往不經，甚或雜以委巷之談，眞虛莫測，然其所紀，大抵皆屬帝王之事；故研究國史者，亦必廣采博覽，以酌其要。後人從而分之，爰有三類之別：例如宋羅泌之路史四十七卷，李心傳之朝野雜記四十卷，明王世貞之弇州別集百卷，則屬於事實一類者也；唐王定保之摭言十五卷，宋岳珂之愧郯錄十五卷，則屬於掌故一類者也；唐劉肅之大唐新語十三卷，宋周密之武林舊事十卷，則屬於瑣記一類者也。凡此諸書，與小說之相去，不過一間，是在乎居博覽時之探討焉爾。

第六節　國史上民族之研究

構成吾中國之歷史者爲五族乎？爲六族乎？治古史者輒曰六族矣；然而六族之說，宜於往古而不宜於近今，何也？今日之苗，固非能與五族並駕者也，然在苗人強盛之年，國內散居之族，就其大體以爲之別，則亦何嘗有五；故言族而必別以數者，正非歷史家之所尙。歷史上之民族，其稱至夥，雖有時亦得以漢滿蒙回藏五種分別賅舉，究其所以標列系統，則或強引此族以入彼族；幾希之間，訛誤所由滋，甚可慮也。吾嘗謂漢族之系至明，人習其傳世，其他四族小大興替，雖若俱有繫承，而論者亦各有其主張，繫承之所關，亦因之而有所出入！研究其分合者，所當詳慎處之者也。玆爲明其研究之方如左：

研究種族之分派，有取單獨法者，有取類合法者：單獨之研究，則以各種族爲其綱，就一種族之中而明其系統，詳其起訖者也；類合之研究，則取各種族之系統，與其起訖，就時代以爲綱，而聯比以觀，綜述其概，而見其分派之盛衰者也。單獨之研究易，類合之研究難。顧吾人之取法，獨唯恝然於類合者；無他，類合之研究不明，種族分派之盛衰實无由而見。蓋類合則易爲比較，而各種族傳承之權，不難以數語明者，例如：漢族自有周以上，商也，夏也，唐虞至黃帝也，黃帝至邃古也，吾得而知之矣；其於滿，則在此時期中果爲何系乎？曰肅愼也；推而之於回族，則曰獯鬻玁狁也；

推而之於藏族，則曰畎夷鬼方也，西戎也；推而之於苗族，則曰黎民也，荆蠻也；由荆蠻之衆，分之而爲羣蠻也，百濮也，巴也，盧戎也；而蒙族此時期中不著。此第一期種族類合之可求者也。例如漢族自有隋以上，陳梁齊宋也，東晉晉也，三國也，東漢漢也；吾得而知之矣。至於滿，則在此時期中果爲何系乎？曰肅愼以後之挹婁也（挹婁見後漢書）；挹婁以後之勿吉也（勿吉見魏書）；其由肅愼分支而別出者曰東胡，東胡之系，分而爲烏桓也，鮮卑也（烏桓鮮卑俱見後漢書）；鮮卑之系，分而爲徒河段以成遼西也，乞伏以成西秦也，禿髮以成南涼也，慕容以成前燕後燕西燕南燕也，拓拔以成後魏東西魏也，宇文以成北周也，又前燕之分而爲吐谷渾皆是也（吐谷渾見晉書）。推而之於回族，則曰林胡樓煩也（俱見前漢書），匈奴也（前漢書謂匈奴乃夏后氏之後，乃是想當然之說）；匈奴之系，又分而爲劉淵以成前趙也，沮渠以成北涼也，赫連以成夏也，羯有石氏以成後趙也；匈奴之別支，則分而爲稽胡也（見文獻通考），高車也（見文獻通攷），鐵勒也，皆是也。推而之於藏族，則曰西戎之後而爲西羌也，氐也，大月氏也；西羌之後分而爲越嶲也，白馬也，武都也，先零也，彡姐也，研也；研之後燒當也（俱見後漢書），燒當分而爲姚氏以成後秦也；大月氏之後分而爲小月氏也，氐之後分而爲巴西略陽也，巴西分而爲李氏而成後蜀也，略陽分而爲苻氏以成前秦也，陽氏以成仇池也，西羌之別支，則分而爲宕昌也，白蘭也，鄧至也，皆是也。推而之於苗族，羣蠻之後之爲蠻越也，蠻夷也（俱見後漢書）；蠻夷之後爲武陵也，武陵散而爲長沙蠻也，澧中蠻也，漊中蠻也，零陽蠻也，充中五里蠻也；巴之後散而爲廩君蠻也，板楯蠻也（俱見後漢書）；百濮之後散而爲尾濮也（見文獻通攷）；又其南蠻大部之分支別出者，則爲西南夷，由是而析焉，則有所謂哀牢也，筰都也，邛都也，冉駹也，夜郎也；夜郎之後之牂牁也，滇也，皆是也。此第二期種族類合之可求者也。例如：漢族自有宋以前，後周也，後梁也，唐也，吾得而知之矣。至於滿，則在此時期中果爲何系乎？曰靺鞨之後之分而爲黑水也，粟末也（具見五代史）；粟末以後之渤海也（見新唐書），黑水以後之生女眞熟女眞也（見大金國志）；生女眞之後之完顏也，金也；鮮卑之後之分而爲契丹也，室韋也（具見新唐書）；契丹之後之改而爲遼也，烏桓之後之分而爲奚也（見新唐書），皆是也。推而之於蒙族，則有所謂韃靼者焉，由韃靼分爲白韃也，黑韃也（見元史新編）；由白韃而分爲生韃熟韃也（見元史新編），黑韃之後之爲蒙兀爾也（即蒙古見元史新編），皆是也。推而之於回族，匈奴之後，分而爲黠戛斯也，霫也，突厥也（俱見舊唐書）；鐵勒之後分而爲回紇也，薛延陀也（俱見舊唐書）；由突厥而又分爲沙陀也，由沙陀族而又成後唐後晉後漢也，由回紇而又成爲畏吾兒也（見元史新編）；匈奴之別支，復西走而成爲後之匈牙利也，皆是也。推而之於藏族，則宕昌白蘭鄧至諸羌之合而爲党項也（見文獻通考）；党項之後分而爲東山部落平夏部落也（見新五代史）；又西羌之別支，分而爲吐蕃也（見新舊唐書），皆是也。推而之於苗族，羣蠻之後分而爲東謝蠻，西趙蠻也，兩爨蠻也，西原蠻也，南平蠻也（俱見舊唐書，南平蠻則見文獻通考）；至於宋代，而遂爲西南溪峒之蠻，及其他諸蠻（見宋史），皆是也。此第三期種族類合之可求者也。例如：漢族自今世而上溯至於宋，其間惟有一明，吾得而知之矣。至於滿，則在此時期中果爲何系乎？曰金以後之滿洲也，滿洲之易而爲淸，以入主中國也。推而之於蒙族，猶夫蒙兀爾之爲元也元後之復爲韃靼韃靼之復爲元也（俱見明史）；由是而析焉，則有所謂察哈爾部也歸化城土默特部也漠南東四盟之土默特右翼部敖漢部奈曼部巴林部札魯特部克什克騰部喀爾喀左翼部烏珠穆沁部浩齊特部蘇尼特部也漠南西二盟之喀爾喀右翼部鄂爾多斯部也青海喀爾喀也漠北喀爾喀也（車臣汗部三音諾顏部土謝圖汗部札薩克圖汗部），凡此皆由成吉思汗之嫡裔而來者也；又當元之盛世分而爲奇卜察克汗也，諤格德依汗也察罕台汗也伊兒汗也察罕台之後分而爲敖罕汗也喀什噶爾汗也；由奇卜察克之系，別析而爲白黨汗也藍黨汗也克里米汗也；又蒙古疏族之別建伊蘭王國也，由伊蘭而又爲莫臥兒國也；又蒙古部落之析而爲瓦剌也（見明史），瓦剌之後之爲大元田盛可汗也（見明史）田盛之後之爲準噶爾部也，由準噶爾而衍爲漠北科布多也（杜爾伯特部）；三音諾顏部附屬之額魯特也青海綽羅斯也；又蒙古翁罕之後，析而爲漠北科布多土爾扈特部也西套土爾扈特部也青海土爾扈特部也新疆珠勒多斯土爾扈特部，和博克薩里土爾扈特部，庫爾喀喇烏蘇土爾扈特部，晶河土爾扈特部也；又蒙古濟拉瑪之後，析而爲喀喇沁部也，土默特左翼部也；又蒙古諤楚音之後析而爲漠南東四盟之翁牛特部也，又蒙古勃格圖之後析而爲漠南東四盟之阿巴噶部阿巴哈納爾部也，又蒙古哈薩爾之後析而爲漠北科布多和碩特部也；漠南東四盟之科爾沁部，札拉特部，杜爾伯特部，郭爾羅斯部，阿魯科爾沁部也；漠南二盟之四子部落茂明安部烏喇特部也，西套額魯特部也，青海和碩特部也，新疆珠勒都斯和碩特部也，又蒙古部落之析而爲青海輝特部也，皆是也。推而之於回族，猶夫回紇之後之爲輝和爾也見元史新編）；輝和爾之後之爲哈密回部，土魯番回部，及其他之新疆回徒，及陝甘各省回徒也；突厥之後之爲土耳其也皆是也。推而之於藏族，猶夫吐蕃之後之爲烏斯藏也，又分支而爲西番諸衞也，烏斯藏之後之爲西藏也，皆是也。推而之於苗族，猶夫西南溪峒諸蠻之後，析而爲湖廣貴州四川雲南兩廣諸土司也（淸代湖南廣東土司均先後改流，惟川滇等四省如故）；又其他未盡之猺黎倮玀犵狫各部落也，皆是也。此又第四期種族類合之可求者也。大抵各族之中，第一期似均寥寂，第二期亦尙闃然，第三期則滿族蒙族藏族苗族內部各有區分，至第四期而蒙族轉獨彪然矣。蓋種族之相遇，必不能無競爭，蒙族在中古以前，尙未加入競爭之列；至於近古，而其勢乃獨橫者：則前此諸族皆衰邁而代謝，蒙族乘其隙，方新之勢有不易遏；卽至東胡代之以起，而其子孫之分地自享者，固甚多也。宜夫外人之統計吾族興替者，以蒙古之族爲概括吾國六族之代名；而因襲其說以論東方之史實者，迄今而未已也！誠哉，研究其分合者不能不詳愼處之矣。

中華民國二十三年四月初版
中華民國二十四年六月三版
(95482平C)

大學叢書(教本) 中華通史五冊
第四冊平裝定價大洋壹元柒角
外埠酌加運費匯費

著作者 章嶔
發行人 王雲五 上海河南路
印刷所 商務印書館 上海河南路
發行所 商務印書館 上海及各埠

本書校對者周藎侯